国家高技术研究发展计划(863 计划)资助项目(2012AA112509)

连云港淤泥质海岸深水航道建设理论与实践

Lianyungang Yunizhi Hai'an Shenshui Hangdao Jianshe Lilun yu Shijian

(设计施工篇)

主　　编　沈雪松

副 主 编　顾　勇　马兴华

主编单位　连云港港30万吨级航道建设指挥部

人民交通出版社股份有限公司
China Communications Press Co.,Ltd.

内 容 提 要

本书为《连云港淤泥质海岸深水航道建设理论与实践》的"设计施工篇",由62篇优秀论文组成,比较全面地反映了连云港淤泥质海岸深水航道在建设管理、勘察设计、现场观测研究、施工、监理、环境保护等方面的理论和实践经验、创新成果和实际成效。

本书可供从事深水航道建设的管理、勘测、设计、施工、监理和环境保护的人员参考使用。

图书在版编目(CIP)数据

连云港淤泥质海岸深水航道建设理论与实践. 设计施工篇 / 沈雪松主编. — 北京 : 人民交通出版社股份有限公司, 2015. 3

ISBN 978-7-114-12121-0

Ⅰ. ①连… Ⅱ. ①沈… Ⅲ. ①淤泥质海岸 - 深水航道 - 设计 - 连云港市②淤泥质海岸 - 深水航道 - 工程施工 - 连云港市 Ⅳ. ①U612. 32

中国版本图书馆 CIP 数据核字(2015)第 054940 号

书　　名: 连云港淤泥质海岸深水航道建设理论与实践(设计施工篇)
著 作 者: 沈雪松
责任编辑: 张征宇　郭红蕊
出版发行: 人民交通出版社股份有限公司
地　　址: (100011)北京市朝阳区安定门外外馆斜街 3 号
网　　址: http://www. ccpress. com. cn
销售电话: (010)59757973
总 经 销: 人民交通出版社股份有限公司发行部
经　　销: 各地新华书店
印　　刷: 北京盛通印刷股份有限公司
开　　本: 787 × 1092　1/16
印　　张: 31
字　　数: 780 千
版　　次: 2015 年 3 月　第 1 版
印　　次: 2015 年 3 月　第 1 次印刷
书　　号: ISBN 978-7-114-12121-0
定　　价: 90. 00 元

《连云港淤泥质海岸深水航道建设理论与实践(设计施工篇)》

编写委员会

顾　问: 徐　光　梁应辰　陈吉余　吴以桥
金　镠　吴兴元　周　海　陈学良
虞志英　刘家驹　乐嘉钻　林　风

主　任: 沈雪松

副主任: 顾　勇　马兴华

委　员: (按姓氏笔画排序)
王玉东　王仙美　王建平　关云飞
束　梁　吴柏宣　应　铭　张建锋
陈　雄　武可贵　金雪英　侯海伟
高正荣　蔡　辉

前　　言

连云港港是处于丝绸之路经济带和21世纪海上丝绸之路交汇点上的国家级枢纽港，是2014年6月国务院常务会议审议通过的全国七大炼化产业基地之一。连云港重要的地理位置和交通运输的便利条件为重大产业布局提供了极好条件，产业发展和国际重要交通枢纽的需求对连云港港口加快发展既提供了更多机会，也提出了更高要求。

连云港港30万吨级航道工程项目建议书于2009年年初获得国家发改委批准，要求"一次立项，分期实施，先期实施一期工程"。一期工程工可报告于2010年12月获得国家发改委批准，包括建设连云港区25万吨级航道、徐圩港区10万吨级航道及其配套工程，工程于2011年3月正式开工，2013年10月完成交工验收。建设期间，先后经历了先导试挖实施阶段、徐圩港区5万吨级航道施工阶段、连云港区25万吨级航道施工阶段和徐圩港区10万吨级航道施工阶段，在每一施工阶段的事中和事后都安排了系统的水文、泥沙和回淤观测，用以验证前期物理模型和数学模型的预测成果，及时检验和修正完善设计、施工方案，实现了对工程的动态管理，并为二期工程的工可研究与设计打下了坚实基础。

连云港港30万吨级航道建设指挥部组织参建单位根据工程推进情况，将丰富的理论探索、前期研究和设计施工管理经验分别凝炼成论文，按淤泥质海岸建港的理论与前期研究、深水航道的设计与施工以及关键技术研究成果三大板块，分别汇总成册奉献给读者。本书为第二篇，即"设计施工篇"，主要根据连云港深水航道勘察、设计、施工、监理及其过程管理总结凝炼而成。本书共收集论文62篇，资料丰富翔实，比较全面地反映了建设管理、勘察设计、现场观测研究、施工、监理、环境保护等实际成效和创新成果，具有较高的学术水平和实用价值。

本书在编写过程中得到了交通运输部、江苏省交通运输厅以及长期参与连云港港口建设的广大科技工作者和工程建设者的大力支持，中交上海航道勘察设计研究院有限公司为本书的编辑出版做了大量工作，各位顾问和编委对本书的编写提出了宝贵意见；同时，本书还得到了国家高技术研究发展计划（863计划）的资助，在此一并表示衷心感谢！

吴以桥

2014年9月

前 言

目　录

建设管理篇

勘测设计研究篇

工程施工篇

环境保护篇

连云港港30万吨级航道一期工程建设项目管理实践

（代序）

沈雪松

（连云港港30万吨级航道建设指挥部　连云港　222042）

连云港地处我国海岸线中部，连接南北，沟通东西，是中西部地区最便捷的出海口，但其属于典型的淤泥质海岸，除连岛对连云港区有一定的掩护作用外，海州湾处于开敞无掩护状态；近岸滩高水浅，需人工开挖才能形成大型船舶航道。连云港港30万吨级航道工程建设标准高、规模大，自然条件及工程技术复杂，为达到“挖得出、稳得住、用得起”的目标，江苏省交通运输厅和连云港市联合组织国内数十家一流设计、咨询与科研单位，并聘请二十多位国内知名专家，对该工程的建设必要性、技术可行性和经济合理性进行了历时4年的科学研究与论证，对连云港开敞海域高滩面淤泥质海岸建设深水航道的关键问题给出了肯定的答案，冲破了“连云港不能建设深水大港”的禁锢。2009年1月，国家发展和改革委员会（后简称“国家发改委”）批复航道项目建议书，同意建设30万吨级航道，航道呈“人”字形布局连接连云港区和徐圩港区，按“一次立项、分期实施”的原则，先期实施30万吨级航道一期工程（以下简称一期工程）。

2009年6月，国务院常务会议讨论并原则通过《江苏沿海地区发展规划》，连云港港口发展上升为国家战略，并赋予其牵引江苏沿海开发、促进国家东中西区域共同发展的重任，正式拉开了连云港港以“一体两翼”为构架的大开发序幕。江苏省委省政府提出举全省之力支持连云港港发展，交通运输部对连云港港发展也给予特别支持，将连云港港30万吨级航道工程作为加快连云港港发展的战略要点着力推进。经过大量研究论证和一系列前置许可审批，一期工程工可报告、初步设计和施工图设计已相继获批。

1　工程建设任务及特点

2009年9月开始实施先导试挖工程，2011年3月一期工程正式开工，与先导试挖工程实现无缝对接。一期工程概算为47.71亿元，建设规模为：连云港区航道按照25万吨级散货船乘潮单向通航标准设计，人工开挖航道长度为42.8km，在原有15万吨级航道轴线基础上增深拓宽延长，设计有效宽度为270/290m，设计底高程为－19.8/－20.3m（当地理论最低潮面，下同）；徐圩港区航道为新开辟航道，按照10万吨级散货船乘潮单向通航标准设计，航道长度为24.9km，设计有效宽度为210/240m，设计底高程为－13.3m。疏浚工程总量为$1.5\times10^8m^3$，疏浚泥土处理采用吹填与外抛相结合，其中吹填约$0.9\times10^8m^3$，外抛约$0.6\times10^8m^3$；连云港区旗台纳泥围堤长度为8 608m，徐圩港区纳泥围堤长度为9 037m，围成旗台和徐圩两处疏浚泥土吹填区，总面积达$12km^2$。

一期工程位于开敞海域，大风天波浪作用强，海岸性质和沉积环境复杂，滩浅坡缓，航道开挖里程长，航槽挖深厚度大，淤泥深厚，地基承载力低，在12～20m厚的淤泥层下面普遍零星分布着钙质结核，可挖性较差。本期工程是淤泥质海岸建设深水航道的典型代表；由于云台山风景保护限采石料，沿海限采海砂等原因，附近地区砂石料供应远不能满足工程建设需求。连云港区航道在原有15万吨级航道基础上拓宽增深延长，边运营边扩建相互干扰频繁，随着航道的逐渐浚深，需不断调整疏浚工艺以适应复杂的土质变化；徐圩港区航道为新开辟航道，海域条件复杂，部分专家担心会受埒子口以东粉砂质底质影响，需分阶段验证航道回淤预测情况，因而需分层分段推进；围堤建设除采用连云港传统的爆破挤淤结构外，首次大规模应用新型充填袋斜坡堤结构以缓解石料紧缺。

在项目建设过程中，我们以合同管理为主线，以优质安全为目标，以科技创新为支撑，明确指挥部及各参建单位行为责任和目标，不断完善制度体系建设，充分发挥设计支撑作用和科技保障作用，规范控制关键施工要点，通过抓现场、现场抓，管监理、监理管，防反复、反复防等手段确保了工程安全、优质、节约，分阶段实现工期目标。连云港区25万吨级航道于2012年6月建成，可满足25万吨级散货船乘潮单向通航、7万吨级以下船舶全潮双向通航要求，标志着连云港港成功跻身国际深水大港行列；总长17.6km的纳泥区围堤建成投入使用，为徐圩港区起步和旗台作业区拓展奠定了坚实基础；徐圩港区10万吨级航道已于2013年7月完工，可满足10万吨级散货船乘潮单向通航要求，为徐圩港区开港提供了必要条件。

自2012年6月以来，我们安排了长42.8km的连云港区25万吨级航道（人工开挖段）和长15km的徐圩港区10万吨级航道（外段）的分季度回淤观测和台风后回淤观测与分析研究。结果表明，一期工程完工后的回淤强度小于预测强度，可以排除大风天骤淤碍航的担忧，进一步验证了该工程前期研究结论的正确性，也为二期工程的可行性论证奠定了坚实基础。

2 工程建设管理

连云港港30万吨级航道建设指挥部作为市政府授权的独立法人机构全权负责30万吨级航道的建设管理工作，内设综合处、计划财务处、工程处和现场管理处。指挥部的建制体现了现代化工程管理的特色，现场管理处由专业项目管理公司抽调精兵强将组建，承担工程质量、安全、进度管理工作；委托专业检测单位成立指挥部中心试验室，承担监理、施工单位的试验检测工作并代表建设单位对工程原材料、实体质量进行抽检。指挥部以"强强联合构建枢纽大港，提升功能有创新；优势互补确保安全优质，队伍优秀创国优"为指南，重点围绕工程招投标、质量、安全、资金、档案、环保和廉政等要素开展建设管理工作。本工程建设管理组织构架和主要参建单位如图1所示。

2.1 科技创新与管理

指挥部坚持科学发展观，坚持以科技创新支撑工程建设，向科技要质量、要进度、要效益。科研质量是设计质量的源泉，设计质量是工程质量的灵魂，工程设计和施工都需要大量的科技成果来支撑。指挥部注重发挥设计、施工单位科技创新的主动性和积极性，推动设计和施工的科技创新。同时，本着科研紧紧围绕和结合设计施工、科研为工程服务和推动技术进步的原则，借鉴同类工程经验，指挥部采取了由对航道工程效果总负责的总体院梳理建设期和营运期需要解决的关键技术问题，起草编制总体科研工作大纲（计划），协助业主组织专业科研单位实施，并负责技术把关的科研模式。从解决项目立项、验证和优化设计、指导工程建设、降低成本、推动行业技术进步与创新等出发，重点解决徐圩海域海床性质及灌河口沙嘴稳定性、航道回淤规律与选线、边坡稳定与设计、航道有效宽度与通航安全、港航建筑物对航道的影响、围堤抗风浪能力、充填袋斜坡堤的经济稳定断面等问题。为了加强科研工作的管理力度，江苏省交通运输厅和连云港市人民政府联合聘请了包括院士、大师在内的21位知名专家担任30万吨级航道工程技术顾问和专家，从2009年起每年召开一次大型咨询会议；指挥部聘请了江苏省水运工程技术研究中心协助进行科研项目的管理，依据工程《科研管理办法》，紧紧依靠工程技术顾问、专家的智慧和国内一流大学、科研院所的强大智力支持，经常就工程建设的重大技术、设计、科研和管理事项进行咨询，有效破解技术难题。

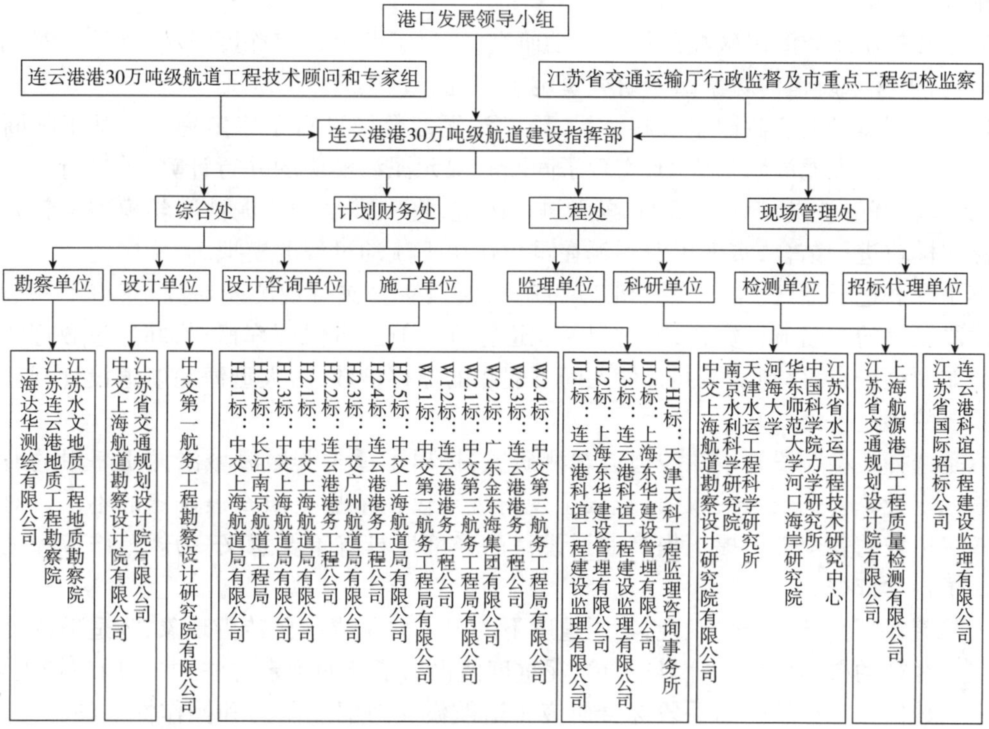

图1　工程建设管理组织构架和主要参建单位框图

依托30万吨级航道工程开展的“863”计划课题《开敞海域淤泥质浅滩深水航道建设关键技术研究》于2012年3月立项，各项任务推进顺利，取得了一系列创新性成果，部分研究成果已在工程中得到了推广与示范应用。

一是针对徐圩港区邻近淤泥质海岸和粉砂质海岸过渡地段的复杂性，通过创新性的现场观测、室内试验和专题研究，在业界首次提出黏粒含量影响泥沙水力特性、泥沙水力特性决定海岸带性质，在淤泥质海岸和粉沙质海岸性质分类时除了依据中值粒径外，还要考察其黏粒含量的观点和方法，系统提出了海岸性质分类的改进意见和标准，被纳入《海港水文规范》(JTS 145-2—2013)，同时形成了具有行业领先水平的一整套方法体系，是海岸性质分类标准的重要突破性成果，同时无可辩驳地支持了徐圩港区航道沿线属于淤泥质海岸的结论，为工程的立项建设解决了海床性质和灌河口沙嘴的稳定性这一关系航道稳定性的关键问题。

二是充分利用主航道实测回淤成果和新开辟徐圩航道分阶段实施、与产业和码头进度相适应的有利条件，理论联系实际，紧密结合航道建设，分阶段开展航道回淤观测及研究，取得了不同等级航道常年和大风天的实际回淤资料，特别是超强台风“达维”风后航道回淤观测堪称回淤观测的典范，为率定数学模型参数提供依据，为30万吨级航道建设提供有力的技术支撑。回淤观测研究表明，大风过后的回淤物主要为浮泥，是暂时和不碍航的，具有先淤后恢复的特征，残留固结为淤泥的实质性回淤很小，进一步证实了连云港区及徐圩港区航道不存在台风骤淤碍航风险的科学论断。同时结合浮泥生成及运动规律、室内试验研究、浮泥密实等室内试验成果，深化解析了浮泥运动过程，进一步证实了连云港航道大风后淤积物为黏性细颗粒泥沙并以浮泥形式存在、经一段时间后消失而不至于碍航的结论，深入揭示了大风天回淤规律和浮泥形成、运动、消失的机理，为在开敞式淤泥质浅滩建设深水航道提供了理论依据。

三是开展淤泥质海岸破波区泥沙运动研究，探讨了航道开挖深度、浅滩含沙量对泥沙回淤的影响，为深水航道的防淤减淤研究奠定了基础。

四是利用建设期实测回淤资料，对二维潮流泥沙数模进行了率定完善。基于间断有限元方法建立了三维泥沙数学模型，实现了间断有限元泥沙模块的并行计算，并进行了实际应用，得到了较好的效果。对FVCOM模型进行改进，将三维水动力泥沙数学模型与新开发的二维浮泥模块进行结合，实现了对浮泥在重力作用下流动过程的模拟。

五是开展连云港区15万吨级和25万吨级航道实船航行观测及研究，获得了一般航道和口门段航道的实船航行资料，首次引入航道宽度和航迹带保证率概念，并通过数理统计研究了船舶漂移分布，得到了不同置信区间下船舶的漂移倍数，对大型海轮航道设计规范的修编有重要的理论价值。

六是选择典型航段开展疏浚边坡观测研究，提出了适合开敞海域淤泥质海岸的航道疏浚边坡稳定计算公式及参数取值，克服了现行规范仅仅依据土质查表确定的不足。对于在保证疏浚边坡的安全性前提下提高航道设计的经济性具有重要意义，为规范修编和工程设计提供了科学依据。

七是流变特性试验研究发现，不同重度下的剪切力曲线存在转折现象，为适航深度的选取提供了客观的科学依据。针对适航淤泥重度值提出了新的确定方法，并采用现场观测、室内试验和数值模拟相结合的手段综合研究了适航淤泥对船舶阻力和操作性能的影响，特别是数值模拟中采用了现代计算流体力学（CFD）方法，进一步提升了适航水深技术。

八是首次成功开发应用760g/m^{2}高强机织加筋砂被的充填袋和抛石组合堤身斜坡堤，并在深厚淤泥地基围堤大规模应用，显著减少了石料用量，保证了材料供应可靠性和工期可靠性，降低了工程投资，为连云港地区大规模高强度筑堤解决了关键技术问题。研究提出了爆破挤淤堤新型内侧反滤结构设计计算方法，并成功用于实际工程，有效解决了爆破挤淤堤内侧反滤结构失效引起的吹填漏泥这一长期以来困扰业界、未能解决的技术难题。开展航道疏浚土充填袋筑堤技术现场试验研究，可大大节省砂石料用量和工程建设成本，具有明显的经济、环境和资源效益。首次对围堤采用玻璃纤维经编复合土工布加筋进行了尝试，取得了初步经验。

九是研制了提高硬黏土疏浚效率的绞吸新设备，提高了效率，降低了能耗；研制了密实粉土和粉砂土耙吸效率的耙齿设备和高压冲水设备，节省了成本，缩短了工期。

这些研究成果直接支撑了30万吨级航道工程建设，通过解决关键技术难题，降低了工程建设风险，提高了施工效率，节省了工程投资，在科学技术部（后简称"科技部"）组织的中期检查中得到了肯定。根据该课题研究计划，将继续深化下列研究，提炼研究成果。

一是深化在复杂条件下开敞海域淤泥质浅滩泥沙运动规律研究及淤积预报技术，提出浅滩深挖槽航道淤积预报公式，进行现场回淤验证；揭示泥沙回淤规律和机理，特别是大风天航道回淤规律和机理。

二是提炼和完善开敞海域淤泥质浅滩深挖槽航道总体设计关键技术，提出航道有效宽度设计方法、边坡设计方法和开敞海域淤泥质浅滩深挖槽航道设计维护量的计算方法，编制相应的技术指南。

三是深化疏浚土筑堤新技术，提出疏浚土筑堤断面稳定计算理论与设计方法，突破充填袋筑堤规范对含泥量限制，并形成成套技术与技术指南。

四是复杂土质条件下航道疏浚技术，通过技术攻关，研制相应的新设备，从而提高疏浚效率，降低疏浚成本。

2.2 招投标及合同管理

一期工程开工前，按照总体建设计划，从节省资金、便于衔接和管理、保证工程进度等出发，将整体工程预先进行施工、监理标段分割。在招投标过程中，对招标文件逐字逐句修改以满足该标段建设的实际需要，如要求连云港区航道涉及的三个疏浚标段分层疏浚，该航道边施工边通航等。指挥部还就各标段的施工工艺及其涉及的原材料进行研究和市场调查，合理限价以控制投资。另外，指挥部对不宜进行招标的事项进行竞争性报价，并按照会签制度履行相关手续。

为保证工程招投标程序合法，过程公开透明，省交通运输厅建设管理办公室、市重点工程建设监督办公室和港口工程质量监督站全程监督，并由连云港港 30 万吨级航道工程定标委员会审核定标。指挥部按总体进度计划的各控制节点分批次、按照正规程序开展项目招投标工作，待评标委员会推荐中标候选人之后，定标委员会听取该批次项目招投标全过程情况汇报，最后形成定标决议。一期工程共设 7 个监理标、8 个疏浚施工标、9 个围堤施工标及 3 个其他附属工程标，共分 10 批次开展招投标工作。

为严格参建单位和人员的资质管理，招标文件中明确要求，并在人员进场时按照合同约定对资质进行复验，对参建方要求变更的人员进行严格审核。严格变更管理，对重大变更组织专家进行咨询，并对变更造价进行审查，确保变更有理有据、公正、合理。指挥部制定的设计变更立项审查程序如图 2 所示。

2.3 质量管理

通过明确责任坚持标准、健全制度完善体系、规范控制施工要点、要素管理持之以恒等措施，为提升建设工程质量管理文化，把关工程质量过程控制和创建优质品牌工程创造了条件。

2.3.1 明确责任坚持标准

工程质量的优劣是参建各方共同控制的结果，各方的质量管理行为直接影响工程质量。建设单位在整个建设活动中处于主导地位，在工可研究、初步设计和施工图设计阶段，指挥部委托中交第一航务工程勘察设计研究院进行设计审查与咨询，借助专业力量把关设计质量。指挥部与施工、监理单位签订三方质量管理责任状，要求树立“质量是生命、质量是责任、质量是财富”的质量文化价值观，规范质量管理行为，严格执行强制性标准和设计文件要求，大力推行标准化工艺。标准化是提升工程质量管理水平的重要手段，指挥部非常重视施工工艺的分析和整理，尤其对关键施工工艺，在首件成品的基础上不断总结和优化完善，对作业流程、作业方法、作业条件加以规定并贯彻执行，使之标准化。同时，组织各参建单位将质量管理要素整合优化，明确符合实际和规范要求的操作性标准，将质量管理落实到工程各个环节，实现工程质量管理科学规范、施工现场更加有序、管理流程更加合理、施工质量管理更加到位。

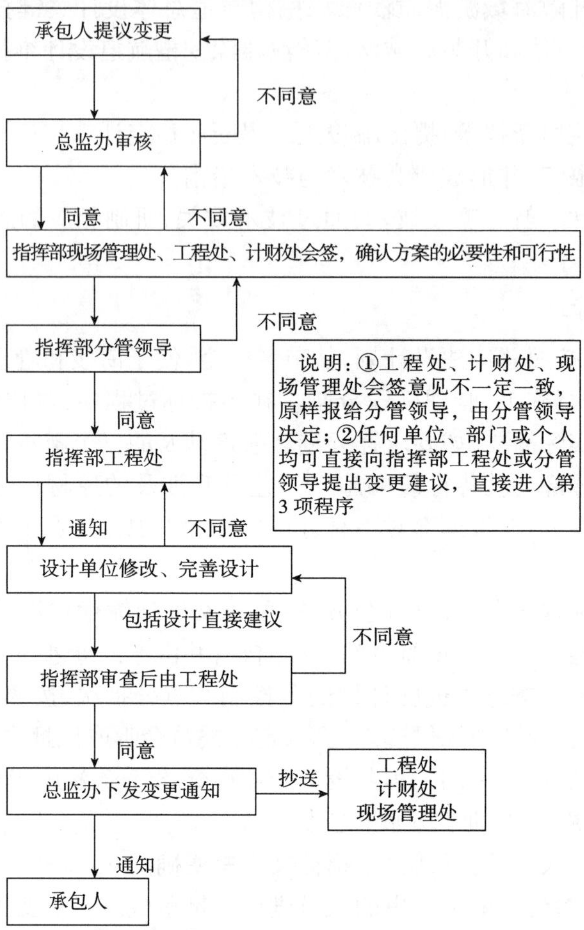

图2　设计变更立项审查程序图

2.3.2　健全制度完善体系

制度建设和质量保证体系是质量管理的两个重要基础。指挥部相继制定了《质量管理制度》、《质量保证体系指导意见》、《质量通病防治实施指导意见》等19项质量管理制度，并汇编成册，形成了覆盖工程质量、进度、计量、变更、档案等各个环节的制度体系，在工程建设实践中，不断丰富、补充与完善，逐渐形成了有自身特色、起点较高的一整套质量管理制度体系。

按照"政府监督、法人管理、社会监理、企业自检"的四级质量保证体系要求，指挥部及时向江苏省交通运输厅工程质量监督局申请质量监督；通过招投标选择经验丰富、信誉良好的专业力量组建了第三方监测检测单位和中心试验室，作为指挥部质量管理的延伸，有效加强了法人管理力量。实行监理、施工单位试验室备案管理，以总监和项目经理负责制为核心，重点加强了监理和施工单位质量保证体系的建立，严格督促监理和施工单位质保体系的正常运作。

2.3.3　规范控制施工要点

一是把吸关键施工要点。船舶进场前，测量监理工程师逐船对疏浚船舶DGPS平面定位系统进行核查，控制误差在允许范围之内；驻船监理工程师对各挖泥船耙头深度指示仪、装载吃水、泥浆流量计、浓度计等船载设备进行校验，控制误差。船舶开始施工后，利用"疏浚监测平台"系统，集成 DGPS 导航功能和耙头深度指示功能的耙臂位置指示系统等设备，用于船舶平面和耙头三维精确定位，平面控制定位精度控制在 ±3m 之内，使得疏浚作业可以在计算机屏幕上预先按照施工地段、分带、分条编制设定施工区域。利用耙臂位置指示系统显示施工时耙头轨迹，通过控制耙迹线在施工区内的均匀分布，防止漏挖和超挖；对浅区实行重点浚挖，达到均匀增深、控制平整度的目的，若发现施工区内出现垄沟和浅埂，及时采取斜向或 S 形施工，提高航槽平整度。

二是绞吸吹填关键施工要点。根据绞吸船施工和本工程特点，对航道进行分侧、分段、分层、分条施工，将航道分东、西两侧；分段长度取浮管一次铺设可挖的有效长度；分层厚度取绞刀头直径的 1.2 ~ 1.5 倍；平行于航道轴线进行分条，分条数量和宽度根据航道底宽的一半加边坡挖宽确定。绞吸挖泥船采用船艉钢桩定位，主桩位于分条挖槽中心线上，作为横挖摆动中心，通过收放绞刀架两侧横移锚缆，左右摆动挖泥，通过定位桩台车顶推前移，前移距离保持适当，以避免重挖和漏挖。疏浚土通过排泥管线输送至围堤吹填区，在吹填过程中，根据所吹土质、吹填强度、实际堆高、接管难易程度等改变管线走向和管口位置，以保持泄水通畅及吹填平整度。该工程"一种绞吸挖泥船绞刀的传动装置"、"一种绞吸挖泥船绞刀液压马达的回油路"等获国家实用新型专利，"大型绞吸挖泥船吹挖坚硬黏土施工"、"大型绞吸挖泥船浅滩施工"等多种工法被评为交通运输部一、二级施工工法。

三是爆破挤淤关键施工要点。通过典型试验段施工校核抛填和爆破参数，不断优化；每次爆破循环施工前必须进行隐蔽报验，在施工单位自检的基础上，监理单位对炸药量、埋药深度、药孔间距、布药宽度等爆破参数进行检查，符合要求后方可同意起爆。定期统计爆破循环实际推进量、实际成形断面抛石量，并与设计断面理论方量进行体积平衡分析，初步验证石层落底情况；施工单位按照要求进行钻孔探摸，检测爆破挤淤实际落底效果后，指挥部安排独立第三方钻孔复核。该工程《提高侧爆落底率》、《引水爆破》等获国家级、市级 QC 成果奖。

四是砂被堤关键施工要点。采用 DGPS 测量系统对袋体铺设位置进行定位；采用充砂量和充砂时间相结合的办法控制袋体铺设速度和移船速度，以保证袋体充填平整；重点加强排尾铺设质量控制，防止排尾撕裂；采用水下探摸的方法对袋体进行检验。在塑料排水板打设施工前，规定试插淤泥深度，对于淤泥厚度与图纸不一致的区域及时调整排水板长度。在排水板打设过程中要求插板机插管标记刻度，保证排水板打设深度准确，对于回带长度超过 50cm 的必须重新补打；通过纬向采用涤纶线 3 道丁缝加密，径向采用 2 道涤纶线加环氧树脂胶结方式加工接缝，以确保接缝强度。该工程《降低海上塑料排水板打插回带率》、《充填袋径向接缝缝制工艺研制》、《提高混合型围堤充填袋铺设质量》等获国家级、省级 QC 成果一等奖。

2.3.4 要素管理持之以恒

一是强化考核管理。在招标文件和合同中设定优质优价、优监优酬条款，为工程创优提供条件，在合同履行中及时考核兑现；同时根据工程进展情况分阶段组织劳动竞赛活动，以"六比"即比工程质量、比工程进度、比安全施工、比技术创新、比文明施工、比科学管理为主要内容，形成了你追我赶的良好氛围，为工程又好又快建设加上了引擎，使承包人履约水平得到提升。

二是强化技术交底管理。工程开工前，要求参建各方熟悉制度、图纸、规范、标准和现场。要求施工单位在熟悉现场的基础上，对施工图进行全面复核和控制网的定期复测；开展施工组织设计、监理规划等控制性文件的编制，并报公司总部审查；编制重要的分部分项工程技术方案经监理审查通过后报备指挥部；对关键、危险性高的技术方案，由指挥部组织专家及有关部门审查把关，确保施工有序展开。严格落实三级技术交底，即项目技术、标段技术、班组技术交底，确保一线从业人员严格执行规章制度和相关规程，熟练掌握对应岗位的操作技能，使工程质量得到事前控制。

三是强化施工过程管理。指挥部人员经常深入施工现场，加强对施工全过程的监控。对监理单位涉及的旁站到位、监督组织、平行抽检、监理记录等一切可能影响施工质量的因素进行检查；重点检查施工单位质量保证体系、自检试验资料、仪器设备率定情况、隐蔽工程验收、质量隐患处理等，规范现场文明施工、材料存放、垃圾处理、环保措施等；加强施工细节的处理及成品保护，对存在问题及时要求整改，并进行跟踪检查，直至整改落实到位。

四是强化质量验收管理。建立健全覆盖监管部门、指挥部、监理部、项目部、施工队、班组到个人的纵向到底、横向到边、控制有效的质量检查体系，从实体到资料，严格落实自检、互检和专检相结合的三检制度，施工工序未经报验合格，不得转入下道工序施工，现场检测达规定频率，重点部位一次报验合格率达 100% 。同时，委托检测中心代表业主独立于监理、施工单位之外对围堤进行沉降位移、落底钻孔检测，做到实时监控；中心试验室代表业主对工程实施过程中的原材料、实体质量进行抽检，及时利用统计方法对检测数据进行汇总分析；委托第三方对航道疏浚情况进行检测，为检验施工质量提供了有力保障。

五是强化信息动态管理。在江苏省交通运输厅工程质量监督局的指导下，工程开工之前就编印并规定了各种用表，要求各参建单位及时、准确、全面采用规定的表格，认真做好原始记录和各种资料整理归档。严格做好周例会、月度例会、专项会议等会议要求的落实，在会上通报周期内的检测结果、安全监测结果及有关质量情况，并形成会议纪要分发。指挥部对接主流新闻媒体及时跟踪报道工程有关情况，同时及时编写工程动态信息，报上级主管部门；定期编辑信息专报将工程推进动态及重大事项报省、市各级领导、工程顾问和专家、各级管理部门以及各口岸相关单位，有效发挥了信息和舆论促进管理的作用。

2.4 安全管理

在一期工程实施过程中，指挥部认真贯彻执行交通运输部《公路水运工程安全生产监督管理办法》和《关于开展公路水运工程平安工地建设活动的通知》要求，组织参建单位全体人员认真学习交通运输部工程质量监督局编写的《公路水运工程施工安全标准化指南》；牢固树立以人为本、安全发展的科学理念，坚持安全第一、预防为主、综合治理的方针，以平安工地建设活动为抓手，丰富工程安全管理文化，将事故预防作为促进安全生产的主攻方向，把规范安全管理和施工作业行为作为促进安全生产的重要保障，把加强基层、基础工作作为促进安全生产的两个着力点，把科技进步、教育培训、信息化建设作为促进安全生产的三个重要支撑，切实将安全生产法律法规、技术标准落实到基层，全面夯实安全工作基础，基本实现施工现场安全防护标准化、场容场貌规范化、安全管理程序化、安全培训教育经常化，参建各方安全生产责任得到有效落实，施工安全风险得到有效控制，安全管理文化得到全面建设，真正实现了工程安全生产无事故。

2.4.1 明确安全管理责任

工程施工招投标文件明确要求每 5 000 万元施工合同额配备 1 名专职安全员。签合同时，指挥部与施工、监理单位签订安全生产责任状，参建单位进点后分别成立安全管理机构，形成项目安全生产管理网络，建立安全生产责任制。明确参建各方及相关责任人的安全生产职责，确定指挥部法人代表、总监、项目经理为安全管理第一责任人，形成人人负责安全工作，人人承担安全管理责任的良好氛围。

2.4.2 把好源头关口

一是建立健全各项管理制度。按照交通运输部《公路水运工程安全生产监督管理办法》的相关要求以及省交通运输厅工程质量监督局安全生产督查的精神，指挥部制定了《安全生产管理实施细则》、《平安工地制度》、《安全生产报告制度》、《安全生产事故应急救援预案》等16项制度，并汇编成册，内容涉及安全检查、会议、教育、应急救援、考核、事故报告等各项安全管理工作，形成了横向到边、纵向到底的全覆盖安保体系。

二是排查危险源并做好标识。对该工程主要施工工艺流程进行分析，考虑施工海域自然条件、工程船舶本身的安全技术性能以及施工人员作业条件，排查出海上疏浚施工与潜水作业、爆破挤淤、人工铺排充填袋、充填袋和砂肋安放、海上抛石、护面块体安放、海上测量作业、船舶海上拖航、防台防汛和恶劣气候等10余项危险源。对各危险源点立牌警示，提醒相关人员加强防范。同时，进一步明确相应责任人，并在工地现场公示，做到责任公开，有效监督。

三是做好安全技术交底。要求施工单位在开工之前分别编制专项危险点安全预控措施，并将危险作业工序的安全技术措施和可能发生的危险情况向全体作业人员进行书面安全技术交底，确保施工作业人员在做好防护的同时，熟知工艺流程，掌握危险因素和应变措施。

2.4.3 开展安全专项活动

在工程实施过程中，指挥部通过组织监理、施工单位开展安全隐患排查月活动、“防人身事故，防人为责任事故，反违章”活动、安全生产月活动、百日安全生产大检查活动等安全专项活动，丰富了工程安全管理文化内容。在各项活动开展过程中，组织施工一线职工开展了观看安全警示教育片，召开现场安全防护用品使用知识讲解，进行安全应急救援演练等工作，调动了施工一线人员学习安全知识的积极性，形成了施工现场人人讲安全、保护自己、保护别人的良好安全氛围。

2.4.4 做好重大危险源和特殊时期安全保障

一是航道疏浚施工。该工程航道疏浚作业因进出港生产船舶带来的安全隐患较大，连云港海事局专门成立了“连云港港30万吨级航道工程海事保障指挥部”，对该工程给予专项安全保障。两个指挥部协同进行海上施工安全管理，坚持每天参加港口生产部门组织的早班会议，协调进出港生产船舶和疏浚船舶作业的关系；积极联系港口集团生产业务部、连云港引航站和上海海事局连云港航标处等单位，就海上施工船舶和进出港船舶安全事宜进行及时管理和协调，定期召开水工作业通航安全会议；建立海上施工和陆上指挥及海事管理人员的通信录，规定专项联系方式，以保证海上疏浚作业人员和海事监管人员信息畅通。经过各方共同努力，有效化解了许多矛盾和多起事故苗头，做到了航道施工与港口生产两不误、双安全。

二是爆破挤淤施工。在围堤工程施工中炸药、雷管等火工品使用量大，若发生火工品被盗流失，将对社会安全构成严重威胁，因此对储存保管工作要求尤为严格。指挥部加强该危险源点监控，要求施工方从火工品的运输、储存保管、现场加工使用等方面落实专人负责，尤其必须有专人在后方看管炸药。爆破挤淤施工涉及周边建筑、人员、设备等的安全，指挥部要求施工单位切实认真贯彻执行国家、行业和企业制订的《爆破作业安全技术操作规程》、《水上作业安全技术操作规程》等。

三是防台安全保障。指挥部成立了防台领导小组，针对防台安全保障工作召开专题会议。每当台风到来之前，要求施工单位及时将所属施工船舶情况及避台要求制成表格报告海事局和指挥部，并根据自有船舶的抗风情况，在海事部门的领导下选择合理抛锚避风位置。在2011年8月的"梅花"台风预防工作中，指挥部及时组织各施工标段项目部启动防抗恶劣天气应急预案，全面做好台风动态预警预报工作，加强防台现场领导，防台准备工作有序开展，工程安全管理工作的及时有效性得到了一次实战检验。

2.4.5　加强安全常态化管理

一是落实安全教育培训。为全面贯彻安全理念，提高所有参建人员的安全意识，指挥部在加强内部管理人员培训、学习安全生产法律法规知识的同时，还及时督促施工、监理单位对其管理人员和一线施工人员开展包括安全思想教育、安全技术知识教育和典型事故案例教育等各类安全学习和培训活动，提高参建人员处置突发事件的能力。

二是落实安全费用到位。为规范安全生产费的使用管理，指挥部依据国务院《建设工程安全生产管理条例》、《公路水运工程安全生产监督管理办法》、《高危行业企业安全生产费用财务管理暂行办法》、《江苏省公路水运工程安全费用使用制度》及招标文件规定，制定了《工程安全费用支付管理制度》。要求施工单位根据项目生产计划，编制《安全生产费用月度使用计划》报监理部审核，由监理部对项目部实施的安全生产、文明施工等组织考核，监督安全生产措施和费用落到实处。每月使用的安全经费由施工单位按实申报，申报资料中所附支出的经费依据真实、准确，购置主要设备、设施、器材附发票复印件，经监理部审核后进行支付。

三是落实应急预案演练。结合该工程特点，指挥部着重就施工船舶避风、陆上消防、施工船舶消防、施工船舶触礁、围堤飞石伤人、人员落水、热带风暴船舶紧急撤离、围堤人员受伤救助、船舶碰撞等组织演习，并认真做好总结工作，做到平时安全应急程序在心中，紧急时刻程序办法有效。

四是落实现场安全检查。以指挥部定期安全生产大检查和施工单位自查自纠相结合的方式开展安全检查工作，安全生产检查内容包括查制度、查现场、查隐患、查整改，对于检查过程中发现的问题，要求及时进行整改，并跟踪落实整改到位；明确要求各项目部、监理部安全员在加强现场巡视的同时，坚持重要部位旁站，切实做到防患于未然，时刻提醒参建人员高度重视安全。

五是落实安全工作考核。为鼓励参建单位和个人从身边和自我做起，群策群力做好安全管理工作，指挥部每季度对各施工、监理单位的安全管理工作检查情况予以通报，每半年进行一次安全考核，评选出安全管理先进单位和个人，同时纳入履约考核中进行严格兑现，与企业信用等级挂钩，确保工作落到实处。

六是落实平安工地创建。根据交通运输部、江苏省在全国公路水运工程领域开展平安工地建设活动的部署要求，指挥部在及时向各参建单位贯彻落实平安工地活动精神的同时，根据工程建设的实际情况，制定了《平安工地建设活动实施方案》，以此为纲领切实有效地开展平安工地建设活动。通过每月安全例会、季度安全检查通报、季度安全考核，不断强化平安工地创建、提升工程建设安全管理水平。

2.5 环保管理

本工程自工可阶段就组织环境评价和社会稳定风险评估，充分调查、研究论证本工程建设对环境和相关利益者的影响，在符合相关强制性规定的前提下，最大限度地降低工程建设带来的负面影响，采取措施尽可能弥补工程建设带来的不良影响。工程实施过程中，委托专业环境监理单位进行全过程环保监理，委托专业监测单位进行全过程环境监测，及时发现并提醒纠正出现的问题。由于所有参建者高度重视环境保护、措施和管理到位，本工程建设过程中未发生环保违规事件，也未发生影响社会稳定的事件。

为全面落实国务院《中国水生生物养护行动纲要》，更好地服务于江苏沿海地区经济社会可持续发展，由江苏省海洋与渔业局、指挥部、连云港市海洋与渔业局三方签订一期工程海洋生态补偿协议，专门成立了项目实施工作领导小组共同实施一期工程生态修复项目。作为江苏省落实海洋生态补偿且补偿金额最大的国家重点工程，一期工程投入生态资源补偿金近亿元，自2011年起5年内在连云港海州湾海域及其沿岸地区开展生态修复、环境整治、海洋监测、巡航执法和教育培训，提高工程周围海域海洋生物量，改善生物种群结构，修复海洋生态，美化连云港港口工程周边环境。该生态修复项目的实施，为积极推进江苏海洋综合管理工作和江苏海洋与渔业事业发展探索路径并提供示范。

2.6 资金管理

一期工程作为重大公益基础设施，根据国家有关规定，工程建设资金按交通运输部18%、江苏省60%、连云港市22%的比例筹集；同时省长办公会议纪要明确：鉴于争取交通运输部补助的部分资金滞后到位，请连云港市政府组织银行贷款，利息由省财政支付。连云港市根据工程建设的实际情况专门制定了《连云港港30万吨级航道工程项目资金管理办法》，连云港港口集团和徐圩新区管委会所属的国有公司负责市级配套资金。指挥部按照资金管理办法规范资金运作和合同支付程序，合同签订与资金拨付均必须履行会签程序并做到及时支付。设立了资金专户，共筑建设资金管理防线，对拨付到施工项目部、监理组的工程款实施跟踪监管，确保资金用于该工程事项；指挥部的日常办公经费开支也要纳入预算管理，严格控制，厉行节约。

2.7 档案管理

指挥部以“建优质工程，创精品档案”为目标，高度重视项目档案管理工作，工程开工伊始组织编制了《竣工文件编制办法》，经江苏省交通运输厅、省档案局联合审定并报备交通运输部档案馆，作为指导项目档案管理的科学依据。指挥部组织施工、监理、设计等各参建单位建立档案工作网络，健全相关档案工作管理制度；全面执行文件材料“预立卷”制度，确保文件材料形成质量的过程控制；结合工程进度，对项目档案归档质量和进度进行跟踪检查、整改及反馈，并与项目“优质优价、优监优酬和履约考评”等考核挂钩，加强项目文件材料报审和移交工作，确保项目档案工作与工程建设同步推进；项目档案管理规范、质量控制有效。

经江苏省交通运输厅、省档案局等主管部门联合验收，验收组认为一期工程项目文件材料形成程序规范，表式统一，签署完备，制作质量优良；项目文件材料收集基本齐全、完整，照片、光盘、实物、电子等特殊载体档案形式丰富，反映了工程项目建设和管理的过程；项目文件材料进行了系统整理，档案分类科学、组卷合理，编目清楚，案卷质量符合规范要求；建立了档案的案卷和文件级目录库，部分档案资料进行了全文数字化管理，为项目档案的查找利用提供了便捷条件；档案管理硬件设施齐备，为工程项目档案提供了良好的保管条件，有效保证了档案安全管理。项目交工档案反映了工程建设的实际状况，符合档案管理规范要求，能够满足项目运营、维护、管理的需要。验收组对一期工程档案管理工作给予很好的评价，建议该项目档案参评全国建设项目档案管理示范工程。

2.8 廉政建设

针对该项目投资总额大、专业性强、建设工期长等特点，江苏省审计厅把事后审计转变为事前、事中、事后全过程跟踪审计。每年组织一次为期约50天的跟踪审计，重点对工程事前、事中涉及合同、变更、隐蔽工程、工程进度、拨付款等要点进行审计，及时下发跟踪审计报告，及时预防或纠正可能出现的问题，有效保护资金使用安全，避免损失浪费。已经进行的四次跟踪审计总体上对一期工程建设管理的规范、守纪、严格给予了肯定，为工程的交工结算和竣工决算打下了可靠基础，同时预防腐败或重大经济过失，为工程优质、干部优秀保驾护航。

为加强工程建设现场党组织和党员的管理，发挥党组织的战斗堡垒和流动党员的先锋模范作用，提高凝聚力和战斗力，更好地做好指挥部廉政建设工作，连云港市港口管理局机关党委批复成立了连云港港30万吨级航道建设指挥部党总支，下设机关党支部和流动党支部，流动党支部由各参建单位党员组成。党总支实行“指挥部党组织受委托管理，参建单位总部党组织跟踪管理”的流动党员管理模式，做到以党工建设促进工程建设又好又快推进。同时，指挥部与连云区人民检察院打造“检部共建”，签订开展预防职务犯罪工作协议，聘请检察院资深人员开展反腐倡廉讲座，加大宣传教育，“检部共建”活动有效遏制了工程建设中职务犯罪的发生。廉政建设工作为一期工程建设提供了作风保证和监督支持，整个建设过程未发生任何廉政事故。

3 结语

连云港港30万吨级航道是我国乃至世界上在开敞海岸淤泥质浅滩建设等级最高的人工深水航道，是江苏省沿海开发的“牛鼻子”工程，也是连云港港发展的生命线工程，加快其建设，对迅速适应船舶大型化发展、建设大型专业化码头、提升连云港港口竞争力，对在连云港布局原油储备和重化工产业、优化区域投资环境、带动区域经济社会发展等方面，都具有十分重要的战略意义。攻坚克难建深水航道、顽强拼搏筑海上坦途，历经4年时间，一条内涵丰富的“人”字形黄金航道傲然出现在黄海之滨，在江苏省沿海开发、东中西区域经济协调发展中写下浓墨重彩的一笔。连云港区25万吨级航道有效提升了连云港港口服务功能，截止到2014年1月底，共有近60艘次25万吨级及以上船舶进出，其中包括实际载重30万吨矿砂船“淡水河谷·马来西亚”号轮。航道的扩建为港口吞吐量持续快速增长和实现跨越发展提供了强大的支持，在2008年实现亿吨大港的基础上，2013年港口货物吞吐量翻一番，突破2亿吨。总长17.6km的配套围堤建成投入使用，围成旗台和徐圩两处疏浚泥土吹填区，约9 000万m^3疏浚泥土吹填成陆，在减少环境污染的同时，形成了约9km^2宝贵的港区陆域，为徐圩港区起步和旗台作业区拓展奠定了坚实基础。徐圩港区10万吨级航道的正式通航为徐圩港区实现开港运营提供了必要条件，为全市人民期盼了几十年的重大产业项目落户我市创造了先决条件，港口航道引领产业构建的态势十分显著。

经过大家几年的共同努力，指挥部获得了一些荣誉（见表1）。一期工程顺利交工，安全、质量、进度和投资控制画上了圆满的句号，这是一个阶段性的成功，我们热切期待二期工程再创辉煌！我们深感责任重大、使命光荣！

非常感谢各级领导、各位专家、各有关方面和所有参建人员！

连云港港30万吨级航道建设指挥部获奖一览表 表1

序号	获奖时间	表彰单位	奖项名称	备注
1	2011年2月	连云港市委市政府	特殊贡献奖	
2	2011年2月	连云港市委市政府	重大事项推进先进单位	
3	2011年3月	连云港市委市政府	2010年度港口口岸发展有功单位	
4	2011年3月	连云港市委市政府	30万吨级航道建设重大贡献奖	
5	2011年3月	连云港市委市政府	先进集体奖	指挥部工程处
6	2011年12月	连云港市总工会	市五一劳动奖状	
7	2011年12月	连云港市总工会	市工人先锋号	指挥部现场管理处
8	2012年1月	连云港市委市政府	重大事项推进一等奖	
9	2012年1月	连云港市委市政府	重大事项推进先进单位	
10	2012年3月	连云港市委市政府	2011年度发展建设连云港港口先进单位	
11	2012年4月	共青团连云港市委员会、市发改委	2011年度连云港市重点建设项目优秀青年突击队	指挥部青年突击队
12	2012年7月	连云港市委市政府	连云港港30万吨级航道一期工程首航有功单位	
13	2012年11月	江苏省交通运输厅、江苏省总工会	2010～2012年全省交通重点工程建设劳动竞赛先进集体	
14	2012年12月	江苏省交通运输厅、共青团江苏省委	省级青年文明号	指挥部青年突击队
15	2013年1月	江苏省总工会	省五一劳动奖状	
16	2013年2月	连云港市委市政府	25万吨级航道正式通航特别奖	
17	2013年2月	连云港市委市政府	重大事项重点工程推进工作先进单位	
18	2013年2月	连云港市总工会	“建功立业十二五，沿海开发创一流”劳动竞赛先进单位	
19	2014年3月	江苏省总工会	省工人先锋号	指挥部现场管理处

注：参加本工程建设的有关单位、项目部、监理组、施工船组及个人也分别获得江苏省五一劳动奖状、奖章、工人先锋号和连云港市五一劳动奖状、奖章、工人先锋号等奖项。

建设管理篇

连云港港 30 万吨级航道一期工程科研设计管理

沈雪松　张海文

（连云港港 30 万吨级航道建设指挥部　连云港　222042）

摘　要：连云港港 30 万吨级航道建设条件复杂，工程规模大，技术复杂，是开敞海域淤泥质浅滩深水航道的典型。为解决海床性质及岸滩稳定性、泥沙条件、航道回淤、航道选线、航行安全性等关键技术问题，采取建设单位牵头、总体院总策划、科研单位具体负责的科研管理模式，将科研与设计紧密结合。一期工程科研和设计管理成效显著，为 30 万吨级航道工程提供了坚实的技术支撑，有力地推动了我国水运行业的技术进步。

关键词：连云港港；30 万吨级航道；科研管理；设计管理

1　工程概况与特点

1.1　工程概况

连云港港 30 万吨级航道建设规模为 30 万吨级散货船、油船乘潮单向航道。根据“一次立项，分期实施”的原则，先期实施一期工程。一期工程建设规模为：连云港区航道为 25 万吨级散货船乘潮单向航道，徐圩港区航道为 10 万吨级散货船单向乘潮航道。航道总平面图如图 1 所示。

连云港区 25 万吨级航道长度 53. 4km，其中人工开挖段长 42. 8km，设计有效宽度 270/290m，设计底高程 －19. 8/－20. 3m，乘潮历时 4h90% 保证率；徐圩港区 10 万吨航道长度 24. 7km，设计有效宽度 210m，设计底高程 －13. 3m，乘潮历时 3h90% 保证率。

1.2　工程特点

连云港港 30 万吨级航道建设条件复杂，工程规模大，技术复杂，是开敞海域淤泥质浅滩深水航道的典型，有以下工程特点：

（1）本工程为浅滩深挖槽，开挖厚度大，里程长，工程量大，工期紧，施工强度大。位于开敞海域淤泥质海岸，浅滩坡度平缓，深水区距离海岸较远，一期工程最大开挖深度达 20m，人工开挖航道里程达 67. 5km，基建疏浚工程量达 1. 5 亿 m^3，工期 3 年，施工强度大。

（2）海床性质及沉积环境复杂。整个航道位于淤泥质海岸范围，但徐圩港区航道邻近灌河口沙嘴。灌河口沙嘴周边沉积环境复杂，岸滩尚处于演变调整过程中。

（3）位于开敞海域，波浪动力较强，旋转流动力弱，泥沙运动复杂。

（4）淤泥土质差，附近地区缺乏砂石料供应，配套泥土吹填区的围堤结构设计选型难度大。

国家高技术研究发展计划（863 计划）课题 2012AA112509、江苏省交通运输科技项目（2014T12）资助。

（5）徐圩港区航道要处理好航道疏浚与回淤观测的关系，满足回淤观测需要。徐圩港区航道属于新开辟航道，尚缺乏工程实践经验，滩地更为宽浅，波浪动力更为强劲，邻近灌河口沙嘴，自然条件较连云港区更为复杂。为谨慎推进工程建设，专家和有关部门要求徐圩港区10万吨级航道需分阶段逐步增深，期间开展回淤观测研究，以取得回淤实测数据，为30万吨级航道最终规模研究、设计提供技术支撑。

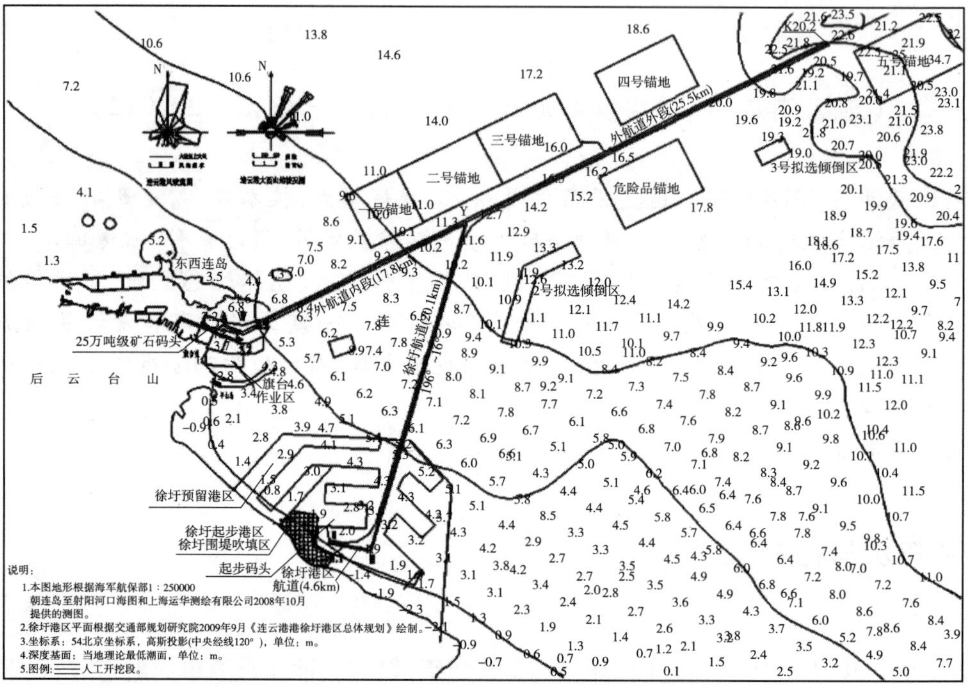

图1　航道总平面图

（6）要处理好围堤与港区规划建设、航道疏浚的衔接，为港区开发建设和30万吨级航道一期工程大规模、高强度疏浚施工创造条件。

（7）连云港区航道系在通航航道上扩建，基建和通航矛盾大，需要妥善处理。

2　科研设计总体部署

前期研究阶段开展了大量专题科研试验工作，基本解决了海床性质及岸滩稳定性、泥沙条件、航道回淤、航道选线、航行安全性等关键技术问题，为项目决策提供了科学依据，也为后续研究和设计工作打下了良好的基础。但本航道建设规模大，自然条件复杂，设计、施工难度较大，许多技术问题需要进一步研究解决，为工程的顺利实施，并为维护工作提供科学依据；在前期研究的基础上，结合先导试挖工程和一期工程，深化研究30万吨级航道实施（建设期）和维护（营运期）的关键技术问题仍然是十分必要的。另外，连云港港30万吨级航道是我国重大水运基础设施，也是开敞海域淤泥质浅滩深水航道的典范，因而依托本工程研究解决一批具有推广应用价值的关键技术问题，对于推动我国水运工程技术进步意义重大。

2.1　科研设计管理模式

根据长江口深水航道治理工程、洋山深水港区航道工程、宁波虾峙门30万吨级航道工程等工程实践经验，我们采取了由对航道工程效果总负责的总体院（主体设计单位）围绕建设期和营运期需要解决的关键技术问题,起草编制总体科研工作大纲(计划),协助业主组织专业科研单位实施,并负责技术把关的科研模式。该组织模式有利于更好地开展工程研究与设计工作,有利于动态跟踪、动态研究、及时采取有针对性的措施。

本工程科研、设计管理的主要特点如下:

(1)科研管理。指挥部总牵头,总体院——中交上海航道勘察设计研究院有限公司负责航道回淤研究和科研项目总策划,各专业科研单位参与具体科研;为加强科研过程管理力量,弥补业主专业人员不足,指挥部聘请江苏省水运工程技术研究中心协助科研管理工作,并经常组织业内知名专家进行专题咨询。

(2)设计管理。指挥部负责统筹管理,总体院编制设计并及时吸纳相关科研成果,咨询审查单位全过程参与,交通运输部组织初设审批。连云港市港口管理局负责施工图审批。

(3)科研和设计紧密结合。建设期科研工作紧紧围绕建设期和营运期需要解决的关键技术问题,由总体院提出方案,经指挥部组织专家审查后立项实施,并根据科研和工程进展情况完善调整,科研成果形成后及时用于一期工程设计。

2.2 科研工作总体部署

2.2.1 建设期和营运期科研工作

2009 年 6 月,江苏省交通运输厅和连云港港 30 万吨级航道建设指挥部对建设期和营运期科研工作做出总体部署,由总体院起草提出总体科研计划,根据项目前期研究阶段开展的现场观测及科研工作情况、本工程建设条件和 30 万吨级航道的建设要求,以及建设期和营运期需要解决的主要技术问题的分析,经广泛征求南京水利科学研究院、交通运输部天津水运工程科学研究所、华东师范大学河口海岸研究院、河海大学等科研单位的意见和建议,于 2009 年 10 月完成《连云港港 30 万吨级航道工程建设期和营运期科研及关键技术研究工作大纲》,并于同月经连云港港 30 万吨级航道第一次工程技术顾问和专家组会议专家咨询后修改完善。

根据科研项目特点及延续性、各家科研单位的特长以及前期科研项目参与情况,指挥部采取择优选择、定向委托、竞争性谈判等方式确定科研承担单位。

2.2.2 国家“863”计划立项及研究工作

在江苏省、科技部和交通运输部等相关方面的大力支持下,从 2010 年开始,指挥部依托 30 万吨级航道工程,以建设期和营运期科研工作为基础,积极申报国家科技支撑计划项目,组织总体院、专业科研单位、主体施工单位编制推荐书。经科技部多轮严格遴选后推荐转报为国家“863”计划,又不断修改完善,《开敞海域淤泥质浅滩深水航道建设关键技术研究》于 2012 年 3 月获“863”计划立项;目前各项任务推进顺利,取得了一系列创新性成果,部分研究成果已在工程中得到了推广与示范应用。

3 科研管理及成效

3.1 科研工作的定位和要求

(1)为工程服务:研究解决连云港港 30 万吨级航道的关键技术问题,为 30 万吨级航道一、二期工程的研究设计、建设和运营提供科学依据。

(2)推动技术进步:依托连云港港 30 万吨级航道工程,实现在淤泥质海岸建设深水航道方面的技术创新,推动水运工程技术进步。

3.2 科研管理方法

（1）严格计划管理：科研计划须充分听取专家意见，承担单位需编制工作大纲和实施计划报业主、科研项目总策划单位和科研管理单位，重点项目的工作大纲和实施计划须经专家审查，确定后要严格执行；重要计划节点如需调整，按程序报批。

（2）严格质量监督：对于没有可能平行研究的科研项目，保证科研质量关键是要严格质量监督，遇关键节点请专家审查，并开展定期和不定期检查。

（3）严格进度管理：在指挥部的领导下，由科研管理单位负责进度检查管理，总体院（科研项目总策划单位）协助。

（4）严格成果验收：组织专家进行成果验收，必要时先提交中间成果向专家咨询。

（5）采取动态管理：根据情况及时调整科研计划；增减科研项目。

（6）专家全程咨询：为了加强科研和工程建设管理力度，江苏省交通运输厅和连云港市人民政府联合聘请了包括院士、大师在内的21位知名专家担任30万吨级航道工程技术顾问和专家，从2009年起每年召开一次大型咨询会议，就工程建设的重大技术、设计、科研和管理事项进行咨询，有效破解技术难题。

3.3 一期工程建设期科研项目及成效

（1）连云港海域底质及岸滩稳定监测研究，由总体院承担。自2011年起，在连云港区—徐圩港区—灌河口海域开展了4次底质取样、4次断面水深测量和1次水文测验，基本掌握了连云港海域的底质变化情况、岸滩稳定情况。监测研究表明，徐圩—灌河口沙嘴海域底质分布格局总体保持稳定，连云港区为淤泥质海岸，埒子口以西的徐圩海域为淤泥质海岸，灌河口沙嘴附近表层沉积物以粉砂质为主，但灌河口沙嘴西北侧边界位置底质粒径略有波动，灌河口沙嘴总体上进一步趋于稳定。

（2）连云港港水文气象观测系统的建立及观测，由多家单位共同实施。完成徐圩海洋站的建设并投入使用，获得了徐圩海域连续的潮位、波浪、气象等资料，为港口航道研究、建设和营运提供可靠的基础资料。开展了徐圩海域波浪潮流泥沙短期观测，获得了不同天气条件下、不同等深线处徐圩海域的含沙量资料，为回淤研究提供了宝贵资料。另外，还开展了开山岛临时潮位观测。

（3）航道（含先导试挖）回淤观测及研究，由总体院承担，其中大风天回淤观测由交通运输部天津水运工程科学研究所平行开展。航道回淤观测及研究是航道工程研究设计的最重要的基础工作，观测及研究质量的好坏关系到30万吨级航道工程的研究设计质量，需要采用水深测量、断面测量、回淤物及底质取样、浮泥测量及取样等多学科技术手段和丰富的观测经验，需要航道设计、疏浚工艺、回淤研究等综合经验，包括徐圩港区航道先导试挖、5万吨级航道、10万吨级航道规划口门外段、连云港区25万吨级航道等阶段回淤观测研究，取得了常年和大风天的实际回淤资料，为率定数学模型参数提供依据，为30万吨级航道后续工程的研究设计提供依据。回淤观测研究表明，实际常年回淤总体好于预期，“达维”等台风后的航道回淤情况符合预期。根据台风后连续多次浮泥厚度、密度、物质组成等现场观测，大风过后的回淤物主要为浮泥，是暂时的和不碍航的，具有先淤后恢复的特征，残留固结为淤泥的实质性回淤很小，进一步证实了连云港区及徐圩港区航道不存在台风骤淤碍航风险的科学论断，为最终建成30万吨级航道、顺利推进二期工程提供了有力的支撑。同时结合浮泥起动、运动、浮泥密实等室内试验成果，深化揭示了大风天回淤规律和浮泥形成、运动、消失的机理，为在开敞式淤泥质浅滩建设深水航道提供了理论依据。

（4）潮汐水流作用下浮泥生成及运动规律室内试验及数学模型研究、连云港区主航道淤泥起动试验研究、徐圩航道回淤土流变试验及其应用研究，由中国科学院力学研究所承担。通过试验测定了浮泥和淤泥的起动流速、淤泥动力黏度、屈服应力、弹性模量等流变参数。通过研究分析了浮泥运动的物理过程，探索了底面坡度、泥面坡降等引起重力流的机制，给出了斜坡及水平床面上的最大可能浮泥层厚度；建立了重力、波流作用下浮泥运动的理论模型，并进行了实验；初步揭示了扰动的存在使得大风后浮泥淤积厚度大幅度降低的物理机制；给出了主要参数对浮泥输运率的影响规律，为深化大风天回淤规律研究、浮泥生成及运动机理研究和潮流波浪泥沙三维数学模型提供了依据，对连云港航道不存在大风天骤淤碍航的观测结果提供了初步的理论依据。流变特性试验研究发现，不同重度下的剪切力曲线存在转折现象，为适航深度的选取提供了客观的科学依据。

（5）徐圩港区及口门附近航道整体物理模型试验，由南京水利科学研究院承担。重点对徐圩港区防波堤工程实施前后潮位、港内和口门流态、泥沙回淤的变化趋势进行研究，充分论证了防波堤平面及堤头布置的合理性；通过起步工程、近期方案和远期方案的试验研究，从港区、内航道和口门航道的回流、横流流态和航道回淤等方面评判和优化徐圩港区的总体布置；开展工程建设对周边海域影响研究，使影响降至可接受程度，促进徐圩港区及航道与附近涉海工程协调发展；进而为徐圩港区口门航道及港区工程设计和施工提供科学依据。

（6）连云港港潮流泥沙数学模型完善，由南京水利科学研究院和河海大学平行研究。利用先导试挖和一期工程实测回淤资料，对二维潮流泥沙数模进行了率定完善，研究成果已应用于30万吨级航道二期工程研究。

（7）连云港港大风天波浪潮流泥沙三维数学模型完善，由交通运输部天津水运工程科学研究所承担。利用先导试挖和一期工程实测回淤资料，对三维潮流泥沙数模进行了率定完善。此项工作模型完善后已应用于30万吨级航道二期工程研究。

（8）航道疏浚边坡试验观测及研究，由总体院承担。结合先导试挖和一期工程的施工和回淤观测研究，开展疏浚边坡研究。阶段成果已应用于30万吨级航道二期工程研究，节省了工程投资。

（9）15万吨级航道实船航行观测及研究，由总体院承担。在连云港区开展15万吨级航道实船航行观测研究，取得沿程实船航速、风流压偏角、航迹带数据，据此开展了航道有效宽度计算公式的参数优化研究。

（10）抛泥扩散观测及研究，由总体院承担。采用ADCP水沙观测、中子示踪沙手段对2号抛泥区开展了抛泥作业过程中、抛泥后泥土的流失扩散的观测研究，以研究抛泥扩散对航道的影响，阶段成果已应用于30万吨级航道二期工程研究。

（11）连云港港航道浮泥研究，由交通运输部天津水运工程科学研究所承担。鉴于在淤泥质浅滩建设的开敞式深水航道是否会产生浮泥碍航现象尚不明确，为了给航道研究、设计、施工和长期运营等提供依据，研究单位开展了多次大风后的浮泥现场观测和室内试验。基于台风后连续多次浮泥厚度、密度、物质组成等现场观测，并结合浮泥起动冲刷、浮泥密实等室内试验，深入解析了浮泥形成—运动—消失的一个完整过程，进一步证实了连云港航道大风后淤积物为细颗粒泥沙，并以浮泥形式存在且经一段时间后消失而不至于碍航的结论，为在淤泥质浅滩建设开敞式深水航道提供了重要依据。

（12）玻璃纤维经编复合土工布加筋层在海滩淤泥地基充填袋斜坡堤的应用技术研究，

由总体院牵头并负责研究,南京金路土工复合材料有限公司负责产品研制,中交三航局负责试验施工。研究目的是利用玻璃纤维经编复合土工布高强度、低延伸率的特点,解决围堤沉降变形过大的问题。完成了适用于围堤加筋的高强度玻璃纤维经编复合土工布加筋层研制,依托徐圩1号围堤开展了高滩段人工铺设玻璃纤维经编复合土工布加筋层的应用效果研究,依托徐圩2号西侧堤北段开展了水下段船铺玻璃纤维经编复合土工布加筋层的施工工艺研究,本次研究基本解决了高滩部位的工作机理及设计计算方法,以及水下铺设工艺等问题。研制的玻纤布达到了预期效果:纵向抗拉强度达到300kN/m,延伸率不小于2%。原型观测表明,采用玻璃纤维经编复合土工布加筋层的围堤始终保持稳定,根据应力—应变资料分析,加筋层拉力始终小于允许抗拉强度,堤顶沉降和水平位移小于采用加筋软体排的堤段。研究表明,在垫层及玻璃纤维经编复合土工布平整度有保证的情况下,玻璃纤维经编复合土工布可以同步工作起到加筋效果,对均化堤基应力分布、减少堤顶沉降量、减少堤坝水平位移有一定作用;但在垫层平整度不能保证的情况下,尚应谨慎使用。

4 设计管理及成效

(1)严格计划管理:根据总体实施计划,编制施工图设计计划,设计单位分阶段及时完成设计、提交图纸,审图单位分阶段及时完成审图工作。

(2)严格质量管理:严格执行初步设计咨询审查、初步设计由交通运输部审批、施工图设计第三方审图、连云港市港口管理局施工图审查批复等基建程序,遇到关键问题及时组织专家咨询。

(3)严格进度管理:定期跟踪,保持沟通,严格按照进度计划要求执行。

(4)严格变更管理:制定设计变更管理办法,严格执行,层层把关。

(5)对新结构、新技术开展试验段施工:爆破挤淤堤内侧反滤及压载结构是业界一直未能有效解决的技术难题。本工程设计创造性地提出了软体排反滤、充填袋压载的新结构。本着积极稳妥的原则,指挥部在旗台1区开展了试验段施工,对设计方案的可行性进行了验证,同时也为优化结构尺度提供了可靠依据,取得了很好的效果。

5 结语

连云港港30万吨级航道一期工程25万吨级连云港区航道于2012年6月完工,2012年8月2日经受了超强台风“达维”正面登陆的考验,其风力达到12级,为100年一遇,波高达到50年一遇。大风天后(8月3~11日)回淤观测表明,连云港区25万吨级航道最大回淤强度约0.4m,徐圩港区5万吨级航道风后初始回淤厚度约为0.3m;初始回淤物多为浮泥,固结为淤泥后厚度进一步减小,不存在大风骤淤碍航风险。另外,2012年10月、2013年1月、2013年4月、2013年7月、2014年6月分别进行了全航道观测,常年回淤观测表明,航道回淤强度和回淤量均小于预测量,未发生边坡坍塌等情况。连云港区25万吨级航道交工2年多来,未进行任何维护性疏浚,25万吨级满载船仍可乘潮进港。

30万吨级航道一期工程10万吨级徐圩港区航道于2013年7月完工,其中5万吨级航道于2011年8月完工,2011年8月~2012年4月期间对徐圩港区5万吨级航道进行了6次回淤观测,实测表明破波带段实际回淤分布及强度符合预期。2014年4月对徐圩港区10万吨级航道进行了全航道实测,结果表明徐圩港区10万吨级航道规划口门段外段实际回淤强度好于预期,2号倾倒区抛泥对航道影响不大。

参 考 文 献

[1] 中交上海航道勘察设计研究院有限公司.连云港港30万吨级航道工程预可行性研究报告[R].2008.

[2] 中交上海航道勘察设计研究院有限公司.连云港港30万吨级航道工程预可行性研究修改补充报告[R].2008.

[3] 中交第一航务工程勘察设计院有限公司.连云港港30万吨级航道一期工程初步设计技术审查咨询报告[R].2010.

[4] 开敞海域淤泥质浅滩深水航道建设关键技术研究.国家高技术研究发展计划(863计划)课题任务书[R].2012.

浅谈连云港港30万吨级航道一期工程投资控制管理

方利鹤

（连云港港30万吨级航道建设指挥部　连云港　222042）

摘　要：随着江苏省沿海开发战略的实施，水运工程建设成为江苏省“十二五”期间的基础设施建设重点。为规范投资控制，做到程序化管理、规范化管理，本文结合连云港港30万吨级航道建设，对水运工程建设投资控制管理工作开展了思考，总结了一些经验，提出若干想法，以供同类工程参考。

关键词：连云港港；30万吨级航道；水运；投资控制；管理

1　引言

随着江苏省沿海开发战略的实施，水运工程建设必将成为江苏省“十二五”期间的基础设施建设重点。工程建设管理主要包括进度控制、质量控制、投资控制和安全控制几大部分，投资控制到位，是进度、质量和安全控制的重要保证，也是图纸设计如实转换成实体的关键，因此投资控制在建设管理中至关重要。为规范投资控制，做到程序化管理、规范化管理，笔者结合连云港港30万吨级航道建设，对水运工程建设投资控制管理工作开展了思考，取得了一些经验，提出若干想法，以供同仁参考。

2　投资控制的主要方法

根据国家建设项目基本建设程序，项目建设一般应有预可、工可、初设、施工图设计、施工、试运行和投产等几个阶段。

2.1　前期工作阶段

项目建议书、预可、工可统称为前期工作。由于项目的复杂性和不确定性，因此前期工作一般直接委托专业单位或者通过竞争性报价委托专业单位来完成，具体收费标准可参考国家有关规定结合工程难易程度进行适当调整。由于水运工程的特殊性，在前期工作过程中，常涉及大量的研究工作，因此，为了有效控制工程费用，可委托有资质的单位进行一揽子承担，并列明需要做的专题研究课题（必要时可由承担单位进行分包），并根据设计需要和研究课题实际列出时间表，以便建设单位可以根据研究课题内容进行阶段性检查和督促，避免各课题另找专业单位可能带来的责任分工不明、进度协调不顺等诸多弊端，甚至造成研究课题重复。连云港港30万吨级航道工程项目预可研究阶段，最早是按“人字形，连接连云港区和徐圩港区，全部达到30万吨级散货船乘潮单向通航并兼顾30万吨级原油船乘潮单向通航”考虑的，项目规模大、技术和自然条件复杂，涉及开敞海域淤泥质浅滩深挖槽航道的许多创新性、探索性研究课题，项目技术可行性、经济合理性很大程度上取决于这些关键问题的研究成果，必须系统地组织大量相关研究与试验。有些关键技术问题的研究方法、手段和结果可能不是唯一的，需要开展平行研究，以期相互探讨和验证。我们采取了总体院作为科研项目总策划、相关科研单位根据总体要求提出课题研究大纲与竞争性报价、组织专家评审的筛选过程，在竞争性报价分析和专家评审基础上，以合适价格择优确定研究单位并签订合同。另外，前期工作涉及最为关键的是工程能否立项批复及何时批复，因此可以酌情考虑研究项目付款与立项（工可）批复时间相挂钩。

2.2 初步设计与施工图设计阶段

项目工可批复后转入设计阶段，一般设计分为初步设计与施工图设计两个阶段，初设确定总体设计方案和项目投资概算，施工图确定具体实施图纸，是关系工程质量能否满足使用、运营要求，并直接决定工程投资的重要阶段。因此，设计阶段需要通过公开招标，确定有实力和信誉好的设计单位。考虑到参加投标各设计单位参与前期工作较少，理解工可意图需要一定时间，因此，在设计招标阶段应最大限度地给予充足的投标文件编制时间，以保证设计招标的可竞争性，充分竞争的设计招标可以节约设计费15%左右，更重要的是可以取得好的设计方案。为了保证设计质量并便于确定设计院的责任，应尽可能将设计阶段的测量、勘探工作一并列入设计标统一进行招标。30万吨级航道一期工程涉及钻探合同14个、测量合同18个，在预可、工可、初设和施工图设计阶段分别提出地质勘探和测量要求，分别通过公开招标或竞争性报价选定承担单位。在设计阶段还应分阶段对设计方案和图纸进行过程检查，保证设计能够满足工可批复要求，并在满足功能需求的前提下，最大可能地优化方案设计，做到质量可靠、投资可控。另外，因水运工程的专业性较强，一般应委托设计咨询单位对设计图纸进行全面审查，做好功能性复核和稳定性验算，弥补专家会审查中细节审核不到位、缺乏数据支撑等缺点，尽可能地优化设计、节约工程投资。

2.3 施工招投标阶段

2.3.1 招标准备

工程施工过程是项目投资中投入最大的部分，也是决定设计精神能否准确实施落实的过程，工程的一次性特点决定了必须择优选择可靠的施工单位。公开招投标是择优选择施工、监理单位的有效办法，但招标文件的严密和合同双方风险的合理划分更是关键，这需要建设单位和招标代理单位对工程施工的全过程非常熟悉，要能提前熟悉工程施工的各个环节，对涉及工程实施过程可能出现的变化要有充分的预见，对工程实施中可能产生的纠纷要有妥善的预防办法，并通过招标文件的完善性和合同条款的严谨性来加以约束，以期减少合同执行过程中可能出现的纷争；招标文件要力求考虑工程细节，力求考虑计量细节，力求考虑自然因素，合理划分合同双方的风险，以保证合同的可执行性和可操作性。合理的招标文件是维系合同双方自觉主动履约，自觉按合同规定要求处理相关事务的依据和手段，是后续合同双方诚信履约、完全履约的基础，最终自觉形成合同管理的良性有序循环。

2.3.2 公开与保密

公平、公正、公开是招投标的原则之一，为了确保公平、公开、公正，《招标投标法》和《招标投标法实施条例》等法规做了许多规定，该公开的必须公开，该保密的必须保密，公开或保密都是为了公平、公正。公开招标大大增加了投标人的竞争，最能直接节约工程造价；公开招投标除力求招标文件严密之外，还要采取一系列措施确保应当保密的事项或信息得到保密，以真正实现施工投标的竞争性。

2.3.3 招标限价

为了更好地控制工程投资，引导投标报价良性竞争，招标人将公布投标控制限价。投标控制限价是招标人控制工程投资的重要手段，既不能过低，也不能过高，要与报名的潜在投标人的竞争性相结合，又要与招标文件约定的评标办法相结合；既要有意识增加报价的竞争性，防止围标抬价，又要防止恶性竞争以过低价中标，给工程施工管理带来难度。在实际操作中应综合考虑设计单位的施工图预算、招标代理单位的预算及限价建议，结合附近地区的实际建设成本综合确定，并适当预留投标人的报价竞争空间。

经过依法合规招标投标，30 万吨级航道一期工程共组织 10 批次 27 个标段的招标，以比较合理的价格选取到有实力、讲信誉的承包人，整个工程建设期间未发生合同履约方面的任何纠纷。

2.4 工程实施阶段

2.4.1 施工过程管理有序

施工是一次性生产的过程，具有不可再生性，因此工程的最终质量与施工过程的管理紧密相连，管理有序是实体质量的过程保证。施工管理首先要从制度上进行保障，制度化的管理审批程序，标准化的流水施工工艺，格式化的质量检验体系，明晰化的责任追究机制，过程中的工序验收手续，都是工程质量的有效保障。质量有保证了，自然不会产生反复的返工费用，投资就会落到实处。在施工管理过程中，业主往往都通过监理来进行把控，但这不等于业主可以听任不管，业主需要通过管理来保证监理工作落到实处，要重点注意监理人员到位到岗、监理人员素质过硬、监理程序规范、监理手段有力、监理的质量检查验收全面，监理过程须要留有痕迹，保证可溯。在质量可控的前提下，应在质量验收的同时做好现场实体的计量工作。真正做到中间检验时质量与投资双控，对于隐蔽工程（如塑排板、粉喷桩、充填袋等）还应留下相应的影像资料和计量原始记录。

2.4.2 施工记录真实可靠

在施工过程中，经常出现现场与资料分离的现象，资料在家做、按图索骥，这往往都是现场监理管理松懈或是人员不足造成的，因此在施工前或是首件施工时，应将该分项工程的所有报验表和施工、监理原始记录表格进行系统详细的整理，并经三方共同认可，一是保证过程资料符合规范要求；二是保证档案资料系统有序；三是保证施工过程标准化。对于隐蔽工程，旁站监理也应制定相应的原始记录表式，对全过程旁站尤其是涉及隐蔽工程质量和计量的；需留下完整的监理记录，监理工程师只要明确旁站监理内容、规范旁站监理记录，并及时检查签认，就可以保证旁站和施工资料的真实性、准确性和可溯性，为后期工程结算提供强有力的支撑，当然也为工程质量的过程控制提供了保证。

2.4.3 设计变更管理科学

尽管有了施工图设计阶段的双院制和专家审核制，在施工过程中仍不可避免存在些许的变更，有质量上的优化，有细节上的修改，有工期进度的要求，有外观需求的变化等。所以在设计变更中要进行多方案的比选，综合考虑对质量、进度和投资的影响程度，对于涉及金额较大的变更，还应通过专家咨询或第三方复核变更设计，以在保证质量的前提下尽可能节省投资，并可达到优化设计、便于施工的目的。设计变更发生后，应及时办理好费用变更手续，避免出现事后无人管或是事后扯皮的情况发生。

2.4.4 工程计量细致可溯

工程计量是对施工过程中各检验批或是分项工程的过程计量,准确的过程计量是做好最终决算的基础。在现实中,往往都忽略过程的计量,总认为过程计量是估算的工程量,这种想法会导致中间过程计量不认真,出现很多错计、漏计或重计的情况,而且在很多隐蔽工程没有留下详细的计量过程,从而导致在竣工结算时双方僵持、各持己见的现象发生。所以,在工程建设期间,在检验批、隐蔽工程或分项工程验收时,应同步做好计量的签认工作,并附以细致的过程计量草图和详细的计算过程,就能够将施工过程中可能存在的问题在下道工序开始前妥善解决好,更好地保证最终结算的准确性。真正做到计量可溯,还要同步做好过程计量台账,保证计量全而不漏、对而不错。

2.5 项目决算阶段

工程决算是投资控制的最重要环节,一是工程量的计算要准确,这就需要对图纸和变更图纸的工程量进行全面校核,并将校核工程量与中间计量工程量进行比对,以保证工程量的准确性;二是充分利用合同行使好业主对承包人索赔的权利,保障业主的权益不受损害;三是对新增项目严格按照招标文件约定确定单价。由于项目工期总体比较长,为防止时过境迁、人员变化等造成遗忘或难以追溯,对过程中发生的各种变更应及时做好费用变化的估算,并及时完善费用报批手续,为工程决算做好准备。30 万吨级航道一期工程由江苏省审计厅组织过程跟踪审计,2010~2013 年每年进行一次跟踪审计,及时发现问题和纠正问题。由于全过程严格管理,加之及时跟踪审计,在依法合规建设、管理和投资控制方面取得了很好的成效。

3 结语

投资控制是工程建设管理的关键工作,是保证项目完整顺利实施的前提,也是工程质量管理、进度管理和安全管理中必不可少的约束手段;合理有效控制好工程投资,应贯穿于工程建设的全过程,在做好初步设计和施工图设计优化工作的基础上,还要全面落实公开招标,实现市场充分竞争,并认真做好施工过程中按图施工、及时报验、按实计量等工作,保证投资的可控和资金的安全,保证项目的圆满完工。

参考文献

[1] 国家发展和改革委员会法规司,等.中华人民共和国招投标法实施条例释义[M].北京:中国计划出版社,2012.

[2] 中交上海航道勘察设计研究院有限公司.连云港港 30 万吨级航道一期工程初步设计.2010.

[3] 王晓梅.试论建设工程投资控制.233 网校论文中心,2009.

探析水运工程项目档案标准化

——连云港港30万吨级航道一期工程案例解析

聂 琴

（连云港港30万吨级航道建设指挥部 连云港 222042）

摘 要：项目档案见证工程建设的全过程，具有非常重要的研究、保管和利用价值。本文从水运工程档案的重要性入手，叙述了水运工程档案管理工作中存在的问题，重点以连云港港30万吨级航道一期工程为例探析了水运工程项目档案标准化的具体措施、操作方法和达到的效果。

关键词：水运工程；档案管理；标准化

1 引言

水运工程项目档案是指水运工程自项目立项审批至竣工验收全过程中直接产生的反映工程建设实际，对建成后的工程管理、维护及改建和扩建具有查考利用价值的各种不同载体的历史记录。水运工程的建设、使用和管理始终离不开水运工程档案的支持，它是有效开展工程招投标、安全、质量、资金、科研等要素监督工作的重要基础，是工程建设管理状况的一面镜子。它的有效利用可为开展交通规划建设工作提供重要依据，能促进水运工程科学技术的研究发展。同时，水运工程档案管理工作作为水运工程各参建单位的一项基础性、服务性工作，这项工作做得好，将促进参建单位相关工作的全面规范开展，提高水运工程管理水平；反之将受到影响。因此，重视和加强水运工程档案管理工作，保证项目档案的完整性、准确性和系统性，对水运建设事业意义重大。

2 当前水运工程档案管理现状和存在的问题

（1）档案管理意识不强。水运工程档案管理是一项系统性工作，需要参与工程建设的各方面人员给予高度重视。在具体操作过程中，主要负责人对工程档案重要性的思想认识不够，档案员及其他工程技术人员自我学习、参与档案管理的意识不强，只重视工程本身，轻视工程档案的现象较普遍，如认为“档案资料后补”很正常。

（2）档案管理机构不完善。各参建单位内部缺乏相互沟通交流机制，职责没有落实到具体人员，管理不到位现象较为普遍。由于人员和经费的原因，许多单位没有设立档案管理部门，档案管理人员普遍非水运工程相关专业，非专职且不固定；工程技术管理人员对工程资料不重视，与档案管理人员缺乏交流，造成资料的形成与收集、归档脱钩，不利于工程档案管理工作的规范、高效开展。

（3）档案管理规章制度不健全，采取的管理办法和操作流程较不规范。由于工程和档案的专业性，工程技术人员和档案管理人员互相不了解相关领域专业技术知识和工作程序，缺乏工程档案管理的实践能力，没有明确档案管理的统一标准，盲目收集资料，归类较杂乱，缺乏系统性，且档案资料的收集和整理不能与工程建设达到同步。

(4)未设立专门的档案管理工作场所，档案质量、安全得不到保障。档案管理设施设备不能满足档案管理需要，如没有专门的库房，档案保管达不到“八防”要求，档案管理现代化程度不能适应工程建设快速发展的需要。

(5)就工程档案质量本身而言，施工日志和监理日志记录不规范、较随性，签署不完备，达不到其预期效果；施工原始记录内容不全面、不规范、收集不完整情况较多。

(6)监理单位未采取有效措施及时跟踪施工单位档案管理工作情况，未履行监督、检查和指导等职能，档案管理措施不完善。如存在不核定施工单位报验内容就签字认定的情况，有的甚至只签字不签署审定意见。

(7)档案管理信息化水平不高。未能充分利用现代信息技术对档案资料进行数字化，制约其查找速度和利用效率。

3　连云港港30万吨级航道一期工程项目档案标准化

连云港港30万吨级航道工程是目前我国在开敞淤泥质海岸浅滩上建设的等级最高的人工深水航道，是江苏省实施沿海开发战略的重要基础设施项目，也是连云港港发展的生命线工程。2009年1月，国家发改委批复项目建议书，同意建设30万吨级航道，航道呈“人”字形布局连接连云港区和徐圩港区，按“一次立项、分期实施”的原则，先期实施一期工程。一期工程建设25万吨级连云港区航道和10万吨级徐圩港区航道及配套围堤工程等，总投资47.71亿元。该工程于2011年3月开工建设，2013年10月全面建成，期间建设单位按总体进度计划的各控制节点分10批次开展项目招投标工作，一期工程共设7个监理标、8个疏浚施工标、9个围堤施工标及3个其他附属工程标，均按照各控制节点通过交工验收。

3.1　项目档案管理制度化

该工程参建单位30余家，要形成一套格式统一、内容完整、准确系统的档案，难度很大。为了保证实现“建优质工程，创精品档案”的工作目标，建设单位建立健全档案管理制度、全面落实责任、加强全过程控制与实时管理。

一是成立档案管理工作领导小组，由总工程师担任小组组长，全面负责档案管理工作的组织和协调，同时明确建设单位所有工作人员职责，自觉主动配合做好项目档案的管理工作。其余参建单位明确一名总工程师或技术负责人分管，并建立相应的管理机构，配备具有相关工程专业知识的、能够适应项目文件材料立卷归档工作需要的专职档案人员，在各自的职责范围内做好项目档案的形成、整理、归档、交接工作。同时将档案管理与业务工作紧密结合，分工负责。自构建内部档案管理网络以来，还将设计、施工、监理、试验、检测等所有参建单位纳入档案管理网络体系中，对于在工程项目推进过程中新增加或者是完成承建任务退场的参建单位，及时在管理网络中进行调整与修改，保证网络的高效完备，切实做到“统一领导，分级管理，层层负责”。

二是依据交通运输部《水运建设项目文件材料立卷归档管理办法》，结合项目档案管理的要求和工程建设实际，建设单位组织编制了《连云港港30万吨级航道一期工程竣工文件编制办法》经江苏省交通运输厅、省档案局及有关交通系统内的档案专家审定后，报交通运输部备案，同时以红头文件的形式下发至各参建单位参照执行。该办法结合工程实体施工的工序流程和相关评定标准，规定了工程项目的档案分类方案、类目设置、归档内容等，明确了项目档案的有机联系和系统规范管理。除此以外，还制定保管、保密、利用、销毁等一系列档案管理工作制度，有力保障了项目档案管理的标准化和规范化。

三是在工程建设过程中，建设单位建立健全工程档案跟踪监管体系，定期对各参建单位形成的档案资料进行监督、检查和指导，并依据检查情况予以通报，纳入优质优价、优监优酬和履约考评中。对不符合质量、进度等要求的限时整改，整改仍不符合归档要求的不予进行当月工程支付。同时，要求监理单位在做好自身档案管理和竣工文件收集、编制工作的同时，协助配合建设单位及时跟踪、督促、检查施工单位项目文件收集、整理情况，指导施工单位竣工文件编制工作，并审核把关，保证工程资料真实有效、收集整理及时、归档完整有序。

四是组织专家集中授课和参加档案管理培训。在项目实施过程中，建设单位多次邀请专家授课并给予专项指导，为项目档案管理加了引擎，使各参建单位项目档案管理水平得到有效提升。此外，建设单位组织相关人员参加项目档案管理培训、外出学习先进管理经验，累计培训和外出学习达51人次。

3.2 项目档案编制标准化

该工程项目竣工文件（除综合类文件外）基本以合同段为单位进行编制，在建设单位编制的《连云港港30万吨级航道一期工程竣工文件编制办法》中对归档材料的编制体系、职责分工、编制要求、竣工文件的收集和组卷、编目及装订、验收和移交等内容以及相关的表式、图章、目录等样式进行了标准化规定。

按照“谁形成，谁负责”的原则，该工程项目档案的收集和编制工作由项目文件的形成单位或部门负责，按十个部分整理编制。第一部分为立项审批文件，第二部分为设计审批文件，第三部分为工程准备及业主管理文件，第四部分为施工文件，第五部分为监理文件，第六部分为竣工验收文件，第七部分为工程招投标及合同文件，第八部分为资金管理文件，第九部分为科研文件，第十部分为特殊载体文件。建设单位负责编制的项目档案主要包括第一、二、三、七、八、九部分文件，施工负责编制第四部分文件，监理单位负责编制第五部分文件，第十部分文件由各参建单位共同形成。

对于建设单位负责的文件，建设单位按照文件的自然形成过程分门别类整理组卷，按照编制体系中对应的编目归档，如立项审批文件根据审批事项及内在联系分别整理组卷，设计审批和工程勘察文件按照设计的不同阶段和专业分别整理组卷，工程招投标及合同文件按照招投标工作程序及合同内容分别整理组卷。

对于施工单位负责的文件，建设单位首先对涉及的所有合同段按照其建设性质和内容在编制体系中设置一个统一的编目，每个合同段在一个编目范围内独立编制项目档案，有效避免了重复、交叉。其次，建设单位将独立的合同段施工文件分为四大部分：一是开工前准备文件和施工管理文件；二是施工过程各分部、分项开工报审、各检验批检验、报验文件及相应原材料报验及试验检测报告、监理平行检测报告；三是单位、分部、分项工程质量评定、单位工程交工验收文件材料；四是竣工图。同时规定施工文件除各单位、分部、分项工程质量评定资料可按标段集中整理组卷外，其余文件材料均按单位、分部、分项工程划分结合施工工序的先后进行组卷。项目竣工图是基本建设项目竣工档案的核心部分之一，因此对其做出了重点要求，该工程竣工图由施工单位负责编制，监理单位负责审核。对于按图施工没有变动的，由竣工图编制单位在施工图上加盖并签署竣工图章。一般性的图纸变更且能在原图上作修改补充的，在原施工图上做修改、说明后作为竣工图，需加盖并签署竣工图章。涉及结构形式、工艺、平面布置、项目等重大改变及图面变更面积超过35%的,由施工单位委托设计单位重新绘制竣工图。竣工图编制完毕后,由承担施工的项目技术负责人逐张予以审核签认,审核通过后再交监理单位总监逐张予以审核签认。不同幅面的工程图纸按国家标准统一折叠成A4幅面,图标栏露在外面,不装订,并按照专业或单位工程结合图号分别整理组卷。涉及设计变更的施工单位均按照标准样式编制设计变更一览表,内容包括变更内容、变更依据文件号及其所在案卷号、对应竣工图号及其所在案卷号,一览表放在竣工图首页之前。同时,施工单位还应编写竣工图编制说明,叙述工程概况、主要工程数量及技术经济指标;施工中执行原设计的情况和设计变更情况,质量评定情况,采用新材料、新工艺情况以及竣工图编制情况等,以保证竣工图编制真实、准确地反映项目竣工时的实际情况,做到图物相符,技术数据可靠,签证手续完备以及整理符合档案管理要求。

对于监理单位负责的文件,建设单位首先对涉及的所有监理合同段按照其监理内容在编制体系中设置一个统一的编目,每个监理合同段在一个编目范围内独立编制项目档案,有效避免了重复交叉。其次,建设单位规定同时监理多个施工标段的,除监理工作依据性文件可独立组卷外,其余过程监理资料按施工合同段结合分部、分项和施工工序组卷,每个施工合同段给出相应的一个编目,过程监理资料主要内容包括监理工作依据性文件,质量、进度、安全、费用控制文件,平行检测及抽检记录汇总表,监理月报、日志、旁站记录、巡视记录,监理初验文件等。

3.3 项目档案形成及其利用效果

建设单位利用计算机进行项目档案信息管理工作,用Excel软件编辑案卷目录和卷内目录,由专人更新并及时备份。截止到工程完工,共形成竣工档案1 201卷,其中第一部分立项审批文件17卷,第二部分设计审批文件46卷,第三部分工程准备及业主管理文件67卷,第四部分施工文件743卷,第五部分监理文件205卷,第六部分竣工验收文件4卷,第七部分工程招投标及合同文件57卷,第八部分资金管理文件20卷,第九部分科研文件11卷,第十部分特殊载体文件31卷。特殊载体文件包含照片档案1 283张,光盘78张,对全部形成的项目档案进行了数字化扫描,形成102.7G电子文件,将纸质档案数字化,建立数据库,便于查找利用。

在工程建设过程中,档案的有效利用为项目跟踪审计和资料、数据查阅等提供了主要依据,同时该工程在港区范围内大量的地形测量、地质勘探、动态监测等资料为港区内其他工程提供了参考,避免了重复工作且节省了资金。待整体工程交工后,可为工程试运行、奖项申报和各项专项验收提供有力支撑。

4 结语

连云港港30万吨级航道一期工程完工后,其项目档案通过江苏省交通运输厅、省档案局等主管部门联合验收。验收组对该工程项目档案管理工作给予了很好的评价,建议该项目档案参评全国建设项目档案管理示范工程。

按照国家有关规定,水运工程建设项目档案专项验收是水运工程建设项目竣工验收的重要组成部分,未经档案专项验收或验收不合格的项目不得进行或通过项目竣工验收。而在整个档案管理的过程中,建设单位始终处于主导地位,根据国家和相关行业主管部门档案管理要求,结合工程实际制定应用性强的统一标准非常必要和迫切。连云港港30万吨级航道一期工程项目档案管理标准化做法可供借鉴。

参考文献

[1] 交通运输部.水运建设项目文件材料立卷归档办法.2009.

[2] 交通运输部.交通建设项目档案专项验收办法.2007.

连云港港 30 万吨级航道工程总体院工作和设计项目管理经验

顾　勇　马兴华　金雪英

（中交上海航道勘察设计研究院有限公司　上海　200120）

摘　要：连云港港 30 万吨级航道工程是一项规模宏大、条件复杂、技术难度大、时间跨度长的典范性工程。在研究设计过程中组织精兵强将，开展主体现场观测工作、研究设计工作和现场服务工作。同时，中交上海航道勘察设计研究院（后简称“我院”）作为总体院，始终树立强烈的责任意识和服务意识，积极配合业主开展与港区、产业规划建设配合协调，组织开展前期及建设期的现场观测、室内试验、专题研究和技术抓总工作，积极配合 863 课题的申报和研究等各项工作。本文对预可研究以来研究设计项目管理的主要经验及成效进行了总结，可为后续和同类工程所借鉴。

关键词：连云港港；30 万吨级航道；设计项目管理

1　连云港港 30 万吨级航道研究设计历程回顾

连云港港 30 万吨级航道研究设计工作始于 2006 年。江苏省交通运输厅和连云港市港口管理局联合委托我院作为总体院开展预可行性研究及其专题研究工作，并组织有关单位开展协同攻关，组织开展了一系列现场观测、室内试验和专题研究，于 2008 年 8 月完成《连云港港 30 万吨级航道工程预可行性研究报告》。2009 年 1 月，30 万吨级航道工程项目建议书获得国家发改委批复，同意建设连云港港 30 万吨级航道工程，按“一次立项、分步实施”的原则，先期实施一期工程。2010 年 12 月一期工程工可获得国家发改委批复，2011 年 1 月，一期工程初步设计获交通运输部批复。2012 年 6 月连云港区 25 万吨级航道实现首航，10 月正式建成通航，成为我国乃至世界上在开敞海域淤泥质浅滩建设的等级最高的人工深水航道，为 30 万吨级矿石码头建成投产提供了航道支撑，徐圩港区 10 万吨级航道于 2013 年 7 月建成通航，为新辟徐圩港区提供了开港条件。

在一期工程顺利实施的同时，连云港港 30 万吨级航道建设指挥部组织我院启动了二期工程工可研究。2012 年 9 月初步成果在连云港港 30 万吨级航道第四次工程技术顾问和专家组会议上通过专家咨询。2012 年 12 月《连云港港 30 万吨级航道二期工程工程可行性研究报告（送审稿）》及其专题研究报告通过江苏省省内预审。2013 年 12 月 8 日，主要成果在第五次工程技术顾问和专家组会议通过专家咨询。2014 年 2 月完成《连云港港 30 万吨级航道二期工程工程可行性研究报告》及其专题研究报告。

回顾连云港港 30 万吨级航道的研究设计历程，我院作为总体院，在有关各方的大力支持下，通过 8 年多的不懈努力，克服种种困难，高质量、高效率地组织完成了连云港港 30 万吨级航道工程预可行性研究、一期工程可行性研究、初步设计和施工图设计及二期工程可行性研究工作，为连云港港30万吨级航道工程的顺利推进做出了应有的贡献。

2 研究设计面临的技术问题和管理挑战

从20世纪70～90年代，通过设计单位、科研院所和大专院校的联合攻关和研究，初步解决了连云港航道回淤问题，进港航道由最初的5 000吨级逐步拓宽浚深到3.5万吨级(1990年)，成功地开辟了庙岭港区、墟沟港区，使得连云港港成为我国沿海淤泥质海岸"浅水深用"的成功典范之一，同时有关回淤的研究成果于1990年底被编辑整理出版成专著《连云港回淤研究论文集》，推动了我国淤泥质海岸建港理论的发展。2002年底连云港港航道扩建至7万吨级航道(11.5m)，2008年8月，15万吨级航道(16.5m)建成通航，2008年连云港港跻身亿吨大港行列。

由于连云港区水陆域空间狭小，集疏运系统与城区矛盾突出，为贯彻实施国家战略《江苏沿海地区发展规划》、江苏省沿海开发总体规划和长三角发展规划适应连云港港、临港产业和腹地经济的发展需要，交通运输部和江苏省联合提出了"一体两翼"的港口布局，在充分发展主港区的同时，在南翼开辟徐圩新港区，为临港产业提供依托条件。而连云港港30万吨级航道是江苏沿海开发的"牛鼻子"，是连云港港新一轮发展的重要前提和临港产业的重要依托。

尽管已有成功开辟连云港港15万吨级航道的理论和实践经验，由于30万吨级航道需要浚深至23m，开挖深度增加很大，尤其是徐圩港区航道位于南翼海区，属于在开敞海域浅滩上新开辟的深挖槽航道，自然条件较连云港区存在差异，且邻近灌河口沙嘴。因此，在技术上仍然存在一定的风险和不确定性，仍然有许多关键技术难题需要通过前期研究、设计、建设期科研予以解决，给研究设计管理工作带来巨大的挑战。

(1)航道、港区和产业三者互为依托而又相互制约，航道总体布局、建设规模和建设时机存在不确定性，沟通协调工作量大：根据连云港港口布局初步设想，连云港区规划建设为腹地服务的30万吨级矿石接卸码头，徐圩港区规划建设为腹地和徐圩临港工业区炼化一体化基地原油接卸的30万吨级原油接卸码头，因此连云港港30万吨级航道需要统筹考虑连云港区、徐圩港区两个港区船舶的进港需要。另外，徐圩港区航道、徐圩港区和徐圩临港产业都是从零开始酝酿、规划、建设，三者互为依托，需要协调推进。因此，航道总体布局、建设规模和建设时机需要与港区、产业规划发展协调确定，航道研究设计需要密切配合和结合港区、产业规划发展，涉及范围广、单位多，单位之间、专业之间沟通协调量大且难度高。

(2)徐圩港区航道基础资料匮乏，现场观测工作多，难度大：徐圩港区航道位于南翼海区，为新开辟航道，缺少水文、泥沙、地形、底质等历史资料，需要总体院统筹考虑提出各阶段的现场观测和室内试验计划，协助业主落实，并根据实施情况及时调整补充。现场勘察、测量、调查工作从无到有、由浅到深、跟踪进行，工作量大，技术难度大，时间跨度长，并具有长期性和连续性，总体院的管理工作难度高。

(3)徐圩港区航道海床性质及沉积环境复杂，尚无规范和成熟经验可循：徐圩港区航道邻近灌河口沙嘴，处于淤泥质海岸和粉砂质海岸的过渡地段，而灌河口沙嘴周边沉积环境复杂，岸滩尚处于演变调整过程中，因此海床性质和灌河口沙嘴的稳定性是关系到航道稳定性的关键问题，需要通过深入的现场观测和突破性的研究予以解决。

(4)航道回淤问题依然十分复杂和重要,需要联合攻关解决:尽管已有成功开辟主港区15万吨级航道的理论和实践经验,但鉴于航道回淤问题的复杂性,航道回淤问题依然是在开敞海域淤泥质海岸浅滩上建设30万吨级航道成败与否的关键技术问题,需要总体院深入研究,并组织长期开展连云港科研的国内知名研究单位、院校联合攻关,专题研究多,研究管理、协调单位多,难度大。

(5)研究设计内容多,管理工作难度大:连云港港30万吨级航道工程属于特大型综合性项目,研究设计涉及总图、航道、自然条件、回淤研究、数模、疏浚、围堤、导航、助航、扫海、概算、经济评价等十多个专业,研究设计人员多达百人,研究设计管理、协调难度巨大。

(6)航道工程量大,工期紧:从预可研究开始到最终规模航道建成计划周期不超过10年,期间还要分期和设置若干节点,动态跟踪、动态研究、及时完善,研究、设计工期紧张,管理工作难度高。

3 研究设计项目组织架构

一个能攻坚克难的精兵强将组成的团队是连云港港30万吨级航道工程研究设计项目得以完美完成的基础。

为了高效、优质地完成连云港港30万吨级航道工程的研究设计任务,我院公司按现代项目管理理念,采用矩阵式管理模式组建项目组、开展工作:

(1)主管生产的副院长担任项目经理,全面负责项目工作。

(2)院副总工担任项目总工,负责项目技术工作(指导和审定)。

(3)资深总工担任技术顾问。

(4)航道室主任工程师担任项目负责人。

(5)设置勘察测量、自然条件、回淤研究、潮流泥沙数模、经济、总图、疏浚、围堤、航标、造价等专业组,由各专业带头人担任专业负责人。

(6)各专业主任工程师担任专业审核人,负责专业审核工作。

项目组成员"老中青"搭配,主要成员均为长期从事连云港航道研究设计工作的高级工程师以上职称的业务骨干,且均具有全国注册港航工程师资格证书。另外,院公司还聘请了数名行业内国内知名专家作为项目技术顾问。

4 研究设计项目管理的主要经验

4.1 积极配合业主各项工作,充分发挥总体院在技术上的抓总引领作用

在淤泥质浅滩建设深水航道具有建设条件复杂,工程投资大,技术难度大,工程风险大,需要逐步增深,动态管理,及时调整等特点,特别是航道稳定性(航道回淤)、航道所在海床性质与岸滩稳定性是工程成败的关键,需要依靠专门和系统的现场观测,多学科研究协同作战,丰富的实践经验,很强的技术抓总和总体把握能力,这一点与一般交通建设项目有着显著区别。因此,深水航道的研究设计需要长期从事沿海航道整治,拥有丰富实践经验,很强的技术集成、技术抓总和总体把握能力的专业设计单位担任总体院,编制提出现场观测、研究设计的总体工作大纲,承担主体的现场观测和研究设计工作,同时对其中特别复杂的工作组织专业单位开展现场观测、室内试验和专题研究、联合攻关,并负责技术抓总、成果集成和总体把握,去伪存真,为工程研究设计服务。

作为长期担任我国沿海包括连云港在内深水航道总体院的研究设计单位，我们对深水航道研究设计的复杂性和技术难度具有深刻的认识，对总体院所肩负的责任和义务有着深刻的理解，在研究设计过程中，始终树立强烈的责任意识和服务意识，积极配合业主开展各项工作。

4.1.1 航道研究设计与港区、产业规划建设紧密结合

(1)徐圩港区航道是徐圩港区和徐圩临港产业的重要前提，是徐圩港区的生命线，是徐圩临港产业的关键依托，是江苏沿海开发的"牛鼻子"。徐圩港区航道、徐圩港区和徐圩临港产业三者互为依托，需要协调推进。在预可开展之初，徐圩港区30万吨级航道规划建设面临两个问题：一是徐圩港区航道在一张"白纸"上规划建设，位于开敞海域且滩浅坡缓，又邻近灌河口沙嘴，能否成功开辟航道以及航道等级能否达到30万吨级，在技术上存在很大的不确定性，需要研究解决；二是徐圩港区、炼化一体化基地等临港产业规划尚处于酝酿、启动阶段，其是否落户和规模大小有赖于徐圩港区30万吨级航道的技术可行性，因而也处于不确定状态，导致支撑航道建设规模和建设时机的港口规划和临港产业需求存在很大的不确定性。为解决这一问题，一方面，在航道研究设计过程中，我们十分注重与港口规划建设、产业规划发展的紧密结合，积极配合市港口局、指挥部与省发改委、省交通运输厅、省港口局、港口规划编制单位、港口集团和徐圩新区等有关部门、单位沟通协调；另一方面，在预可阶段，我们首先组织开展30万吨级航道的技术可行性研究，取得了技术可行的结论，有力支撑徐圩港区规划和炼化一体化基地的规划选址(徐圩港区被纳入《连云港港总体规划》，炼化一体化基地被纳入《中石化"十二五"规划》)，然后以徐圩港区和炼化一体化基地的规划需求为依据，编制形成预可报告，从而获得国家发改委的认可和对一期工程的批复。一期工程的立项建设有力支撑了徐圩港区的规划建设、国家东中西区域合作示范区的产业集聚和炼化一体化基地的实质性启动，而徐圩港区和炼化一体化基地的实质性启动又为30万吨级航道二期工程的立项建设提供了支撑，实现了"航道支撑港口，港口引领产业，航道、防波堤、码头、产业协调发展"的良性循环，实现了把深水航道建设作为江苏省沿海开发"牛鼻子"的战略目标。

(2)连云港港30万吨级航道工程是一项规模宏大的工程，需要分期、分阶段有序实施，航道总体实施计划需要统筹航道疏浚施工、连云港区30万吨级矿石码头配套进度、徐圩港区开港进度、回淤观测及研究设计、炼化一体化基地对航道建设进程的要求等问题，并要与旗台防波堤、徐圩防波堤的建设进程相协调。在研究设计过程中，我们积极配合连云港市港口局、指挥部与国家发改委、交通运输部、江苏省省发改委、省交通运输厅、港口集团、徐圩新区等有关部门、单位密切沟通协调，本着积极稳妥、航道与产业发展和码头建设进度相适应的原则，密切结合码头和产业进展、航道回淤观测需要，统筹考虑提出了航道总体实施计划，对30万吨级航道总体建设进程做出了妥善安排。

4.1.2 做好前期现场观测、室内试验和专题研究的技术抓总

在连云港港30万吨级航道预可行性研究、一期工程可行性研究和设计阶段，组织自身力量和南京水利科学研究院、交通运输部天津水运工程科学研究所、华东师范大学河口海岸研究院、河海大学、上海海事大学、中国科学院力学研究所、上海达华测绘有限公司和江苏伟信工程咨询有限公司等科研单位，开展了一系列的现场观测、室内试验及专题研究工作，深入研究业界关注的连云港港海床性质及岸滩稳定性、泥沙条件、航道回淤、航道选线和航行安全性等关键技术问题。

4.1.2.1　海床和岸滩稳定性现场观测和专题研究

海床性质、海床及岸滩稳定性关系航道的稳定性和可维护性，是沿海港口航道规划建设的重要技术问题之一，不同海岸性质的泥沙运动特性和回淤规律有着显著的不同。

拟建徐圩港区邻近淤泥质海岸和粉砂质海岸的过渡地段，因而海床性质和灌河口沙嘴的稳定性是关系航道稳定性的关键问题，需要通过深入的现场观测和专题研究予以解决。

在现场观测方面，2007～2009 年，我院组织并开展了底质调查和地形监测工作，重点是徐圩海域底质调查、灌河口沙嘴地形及断面监测，为论证研究徐圩海域海床性质和岸滩稳定性提供了实测资料。

在室内试验方面，2008～2009 年，我院组织开展了外航道及徐圩航道泥沙水力特性试验，取得了泥沙水力特性数据。

在专题研究方面，2007～2009 年，我院联合华东师范大学开展了海床和岸滩稳定性专题研究。根据多次底质调查工作，我院得出了徐圩港区航道沿线属于淤泥质海岸的结论，但有科研单位自行平行开展了部分底质调查工作，据此认为徐圩港区航道沿线属于粉砂质海岸，存在骤淤风险，对徐圩港区建设 30 万吨级航道表示出极大的疑虑，并给业界造成了一定影响。对此，一方面，我院对底质取样试验方法进行统一，采用薄壁取土器取样和激光粒度仪分析，克服了以往方法的缺陷，并于 2009 年组织第三方开展了底质调查工作，获得了可靠的数据；另一方面，我院在海床和岸滩稳定性分析工作中，对淤泥质海岸和粉沙质海岸性质分类标准进行了深化研究，全面论证了淤泥质海岸和粉沙质海岸在粒径、黏粒含量、沉降特性、固结特性、起动特性等方面的差异，研究发现泥沙中值粒径只反映了平均粒径大小，未反映其级配情况，而黏粒含量对于土的物理力学性质是至关重要的，借鉴岩土规范，黏粒含量超过 15%，颗粒之间黏性很大，属于淤泥质海岸，黏粒含量小于 15%，颗粒之间黏性很小，更接近于粉沙质海岸（如黄骅港）。由此在业界首次提出黏粒含量影响泥沙水力特性，泥沙水力特性决定海岸带性质，在淤泥质海岸和粉沙质海岸性质分类时除了依据中值粒径外，还要考察其黏粒含量的观点和方法，系统提出了海岸性质分类的改进意见和标准，现为业界所认可，且被纳入《海港水文规范》（JTS 145-2—2013），同时形成了涵盖现场观测、室内试验和专题研究的具有行业领先水平的一整套方法体系。这项研究成果克服了现行规范单纯按中值粒径分类的缺陷，解决了这一困扰业界的问题，是海岸性质分类标准的重要突破性成果，同时无可辩驳地支持了徐圩港区航道沿线属于淤泥质海岸的结论，为工程的立项建设解决了海床性质和灌河口沙嘴的稳定性这一关系航道稳定性的关键问题。

4.1.2.2　航道回淤现场观测、室内试验、专题研究和综合研究

作为总体院，对研究航道回淤需要解决的关键技术问题进行了全面梳理，提出了研究技术路线、观测研究计划和具体技术要求。其中航道回淤观测研究是航道工程研究设计的最重要的基础工作，其质量的好坏关系到 30 万吨级航道工程的研究设计质量好坏，需要采用水深测量、断面测量、回淤物及底质取样、浮泥测量及取样等多学科技术手段和丰富的观测经验，需要航道设计、疏浚工艺、回淤研究等综合经验，这项工作由我院承担。

在现场观测方面（表 1），2007～2008 年，我院分两阶段对基本建成的 15 万吨级航道的典型航段和建成后的 15 万吨级航道进行了回淤观测，取得了 15 万吨级航道常年、韦帕台风过程、寒潮大风条件下的实际回淤资料，为潮流泥沙数模率定和航道回淤研究提供了

极为宝贵的资料。2007 年 9 月，我院组织交通运输部天津水运工程科学研究所开展了韦帕台风过境时波浪、潮流和泥沙现场观测，取得了 3m、5m 等深线处台风过程的波浪、潮流和含沙量资料，为研究破波带风浪掀沙和大风天回淤提供了可靠的水沙资料。现场观测工作取得的突破性成果有：首次改进和集成运用了 RTK 三维水深测量、浮泥取样及观测、大风期间坐底式波浪潮流泥沙连续观测等技术用于大风天水文泥沙和回淤现场观测，基本解决了开敞海域淤泥质浅滩深水航道的大风天水文泥沙和回淤现场观测技术难题，达到国内领先水平。

前期现场观测及室内试验内容一览表　　　　表 1

序号	内　　容	承 担 单 位	完成时间
1	15 万吨级航道回淤观测(第一阶段)	中交上海航道勘察设计研究院有限公司	2008.10
2	15 万吨级航道回淤观测(第二阶段)	中交上海航道勘察设计研究院有限公司	2009.5
3	2007 年 9 月台风“韦帕”过境时连云港波浪、潮流、泥沙现场观测	交通运输部天津水运工程科学研究所	2007.12
4	连云港港 15 万吨级航道 2008 年 12 月寒潮大风回淤观测	中交上海航道勘察设计研究院有限公司	2009.2
5	连云港港 30 万吨级航道工程工程可行性研究底质取样及断面测量	上海达华测绘有限公司	2009.2
6	连云港主港区航道淤积泥沙水力特性试验	交通运输部天津水运工程科学研究所	2008.10
7	连云港淤泥流变特性试验	中国科学院力学研究所	2008.10
8	连云港徐圩港区航道泥沙水力特性试验	交通运输部天津水运工程科学研究所	2009.4

在室内试验方面(表 1)，2008 ~ 2009 年，我院组织开展了外航道淤泥流变特性试验、浮泥起动试验等室内试验。

在专题研究方面(表 2)，2007 ~ 2009 年，我院承担 15 万吨级航道回淤观测研究。鉴于航道回淤问题的重要性、复杂性、现有潮流泥沙数模各有所长，我院组织自身力量、南京水利科学研究院、河海大学平行开展了连云港港 30 万吨级航道潮流泥沙数模研究，组织交通运输部天津水运科学研究所采用三维泥沙数学模型对徐圩航道韦帕台风前后的回淤进行了模拟研究和徐圩港区航道泥沙环境及大风天回淤研究。在此基础上结合现场观测资料、室内试验成果，我院开展了机理研究和综合研究，基本掌握了泥沙条件、动力条件、回淤环境以及正常天气回淤规律、大风天回淤规律，从定性上解决连云港区航道泥沙和回淤问题，从定量上总体把握了连云港区航道的回淤强度分布和回淤量，并通过类比法基本解决了徐圩港区航道的泥沙回淤问题。取得的突破性成果是：①研究表明，淤泥质海岸航道大风初始回淤物为浮泥，大风过后的局部明显淤积是暂时不碍航的，因密实和潮流带动流失作用，在风后一段时间航道水深将得到一定程度恢复，具有先淤后恢复的特征，实质性回淤(需要疏浚)很小，因而基本不会发生碍航骤淤问题；②在业界提出概化为正常天、中风天和大风天分别研究航道回淤强度，再按各自频率组合得到航道设计年回淤量的方法，克服了以往采用年平均风浪研究回淤的不足，对于丰富我国航道回淤预报方法具有重要意义。

此外，还组织有关单位开展了徐圩港区航道泥沙环境及大风天回淤研究、波浪数模研究、船舶航行模拟试验等科研工作。

前期专题研究一览表　　表2

序　号	专题名称	承担单位	完成时间
专题研究报告一	海床和岸滩稳定性研究报告	华东师范大学河口海岸研究院 中交上海航道勘察设计研究院有限公司	2009.6
专题研究报告二(1)(2)(3)	连云港港30万吨级航道一期工程潮流泥沙数模研究报告	中交上海航道勘察设计研究院有限公司 南京水利科学研究院 河海大学	2009.6
专题研究报告三(1)	连云港港30万吨级航道一期工程回淤研究总报告	中交上海航道勘察设计研究院有限公司	2009.6
专题研究报告三(2)	连云港港15万吨级航道回淤观测研究报告	中交上海航道勘察设计研究院有限公司	2009.6
专题研究报告三(3)	连云港港30万吨级航道一期工程大风天回淤风浪潮流泥沙三维数学模型研究报告	交通运输部天津水运工程科学研究所	2009.6
专题研究报告三(4)	连云港徐圩港区航道泥沙环境及大风天回淤研究报告	交通运输部天津水运工程科学研究所	2009.6
专题研究报告四	连云港港30万吨级航道一期工程波浪要素推算报告	南京水利科学研究院	2009.6
专题研究报告五	连云港港30万吨级航道一期工程船舶航行模拟试验报告	上海海事大学	2009.6
专题研究报告六	连云港港30万吨级航道一期工程经济部分报告	江苏伟信工程咨询有限公司	2009.6

4.1.3　做好建设期科研及关键技术研究的技术抓总

4.1.3.1　提出、落实建设期科研及关键技术研究总体计划

2009年6月，根据江苏省交通运输厅和连云港港30万吨级航道建设指挥部对建设期和营运期科研工作的总体部署，我院在前期研究阶段现场观测及科研工作基础上，积极贯彻动态研究、不断深入、科研为工程服务、理论和实践相结合的理念，系统梳理建设期和营运期需要解决的主要技术问题和解决方案，经广泛征求南京水利科学研究院、交通运输部天津水运工程科学研究所、华东师范大学河口海岸研究院、河海大学等科研单位的意见和建议，于2009年10月完成《连云港港30万吨级航道工程建设期和营运期科研及关键技术研究工作大纲》，并于同月通过连云港港30万吨级航道第一次工程技术顾问和专家组会议专家咨询。据此编制具体技术要求，并配合指挥部一一落实。

4.1.3.2　连云港海域底质及岸滩稳定监测研究

自2011年起，我院在连云港区—徐圩港区—灌河口海域开展了4次底质取样、4次断面水深测量和1次水文测验，基本掌握了近年来连云港—灌河口海域的底质变化情况和岸滩稳定情况。

4.1.3.3 连云港港水文气象观测系统的建立及观测

我院配合徐圩海洋站的建设，获得了徐圩海域连续的潮位、波浪、气象等资料，为港口航道研究、建设和营运提供可靠的基础资料。参与并配合开展了徐圩海域短期波浪潮流泥沙短期观测，获得了不同天气条件下、不同水深处徐圩海域的含沙量资料，为回淤研究提供了宝贵资料。另外，还配合开展了开山岛临时潮位观测。

4.1.3.4 航道回淤观测及研究

航道回淤观测及研究是航道工程研究设计最重要的基础工作，而紧密结合航道建设，分阶段开展航道回淤观测及研究，取得不同等级航道实测回淤资料以支撑不同阶段研究设计是本次工作的一大特点。该项工作由我院作为总体院承担，其中大风天回淤观测由我院和交通运输部天津水运工程科学研究所平行开展。航道回淤观测及研究涵盖徐圩港区航道先导试挖、5 万吨级航道、10 万吨级航道规划口门外段和连云港区 25 万吨级航道等阶段和航段，取得了常年和大风天的实际回淤资料，为率定数学模型参数、30 万吨级航道后续工程的研究设计提供了可靠依据。

其中，超强台风"达维"风后航道回淤观测堪称回淤观测的典范。2012 年 8 月 2 ~ 3 日，连云港区 25 万吨级航道和徐圩港区 5 万吨级航道经受了第 10 号超强台风"达维"考验，风力达到 100 年一遇，波高达到 50 年一遇。按既定计划，我院组织精兵强将带着成套观测设备在台风来临之前赶到现场，在台风过后风浪条件允许后，立即投入大风后水文、泥沙、回淤和浮泥观测，克服作业条件差、浪大晕船的困难，经过一周的现场拼搏，获得了极为宝贵的现场实测资料，在此基础上加班加点研究分析形成了观测研究报告。2012 年 9 月，在第三次顾问和专家咨询会议上汇报，获得领导和专家好评。观测研究表明，"达维"台风后的航道回淤情况符合预期，大风过后的回淤物主要为浮泥，是暂时的和不碍航的，具有先淤后恢复的特征，残留固结为淤泥的实质性回淤很小，进一步证实了连云港区及徐圩港区航道基本不存在台风骤淤碍航风险的科学论断，为 30 万吨级航道的继续推进和顺利建成提供了有力的支撑。同时，结合浮泥生成及运动规律室内试验研究、浮泥密实室内试验等成果，进一步证实了连云港航道大风后淤积物为黏性细颗粒泥沙并以浮泥形式存在，经一段时间后消失而不至于碍航的结论，深化揭示了大风天回淤规律和浮泥形成、运动、消失的机理，为在开敞式淤泥质浅滩建设深水航道提供了理论依据。

此外，我院还开展了航道疏浚边坡试验观测及研究、15 万吨级航道实船航行观测及研究、抛泥扩散观测及研究、玻璃纤维经编复合土工布加筋层在海滩淤泥地基充填袋斜坡堤的应用技术研究等，达到了预期目标；组织有关单位开展了徐圩航道回淤土水力特性、流变特性试验、徐圩港区及口门附近航道整体物理模型试验、连云港港潮流泥沙数学模型完善、连云港港大风天波浪潮流泥沙三维数学模型完善、连云港港航道浮泥研究等，为二期工程研究提供了可靠依据。

4.1.4 积极配合 863 课题的申报和研究工作

在江苏省、交通运输部的大力支持下，从 2010 年开始，指挥部依托 30 万吨级航道工程，以建设期和营运期科研工作为基础，申报国家科技支撑计划项目（后改为 863 课题）。我院积极响应指挥部的安排和要求，组织力量积极参与国家科技支撑计划项目申报书（后改为 863 课题推荐书、课题任务书、实施方案）的编写工作，在承担"航道总体设计关键技术"和"复杂条件下航道疏浚技术"两大任务的同时，积极参与其他研究内容的梳理、讨论和完善工作，历时 1 年多，几经修改，最终成功申报，"863"计划课题《开敞海域淤泥质浅滩深水航道建设关键技术研究》于2012年3月立项，现各项任务推进顺利，取得了一系列创新性成果，部分研究成果已在工程中得到了示范与应用推广。

4.2 重视制度完善和技术创新，做好研究设计内部管理

4.2.1 重视工作大纲编制和实施

研究设计工作大纲是灵魂性文件，工作大纲的优劣直接决定了研究设计成果的优劣。围绕连云港港30万吨级航道建设的必要性、可行性和经济性三大技术难题，项目经理、项目总工、项目负责人和主要专业负责人详细梳理技术难点和重点，并针对各关键技术问题制定解决问题的主要技术路线和对策措施。工作大纲由我院技术委员会审核，并经专家咨询确认后公布，研究设计工作严格执行既定工作大纲，不得擅自修改，若发现问题，及时上报、修改，经批准后再执行。重视工作大纲，研究设计工作有条不紊。

4.2.2 严格执行质量管理制度

在整个研究设计过程中严格按照2000版ISO 9001质量管理体系进行质量管理，加强事前指导，抓好工序管理，严格执行各阶段的校审制度。严格执行质量管理制度，研究成果质量有效控制。

4.2.3 建立专题会和例会制度

建立例会制度，由项目负责人组织召开，项目经理、项目总工、专业负责人参加，汇报工作进展，对照工作大纲、设计计划，指出质量、进度控制要点，及时发现问题和解决问题。建立专题会议制度，对现场观测、回淤研究等重要工作，根据研究进展情况，不定期组织相关人员专题讨论并研究工作成果，提出下一步工作方向。

4.2.4 设兼职质量工程师和进度工程师

为最大限度地控制研究设计成果质量、进度，项目组针对本项目特点和难点，在项目组设兼职质量工程师和进度工程师，分别负责项目质量控制和进度控制。兼职质量工程师和进度工程师负责每周定期检查，一旦发现偏差，立即通知项目负责人和专业负责人，及时纠偏，若遇重大技术偏差，质量工程师有权勒令停工，上报项目总工，项目总工、项目负责人、专业负责人共同研究解决问题。设兼职质量工程师和进度工程师，有效避免了一些质量通病，也有效控制了项目进度。

4.2.5 注重现场勘察测量

现场勘察测量精度决定了研究的准确性，现场勘察测量的重要性不言而喻。为此，课题组制定了一条规定：为有利于现场勘测工作顺利实施；有利于勘察测量人员更好地了解勘察意图，从而确保勘察测量成果质量；有利于研究人员更好地使用勘察测量资料，从而提高研究成果质量，凡是重要的现场勘测，课题组领导、专业负责人或主要研究人员必须到现场，课题组领导负责指挥协调现场工作，专业负责人或主要研究人员负责参与、指导现场工作。重视现场勘察测量，获得更为可靠的勘察测量成果，也能从源头上保证研究成果质量。

4.2.6 注重技术优化和技术创新

30万吨级航道工程是一项重大、复杂的典范性工程，科技进步是解决自身工程问题、避免工程风险、降低工程投资、提高工程效果的有效手段，同时对于水运工程技术进步和同类工程具有重要意义。因此，我们在研究设计过程中十分注重技术优化和技术创新工作。

(1)在海床性质和岸滩稳定性方面：形成了涵盖现场观测、室内试验和专题研究的具有行业领先水平的一整套方法体系，淤泥质海岸和粉沙质海岸性质分类标准的深化研究是对

海岸性质分类标准的重要突破性成果。

(2)在航道回淤观测方面:首次改进和集成运用了 RTK 三维水深测量、浮泥取样及观测、大风期间坐底式波浪潮流泥沙连续观测等技术用于大风天水文泥沙和回淤现场观测,基本解决了开敞海域淤泥质浅滩深水航道的大风天水文泥沙和回淤现场观测技术难题。

(3)在航道回淤预报方面:在业界提出概化为正常天、中风天和大风天分别研究航道回淤强度,再按各自频率组合得到航道设计年回淤量的方法,克服了以往采用年平均风浪研究回淤的不足,对于丰富我国航道回淤预报方法具有重要意义。

(4)旗台作业区岸线、防波堤、港内水域和 30 万吨级航道衔接:在平面上密切相关,且建设条件十分复杂,研究作为系统工程,开展综合布置,采用潮流数模、泥沙数模、波浪数模、定床物模、船舶航行模拟试验和综合研究等手段,对各方案的防波效果、减淤效果、导流效果、通航安全效果等方面进行系统研究,以综合效果最佳为原则,统筹考虑、综合平衡后确定了综合布置方案,取得满意的效果,为连云港港 30 万吨级航道工程、旗台作业区码头和旗台作业区防波堤的立项和建设提供了科学依据,发挥了重要作用。

(5)在航道疏浚边坡方面:一期工程设计根据连云港港 15 万吨级航道边坡观测研究成果,分段、分层设计航道边坡;二期工程根据一期工程航道疏浚边坡观测研究成果进一步优化航道疏浚边坡。

(6)在围堤结构方面:针对连云港地区发育浅层深厚淤泥,土质差,砂石料供应不足,工期紧的特点,经充分论证研究,一期工程设计首次在深厚淤泥港口大规模研究采用充填袋斜坡堤,并和爆破挤淤堤组合使用,发挥各自优势,减少石料用量,降低工程投资,保证了材料供应的可靠性和工期的可靠性,为连云港地区大规模高强度筑堤解决了关键技术问题。在业界首次成功开发应用 $760g/m^2$ 高强机织加筋砂被用于围堤加筋,最大限度地减少了袋装砂数量和砂料用量,进一步提高充填袋和抛石组合堤身斜坡堤的经济性,加快筑堤速度。在业界首次对围堤采用玻璃纤维经编复合土工布加筋进行了尝试,取得了初步经验。针对爆破挤淤堤内侧反滤结构失效引起的吹填漏泥这一长期以来困扰业界、未能解决的技术问题,在一期工程设计中,研究分析了以往爆破挤淤堤内侧反滤结构失效机理,建立了围区外潮位和围区内水位差作用下内侧反滤及压载结构力学模型,提出了采用软体排反滤、充填袋压载的爆破挤淤堤反滤层设计方法,并通过旗台 1 区试验性施工检验,成功后推广应用到其他围堤设计,有效解决了爆破挤淤堤内侧吹填漏泥问题。

4.3 注重服务意识,工程实施期间全力做好现场服务

30 万吨级航道工程内容多,工程交叉多,工程范围大,工程量大,技术难度大,时间跨度长,协调管理工作量大,工程的顺利实施离不开设计单位的现场服务。服务好业主,当好业主的参谋,是每一个连云港港 30 万吨级航道项目课题组成员的心声。为了更好地服务于本项目,院公司决策在连云港市购置办公房,成立连云港项目部,项目总工、项目负责人和主要专业负责人长期轮流驻扎现场,负责现场服务,特别是在施工高峰时期常驻现场服务。通过良好的服务,有力地促进项目的顺利推进,多次获得连云港市、江苏省先进集体和先进个人表彰,在行业内赢得了较好的口碑。主要现场服务工作如下。

(1)配合业主开展招标工作:项目组根据业主要求及时提交施工图预算、参加各标段招标准备会、招标现场踏勘、招标答疑会,并核实招标代理编制的招标工程量清单。

(2)参加设计交底和施工图会审:在各标段开工之前,项目组积极参加业主组织的施工图会审和设计交底会,详细介绍设计意图、关键技术问题和施工注意事项,解答施工、监理单

位提出的疑问，与施工、监理单位探讨施工关键环节。

(3)参加工程例会、专题协调会和月度会：积极主动参加各标段的工程例会、专题协调会、工程月度会，及时了解和处理有关问题，及时提醒、强调施工要点和注意事项，指出施工中存在的不安全因素和隐患，并提出有关建议。根据工程的进展和施工情况，设计代表主动到现场了解施工情况，以提高现场服务质量。

(4)处理设计变更和变更设计：设计变更和变更设计坚持课题组、专业主任工程师、项目总工三级技术责任制。施工过程中遇到过许多困难与问题，设计代表及课题组均积极、及时地配合建设、施工单位予以解决(通过设计变更、变更设计)，保证了工程质量和工程进度。如高强机织土工布加筋砂被的接缝处理，施工初期施工单位采用常规缝制线缝制，设计代表发现缝制强度没有达到设计要求，主动配合施工单位进行工艺改进，最终采用环氧树脂胶结解决了这一问题，避免了工程隐患。如外航道中导标基础施工，开挖后显示，基础落在倾斜岩面上，设计代表多次到现场与业主、监理单位和施工单位研究解决。在签发变更设计时，在技术上严格把关，并力所能及地配合建设单位做好工程量变更把关和投资控制工作。

(5)积极配合跟踪审计工作：本工程引入了跟踪审计制度，每年开展一次现场审计工作。项目组派出业务骨干人员积极配合跟踪审计工作，耐心而真诚地与审计人员进行沟通，解答提出的疑问，对确有不足的及时改正，从而在过程中完成了审计工作，避免完工后审计模式的弊端。

5 结语

连云港港30万吨级航道工程是一项规模宏大、条件复杂、技术难度大、时间跨度长的典范性工程。在研究设计过程中，我院组织精兵强将，开展现场观测工作、研究设计工作和现场服务工作。同时作为总体院，对深水航道的复杂性和艰巨性有着深刻的认识，对总体院所肩负的责任和义务有着深刻的理解，始终树立强烈的责任意识和服务意识，积极配合业主开展与港区、产业规划建设配合协调，组织开展前期及建设期的现场观测、室内试验、专题研究和技术抓总工作，积极配合863课题的申报和研究等各项工作，为连云港港30万吨级航道工程的顺利推进做出了应有的贡献。

参考文献

[1] 顾勇，陈学良，马兴华，等. 连云港港30万吨级航道工程预可行性研究报告[R]. 上海：中交上海航道勘察设计研究院有限公司，2008.

[2] 顾勇，陈学良，马兴华，等. 连云港港30万吨级航道一期工程可行性研究报告[R]. 上海：中交上海航道勘察设计研究院有限公司，2009.

[3] 马兴华，顾勇，金雪英，等. 连云港港30万吨级航道一期工程初步设计[R]. 上海：中交上海航道勘察设计研究院有限公司，2010.

[4] 马兴华，顾勇，金雪英，等. 连云港港30万吨级航道一期工程工程施工图设计[R]. 上海：中交上海航道勘察设计研究院有限公司，2011.

[5] 顾勇，马兴华，金雪英，等. 连云港港30万吨级航道二期工程可行性研究报告[R]. 上海：中交上海航道勘察设计研究院有限公司，2014.

连云港港 30 万吨级航道一期工程建设期现场观测和科研工作总体部署

马兴华　顾　勇　张　华　金雪英　谢　军　张建锋
（中交上海航道勘察设计研究院有限公司　上海　200120）

摘　要：连云港深水航道位于开敞海域，淤泥质浅滩宽广，航槽开挖厚度大，航道里程长，工程规模大，是开敞海域淤泥质浅滩深水航道的典型。前期研究基本解决了主要技术问题，但鉴于本航道建设规模大，自然条件复杂，设计施工难度较大，在前期研究的基础上，继续贯彻连云港"科学研究和航道建设紧密结合，通过持续、系统的科学研究解决制约航道建设营运的关键技术问题"的思路和经验，紧密结合先导试挖工程和一期工程，开展针对性的现场观测和科学研究，深化 30 万吨级航道的主要技术问题研究是十分必要的。本文对需要深化研究的主要技术问题进行了梳理，提出了建设期现场观测和科学研究工作的思路和具体项目，以指导建设期现场观测和科研工作。

关键词：连云港港；30 万吨级航道；航道科研；科研工作部署

1　引言

由于连云港港位于淤泥质海岸浅滩，进港航道成为港口的关键条件和生命线。连云港港的发展历程是一部淤泥质海岸浅滩上航道等级不断提升的历史，也是一部科学研究和航道建设紧密结合，通过持续、系统的科学研究解决制约航道建设营运的关键技术问题，推动我国淤泥质海岸建港技术发展的历史。从 20 世纪 70 ~ 90 年代，通过设计单位、科研院所和大专院校的联合攻关，初步解决了回淤问题，进港航道由最初的 5 000 吨级逐步拓宽浚深到 3.5 万吨级（1990 年），成功地开辟了庙岭港区、墟沟港区，使得连云港港成为我国沿海淤泥质海岸"浅水深用"的成功典范之一，同时有关港口航道回淤的研究成果于 1990 年底经编辑整理出版成专著《连云港回淤研究论文集》，推动了我国淤泥质海岸建港理论的发展。2002 年底连云港港航道扩建至 7 万吨级（ – 11.5m），2008 年 8 月 15 万吨级航道（ – 16.5m）建成通航。2008 年，连云港港跻身亿吨大港行列。

为适应连云港港临港产业和腹地经济的发展需要，2008 年，交通运输部和江苏省联合批复《连云港港总体规划（修订）》，提出"一体两翼"的港口布局。根据总体规划，由于主港区水陆域空间狭小，集疏运系统与城区矛盾突出，在充分发展主港区的同时，在南翼开辟徐圩新港区，建设为临港产业配套的大型散货码头和原油接卸码头。为满足连云港区旗台作业区腹地铁矿石运输、徐圩港区南钢基地铁矿石运输、中石化腹地原油及连云港炼化一体化基地原油运输的需要，连云港港 30 万吨级航道呈"人"字形布置，由外航道、徐圩航道和推荐航线组成，其中外航道内段连接连云港区，徐圩航道连接徐圩港区，外航道外段及推荐航线为两港区共用航道。

根据预可研究及其批复、一期工程工可研究及其批复，结合港区和产业发展计划，连云港港30万吨级航道总体实施计划为：①连云港区航道一期工程实施25万吨级航道，后续根据连云港区大型船舶运输发展情况，择机实施到30万吨级航道；②徐圩港区航道作为新开辟航道，本着积极稳妥、与产业发展和码头建设进度相适应的原则，第一步开展先导开挖，第二步实施一期工程，期间开展回淤观测，取得完整、可靠、能代表和反映深水航道回淤规律的回淤数据，为30万吨级航道建设提供有力的技术支撑，第三步实施二期工程至30万吨级，与炼化一体化项目、30万吨级原油码头和原油商业储备项目同步建成投产。

鉴于本航道建设规模巨大，自然条件复杂，设计、施工技术难度大，为了工程的顺利实施，在前期研究的基础上，继续贯彻连云港"科学研究和航道建设紧密结合，通过持续、系统的科学研究解决制约航道建设营运的关键技术问题"的思路和经验，紧密结合先导试挖工程和一期工程，开展针对性的现场观测和科学研究，深化30万吨级航道的主要技术问题研究是十分必要的。本文对需要深化研究的主要技术问题进行了梳理，提出了建设期现场观测和科学研究工作的思路和具体项目，以指导建设期现场观测和科研工作。

2 前期现场观测和科研工作回顾[1,2]

2.1 30万吨级航道前期现场观测和科研工作

在预可性研究、一期工程可行性研究阶段，由中交上海航道勘察设计研究院有限公司承担可行性研究报告的编制。同时，作为总体研究单位和技术抓总单位，组织南京水利科学研究院、交通运输部天津水运工程科学研究所、华东师范大学河口海岸研究院、河海大学、中科院力学研究所和上海海事大学等单位开展科研协作攻关，在充分收集和利用连云港港口建设历史资料和实践经验的基础上，开展了一系列的现场观测、室内试验及专题研究工作。

通过技术可行性研究，基本解决了业界关注的连云港港海床性质及岸滩稳定性、水动力及泥沙条件(大风天泥沙、泥沙水力特性)、航道回淤(正常天气及大风天)、航道选线、航行安全性等主要技术问题，为项目立项提供了科学依据，同时为后续研究打下了坚实的基础。

2.2 前期现场观测和科研主要研究结论

(1)自然水深条件及基建工程量：由于淤泥质沉积物物质丰富和波浪动力长期作用，近岸浅滩坡度平缓，深水区距离海岸较远，30万吨级航道最大开挖厚度近20m，人工开挖航道里程超过70km，深水航道的建设工程量十分巨大(疏浚工程量达3亿m^3)，是世界上最大的淤泥质海岸浅滩深水航道——航道等级最高、人工航槽开挖厚度最大、人工航槽里程最长、疏浚基建工程量最大。

(2)海床性质及岸滩稳定性条件：连云港海岸经历先淤涨后侵蚀的过程，随着海岸防护工程的实施，目前处于冲淤平衡，局部略有冲刷状态。连云港区航道沉积物中值粒径基本为0.005mm，黏粒含量普遍大于40%，属典型的淤泥质海岸；徐圩港区航道沿线沉积物中值粒径、黏粒含量、水力特性与连云港区航道沉积物相近，同属淤泥质海岸，但邻近灌河口沙嘴，沉积环境复杂；近期海滩总体冲淤基本平衡、略有冲刷，灌河口沙嘴处于常年风浪作用范围以外，总体上趋于稳定，对徐圩航道的潜在影响不大。

(3)波浪动力条件：连云港处于开敞海域，波浪动力较为强劲。经常性大浪的破波带宽阔,外缘达-5m等深线附近。

(4)水流动力条件:连云港海域潮流以旋转流为主,流速较小,在浅滩上开挖深水航道,不利于减小航道回淤。

(5)泥沙条件:连云港泥沙运动以悬沙为主,呈"波浪掀沙、潮流输沙"规律,常年含沙量处于较低水平,但大风期间含沙量较高。

(6)航道回淤:连云港建港经验及观测研究表明,连云港区航道常年回淤主要是黏性细颗粒泥沙的悬沙在航槽内的落淤,大风过后航道内生成的浮泥,是暂时的和不碍航的,残留淤泥碍航风险不大,根据类比法推断徐圩港区航道回淤环境、泥沙运动和回淤规律与连云港区航道相似。预测连云港港30万吨级航道开挖后的常年回淤量在可接受程度内,大风天气基本不会发生骤淤碍航问题。

(7)土质、地基条件:连云港海域浅层为深厚淤泥层,航道土质可挖性好,但疏浚边坡稳定性较差;下层陆相沉积硬黏土和密实粉土粉沙可挖性差。淤泥层厚度达10~20m,含水率为60%~80%,力学指标差,围堤地基条件差,属于深厚超软地基。

3 一期工程建设期现场观测和科研工作总体部署[3]

3.1 目的和原则

3.1.1 目的

在项目前期研究阶段现场观测及科研工作的基础上,结合先导试挖工程和一期工程,进一步开展现场观测及科研工作。

(1)为工程服务:研究解决连云港港30万吨级航道的关键技术问题,为30万吨级航道一、二期工程的设计、建设和运营提供科学依据。

(2)推动技术进步:依托连云港港30万吨级航道工程,实现在淤泥质海岸建设深水航道方面的技术创新,推动水运工程技术进步。

3.1.2 原则

(1)围绕设计原则:所有的科研、观测工作,都应服从和服务于更好地体现和实现设计意图。

(2)推动技术进步原则:实现在淤泥质海岸建设深水航道方面的技术创新,推动水运工程技术进步。

(3)动态管理原则:需要根据研究和工程进展情况,不断完善和调整。

3.2 需要解决的主要技术问题及研究思路

3.2.1 海岸性质及岸滩稳定性方面

在预可、工可阶段,通过大量现场观测、室内试验和海床及岸滩稳定性研究,已得到较为明确的结论,即埒子口以西为淤泥质海岸,海床冲淤动态平衡,灌河口外沙嘴滞留在埒子口以东,并进一步趋于稳定。但鉴于问题的重要性、复杂性和长期性,因此还应继续关注海床及岸滩底质变化、灌河口外沙体的长期演变趋势及其对港口航道的影响。

研究思路是考虑开展连云港海域底质及岸滩稳定监测,对连云港区—徐圩港区—灌河口海域进行定期底质取样和断面水深测量。通过监测,掌握连云港海域的底质变化情况,以及岸滩稳定情况,重点是跟踪观测灌河口沙嘴的长期演变趋势。

3.2.2　基础资料方面

现有水文气象观测设施主要集中在连云港区附近,覆盖范围尚不能满足30万吨级航道建设和运行需要;潮位控制站点尚不完备,目前仅有油码头验潮站和即将投入使用的车牛山验潮站,南翼徐圩海域尚缺乏必要的验潮站;波浪观测尚不完备,目前仅有大西山海洋站的波浪观测,南翼海域尚缺乏波浪观测站点;含沙量观测仅有以往大西山和羊山岛短期观测和历次临时的水文测验,缺乏长期的含沙量观测,特别是大风天的含沙量资料。

研究思路是建立连云港水文气象观测系统,开展徐圩海域短期波浪潮流泥沙短期观测,取得连云港大范围海区连续、完整,包含大风天的水文、气象资料,为港口航道研究、建设和营运提供可靠依据。

3.2.3　泥沙及回淤观测研究方面

在预可、工可阶段,通过15万吨级航道回淤观测研究,大风天波浪泥沙自动观测,泥沙水力特性试验,正常大风天及波浪潮流泥沙二、三维数学模型,海床及岸滩稳定性分析,回淤研究等科研工作,基本掌握了泥沙条件、动力条件、回淤环境、正常天气回淤规律、大风天回淤规律,从定性上解决连云港区航道泥沙和回淤规律,定量上总体把握连云港区航道的回淤强度分布。徐圩航道属于新开辟航道,尚缺乏实际回淤数据,加之航道的泥沙环境和主港区仍有一定差异,因此还不能掉以轻心,需要解决大挖深区段和口门外破波区的航道回淤问题。

研究思路是在已有研究成果的基础上,开展航道(含先导试挖)回淤观测及研究专题,对于徐圩港区航道,通过先导试挖工程和一期工程,开展回淤观测研究,取得实际回淤资料,为率定数学模型和物理模型的参数提供依据。在此基础上开展潮流泥沙数学模型完善、大风天波浪潮流泥沙三维数学模型完善、徐圩港区及口门附近航道物理模型试验、抛泥扩散观测研究、航道浮泥研究等专题,完善潮流泥沙数学模型、大风天波浪潮流泥沙三维数学模型,进一步率定参数,提升模型精度,深化抛泥扩散影响研究和航道浮泥研究,深入研究并掌握连云港区航道及徐圩港区航道泥沙条件、动力条件、回淤环境、正常天气回淤规律、大风天回淤规律,为30万吨级航道一期工程及后续工程的研究设计提供依据。

3.2.4　航道设计尺度方面

需要后续科研解决的问题有:航道疏浚边坡和航道宽度的优化。

连云港港30万吨级航道是迄今为止国内外开挖厚度最大的人工航道,疏浚工程量巨大,而边坡工程量占整个疏浚工程量的20% ~30%,边坡坡度的确定不仅关系航道边坡稳定和航道的正常营运,而且关系疏浚工程量和工程投资的大小。边坡的优化一直是航道工程界关心的问题之一。而稳定边坡与水深、地质、开挖厚度、潮流、波浪等因素有关。为此,除了根据地质资料依据规范分析取值外,考虑结合15万吨级航道交工以来的边坡观测资料,同时结合先导试挖和一期工程施工,开展航道疏浚边坡试验观测及研究。通过观测研究,结合理论计算,分析典型航段的疏浚稳定边坡,进而优化确定30万吨级航道的疏浚边坡。

预可、工可阶段,依据水文资料和规范计算初步确定了航道宽度,开展船舶航行模拟试验,对航行安全性进行了验证。由于规范公式及参数是根据部分港口7万吨级以下船舶航行数据统计概化得到的,可能不尽适用大型船舶。考虑开展实船航行观测及专题研究,对连云港港15万吨级、25万吨级船舶的实际航行状况开展实船观测记录,取得实船航速、风流压偏角和航迹带等数据,为30万吨级航道船舶航行模拟试验提供验证依据,为确定25万~30

万吨级航道的设计参数提供依据。

3.2.5 抛泥扩散方面

重点在于量化抛泥扩散对航道回淤的影响。开展抛泥扩散观测研究,观测抛泥泥土流失情况,综合研究抛泥作业过程中、抛泥后泥土的扩散规律及影响因素等,提出溢流扩散、抛泥时机等疏浚施工工艺的改进意见。

3.2.6 围堤技术方面

充填袋斜坡堤是连云港地区具有应用潜力的围堤结构形式,采用软体排加筋技术基本解决了充填袋在淤泥地基的稳定问题,但围堤沉降变形略大。考虑开展《玻璃纤维经编复合土工布加筋层在海滩淤泥地基充填袋斜坡堤的应用技术研究》,利用其高强度、低延伸率的特点,解决围堤沉降变形过大的问题。

3.3 一期工程建设期现场观测和科研项目

根据项目前期研究阶段开展的现场观测及科研工作情况、本工程建设条件和30万吨级航道的建设要求,以及建设期和营运期需要解决的主要技术问题的分析,考虑一期工程建设期现场观测及科研工作如下:

3.3.1 连云港海域底质及岸滩稳定性监测研究

在连云港区—徐圩港区—灌河口海域进行定期固定断面监测和底质取样,原则上1年1次,持续至30万吨级航道整体竣工后1年。

3.3.2 连云港港水文气象观测系统的建立及观测

3.3.3 航道(含先导试挖)回淤观测及研究

(1)徐圩港区先导试挖航道回淤观测及研究:先导试挖完工(徐圩航道浚挖至-8m,与外航道贯通)后,开展短期(4个月)回淤观测。目的是取得徐圩港区航道试挖的实测回淤数据,为后续研究设计提供初步依据。

(2)徐圩港区5万吨(或10万吨)级航道回淤观测及研究:徐圩港区5万吨(或10万吨)级航道疏浚完工后,开展为期1年的回淤观测。目的是取得徐圩港区5万吨(或10万吨)级航道竣工后的实测回淤数据,为后续扩建的研究设计提供依据。

(3)连云港区25万吨级航道回淤观测及研究:连云港区航道一期工程(25万吨级航道)疏浚完工后,开展为期一年的回淤观测。目的是取得连云港区25万吨级航道竣工后的实测回淤数据,为30万吨级航道研究设计提供依据。

3.3.4 徐圩航道回淤土水力特性及流变特性试验

通过试验,测定徐圩航道回淤土的水力及流变特性,确定浮泥和淤泥的起动流速、淤泥动力黏度、屈服应力、弹性模量等流变参数,为建立和完善浮泥生成及运动模型、潮流波浪泥沙三维数学模型以及适航水深研究等提供依据。

3.3.5 徐圩港区及口门附近航道整体物理模型试验

3.3.6 连云港港潮流泥沙数学模型完善

3.3.7 连云港港大风天波浪潮流泥沙三维数学模型完善

3.3.8 航道疏浚边坡试验观测及研究

根据航道条件,选择典型航段,开展边坡开挖试验,进行固定断面测量,取得航道边坡数据。连云港区航道:结合现有15万吨级航道边坡以及先导试挖工程施工,开展疏浚边坡试验。徐圩港区航道：结合先导试挖和一期工程的施工和回淤观测研究，开展疏浚边坡试验。根据试验观测数据进行边坡的稳定性分析；参考边坡整体稳定计算方法，进行边坡稳定计算参数（波、浪、流、土质指标）取值的探索性研究和稳定性计算；综合分析实际边坡情况和理论计算，确定连云港航道的疏浚边坡。

3.3.9　实船航行观测及研究

开展15万吨级航道和25万吨级航道实船航行观测，取得沿程实船航速、风流压偏角、航迹带，以及相应的潮位、流速流向数据；根据实船观测数据，统计分析不同横流条件下的船舶漂移倍数分布，引入航道宽度保证率的概念，提出开敞海域浅滩深挖槽航道有效宽度计算方法，解决现行公式及参数缺乏大型实船航行数据支撑和缺乏保证率概念的问题，为合理确定开敞海域大型浅滩深挖槽航道的有效宽度提供科学依据，实现船舶航行安全和节约航道工程投资的协调统一。

3.3.10　抛泥扩散观测及研究

3.3.11　连云港港航道浮泥研究

3.3.12　玻璃纤维经编复合土工布加筋层在海滩淤泥地基充填袋斜坡堤的应用技术研究

参考文献

[1] 陈学良，顾勇，马兴华，等. 连云港港30万吨级航道工程预可行性研究报告[R]. 上海：中交上海航道勘察设计研究院有限公司，2008.

[2] 顾勇，马兴华，金雪英，等. 连云港港30万吨级航道一期工程工程可行性研究报告[R]. 上海：中交上海航道勘察设计研究院有限公司，2009.

[3] 马兴华，顾勇，张华，等. 连云港港30万吨级航道工程建设期和营运期科研及关键技术研究工作大纲[R]. 上海：连云港港30万吨级航道建设指挥部，中交上海航道勘察设计研究院有限公司，2009.

徐圩航道、徐圩及旗台围堤监理措施和效果

王建平　芮永强　顾文萍　王健祥

（上海东华建设管理有限公司　上海　200231）

摘　要：结合连云港港 30 万吨级航道一期工程徐圩港区 10 万吨级航道疏浚工程和旗台、徐圩爆破挤淤围堤工程监理，全面综述了在该工程监理工作中采取的主要措施、取得的效果、经验和体会等，反映了水运交通建设工程监理的最新动态。

关键词：连云港港；航道监理；措施；效果

1　引言

连云港港 30 万吨级航道一期工程包括连云港区 25 万吨级航道和徐圩港区 10 万吨级航道疏浚工程及配套的旗台、徐圩陆域纳泥区建设。其中，上海东华建设管理有限公司（后简称“我公司”）主要承担了徐圩港区 10 万吨级航道工程，含 JL2 和 JL5 两个监理标段，JL2 标段为 5 万吨级航道疏浚工程及旗台、徐圩围堤工程，JL5 标段为 5 万吨级航道扩建为 10 万吨级航道疏浚工程，施工合同额总计 10.2 亿元。从 2010 年 2 月开工至 2013 年 7 月底完工，外业总历时 42 个月，建成了徐圩新港区总长 24.7km 的 10 万吨级单向乘潮航道，同时形成了连云港区 246 万 m^2 旗台 3 号吹填区、徐圩港区 662 万 m^2 的 1 号、2 号吹填区（港区陆域形成）。

徐圩港区 10 万吨级航道疏浚工程是在原始滩面新开挖的深水航道，包括 H2.1、H2.2、H2.3、H2.4、H2.5 共 5 个疏浚施工标，总疏浚断面方量为 6 072.5 万 m^3（不含超宽、超深、回淤量），由中交上海航道局有限公司、连云港港务工程公司和中交广州航道局有限公司等 3 家单位施工，其中 60% 疏浚土吹填上岸，40% 倾倒于国家海洋局指定的海上抛泥区；H2.1、H2.2、H2.3 为 5 万吨级航道疏浚工程，H2.4、H2.5 为 10 万吨级航道扩建疏浚工程。

JL2 标段围堤工程包括旗台 W1.2 施工标、徐圩 W2.3 施工标段两个爆破挤淤围堤工程，由连云港港务工程公司施工。

2　施工特点和难点分析

连云港港是典型的浅水深用港口，滩浅坡缓航道基建开挖量巨大，期间为验证航道的可挖性及测定回淤量等科研需要，分 3 个阶段开挖并分阶段观测回淤情况，分别是 2 万吨级、5 万吨级和 10 万吨级航道疏浚工程，所取得的回淤观测数据作为航道回淤量预报和 30 万吨级航道二期工程的研究、设计、审批的依据。本项目施工特点和难点如下：

（1）滩高水浅，开挖量巨大，初期只能由吃水浅的小型耙吸船乘潮作业；绞吸船高滩作业需乘高潮先开挖驻船位。

(2)近岸段滩槽高差达 12 ~ 13m,高边坡导致内侧段航道施工期回淤量大。

(3)利用部分疏浚弃土吹填造陆,绞吸船吹距远。高程浅的淤泥段采用 3 泵串联的绞吸单船施工,高程深(-11.5 ~ -11.3m)的淤泥、黏土夹杂钙化物段采用绞吸船联合接力泵船共同远距离作业。

(4)疏浚工程底层地质含钙质结核物,疏浚难度大。

(5)违规捕捞作业的渔网对疏浚船舶施工干扰大。

(6)航道里程长,外海无掩护,风浪大,需采用多艘大型船舶同时作业,但初期只能用吃水浅的小型船舶。

(7)10 万级航道 S16 +000 段为原港口老抛泥区,如图 1 所示,土质多年沉积坚硬,含石块、黏土等杂物,耙吸船作业困难。

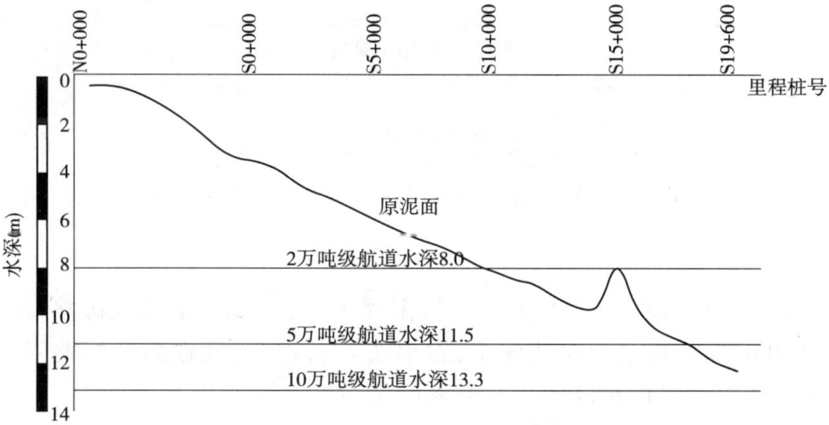

图 1　徐圩航道水下地形纵向剖面图

(8)徐圩围堤工程地处潮间带浅滩,淤泥厚达 20m,需候潮水爆破;受山场石料供应、道路运输影响,工期和爆破效果受限。

3　施工过程简述

3.1　疏浚工程

徐圩 10 万吨级航道疏浚工程为新建航道,总长 24.7km,分为 N-M-S 拐弯段和 S0 +000 ~ S19 +909 段。2010 年 2 月,S0 +000 ~ S19 +909 段首先开工。由于原始滩面水深浅,如图 1 所示,徐圩吹填区围堤工程施工尚不具备吹填条件等原因,H2.1 标段(S0 +000 ~ S5 +000) -8m 以上采用 3 条 1 500 ~2 700m^3 小型耙吸船施工,淤泥外抛处理;5 月底达到 -8m 高程后进入回淤观测期,后续 -8 ~ -11.5m 高程采用绞吸挖泥船挖、吹进徐圩 1 区。H2.2 标段(S5 +000 ~ S19 +909)采用 3 条耙吸挖泥船施工,S5 +000 ~ S7 +000 水浅段采用 1 500m^3 小型耙吸船施工,其余采用 5 000m^3 耙吸船施工,5 月底达到 -8m 高程后,回淤观测 4 个月;10 月采用 2 条 3 500 ~5 000m^3 耙吸船恢复施工,2011 年 7 月底完成 5 万吨级航道开挖。N-M-S 拐弯段为 H2.3 标,水深仅 0.2 ~ -3.5m,开挖方量最大,施工回淤也最严重,施工共投入 7 条 2 500 ~3 500m^3/h 绞吸挖泥船,2011 年 8 月底 ~2012 年 10 月底完成。

在 N-M-S 段 5 万吨级航道工程施工同时,10 万吨级航道工程 S5 +000 ~ S19 +909 段(H2.4 标)开工,投入 3 条 5 000 ~7 000m^3 舱容耙吸船,于 2011 年 8 月 ~2012 年 7 月完成,

转入1年期回淤观测。H2.5标于2012年8月~2013年7月底完成,施工范围为24.7km全航槽,其中N-M-S-S5+000段为在5万吨级航道基础上扩建10万吨级航道,S5+000以外为10万吨级航道维护性疏浚。H2.5标2013年8月通过上海海事局海测大队多波速测量,一期工程完工,其典型断面如图2所示。

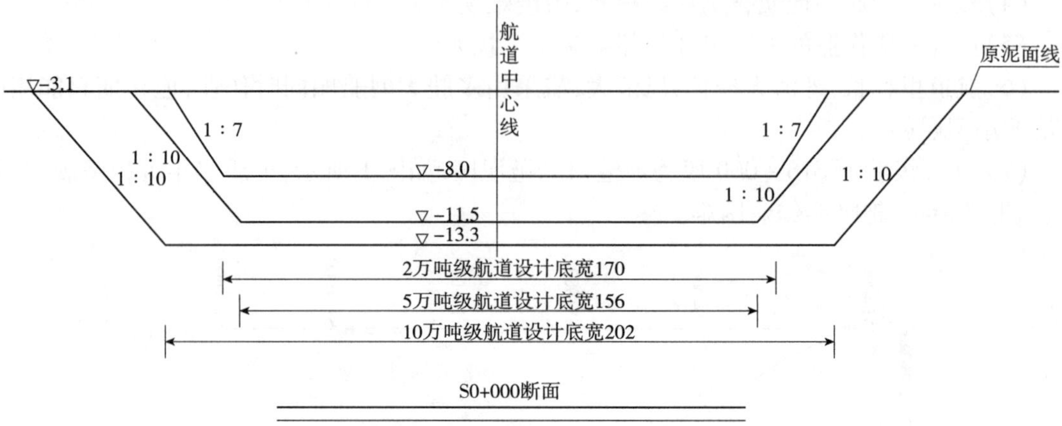

图2　航道分次开挖典型断面图(尺寸单位:m,高程单位:m)

3.2　围堤工程

W1.2标为连云港区旗台作业区吹填3区围堤工程,1 122.6m长爆破挤淤抛石结构,水下淤泥厚度约10m,插药船水上布药施工,在堤头石料堆高、堆宽满足要求下,均可爆破施工。2010年4月开工,2011年11月完工具备吹填条件。

W2.3标为徐圩港区吹填2区围堤工程,1 462.52m长爆破挤淤抛石结构,软土层厚度达到15~20m,含挤淤隆包厚度可达25m以上,土体指标较旗台坚硬,施工技术难度大。由于工程位于潮间带船舶难以靠近,只能由陆上插药机布药,高潮有水时引爆,受石料运输、潮位双重影响,作业时间受限。后期,指挥部要求对W2.3标加高并施工子围堰,同时对1号隔堤也加高处理,增加吹填区纳泥量。2010年4月开工,2012年6月具备吹填条件。

4　采取的主要监理措施

4.1　组织保障

根据本工程特点,结合合同文件的要求,东华监理部采用直线制的组织形式,如图3所示,总监下设7个工作组,其中合同计量和信息文档为内业组,工程测量、试验检测、航道疏浚、围堤爆破、安全环保(HSE)等为外业组。监理部人员全部由具有长江口、黄浦江航道疏浚、上海洋山港陆域形成、江苏如东人工岛以及沿海筑堤工程监理经验人员组成,共计配备各类监理人员21名,最高峰时段达33名。监理人员100%持证上岗。

本着"精简高效、就近工程"原则,我们将监理人员分为3个驻地组办公,总部设在连云港区旗台嘴港工机械化办公大楼。旗台嘴监理组为总部兼围堤工程W1.2标监理组;疏浚组最先在上海航道局荷花街办公楼,后遇拆迁搬至高公岛;徐圩围堤W2.3标监理组设在白果树连云港港务工程公司材料厂。2条围堤工程外业结束后,监理部才改变分散局面,集中到久和国际二期小区统一办公和生活,直至一期工程结束。

监理配备吉普车和轻型客车各1辆、GPS、泥浆比重计、回弹仪、电脑、打印机、复印机、扫描仪、照相机以及其他必要的办公、生活设施。所有驻地都按东华公司企业文化建设手册标准化建设，规章制度、标识标牌和形象进度等图表都上墙，员工统一着装并挂牌上岗。

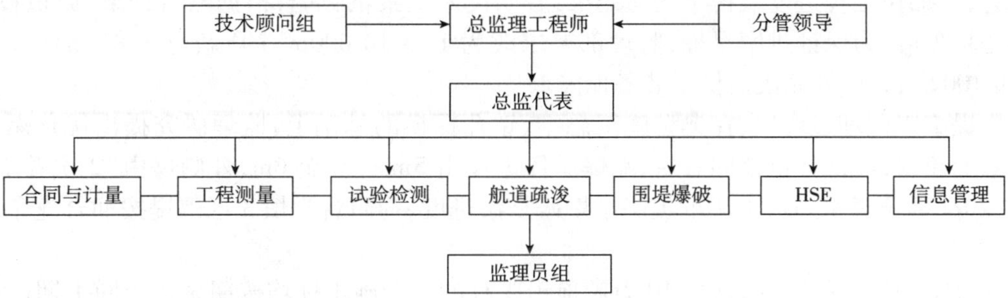

图3　监理组织机构框图

4.2　强调进度计划的严肃性，抓施工船舶装备投入

疏浚工程业主一般不强调提前竣工，因为提前竣工意味着维护疏浚的开始，要多支出维护疏浚的费用，尤其是徐圩港区尚没有码头投产，是暂没有航道服务需求的新港区。疏浚施工单位一般前期投入较小，集中在后期大量投入，但一些缺乏经验的承包人没有调配好计划，往往造成后期难以完成合同任务。如徐圩航道随着不断增深，底层出现钙化物的情况，施工扫浅难度明显增大，不确定因素增多，按期完成合同就会出现困难。因此，监理工程师要严格把控施工进度计划，要求前期投入足够的船舶，避免出现船少、后期难以完成任务；或船少靠抛泥不到位来多挖泥的违法施工情况。

根据工程总目标，监理把好审批关，在承包人施工总体计划及季、月进度计划审查中，找出进度风险因素并提前制定控制措施，重点审查以下内容：

（1）工期和施工时间安排的合理性。疏浚船舶进、退场、测量计划等应与施工计划一致。

（2）计划目标与施工能力要匹配。月、季等阶段性计划工程量应与承包人疏浚船舶投入数量、船舶工效等相适应，并应有施工能力的富裕储备。

（3）计划安排应结合工况条件，有前瞻性。充分考虑渔业捕捞、冬季寒潮、夏季台风等季节性影响，并留有富余时间。

监理对工程进度实行动态控制，按进度控制工作流程；分解季、月阶段进度目标；从人、机、料、法、环五方面进行施工工效分析，周、月检查计划执行情况，当计划与实际进度发生偏差时，及时查找偏差原因，提出纠偏措施要求或建议。

如H2.1标段－8m以上全部采取外抛施工，浚前水深浅，不适应大型船舶施工，节点工期紧。监理部在施工组织设计审查中提出采取多条小型耙吸船分段施工，利用其“小、快、灵”的特点，高潮位挖浅水段、低潮位挖深水段。施工单位调进1条3 500m^3、2条1 500m^3舱容的耙吸船，监理测算发现能力欠缺，一方面监理严格制止施工单位为节约时间、成本，不到抛泥区抛泥以此来多挖几船泥的行为；同时弃土堆积在航道边缘，会造成2万吨级航道回淤严重的假象，给科研和管理单位以误判。另一方面，要求增加施工船舶，同时对于各船施工能力差异较大、航道增深不平衡现象明显，监理要求船舶对调作业，施工能力强的多挖，里程可以长；施工能力弱的，换防到工程量小的施工段，最终－8m节点工期提前了40天完成。

H2.3标疏浚土要求吹填至徐圩1区和2区，疏浚区距离吹填区1～5.1km，监理提出绞吸船必须是设计吹距6km以上，切土能力强，具有挖、吸、排泥连续作业的性能，单船可完成疏浚及吹填作业、抗风能力强的船舶。承包人为此先后投入了7条满足条件的大型绞吸船，保证了计划的完成。

H2.5 标前期投入 3 条大型绞吸船，为长吹距施工和克服地质钙化物，研究了接力泵船新工艺，对加快工程进度取得了明显效果；后期投入 2 条耙吸船，根据测量结果，原拟投入 2 条小型耙吸船，为保证进度目标，监理部要求改为 1 条 10 000m^3 的“新海虎 8”新船 + 小耙“航浚 1002”，为计划完成提供了装备保障。

围堤施工监理过程中，在典型施工总结、钻孔探摸的基础上，监理研究提出优化爆破挤淤参数的建议，经设计审核同意后，端爆循环进尺由 5m 提高至 6m，外侧爆由“2 次并 1 次”并由“20m 延长至 40m”，大幅度提高了爆破挤淤进度，为旗台吹填 3 区围堤按期合龙争取了宝贵时间。

通过工程监理的努力，徐圩 10 万吨航道工程的 7 个施工标均按期完成合同工期（其中，H2.2 标由于海上渔网干扰施工长达数月，在指挥部同意下延长了 1 个月工期；W2.3 标由于增加了围堤加高、1 号隔堤加高和砌筑子围堰等工程，顺延了工期）。

4.3 靠前监理、主动监理，实现质量管理精细化、全覆盖

我们依据《水运工程施工监理规范》（JTJ 216—2000）开展日常监理工作，通过巡视、旁站、驻船和工序交验等手段深入施工一线，将监理工作落实到每道工序、每个环节，切实履行了监理职责。除了常规监理方案外，根据徐圩港区新航道工程的特点，采取的主要针对性监理措施如下。

4.3.1 精细化管理，全过程控制

疏浚工程采用驻船监理方式，能全面及时掌控现场第一手情况。驻船监理最初在长江口疏浚工程中应用，由于长江巨量来沙量造成航道回淤量时空分布的不确定，工程监理在耙吸船上计量船方量[1]以及科研需要等因素采用该种方式。徐圩航道工程监理起初套用了长江口模式，但发现徐圩土质为淤泥，可挖性好，完全不同于长江口粉细砂的情况，长江口耙吸船装舱量 30% 左右，而连云港淤泥几乎能将耙吸船装满舱，效率远高于长江口，因此船方计量意义不大。监理驻船主要是掌握航道疏浚施工的质量、安全第一手情况，签认船舶施工报表，并对耙吸船抛泥到位进行监控。驻船监理工程师以《疏浚驻船监理小结》的形式如实准确记录每个驻船周期内疏浚船方量、主机运转时间、生产性或非生产停歇时间以及疏浚部位泥质等内容，作为航道疏浚质量评价、施工进度和船舶工效分析的第一手资料；同时在小结中指出驻船周期内现场存在的问题，反映到监理部后再有针对性地提出要求，及时解决存在的问题。

通过驻船监理制度，将疏浚监理质量保证体系以及有效的监理工作手段延伸、覆盖至每条施工船，靠前、主动监理，从而实现对疏浚施工全过程质量控制。同时施工单位采取精细化疏浚，如耙吸船 S 型扫浅、拖轮拖带海底拖平器等方法扫浅，实现了投入少、质量和工期得到保证的良好效果，10 万吨级航道顺利通过上海海事局航海保障中心的多波速测量。

4.3.2 设计专有表格

东华监理针对性地制定了本工程疏浚专有监理用表，含耙吸船、绞吸船施工、仪器仪表率定、水深测量专用表格 18 张，对施工过程进行了有效监控。其中部分表格已被江苏省交通运输厅工程质量监督局吸收入 2013 版《江苏省水运工程质量管理统一用表》中，对提高江苏省水运工程监理水平起到了促进作用。

4.3.3 支持施工单位科技创新

针对浅滩、复杂地质、绞吸船长排距施工、围堤爆破挤淤参数优化等难点，监理积极支持

施工单位采取科技创新手段解决问题，同时也利用东华公司母公司中交三航设计院强大的人才、技术实力，通过申报院课题研究、现场 QC 活动等开展技术创新研究，取得了丰盛成果，运用到项目上创造了良好的经济和社会效益。

如在 H2.1 标中采用单船 3 泵串联实现了 10.9km 浅滩吹填淤泥上陆[2]、H2.5 标采用绞吸船 + 接力泵船施工解决了 -13.3m 高程、钙化物和黏土条件下，长距离吹填施工难题；后期疏浚扫浅过程中采取了耙吸船 S 型扫浅、拖轮拖带海底拖平器等方法，实现了投入少、质量和工期得到保证的良好效果。

围堤 W2.3 标施工过程中，由于处于潮间带，需候潮作业，石料组织受各种原因影响，有时高潮时不具备爆前要求的堆高、堆宽条件。爆破安全限定只能在白天进行爆破作业，加之高潮时间与堤头石料堆高到位时间的不匹配，造成 1 天最多只能 1 爆，施工进度受到很大影响。经采用在堤头“引水爆破”方法，可以实现 1 天 2 爆，保证了施工进度和质量[3]。

徐圩航道工程自开工以来，东华监理部配合施工单位陆续开展了《浅滩长排距绞吸船施工技术》、《爆破挤淤施工参数优化》、《接力泵船配合绞吸船长排距施工》等多项课题研究。《标准化监理规划、监理评估报告和监理总结研究》等获得了中交第三航务工程勘察设计院创新奖 2 项、QC 成果一等奖 1 项和中国交通建设监理协会“全国工程建设优秀质量管理小组”称号。

4.3.4 治理混凝土通病

旗台、徐圩围堤工程有 C35 的 6T、3T 扭王块 29 602 块，C30 防浪墙 2 584m，东华监理积极响应江苏省交通运输厅号召，开展混凝土通病治理，针对混凝土生产的各个环节，通过现场 P-D-C-A 多次循环，并借鉴其他工程的技术经验，使施工单位预制构件和现场防浪墙质量提升了一个档次。为此，东华 JL2 标监理部获得了江苏省交通运输厅“全省交通建设工程混凝土通病治理和‘二创三比’活动先进集体”荣誉。

4.4 以计量支付为手段，严格投资控制

监理按照施工合同要求，严格月计量，每月末进行航道水深测量，计算疏浚下方量。疏浚施工单位采取美国 HYPACK 海道测量软件计算疏浚工程量，监理单位采取商业软件 CASE 复核。按监理合同要求，最终结算量以设计计算量为准。7 个施工标段结算均控制在合同价内。由于质量控制高要求，H2.3、H2.4 标均超深以保证航道无浅点，造成后续 H2.5 标实际工程量大幅减少，客观上也为工程降低了造价。

4.5 强化安全基础管理，落实安全责任，保持海洋清洁

要实现 HSE 监理，需严格贯彻交通运输部《关于开展公路水运工程平安工地建设活动的通知》，以“平安工地”创建活动为载体开展安全监理工作。本着“安全责任，重在落实”的原则，从监理到承包人，“纵向到底，横向到边”，层层落实安全生产责任制，将安全生产责任真正落实到个人。如严把安全生产经费审批关，保证安全费用专款专用；加强对施工单位内、外业安全检查，建立隐患排查、整改登记制度；坚持召开安全监理周例会、月例会，定期对施工现场安全、环保情况进行总结、点评和部署。积极主动协调施工区渔网、渔船干扰，保证施工船舶安全。

在环保方面，监理重点抓耙吸船“抛泥到位”，尤其是对外租耙吸船的抛泥行为重点关注，对吹填区围堤渗漏进行预防和及时处理，避免吹填土回流至海洋和航槽。对发现的围堤渗漏现象及时通知业主和责任单位，第一时间处理完毕，不留死角。

自 2010 年 3 月交通运输部要求开展平安工地建设，H2.3 标获得了江苏省交通运输厅

"平安工地"省级示范,实现了连云港地区零的突破。徐圩航道工程开工建设 42 个月,工程取得了安全零事故,环保无明显污染的好效果。

4.6 学习型、和谐监理部建设

在严格对外监理同时,我公司注重内部建设,努力把监理部建设成学习型监理部、和谐监理部。监理部内部建立了学习制度,定期、不定期的组织内部技术、政治学习,充分发挥东华流动党支部的作用,开展各种有益的文体活动,创造和谐、文明和上进的气氛,促进各项工作的开展。工程监理期间,监理部人员先后有 10 人次通过各种注册资格考试;监理人员积极思考,善于总结,先后在核心期刊公开发表了多篇技术论文。

总监定期对内部人员进行考核,对合作精神欠佳、怕苦或身体不适应海上疏浚船舶作业的人员及时进行教育、内部调换岗位或予以劝退。努力锻造一支有战斗力、能打硬仗的优秀团队。强调终身学习,鼓励技术创新,取得课题成果 3 项,QC 成果 2 项,培养了一批航道工程监理人才。

5 工程监理实施效果

从 2010 年 2 月 1 日 ~2013 年 7 月 31 日,徐圩航道工程先后有 11 条耙吸船、12 条绞吸船参与施工,疏浚土方 6 073 万 m^3(断面方),其中 60% 疏浚土吹填上陆,40% 疏浚土海上抛泥,形成了 202m 底宽、-13.3m 底高程、1:10 边坡的 24.7km 长的 10 万吨级航道和徐圩吹填 1 区、2 区。

在长达 42 个月的连云港徐圩 10 万吨级航道工程施工中,东华公司投入了最优秀的监理团队对项目进行了优质监理,监理措施到位,监理工作的几大考核指标如质量、进度、投资、HSE 等均控制良好,取得了好的监理效果。

10 万吨级航道工程于 2013 年 8 月通过了上海海事局航海保障中心多波速测量,宣布连云港港 30 万吨级航道一期工程完工。

6 经验和体会

(1)发挥品牌监理的作用,我公司是中国交通建设监理协会的"品牌"监理企业,可以说是行业的龙头,因此各方面都严格要求,维护自己的声誉,在 30 万吨级航道建设中起到模范带头作用。工程监理过程中荣获中交第三航务工程勘察设计院先进文明班组、30 万吨级航道建设指挥部先进集体、连云港市工人先锋号、中国交通建设监理协会全国工程建设优秀质量管理小组、江苏省交通运输厅"全省交通建设工程混凝土通病治理"和"二创三比活动先进集体"等荣誉。我们认为只有持之以恒,杜绝短期行为,才是名副其实的"优秀监理",起到行业先进引领的作用。

(2)必要的装备是进度、质量的保证,本项目先后投入耙吸船 11 艘、绞吸船 12 艘,其中广州航道局投入了"敏龙"、"智龙"、"亮龙"、"轩龙"等 7 条大型绞吸船,上海航道局投入了大型耙吸船"新海虎 8"、大型绞吸船"新海鳄"、"新海豚"、接力泵船"航绞 1 号"等主力装备,连云港港务公司投入了"云浚一号"等耙吸船,保证了施工现场的进度和质量。

(3)人才是最宝贵的资源,东华公司在工程监理过程中涌现了一批先进代表人物,监理期间获得各级集体荣誉 10 个,获得各级个人荣誉 31 人次,培养了一批航道疏浚工程监理专才。

(4)实行驻船监理制后大幅减少了抛泥不到位情况,但由于监管手段仍不足,耙吸船抛泥不到位情况未能杜绝。后续工程中建议配备 AIS 监控设备,赋予监理合同处罚权,配合执法部门遏制住乱抛泥行为,保证海洋无污染。

(5)监理是业主的得力助手,但近年来监理行业处境尴尬。监理费率不高,但对监理的要求越来越高,责任越来越大,考核过于频繁,费用支取烦琐;如何化繁为简、简政放权,增强合同意识,提高管理针对性,为监理工作创造宽松、良好的外部环境,吸引人才并充分发挥监理的作用,这是亟待要研究解决的问题。

参 考 文 献

[1] 王建平. 航道疏浚工程监理的思路和技术要点——长江口深水航道治理一期疏浚工程的监理实践[J]. 水运工程,2004(7):73-78.

[2] 上海东华建设管理有限公司. 浅滩长排距绞吸式挖泥船施工技术课题成果[R]. 2011.

[3] 上海东华建设管理有限公司连云港港 30 万吨级航道一期工程 QC 小组. 深厚淤泥爆破挤淤围堤工程质量控制[R]. 中交第三航务工程勘察设计院有限公司,2011.

[4] 王建平. 疏浚测量的控制点[J]. 中国交通建设监理,2006(12):50-51.

旗台围堤爆破挤淤质量监理控制

芮永强　王健祥　朱义平

（上海东华建设管理有限公司　上海　200231）

摘　要：爆破挤淤法筑堤技术在工程实施过程中易存在重经验、轻分析研究的不足。本文以连云港港 30 万吨级航道一期工程 W1.2 标为例，从抓好典型段试验，规范施工行为，确定检测手段等几方面分析研究，总结了爆破挤淤监理控制方法，确保了爆破挤淤落底效果，达到了工程优质目标，可为类似工程的监理工作提供参考。

关键词：爆破挤淤；质量控制；监理方法

1　引言

爆破挤淤填石法的基本原理（图 1）：在抛石体外缘一定距离和深度的淤泥质软基中埋置炸药群，通过爆炸冲击降低淤泥结构性强度，同时利用抛石体自重和爆炸所产生的空腔，产生抛石体定向塌落充填和动载挤淤现象，实现泥、石置换的目的。经多次推进爆破，即可达到最终软基处理要求。爆破挤淤每一工序如控制不到位，会导致堤身滑坡和坍塌，因此爆破挤淤质量将直接决定围堤结构的稳定，是工程质量控制的关键。

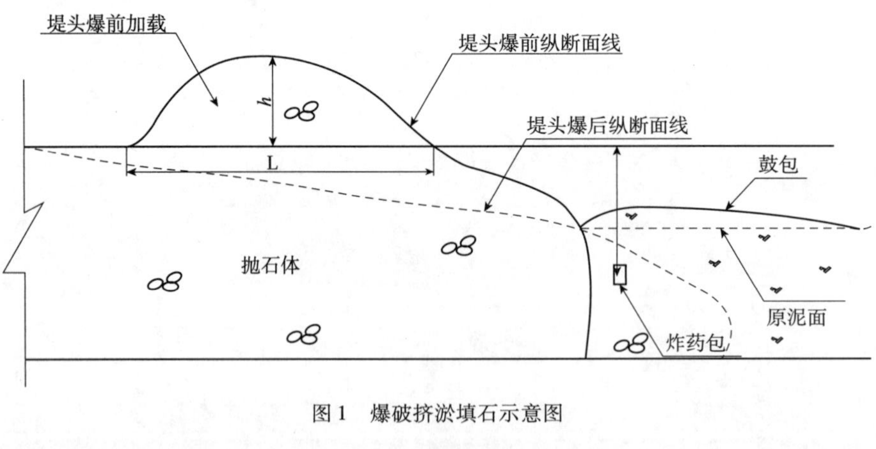

图 1　爆破挤淤填石示意图

连云港淤泥质海岸是国内最早成功应用爆破挤淤填石法筑堤的地区。其施工环境相对恶劣，淤泥层厚，离岸距离远，风浪大，潮流急。作为江苏省“一号工程”的连云港港 30 万吨级航道一期工程必须“保省优，争国优”，质量要求高。在该工程 W1.2 标段围堤工程的施工监理过程中，监理单位在爆破技术规范[1]、设计文件要求的基础上，结合工程实际情况，勇于探索，总结了一些爆破挤淤质量控制方法，取得了一定的经验和成果。

2 工程概况

连云港港30万吨级航道一期W1.2标段围堤工程位于旗台港区，围堤全长1 122m，堤顶高程7.0m，宽度8.9m，堤身外坡坡度为1∶1.5，内坡坡度1∶1，采用水下爆破挤淤法筑堤。滩面平均高程-4.1～-3.4m（当地理论最低潮面），淤泥底高程平均为-13.77～-11.31m。该工程距岸5km处于开敞水域，全部滩面在平均低潮位以下，最大潮差4m，地基主要为淤泥，软土层厚度达到9.2～9.6m，含挤淤隆起包时厚度可达10m以上，具有易触变性、高压缩性和易剪切滑动等不良特性[2]。爆破挤淤堤断面结构如图2所示。

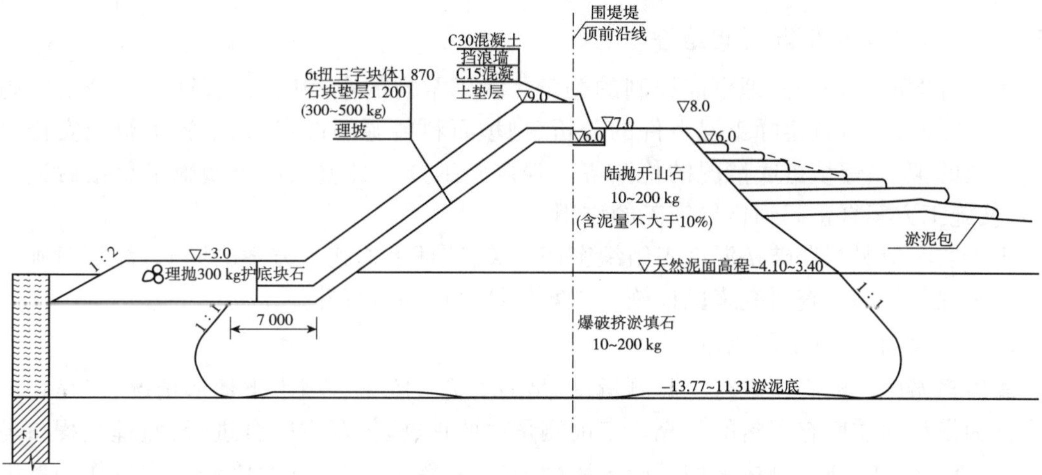

图2 爆破挤淤断面结构图（尺寸单位：mm，高程单位：m）

3 监理控制要点分析

影响爆破挤淤施工质量的因素是多方面的，根据爆破挤淤工艺原理分析以及爆破技术规范要求，结合本工程实际情况，监理对爆破挤淤质量控制要点如下。

3.1 严控施工参数

主要施工参数包括抛填参数（如石料质量、抛填高度与宽度和循环进尺）、爆破参数（如药量、布药位置和埋深等）。在施工图纸中爆破设计参数虽有明确，但由于地质勘探钻孔资料的有限性以及爆破参数计算公式的经验性，需要根据实际施工环境，通过典型试验来验证爆破参数的适用性，确定实际施工参数。典型段爆破设计参数如表1和表2所示。

设计端部爆填参数[3] 表1

推进量（m）	埋药深度（m）	单孔药量（kg）	埋药宽度（m）	埋药孔距（m）	起爆水深（m）	抛填宽度（m）	抛填高度（m）
5	5.6～5.8	32	30	2	3	26	≥7

设计两侧爆填参数（外侧两次侧爆，内侧一次侧爆） 表2

部位	单孔药量（kg）	布药长度（m）	埋药孔距（m）	埋药深度（m）	起爆水深（m）	抛填长度（m）	抛填高度（m）
内、外侧	32	20	2	5.6～5.8	3	20	≥7

3.2 规范施工行为

爆破挤淤施工单位经验丰富,但往往重视以往工程经验的运用,而忽视本工程实际情况的分析研究,甚至出现为抢工期而擅自调整爆破施工参数等现象。

3.3 选定质量检测手段和频率

爆破挤淤填石是多循环的施工工艺,如何根据工程实际来合理选定质量检测手段和频率,解决前循环质量检验与后循环施工的矛盾。

4 监理控制方法

4.1 方案审查与现场调研相结合

施工方案的审查是监理事前控制的关键。除了常规的审查项目外,针对爆破挤淤施工的特点,监理着重审查实际工况条件的分析、抛填石料料源的选定、典型施工组织安排以及施工参数的拟定、爆填落底情况的检测等。强调施工方案必须经过典型施工总结后进一步完善,使施工方案真正起到指导施工的作用。

现场实际情况与爆破挤淤施工组织密切相关,监理审查施工方案的同时,注重对施工现场实际工况条件的调查研究来验证施工方案的针对性和可行性。

4.1.1 施工滩面进行工前测量

爆破挤淤施工前必须进行工前测量,一是为了检查施工区域水下地形情况,二是将测量成果作为设计地质勘查资料的补充。工前测量由监理、施工双方联合进行,监理全程参与测量的内、外业工作,通过测量掌握了施工滩面地形、水深等情况,同时将测量成果作为爆破施工参数的确定以及施工组织的依据之一。

4.1.2 选定典型施工段

爆破挤淤典型施工段的选取原则,一是要结构断面具有代表性,二是施工组织条件要相对便利。监理通过现场踏勘,本工程起始端(桩号 E0 +000)与已完工的连云港区旗台作业区南防波堤垂直相交,爆破挤淤施工顺序从南防波堤外坡向海侧单头推进,南防波堤可作为施工运输通道。通过查询地质勘查报告可知,本工程起始段 200m 范围内淤泥层厚度最厚,因此决定典型施工段选在 E0 +000 ~ E0 +100 段,全长 100m。

4.1.3 控制抛填石料料源

选取合格的抛填石料,就是从源头上控制了爆破挤淤施工质量。监理组织对施工单位拟定的抛石料源连云港金港湾石场进行实地考察,并取样检测。经过考察和检测,金港湾石料质地坚硬,无风化,水饱和抗压强度达到 50MPa 以上,含泥量小于 10%,各项指标均满足设计要求,可用于本工程爆破挤淤施工。

4.2 抓好典型试验施工

典型爆破试验的主要目的是根据典型试验及检测结果验证爆破参数的适用性,进一步调整、优化施工参数,为后续施工提供依据。

本工程典型试验段定为 100m,起讫桩号 E0 +000 ~ E0 +100,分两个阶段实施,第 1 阶段 50m 按照爆破设计参数实施,经过检测后验证适用性,并提出调整建议供设计、业主商讨决定;第 2 阶段 50m 按照调整后的施工参数实施,经检测合格后推广。

通过第 1 阶段试验,钻孔检测报告显示:端爆落底效果良好,能力有富余,抛石层全部穿透淤泥层,进入稳定土层 1 ~2m;侧爆落底虽然合格,但抛石底部有 0.57 ~0.67m 厚淤泥层未穿透。外侧爆后堤身内侧抛石有扰动、滑塌现象,内侧爆前需要重新加抛石料,而且滑塌的石料影响内侧布药作业。

监理与施工单位经过反复分析研究,认为端爆的爆填能力有富余,具备延长循环进尺的条件,同时调整埋药方式,即总药量、埋药宽度不变,埋药孔距和单孔药量加倍,利于集中边缘部位爆炸作用力;侧爆的施工参数和施工顺序需要优化,外侧两次并一次侧爆,相应药量加倍,布药长度延长到 40m,内、外侧同时爆破。结合爆破参数的调整优化抛填参数,端爆抛填宽度不变,侧爆抛填长度延长至 40m,抛填压载高度加高 2.5m,提高抛石体的自重,加大动载挤淤效果。经与设计、业主共同商讨后同意了施工参数调整。调整后的典型段爆破施工参数如表 3 和表 4 所示。

调整后端部爆填参数 表 3

推进量(m)	埋药深度(m)	单孔药量(kg)	埋药宽度(m)	埋药孔距(m)	起爆水深(m)	抛填宽度(m)	抛填高度(m)
6	5.6 ~5.8	64	30	4	3	26	≥9.5

调整后两侧爆填参数 表 4

部位	单孔药量(kg)	布药长度(m)	埋药孔距(m)	埋药深度(m)	起爆水深(m)	抛填长度(m)	抛填高度(m)
外侧	64	40	2	5.6 ~5.8	3	40	≥9.5
内侧	64	40	4	5.6 ~5.8	3	40	≥9.5

注:外侧两次并一次侧爆,内侧一次侧爆,内、外侧同时起爆。

按照调整后的爆破施工参数实施第 2 阶段典型施工,经钻孔检测,端爆部位抛石层全部穿透淤泥层,内、外侧爆部位石层落底效果明显提高,抛石底部淤泥层减小至 0.3 ~0.4m。后续施工区段均按此原则调整,优化了爆破施工参数,大幅度提高了爆破挤淤效果。

4.3 规范爆破挤淤施工行为

爆破挤淤属于特种作业,专业性强,资质门槛高,一般工程中均以专业分包的形式将爆破挤淤工程委托具备相应资质的单位施工。而目前从事爆破挤淤施工的单位多为专利发明人,并常年单一从事爆破挤淤施工,具有一定的行业垄断性。

监理对爆破挤淤施工单位的管理原则是:重视其常年积累的丰富经验,但决不迷信经验。施工程序必须严格遵守技术规范和设计要求进行,施工质量必须严格按照确定的施工参数控制,施工过程必须在监理的严密监控下实施。将规范施工行为作为爆破挤淤工程监理事中控制的重点。

4.3.1 严格执行施工参数

监理对每个爆破循环从炸药进场至起爆进行全过程跟踪旁站,实行爆破施工记录现场签证的方式,杜绝施工单位基于经验擅自加大循环进尺、改变布药方式、增减药量随意性大等不规范行为,确保爆破施工参数的严格执行。

(1)现场实测实量每个爆破循环抛填宽度、高度和进尺等抛填参数。要求施工单位对每个循环的抛填起始点均要设置明显的标志,便于监理实测抛填宽度和循环进尺,采用水准仪测量堤头抛填高度,相对于堤身抛填超高要求不小于 2.5m。

（2）每个循环的抛填方量按过磅的实际方量统计，并与理论抛填方量比较，以保证实际抛填量不小于设计断面量。

（3）认真做好炸药进场验收。依据设计和规范要求，检查进场炸药类型、有效凭证和数量，重点是抽样称重来检查单包炸药的数量。

（4）合理选用布药设备。根据气候、潮水等实际情况合理选用水上布药船或陆上布药机，提高布药平面位置和深度的准确率。

（5）严格控制循环炸药量。单孔药量、总药量必须符合要求，杜绝"一孔多药"、"少孔少药"等现象。

4.3.2　严格控制起爆条件

爆破挤淤施工起爆条件重点是控制炸药埋设部位的起爆水深，起爆水深不足将会降低炸药爆炸力对淤泥层的扰动和破坏作用，也会影响爆破后抛石体的"流动"性，从而降低抛石体的落底效果。

监理对爆破水深控制主要采用参照当地潮位表数据与现场实测相结合的方法，根据潮位表掌握涨落潮时间，确定大致起爆时间，待抛填、布药等准备工作就绪后，监理人员对每个抛填循环前端水深进行实测，必须满足3m以上方可起爆。

4.3.3　注重工序细节监理

细节决定成败，爆破挤淤施工过程中监理非常重视对容易忽视的工序环节进行控制，提高工程质量的保证率，主要体现在纠正一些习惯性违章作业及提高一线作业工人质量意识。

如在布药过程中，经监理查验，由于布药船是渔船简易改造而成，受外海潮流、风浪等影响，布药平面位置和深度的偏差较大；而且埋药位置仅离前循环泥、石交界面1～2m，不能避免布药位置有块石障碍，如布药工人质量意识不强、旁站监理不到位，极易出现布药深度、位置不到位，甚至药量不足，影响爆破效果。

针对此情况，监理提出采用改装后的陆上布药机与水上布药船互补施工，正常气候条件下采用水上布药；水深不足、风浪大等气候条件较差时采用陆上布药，提高布药效率和正位率。如布药位置有块石障碍，则采用小口径的空心钢圆柱装药器，圆柱封头采用圆锥形以减小摩擦力，提高装药器下沉能力，并适当调整布药位置，必要时使用振动锤辅助埋药，并在装药圆柱上醒目标注尺寸，确保炸药埋深。并将以上措施对一线作业工人进行质量交底，在工序施工时由旁站监理员严格督促实施。

通过爆破挤淤隐蔽记录数据统计，本工程共计153个爆破循环，其中抛填参数合格率100%，爆填参数合格率98.8%，起爆水深合格率达到100%。

4.4　合理选定检测手段和频率

爆破挤淤填石是多循环的施工工艺，必须根据工程实际来合理选定质量检测手段和频率，避免后循环爆破施工影响前循环质量检验，利于及时、准确掌握爆破挤淤质量情况。监理通过对检测单位技术能力以及施工组织实际情况分析来确定检测手段和频率。

4.4.1　检测手段

本工程爆破挤淤质量以钻孔检测为主要手段，以体积平衡法为辅助手段。

4.4.2　检测频率

本工程体积平衡法是根据实际抛填量统计与对应的设计断面量进行比较，初步估测抛填落底情况。体积平衡法检测频率根据实际需要来调整，典型试验和工程初期适当加密，一个循环进尺检测一次，施工稳定后可以放宽至一个质量检验批一次。通过过磅石料统计实际抛填量，与对应的设计断面理论量进行比较，其比率达到90%以上。理论抛填量与实际抛填量对比情况如表5所示。

钻孔检测法检测频率首先要满足爆破技术规范要求，钻孔断面间距取100～500m，不少于3个断面；其次要满足与后循环施工爆炸源的安全距离要求，本工程最小安全距离取200m。经综合考虑，监理确定钻孔检测频率为：距离前次钻孔断面，爆填施工每推进300m检测一次。本工程共检测5个断面，既满足了钻孔检测施工安全，又保证了质量检测的及时性和检测数据的可靠性。

理论抛填量与实际抛填量对比情况 表5

桩　　号	理论抛填量(m^3)	实际抛填量(m^3)	实际抛填率(%)
E0 +000 ~ E0 +157.2	43 535	39 561	90.9
E0 +157.2 ~ E0 +233.2	57 920	52 107	90.0
E0 +233.2 ~ E0 +463	177 934	175 525	98.6
E0 +463 ~ E0 +561.9	75 728	69 944	92.4
E0 +561.9 ~ E0 +860.8	218 258	218 620	100.2
E0 +860.8 ~ E1 +066.3	132 618	133 683	100.8
EY0 +000 ~ EY0 +050			

经钻孔检测，5个断面抛石层“落底”合格率100%，其中堤中抛石全部穿透淤泥层进入下部稳定土层，外坡抛石下部有0～0.4m厚淤泥或泥石混合层，内坡抛石下部有0.3～0.5m厚淤泥或泥石混合层。本工程钻孔检测情况如表6所示。

钻孔检测数据 表6

钻孔检测断面	抛石层底部淤泥厚度(m)		
	外坡	堤中	内侧
E0 +093	0.4	0	0.3
E0 +400	0	0	0.5
E0 +695	0.2	0	0.4
E1 +042.6	0	0	0.4
EY0 +035	0.4	0	0.5

5　结语

(1)依据施工现场调研资料抓好典型段试验，分段调整、优化爆破参数，确保爆破挤淤落底效果，抛填块石落底合格率100%。

(2)规范爆破挤淤施工行为，保证了爆破参数的严格执行，最大限度降低了人为因素影响，大幅度提高了质量保证率。

(3)通过合理确定检测手段和频率，确保了爆破挤淤质量检验的及时性和可靠性。

该监理方法保证了爆破挤淤施工质量，使其满足设计和规范要求，并达到工程创优条件，也符合大中型水运工程精细化监理的工作要求，对今后类似工程监理工作具有借鉴作用。

参 考 文 献

[1] 中华人民共和国行业标准. JTS 204—2008　水运工程爆破技术规范[S]. 北京:人民交通出版社,2008.

[2] 侯海伟,殷昕,马兴华,等. 连云港港 30 万吨级航道一期工程围堤工程设计[J]. 水运工程,2012(12):168-172.

[3] 王建平,芮永强,江波,等. 提高深厚淤泥中爆破挤淤堤心断面落底效果 QC 成果报告[R].

连云港港30万吨级航道一期工程环境监理实践

白景峰[1]　杨　阳[2]　马锦宁[2]　王清彪[2]

（1. 交通运输部天津水运工程科学研究院　天津　300456；
2. 天津天科工程监理咨询事务所　天津　300456）

摘　要：本文介绍了连云港港30万吨级航道一期工程环境监理的实践经验，以由“大而小”、“长短结合”的方式讲述大型航道工程施工期环境监理的要点，可为其他类似项目环境监理工作的开展提供经验和借鉴。

关键词：连云港港；30万吨级航道；环境监理

1　环境监理简介

近年来，随着我国国民经济的快速发展，各种建设项目的数量也得到明显的提升，这对国家经济来说是毋庸置疑的大事、好事。但随之而来的环境保护问题也显现出来，建设项目环保措施和“三同时”落实不到位，建设单位擅自变更建设内容等违法违规现象时有发生。而这些行为所带来的通常都是环境的污染和生态的破坏，其中很多生态影响往往是不可逆的，鲜有补救措施。单凭各级环境保护主管部门的监管很难杜绝这种现象。这时，环境监理就非常适时地出现了。

环境监理是指环境监理单位接受委托，依据有关法律法规、环评批复等，对建设项目实施专业化的环境保护咨询和技术服务，协助和指导建设单位全面落实建设项目各项环保措施。前临项目初期的环境影响评价，后接竣工环境保护验收，作为纽带和桥梁使环境保护作为一个完整的体系贯穿整个工程建设周期。其实环境监理的概念由来已久，早在2002年，原国家环保总局、原铁道部、原交通部和原水利部等多个部委就曾联合签发文件，在重点建设项目中开展环境监理工作。时至今日，环境监理经过长足的发展已经取得了不错的成绩，推广普及工作也日见新章。

我国的建设项目环境监理自20世纪90年代起步，其发展历程经历了从无到有、逐步发展的过程，主要经历了起步、探索和试点三个阶段。①起步阶段：1995年3月，世行贷款项目黄河小浪底工程率先引入了环境监理模式并开创了我国的环境监理之先河。②探索阶段：2002年10月原国家环保总局、原铁道部等六部委以环发〔2002〕41号文《关于在重大建设项目中开展工程环境监理试点的通知》，在全国范围内对13个生态环境影响突出的国家工程开展施工期环境监理试点。至此，环境监理在国内拉开帷幕。在这13个试点实施的基础之上，部分省份和行业部门结合地区和行业状况对工程环境监理进行了积极探索。浙江、山西、辽宁、陕西等地先后出台了关于开展环境监理工作的通知，原交通部、原水利部也明确提出并在本行业开展工程环境监理工作。③试点阶段：2010年6月18日，环境保护部发布《环境保护部关于同意将辽宁省列为建设项目施工期环境监理工作试点省的复函》(环办函〔2010〕630 号)。随后,江苏、青海、山西、重庆等省份陆续开展了环境监理试点工作。2012 年 1 月,环境保护部印发了《关于进一步推进建设项目环境监理试点工作的通知》(环发〔2012〕653 号),全面明确了环境监理的定位、功能、开展环境监理的建设项目类型等内容。

环境监理发展至今已日趋成熟,今后环境监理的发展重点主要包括以下几个方面:

(1)加快建设项目环境监理制度建设。

(2)建立建设项目环境监理技术质量保证体系。

(3)强化建设项目环境监理工作的监督实施。

(4)探索符合环境监理发展实际的人才培养机制。

2 连云港港 30 万吨级航道开展环境监理的必要性

目前,交通运输部在大型基础设施建设过程中引入施工期环境监理机制,以期对整个施工过程进行环境监控管理。施工期环境监理如何开展是一个见仁见智的问题,本文以连云港港 30 万吨级航道一期工程为例介绍施工期环境监理工作开展的一些经验。

连云港港 30 万吨级航道一期工程是国家级重点项目,是在连云港港 15 万吨航道扩建工程基础上扩建,包括连云港区 25 万吨级散货船单向航道和徐圩港区 10 万吨级散货船单向航道。属于生态影响类工程,如果施工期间监管不善,其带来的环境影响将是非常巨大、不可逆的。环境保护工作为重中之重,环境监理的开展势在必行。本工程环境保护具有以下特点:①项目工程体量大,连云港港 30 万吨级航道一期工程航道长度 77.8km,其中疏浚量过亿立方,航道围堤抛填施工达到 18km,工程投资 47.7 亿元;②施工区域广,由于航道施工的特点导致整个施工作业面纵深极广,受其施工影响的区域也随之变大,同时所涉及的环境保护目标增多;③地质情况复杂,连云港位于江苏省粉砂、淤泥质海岸与山东沙质和基岩海岸的交汇地带。由于连云港海域地质的这些特点导致工程吹填、疏浚过程对海水水质及浮游动植物影响极大;④施工管理难度大,根据工程体量巨大的特点,指挥部将施工标段划分为 15 个,施工高峰期施工人员近万,由于施工标段多、水上交叉施工多、施工人员多、人员组成复杂等,导致了施工过程环境管理难度大、协调、扯皮事宜多等特点。

根据连云港港 30 万吨级航道一期的上述特点可以看出,本工程环境监理工作难度大、任务重、风险高,这就要求监理单位有着充足的经验和足够的实力来完成这项艰巨任务。经连云港港 30 万吨级航道建设指挥部慎重考察,最终确定由天津天科工程监理咨询事务所承担本工程的施工期环境监理工作。环境保护目标分布如图 1 所示,工程附近海域、近岸海域环境功能区划如表 1 和表 2 所示。

工程附近海域、近岸海域环境功能区划 表 1

环境功能区序号和名称	全国统一代码	地方序码	位置、面积 $S(\mathrm{km}^2)$	水域主导功能	执行水质标准
连云港水产资源保护区	JS002AI	02	连云港,海州湾沿岸 -10m 等深线以东海域	对虾养殖	一类
前三岛海珍品保护区	JS003AI	03	连云港,车牛山岛、平岛、达山岛周围,面积 0.33km²	海珍品生产	一类
连云港渔业区	JS004AI	04	连云港,-10m 等深线以东海域	海洋渔业	一类

续上表

环境功能区序号和名称	全国统一代码	地方序码	位置、面积 S(km^2)	水域主导功能	执行水质标准
绣新—斗长河口沿岸盐业养殖区	JS005BⅡ	05	绣针河口至新洋港河口，斗龙港河口至长江口的连云港岸线(已规划的其他环境功能区除外)向海至－10m等深线范围内，本次规划中涉及的区域为：①沙旺河口－西墅和烧香河口－灌河口盐业区；②绣针河口－沙旺河口－临洪河口养殖区；③西连岛江家咀－西山－老障头养殖区；④烧香河口－埒子口－灌河口养殖区	盐业生产区、滩涂、浅海水产养殖区	二类
连岛海滨旅游度假区	JS007BⅡ	07	连云港，西墅至羊窝头，向海2km	旅游、浴场	二类
烧香河等九河口工业用水区	JS010CⅢ	10	该区主要是沿海入海河流河口区，位于江苏烧香河口、埒子口、灌河口、灌溉总渠入海口	一般工业用水兼有泄洪、排水、交通运输等功能	三类
连云港区	JS011DⅣ	11	连云港，包括老港区、庙岭作业区等四港区	港口、码头、运输	四类
羊窝头高公岛海洋顷废区	JS013DⅣ	13	连云港，东连岛羊窝头四点和高公岛四点连线	倾废	四类

工程周边环保目标情况 表2

序号	保护目标	位置、面积 S(km^2)	与工程的相对位置关系				保护内容及要求	划分依据
			连云港区航道	徐圩港区航道	旗台吹填区	徐圩吹填区		
1	前三岛海珍品保护区	连云港，车牛山岛、平岛、达山岛周围，面积0.33km^2	工程北侧约10.1km，距离增殖区1.7km	工程东北侧约23.9km，距离增殖区约20.0km	工程东北侧约39.4km，距离增殖区约35.7km	工程东北侧约45.1km，距离增殖区约40.0km	海珍品生产；一类海水水质标准	《中国近岸海域环境功能区划》
2	连云港渔业区	连云港，－10m等深线以东海域	穿过	穿过	工程东北侧13.0km	工程东北侧16.2km	海洋渔业，一类海水水质标准	
3	连岛海滨旅游度假区	连云港，西墅至羊窝头，向海2km	西北侧约4.0km	西北侧约15.9km	西北侧约5.4km	西北侧约16.4km	旅游、浴场；二类海水水质标准	

续上表

序号	保护目标	位置、面积 S（km^2）	与工程的相对位置关系				保护内容及要求	划分依据
			连云港区航道	徐圩港区航道	旗台吹填区	徐圩吹填区		
4	核电站取水口	高公岛乡柳河村管辖的田湾村	南侧 3.0km	西北侧 10.8km	南侧相邻	西北侧 9.3km	二类海水水质标准、水深	
5	江苏海州湾中国对虾国家级水产种质资源保护区	保护区总面积 19 700 公顷，其中核心面积 3 700 公顷，实验区面积 16 000 公顷	穿越二区长度 3.9km，桩号 W37 + 576 W41 +476	二区工程东北侧 21.9km	一区位于工程北侧 25.0km	一区位于工程北侧 35.6km	为渔业区，具体见保护目标文字介绍	

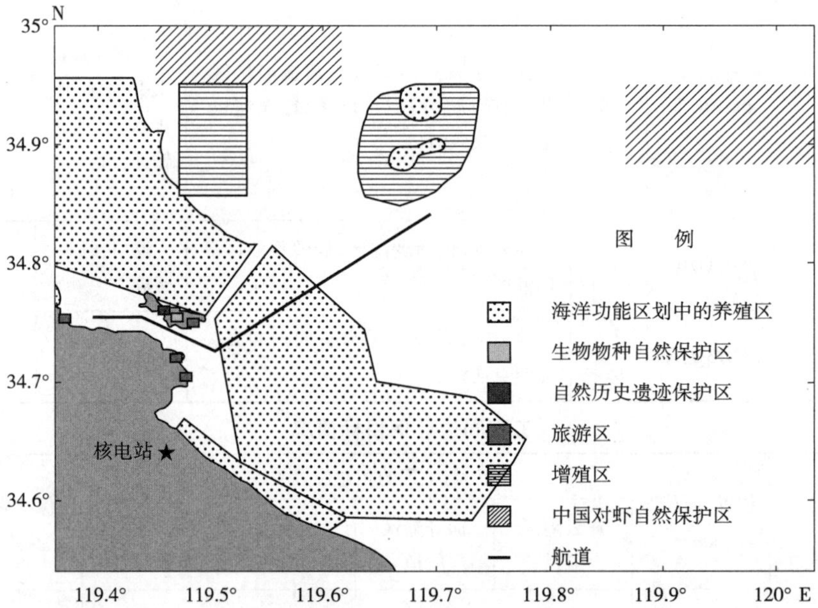

图 1　环境保护目标分布

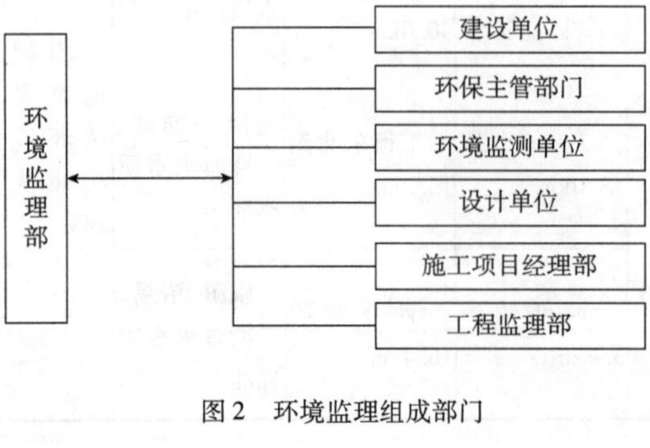

图 2　环境监理组成部门

3　如何开展环境监理工作

环境监理组成部门如图 2 所示。环境监理进场后首先要考虑的是如何把监理做“大”。这里所说的“大”是指让环境监理在工程中全方位地展开，尽快在近万施工人员中打开环境监理工作局面，经过环境监理与建设指挥部沟通后决定举行连云港港 30 万吨级航道一期工程项目环境监理启动仪式，通过启动仪式与本工程参建单位进行面对面沟通，同时将编制的《连云港港30万吨级航道一期工程环境保护手册》发给各参建单位。

在经过与参建单位的沟通后，环境监理组织召开了环境监理交底会议，会后各参建单位建立了环保管理体系并与环境监理、建设指挥部的环保体系对接，确定了领导负责制，并指派专人作为环保联络人，为了更方便现场环保宣传与了解施工现场情况，环保联络人同时也是现场基层管理人员。通过这种层层管理，层层传达模式，使得本工程环境保护工作由点到面铺开。项目启动仪式如图3所示。

图3　启动仪式

随着环境监理通过环保体系的建立正式进行现场监理，环境监理的“大”局面随之打开，那么接踵而来的问题是如何在施工过程中将环境保护做“小”了。所谓“小”指的是从细节出发，关注施工中每一个可能的污染环节，从根本上降低环境污染的风险。

为有效地开展环境管理，落实现场环境管理并尽量减少各参建单位参会次数，经过环境监理部与指挥部、工程监理单位沟通后确定，环境监理参与工程监理周例会，听取施工进度、环保情况，指出现场施工过程中存在的环保问题；与指挥部组织的月度例会同步召开月度环境监理例会，通报本月施工环保情况。

通过定期、不定期检查，了解施工现场的环保情况，重点关注各种会议上提出的环保措施是否落实，存在的环保问题是否整改，例如船舶管理，由于本工程疏浚全部依靠疏浚船舶，所以水上污染需要特别注意，船舶生产生活垃圾、废油及含有污水是威胁海洋环境的主要污染物，也是最广泛的污染物，根据国家法律法规以及本工程环境保护相关要求，所有施工船舶垃圾、油类均按规范进行回收处理，环境监理不定期地对船舶垃圾、油类处理情况进行检查，在环境监理的监管下，船舶配备了各类污染物回收容器，用于收集储存相应污染物，并严格按照相关规定由连云港外轮服务公司船舶垃圾接收船接收清运送至环卫部门进行了处理。其他船舶垃圾与陆域生活垃圾一并收集，由连云港市环卫部门统一处理，处理后均保存了相关记录。船舶垃圾记录簿和接收证明检查如图4所示，船舶垃圾收集及防油污设施如图5所示。

a)　　　　b)

图4　船舶垃圾记录簿和接收证明检查

a) b)

图5 船舶垃圾收集及防油污设施

由于工程涉及范围广,涉及人员多,环境监理部将这些环境风险较大的施工环节采取了巡视监理的方式。例如,溢流口出水是需要直接入海的,所以需要特别关注其出水浓度,环境监理通过加大巡视密度严格控制吹填区溢流口泥浆浓度,同时环境监理人员会同业主建议施工单位在吹填区增加了几条分隔围捻,这一措施在最大程度上增长了泥浆水流程,减缓了流速,提高了沉降效果,降低了对周边海域的污染;再如,陆域施工相对靠近人员密集区,环境监理要求施工单位采取物料运输过程中进行苫盖、现场洒水、道路设置限速标志等措施以达到降尘、降噪的目的;通过现场巡视的方式了解施工环保措施的落实情况,重点检查施工现场生产、生活垃圾、污水的收集和清理。环境保护专题会议如图6所示,船舶座谈会如图7所示,物料运输苫盖如图8所示,施工现场洒水抑尘如图9所示。

图6 环境保护专题会议

图7 船舶座谈会

图8 物料运输苫盖

图9 施工现场洒水抑尘

对于环保敏感点及易发生环保问题的施工环节,环境监理采取了旁站监理的方式,将环境污染隐患降到最低点。例如,环境监理部根据航道疏浚、吹填对海洋影响的特点组织环境监理人员对耙吸船整个挖泥、运泥、抛泥过程进行重点监理，着重检查临时蓄泥坑浮标灯设置及船舶GPS定位情况，特别是对耙吸式挖泥船装舱溢流环节的监理。溢流口如图10所示，船舶GPS检查如图11所示。

图10　溢流口

图11　船舶GPS检查

环境监理通过以上几种方式将“大”而“广”的环境保护问题，落实到每一个小的环节上，着手“小”细节，落实“大”环保。

环境监理在施工过程中，通过各种监理手段对工程环境进行全局掌控后，遇到的第三个问题是如何将环境保护工作做“长”。

环境监理人员进场后参照工程监理工作流程，根据环境监理工作自身特点以培训、宣传、开环保专题会议、环保知识问答，以宣传横幅、图片、环保知识竞赛等多种形式对施工单位管理人员特别是环保专管员开展了大量的环境保护宣传教育，使其环境保护意识普遍得到了提高。

通过发挥环保联络员的基层管理经验，与现场施工人员沟通方便的特点，组织施工人员在空闲时间进行环保培训、印发《环保手册》等引导为主方式进行环保宣传，以环保标语横幅、实施“环保上墙”、图片、环保知识竞赛等多种形式让大家记住环保，提高了施工人员的环保意识，使环保工作变成一种自发的行为。

让每一个环保专管员成为一名“环保专家”，让每一个现场施工人员都看到环保，想到环保。长此以往，即便他们忙碌在新的工地、新的岗位，都会注意到环保，并将环保意识传播给他们周围的人。

在工程施工结束后的问题是如何将环境保护工作做“短”。所谓“短”，是在工程施工结束之后，在最短的时间内完成环境监理资料的整理归档，确保环境保护专项验收的按时开展。

应环境监理要求，施工单位在工程开工之初向环境监理部提交施工组织设计、施工期环保工作方案，施工过程中每月按时报送环境保护月报、各环节污染采取的环保措施和设施等，工程结束时报送施工期环保总结。

工程环境监理根据各参建单位提供的资料，结合现场实际情况，整理汇编了本工程施工期采取的环境保护措施和设施等。

连云港港30万吨级航道一期工程施工期间环境监理人员共进行现场巡视500多人次，召开多次环境保护工作各类会议并参加工程例会，发出监理联系单10余份，编制环境监理规划1本、环境监理实施细则1本、监理月报41本、环境监理工作总结1本。环境保护资料如图12所示。

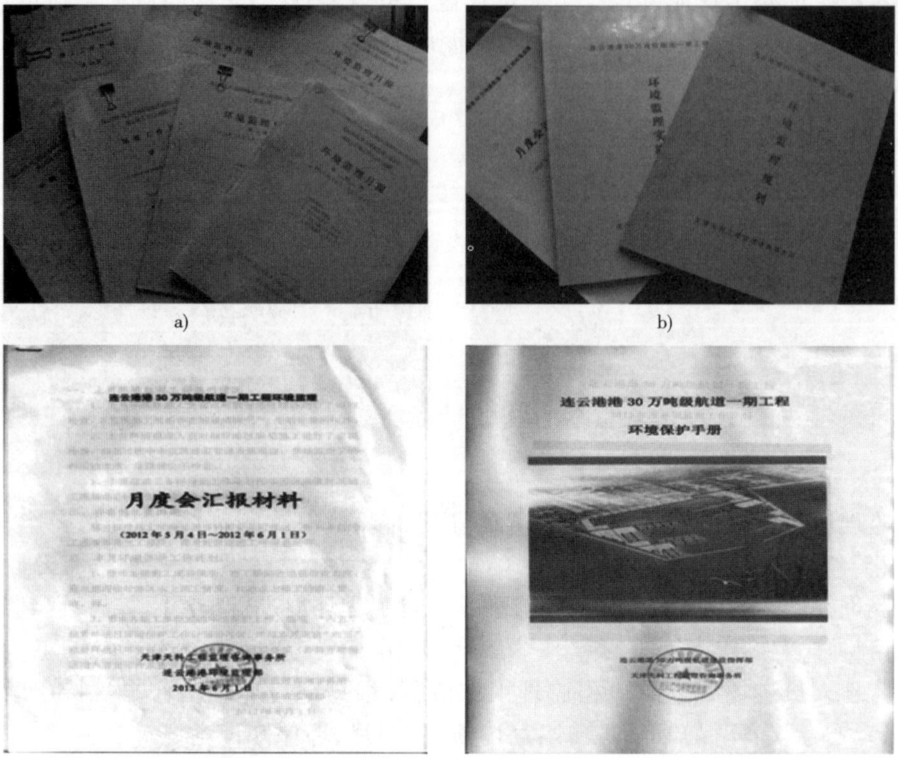

a)　b)　c)　d)

图12　环境保护资料

4　结语

做好施工期的环境监理,一方面要让环境监理在工程中全方位地展开,尽可能地做“大”;另一方面,应充分注意细节,不放过每一个可能的环境问题,努力做“小”。本文通过对连云港港30万吨级航道一期工程环境监理工作的梳理和总结,详细介绍了环境监理开展的流程、内容和工作方式等。其中,不乏大的框架,也有小的细节,只有从大局着眼,以小处着力,才能充分发挥环境监理在工程建设中的作用。

伴随着徐圩港区最后一条海上疏浚船舶远去,经过二十多家参加单位近万人的努力,历时40多个月的连云港港30万吨级航道一期工程顺利完成。江苏省环保厅印发的《建设项目试生产(运行)环境保护核准通知》是对连云港港30万吨级航道一期工程施工期环境保护工作的肯定。本工程建设施工过程中未发生重大环境污染事故,也未接到任何一起环境污染投诉事件。

参考文献

[1] 环境保护部环境工程评估中心.建设项目环境监理[R].2012.
[2] 交通运输部天津水运工程科学研究所.连云港港30万吨级航道一期工程环境影响报告书[R].2010.
[3] 天津天科工程监理咨询事务所.连云港港30万吨级航道一期工程环境监理工作总结[R].2013.

勘测设计研究篇

连云港港30万吨级航道一期工程设计特点及建设效果分析

顾　勇　马兴华　金雪英　张建锋　侯海伟

（中交上海航道勘察设计研究院有限公司　上海　200120）

摘　要：连云港港30万吨级航道一期工程建设规模大，建设条件复杂，技术难度高，经四年多的有序建设，已全面建成。在航道总平面布置、推荐航线选线、分阶段增深和回淤观测相结合、航道年回淤量计算、疏浚工程设计、围堤结构设计等方面取得了许多宝贵经验和创新成果，丰富了淤泥质海岸深水航道建设理论，可为30万吨级航道后续研究设计提供科学依据，并为国内外同类工程提供借鉴。一期工程实现了"航道支撑港口、港口引领产业，航道、防波堤、码头、产业同步协调发展"的预定目标，同时取得完整、可靠、能代表和反映深水航道回淤规律的实际回淤数据，为30万吨级航道建设提供了有力的技术支撑。

关键词：连云港港；30万吨级航道；航道设计特点；航道建设效果

1　概述

连云港港地理位置优越，是连接东西南北的纽带，是陇海、兰新铁路沿线广大地区最经济便捷的出海口，也是我国沿海主枢纽港之一，在我国能源、原材料、粮食等战略性物资的运输中发挥着重要的作用。

由于连云港港处于淤泥质浅滩，进港航道成为港口的关键条件和生命线。连云港港的发展历程是一部淤泥质海岸浅滩上的航道等级持续不断提升的历史，也是一部淤泥质海岸浅滩上的港口规模、空间、功能持续不断发展的历史。从20世纪70～90年代，通过设计单位、科研院所和大专院校的联合攻关和研究，初步解决了回淤问题，进港航道由最初的5 000吨级航道逐步拓宽浚深到3.5万吨级航道（1990年），成功地开辟了庙岭港区、墟沟港区，使得连云港港成为我国沿海淤泥质海岸"浅水深用"的成功典范之一，同时有关回淤的建港研究成果于1990年底被编辑整理出版成专著《连云港回淤研究论文集》，推动了我国淤泥质海岸建港理论的发展。2002年底连云港港航道扩建至7万吨级航道（－11.5m），2008年8月15万吨级航道（－16.5m）建成通航。2008年连云港港跻身亿吨大港行列。

由于连云港区水陆域空间狭小，集疏运系统与城区矛盾突出，为贯彻实施国家战略《江苏沿海地区发展规划》、江苏省沿海开发总体规划和长三角发展规划，适应连云港港、临港产业和腹地经济的发展需要，交通运输部和江苏省联合提出了"一体两翼"的港口布局，在充分发展主港区的同时，在南翼开辟徐圩新港区，为临港产业提供依托条件。而连云港港30万吨级航道是江苏沿海开发的"牛鼻子"，是连云港港新一轮发展的重要前提和临港产业的重要依托，其中连云港区航道对于提升连云港的港口泊位吨级、打造区域性中心港口，为中西部经济发展服务至关重要，徐圩港区航道是徐圩港区、徐圩临港产业的依托和前提，对于开发建设徐圩港区、徐圩临港产业以实现苏北振兴、带动江苏沿海地区发展至关重要。

尽管已有成功开辟主港区 15 万吨级航道的理论和实践经验，由于 30 万吨级航道需要浚深至 -23m，开挖深度跨越很大，尤其是徐圩港区航道位于南翼海区，为新开辟航道，属于开敞海域浅滩深挖槽航道，自然条件较连云港区存在差异，且邻近灌河口沙嘴，因此，仍需要对 30 万吨级航道的技术可行性尤其是回淤问题予以足够重视。从 2006 年开始，江苏省交通运输厅和连云港市港口管理局联合委托中交上海航道勘察设计研究院有限公司开展连云港港 30 万吨级航道工程预可行性研究及其专题研究工作，并组织南京水利科学研究院、华东师范大学河口海岸研究院、河海大学、交通运输部天津水运工程科学研究所、中国科学院力学研究所和江苏伟信工程咨询有限公司等单位开展协同攻关，组织开展了一系列现场观测、室内试验和专题研究，历时 3 年，于 2008 年 8 月完成《连云港港 30 万吨级航道工程预可行性研究报告》。2009 年 1 月，30 万吨级航道工程项目建议书获得国家发改委批复，同意建设连云港港 30 万吨级航道工程，按"一次立项，分步实施"的原则，先期实施一期工程。2010 年 12 月 30 万吨级航道一期工程项目工可获得国家发改委批复，连云港区航道建设规模为 25 万吨级散货船乘潮单向航道，徐圩港区航道建设规模为 10 万吨级散货船乘潮单向航道。2011 年 1 月，30 万吨级航道一期工程初步设计获交通运输部批复。

在国家、江苏省、交通运输部、参建单位及有关各方的大力支持和努力下，30 万吨级航道一期工程自 2009 年先导试挖以来，经过历时四年多的有序建设，现已按计划全面建成。2012 年 6 月连云港区 25 万吨级航道实现首航，10 月正式建成通航，成为我国乃至世界上在开敞海域淤泥质浅滩建设的等级最高的人工深水航道，为 30 万吨级矿石码头建成投产提供了航道支撑，徐圩港区 10 万吨级航道于 2013 年 7 月建成通航，为新辟徐圩港区提供了开港条件。

精心的研究和设计是一期工程成功建成的重要保证。在航道总平面布置、推荐航线选线、分阶段增深和回淤观测相结合、航道年回淤量计算、疏浚工程设计、围堤结构设计等方面取得了许多宝贵经验和创新成果，丰富了淤泥质海岸深水航道建设理论，可为 30 万吨级航道后续研究设计提供科学依据，并为国内外同类工程提供借鉴。本文对 30 万吨级航道一期工程所取得的设计经验和建设效果进行了系统总结。

2 工程概况、工程特点和难点

2.1 工程概况

为满足连云港港腹地铁矿石运输、徐圩港区南钢基地铁矿石运输、腹地原油及连云港炼化一体化基地原油运输的需要，连云港港 30 万吨级航道呈"人"字形布置，由外航道、徐圩航道和推荐航线组成，其中外航道内段连接连云港区，徐圩航道连接徐圩港区，外航道外段及推荐航线为两港区共用航道。

30 万吨级航道建设规模为 30 万吨级散货船、油船乘潮单向航道。根据"一次立项，分期实施"的原则，先期实施一期工程。一期工程建设规模为：连云港区航道为 25 万吨级散货船乘潮单向航道，徐圩港区航道为 10 万吨级散货船单向航道。航道总平面图如图 1 所示。

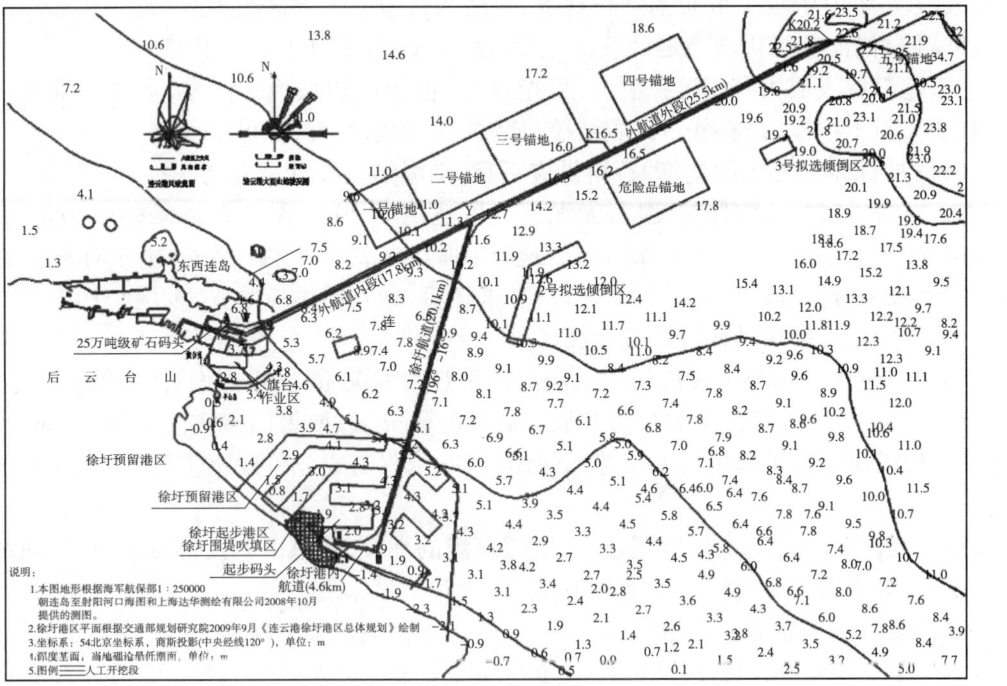

图1 航道总平面图

连云港区25万吨级散货船单向航道长度52.9km，设计有效宽度270/290m，设计底高程－19.8/－20.3m，乘潮历时4h90%保证率；徐圩港区10万吨级散货船单向航道长度24.7km，设计有效宽度210m，设计底高程－13.3m，乘潮历时3h90%保证率。其中人工开挖段长67.7km。

2.2 工程特点和难点

连云港港30万吨级航道建设条件复杂，工程规模大，技术复杂，是开敞海域淤泥质浅滩深水航道的典型，有以下工程特点和难点：

(1)浅滩深挖槽，开挖厚度大，里程长，工程量大，工期紧，施工强度大

位于开敞海域淤泥质海岸，浅滩坡度平缓，深水区距离海岸较远，属于浅滩深挖槽航道，一期工程最大开挖厚度近20m，人工开挖航道里程近70km，基建疏浚工程量巨大，达1.4亿m^3。工期3年，施工强度大。

(2)海床性质及沉积环境复杂

连云港海岸及海床经历先淤涨后侵蚀过程，随着海岸防护工程的逐步实施，目前处于冲淤平衡，局部略有冲刷状态，但灌河口沙嘴周边沉积环境复杂，岸滩尚处于演变调整过程中。航道位于淤泥质海岸范围，但徐圩港区航道邻近灌河口沙嘴，沉积环境更复杂。

(3)位于开敞海域，波浪动力较强，旋转流动力弱，泥沙运动复杂

连云港处于开敞海域，波浪动力较为强劲。潮流以旋转流为主，流速较小，在浅滩上开挖深水航道，不利于减小航道回淤。泥沙运动以悬沙为主，呈“波浪掀沙，潮流输沙”规律，常年含沙量处于较低水平，但大风期间含沙量可达到较高水平。浅滩深水航槽的滩槽水深差加大后，航槽水流结构、泥沙运动特性更为复杂。

(4)徐圩港区航道属于新开辟航道，尚缺乏工程实践经验，完全处于开敞海域，滩地更为

宽浅,波浪动力更为强劲,邻近灌河口沙嘴,自然条件较连云港区更为复杂。

(5)浅层淤泥疏浚边坡稳定性差,下层硬黏土和密实粉土粉沙可挖性差

连云港海域浅层为海相沉积淤泥,可挖性好,但疏浚边坡稳定性差,下层为陆相沉积硬黏土和密实粉土粉沙,普遍分布钙质结核,疏浚边坡稳定性好,但可挖性差。

(6)浅层深厚淤泥土质差,砂石料供应不足,围堤结构设计难度高

连云港海域浅层为深厚淤泥层,淤泥层厚度达10~20m,含水率为60%~80%,孔隙比大,压缩性高,力学指标差,属于深厚超软地基,围堤地基条件差。另外,由于环境保护限采石料,沿海限采海沙等,且同期工程砂石料需求旺盛,砂石料供应紧张,围堤结构需要尽可能减少砂石料用量。围堤结构设计难度高。

(7)徐圩港区航道要处理好航道疏浚与回淤观测的关系,满足回淤观测需要

徐圩港区10万吨级航道肩负着开展回淤观测研究,以取得回淤实测数据,为30万吨级航道最终规模研究设计提供技术支撑的使命,一期工程需要分阶段逐步增深,期间开展回淤观测研究。

(8)要处理好围堤与港区规划建设、航道疏浚的衔接,为港区开发建设和30万吨级航道一期工程大规模高强度疏浚施工创造条件

(9)连云港区航道系在通航航道上扩建,基建和营运船舶通航矛盾大,需要妥善处理

现有15万吨级航道是连云港区唯一的航道,交通流量大,连云港区25万吨级航道是在现有15万吨级航道上进行拓宽、浚深,基建和营运船舶通航矛盾大。基建疏浚施工必须保证施工期间船舶的正常通航和港口的正常运营,且充分发挥在建航道的效益,同时又要合理控制疏浚成本,保证施工进度,因此,疏浚工艺选择、船机配备要求高。

3 工程设计及特点

3.1 航道总平面布置[1,2]

根据港区位置和航道现状,连云港区的30万吨级航道可在现有外航道基础上增深、拓宽、延长形成;徐圩港区的30万吨级航道可利用部分外航道,并新辟徐圩航道形成。因此,连云港港30万吨级航道由外航道内段、徐圩航道、外航道外段和推荐航线组成,呈“人”字形。外航道内段连接连云港区,徐圩航道连接徐圩港区,外航道外段及推荐航线为两港区共用航道[3,4]。

航道平面布置重点对连云港区航道拓宽方式、徐圩港区航道轴线布置方案、推荐航线轴线选择进行了研究。

1)连云港区航道

(1)拓宽方式

连云港区航道在现有外航道基础上增深、拓宽、延长形成,外航道内段、外段航道轴线走向维持243°—063°不变,呈一直线,航道总长53.4km。一期设计从基建疏浚工程量、旗台作业区岸线及防波堤布置、导标布置等角度,对连云港区航道拓宽方式进行了技术经济比较。拓宽方式有双侧拓宽和单侧拓宽两种。在防波堤掩护效果和航行条件方面相差不大。单侧拓宽保留了航道一侧边坡,故可节约保留侧边坡超宽疏浚工程量,但与双侧拓宽方式相比节约有限,另外单侧拓宽方案的航道中心线需要随着航道的加深不断调整,相应地航道中心导标也需要不断调整,对船舶航行安全不利,同时也增加了导标重复建设费用,因此,单侧拓宽方案意义不大,一期工程连云港区航道推荐双侧拓宽方案。

(2)防波堤口门段航道布置

连云港区旗台作业区南北防波堤的形成，对旗台作业区防波减淤作用是非常显著的，但南北防波堤的形成却使口门外的流速和横流有所增加，在一定程度上增加了船舶的操纵难度。另外，防波堤口门、W 弯段、30 万吨级码头三者距离较小，船舶进入口门后需要立即转弯，船舶操纵难度增加。为满足 30 万吨级船舶进出口门、转弯、靠离泊安全，一方面在口门内外设置了 4km 长的口门段航道，有效宽度根据口门处最大横流按规范规定计算确定；另一方面，以不影响 25 万吨级矿石码头以东液体散货码头船舶靠、离泊作业为原则，对 W 弯段航道进行楔形拓宽，使得 W 弯段转角相当于由 49°调整为 39°，航道宽度达到 520m 左右，船舶航行模拟试验表明，W 弯段拓宽后极大地减小了船舶进出港和靠离驳的操纵难度，有利于 25 万 ~30 万吨级船舶进出港和靠离驳的航行安全。25 万吨级散货船由口门外到码头进港模拟试验航迹叠加图如图 2 所示。

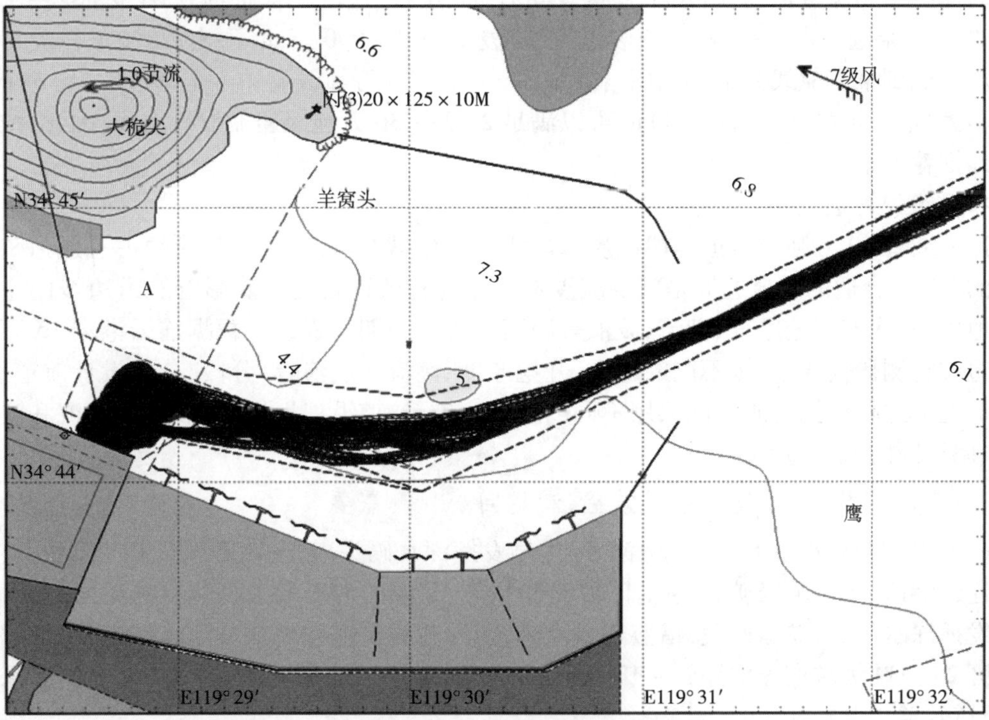

图 2　25 万吨级散货船由口门外到码头进港模拟试验航迹叠加图

2)徐圩港区航道

徐圩港区航道距离南侧的灌河口沙嘴不到 10km，航道轴线选择不仅关系到船舶航行安全，而且关系到航道开挖后的稳定性。一期工程设计从轴线与强风浪夹角、横流与航行条件、底质条件和岸滩稳定性、灌河口沙嘴对航道潜在影响、航道回淤、现有航道资源利用程度、兼顾开发二港区互联的深水航道的合理性、一期及最终基建工程量等角度，对 47°夹角方案(方案一)和 30°夹角方案(方案二)进行了技术经济比较。研究表明，徐圩航道两个轴线方案在技术上均是可行的，但方案一航线呈一直线，轴线走向与强风向、强浪向夹角相对较小、最大横流相对较小，船舶航行条件相对较好；航道距离灌河口沙嘴相对较远，受沙嘴对航道的潜在影响相对小；航道回淤量相对较小；需要新辟的航道较方案二短 5. 7km；徐圩 30 万吨级航道基建疏浚工程量明显小于方案二。方案一各方面条件相对较优，因此，徐圩航道轴线走向推荐47°夹角方案，徐圩航道轴线走向196°——016°，与外航道成47°夹角，航道长20.1km。

3）推荐航线轴线选择

连云港海域-20m等深线到外海习惯航路的水下地形总体较为平坦，自然水深满足25~30万吨级船舶吃水的水域有限。本着确保船舶航行安全，尽可能利用自然水深，结合后续30万吨级推荐航线选择的原则，一期工程设计阶段进一步开展了水下地形测量、工程地质勘查、乘潮水位推算，对沿深槽布置的方案一和一直线布置的方案二两条推荐航线轴线方案进行了深化研究。方案一推荐航线顺口外东北侧深槽布置，全长64.5km。该方案水深条件好，最浅水深24.3m，25万吨级乃至30万吨级船舶可以全天候通航，不足之处是有3处转弯，可航水域宽度400~1 000m。方案二推荐航线沿进港航道一直线向外，全长62.9km。该方案航线顺直，有利于船舶航行，但沿线水深浅，最浅水深21.0m，一潮进港25万吨级船乘潮单向通航需要疏浚增深，疏浚工程量340万m^3左右，疏浚工程费约0.64亿元；一潮进港30万吨级船乘潮单向通航，需要疏浚增深，疏浚工程量1 990万m^3左右，疏浚工程费约4.03亿元。考虑到推荐航线方案一利用自然水深25万~30万吨级船舶可全潮通航，且3个转向角均不大，最小可航水域宽度400m，可以满足25万~30万吨级船舶航行需要，因此，推荐航线设计推荐方案一。

4）航道设计边坡

连云港港30万吨级航道是淤泥质海岸浅滩深挖槽航道，边坡工程量约占总航道疏浚工程量的25%，合适的航道边坡是减少疏浚工程量的有效途径之一。影响航道边坡的主要因素是地质，其次与开挖厚度、潮流、波浪等因素有关。一期工程设计根据连云港港15万吨级航道边坡观测研究成果，按不同的地质、开挖厚度、潮流和波浪等，分段、分层设计航道边坡，即航道上下边坡根据地质不同采用不同的航道边坡，航道沿程根据开挖厚度、潮流和波浪条件，采用不同的航道边坡。

3.2 分阶段实施，尽早发挥航道效益，满足回淤观测需要

（1）连云港区航道分两阶段增深，以尽早发挥深水码头、航道效益

连云港区25万吨级矿石码头于2011年投产，到港的矿石船大型化趋势越来越明显，为尽早发挥深水码头、航道效益，借鉴连云港港15万吨级航道和长江口深水航道建设经验，连云港区25万吨级航道先增深到-17.5m（满足20万吨级散货船通航），以尽早发挥深水码头、航道效益。

（2）徐圩港区航道分三阶段增深，期间开展回淤观测

徐圩港区10万吨级航道肩负着开展回淤观测研究，取得回淤实测数据，为30万吨级航道最终规模研究设计提供技术支撑的使命。作为新开辟航道，本着积极稳妥、与产业发展和码头建设进度相适应的原则，一期工程先开展试开挖，然后逐步增深，期间开展回淤观测研究，具体如下：

第一步先导试挖，相当于2万吨级，取得短期回淤资料，支撑一期初步设计。

第二步全线增深到5万吨级航道，为5万吨级航道回淤观测提供条件，航道疏浚土吹填上陆为徐圩港区一期工程提供陆域条件。对破波带航道段开展为期1年的回淤观测。

第三步增深至10万吨级航道，为徐圩港区开港和10万吨级回淤观测提供条件；开展为期1年的回淤观测，取得完整、可靠、能代表和反映深水航道回淤规律的回淤数据，为30万吨级航道建设提供有力的技术支撑。

3.3 充分结合港区规划建设，利用航道疏浚土吹填形成港区陆域

（1）一期工程考虑充分结合港区陆域形成需要，利用航道疏浚土吹填成陆，在形成航道的同时形成港区陆域，并减少对海洋环境的影响，一举多得。

本工程航道疏浚泥土处理考虑采用吹填与外抛相结合，首先考虑结合旗台作业区和徐圩港区陆域形成尽可能吹填成陆，多余部分外抛处理。土方平衡应本着“尽可能利用，就近处理，综合效益最大”的原则进行。

（2）围堤平面布置、施工顺序和施工进度充分结合港区开发建设时序

一期工程设计充分结合港区开发建设时序，妥善处理围堤平面布置、施工顺序和施工进度与防波堤、码头等方面的衔接，以适应港区的建设进度需要。

（3）先导形成相当规模的围堤吹填区，为大规模高强度疏浚施工创造条件

围堤是疏浚土吹填的前提，一方面一期工程设计中考虑围堤平面布置及容量（含分区布置及容量）、施工顺序、施工进度等密切配合航道疏浚吹填工程，围堤形成一块，提交吹填一块，与航道疏浚土吹填形成流水作业，另一方面通过先导，提前形成相当规模的围堤吹填区，为大规模高强度疏浚施工创造条件。

3.4 航道年回淤量设计[3,4]

以往航道回淤一般采用年平均风浪计算。一期工可阶段研究提出了航道年回淤量设计新方法，针对水体含沙量与潮流速与波浪流速合计的平方成正比的机理，常年回淤量（多年平均回淤量）= 年小浪（风）天回淤 + 年中浪（风）天回淤 + 年大浪（风）天回淤，分别计算小浪（风）天、中浪（风）天、大浪（风）天的回淤强度，然后按各自的频率组合得到常年回淤强度和常年回淤量。这一方法在理论上更为合理，不仅可以得到小浪（风）天、中浪（风）、大浪（风）天情况下的回淤，而且可以得到代表平均情况的设计年回淤量，对于评价中、大浪（风）天情况下的骤淤、占全年的比例、破波带航道的可行性等问题具有重要意义，克服了以往采用年平均风浪研究回淤的不足。鉴于连云港航道基本不会发生大风骤淤碍航问题，根据连云港港 3.5 ~ 15 万吨级航道建设经验，采用常年回淤量作为设计年回淤量是合适的，因此，设计年回淤量取常年回淤量。一期工程设计沿用工可阶段航道年回淤设计方法，潮流泥沙数模根据先导试挖航道回淤数据进行率定完善，确定航道设计年回淤强度。

3.5 疏浚工程设计[4,5]

一期疏浚工程量总计约 1.4 亿 m^3，其中连云港区航道约为 0.7 亿 m^3，徐圩港区航道约为 0.7 亿 m^3。疏浚工程量大，泥层厚度大，挖深大，疏浚区段长，工期紧，沿程地质条件复杂，沿程工况条件有差异。另外，连云港区航道系在通航航道上扩建，基建和营运船舶通航矛盾大，需要妥善处理。

连云港区航道：W12 + 300 以内段泥土处理方式为吹填上陆，以抛吹工艺为主，绞吸船挖吹工艺作为补充，最大限度地避免了船舶通航和基建疏浚施工的矛盾。以外泥土处理方式为外抛，采用耙吸船装舱外抛工艺。

徐圩港区航道：近岸段泥土处理方式为吹填上陆，采用绞吸船挖吹工艺为主，抛吹工艺作为补充。其余泥土处理方式为外抛，采用耙吸船装舱外抛工艺。

3.6 围堤工程设计[4,5]

为满足疏浚土处理需要，结合港区规划，本工程考虑建设旗台围堤吹填区和徐圩围堤吹

填区，吹填面积分别为5.22km^{2}和6.62km^2，围堤总长度17.6km。本工程围堤规模大，淤泥层深厚（最大厚度23m）。

1）围堤结构选型

传统的爆破挤淤堤成堤和陆域吹填时的整体稳定性强，但石料用量基本与堤高和淤泥厚度合计的平方成正比，不仅需要耗费大量的石料，而且费用急剧增加；只能单点推进，施工进度慢，工期较长，形成吹填边界时间长；对后方交通压力较大；石料开采强度有限，石料供应强度不能满足要求。

排水板+袋装砂斜坡堤具有技术可靠，石料用量少，全面展开，进度快，造价低的优势。

一期工程设计采用排水板+充填袋斜坡堤和爆破挤淤堤组合使用，发挥各自优势。减少石料用量，降低道路运输强度，保证了材料供应的可靠性和工期的可靠性。

正堤：为港区护岸，由于码头结构建成后正堤前方需进行开挖，稳妥起见，采用爆破挤淤堤。

隔堤：旗台作业区的隔堤邻近采石场，采用爆破挤淤堤。徐圩1号隔堤作为正堤大规模运输石料的主要通道，且长度短，考虑采用爆破挤淤堤。

围堤：旗台作业区南护岸、徐圩港区西护岸西段、西护岸北段、1号和2号围堤，考虑到充填袋斜坡堤可水上全面作业，形成吹填条件时间短，为满足吹填进度需要，采用充填袋斜坡堤。

2）充填袋斜坡堤结构创新

（1）首次在连云港地区采用先进技术——充填袋和抛石组合堤身斜坡堤，并成功大规模实施，显著降低工程费用，加快筑堤进度，为连云港地区大规模高强度筑堤解决了关键技术问题。

充填袋和抛石组合堤身斜坡堤是我院近年开发的先进技术，在宁波、舟山等地区成功应用。针对围堤规模大，筑堤进度紧，当地石多砂少，冬季寒潮频发对充填袋安全影响大的特点，一期工程采用充填袋和抛石组合堤身斜坡堤技术，下部采用通长充填袋（加筋砂被）满足围堤稳定需要，上部采用开山石，形成组合堤身结构，既发挥了袋装砂的加筋作用，又利用了价格相对便宜的石料，显著降低工程费用，同时上部抛石结构可有效抵御施工期风浪作用，提高了施工期安全性。以徐圩1号围堤为例，采用230g/m^{2}机织布充填袋和抛石组合堤身结构，工程费用比爆破挤淤堤节省超过30%，施工期未出现浪损现象。

（2）在业界首次成功开发应用760g/m^{2}高强机织加筋砂被用于围堤加筋，最大限度地减少了袋装砂数量和砂料用量，进一步提高充填袋和抛石组合堤身斜坡堤的经济性，加快筑堤速度。

以往加筋砂被一般采用230g/m^{2}机织布，连云港淤泥深厚，需要较多层数的加筋砂被和砂料，在一定程度上影响经济性和施工速度。针对连云港地区石多砂少，砂需要外购，价格较高，同时砂料供应强度不稳定的特点，一期设计中首次成功开发应用760g/m^{2}的高强机织布用于加筋砂被，在满足围堤整体稳定的情况下，减少了袋装砂数量和砂料用量，进一步提高了充填袋和抛石组合堤身斜坡堤的经济性，加快了筑堤速度。以徐圩西护岸西段为例，采用760g/m^{2}机织布充填袋和抛石组合堤身斜坡堤，工程费用比230g/m^{2}机织布充填袋和抛石组合斜坡堤减少砂料用量约60%，筑堤工期缩短约30%。充填袋斜坡堤典型断面图如图3所示。

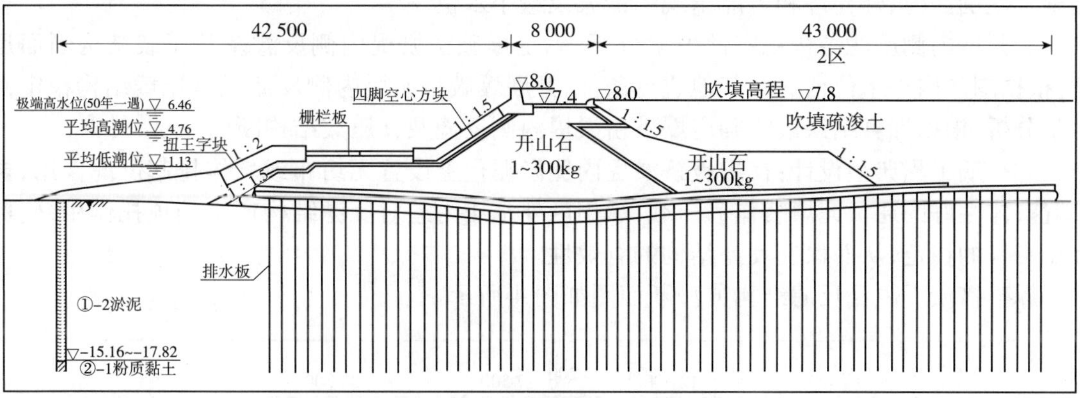

图3 充填袋斜坡堤典型断面图(尺寸单位:mm)

(3)在业界首次对围堤采用玻璃纤维经编复合土工布加筋进行了尝试,取得了初步经验。

玻璃纤维经编复合土工布加筋层强度很高、延伸率很小,具有耐腐蚀、强度高、耐疲劳、低松弛等特点,具备拼接加工成大尺度加筋层、采用铺排船水下铺设及压载的条件,用作淤泥地基袋装沙斜坡堤的加筋层,可以满足加筋层强度大、延伸率小的需要,对于在淤泥地基上修建对沉降变形要求较高的袋装沙斜坡堤,具有一定的应用前景。一期工程在徐圩1号围堤露滩段和西护岸北段开展了玻璃纤维经编复合土工布加筋层试验段,围堤历经了围堤主体结构建成、后方吹填淤泥至7.8m等几个关键节点,加筋效果达到预期。现场观测及钻孔数据显示,采用玻璃纤维经编复合土工布的围堤堤顶沉降量小于普通土工织物加筋的断面和理论计算的最终沉降量,说明玻璃纤维经编复合土工布加筋材料对均化堤基应力分布,减少堤顶沉降量效果好于传统的土工织物加筋材料。但垫层平整度对玻纤布加筋层的影响有待后续深化研究。

3)爆破挤淤堤内侧反滤结构设计计算方法创新

爆破挤淤堤内侧反滤结构失效引起的吹填漏泥问题是长期以来困扰业界、未能解决的技术问题。在一期工程设计中,研究分析了以往爆破挤淤堤内侧反滤结构失效机理,建立了围区外潮位和围区内水位差作用下内侧反滤结构稳定力学模型,提出了爆破挤淤堤内侧反滤结构稳定计算方法,并通过旗台1区试验性施工检验,成功后推广应用到其他围堤设计,有效解决了爆破挤淤堤内侧吹填漏泥问题。

(1)以往爆破挤淤堤内侧反滤结构失效机理

爆破挤淤堤合龙、反滤形成后,围区外潮位两涨两落,而围区内水位基本维持在平均潮位附近。当围区外水位高出围区内水位时,内外会形成水位差,而反滤及其压载结构的渗透系数较小,与爆破挤淤堤块石结构相比可认为是不透水结构,该水位差形成的水压力会对内侧反滤及其压载结构产生顶托作用。当水压力大于压载结构在垂直于坡面方面的压载分力时,反滤及其压载结构将被顶托破坏,造成反滤及其压载结构失效。因此,以往爆破挤淤堤内侧反滤及其压载结构失效的根本原因是压载结构的压载重量不足以抵抗水压力的顶托作用。

(2)内侧反滤结构稳定力学模型

根据爆破挤淤堤内侧反滤结构失效机理,提出内侧反滤结构稳定力学模型。

(3)爆破挤淤堤内侧反滤结构设计方法

①确定围区内外水位:根据当地水文条件及施工组织安排,以安全和经济为原则合理确

定施工期围区内、外允许和可能出现的最大及最小水位。

②开展内侧反滤结构稳定性力学分析,确定爆破挤淤堤内侧反滤及其压载结构断面尺度:根据围区内外水位情况及其他边界条件,开展爆破挤淤堤内侧反滤及其压载结构稳定性力学分析,根据计算结果最终确定爆破挤淤堤内侧反滤及其压载结构断面。

③一期工程典型设计:在爆破挤淤堤内侧淤泥包上设置无纺布或软体排起反滤作用,再设置整体性好的通长充填袋作为压载,承担内外水压力差对反滤结构产生的顶托作用,确保反滤结构的稳定,从而保证反滤结构的有效性。

爆破挤淤堤内侧反滤结构典型断面图如图 4 所示。

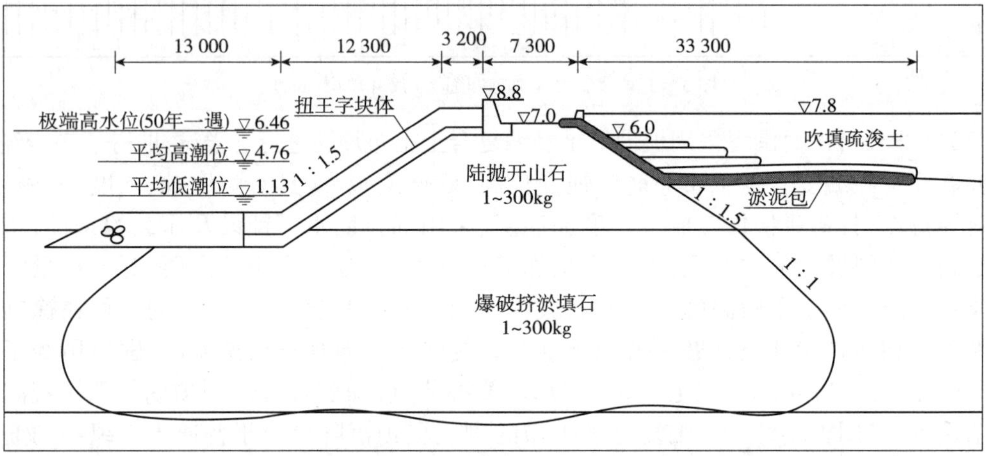

图 4 爆破挤淤堤内侧反滤结构典型断面图(尺寸单位:mm)

4 航道建设效果分析

4.1 施工效果分析

1)疏浚工程

本工程疏浚实际施工工艺与设计基本一致,施工过程中对现有 15 万吨级航道的通航未造成较大影响,对港口生产无明显影响,疏浚施工基本正常,满足施工质量及进度要求。因此,本工程疏浚设计方案在实际施工过程中起到了较好的指导作用,且施工效果较为理想。

2)围堤工程

本工程围堤施工效果总体上达到了设计要求。

(1)围区实施步骤符合设计,旗台围堤吹填区依次形成旗台 1 区、旗台 2-1 区、旗台 2-2 区和旗台 3 区,满足了连云港区航道疏浚吹填需要,徐圩围堤吹填区依次形成徐圩 1 区和徐圩 2 区,满足了徐圩航道疏浚土吹填需要。

(2)围堤实际施工顺序、施工工艺与设计基本一致。充填袋和抛石组合堤身斜坡堤、爆破挤淤堤内侧反滤及其压载结构、760g/m^2 高强机织加筋砂被、玻璃纤维经编复合土工布加筋等创新结构施工贯彻实现了设计意图。但徐圩 2 区西护岸堤身内部反滤结构因故滞后到龙口合龙后进行,受内外水位顶托影响,部分堤段反滤效果不尽如人意,未能杜绝吹填期间漏泥问题。

3)工程进度

本工程实施进度总体符合设计预期。连云港区 20 万吨级航道在 2011 年率先贯通,有力支撑了25万吨级矿石码头的投产，连云港区25万吨级航道于2012年建成。徐圩港区航道实际分先导试挖、5万吨级航道、10万吨级航道外段、10万吨级航道内段4个阶段实施，期间完成了先导试挖回淤观测、5万吨级航道回淤观测、10万吨级航道规划口门段回淤观测。

4.2 航道回淤效果分析

一期工程同时肩负着开展回淤观测研究，为30万吨级航道最终规模研究设计提供技术支撑的使命。

按照建设期科研的总体部署，结合航道建设，对新开辟的徐圩港区航道开展了先导试挖、5万吨级航道破波带段、10万吨级航道规划口外段三个阶段的常年及“达维”台风回淤观测研究，对旗台防波堤建成后的连云港区25万吨级航道开展了常年及“达维”台风回淤观测研究，获得了不同等级各航道部位、实测风浪条件下的回淤数据。在此基础上对实测回淤和预测值进行了对比分析，深化了对航道回淤的研究和认识，为二期工程研究设计提供了科学依据。

(1)一期工程常年回淤观测研究表明，实际常年回淤情况好于预期，其中实际回淤分布规律总体符合预期；回淤物为淤泥，符合预期；回淤强度和总量、旗台防波堤减淤效果好于预期。

(2)一期工程超强台风“达维”前后回淤观测研究表明，航道大风天回淤以浮泥为主，厚度不大，回淤特征和规律符合预期，进一步证实了连云港区及徐圩港区航道不存在台风骤淤碍航风险的科学论断。

4.3 对港口、产业的支撑效果分析

一期工程建设以来工程效果持续显现，截至2013年底，25万吨级散货船到港数量已达39艘次，30万吨级减载散货船达到27艘次，30万吨级矿石码头产能得到初步发挥；徐圩港区一期工程2个10万吨级通用泊位已于2013年建成开港，徐圩港区新荣泰液体化工码头已开工建设；30万吨级原油码头一期工程工可已进入国家发改委立项评估程序，炼化一体化项目、原油储备项目、LNG接卸项目已经获得国家发改委前期工作开展许可，国家东中西区域合作示范区已开工和签约入驻的重点产业项目总投资达1 200多亿元，集聚了大批临港产业项目。

一期工程的建成，有力支撑了连云港港的专业化和大型化发展，显著增强了港口竞争力、服务中西部地区和带动江苏沿海地区开发的能力，同时为新辟徐圩港区、拓展港口发展空间、贯彻实施江苏沿海地区开发战略提供了关键基础条件，有力带动了国家东中西区域合作示范区的产业集聚和临港项目的实质性启动，初步发挥了江苏沿海开发“牛鼻子”的基础、先导和临港产业的依托作用，达到了一期工程预期效果，实现了“航道支撑港口，港口引领产业，航道、防波堤、码头、产业同步协调发展”的预定目标，为二期工程和徐圩港区、国家东中西区域合作示范区的开发建设奠定了坚实的基础。

5 结语

(1)连云港港30万吨级航道一期工程建设规模大，建设条件复杂，技术难度高，经四年多的有序建设已全面建成，连云港区25万吨级航道成为我国乃至世界上在开敞海域淤泥质浅滩建设的等级最高的人工深水航道，徐圩港区10万吨级航道为新辟徐圩港区提供了开港条件。

(2)30 万吨级航道一期工程在航道总平面布置、推荐航线选线、分阶段增深和回淤观测相结合、航道年回淤量计算、疏浚工程设计以及围堤结构设计等方面取得了许多宝贵经验和创新成果,为一期工程的成功建成提供了重要保证,同时丰富了淤泥质海岸深水航道建设理论,可为 30 万吨级航道后续研究设计提供科学依据,并为国内外同类工程提供借鉴。

(3)一期工程建设效果符合预期。一期工程施工效果符合预期;一期工程回淤效果好于预期,航道大风天回淤以浮泥为主,厚度不大,回淤特征和规律符合预期,进一步证实了连云港区及徐圩港区航道基本不存在台风骤淤碍航风险的科学论断;在对港口、产业的支撑方面,实现了"航道支撑港口,港口引领产业,航道、防波堤、码头、产业同步协调发展"的预定目标。

参 考 文 献

[1] 连云港市人民政府. 连云港港口总体规划(批复稿). 2008.

[2] 顾勇,陈学良,马兴华,等. 连云港港 30 万吨级航道工程预可行性研究报告[R]. 上海:中交上海航道勘察设计研究院有限公司,2008.

[3] 顾勇,陈学良,马兴华,等. 连云港港 30 万吨级航道一期工程可行性研究报告[R]. 上海:中交上海航道勘察设计研究院有限公司,2009.

[4] 马兴华,顾勇,金雪英,等. 连云港港 30 万吨级航道一期工程初步设计[R]. 上海:中交上海航道勘察设计研究院有限公司,2010.

[5] 马兴华,顾勇,金雪英,等. 连云港港 30 万吨级航道一期工程工程施工图设计[R]. 上海:中交上海航道勘察设计研究院有限公司,2011.

连云港港30万吨级航道二期工程主要技术问题研究

马兴华　顾　勇　金雪英　侯海伟

（中交上海航道勘察设计研究院有限公司　上海　200120）

摘　要：连云港港30万吨级航道一期工程的建成，有力支撑了连云港港的发展、国家东中西区域合作示范区的产业集聚和临港项目的实质性启动，实现了预期目标。为适应新的发展形势和要求，促进江苏沿海开发战略深入实施和国家东中西合作示范区建设、适应国家石化冶金等重大产业战略性布局，及时推进二期工程的研究和建设是必要和迫切的。本文重点对二期航道工程的建设规模、建设时机、工程区域建设条件、岸滩稳定性、航道开挖后的泥沙回淤预测、总平面布置以及疏浚吹填工程、围堤工程设计方案等主要技术问题进行了总结，可供其他淤泥质海岸深水航道工程研究借鉴。

关键词：连云港港；30万吨级航道；主要技术问题

按照连云港港30万吨级航道工程总体建设部署，先行实施的连云港港30万吨级航道一期工程已于2013年12月全面建成通航。观测研究表明，一期航道建设后泥沙回淤符合预期。一期工程的建成有力支撑了连云港港的专业化和大型化发展，显著增强了港口竞争力、服务中西部地区和带动江苏沿海地区开发的能力，同时为新辟徐圩港区、拓展港口发展空间、贯彻实施江苏沿海地区开发战略提供了关键基础条件，有力地带动了国家东中西区域合作示范区的产业集聚和临港项目的实质性启动，初步发挥了江苏沿海开发"牛鼻子"、先导和临港产业的依托作用，达到了一期工程预期效果，实现了"航道支撑港口，港口引领产业，航道、防波堤、码头、产业同步协调发展"的预定目标，为二期工程和徐圩港区、国家东中西区域合作示范区的开发建设奠定了坚实的基础。

目前，连云港炼化一体化项目、原油储备项目、LNG接卸项目已经获得国家发改委前期工作许可，30万吨级原油码头一期工程工可已进入国家发改委立项评估程序，国家东中西区域合作示范区已开工建设，签约入驻的重点产业项目总投资达1 200多亿元。为进一步提升港口综合竞争能力，更有力地支撑江苏沿海开发战略的深入实施，国家东中西合作示范区建设，"丝绸之路经济带"和"建设21世纪海上丝绸之路"构想，国家石化、冶金等重大产业战略性布局以及国家原油、铁矿石、集装箱等重要物资运输系统布局等一系列重大战略，在一期工程基础上，推进30万吨级航道二期工程的研究和建设是十分必要和迫切的。本文重点对二期航道工程的建设规模及建设时机，工程区域建设条件，岸滩稳定性，航道开挖后的泥沙回淤预测，总平面布置以及疏浚吹填工程，围堤工程设计方案等主要技术问题进行了总结，可供其他淤泥质海岸深水航道工程研究借鉴。

1 建设规模及建设时机研究[2]

1.1 连接徐圩港区的航道建设规模

连接徐圩港区的二期航道重点服务对象为徐圩港区炼化一体化项目和30万吨级原油码头。根据连云港炼化一体化项目和30万吨级原油码头的建设进程(原油码头、炼化一体化一期工程计划于2016年建成投产)、经济合理性分析(30万吨级油船已经完全取代25万吨级油船,成为原油远洋运输的主力船型,若设置15万吨级中间节点,运输经济性和综合效益差、最终基建投资并不减少,且未有效利用外航道外段25万吨级航道资源)、徐圩港区航道稳定性得到实践检验(已完成先导试挖、5万吨级航道和10万吨级航道回淤观测研究,经受了百年一遇超强台风"达维"的考验,研究表明,常年和大风天泥沙回淤情况符合预期,不存在大风骤淤碍航风险)、徐圩港区二期航道基建工程量及建设周期(徐圩港区30万吨级航道二期工程基建疏浚工程量约1.2亿m^3,建设周期需要3年)等因素,为适应原油远洋运输的主力船型——30万吨级原油船的进港需要,适应原油接卸码头和炼化一体化项目的建设进程,确保二期航道工程与炼化一体化项目一期工程、原油码头能够同期建成,共同发挥效益,连接徐圩港区的航道二期工程建设规模为30万吨级油船乘潮单向航道,不再设置中间节点。

受马六甲海峡水深限制,南美洲东海岸、非洲和中东地区30万吨级油运船舶吃水一般控制在22.0m以下,而南美洲西海岸30万吨级油运船舶无须通过马六甲海峡,且南美洲原油大多为超重质原油,30万吨级油船实际吃水接近规范吃水22.5m。基于上述情况,二期工程工可阶段徐圩港区航道建设规模考虑两个建设规模方案,且即30万吨级油船(规范吃水22.5m和限制吃水22.0m)乘潮单向航道方案。

从有利于我国能源安全保障和原油进口来源多元化,有利于服务连云港炼化一体化项目,腹地原油中转和徐圩新区石化产业园长期发展,原油运输成本节约和一期工程航道资源利用等角度出发,经技术经济比较,研究认为二期工程连接徐圩港区的航道按30万吨级油船(规范吃水22.5m)乘潮单向航道建设是必要、经济、有利的。

1.2 连接连云港区的航道建设规模

从连云港区外贸进口铁矿石吞吐量(2030年4 800~5 000万吨)及其货源结构(未来从巴西、南非进口的铁矿石比例将明显上升至45%左右)预测情况、世界散货船保有量和发展趋势(30万吨级及以上散货船保有量超过25万吨级,远洋运输散货船舶大型化发展趋势明显)、30万吨级散货船海运经济性(以连云港港2020年进口矿石量4 600~4 800万吨为例,30万吨级船舶较25万吨级船舶运输成本节约1.22亿元/年)、航道与码头和后方疏运系统的匹配性(30万吨级码头及后方疏运系统已建成,亟待航道与之匹配)、连云港区30万吨级航道技术可行等方面,研究认为连接连云港区的航道二期工程建设规模应能满足30万吨级散货船进港需要。

考虑到30万吨级散货船的实际吃水分布存在一定跨度,马迹山作业区存在到港30万吨级散货船吃水小于规范吃水的实际情况,二期工程连接连云港区的航道考虑两个建设规模方案:30万吨级散货船(规范吃水23.0m和限制吃水22.0m)乘潮单向航道方案。

经对大型化到港船舶的适应性、经济性(工程投资、维护费用与铁矿石运输成本节约)、与30万吨级码头规模匹配性及后方集疏运通道效能发挥、连云港港口综合竞争力等方面研究论证,为适应船舶大型化发展形势和外贸铁矿石运输需要,充分发挥30万吨级矿石码头及后方集疏运通道生产效能,提高连云港港乃至江苏省和我国的港口竞争力,有利于顺利实施江苏沿海开发战略,二期工程连云港区航道建设规模推荐30万吨级散货船(规范吃水23.0m)单向乘潮航道。二期工程航道建设规模方案如表1所示。

二期工程航道建设规模方案一览表 表1

航道规模方案	航道段	航道建设规模
方案一:(30油+30散)	外航道内段	30万吨级散货船乘潮单向航道
	徐圩航道	30万吨级油船乘潮单向航道
	外航道外段	30万吨级油船、散货船乘潮单向航道
方案二:(限制吃水30油+30散)	外航道内段	30万吨级散货船乘潮单向航道
	徐圩航道	30万吨级油船(限制吃水22.0m)乘潮单向航道
	外航道外段	30万吨级油船(限制吃水22.0m)、30万吨级散货船乘潮单向通航航道
方案三:(30油+限制吃水30散)	外航道内段	30万吨级散货船(限制吃水22m)乘潮单向通航航道
	徐圩航道	30万吨级油船乘潮单向航道
	外航道外段	30万吨级油船、30万吨级散货船(限制吃水22m)乘潮单向通航航道

1.3 建设时机

一期工程已顺利建成,期间完成了各部位、各等级航道回淤观测研究,航道实际回淤情况好于预期,不存在大风骤淤碍航风险,一期工程对港口和产业的带动作用和支撑效果也达到了预定目标。原油储备项目已着手建设,计划2017年建成。国家发改委2013年11月正式批复同意开展连云港石化产业基地规划编制和炼化一体化项目一期工程前期工作,炼化一体化项目一期工程力争于"十三五"初期建成投产;30万吨级原油码头工可已于2013年11月进入国家发改委立项评估程序,计划2016年建成;原油储备项目已着手建设,计划2015年建成。考虑到徐圩港区30万吨级航道二期工程基建疏浚工程量巨大(约1.2亿m^3),施工作业面有限,施工强度大,建设周期长(合理工期为4年,在充分借鉴一期工程建设经验、充分利用一期建设科研和863项目科研成果的情况下,二期工程的建设周期可适当压缩),因此,为了确保徐圩30万吨级航道能与原油储备项目、炼化一体化项目一期工程同步建成,应尽快启动徐圩30万吨级油船乘潮单向航道的建设。

另外,一期工程连云港区25万吨级航道建成伊始,连云港区外贸进口铁矿石运量持续增长,到港散货船型明显大型化,25万吨级甚至30万吨级船舶(减载船)到港数量剧增,有的甚至因为航道原因不得已将30万吨级船舶"拒之门外",进港航道已经成为制约连云港区矿石接卸能力的"瓶颈"。因此,为了进一步提升连云港港在国内矿石运输方面的竞争力,乃至提升江苏省和我国的港口竞争力,应对铁矿石全球运输格局新变化,谋求铁矿石全球运输亚洲分销中心地位,适应矿石运输船型大型化发展趋势,启动连云港区30万吨级航道二期工程已十分迫切。

2 水动力泥沙条件、岸滩稳定性和航道稳定性[2]

2.1 水动力泥沙条件

二期工程建设条件与一期工程区别在于由于旗台防波堤、徐圩航道工程的建设,水文泥沙条件发生一定变化,因此二期工程建设条件重点研究旗台防波堤、徐圩航道工程的建设前后水文泥沙变化情况。

徐圩先导试挖回淤观测和5万吨级航道回淤观测期间水文测验显示(图1):

(1)槽内(C1、C2)呈平行于挖槽的往复流,归流作用明显,流速随挖槽增深逐渐减小;边滩(C3、C4)流速、流向较工程前变化不大,说明徐圩航道开挖对周边滩面流场影响不大。

(2)徐圩海域含沙量整体呈现近岸浅水区大,深水区小的特征,特别是3m等深线处C1和C3含沙量稍大,潮周期平均含沙量接近0.1kg/m^3,其中槽内C1垂线含沙量略大于滩面C3垂线。航槽内的C2(5.5m等深线处)含沙量和C1站相近;滩面7m水深的C4的含沙量最小,潮周期平均含沙量0.05kg/m^{3}左右。对比分析表明,徐圩海域的含沙量水平在工程前后基本保持稳定。

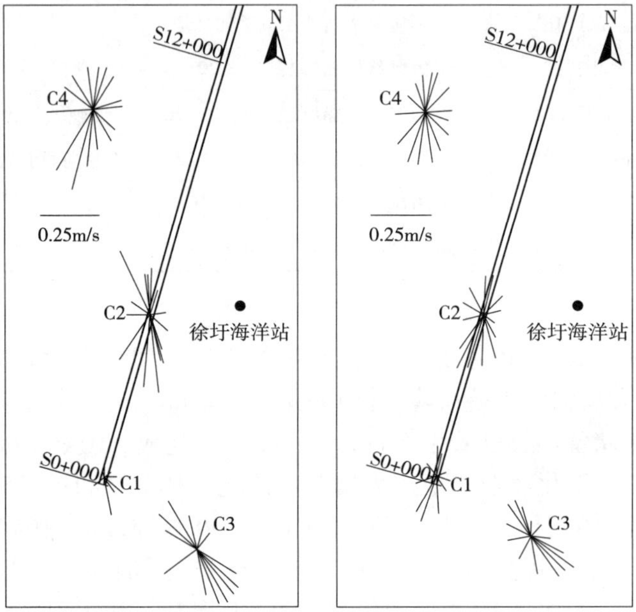

a)先导试挖(中潮)　　b)5万吨级航道(小潮)

图1　徐圩海域航道水文测验流矢图

2.2　岸滩稳定性

二期工程岸滩稳定性与一期工程区别在于,灌河口双导堤、徐圩港区防波堤等大规模工程建设对徐圩海域海床和岸滩稳定性产生一定影响,因此二期工程岸滩稳定性重点研究灌河口双导堤、徐圩港区防波堤等大规模工程建设对徐圩海域海床和岸滩稳定性的影响,以及灌河口沙嘴的稳定性。

(1)大规模工程建设对徐圩海域海床和岸滩稳定性的影响

受连云港区东扩和灌河口双导堤等人工工程的影响,近岸局部地形冲淤幅度加大。具体表现为:连云港区东扩工程实施后,南部羊山岛东侧出现新淤积区;徐圩港区建设目前处于起步阶段,徐圩海域的地形演变暂未发生明显的变化,徐圩港区兴建后,旗台嘴—徐圩港区之间的5m等深线以内海域将会发生较为明显的淤积,5m等深线外推,徐圩港区—埒子口附近的海床也将会发生淤积,直至新的平衡;灌河口双导堤工程导堤头部区域冲刷、根部发生淤积,导堤外伸至灌河口沙嘴前缘,基本上可拦截灌河口沙嘴泥沙对西部徐圩港区的影响。建议后续对连云港—徐圩海域的海床演变开展动态监测和研究。

(2)灌河口沙嘴稳定性的动力机理分析

本次研究采用不同潮汐和不同风浪条件下的摩阻流速(数模计算)与泥沙抗冲性能(起动摩阻流速)的对比分析灌河口沙嘴稳定的动力机理。灌河口沙嘴海域无风天大潮涨急时刻潮流摩阻流速略大于泥沙起动摩阻流速,泥沙能够起动,其余时段及中小潮泥沙基本不能起动,徐圩防波堤建设后,潮流动力有所增强。小风天波浪摩阻流速较小,泥沙不能起动;中风天、大风天的波浪摩阻流速分别达到2.59~5.04cm/s和6.08~9.75cm/s,远大于泥沙起动摩阻流速0~2.2cm/s,泥沙会大量起动并随潮流输移。根据流速矢量图分析,灌河口沙嘴附近处于主流向由沿岸方向向垂直于岸线方向的过渡区,泥沙输移方向主要为西南—东北方向,向航道方向输移的泥沙量相对较小。据此综合研究认为,灌河口沙嘴的主体部分处于常年风浪作用范围以外,无风天和小风天条件下沙体运动的动力条件不足,但中风天、大风天波浪动力较强,具备沙体起动、移动的动力条件,沙体会发生缓慢的移动,移动方向以西南—东北方向为主,向航道方向为辅,由于中风天、大风天的频率较低(分别为10.7%和0.69%),中风天、大风天引起的灌河口沙嘴移动量有限,因此,灌河口沙嘴总体上将进一步趋于稳定。鉴于徐圩港区及防波堤建设后,灌河口沙嘴附近潮流动力条件有所增强,建议对灌河口沙嘴加强跟踪监测。

2.3 航道稳定性分析

连云港海域泥沙运动以悬沙为主,呈"波浪掀沙,潮流输沙"规律。泥沙来源主要是南部废黄河三角洲侵蚀泥沙和连云港本海域局部冲刷调整形成的区内产沙。由于废黄河河口北迁百余年,河口三角洲侵蚀逐渐趋于平衡,南来泥沙源减少;同时连云港海域处于冲淤近似平衡、略有冲刷的状态,区内产沙有限,所以连云港地区含沙量常年处于较低水平,这对30万吨级二期航道的建设和维护是有利的。

泥沙回淤问题尤其是大风天口门外破波区航道短期泥沙回淤问题历来是连云港港建港的核心技术问题,尽管连云港港30万吨级一期航道已顺利建成,但二期航道特别是徐圩港区航道在一期航道的基础上加深幅度大,航道滩槽高差增大后的水动力环境和泥沙回淤问题与一期航道存在一定差异,需要充分加以重视。为此,在一期工程实施期间,分别在先导试挖工程、徐圩5、10万吨级航道和连云港区25万吨级航道挖成初期开展了回淤观测研究。

现场观测研究表明,30万吨级一期航道实际回淤好于预期,常年回淤主要是黏性细颗粒悬沙在航槽内落淤形成,大风过后的回淤物主要为浮泥,是暂时的和不碍航的,具有先淤后恢复的特征,残留固结为淤泥的实质性回淤很小。

综合中交上海航道勘察设计研究院有限公司、南京水利科学研究院、河海大学和天津水运工程科学研究所研究成果,预测二期航道(推荐方案)开挖后的常年回淤量在可接受程度内,中位数约1 500万m^3,大风天气下不会发生骤淤碍航问题,一次大风最大回淤厚度不足15cm。因此,从泥沙回淤角度看,二期航道工程在技术上是可行的。

3 总平面布置及尺度研究[2]

3.1 航道轴线布置

二期航道轴线布置维持一期航道轴线不变,即航道呈"人"字形布置,由外航道、徐圩航道和推荐航线组成,其中外航道内段连接连云港区,徐圩航道连接徐圩港区,外航道外段及推荐航线为两港区共用航道。航道全长135km,其中外航道内段长17.3km,轴线走向

292°—112°(A-W 段)和 243°—063°(W-Y 段);徐圩航道长 17.6km,轴线走向 196°—016°;外航道外段长 35.6km,航道轴线走向 243°—063°;推荐航线长 64.5km,轴线走向 190°—10°(E-F 段),214°—34°(F-G 段),轴线走向 253°—73°(G-H 段)。

3.2 航道设计尺度

推荐规模方案外航道内段航道有效宽度 285/305m,通航水深 25.2m,设计底高程 -22.3m;徐圩航道有效宽度 350m,通航水深 24.6m,设计底高程 -21.7m;外航道外段航道有效宽度 345m,通航水深 25.3m,设计底高程 -22.8m;推荐航线有效宽度 700~1 000m。外航道内段、徐圩航道和外航道外段为人工疏浚航道,推荐航线为自然水深(局部存在浅点),30 万吨级船舶可全潮通航。推荐方案航道设计尺度汇总表如表 2 所示,航道平面布置图如图 2 所示。

推荐方案航道设计尺度汇总表 表 2

航 道 段	有效宽度(m)	通航水深(m)	设计水深(m)	底高程(m)	长度(km)	轴线走向	备 注
外航道内段(A-W-Y)	285/305	25.2	25.6	-22.3	17.3	292°——112° 243°——063°	人工开挖段
徐圩航道(X-Y)	350	24.6	25.0	-21.7	17.6	196°——016°	
外航道外段(Y-E)	345	25.3	25.7	-22.8	35.6	243°——063°	
推荐航线(E-F)	700	25.9	—	—	11.1	190°——010°	局部疏浚
推荐航线(F-G)	700		—	—	18.1	214°——034°	自然水深段
推荐航线(G-H)	1 000		—	—	35.3	253°——073°	
合计					135.0		

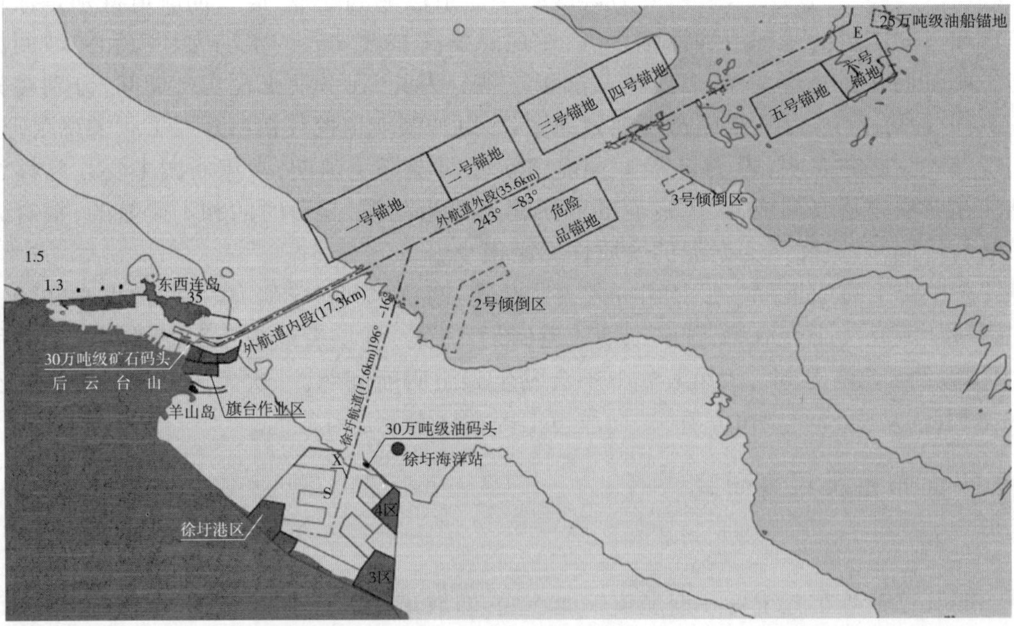

图 2 航道平面布置图

4　疏浚、吹填工程方案研究[2]

二期工程主要疏浚范围为外航道内段、外航道外段和徐圩航道，总疏浚航段长70.5km，疏浚底高程 -21.7～-22.8m，疏浚底宽279～346m，推荐航线E-F段及F-G段附近的2个30万吨级船舶锚地存在局部疏浚，疏浚底高程分别为 -26.3m和 -28.1～-28.7m。总疏浚土方约1.98亿 m^3。

4.1　疏浚土处理方案

二期工程基建疏浚土方近1.98亿 m^3，其中外航道约0.8亿 m^3，徐圩航道约1.16亿 m^3，推荐航线及锚地约150万 m^3。

利用疏浚土吹填成陆是连云港港建设的成功案例，既解决了大量疏浚土的去处，减少航道泥沙回淤，减少疏浚土对海洋环境的影响，又为港区陆域形成提供了大量吹填料，有效降低港区建设成本。因此，二期航道疏浚土应在尽可能吹填成陆的基础上，力求二期航道疏浚工程和港区建设综合效益最大。经土方平衡、综合效益测算，二期工程疏浚土处理方案为：连云港区航道内段3以外、徐圩航道外段和推荐航线、锚地疏浚土（约5 000万 m^3）外抛至海上临时倾倒区，其余疏浚土（约1.5亿 m^3）全部吹填至旗台和徐圩围堤吹填区，约占总疏浚土的74%。

4.2　疏浚、吹填施工工艺

综合疏浚土质（上层土软、下层土硬）、疏浚施工环境（在通航航道上进行疏浚作业，航道营运船舶进出频繁）、施工条件和疏浚土处理方案，并借鉴一期工程疏浚施工经验，本工程推荐疏浚工艺为：需要外抛泥土的疏浚区段采用能够灵活避让且施工效率高的大型耙吸挖泥船的外抛工艺；在靠近围堤吹填区、绞吸式挖泥船额定吹距内的疏浚区域采用大型绞吸式挖泥船的绞吸工艺；在远离围堤吹填区、绞吸式挖泥船额定吹距外的疏浚区域采用大型耙吸挖泥船+大型绞吸式挖泥船的抛吹工艺。

5　围堤工程方案研究[2]

在充分结合徐圩港区总体布局和建设时序、优先选择近期拟建港区的前提下，依据徐圩港区规划布局，从方便围堤、吹填施工的角度，二期工程选择需求最迫切的二港池东侧港区陆域（3区）和六港池东侧港区陆域（4区）作为徐圩港区航道疏浚土的吹填区，围区总面积1 135万 m^2，吹填容量1.15亿 m^3。连云港区航道疏浚土吹填区利用一期工程已修建的旗台围堤吹填区。

根据吹填工程和陆域使用要求、围区自然条件、材料来源、施工条件、工程造价、工期等因素，结合连云港港传统围堤结构形式爆破挤淤堤优点并借鉴一期工程首次大范围采用的充填袋斜坡堤的成功案例，经经济技术比较，推荐3区正堤、9号围堤采用爆破挤淤堤，3号、4号围堤采用充填袋斜坡堤；4区正堤1采用清淤抛石堤，正堤2号、5号、6号围堤采用充填袋斜坡堤。

6　投资估算与经济、社会影响评价[2]

连云港港30万吨级航道二期工程推荐方案总估算投资约75亿元，年维护费用约2.5亿元。

经测算，二期工程经济可行，抗风险能力较强。推荐方案经济内部收益率14.31%，大于基准收益率8%，经济净现值53.6亿元。

连云港港30万吨级航道是我国在开敞海域淤泥质浅滩建设的等级最高的人工深水航道，是江苏沿海开发的“牛鼻子”工程，也是连云港港发展的生命线工程。二期工程建成之后，能迅速适应船舶大型化发展，充分发挥大型专业化码头能力，提升连云港港竞争力，并且将对在连云港布局原油储备和重化工产业，优化区域投资环境，带动区域经济社会发展等方面，都具有十分重大和深远的影响。

7 结语

连云港港30万吨级航道一期工程的建成，有力支撑了港口的发展、国家东中西区域合作示范区的产业集聚和临港项目的实质性启动，实现了预期目标。为适应新的发展形势和要求，促进江苏沿海开发战略深入实施和国家东中西合作示范区建设，适应国家石化、冶金等重大产业战略性布局，及时推进二期工程的研究、建设是必要和迫切的。

本文重点阐述了二期航道工程的建设规模、建设时机、工程区域建设条件、岸滩稳定性、航道开挖后的泥沙回淤预测、总平面布置以及疏浚吹填工程和围堤工程设计方案。研究表明，连云港港30万吨级航道二期工程在技术上是可行的，在经济上是合理的，其社会效益和战略意义显著。

参考文献

[1] 顾勇，陈学良，马兴华，等. 连云港港30万吨级航道一期工程可行性研究报告[R]. 上海：中交上海航道勘察设计研究院有限公司，2009.

[2] 顾勇，马兴华，金雪英，等. 连云港港30万吨级航道二期工程工程可行性研究报告[R]. 上海：中交上海航道勘察设计研究院有限公司，2014.

水深测量潮位改正研究和软件解决方案

吴柏宣　邹学海　王志荣

（连云港港口工程设计研究院有限公司　连云港　222042）

摘　要：潮位改正是海洋水深测量工作的基本问题之一，当单验潮站无法控制整个测区时，必须增加验潮站进行多站潮位改正，而三维水深测量技术的发展，为解决潮位改正问题提供了新的途径。本文通过对潮位问题的分析研究，阐述了潮位控制对港口建设和生产的重要性，开发了综合性的潮位改正支持软件，可以方便地组合改正方案，进行合理的潮位改正计算，提出了适用于连云港的经济便捷的潮位获取方案。

关键词：海洋测量；潮位改正；三维水深测量

1　引言

港口建设阶段以及投产运营阶段，水深图是必不可少的重要资料。水深图是通过海洋测量技术制作的，在使用海测技术测绘水深时，测深仪器测量的是瞬时水深，必须通过潮位改正，把它归算至水深基准面才能绘制水深图。而在港口引航靠泊过程中，又要根据水深图以及当时的潮位推算瞬时水深。所以无论是建设和投产运营期，潮位始终是港口所需要的重要信息。

由于实际潮汐呈现的特性，瞬时海面显然不是一个严格意义上的平面（或斜面），单个验潮站只能控制有限的范围，当单个验潮站无法控制目标海区时就必须增设验潮站，产生多验潮站合理布设和多站潮位改正问题。问题其实很明确，就是通过合理布设少量的验潮站，推算控制范围内任意位置任意时刻的水位，其本质还是一个插值推估计算的问题。

目前有部分海测软件提供了多站潮位改正功能块，一些技术实力较强的海测单位，自行研制了多站潮位改正软件。文献[2]只在附录中列出了两站潮位改正的方法，对多于两站的情况没有作具体规定；文献[1]对两站、三站潮位改正的一些方法作了介绍。为了保证潮位改正计算的合理性，正确认识其原理以及适用条件是十分必要的，只有在充分正确认识其原理的基础上，才能高质量地做好潮位改正工作。

2　潮位改正原理

潮位分带实际上是计算工具落后时代的概念，形象地说就是用一个个分割的水平面逼近一个斜面，把多站分解成单站进行水位改正。以现在的计算工具，当然不再需要这样做了，但是其原理和条件是不变的。可以想象，在两个潮汐性质不同的验潮站之间进行内插，显然无法得到准确的插值，所以文献[1]、[5]均给出了分带的条件：两站间的潮时和潮高的变化与其距离成比例，文献[5]规定了相邻验潮站之间的潮时差不能大于2h，潮高差不能大于1m,文献[2]规定两个验潮站之间的分带数不能大于10,这些规定都是为了保证满足分带的条件。所以一般而言,只要符合分带原理的改正方法都是正确的方法。

由于GPS-RTK实时相位差分技术的出现,使用双频GPS-RTK设备,可以厘米级的精度连续、实时地测量天线相位中心的三维坐标。应用于海洋测绘领域,三维水深测量技术应运而生。由于直接获得了运动载体(测量船)的三维坐标,在进行水深测量作业时,理论上不再需要同步验潮,由潮汐引起的测深误差问题都不存在了。在RTK测量的三维坐标中,包含了潮位信息,提取这个信息是有实用意义的。

3 潮位改正模型

对于使用验潮方式进行的传统水深测量,潮位改正的数学模型必须符合分带原理;对于使用三维水深测量技术进行的水深测量,必须能正确地把测量结果归算至水深基面。

根据分带原理进行推理,可以得出一个推论:在控制海区内,同相潮位在一个平面上(倾斜平面)。由于验潮站之间存在潮时差,这个面实际上是一个抽象面,现实世界中并不存在,而当各验潮站之间的潮时差为零的时候,这个倾斜平面就是瞬时海面。一些资料上把任何时刻的瞬时海面都当作一个倾斜平面,这种说法实际上是不严谨的。在实际工程应用时,需要分析这种同相与不同相的差别对潮位改正结果的影响,如果定性估计的话,当各验潮站的潮时差越大时,影响应该越大。在同相的情况下,往往需要更长的验潮时间,会增加一些工作量,内业计算也要复杂一些;在不要求同相的情况下就比较简单,所以对于具体海区,分析它们的差别是有实际意义的。

根据上述推论,具体改正时就变成一个平面线性内插问题,在实际生产中也多有使用距离加权方式进行插值计算的情形。应该说在同相平面上进行线性内插是最符合分带原理的,而距离加权模型也能描述不同位置潮位的变化。

对于两站改正,面就变成了线,所以文献[5]中规定:"只有在狭窄航道,且潮波传播方向与两站连线基本平行时,方可利用两个验潮站的水位进行两站间的水位改正,否则应采用三个验潮站的水位进行瞬时水位改正",这个规定是有道理的。对于两站改正而言,可以发现使用线性内插方式与使用距离加权方式是等价的。

对于三站改正,完全与潮位分带原理吻合,平面线性内插方式与使用距离加权方式是不等价的,其差别还是应该进行具体问题具体分析考证。

对于超过三站的改正,可以分解成多个三站或使用多站距离加权改正,目前还是更倾向于使用距离加权方式进行改正,但具体情况还是要具体分析。

使用三维水深测量技术,GPS直接测量高程的基面是WGS-84椭球面,而水深图的水深基面通常都是当地理论最低潮面,有时还要求提供国家85黄海高程基准的成果。黄海高程基准是一个似大地水准面(在海洋上与大地水准面重合),当地理论最低潮面是位置的函数,不同位置的基面在大地水准面上的高程都不相同,转换关系如图1所示。

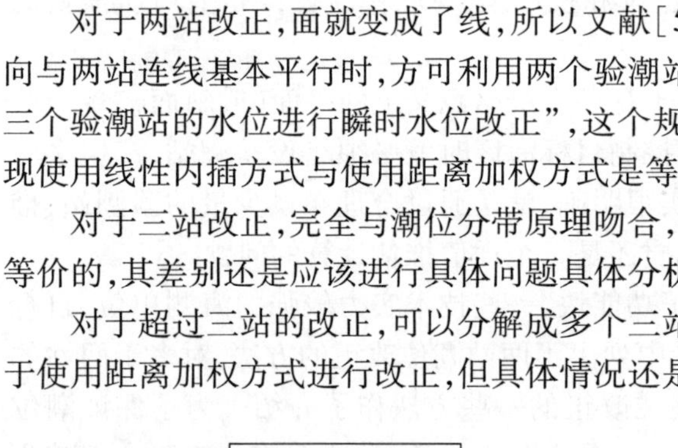

图1　基面转换关系

4 潮位改正软件开发

潮位改正计算量比较大，以现在的计算条件通常都是开发专门的计算机软件进行改正计算。由于具体测量项目地理特征的多样性，如果开发一个专门的两站或三站改正软件，将大大限制软件的适用性，所以必须设计一个灵活、全面的解决方案，适应所有情况下的潮位改正计算，设计方案如图2所示。

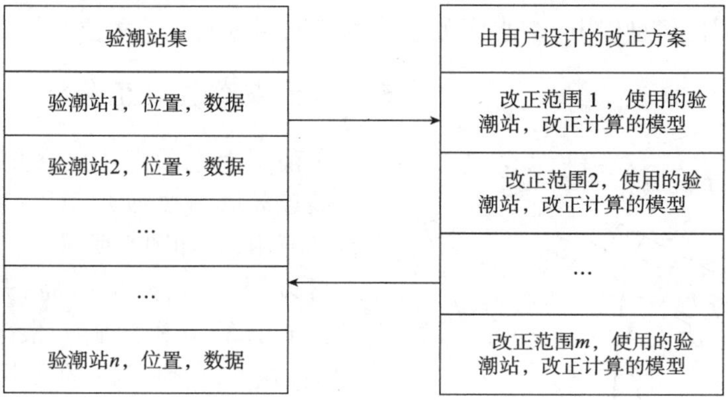

图2 潮位改正软件结构

假设测区共布设了 n 个验潮站，每个验潮站的属性就是位置（坐标）和潮位记录数据，以一天为单位，每个验潮站建立单日潮位记录文件集，这就是原始数据，软件界面如图3所示。

图3中，名称为"开山岛"的验潮站有25天的潮位数据。

改止方案以改正范围为基本单位，每个范围需要确定使用哪些验潮站，使用什么样的改正公式，是否使用同相模型，这些都由用户根据实际海区具体情况确定。若干个改正范围就构成一个改正方案，潮位改正时只需指定一个改正方案文件，软件就会根据水深记录文件中的信息，对每一个记录的水深点根据时间、坐标等信息全自动地进行改正计算。显然，使用这样的改正方案测线是可以跨区或跨带的，对外业测量工作没有限制。改正方案设计界面如图4所示。

图3 验潮站界面

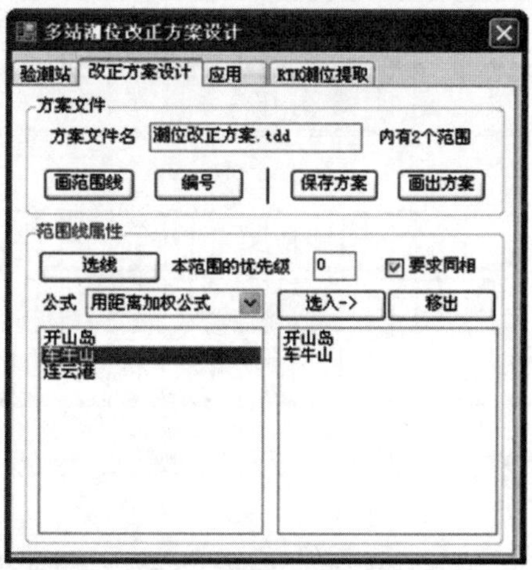

图4 改正方案设计界面

图 4 中设计的改正方案定义了两个改正范围。一个方案包含的改正范围数量是没有限制的,对测区布设验潮站的数量也没有限制。哪个范围用单站,哪个范围用双站,哪个范围用三站,哪个范围用多站,用什么公式,是否要求同相处理都由用户确定,所以软件可以支持大型海测项目的潮位改正计算。

此外,软件还具有一些应用功能,可以根据某个改正方案生成测区内任意位置的潮位曲线;可以根据测量船的航迹文件,生成与位置相关的动态潮位文件(获取测量船在航潮位);可以对原始潮位进行图形化编辑;可以自动对潮位进行同相处理;可以自动提取 RTK 测量的坐标文件中的潮位信息(用三维水深测量技术获取测量船在航潮位)。

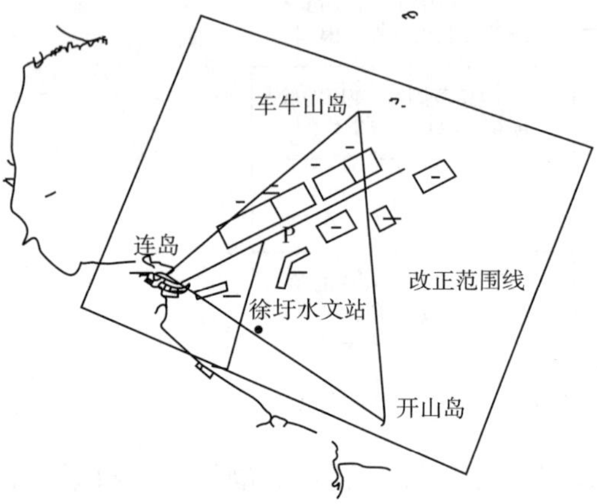

图 5　验潮站分布

5　连云港潮位改正分析

目前用于连云港主港区的验潮站有 4 个,分别是连岛供油站码头、车牛山岛、徐圩海洋站平台和开山岛,如图 5 所示。

可以用连岛、车牛山岛、开山岛 3 个站的数据进行计算分析。画一根包围测区的改正范围线,这个范围线内的水深点都使用三站潮位改正。使用 2009 年 12 月 ~2010 年 1 月的潮位数据。首先定义验潮站,主要是设定验潮站的名称、位置坐标、潮位曲线的颜色,然后把验潮仪下载的潮位自动批量转换成系统要求的单日潮位文件格式,并导入各验潮站,自动绘制潮位如图 6 所示。

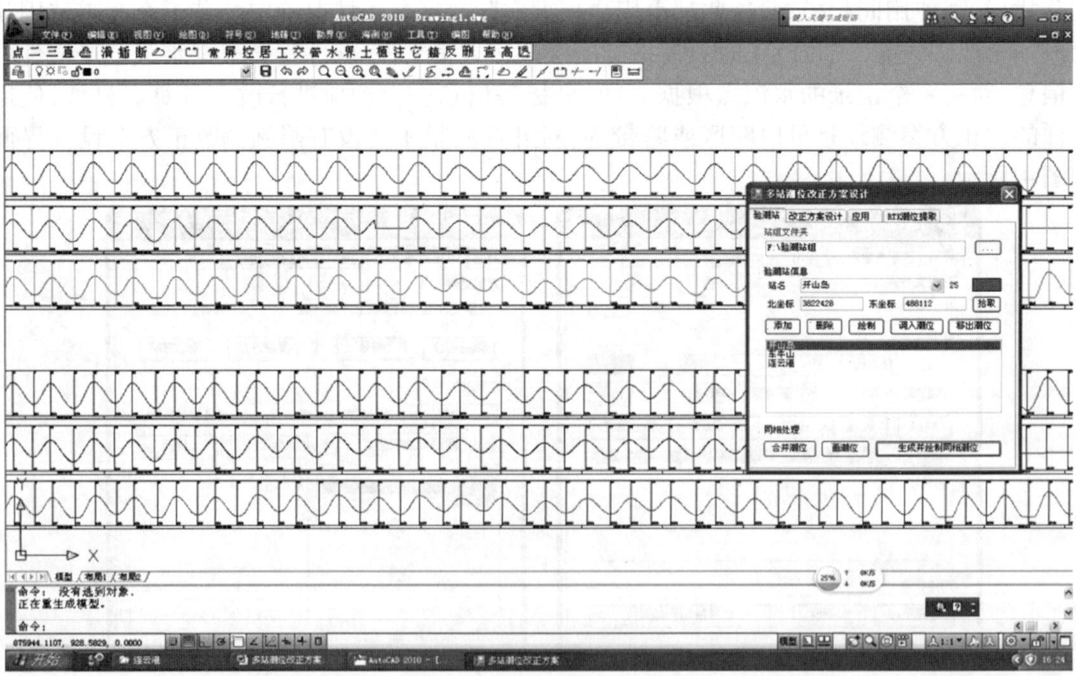

图 6　自动绘制的潮位曲线

图6中下方的3条曲线是原始潮位曲线，上面的3条曲线是自动生成的同相潮位曲线。

可以考虑4种组合：同相平面线性内插、同相距离加权、不同相直接平面线性内插、不同相直接距离加权。其中的第一种最符合分带原理，但计算以及计算条件相对复杂，最后一种组合的计算最简单。可以用试算的方法考察这4种组合的差别，在测区中间位置选一个点P（图5），分别用这四种组合计算该点的潮位曲线。经计算统计典型数值如表1所示。

不同组合的差异　　表1

组合	同相平面内插	同相距离加权	直接平面内插	直接距离加权
差异(cm)	0	2	-0.2	1.8

对于某个测区或疏浚施工区域，可以在区域范围内均匀取一些点，用上面的方法进行试算，分析它们的差异，对于疏浚过程中的潮位控制是有意义的，但在水深测量的时候，还是应该使用更符合分带原理的同相平面线性内插进行潮位改正。平面内插的灵敏度高，应该注意确保改正区域在控制范围内。

6　连云港潮位获取解决方案

上述潮位改正实际上是在已知多个验潮站的潮位数据基础上，如何内插获取测区任意位置潮位的问题。但是我们知道建立验潮站不是一件轻松的工作，尤其在海上进行定点验潮更不容易。而使用三维水深测量技术，基本上只适用于水深测量工作，而且由RTK动态相位差分的原理可知，三维水深测量需要较高的技术条件。鉴于文献[2]已经确定可以使用基于余水位订正的水位推算法求取推算点水位，而连云港海区各验潮站潮位的相关性非常好，利用余水位推算法可以减少验潮站数量，只需通过长期验潮站与海上定点站的一次一定时长的同步验潮，就可以获得定点站的潮汐调和常数，从而将来通过岸边长期验潮站的潮位就可以推算定点站的潮位，而在定点站不再需要验潮。所以在连云港海区合理布设一点数量的定点站，同已有的长期验潮站组网进行一次同步验潮，算出各定点站的调和常数，将来就可以不再需要在定点站验潮，而是仅使用长期站的潮位，通过余水位订正的方法推算各定点站的潮位，进而获取连云港海区任意位置的潮位，这种潮位获取方案在港口建设和生产阶段都可以使用，是一个经济便捷的潮位获取方案。

7　结语

通过科学合理的软件设计开发，可以解决海洋水深测量的多站潮位改正问题。如果记录了航迹，就可以跨带生成测量船的在航潮位；如果使用三维水深测量技术，应获得高程基面的转换关系，可以直接获得水深，也可以准确地提取在航潮位，与验潮潮位进行比对，提高数据的可靠性。如果集成利用余水位推算海上定点验潮站潮位的功能，就可以为水深测量潮位改正问题提供更经济便捷的解决方案。

参考文献

[1] 交通部《水运工程测量手册》编写组．水运工程测量手册[M]．北京：人民交通出版社，2001．

[2] 中交天津航道局有限公司，等．JTS 131—2012　水运工程测量规范[S]．北京：人民交通

出版社,2012.
[3] 黄祖珂,黄磊. 潮汐原理与计算[M]. 青岛:中国海洋大学出版社,2005.
[4] 方国洪,郑文振,等. 潮汐和潮流的分析和预报[M]. 北京:海洋出版社,1986.
[5] 海军海洋测绘研究所,等. GB 12327—1998 海道测量规范[S]. 北京:中国标准出版社,1999.
[6] 侯世喜,黄辰虎,陆秀平,等. 基于余水位配置的海洋潮汐推算研究[J]. 海洋测绘,2005(6).
[7] 孙佳龙,李敏瑞. 利用正交潮法构建南海潮汐模型[J]. 淮海工学院学报,2011.

基于 VB. net 实现原始水深文件数据格式的转换

邹学海[1]　吴柏宣[1]　杜　浩[2]

(1. 连云港港口工程设计研究院有限公司　连云港　222042；
2. 长江南京航道工程局　南京　210011)

摘　要：现有多种水深测量软件，虽然各种软件能够支持多种定位和测深设备，但因采集的原始水深文件数据格式不同，软件之间无法进行相互处理。本文通过对 HYPACK MAX、MAP2000 两种原始水深数据格式的分析，以 VB. net 为程序开发工具，实现了 HYPACK MAX 到 MAP2000 原始水深数据的格式转换。通过此开发工具及编程思想能够方便、快捷地进行模块开发，实现多种原始水深文件数据格式的相互转换。

关键词：VB. net；HYPACK MAX；MAP2000；格式转换

1　引言

在施工水深测量中，遇到大型项目许多测量单位进行合作测量，但是各单位因软件不同，无法进行原始水深的合并处理，带来了如潮位改正方法、断面取样方式、水深注记不统一等麻烦；在水深测量监理中，一般要求监理单位人员上船进行“旁站”监理，监理即使拷贝原始水深文件，如果遇到软件不同问题也无法进行数据处理，这样很难保证工程水深测量质量。

在连云港 30 万吨级航道一期工程中，业主要求监理单位即使不使用“复测”和“同步测量”的手段，但要进行“旁站”[1]，并对原始水深数据进行后处理，但施工单位外业采集软件为 HYPACK、中海达等水深测量软件，监理单位使用 MAP2000 外业水深采集和后处理一体化成图软件。为了水深文件的通用性，本文通过对两者水深数据格式分析，以 VB. net 为开发工具进行模块开发，使问题得以解决。

VB. net 是微软推出的新一代开发工具包 Visual Studio 中的 Visual Basic2008 开发工具的简称，Visual Studio 包括 Visual Basic、Visual C 号和 Visual C + + 等语言，这些语言使用都是使用 . net Framework 的功能，它们都使用相同的集成开发环境(IDE)，这样就能够进行工具共享，并能够轻松地创建混合语言解决方案[2]。

2　水深数据格式分析

2.1　HYPACK MAX 水深文件数据格式[3,4]

HYPACK MAX 系统是美国 COASTAL OCEANOGRAPHICAL 公司设计，是目前世界上测量、疏浚行业应用最为广泛的一种应用软件。在测量功能上包括水下地形数据采集与处理的软件包，包括单波束、多波速、测扫声呐测量和后处理功能。

HYPACK MAX 软件外业所采集的原始水深文件数据一般在项目数据中选择为标准 HYPACK 文件名、Raw 文件格式,包括文件头和数据段两部分,在数据采集时根据设备类型,在设备选项中设置相应的数据采集选项,下面列举某航道局所测量出的 Raw 水深文件,并对格式进行了分析说明。

文件头:FTP NEW 2

“FTP”为开头标志符

ELL Krassovsky 6378245. 000 298. 300000000

“ELL”为参考椭球类型标志符

PRO TME xxxxx 120. 000000 1. 000000 0. 000000 0. 000000 0. 000000 500000. 0000 0. 0000

“PRO”为采用中央子午线等信息标志符

DTM －11. 20 160. 50 80. 50 0. 00000 0. 00000 0. 00000 0. 00000

“DTM”为采用转换参数标志符(三参数、七参数)

TND 11:52:0209/27/2009

“TND”为采集时间标志符

DEV 0 41573 "trimble gps"512 c:\hypack\devices\nmea. dll 4. 3. 7. 18

DEV 1 16 "odom"512 c:\hypack\devices\ECHOTRAC. dll 2. 3

“DEV 01”分别代表 GPS 定位系统和 ECO 测深仪标志符

EOH

“EOH”为结尾标志符

数据段: EC1 1 “时间”“水深”

EC1 1 42721. 663 5. 540

EC1 1 42721. 767 5. 550

EC1 1 42721. 876 5. 580

EC1 1 42721. 985 5. 580

“EC11” 代表单频测深仪所测水深,“EC2 1”代表双频测深仪所测水深

FIX 99 打标时间 点号

FIX 99 42722. 108 488

POS 0 时间 y 坐标 x 坐标

POS 0 42721. 783 453890. 221 3845200. 417

RAW 0 时间(从零点开始的秒数)北纬 东经 椭球高 UTC 时间

注:RAW 后采集的为 WGS-84 大地坐标,POS 后坐标为通过相应转换参数(三参数)进行椭球之间转换后的目标椭球下的投影坐标(北京 54 坐标)

RAW 0 42721. 783 4 344401. 43400 1192983. 76000 57. 25583 35113. 00000

MSG 0 时间 $GPGGA,UTC 时间(时时分分秒秒),北纬(度度分分. 分分分分),N,东经(度度分分. 分分分分),E,GPS 定位质量(0:无法使用;1:单点定位;2:差分解;6:估计获得),卫星数量,HDOP 水平精度因子,天线正高,M(单位米),大地水准面差距,M(单位米),差分数据龄期,基站台号

MSG 0 42721. 783 $GPGGA,035113. 00,3444. 01434,N,11929. 83760,E,2,09,0. 9,0. 93,M,

4.92,M,2.8,0736*72

有时根据工程需要通过设置可以采集数据质量“QUA”的信息,后面包括时间、HDOP水平精度因子、卫星数量和差分数据龄期等信息,在这里有“MSG”就不作说明。

2.2 MAP2000 水深数据格式

MAP2000 为笔者在 AutoCAD 平台上开发的野外采集及内业处理一体化海洋测量软件。外业采集数据文件包括定位文件(*.xy)和原始水深文件(*.v),都是文本文件。

定位文件(*.xy)格式:

文件头:测线名,时间(年月日),水温,盐度,声速,盲距,杆长,吃水

数据段:时间(时分秒),x,y,天线正高,B(度度分分秒秒.秒秒秒秒),L(度度分分秒秒.秒秒秒秒),大地高,GPS 定位质量(“1”代表单点定位;“2”代表差分解),HDOP 水平精度因子,卫星数量,差分数据龄期,差分台标识

注:x,y 为投影后坐标,B、L 采集的为 WGS-84 大地坐标

"YLHD-620",号 2010-03-29 号,15,30,1475,0,2.88,94

85157.387,3848142.583,449643.756,6.388,0344535.64619,1192702.72623,9.840,2,1,8,2,620

85158.389,3848143.475,449642.748,6.522,0344535.67496,1192702.68641,9.974,2,1,8,3,620

85159.390,3848144.189,449641.698,6.612,0344535.69794,1192702.64497,10.064,2,1,8,3,620

85200.382,3848144.675,449640.577,6.428,0344535.71351,1192702.60079,9.879,2,1,8,2,620

水深文件数据格式:

文件头:测线名,时间(年月日),水温,盐度,声速,盲距,杆长,吃水

数据段:时间(时分秒),水深

"YLHD-620",号 2010-03-29 号,15,30,1475,0,2.88,94

85157.147,3.42

85157.347,3.42

85157.537,3.43

85157.768,10000 “10000”为定标标识

3 功能实现

3.1 设计思想

主要是提取 HAPACK MAX 文件的时间、坐标、水深、GPS 数据质量等信息,根据成图所需要的坐标系统进行参数和椭球转换,生成 MAP2000 的*.xy,*.v 文件。通过两种水深文件格式的分析,由于 RAW 文件标识符全部为 3 个字符,这样在编程时便于提取坐标信息。监理在工程检测时,如果通过测前控制点比对,以及通过旁站确定施工单位定位精度可靠,可以通过读取文件头获取椭球、投影及转换参数相关信息,对“RAW”标识符后面 WGS-84 大地坐标进行坐标转换或直接提取“POS”标识符后面投影坐标;也可以在后处理时通过设置椭球、投影、转换参数(根据监理现场 GPS 比对数据求取)、中央子午线等信息来求取平面

坐标,为了做到全过程监督记录检查,确保质量,一般采用后者方法。如果是单位之间进行合作测量,可以直接提取“POS”标识符后平面坐标。文件转换流程如图1所示。

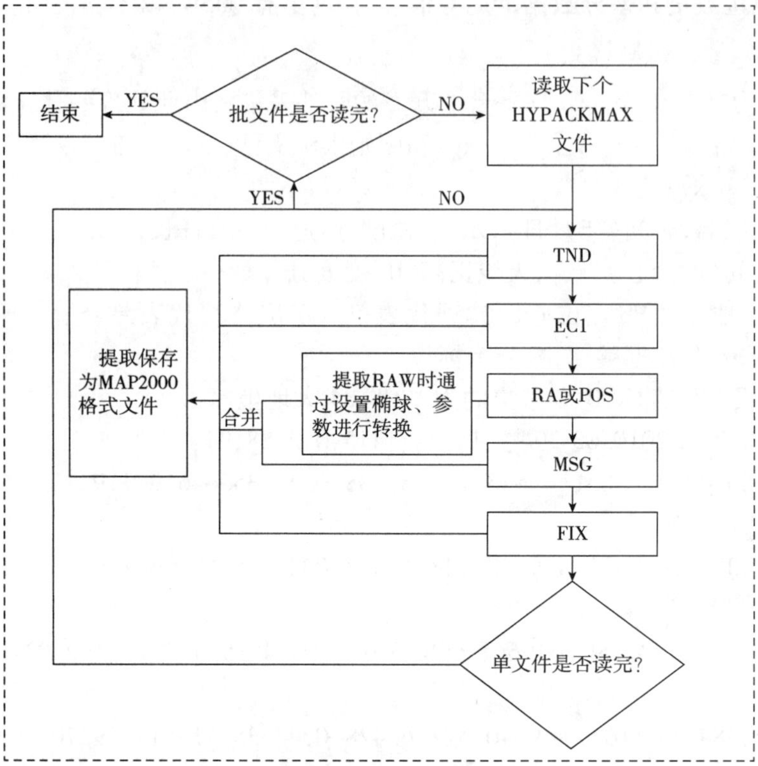

图1 HYPACK MAX 原始水深文件转换为 MAP2000 文件格式框图

有的水深测量软件,在原始数据中采集的是项目要求椭球下的坐标,并没有像 HYPACK 软件所采集的数据可以设置同时采集 WGS-84 大地坐标,在转换时需其他如 BJ—54,CGCS—2000,WGS—72 等椭球之间转换,需求出两种椭球之间的转换参数,在软件中通过转换参数进行基准椭球到目标椭球的转换,在这种情况下要在程序转换时加入回溯检核,求取转换误差,误差超限进行报警。

3.2 代码实现[5]

通过 VB. Net 开发工具以及基于 . net Framework 所提供的对象,依据 Select Case 可读性和维护性较好的特点进行循环控制,代码中没有对“POS”标识符进行操作,主要代码如下:

'在进行定义 StreamReader、StreamWriter 之前,先导入 . net Framework 中 Systme. IO 命名空间,包含允许读写文件和数据流的类型以及提供基本文件和目录支持的类型。

```
Dim SR As StreamReader '定义为 StreamReader 对象,进行对文件的读操作
    Dim SW1 As StreamWriter '定义为 StreamWriter 对象,进行对文件的写操作
Dim SW2 As StreamWriter '定义为 StreamWriter 对象
'fnum 为 HYPACK 原始文件数量,通过 UBound( OpenFileDialog1. FileNames) + 1 来获取
     For i =1 To fnum
          SR = New StreamReader(filenames(i)) '对 StreamReader 实例化
          SW1 = New StreamWriter( mydir & "\" & Microsoft. VisualBasic. Left( depth-
```

filename(i), Len(depthfilename(i)) - 3) & "xy", False) '对 StreamWriter 实例化,如果文件存在对其覆盖写入文件

SW2 = New StreamWriter(mydir & "\" & Microsoft. VisualBasic. Left(depthfilename(i), Len(depthfilename(i)) - 3) & "v", False)

SW1. Flush() '清理当前编写器所有缓冲区,并使所有缓冲数据写入基础流

SW2. Flush()

Dim CurrentRow As String

Dim CurrentRowCell As String()

Dim case_msg As String

Dim mydate As Date

Dim Rawstring As String = ""

While Not SR. EndOfStream '判断是否为“流”末尾

CurrentRow = SR. ReadLine '按当前行返回字符串,并将光标移到下一行

case_msg = Mid(CurrentRow, 1, 3) '通过格式分析,取前 3 个字符作为标识符提取信息

Select Case case_msg

Case "TND"

'提取"TND" 后的时间,转换为 MAP2000 文件中的时间格式,通过流写入方法(SW1. WriteLine())保存到选定 mydir 路径下的 *. xy 和 *. v 文件中。

CurrentRowCell = Split(CurrentRow, " ")

mydate = Date. Parse(CurrentRowCell(2))

CurrentRow = mydate. ToString("yyyy-MM-dd")

CurrentRow = Microsoft. VisualBasic. Left(depthfilename(i), _Len(depthfilename(i)) -4) & "," & "#" & CurrentRow & "#"

'depthfilename(i)为去掉文件路径下的 HYPACK 原始水深文件名(获取代码略)。

Case "EC1"

'提取"EC1" 后的“时间”、“水深”,转换为 MAP2000 文件格式,通过流写入方法保存到选定 mydir 路径下的 *. v 文件中。

CurrentRowCell = Split(CurrentRow, " ")

CurrentRowCell(2) = Secondtotime(CurrentRowCell(2))

'Secondtotime()为笔者编写的转换时间格式的函数。

CurrentRowCell(0) = Format(Val(CurrentRowCell(2)), "#####0.000")

CurrentRow = CurrentRowCell(0) & "," & CurrentRowCell(3)

Case "RAW"

'提取"RAW" 后的“时间”、“纬度”、“经度”、“椭球高”,转换为 MAP2000 文件格式(转换时间格式和通过相应参数转换为目标椭球下的投影(高斯、墨卡托)平面坐标)

……

Rawstring = 时间 & "," & x & "," & y & "," & 天线正高 & "," & B & "," & L & "," & 大地高 & ","

Case "MSG"

' 提取"MSG" 后 $GPGGA 语句中的 GPS 定位质量(0:无法使用;1:单点定位;2:差分解;6:估计获得),卫星几何因子,卫星数,数据龄期,差分台标识与"RAW"所提取信息合并,通过流写入方法一起写入到选定 mydir 路径下的 *.xy 文件中。采用 RTK-GPS 免验潮测量时还要提取天线海拔高、地球椭球面相对大地水准面的高度。

```
        ……
        CurrentRow = Rawstring & "," &GPS定位质量 & "," & 卫星几何因子 & "," & 卫星数 & "," & 数据龄期 & "," & 差分台标识
    Case "FIX"
        '提取"FIX" 后的"时间",并在时间后面加字符串"10000"作为 MAP2000 定标表示符,通过流写入方法保存到选定 mydir 路径下 *.v 文件中。
        ……
        End Select
        If case_msg = "TND" Then
          SW1.WriteLine(CurrentRow)
          SW2.WriteLine(CurrentRow)
        ElseIf case_msg = "EC1" Or case_msg = "FIX" Then
          SW2.WriteLine(CurrentRow)
        ElseIf case_msg = "MSG" Then
          SW1.WriteLine(CurrentRow)
        End If
    End While
SR.Dispose() '释放有 System.IO.TextReader 对象使用的所有资源
    SR.Close() '关掉 System.IO.StreamReader 对象和基础流,并释放所有与读取器关联的所有资源
    SW1.Dispose() '释放有 System.IO.TextWriter 对象使用的所有资源
    SW2.Dispose()
    SW1.Close() '关掉当前 StreamWriter 对象和基础流
    SW2.Close()
    Next
```

3.3 运行界面

文件转换模块运行界面如图 2 所示,参考椭球为原始水深文件所采用的椭球,目标椭球为转换后的椭球,这样可以处理没有采集 WGS-84 大地坐标的转换,用户可以用"编辑"按钮添加和删除椭球信息。同时模块还可以进行高斯、墨卡托、UTM 等投影,进行三参数、七参数、平移参数等参数转换。

4 结语

(1)通过 VB.net 作为开发工具和所采用编程思想能快捷、方便地实现多种水深文件格式的相互转换功能,使合作测量中单位之间能够更好地进行合作测量;监理工作中不但节省了监理复测费用,而且做到了"旁站"监理的作用,真正做到了公平、公正。同时以此为启发能够实现如全站仪、RTK-DGPS 数据格式到 CASS 格式转换,以及 CASS、CARIS 等数据格式

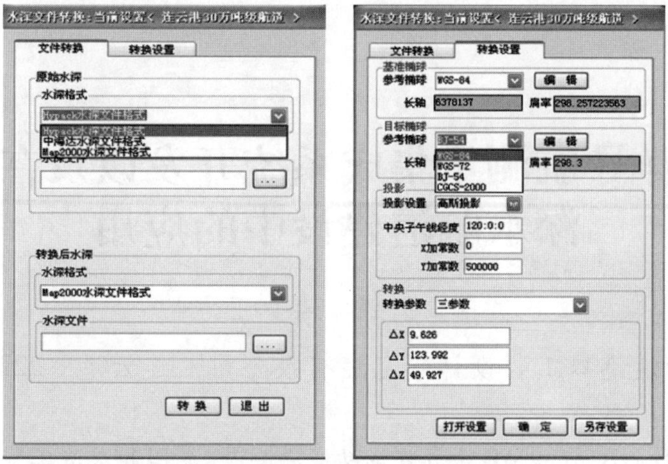

图2 文件转换模块运行界面

的读取展点功能等模块开发。

(2)利用 VB. net 基于 . net Framework 所提供的对象,如访问文件夹和文件,处理字符串、字符、日期等,能够快速解决编程中所遇到的实际问题。

(3)在处埋海量数据时,应该完全用 . net Framework 内对象,这样可以显著提高处理速度。为了进一步提高处理速度,可以采用底层语言、优化算法研发模块内核。

(4)可以进一步扩充完善模块功能,使之能够实现更多的国内外其他软件原始水深格式的相互转换。

参 考 文 献

[1] 邹学海,吴柏宣. 水深测量监理技术的应用研究[J]. 水运工程,2007(4).

[2] http://msdn. microsoft. com.

[3] Hypack Max User Manual. Coastal Oceanographical Corp,2002.

[4] Nmea Reference Manual. SiRF Technology, Inc. Revision 1.7,2006.

[5] Evangelos Petroutsos,Mastering Microsoft Visual Basic 2005. Americal:Sybex Publishing, 2006.

精密海洋导航测量集成系统开发以及在连云港深水航道建设中的应用

吴柏宣　邹学海　王志荣

（连云港港口工程设计研究院有限公司　连云港　222042）

摘　要：在通用图形平台 AutoCAD 上开发成功海洋测量、成图和疏浚工程应用一体化系统，其特点是可以直接在工程上常用的 dwg 格式图形上进行导航测量和水深后处理成图，直接在图形平台上进行疏浚土方精确计算，以及直接对水深图形进行投影转换，在一个软件内基本解决疏浚工程日常测量问题。创新实现了水深定点取样功能以及检查线水深互差的全自动快速计算；通过使用严密的数学模型，在方格网法土方计算时突破了传统算法，实现了土方计算的精度与网格边长无关，提高了疏浚土方计算精度。

关键词：海洋测量；疏浚土方计算；投影变换

1　引言

随着沿海开发战略的实施，海洋经济日渐活跃，其中测绘工作的主要内容就是进行海洋测绘，为港口设计、码头施工、航道开挖、锚地开通及引航靠泊等提供测绘保障。海洋测绘中用到的各种仪器设备，其实质就是传感器的集成，每种传感器对应不同的基础数据，例如测深仪只是测量深度，GPS 只是测量坐标，涌浪滤波器只是测量涌浪。海测工作的内容就是使用这些传感器采集原始数据，通过测绘技术加工处理，最终形成各种成果。原始记录数据量庞大，数学模型复杂，必须借助计算机处理，所以拥有一个优秀的海洋测量软件系统就成为海测工作的关键。

目前国内大型海测机构（如海事局系统、航道局系统、海洋局系统等）、科研院校（水工研究院、航道设计院等）普遍使用美国 Hypack Inc（原 Coastal 海洋图像公司）公司出品的 Hypack 水文测量软件，其余中小型海测单位普遍使用国产中海达海洋测量系列软件，还有其他用户量较少的软件。国内研制的软件均为秒级系统，存在一定的提升空间，国外软件虽然是毫秒级系统，但存在升级和售后服务的问题。国内少数科研机构和生产单位研制的同类系统，均存在内容少且功能单一的问题，基本未能在具体生产中推广应用。

依据海洋测绘理论，总结在连云港长期开展海洋测量工作，特别是深水航道水深测量工作的实践经验，开发成功海洋测量集成软件系统。

2　系统构成

根据从事海测工作的一般经验，一个面向工程的海洋测量软件应该至少包括 4 个功能块：一是必须有一个基本模块，解决一些一般性、基础性、常见的问题，同时作为其他模块的容器，加载扩展应用程序的功能，是整个软件包的根模块；二是软件必须能连接海测工作中使用的各种传感器，实时采集记录这些仪器输出的原始数据，要做到这一点就必须具备坐标转换、计划测线布设、导航等辅助功能，所以可以把导航测量做成一个模块，既可独立运行，又可集成使用；三是必须有一个专门的数据后处理成图模块。水中情况复杂，噪声的干扰、漩涡、各种生物植物的存在，原始记录中的假水深难以避免，常需要对测深记录纸（或图像）上的回波信号进行判读。而声速的改正、潮位归算特别是多站潮位归算、水深图件的绘制等工作，都必须有一个专门的模块支持。这个模块同样可以独立运行，也可以集成使用；四是必须有工程应用的内容，特别应该有疏浚工程土方精确计算的能力。在疏浚工程中常常遇到多波束海量数据，所以必须具有处理海量数据的能力。疏浚土方计算应该作为一个单独的模块进行研究开发，系统的大致轮廓如图1所示。

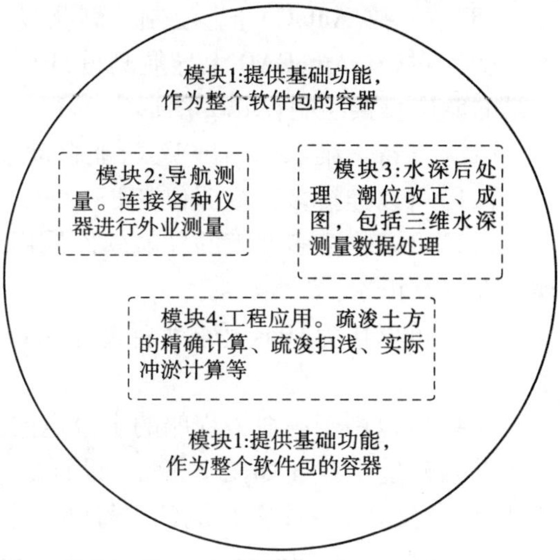

图1　系统组成

模块1作为整个系统的容器形成主界面，其他各个模块既可以单独运行也可以集成在一起运行，由主界面菜单直接调用，当集成在一起时就是一个综合的海洋导航测量成图及工程应用系统。

3　系统开发

进行海洋测量工作必须要有图形支持，例如在测量船航行过程中，必须在图形上实时显示船的位置。测量的成果也要用图形描述，例如水深图、断面图等。所以，系统必须有图形平台的支持。AutoCAD 是工程建设中应用最广泛的图形平台，采用 AutoCAD 作为系统的图形平台是最好的选择。AutoCAD 本身是一个基础性、通用性的图形绘制软件，当应用于某个行业或领域时，必须对其进行增值开发后才能高效使用。可以把 AutoCAD 理解成一个绘图类库，行业应用程序只是使用它的图形功能。AutoCAD 提供的开发接口有 autolisp、activeX、objectARX（. net）等，本系统在调用 AutoCAD 时使用了这三个接口，一些对速度有要求的功能全部用 objectARX 接口，大大提高了图形绘制的速度。系统使用的各种数学模型、数据结构和算法等，由于篇幅所限在此不一一叙述。

4　实现的功能

4.1　海洋导航测量实现的功能

（1）支持多艘测量船多组同时测量，不会发生数据冲突，可以在大型海测项目中使用。

（2）对测线长度无限制，对测量作业时间无限制，可以跨午夜零点测量。

（3）记录时间精确至毫秒，数据全采集，属于标准毫秒级系统，同步性能优良。可以更有效地测量类似航道坡脚等水底特征点的位置和深度。

（4）支持有测线测量、无测线测量和任意线测量。

(5)支持自动上线、自动下线、自动换线全自动测量方式。

(6)支持一键测量。

(7)可以在任意地方坐标系中导航测量，支持工程中常见的三种投影。

(8)直接在 AutoCAD 上绘制计划测线，转折处能自动圆滑过渡，十分方便。

(9)直接在 AutoCAD 上导航测量，用户体验优良。即直接在 dwg 图形上导航测量，实时记录的航迹直接绘制在 dwg 图形内。

(10)支持三维水深测量模式，能自动地把仪器的有关安装参数写入原始记录文件中。

(11)可以连接多种测深仪、GPS、涌浪滤波器和罗经。

(12)可以作为多波束的导航软件使用，能全程记录测量船的航迹，从而支持多波束多站动态潮位改正。

(13)可以作为 silas 适航水深测量系统的导航软件使用，能把坐标实时发送给适航测量系统。

(14)可以用于一般工程船的定位定向。

导航测量主界面如图 2 所示，设计成一个竖条状面板，漂浮在屏幕上。实际测量作业时，图形中会显示一个测量船的符号和一个舵手指示窗口，指引测量船上线测量。

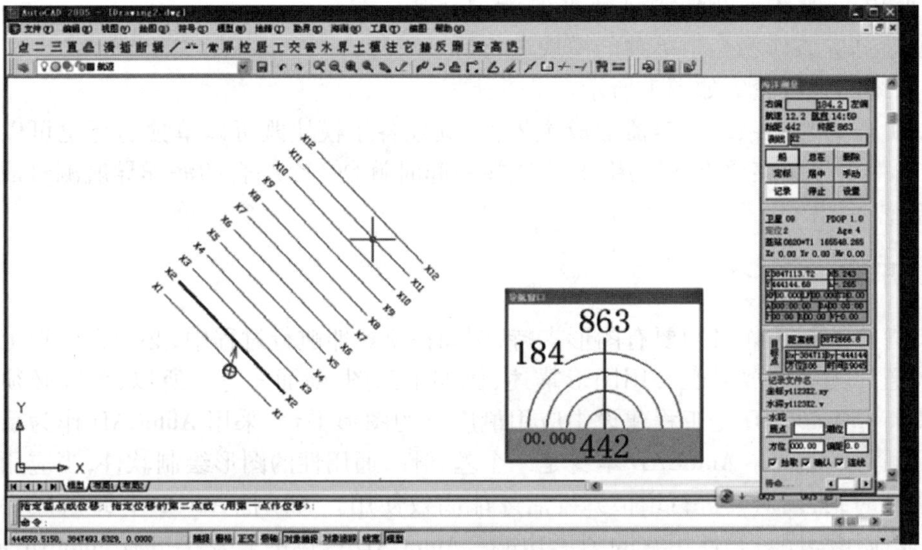

图 2　导航测量界面

4.2　水深后处理实现的功能

(1)数据全部 100% 图形化处理，确保处理工作质量。能对坐标、高程、水深、涌浪进行图形化编辑处理，保证处理后的数据不含粗差(如假水深、位置、高程跳点等)

(2)支持双频测深数据处理。

(3)支持一维和三维涌浪改正处理。

(4)支持吃水、动吃水、声速等水深自动改正，支持使用 RTK 技术检验测量船的动吃水。

(5)能同时处理验潮和无验潮数据，全面支持三维水深测量技术，能从 RTK 测量的测线记录文件中自动地提取潮位，亦即支持使用 RTK 技术获得测量船的在航潮位。

(6)支持单站、双站、三站及多站潮位改正处理。允许用户自己设计潮位改正方案，例如某个海区在潮位改正时采用验潮站的数量、改正的数学模型等，并且能生成动态潮位文件，供多波束进行多站潮位改正。

(7)具有定点取样能力,可以取样指定位置的水深,例如用户可以把航道设计坡脚线上的水深全部取样(相关论文即将在《海洋测绘》杂志上发表)。

(8)可以对检查线水深互差进行全自动精确计算,并据此评定水深测量精度。

(9)可以对取样线进行移动、复制和删除操作,准确取样水底特征点。

(10)能自动探测原始记录中的异常数据并报告。

(11)在没有涌浪滤波器的情况下,可以使用数学模型对波浪进行平滑处理(需要适用条件)。

(12)直接在 AutoCAD 中操作,中间过程可以用图形文件保存,用户体验优良。

(13)能对位置、涌浪相对于水深的时间延迟进行改正,提高了测量成果的精度。

(14)配合引用文献[5]的研究成果,可以处理其他测量软件采集的原始数据,例如可以处理 Hypack 软件采集的 . raw 数据。

水深后处理的大致流程如图 3 所示,其作用就是把大量的原始记录数据加工成水深图上的水深点。

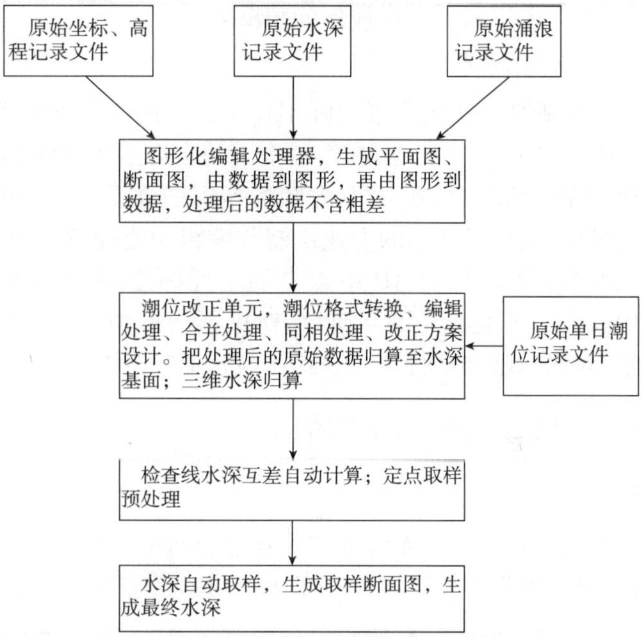

图 3　水深后处理流程

4.3　疏浚土方计算实现的功能

(1)能导入已知的几乎所有原始图件,适用性优良。

(2)能自动从各种高程及水深注记中提取高程信息。

(3)智能识别等高线高程并自动离散成测点。

(4)自动快速构建三角网地形模型,可以处理一般地性线、陡坎地性线,准确描述山脊线、陡坎、梯田、台阶等地形。能自动修正平三角形,自动过滤扁三角形、跨线三角形,一次性生成最优模型。

(5)自动生成模型高程分色视图,直观反映地形起伏情况。

(6)自动生成等高线,并能进行平滑处理,自动注记计曲线高程。

(7)多种方式自动检查编辑原始测点坐高程程数据,确保原始数据的准确性。

(8)支持多波束海量数据处理,密集坐标点删选后能够百分之百保留浅点信息,精确画出浅区范围线以及浅值分布,从而支持疏浚扫浅工程。

(9)可以方便地根据两期测图计算冲淤,直接在 CAD 内生成彩色淤积和冲刷图。

(10)可以对三角网进行区块、开孔、切割、补足和画边界等操作。

(11)模型法土方计算使用严密数学模型,能任意分区计算,能计算超挖土方量,输出各种计算成果,并能生成挖填方三维效果图。

(12)断面法土方计算,能进行断面任意分区计算,能方便计算超挖土方量,输出详细土方统计表，按设定纸张输出整齐美观的断面图，直接打印提交。

(13)方格网法土方计算，突破了传统算法，土方计算的精度与网格尺寸无关。

(14)支持水深栅格化处理。

(15)直接在 AutoCAD 中操作，用户体验优良。

疏浚土石方计算完全基于不规则三角网(Triangulated Irregular Network，TIN)理论进行开发，大大提高了土方计算的精度。

4.4 基础功能

基础功能块包含了实际工作中常见的一般性需求，使用 objectARX(.net)接口，在 AutoCAD 中进行高速展点；制作了常用的水运工程测量图式符号库，快捷绘制各种图式符号；快速绘制经纬图廓、方位圈、海图标题等图廓元素；支持高斯、墨卡托等投影；通过对 AutoCAD 的扩展，提供了常用的专业绘制和编辑功能；能对已经绘制的地形(水深)图进行全自动比例尺缩放；能在 AutoCAD 中点击显示经纬度；能对图形直接进行坐标转换，例如 WGS-84 和 1954 年北京坐标系的互换，高斯投影图形和墨卡托投影图形的互换等；能按用户设定的方案，对水深基准进行转换。其他内容不一一叙述。

5 在连云港地区的应用

5.1 水深测图

测绘水深图是系统的基本功能，全面支持水深测量内外业工作，已经在连云港港池、泊位、航道测量中使用多年。图 4 是用本系统测绘的连云港某港池水深图(部分)。

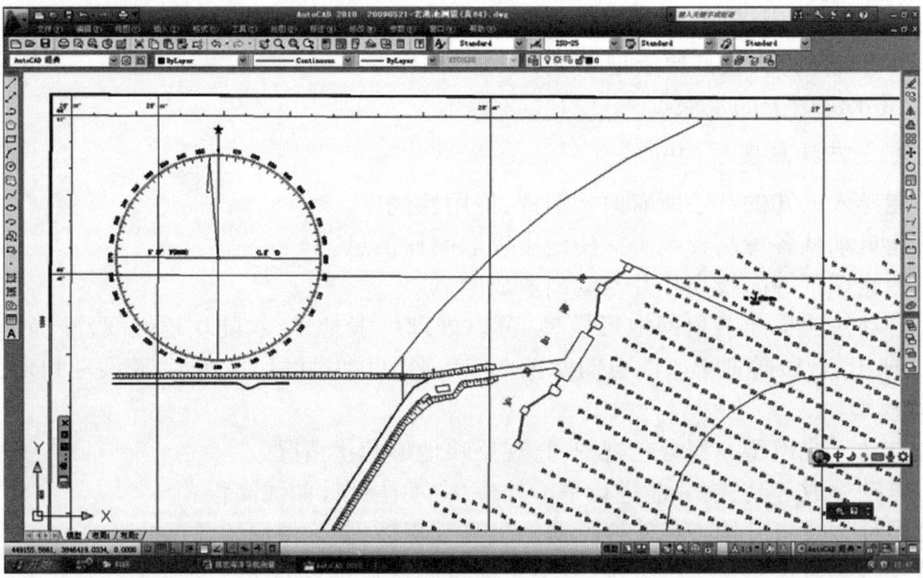

图 4 连云港某港池水深图

5.2 根据两期测图计算冲淤

使用 TIN 描述海底地形，根据两期测图使用自动高速构网功能，快速生成 TIN，自动进行严密的 TIN 运算，得出准确的冲淤量和分布图，可以对海区任意划分区域进行计算。图 5 ~ 图 7 是用连云港 25 万吨级航道回淤观测资料，经过本系统计算生成的冲淤图(部分)，图 5

是分色填充效果，图6是三维赋色效果，图7是指定任意区域冲淤计算图。

5.3 疏浚扫浅工程应用

在疏浚工程中，扫浅阶段的测量工作尤为重要，要求快速准确标出浅区浅点的范围和位置。本系统全面支持疏浚扫浅测量工作，并且能处理多波束海量数据。能自动准确快速标出疏浚区域（包括任意复杂的边坡）的浅区范围、浅点数值和位置。在连云港25万吨级航道1.2标段以及徐圩航道的扫浅工作中都进行了成功的应用。图8是本系统导入多波束海量数据制作的连云港徐圩航道疏浚工程扫浅阶段的一次扫浅图（局部）。

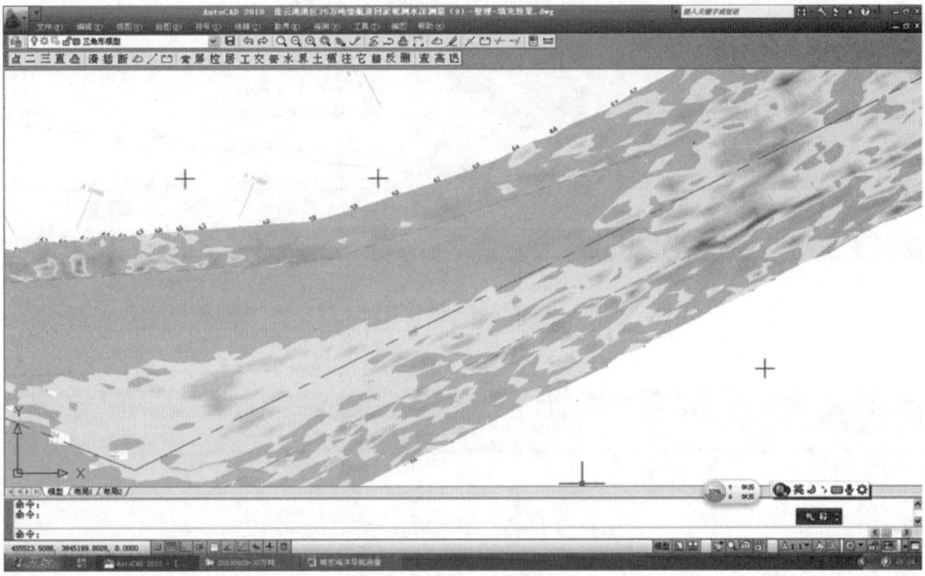

图5　分色填充效果冲淤图

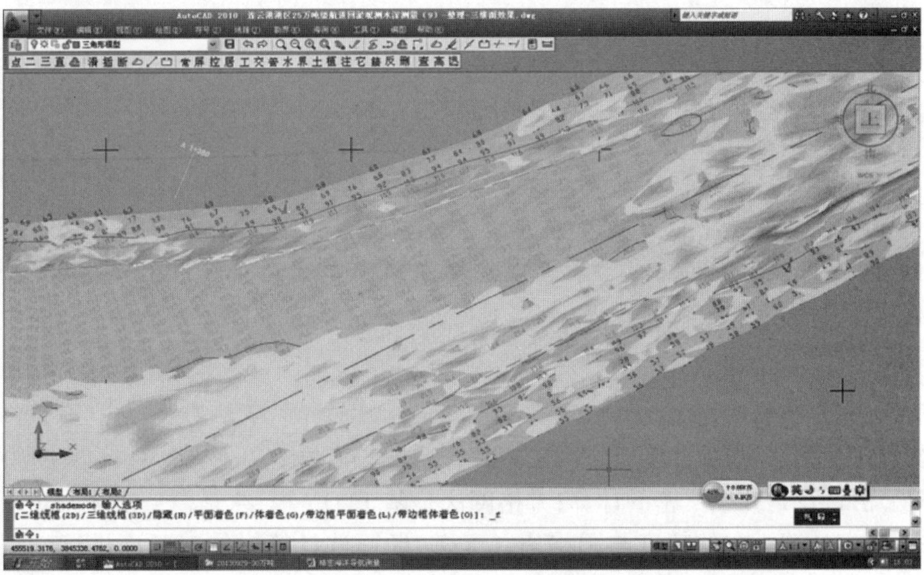

图6　三维赋色效果冲淤图

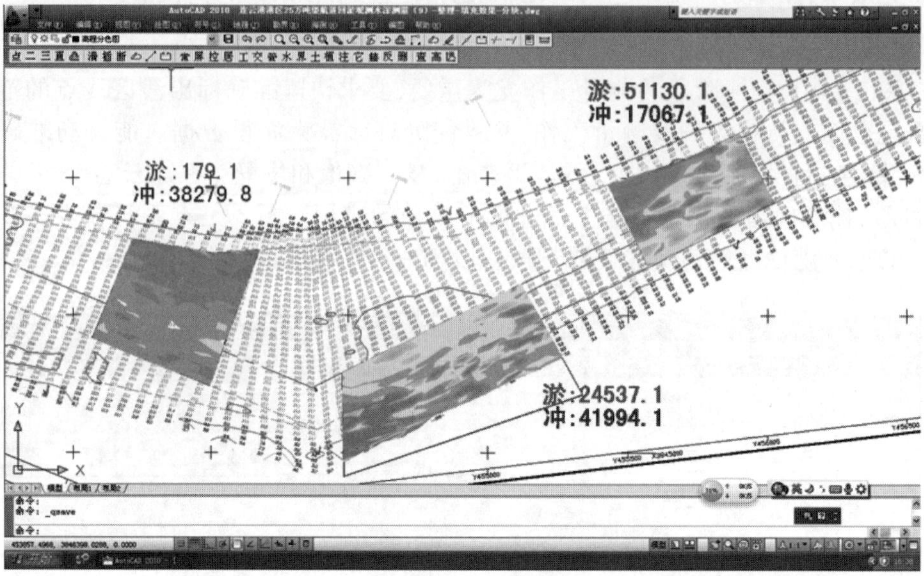

图 7　任意区域冲淤计算效果图

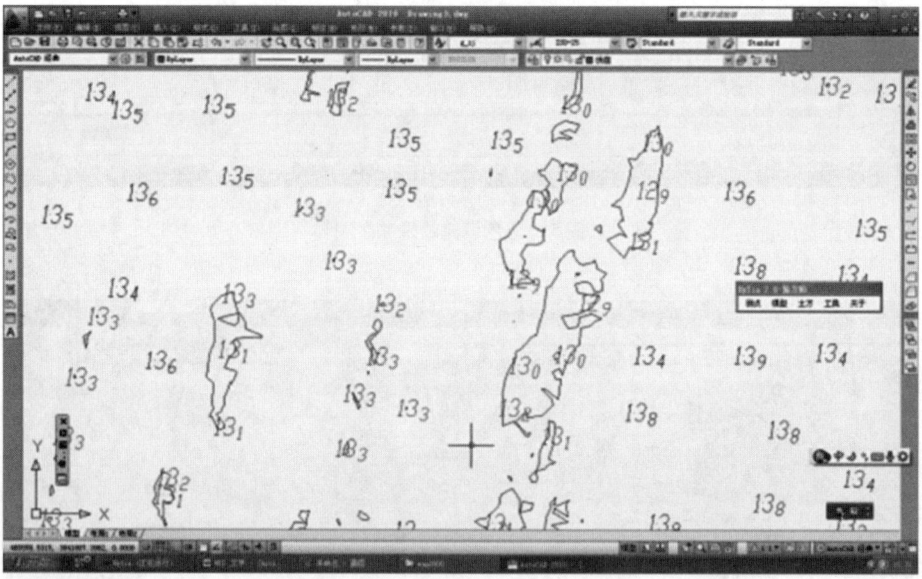

图 8　疏浚扫浅水深图

5.4　疏浚土方计算

系统提供模型法、断面法和方格网法三种算法。与多数专业土方计算软件不同的是，本系统的模型法计算是完全严密的计算；方格网法是基于 TIN 模型，是模型法另一种更直观的表示方式，所以计算土方的精度与网格边长无关；断面法计算时能对断面进行任意分区计算。使用模型法可以根据两期测图，快速准确计算实挖土方量。图 9 是使用模型法在 AutoCAD 中直接生成的某港池土方计算效果图。

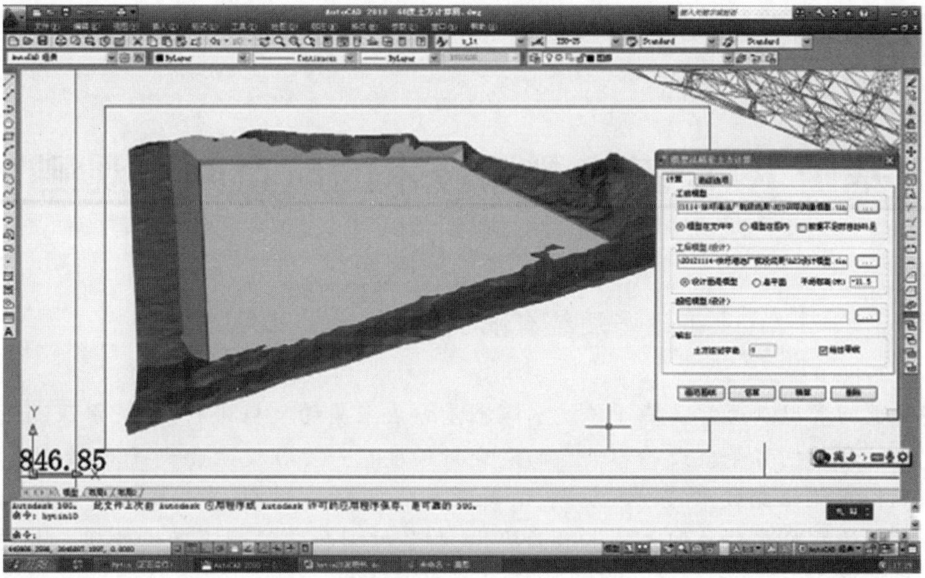

图 9　某港池模型法精密土方计算图件

6　结语

基于海洋测绘理论和大型疏浚工程实践开发的海测软件系统,源于通用图形平台开发,与图形平台融为一体共享地址空间,不会引起死机和延迟等问题,运行稳定可靠,用户操作难度低、体验优,能很好地服务大型疏浚工程。该系统适用于建设管理、设计、监理、施工等领域以及海洋管理、海洋工程施工,在江河湖泊水深测量工作中同样可以应用。该系统在连云港深水航道建设中的成功应用表明,在一定程度上可以替代进口软件。在已有功能的基础上,可以根据需要不断地对系统进行扩充,应用前景广阔。

参 考 文 献

[1] 刘大杰,施一民,过静君. GPS 原理与数据处理[M]. 上海:同济大学出版社,1997.

[2] 熊介. 椭球大地测量学[M]. 北京:解放军出版社,1988.

[3] 朱华统. 大地坐标系的建立[M]. 北京:测绘出版社,1990.

[4] 交通部《水运工程测量手册》编写组. 水运工程测量手册[M]. 北京:人民交通出版社,2001.

[5] 邹学海,吴柏宣. 基于 VB. net 实现原始水深文件数据格式转换[J]. 水运工程,2010(12).

[6] 吴柏宣. 复杂 CD-TIN 的快速构建及应用研究[J]. 淮海工学院学报,2011.

基于RTK三维测深技术的航道回淤观测

万 军 王朝金

（上海达华测绘有限公司 上海 200136）

摘 要：航道回淤观测通常是基于传统水深测量方法采集的数据进行，传统水深测量精度受潮位和动吃水等极大的影响。回淤分析精度在一定程度上受到了测深精度的限制。RTK三维探测技术可以解决潮位、动吃水等问题的影响，其测深精度提高的关键技术是依靠验潮站的似大地水准面优化、质量控制和三维测深数据处理。本文结合连云港区25万吨级航道回淤观测项目对采用RTK三维测深实施回淤观测进行了探讨，为类似航道回淤观测项目提供参考。

关键词：传统水深测量；RTK三维测深；似大地水准面；回淤观测

1 引言

航道回淤观测一直是水运工程各界关注的焦点，研究通常采用固定断面法、DEM法进行，分析用基础数据一直以来都采用传统水深测量方法进行。但传统水深测量通常采用有验潮方式进行，即先采用测深、定位及姿态等各类设备（传感器）组合同步外业数据采集，然后进行内业综合改正和绘图，该方法受到水位站控制范围及地域分布的限制，直接影响水深测量质量和工作效率，已不能满足高精度回淤观测分析需求。RTK三维测深采用RTK-DGPS+测深设备组合实现三维定位获取位置和深度，同时可实现在航水位测量。由于原理上的完备性以及测量精度的提升，传统水深测量已逐步被RTK三维测深所取代[1]。

2 工程概况

连云港港是中西部地区最便捷的出海口，也是牵引江苏沿海综合开发的引擎和龙头，2009年1月，国家发改委批复航道项目建议书，同意建设30万吨级航道，航道呈“人”字形布局连接连云港区和徐圩港区，按“一次立项，分期实施”的原则，先期实施一期工程。根据批复，一期工程建设25万吨级连云港区航道和10万吨级徐圩港区航道及配套纳泥区围堤、锚地、导助航工程等。据中港网历史资料，经过紧张建设，连云港区25万吨级航道已于2012年12月9日正式开通使用。连云港区25万吨级航道在原有15万吨级航道基础上增深扩建而成，航道总长52.9km，航道宽度270m，水深19.8m。该工程的成功建设为30万吨级航道回淤研究提供了一个宝贵的天然物理模型。为给30万吨级航道建设积累回淤方面的基础资料，2012年9月~2013年8月期间进行了4次回淤观测研究，研究时沿航道布设了2km间隔的加长固定断面以及按1:5 000测图要求的均匀分布的观测断面（图1），同时为了确保水深测量质量布设检查线进行检测，研究采用RTK三维测深技术进行基础数据的积累，本文研究以第3、4次回淤观测为例，第3次观测时间为2013年4月，第4次观测时间为2013年7月。

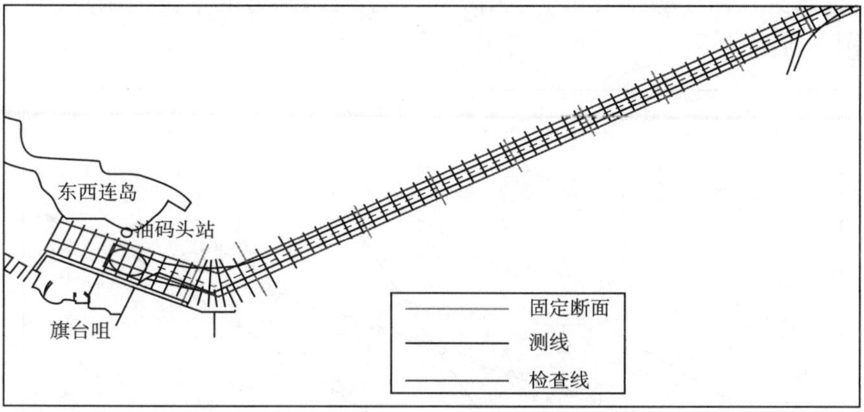

图1　测线布设示意图（局部）

3　RTK三维测深

3.1　理论基础

RTK三维测深原理如图2所示，图中，h 为GPS天线到水面的高度；Z_0 为测深仪吃水；Z 为测得的水深度；Z_m 为绘图水深，H 为RTK测得的高程，则

$$水位 = H - h \qquad Z_m = Z - 水位 = Z - (H - h)$$

当水面由于潮位或者波浪升高时，H 增大，相应地 Z 也增加相同的值，根据上式 Z_m 将不变。因此从理论上讲，RTK三维测深将消除波浪和潮位的影响，是一种理想的水上测量方法[3]。

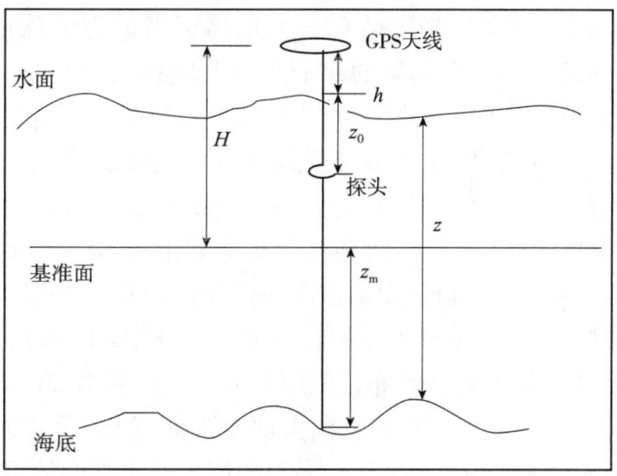

图2　RTK三维测深原理

《水运工程测量规范》JTS131专题研究结论为：采用单波束的RTK三维水深测量中各种误差对平面定位综合影响一般在0.2m，而对于垂直影响在水深小于20m时约为10cm，水深大于或等于20m时为0.010+0.1%D（D 为水深）[4]。上述研究结果证明采用RTK三维测深技术测深优于采用常规方式的在水深小于20m时约为0.2m，水深大于或等于20m时为0.01H（H 为水深）。

3.2　测前准备

3.2.1　GPS接收机选择

RTK三维定位是基于载波相位测量的实时差分定位技术，为了消除气象因素对GPS定位精度的影响，保证测量精度，应选择双频GPS接收机。

3.2.2　基准点选择和测量

RTK基准点一般情况下应选择在测区附近开阔区域的控制点，其高程精度等级应不低于四等，平面精度应与测图精度匹配。

本工程由于向外海延伸，可利用的平、高控制点受限于地域分布，因此选择了C03（近航道最里端的油码头）、徐圩海洋站和车牛山等3个水位站附近的平高控制点，同时增设海上控制点，如图3所示。

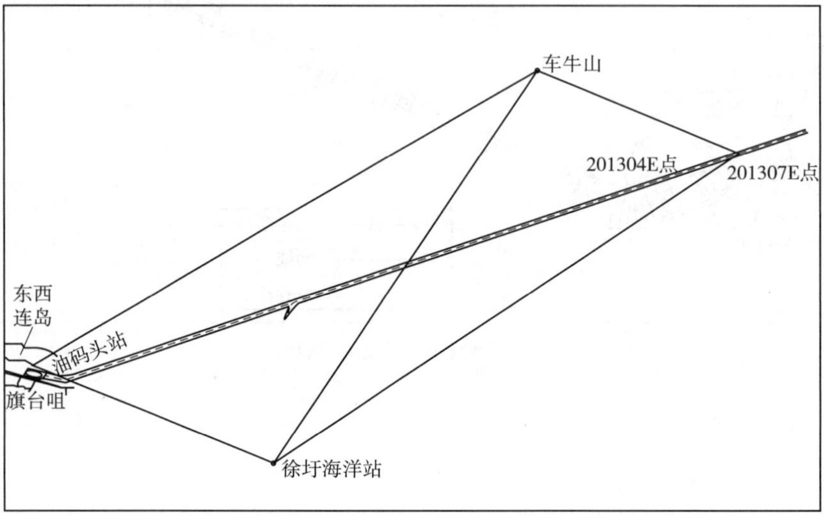

图3　控制网示意图

3.2.3　似大地水准面优化

当测区在控制网覆盖范围之内时，通常采用布尔莎七参数转换模型同时完成平面基准和垂直基准（WGS84 GPS大地高至当地理论深度基准面）的似大地水准面拟合。拟合可利用测区内分布均匀的四个及以上控制点的GPS水准求得。但在沿海地区控制网往往不能覆盖整个测区，为此需对GPS水准控制网进行优化设计。

本工程通过在覆盖范围之外的测区远端（航道E点）增设海上控制点，抛设座底式验潮仪，与车牛山、油码头、徐圩长期水位站同步验潮，采用“弗拉基米尔法”确定该点的深度基准面，海上控制点采用水面水准法传递高程形成GPS水准，结合最新全球重力场模型EGM2008采用移去-恢复法进行似大地水准面优化得到基于1985国家高程基准的似大地水准面，在此基础上依据各站点的基面关系拟合形成基于WGS84椭球、覆盖测区的深度基准面。实际工作中由于第3、4次海上控制点布设间隔10km，因此利用C03、车牛山、徐圩海洋站、海上控制点（第3、4次布设）等4个控制点进行似大地水准面优化，第4次成果与第3次海上控制点高程异常残差为3cm，进一步验证了拟合得到的似大地水准面的可靠性，如表1所示。

似大地水准面优化成果残差一览表　　表1

点　名	X(m)	Y(m)	残差(m)	备　注
徐圩海洋站	3 837 585.441	467 429.081	0.03	与第3次确定值较差为0.03m 第3次位置为： X:3 864 313.060m Y: 491 076.040m
车牛山	3 874 126.154	483 704.419	0.04	
C03控制点	3 844 378.820	451 680.781	0.03	
海上控制点（第4次）	3 866 394.880	496 227.190	0.01	

3.2.4　基准站的控制范围

根据《水运工程测量规范》JTS 131专题研究结论RTK基准站作用范围，理论上在40km

范围内可以满足水深测量要求，但考虑到25万吨级航道测量范围较大，航道狭长，RTK-DGPS平、高精度受基准站作用距离以及无线电干扰等因素影响，在项目实施过程中为保证测量定位精度及测图质量，作业期间将RTK数据链作用距离控制在20km范围内，即在测量过程中分别在车牛山、C03（近油码头）和徐圩海洋站三个控制点上架设基准站，控制差分数据传输最大距离不超过20km。施测过程中为确保信号强度及GPS锁定，采用了中继站技术中转差分信号，有效保证了GPS信号传输质量及全覆盖，各基准站控制区域如图4所示。

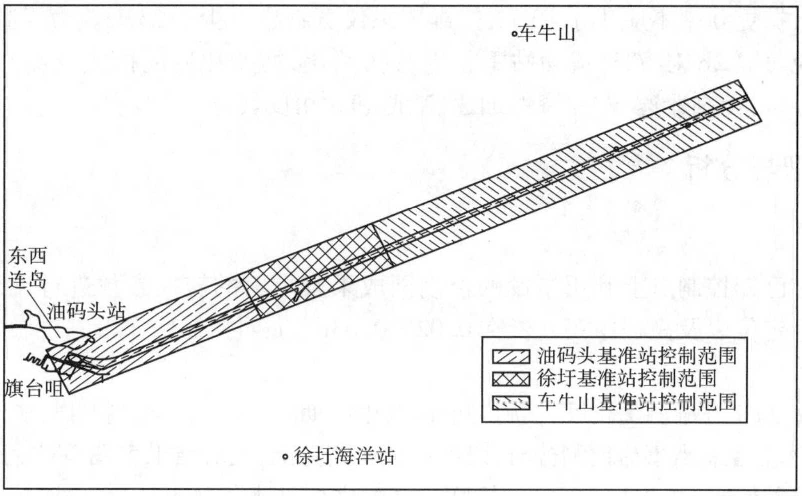

图4　基准站控制区域

3.3　影响水深测量精度的几种因素及相应对策

在实际使用RTK三维测深方式测深时，测量结果精度会由于船体的摇摆、采样速率、同步时差及RTK高程的可靠性等因素造成误差影响，这些误差远远大于RTK定位误差，从而成为RTK三维测深精度提高的瓶颈因素；同时RTK-DGPS测量精度受信号遮挡的影响较大，容易超出仪器误差标称值的范围，甚至能使测量不能正常进行，在生产中遇到此类情况应谨慎使用或者不使用。

（1）船体摇摆姿态的修正

船体姿态可利用三维滤波器进行修正，修正包括位置的修正和高程的修正。滤波器可输出船的航向、横摇、纵倾等参数，通过Hypack软件接入进行修正。

（2）采样速率和延迟造成的误差

GPS定位输出的更新率将直接影响到瞬时采集的精度和密度，现在大多数RTK DGPS输出率高达20Hz，而测深仪的输出率各种品牌差别很大，数据输出的延迟也各不相同。因此，定位数据的定位时刻和水深数据的测量时刻的时间差会造成定位延迟。对于这项误差可以在延迟校正中加以修正，修正量可在斜坡上往返测量结果计算得到，也可以采用以往的经验数据。

（3）RTK高程可靠性的问题

RTK高程用于测量水深，其可信度问题是倍受关注的问题。在作业之前可以把使用RTK测量的水位与人工观测的水位进行比较，判断其可靠性，实践证明RTK高程是可靠的。为了确保作业无误，可从采集的数据中提取高程信息绘制水位曲线（由专用软件自动完成）。根据曲线的圆滑程度来分析RTK高程有没有产生个别跳点，然后使用圆滑修正的方法来改善个别错误的点。

RTK 三维水深测量数据采集期间不应进行船舶姿态垂直起伏改正、动吃水改正和潮位改正,但应施测 RTK 水位进行校准。实际工作中通常为了保障施测安全,常需获取在航水位,其静吃水值量取通常以水面为准。

3.4 数据采集

RTK 三维水深测量时,应采用类似于 Hypack 软件的综合数据同步采集平台,同时 RTK、测深仪定位数据更新率不应小于 10Hz,三维姿态仪更新率不少于 25Hz。为了避免 GPS 假锁定作业状态应每隔 2h 对 RTK 流动站重新进行初始化,初始化后应衔接复测一条初始化前的断面,同时严格控制船速,避免突然加速、减速和大角度转弯。

4 数据处理与分析

4.1 校准分析

施测前在已知控制点上利用布设的控制网成果及求解的转换参数进行比测验证,比测结果表明平面定位以及高程中误差皆在 0.02 ~ 0.03m,证明控制网布设精度较高、转换参数正确。

为了保证 RTK 三维测深精度,在施测前以及施测期间采用测船实测 RTK 水位与已知岸站水位站比测,海上控制点事后比测分析,以第 4 次观测为例,比对结果表明 RTK 水位差值与水位站实测水位差值在 -0.02 ~ 0.07m,精度较高。水位站水位与 RTK 水位比较如表 2 所示。

水位站水位与 RTK 水位比较(单位:m) 表 2

水 位 站	日期	时 间	RTK 水位	水位站潮位	水位差值
油码头水位站	7 ~ 19	19:22 ~ 19:35	1.57	1.63	0.06
油码头水位站	7 ~ 20	07:40 ~ 08:30	2.34	2.4	0.06
油码头水位站	7 ~ 20	13:50 ~ 14:00	4.26	4.24	-0.02
车山水位站	7 ~ 18	13:30 ~ 13:40	3.27	3.21	-0.06
海上控制点	7 ~ 12	11:40 ~ 14:30	2.03	1.96	0.07
海上控制点	8 ~ 3	12:20 ~ 14:10	2.71	2.77	-0.06

注:RTK 水位提取时经三维姿态改正,三维姿态数据经滤波处理。

在实际工作中,由于采用多船、多天、多基准站作业,重复测量的拼接断面 RTK 三维测深精度优于 20cm,在此不再一一列举。

4.2 回淤观测分析

回淤观测分析通常根据 RTK 三维测深数据采用固定断面比较法、沿程分段平均法、沿程断面平均值(最小值)统计法、DEM 法以衡量测深精度和断面变化、判断冲淤情况。以第 3、4 次观测为例进行初步分析。

4.2.1 固定断面分析

通过固定断面分析可了解断面的时空变化,对比不同时期测量的同一断面曲线,可以判断分析断面的冲淤。根据第 3 次及第 4 次固定断面 RTK 三维测深结果分析可知:两次测量水深总体比较吻合,小部分区域断面回淤 0.2 ~ 0.3m,大部分区域断面水深变化在 0.1m 以内,处于冲淤平衡。

4.2.2 沿程断面冲淤分析

沿程断面冲淤分析通常采取划分单元段求取单元段的平均水深来直观显现航道沿程冲淤变化情况,后来为了不同的需要又将此演变为直接以施测断面为基准,统计施测断面的特征值来展现航道沿程冲淤变化及适航情况。

鉴于此将航道自 A0 +000 ~ W42 +000 按 2km 进行分段,并计算航槽内平均水深,绘制平均水深沿程变化图,由图 5 分析可知:A0 +000 ~ W35 +000 区段航槽内第 4 次与第 3 次相比出现回淤,最大回淤出现在 A0 +000 ~ W3 +000 段,平均淤积厚度 0.25m。W35 +000 ~ W42 +000 区段水深变化不大,基本呈冲淤平衡状态。固定断面分析结果与平均水深沿程变化图相吻合。

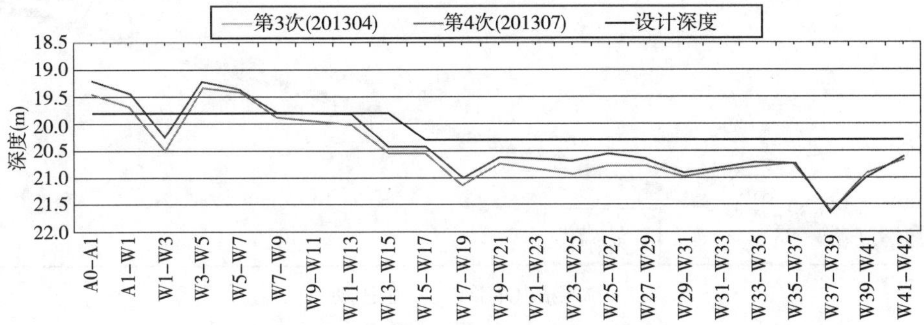

图 5　槽内每 2km 平均水深沿程变化图

为了更直观地反映出航槽内水深冲淤变化情况,对航道槽内自航道 A0 +050 ~ W42 +000,纵向 50m 间距计算航槽内断面平均水深、最小水深,并绘制相应的沿程变化图,如图 6 和图 7 所示。该分析方法直观显示出了沿航道由里向外总体上深于设计深度,淤强最大在 0 ~13km 段,同时通过航道沿程最小水深图可以分析出本航道适航情况较疏浚竣工差,按最小水深来判断大多数区域不满足设计等级的货船进出港。

图 6　航道槽内纵向 50m 间隔平均水深变化图

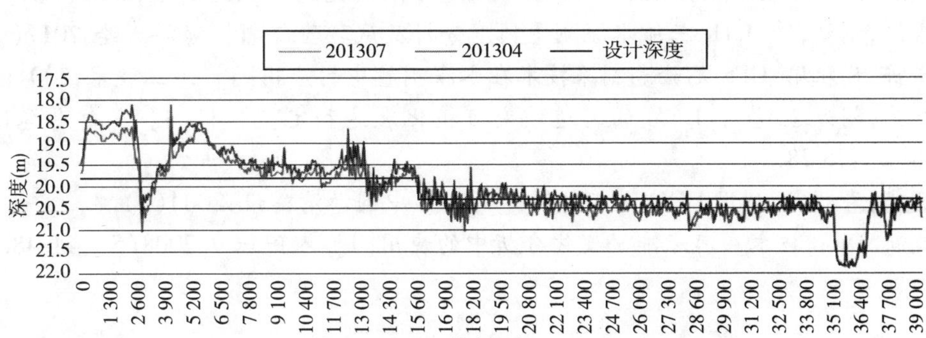

图 7　航道槽内纵向 50m 间隔最小水深变化图

4.2.3 DEM 法冲淤分析

将航道水深值视为与高程 Z 属性相同的变量,可以建立水下数字高程模型(DEM)[6],以此为基础对航道进行可视化表达和定量分析,根据不同测次的体积差异直观的表达出研究区域的冲淤变化情况[7,8]。对本工程第3、4次 RTK 三维测深数据采用 DEM 法进行比较,结果表明:89%的水深差值小于或等于0.2m,95%的水深差值小于或等于0.3m。航道槽内冲淤变化示意图(以近岸段 A0 +000 ~ W13 +000 为例)如图8所示。

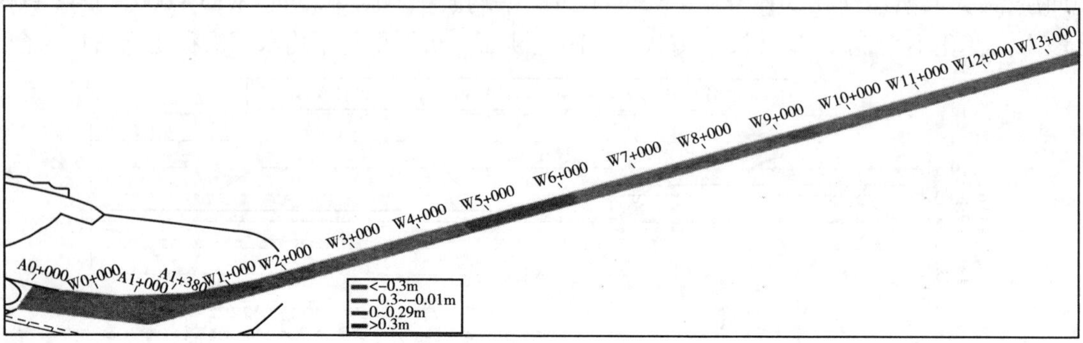

图8 航道槽内冲淤变化示意图(近岸段)

5 结语

本文对回淤观测采用的似大地水准面优化、三维测深质量控制及数据处理等 RTK 三维测深关键技术,依赖于实测数据的断面分析及 DEM 分析的航道初步回淤分析方法进行了剖析,验证了在近海水下地形测量采用 RTK 三维测深的测量方法是可靠的,并通过实例分析为航道回淤研究提供了科学的基础依据。

考虑到 RTK 三维测深数据在实施过程中需要平面、高程转换,而回淤观测只是一个相对量分析,为了减少由测量误差引起的分析误差,建议回淤观测分析可直接基于椭球实施。

参考文献

[1] 李素江,郭文伟,裴文斌,等. RTK 三维水深测量应用研究报告[R]. 水运工程测量规范编写组,2010.

[2] 王朝金. 连云港区25万吨级航道回淤观测技术报告[R]. 上海达华测绘有限公司,2013.

[3] 赵建虎,周丰年,张红梅. 船载 GPS 水位测量方法研究[J]. 测绘通报,2001(增刊):1-3.

[4] 李素江,董江,等. RTK 三维水深测量精度分析及试验验证[J]. 海洋测绘,2012(9).

[5] 张发栋,虞祖培. GPS 无验潮测深技术在水深测量中的应用[J]. 港工技术,2004(2).

[6] 胡红兵,胡光道. 基于 DEM 的河道演变可视化表达和定量分析[J]. 长江科学院院报,2008(2):26-28.

[7] 王丽华,寿顺宝. 利用 DEM 进行冲淤分析[J]. 中国港湾建设,2004(5).

[8] 杨健新. DEM 技术在河床冲淤变化分析中的应用[J]. 人民珠江 2008(5):44-48.

海洋综合物探技术在港口航道建设中的应用实践

丁大志[1]　胡　绕[2]　陆礼训[2]　马文亮[2]

(1. 连云港港30万吨级航道建设指挥部　连云港　222042;

2. 上海岩土工程勘察设计研究院有限公司　上海　200438)

摘　要:海洋综合物探技术是海洋调查的重要手段,近年来在港航工程勘察中得到了广泛应用。本文结合连云港港30万吨级航道一期工程和徐圩港区防波堤工程中的应用实践,重点论述双频测深、旁侧声呐、海洋高精度磁法、浅地层剖面法和水域浅层地震反射波法等物探技术在工程中取得的应用成果,包括探明了海底钙质结核、海底沉船、海底地形、地层分界面、淤泥层厚度、地层异常区域(地层突变、凹陷等)的分布情况。实践表明,海洋综合物探技术可在钙质结核、沉船等海底障碍物探查、海底地形测绘、海底地层划分、不良地质体勘查等方面发挥重要作用,并具有高效、经济、成果可靠等优点,可以为以后同类工程提供技术参考。

关键词:海洋物探技术;港航工程;工程勘察;钙质结核

1　引言

连云港30万吨级航道一期航道和徐圩港区防波堤等多个航道建设工程在航道开挖施工或岩土勘察过程中,在海底地层中发现了硬度很大的钙质结核,对航道开挖施工、设计方案的确定影响很大。若存在尺寸较大的钙质结核,会导致航道开挖施工的耙吸式挖泥船设备严重受损、防波堤的预制桶式直立构件无法按设计要求下沉到预定深度等后果,将严重影响工程施工进度和施工质量。为了确保航道建设安全、顺利地进行,需在工程实施前,查明施工海域内海底可能存在的钙质结核、沉船等海底障碍物和不良地质体的分布情况以及海底地形、海底下部地层界面起伏变化等情况,为工程后续清障处理和施工方案的确定提供依据。

传统方法通常采用钻探的手段来探摸测区内是否存在钙质结核等障碍物以及海底地层界面的起伏变化情况,但由于受海上作业条件、费用、工期等条件限制,布置的钻孔十分有限,仅仅采用钻探手段根本无法查明海底障碍物的分布以及海底地层界面的起伏变化情况。在连云港30万吨级航道和徐圩港区防波堤工程建设中,我们根据拟解决问题的性质、不同探测对象及测区地质地球物理条件,分析每种海上物探方法的可行性,开展了大量的现场方法试验,最终确定采用双频测深、旁侧声呐、海洋高精度磁法、浅地层剖面法、水域浅层地震反射波法以及GPS RTK导航定位等多种先进的水域物探工作方法进行综合探查来解决上述难题。

2　地质地球物理特征分析

本工程场地位于连云港海域，距离岸线 6 ~ 25km，属于海相沉积地貌类型，为近岸淤泥质浅滩地貌，水下地形较为平坦，地势上总体呈西南高东北低走势。根据测区内的地质勘察资料，本次物探海域浅部地层由上至下分别为淤泥、粉质黏土、砂质粉土、粉砂等。钻孔揭露部分岩土层中含有含量不等的钙质结核物，结核物主要位于淤泥底板与上更新统地层交界处，上更新统地层中局部含少许结核物，钙质结核硬度较大，主要矿物成分为石英、方解石、长石和水云母，含少量绿泥石、白云石及金红石等，结核物多为不规则形状。

考虑本次物探工作的探查对象主要为钙质结合物、沉船等可能存在的海底障碍物以及海底地层分界面等，与本次水域物探工作相关的介质包括钙质结核、沉船、海水、海底淤泥、粉质黏土、砂质粉土和粉砂等。钙质结核、沉船与海水、海底地层间存在较大的密度和波速差异，且沉船为强磁性物体，而海水与水底地层通常不含磁性；海水与海底地层以及海底各地层间也均存在一定的密度和波速差异。因此，上述探查对象之间均存在明显的密度、波速及磁性等物性参数差异，这些物性参数差异为物探工作提供了良好的地球物理条件。

3　海洋物探工作方法与技术

地球物理有效探测的前提是探测目的物与周围介质间存在一定的物性差异。根据物探工作的目的、探测对象及探测目的物与周围介质的物性参数差异，考虑每种物探方法所能解决的问题及适用条件，本次探测工作采用双频测深、旁侧声呐、海洋高精度磁法、浅地层剖面法和水域浅层地震反射波法等多种物探方法进行综合探查，使各种物探方法优势互补，提高探查资料综合解释的准确度。

3.1　双频测深法

采用双频测深法探查水深及海底地形。双频测深的工作原理是利用换能器在水中发出声波，当声波遇到水底（或障碍物）而反射回换能器时，根据声波往返的时间和所测水域中声波传播的速度，就可以求得水底（或障碍物）与换能器之间的距离。

3.2　旁侧声呐法

采用旁侧声呐探测凸出水底障碍物、疑存物及海底地形地貌情况。旁侧声呐是利用专用的探头发射声呐信号。声呐探头发出的信号呈扇形向下传播，扇形在水平角方向为 0.6° ~ 1.9°，而在垂直角方向为 32°，当声呐信号到达海底时就会产生反射和散射。接收器接收来自海底的返回声呐，仪器设备根据接收到的声呐信号的时间及角度，经过计算机处理就可以描绘出该扇形区域海底的相对深度变化，从而得到海底的地貌起伏情况和存在海底的沉船及其他近表面人工物体等的具体位置、形态和尺寸。

3.3　海洋高精度磁法

采用海洋高精度磁法探测水下以及海底浅部与沉积物中具有铁磁性的障碍物。海洋高精度磁法是根据铁磁性物体的磁场的分布特征来测定异常位置、大小，通过用专门的仪器来测量和记录测区内磁场分布，根据所测得的磁场分布特征就可以推断出地下各种地质体的形状、位置和产状。对于沉船、铁锚等人工强磁性体，可通过研究地质背景磁场上存在的局部磁异常特征，以确定目标物体的形态和大小。

3.4 浅地层剖面法

采用浅地层剖面法探测水底浅部地层结构、探测水底浅部地层的结构、分层、透镜体、古河道及障碍物的分布情况。浅地层剖面是一种基于水声学原理的连续走航式探测水底浅部地层结构的地球物理方法[1]。它利用声波在水中和水下地层中的传播和反射特性来探测水底地层构造,发射机给声发射换能器一个强功率电脉冲,从而在水中产生一个短促的声脉冲,当此探测脉冲在向下传播途中遇到海底和各地层界面时,由于界面两侧波阻抗的不同,而有一部分能量被反射回来,并被接收换能器所接收,反射声信号在换能器中被转换成电信号,传入主机,经对反射波的相位、振幅、频率等信号进行处理、成图,反映出水底地形、地貌,及水底浅部地层的结构、分层及障碍物的分布情况。

3.5 水域浅层地震反射波法

采用浅层地震反射波法查明测区内水底浅部及深部地层分布,包括不良地质滑坡及障碍物。利用气动机械声波为震源,在水中激发产生地震波,当地震波遇到不同的物体或界面(密度和波速发生变化)时便产生反射和透射波,并由固定在船侧或拖曳在船尾的水听器接收反射回波,并经电缆将反射信号传递给仪器进行录制,经过处理,根据反射波的走时,利用波速进行时-深转换,求得不同反射波深度范围,从而达到确定水底异常体或地层界面的目的。

在本次水域物探工作中,采用水域走航式地震反射波方法。接收采用24道漂浮电缆,道间距1m,震源采用气动机械声波连续冲击震源,采用了CDP多次覆盖叠加技术。

3.6 导航定位技术

本次海上物探勘查导航、定位采用GPS RTK技术进行实时坐标测量。GPS RTK系统由一个基准站、流动站和无线电通信系统三部分组成。作业时,在岸上架设GPS接收机和无线电通信发射系统作为基准站,在工作船上固定GPS接收机和无线电通信接收系统作为流动站。基准站将接收的所有卫星信息和基准站的信息通过无线电通信系统传递到流动站,流动站在接收卫星数据的同时也接收了基准站传递的信息。在流动站完成初始化后,将接收基准站的信息传递到控制器内并将基准站的载波观测信号与本身接收到的载波观测信号进行差分处理,在系统内形成载波相位差分观测方程,采用卡尔曼滤波技术,在运动中初始化求出整周模糊度,并进行实时处理,求得其三维坐标,即可实时求得移动站的坐标,精度可达厘米级[2]。

4 典型探测成果分析

4.1 海底地形地貌

图1为根据双频测深和GPS测得的水底高程数据绘制出的一期航道开挖后的海底高程三维效果图,非常直观地反映了航道开挖后海底高程的起伏变化情况;图2为一期航道开挖后的旁侧声呐探测成果图,左半幅图为航道开挖留下的施工痕迹,右半幅图为未经开挖的原状海底,非常清晰地反映了海底的地形地貌。

4.2 海底钙质结核

本次采用浅地层剖面法和浅层地震反射波法对海底钙质结核进行探测,是根据弹性波反射原理,探测海底地层中的介质异常。由于钙质结核与周边土层之间存在明显的密度、波速等物性参数差异,波阻抗差异大,如果弹性波在传播过程中遇到钙质结合就会发生反射或绕射,在探测剖面上形成反射同相轴或绕射弧。根据这个规律追踪探测剖面图上的反射同相轴和绕射弧,并仔细辨别反射波的能量变化,对海底钙质结核区进行圈定。图3为典型的钙质结核浅剖探测成果剖面图(图中纵向刻度为探测时,从海水面起算向下的深度值)。从图中可清晰看出在海底以下约6m深度,有一明显的地层分界线,该界线以上介质非常均匀,层间没有明显的异常存在。通过与该区域地质勘察资料进行对比,确定此界面为淤泥与下伏粉质黏土层的分界面。此外,在剖面图中部偏左部分,淤泥底界面下部发育有一组双曲线形绕射弧(图中虚线椭圆标示处),根据声波遇到钙质结核的绕射特征,确定该处为一钙质结核发育区。

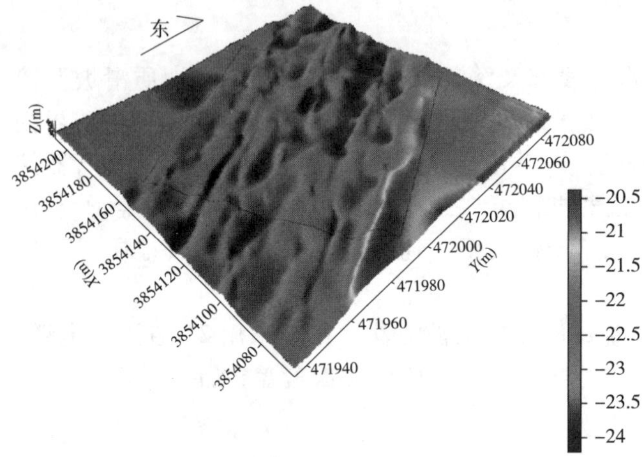

图1 海底高程三维效果图

图2 海底旁侧声呐探测成果图

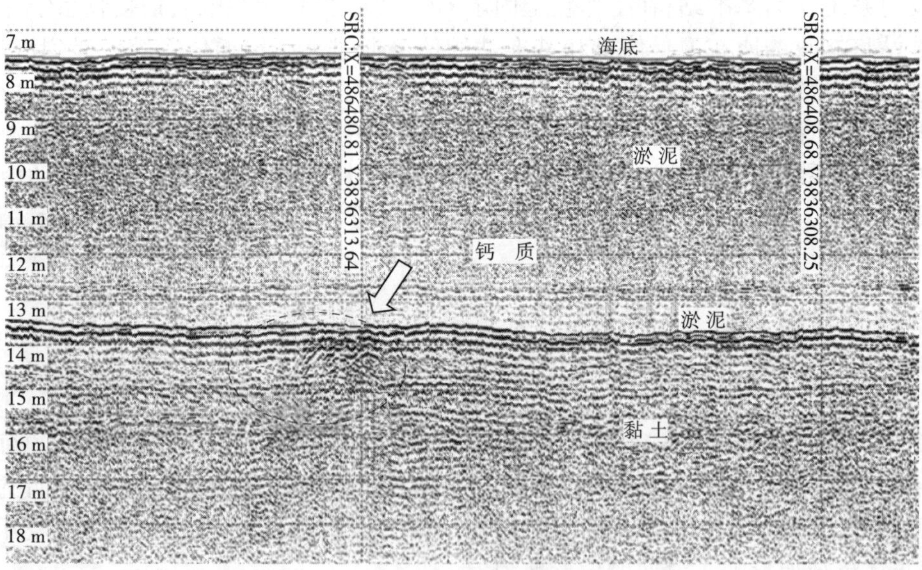

图3 钙质结核浅剖探测成果剖面图

4.3 海底障碍物(沉船)

图4为徐圩港区防波堤测区内,海底沉船的浅剖探测成果图。图中在剖面右侧部分海

底出现较大起伏(图中实线标示处),且声波在该处被屏蔽,不能向下传播,海底以下没有有效的声波反射,因此推断此处存在海底障碍物,后经钻探验证确认该处为一艘沉船。

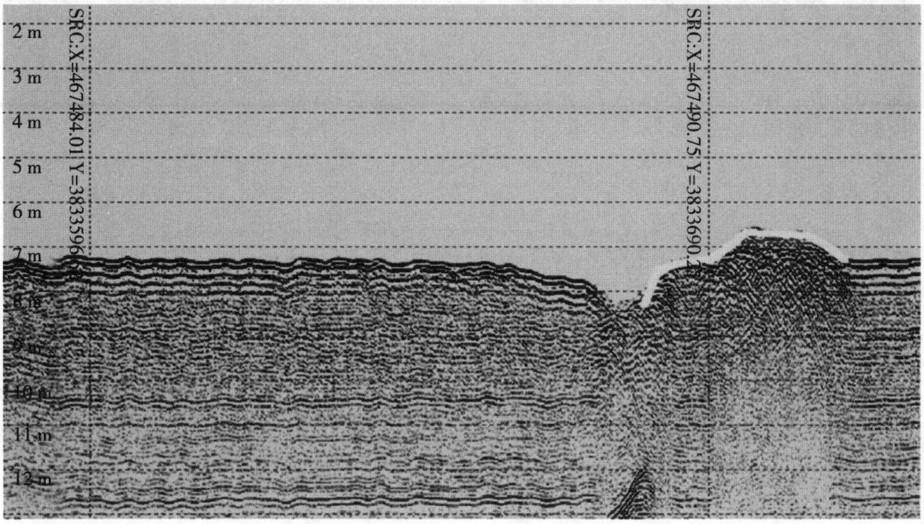

图4　海底沉船浅剖探测成果剖面图

4.4　地层分界

图5为徐圩港区防波堤测区内,某条物探测线的海底地层浅层地震探测成果图。图中清晰可见多组能量很强的反射同相轴,依据测线附近的钻孔资料,分别对应为海水、淤泥、砂质粉土、粉砂、粉质黏土等地层的分界面,很好地反映了海底地层的分布情况,60m深的地层也能清晰反映,浅层地震有效探测深度在该海域大于60m。

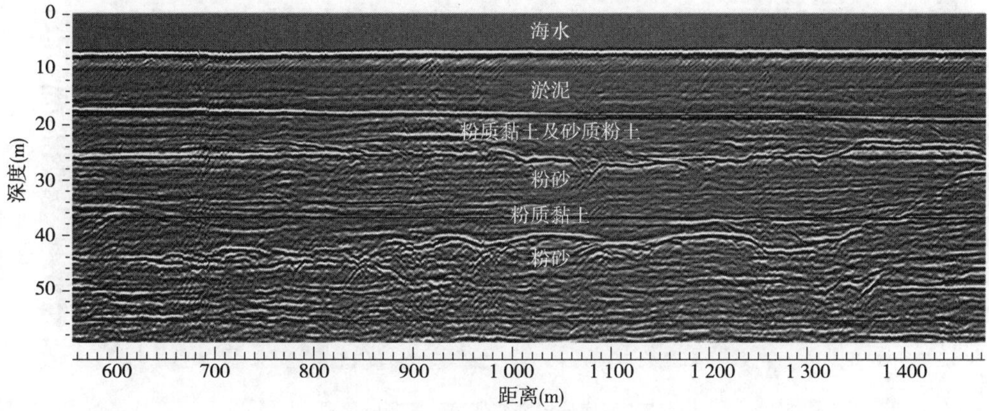

图5　海底地层浅层地震探测成果图

4.5　地层异常区

图6为徐圩港区防波堤测区内,海底地层凹陷区的浅剖探测成果图,图中标示处地层反射波能量较弱,根据其形态分析,可能为古河道或其他类似地形地貌所致。图7为海底地层突变带的浅剖探测成果图,图中标示处左侧地层反射波组十分清晰且连续,右侧地层反射波组消失,地层在该处突然缺失,发生突变。

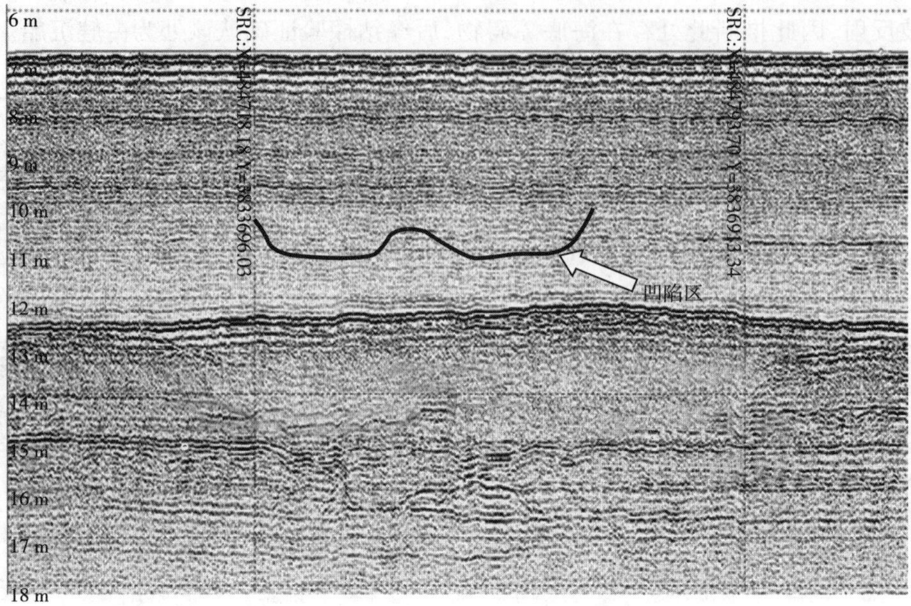

图 6　海底地层凹陷区浅剖探测成果图

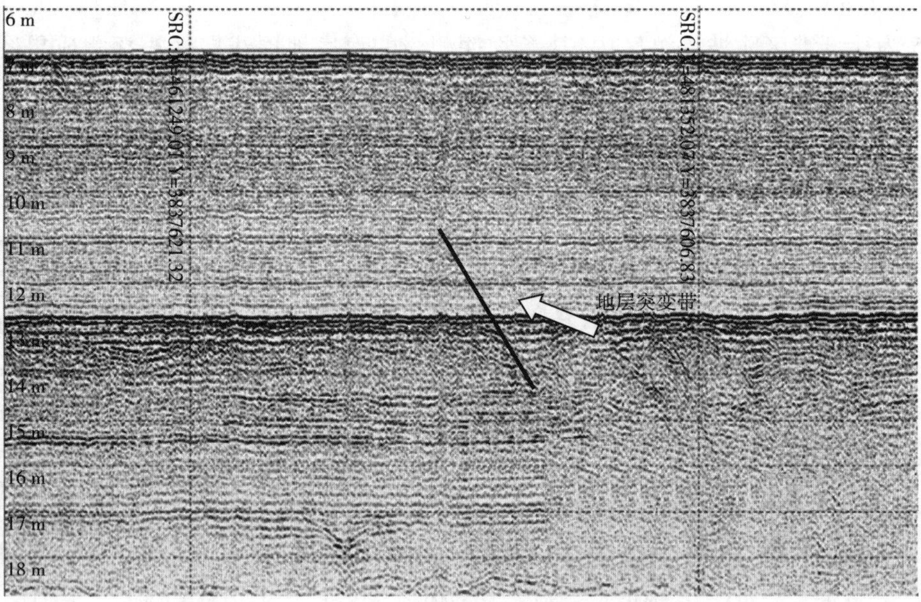

图 7　海底地层突变带浅剖探测成果图

5　成果验证

物探工作完成后，经第三方单位对本次物探工作在测区内圈定的 20 余处钙质结核发育区和沉船位置区分别布置 2 ~ 3 个钻孔，共布置并完成了 46 个钻探验证孔。验证结果显示，在物探工作圈定的钙质结核区的钻孔芯样中均发现钙质结核；沉船位置也得到了确认，验证结果与物探成果非常一致。图 8 为 EZK2 和 EZK15 钻探验证孔的芯样照片。

a) b)

图 8　钙质结核区 EZK2 和 EZK15 钻探验证孔芯样照片

6　结语

本次物探工作根据拟解决问题的性质、不同的探测对象及测区地质地球物理条件，针对性地选用双频测深、旁侧声呐、浅地层剖面法和水域浅层地震反射波法等多种海洋物探方法进行综合探查，采集的数据信息量大，对海底钙质结核、沉船等障碍物和海底地形地貌、地层分界面等反映清晰，为后续港口航道建设的设计与施工提供了很好的基础资料，达到了物探工作的预期目的。钻探验证结果表明探测结果准确可靠，采用的海洋综合物探技术具有良好的应用效果，可以为以后同类工程提供借鉴。

参 考 文 献

[1] 刘铁虎，许枫. 浅水区浅地层剖面测量典型问题分析[J]. 物探化探计算技术，2002，24(3)：215-219.

[2] 黄永进，胡绕. 高密度地震映像法在青草沙水库堤基检测中的应用[J]. 工程地球物理学报，2010，7(4)：428-432.

连云港港徐圩港区软土地基性质研究与比较

刘长风　郭正法　葛坤山

（江苏省水文地质工程地质勘察院　连云港　222042）

摘　要：本文结合连云港港徐圩港区围堤工程勘察，对徐圩港区软土的成因类型、分布特征进行了探讨，对场区软土的物理力学指标进行了分析。对徐圩港区和连云港区的软土从分布、物理力学指标等方面进行对比研究，探讨了两港区软土工程性质的差异及原因，为工程建设提供了依据。

关键词：连云港港；徐圩港区；软土性质

1　引言

连云港地处江苏省北部黄海海州湾西南岸，是陇海、兰新铁路沿线广大地区最经济便捷的出海口，是我国沿海主枢纽港之一，也是我国沿海中部能源外运和对外贸易运输的重要口岸。为加快江苏沿海开发，落实连云港"一体两翼"港口发展规划，国家发改委于 2009 年正式批复建设连云港港 30 万吨级航道工程，包括新建徐圩港区航道及扩建连云港区航道工程。

江苏省水文地质工程地质勘察院对徐圩港区航道一期工程及配套围堤工程进行了岩土工程勘察，图 1 为一期工程围堤工程在规划建设的徐圩港区的位置，图 2 为该项目勘察的勘探点布置图。

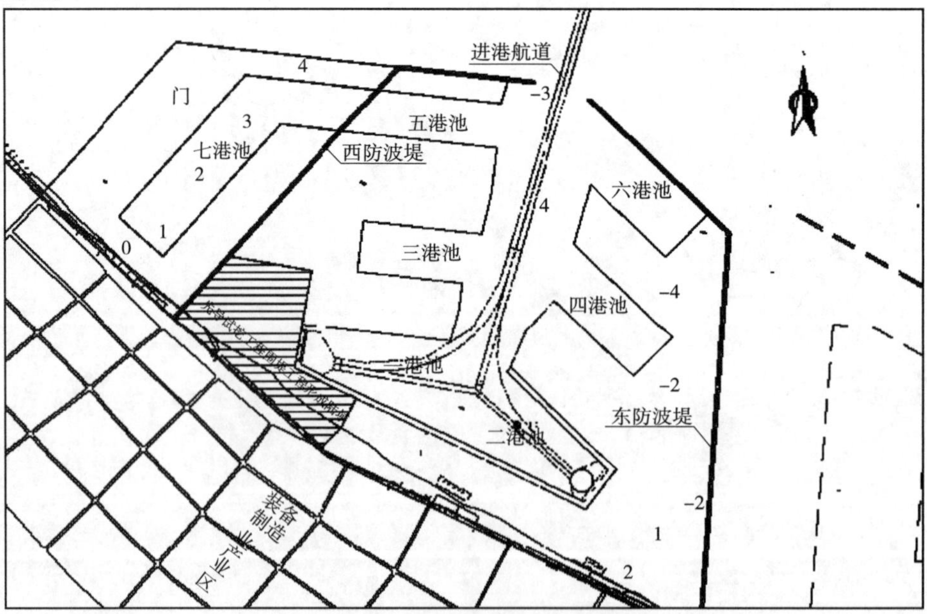

图 1　研究场区位置图

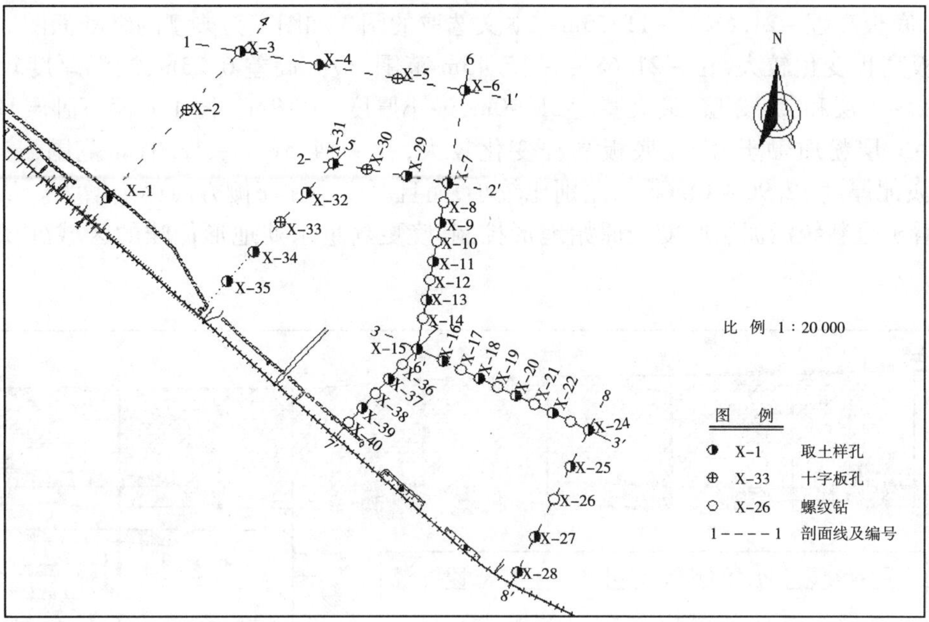

图 2　钻孔位置图

2　岩土工程勘察方法

一期工程围堤位于临港工业区北侧海域，根据地形地貌和地层特点，勘察方法主要包括钻探、室内试验和原位测试（十字板剪切试验）等。

（1）钻探取样方法：选用载重约 500 吨舷宽、吃水深度适宜、船体结构和稳定性能好的运输船作为钻探船，在船体一侧搭建侧跨式钻探平台。钻探采用回转钻进，全断面取芯的钻探方法，软土采用 ϕ75mm 敞口薄壁取土器静压法采取原状样。

（2）室内试验：对于软土进行含水率、密度、界限含水率（76 克锥）、压缩试验（50kPa、100kPa、200kPa、300kPa、400kPa）、固结快剪、固结系数（50kPa、100kPa、200kPa、300kPa、400kPa）、三轴不固结不排水剪、三轴固结不排水剪等试验。

（3）原位测试：原位测试项目以十字板剪切试验为主，试验在软土发育地段淤泥中进行试验，试验采用 50mm × 100mm 规格的十字板头，测试点间距 1.00m。在剪切过程中，LMC-D310 型微机每 10s 自动记录一次应变量。

3　软土的成因和分布特征

据区域地质资料，进入晚玉木冰期海退过程中，距今 26 000 年之后，随着全球气候变冷，海平面开始间隙性不断下降，在距今 15 000 年左右达到冰期最盛期，这时海平面下降到目前水深 150m 左右，此时的海洲湾为宽广的陆地滨海平原。受河流侵蚀作用，场区晚更新世末期地形有一定的起伏。

大约在距今 10 000 年前，更新世结束，全新世开始，地球表面出现了大规模的海侵，在距今 6 000 年左右，海平面达到最大高度，高出现今海平面 3 ~ 5m，在本区收到云台山旗台咀和山东岚山头两处突出岩咀的嵌制，海水入侵形成深广的海湾，从而形成了静水沉积的淤泥。

徐圩港区位于连云港市徐圩镇临港开发区埒子口至小丁港之间以北的海域。根据勘探资料，场区的软土层分布普遍，但是软土的厚度差别比较大，最小厚度为 12. 10m，最大厚度 21. 40m，底板高程 -21. 68 ~ -11. 75m。本文选取的图 3 和图 4 为典型的纵断面图。图 3 的淤泥底板高程变化较大，在 -21. 68 ~ -15. 45m 范围，最大高差 6. 23m，淤泥厚度较大的区段缺失② -1 层和② -2 层，最大厚度 21. 90m，最小厚度 15. 10m。图 4 淤泥下卧层是比较稳定的② -1 层粉质黏土，淤泥底板高程变化较大，在 -14. 51 ~ -12. 91m 范围，最大高差 1. 60m，淤泥厚度 12. 90 ~14. 65m，差别比较小，而且厚度是往海侧方向逐渐增大。从纵断面图可以看出全新统淤泥层厚度受原始地形控制，晚更新世末期地形低洼的区域沉积的淤泥厚较大。

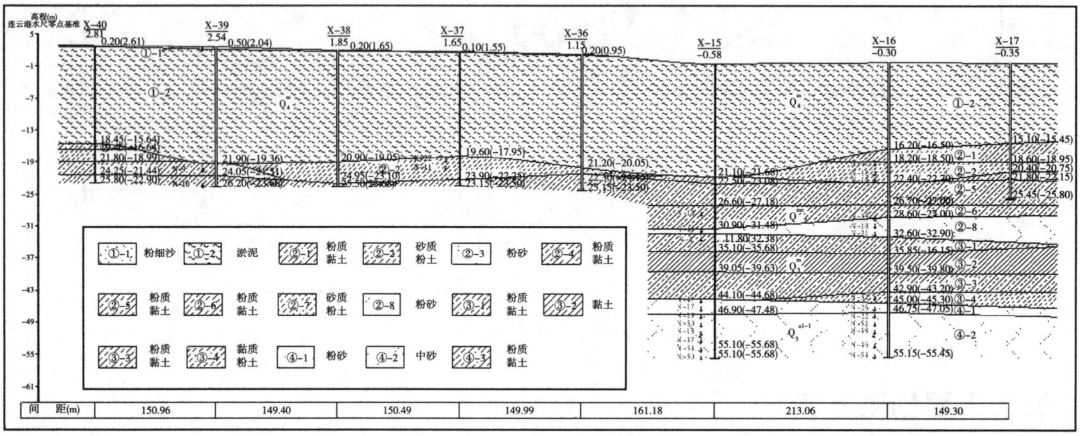

图 3　X-40 ~ X-17 段纵断面图

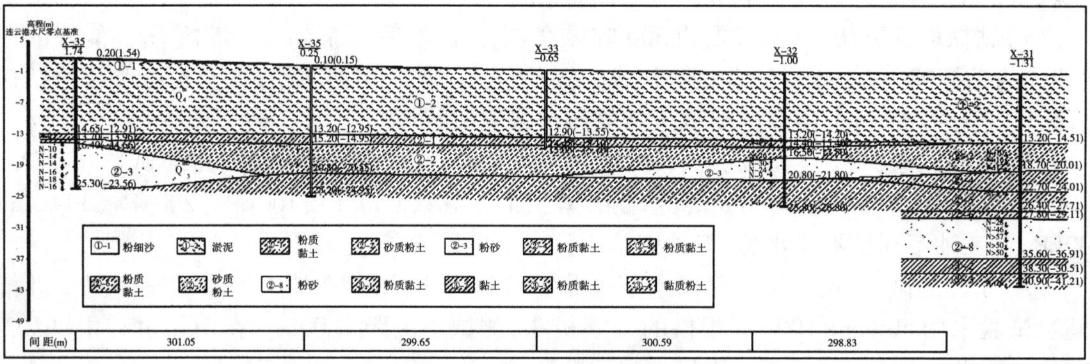

图 4　X-35 ~ X-31 段纵断面图

4　软土的基本物理力学性质分析

4.1　基本物理力学性质指标

一期工程 1 区及 2 区围堤勘察布置了钻孔 40 个，根据技术要求，在淤泥层中采取 204 原状样品，分别进行土的物理力学试验，表 1 列出了徐圩港区一期工程场区软土的物理力学性质指标统计成果，由表 1 可知：

(1)该场区的软土具有高含水率、高液限、低密度、高压缩性等特点。含水率绝大多数介于 55% ~85%，孔隙比介于 1. 5 ~2. 4，根据《港口岩土工程勘察规范》(JTS 133-1—2010)第 4. 2. 12 条，场区的软土类型为淤泥。

(2)各指标的变异系数随着指标的类型不同而有所差异，物理指标含水率、孔隙比、饱和度的变异系数小于10%；液限、塑限、塑性指数和液性指数的变异系数介于8%～15%；压缩和剪切指标的变异系数介于13%～37%，变异系数较大。

一期工程场区软土物理力学性质指标统计表 表1

项目	含水率(%)	孔隙比 e	饱和度 S_r(%)	液限(%)	塑限(%)	塑性指数	液性指数	固结系数(200kPa) C_v($\times10^{-3}$ cm²/s)	压缩系数 $a_{0.1-0.2}$(MPa^{-1})	黏聚力 c_{cq}(kPa)	内摩擦角 ϕ_{cq}(°)
平均值	62.4	1.716	99	57.4	27.5	29.9	1.17	0.40	1.75	21	9.1
最大值	69.4	1.892	100	67.9	32.5	38.0	1.71	0.85	2.59	36	11.6
最小值	52.7	1.508	96	42.9	21.3	19.6	1.00	0.14	0.93	10	6.7
标准差	3.35	0.09	1.19	5.91	2.27	4.09	0.18	0.15	0.37	7.12	1.22
变异系数	0.05	0.05	0.01	0.10	0.08	0.14	0.15	0.37	0.21	0.33	0.13
统计个数	204	204	204	204	204	204	204	103	119	55	55

场区软土大约在距今10 000年前开始陆续沉积，在全新世中期海侵达到最盛时期，自1128～1855年的700多年间，黄河改道侵袭淮河水系流入黄海，带来大量的泥沙（成分以黄土高原带来的粉土和粉砂为主），水动力条件和物质来源差异必将对这一时期沉积淤泥的物理力学性质产生一定的影响。

图5～图9是软土主要物理力学指标随深度分布的散点图。图5和图6显示天然含水率和孔隙比分布相对集中，含水率主要集中在55%～70%，孔隙比主要集中在1.5～1.9，随深度的变化不明显，大约深度6m以浅数据比深度6m以深的数据相对分散一点。

图7和图8显示液限和塑性指数随深度的变化关系，以深度6m为界上下有明显区别，深度6m以浅的液限和塑性指数较小。液限和塑性指数的高低与黏土矿物（如蒙脱石）含量的多少有关系，黏土矿物（如蒙脱石）含量越多，液限和塑性指数越高。说明6m以浅的软土层物质来源与黄河改道侵袭淮河有关。

图9显示三轴不固结不排水剪的内聚力随深度的变化关系，C_{uu}与随深度的增大而增大。

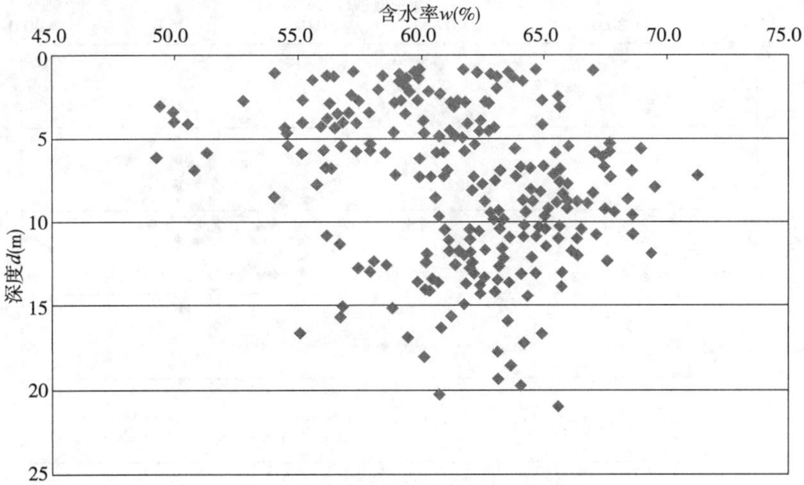

图5 天然含水率与深度关系图

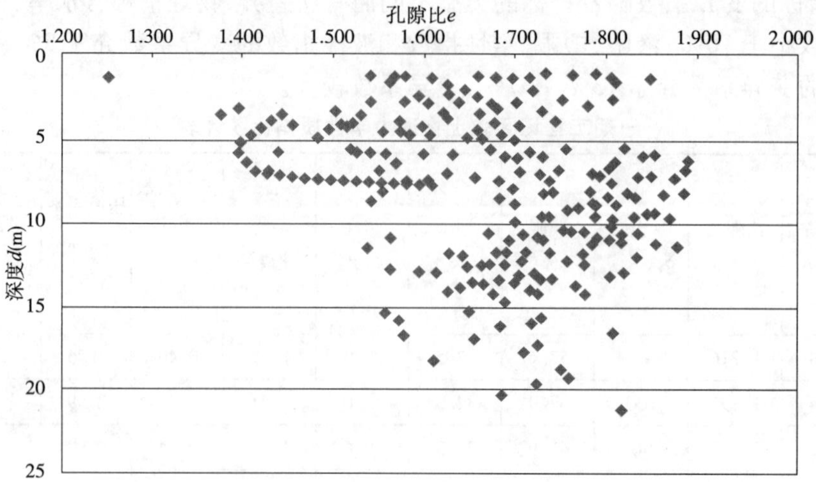

图 6　孔隙比与深度关系图

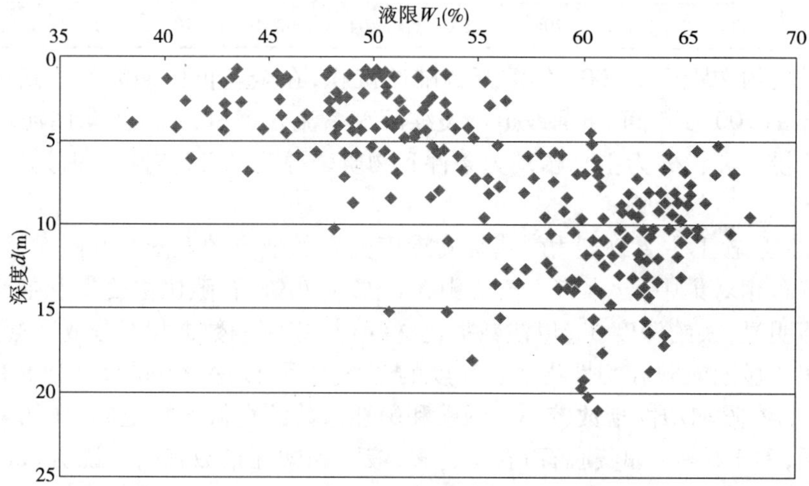

图 7　液限与深度关系图

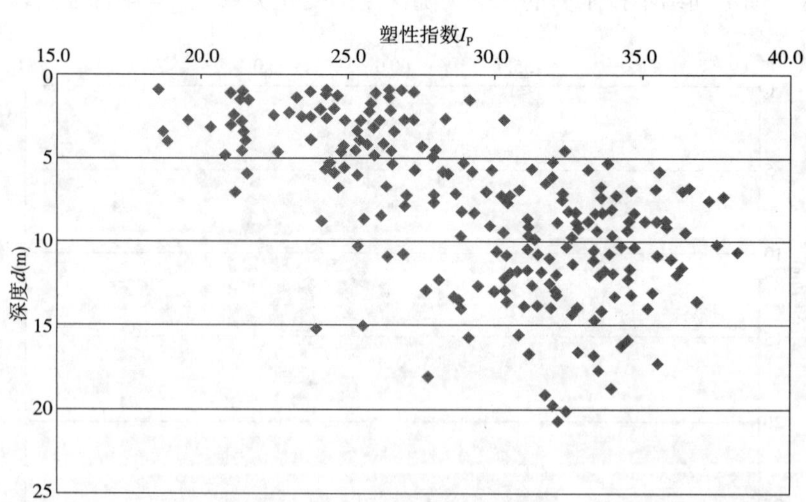

图 8　塑性指数与深度关系图

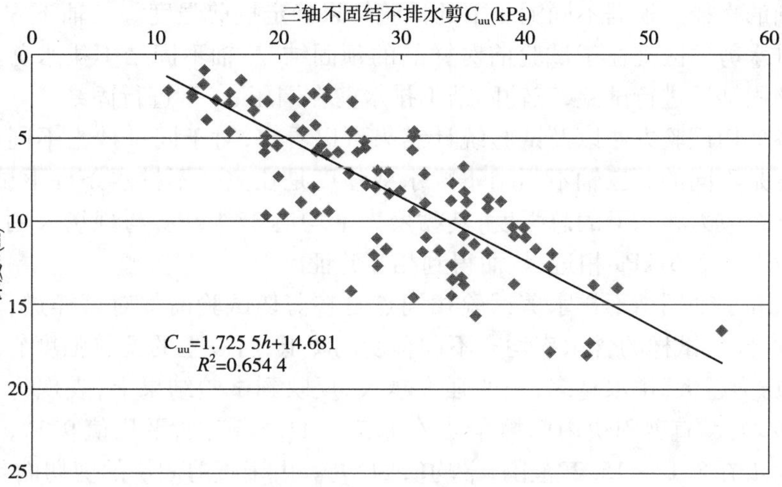

图9　三轴不固结不排水剪的内聚力与深度关系

4.2　软土的力学性质分析

4.2.1　室内试验抗剪强度特征

室内抗剪强度试验采用直剪固快、三轴不固结不排水剪(UU)、三轴固结不排水剪(CU)等试验,取得了较为全面的抗剪强度指标。表2为徐圩港区一期工程场区软土的室内剪切试验统计成果。

徐圩港区一期工程场区软土的室内剪切试验成果统计表　　表2

项　目	直剪固快		三轴不固结不排水剪(UU)		三轴固结不排水剪(CU)	
	黏聚力 c_q (kPa)	内摩擦角 ϕ_q (°)	黏聚力 c_u (kPa)	内摩擦角 ϕ_u (°)	黏聚力 c_{cu} (kPa)	内摩擦角 ϕ_{cu} (°)
平均值	21	9.1	27.2	1.5	12.3	11.9
最大值	36	11.6	45.0	3.4	27.0	15.2
最小值	10	6.7	10.0	0.1	3.0	8.1
标准差	7.12	1.22	8.33	0.82	5.10	1.49
变异系数	0.33	0.13	0.31	0.57	0.42	0.12
统计个数	55	55	101	101	54	54

不同的抗剪强度试验方法所得到的结果也不同。

直剪固快采用应变控制式直剪进行试验,首先将制备好的土样分别置于剪切盒内,使其承受一定的竖向压力下排水,待固结稳定后快速施加水平剪应力使其剪破,在剪应力施加过程中记录剪应力的峰值强度(若未出现峰值取剪位移4mm的剪应力作为抗剪强度)。

三轴不固结不排水剪和三轴固结不排水剪采用应变控制式三轴仪进行试验,固结不排水剪是将制备好的土样在围压 σ_3 下排水,待固结稳定后,再在不允许有水进出的条件下逐渐施加压力 σ_1 至试样剪破,在受剪过程中测读试样的压缩量和孔隙水应力,然后根据结果绘制某一 σ_3 下的主应力差($\sigma_1-\sigma_3$)与轴向应变的关系曲线,以曲线峰值($\sigma_1-\sigma_3$)作为该级压力下的极限应力圆的直径，如果曲线未出现峰值则取轴向应变为15%对应的主应力差为极限应力圆的直径。根据不同围压下的试验结果确定抗剪强度。三轴不固结不排水剪与三轴固结不排水剪的区别在于试验前对样品的预固结，三轴不固结不排水剪试验前在有效自重压力下预固结后进行试验，三轴固结不排水剪在围压 σ_3 下进行固结。

从上述各剪切试验方法以及试验统计结果可以看出，对于同一种土不同的试验方法取得的抗剪强度是不同的。三轴不固结不排水剪强度是在完全不排水条件下试验得到的，它表示土体在某个应力状态下的总强度，其黏聚力平均值27.2kPa，与现场采用十字板剪切试验平均值22.61～27.61kPa相近，从而得到相互验证。

直剪固快和三轴固结不排水剪试验相同点是在剪切试验前都对试样进行固结，试样在各级压力下固结时，试样的含水率均有不同程度的降低，所以土的抗剪强度有一定程度的增加，由于固结压力越大，排水越多，土的强度越大，反映到试验结果上，表现为土的抗剪强度的内摩擦角 ϕ 增大，直剪固快内摩擦角 ϕ 在6.7°～11.6°范围，平均值9.1°，三轴固结不排水剪内摩擦角 ϕ 在8.1°～15.2°范围，平均值11.9°。由于直剪固快的剪切面是固定的，且试验过程中试样的有效面积逐渐减小，而三轴压缩试验能更好地模拟土体的受力情况，其所提供的数据更为可靠。

建议在进行工程设计选择抗剪强度指标时，应根据对应不同的施工工况条件（施工速率、排水条件）综合考虑。

4.2.2 十字板剪切试验强度特征

现场采用十字板剪切试验，十字板剪切试验确定的力学指标明显随深度增加而增加，线性关系明显，表3列出了相关方程。由表3可知十字板剪切试验强度与深度的相关性较好，相关系数在0.977～0.995范围，S_u—h 的相关方程式相似，各试验点的最大值、最小值也相近，说明场区范围内的淤泥力学性质比较稳定，不随位置的变化而变化。

徐圩港区一期工程场区软土的十字板剪切试验成果统计表 表3

孔号	土名	起止深度（m）	最大值～最小值 S_u（kPa）	平均值 S_u（kPa）	相关方程式	相关系数
X-2	淤泥	1.00～12.70	16.2～47.2	26.7	$S_u=13.64+2.23h$	0.977
X-5	淤泥	1.00～16.00	17.3～50.7	27.66	$S_u=15.32+2.06h$	0.995
X-30	淤泥	1.00～12.00	13.5～44.1	26.42	$S_u=11.23+2.56h$	0.979
X-33	淤泥	1.00～12.00	14.6～39.3	25.72	$S_u=11.6+2.35h$	0.995
X-26	淤泥	1.00～11.00	12.5～35.7	22.61	$S_u=9.27+2.23h$	0.988

4.3 软土的固结变形特征

场区软土为第四系全新统沉积物，沉积年代较近，固结程度低，为欠固结土，呈絮状结构，具有较大的孔隙，因而具有较大的压缩性，较小的渗透系数。表4列出了徐圩港区一期工程场区软土的固结系数统计成果，固结系数是表示土的固结速度的一个特性指标，固结系数愈大，表明土的固结速度愈快。由表4可知：

（1）该场区的软土的固结系数总体上较小，压力愈小，固结系数愈小，说明上覆压力愈大，土的固结时间愈长。

（2）在同等压力条件下，水平固结系数略大于垂直固结系数，C_v/C_h 范围在0.63～0.85范围。

一期工程场区软土的固结系数统计表 表4

压力(kPa)	50	100	200	300	400
垂直固结系数 C_v($\times 10^{-3}cm^2/s$)	1.25	0.57	0.40	0.30	0.24
水平固结系数 C_h($\times 10^{-3}cm^2/s$)	1.47	0.75	0.62	0.48	0.34
C_v/C_h	0.85	0.76	0.65	0.63	0.71

5 徐圩港区与连云港区软土分布及其性质对比

5.1 软土的分布对比

连云港港30万吨级航道工程包括在连云港区和徐圩港区分别建设深水航道及配套围堤,其中连云港区呈由东西向展布于后云台山和东西连岛之间狭长的海峡内,软土的沉积厚度受峡区地形和原始地貌的控制,峡区西北方向,海峡较宽,原始地面较高,东南方向,海峡较窄,原始地面较低,因而软土的沉积为自西北向东南,沉积范围由大变小,沉积厚度由小变大,而且由中间向两岸沉积厚度由厚到薄以至尖灭。

连云港徐圩港区为新开辟港区,北距连云港区的旗台港区约12km,场区地形开阔,软土的沉积厚度主要受晚更新世末期原始地形控制,沉积厚度变化范围较连云港区小。

表5列举了连云港港连云港区由西向东的墟沟二期码头工程、墟沟港区焦炭泊位码头工程、庙三突堤码头工程、氧化铝码头护岸工程、旗台港区南防波堤工程5个工程项目和位于东西连岛西端南侧的港口支持系统工程的软土沉积厚度和软土底板高程范围。各项目位置如图10所示。从表5可以看出,连云港区的软土厚度由西向东逐渐增加,并且庙岭港区以西的区域软土厚度均小于徐圩港区,氧化铝码头以东的区域软土厚度与徐圩港区相当,但是厚度差(最大厚度-最小厚度)大于徐圩港区。

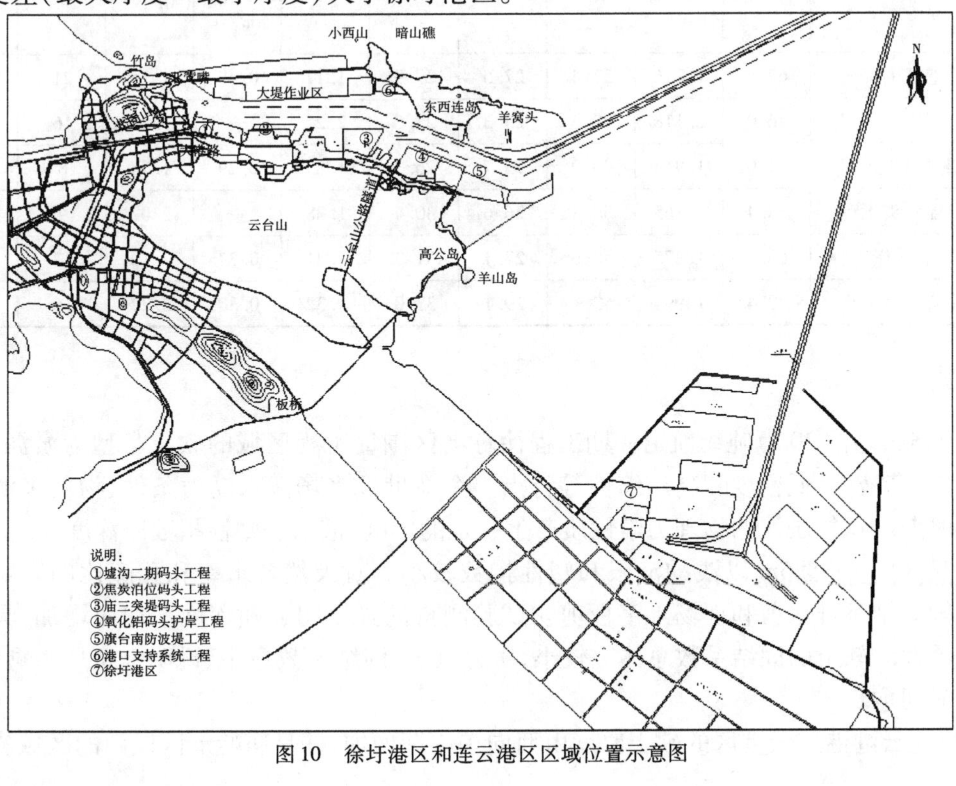

图10 徐圩港区和连云港区区域位置示意图

徐圩港区与连云港区软土沉积厚度对比表 表5

港区位置	墟沟二期码头工程	墟沟港区焦炭泊位	庙三突堤码头工程	氧化铝码头护岸工程	旗台港区南防波堤工程	港口支持系统工程	徐圩港区一期工程区
软土厚度范围(m)	1.05~3.10	3.80~5.75	4.60~8.70	8.50~12.0	1.30~28.70	4.20~9.40	12.1~21.4
软土平均厚度(m)	1.83	4.78	7.23	—	—	—	—
软土底板范围(m)	-1.90~0.57	-6.34~-5.34	-10.60~-8.27	-14.21~-10.56	-2.84~-30.75	-10.37~-3.63	-21.68~11.75

5.2 软土的物理力学性质对比

表6列举了墟沟港区、庙岭港区、东港区代表性的工程项目资料，由表6可知：

(1)徐圩港区软土的含水率、孔隙比和液性指数低于连云港区软土。

(2)徐圩港区软土的液限、塑限和塑性指数高于连云港区墟沟港区的软土，略低于庙岭港区以东区域的软土，说明各区的软土中黏土矿物含量有一定的差别。

(3)徐圩港区软土的力学强度略高于连云港区软土。

一期工程徐圩场区软土的物理力学性质指标与连云港区对比表 表6

地点	含水率(%)	孔隙比 e	液限 ω(%)	塑限 ω(%)	塑性指数	液性指数	固结系数(200kPa) C_v($\times10^{-3}$ cm^2/s)	压缩系数 $a_{0.1-0.2}$(MPa^{-1})	黏聚力 c_{cq}(kPa)	内摩擦角 ϕ_{cq}(°)
徐圩港区围堤	62.4	1.716	57.4	27.5	29.9	1.17	0.40	1.75	21	9.1
墟沟二期码头工程	76.0	2.118	48.3	25.3	23.0	2.25	—	1.87	16	2.1
焦炭泊位码头工程	71.0	1.953	49.9	23.7	26.3	1.85	0.29	1.78	8	7.5
庙三突堤码头工程	68.4	1.865	56.8	26.6	30.4	1.38	—	2.02	9	6.9
氧化铝码头护岸工程	68.4	1.875	58.6	27.1	31.3	1.31	0.37	2.10	12	8.9
旗台南防波堤工程	72.4	1.994	62.1	29.1	33.0	1.32	0.30	2.22	16	9.1

6 结语

(1)连云港港30万吨级航道一期工程徐圩港区围堤工程区域的软土类型为淤泥，具有高含水率、高液限、低密度和高压缩性等特点。全新世以来场区水动力条件、物质来源差异对这一时期沉积的淤泥的物理力学性质产生一定的影响，液限和塑性指数以深度6m为界上下有明显区别，深度6m以浅的液限和塑性指数较小。对天然含水率和孔隙比的影响不明显。三轴固结不排水剪和现场十字板剪切试验测得的强度明显随深度增加而增加，具有较好的相关性。软土的固结系数总体上较小，压力愈小，固结系数愈小，说明上覆压力愈大，土的固结时间愈长。

(2)连云港港连云港区的软土厚度由西向东逐渐增加，并且庙岭港区以西的区域软土厚度均小于徐圩港区,氧化铝码头以东的区域软土厚度与徐圩港区相当,但是厚度差(最大厚度 - 最小厚度)大于徐圩港区。徐圩港区软土的含水率、孔隙比和液性指数低于连云港区软土,徐圩港区软土的液限、塑限和塑性指数高于连云港区墟沟港区的软土,略低于庙岭港区以东区域的软土,各区的软土中黏土矿物含量有一定的差别。徐圩港区软土的力学强度略高于连云港区软土。

参 考 文 献

[1] 陈希祥,等. 江苏省徐淮地区第四纪地质[M]. 北京:海洋出版社,1988.

[2] 江苏省地质局第二水文地质大队. 江苏省连云港港口工程地质勘察总结报告[R]. 1981.

[3] 刘增荣,等. 土力学[M]. 上海:同济大学出版社,2004.

[4]《工程地质手册》编委会. 工程地质手册(第四版)[M]. 北京:中国建筑工业出版社,2007.

[5] 江苏省水文地质工程地质勘察院. 连云港港 30 万吨级航道工程一期工程徐圩港区配套围堤工程详勘报告[R]. 2009.

[6] 江苏省水文地质工程地质勘察院. 连云港港墟沟二期码头工程详勘报告[R]. 2005.

[7] 江苏省水文地质工程地质勘察院. 连云港港焦炭泊位码头工程详勘报告[R]. 2005.

[8] 江苏省水文地质工程地质勘察院. 连云港港庙三突堤码头工程详勘报告[R]. 2005.

[9] 江苏省水文地质工程地质勘察院. 连云港港氧化铝码头护岸工程详勘报告[R]. 2005.

[10] 江苏省水文地质工程地质勘察院. 连云港港旗台港区南防波堤工程详勘报告[R]. 2005.

连云港港30万吨级航道一期工程总平面布置研究

金雪英　马兴华　顾　勇

（中交上海航道勘察设计研究院有限公司　上海　200120）

摘　要：连云港港30万吨级航道是我国开敞海域淤泥质海岸浅滩深开挖的人工航道，包括连云港区航道和徐圩港区航道，连云港区航道需要在现15万吨级航道基础上增深拓宽，徐圩港区航道属新开辟航道，位置临近灌河口沙嘴。一期工程，连云港区航道为25万吨级散货船乘潮单向航道，徐圩港区航道为10万吨级散货船乘潮单向航道。航道工程总平面布置合理与否直接关系到项目本身及其实施的可能性和经济性。本文对连云港区航道拓宽方式、连云港区防波堤口门段航道、疏浚土处理区、锚地的平面布置和徐圩航道、口外推荐航线轴线选择以及航道主尺度设计等方面进行系统总结与评价。连云港港30万吨级航道一期工程成功的平面布置与深刻的设计体会可供其他淤泥质海岸深水航道工程平面设计参考和借鉴。

关键词：连云港港；30万吨级航道；一期工程；平面布置

依据国家发展和改革委员会“一次立项，分期实施”的批复意见，为满足连云港区15万~25万吨级矿石运输船舶和徐圩港区5万~10万吨级船舶通航需要，先期实施的连云港港30万吨级一期工程连云港区航道按满足25万吨级散货船乘潮单向通航、徐圩港区航道按10万吨级散货船乘潮单向通航建设。总平面布置的主要研究内容有连云港区航道拓宽方式及防波堤口门段航道布置、徐圩港区航道及推荐航线轴线选择、航道主尺度、疏浚处理区布置、锚地布置等，本文对这些方面进行了系统总结，供同类工程参考。

1　口外推荐航线轴线选择

推荐航线轴线选择首要也是最关键的考虑因素是水深条件，水深条件好，有利于船舶航行安全，且基建疏浚工程量和投资小；连云港港进港航道口外水下地形较复杂，口外海域相当区域水深不能满足30万吨船舶全天候航行需要，为确保30万吨级船舶航行安全，根据口外海域的水下地形、潮流及风浪条件，设计考虑了两条推荐航线轴线方案，方案一推荐航线顺口外东北侧深槽布置，全长64.5km。该方案水深条件好，最浅水深24.3m，25万吨级乃至30万吨级船舶可以全天候通航，不足之处是有3处转弯，但转角均小于39°，可航水域宽度400~1 000m。方案二推荐航线沿进港航道一直线向外，全长62.9km。该方案航线顺直，有利于船舶航行，但沿线水深浅，最浅水深21.0m，25万吨级船一潮进港乘潮单向通航需要疏浚增深，疏浚工程量340万m^3左右，疏浚工程费约0.64亿元；30万吨级船一潮进港乘潮单向通航，需要疏浚增深幅度较大，疏浚工程量1 990万m^3左右，疏浚工程费约4亿元。若方案二考虑二潮进港以减少疏浚工程量，则必须在进港航道进口处设置候潮锚地，受周边自然水深条件限制，仅可设置1个25万吨级船候潮锚位，无法满足25万~30万吨级船舶的锚泊需要。另外，若采用二潮进港，需要推迟船舶进港时间，相应增加了船舶营运费用。

考虑到推荐航线方案一利用自然水深（无疏浚工程量）25万~30万吨级船舶可全潮通航，且3个转向角均不大，最小可航水域宽度400m，可以满足25万~30万吨级船舶航宽需要，因此经认真比选后，推荐航线设计推荐方案一。口外推荐航线平面布置图如图1所示。

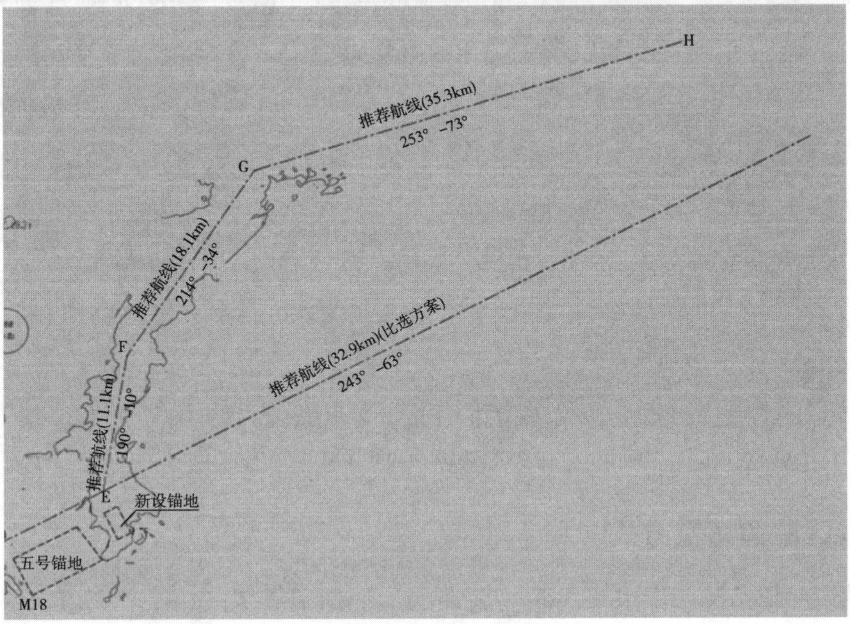

图1　口外推荐航线平面布置图

2　徐圩港区航道轴线选择

徐圩港区位于现有连云港区的南翼，距离北侧的旗台作业区16km左右，距离南侧的灌河口沙嘴不到10km，航道轴线选择不仅关系到徐圩新港区船舶航行安全，而且关系到航道开挖后的泥沙回淤及相应的维护前景，因此，徐圩港区航道轴线选择是连云港港30万吨级航道一期工程设计的重中之重。

根据《连云港港总体规划》和《徐圩港区总体规划》，在满足船舶航行安全的前提下，在尽可能远离灌河口沙嘴的条件下，根据本海区风、浪、流的综合研究，徐圩港区航道轴线考虑了47°夹角方案（与连云港区航道的夹角为47°，方案一）和30°夹角方案（与连云港区航道的夹角为30°，方案二），考虑到方案一（航道轴线走向016°—196°）较方案二（航道轴线走向033°—213°）航道轴线走向与强风向、强浪向夹角小、与潮流主流向较为一致，最大横流较小，有利于船舶航行安全；方案一可充分利用连云港港15万吨级航道约10km，需要新辟的徐圩航道较方案二短6km，有利于减少基建疏浚工程量和工程投资；方案一航道底质条件相对较好，距离灌河口沙嘴相对远，受沙嘴对航道的潜在影响相对小，有利于减少维护疏浚工程量和维护资金。经测算一期工程阶段，两个轴线方案基建疏浚工程量基本相当，但二期工程方案一基建疏浚工程量较方案二少1 329万m^3，疏浚工程费用少1.8亿元。另外，轴线方案一充分利用了连云港区航道，使连云港区、徐圩港区水运联系近，中转方便且经济。综合以上各因素，连云港港30万吨级航道一期工程徐圩港区航道轴线推荐47°夹角方案，航道平面布置图如图2所示。

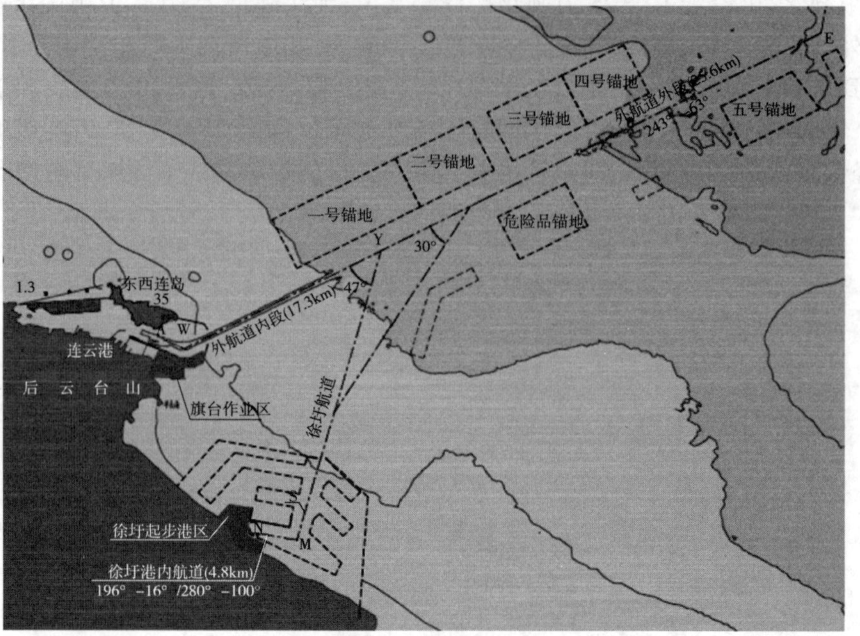

图 2 航道平面布置图

3 连云港区航道拓宽方式

连云港区航道是船舶进出连云港区的唯一通道,航道轴线经历了外航道大改线、庙岭航道北移等过程,航道规模由最初的 0.5 万吨级航道逐步扩建到 2.5 万吨级航道、3.5 万吨级航道、7 万吨级航道、15 万吨级航道。现连云港区 15 万吨级航道底高程 -16.5m,有效宽度 230m。连云港港 30 万吨级航道一期工程连云港区 25 万吨级航道设计底高程 -19.8 ~ -20.3m,有效宽度 270 ~ 290m,航道长度达 51km。经论证,一期工程连云港区 25 万吨级航道在原航道基础上进行增深、拓宽是最经济合理的。

航道拓宽方式有双侧拓宽和单侧拓宽两种。连云港区外航道拓宽方式除与基建疏浚工程量有关外,还和连云港区防波堤口门平面布置、旗台作业区码头岸线布置以及航道中心导标位置调整等方面息息相关。

经研究,拓宽方式在防波堤掩护效果和航行条件方面相差不大,双侧拓宽方式较单侧拓宽方式疏浚工程量增加非常有限,港区陆域面积满足使用要求、口门段航行条件和港内掩护效果分别满足船舶航行和靠离泊作业要求,但单侧拓宽方案,航道中心线随着航道的不断增深需要不断调整,相应地航道中心导标也需要不断调整,对船舶航行安全不利,同时也增加了导标重复建设费用。因此,单侧拓宽方案意义不大,连云港港 30 万吨级航道一期工程连云港区航道推荐双侧拓宽方案。

4 连云港区防波堤口门段航道布置

如何使低速驶向防波堤口门的船舶抵御防波堤口门段航道逐渐增加的横流,进而保证船舶安全进入防波堤口门段航道是口门段航道平面布置的首要考虑因素。连云港区旗台作业区南北防波堤的形成,对旗台作业区防浪防沙作用是非常显著的,但南北防波堤的形成却使口门处的潮流速度有所增加,流向更垂直于航道,从而一定程度上增加了船舶进入口门段航道的操纵难度。另外,防波堤口门、W 弯段、旗台港区 30 万吨级船舶停泊区三者距离较小,船舶进入口门后需要立即转弯,且边转弯边靠泊,船舶操纵难度增加。为满足 30 万吨级船舶进出口门、转弯、靠离泊安全,设计在防波堤口门内外设置了 4km 长的口门段航道(防波堤口门内外航道长度均大于 6 倍设计船长要求),有效宽度根据口门处最大横流按现行规范规定计算确定,较口门外航道有效宽度增加了 20m,有效改善口门段航道航行条件。另外,为了进一步改善 W 弯段的航道条件,提高船舶航行的安全度,以不影响 25 万吨级矿石码头以东 5 万 ~ 10 万吨级液体散货码头船舶靠、离泊作业为原则,对 W 弯段航道平面布置进行优化。优化后的 W 弯段其弯段转角相当于由 49°调整为 39°,航道宽度达到 520m。优化后的 W 弯段经船舶航行模拟试验验证和实船航行检验,极大地减小了船舶进出港和靠离驳的操纵难度,有利于 25 万 ~ 30 万吨级船舶进出港和靠离驳的安全。

5 航道主尺度

5.1 设计通航水位

30 万吨级一期航道里程长(其中仅连云港区 25 万吨级航道长达 53km),沿程潮位变化大,因此需合理设计船舶通航水位,即在保证船舶通航安全的前提下,尽可能多乘潮、少挖泥,以减少工程投资。在充分研究连云港海域潮汐特征后,设计决定不同航道段采用不同的设计通航水位,其中外航道内段和徐圩航道通航水位选用连云港报潮所乘潮水位(3.35m),外航道外段通航水位则选用车牛山岛乘潮水位(2.9m)。

5.2 航道设计边坡

航道设计边坡应在确保边坡稳定的基础上尽可能陡,以最大程度地减少边坡疏浚工程量和减少工程投资。连云港港 30 万吨级航道是淤泥质海岸浅滩深挖槽航道,航道基建疏浚工程量大、边坡工程量占比大(边坡工程量约占总航道疏浚工程量的 25%),合适的航道边坡是减少疏浚工程量有效途径之一。影响航道边坡的主要因素是工程地质,其次是开挖厚度、潮流和波浪等因素。一期工程设计根据连云港港 15 万吨级航道边坡观测研究成果,按不同的 30 万吨级航道沿程的工程地质、开挖厚度、潮流和波浪等,分段、分层设计航道边坡,即航道上下边坡根据工程地质不同采用不同的航道边坡,航道沿程即使工程地质相同,但由于开挖厚度、潮流和波浪不同仍采用不同的航道边坡。连云港港 30 万吨级航道一期工程航道设计边坡如表 1 所示。

一期工程航道设计边坡一览表 表 1

航道		区段	设计边坡
连云港区航道	外航道内段	内段 1	上层:1:10(淤泥) 下层:1:5(黏土)
		内段 2	上层:1:10(淤泥) 下层:1:7(粉土)
		内段 3、4	1:10(粉土)
	外航道外段	Y ~ E	1:7(粉土)
徐圩港区航道			1:10(淤泥)

6 疏浚土处理区布置

以往疏浚土被称之为“疏浚弃土”，疏浚土往往简单地被“抛弃”在海上倾倒区，但随着海洋环保意识的不断提高和陆域吹填料的严重缺乏化，疏浚土已成为一种宝贵的资源被充分利用。建设连云港深水港的两大特点是疏浚土多，陆域面积小。30 万吨级航道工程总基建疏浚工程量约 3.3 亿 m^3，而旗台作业区和徐圩港区吹填造陆又需要大量吹填料（经测算，仅徐圩港区需要 5 亿 m^3 吹填料），因此，如何根据《连云港港总体规范》及《徐圩港区总体规划》按“疏浚土尽可能利用，就近处理，综合效益最大”的原则，进行疏浚土处理区布置是本工程设计的又一难点。

连云港港依山傍海，一方面港区陆域面积狭小，另一方面可以吹填造陆的区域却少之又少。连云港区 30 万吨级航道总基建疏浚工程量 1.5 亿 m^3，其中一期工程 7 000 万 m^3，二期工程 8 000 万 m^3，经研究适合疏浚土吹填的区域只有规划的旗台作业区旗台嘴东南侧海域，由于该区域面积有限，吹填土方有限，因此疏浚土处理区应综合考虑连云港区 30 万吨级航道疏浚土处理方案（图 3）、港内疏浚土处理方案后确定平面布置。设计根据《连云港港旗台作业区岸线、防波堤及水域综合布置规划》，考虑依托旗台作业区码头后方正堤、旗台防波堤以及核电站取水口防波堤布置旗台围堤吹填区，按照土方平衡、综合效益最大的原则，将一期工程连云港区 25 万吨级航道靠近旗台围堤吹填区 60% 约 4 300 万 m^3 的航道疏浚土吹至旗台围堤吹填区，剩余库容留待二期航道疏浚土吹填处理。旗台围堤吹填区总面积 553 万 m^2，总库容 5 700 万 m^3，依航道疏浚进度安排和围堤施工顺序、进度，将旗台围堤吹填区分割成 4 个分区。一期工程将为旗台作业区形成陆域约 6 300 亩，为旗台作业区建设用地创造了良好的土地条件。

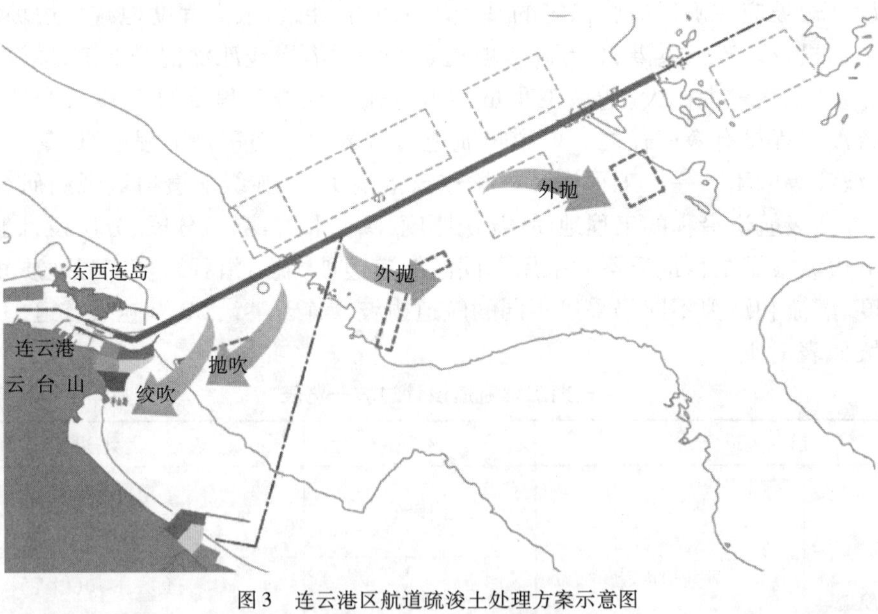

图 3 连云港区航道疏浚土处理方案示意图

徐圩港区拟在淤泥质海滩围堤吹填形成，总吹填料约 5 亿 m^3，而徐圩港内水域及徐圩 30 万吨级航道总疏浚工程量 3.5 亿 m^3，其中徐圩 30 万吨级航道 1.7 亿 m^3，故即使徐圩港内水域和航道疏浚土全部吹填成陆，徐圩港区仍存在 1.5 亿 m^3 土方缺口，因此徐圩 30 万吨级航道疏浚土应尽可能结合徐圩港区陆域形成吹填成陆。

一期工程徐圩航道疏浚土处理区应结合徐圩起步港区陆域形成需要、徐圩港区一期工程陆域形成需要布置，并和一期工程徐圩10万吨级航道疏浚进度要求予以衔接，因此依托现有海堤和规划西护岸，在起步港区和一期工程港区范围布置一期工程徐圩围堤吹填区是徐圩30万吨级航道一期工程疏浚土处理区的不二选择。该围堤吹填区总面积6.62km^2，库容4 800万m^3。一期工程将为徐圩港区造地约9 900亩，为徐圩新港区的起步建设提供了很好的陆域条件。徐圩港区航道疏浚土处理方案示意图如图4所示。

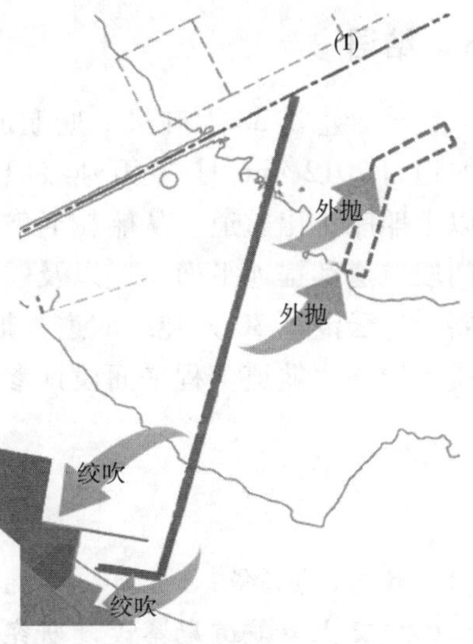

图4　徐圩港区航道疏浚土处理方案示意图

7　锚地布置

纵观连云港港现有锚地布局，锚地过于分散且与习惯航路存在冲突，既不利于船舶安全使用，也不利于船舶安全监管；锚地和养殖、捕捞业存在矛盾，不利于港口发展；危险品船舶锚地没有按船舶尺度进行细分，大、小型船舶同锚地锚泊，不利于船舶的锚泊安全。为缓解锚泊船舶与航行船舶之间的矛盾，适应连云港港到港船舶数量不断增长、到港船型大型化发展趋势，同时推动港口发展与养殖业及捕捞业协调发展，连云港港30万吨级航道一期工程对现有锚地平面布局进行优化，并增设15万吨级及以上大型船舶锚地一个。

依据尽可能靠近港区，方便使用；深水深用，浅水浅用；避开习惯航，避免频繁穿越航道等锚地布置原则，将10万吨级及以下船舶锚地（一号～四号锚地）全部调整至航道北侧，且一号、二号锚地集中布置在习惯航路西侧，三号、四号锚地集中布置在习惯航路东侧，危险品船锚地、五号锚地、六号锚地布置于航道南侧，依锚泊船舶大小自西向东依次布置危险品船锚地、五号锚地、六号锚地。连云港港锚地情况一览表如表2所示。

连云港港锚地情况一览表　　表2

锚地名称	锚泊船舶吨级	锚位数（个）	面积（km^2）	水深（m）	位　置
一号锚地	1万吨级以下	19	40	10～14	航道北侧
二号锚地	1万～2万吨级	16	24	14～16	
三号锚地	3万～5万吨级	9	24	17～20	
四号锚地	7万～10万吨级	7	20	20	
五号锚地	12万吨级	2	19.9	20～22	航道南侧
六号锚地	15万～25万吨级	5	14.1	25.5	
危险品船舶锚地	1万吨级及以下	8	9.25	16～18	
	2万～5万吨级（油船）	4			
	8万吨级（油船）	1			

8 结语

连云港港30万吨级一期航道工程已于2013年12月全面建成，其中连云港区25万吨级航道自2012年6月25万吨级船舶成功首航以来，至2013年12月，已有66艘25万吨级及以上船舶进出航道。从船舶通航情况看，连云港港30万吨级一期航道轴线选择、防波堤口门段航道和锚地平面布置以及航道主尺度设计等通过适航验证均满足设计船型安全通航需要。连云港港30万吨级航道一期工程航道、锚地及疏浚土处理区等平面布置可供其他淤泥质海岸深水航道工程平面设计参考和借鉴。

参考文献

[1] 顾勇，马兴华，金雪英，等. 连云港港30万吨级航道一期工程工程可行性研究报告[R]. 中交上海航道勘察设计研究院有限公司，2009.

[2] 顾勇，马兴华，金雪英，等. 连云港港30万吨级航道一期工程初步设计[R]. 中交上海航道勘察设计研究院有限公司，2010.

[3] JTJ 211—99　海港总平面设计规范[S].

连云港港 30 万吨级航道二期工程建设规模及时机论证

顾 勇 金雪英 车 军 马兴华

（中交上海航道勘察设计研究院有限公司 上海 200120）

摘 要：根据连云港港口发展形势、需求和炼化一体化项目的迫切需要，本文对连云港港 30 万吨级航道二期工程建设时机进行了分析，并从航道建设投资、航道维护和运行经济性、港口适应性和综合竞争力等多个方面对二期航道建设规模进行了技术和经济对比论证。研究表明，连云港港 30 万吨级航道二期工程按照 30 万吨级建设势在必行，长期科研积累、一期工程实践和建设期科研已经成功解决了 30 万吨级航道的主要技术问题，二期工程航道建设规模推荐“30 万吨级散货船 +30 油船”方案，船型吃水均推荐规范吃水。

关键词：航道建设时机；设计控制船型；航道建设规模

2009 年连云港港开始着手建设 30 万吨级航道一期工程，2012 年 6 月连云港区 25 万吨级航道实现首航，成为我国乃至世界上在开敞海域淤泥质浅滩建设的等级最高的人工深水航道。2013 年 12 月，徐圩港区 10 万吨级航道实现首航，标志着连云港港 30 万吨级航道一期工程整体建设完工。连云港港 30 万吨级一期航道工程建设以来效益逐步显现，大幅提升了港口服务能力，显著增强连云港港服务中西部地区发展的能力，并有力地推动了临港产业集聚，达到了工程预期效果，为连云港港航道后续建设奠定了坚实的基础。但连云港区 25 万吨级航道与 30 万吨级矿石码头仍不完全匹配，而且在连云港炼化一体化项目一期工程获得国家发改委同意开展前期工作、30 万吨级原油码头工程进入国家发改委立项评估程序的背景下，迫切需要启动建设 30 万吨级航道二期工程。本文重点对连云港港 30 万吨级航道二期工程建设时机、设计控制船型和航道建设规模方案选择进行分析。

1 港口航道设施现状及建设计划

1.1 现状

连云港港是欧亚大陆桥的东桥头堡，是陇海、兰新铁路沿线广大地区最经济便捷的出海口，是我国沿海中部能源外运和对外贸易运输的重要口岸。历经 70 多年的建设和发展，连云港港已经成为国家 25 个沿海主要港口和 12 个区域性主枢纽港之一。近年来，连云港港由原来的海湾内的连云港区逐步建成“一体两翼”的总体格局。

目前，连云港港生产性泊位主要分布于连云港区的马腰作业区、庙岭作业区和墟沟作业区，具有大中小配套、专用泊位与通用泊位并举的特点。截至 2012 年底，连云港区共有生产性泊位 44 个，其中万吨级以上生产性泊位 41 个，最大泊位吨级为 30 万吨级矿石泊位（88 号泊位），集装箱泊位最大吨级达 10 万吨级（2009 年 9 月投产），货物设计通过能力 7 386 万吨,其中集装箱通过能力 274 万 TEU。2013 年 12 月 28 日,南翼的徐圩港区一港池 10 万吨级通用泊位建成,徐圩港区实现开港试通航。

连云港港进港航道由最初的 5 000 吨级航道(航道底高程 -5m)逐步拓宽浚深到 2.5 万吨级航道(-7m),1990 年外航道大改线,航道进一步增深至 3.5 万吨级航道(-9m),2002 年底扩建至 7 万吨级航道(-11.5m),2008 年 8 月 15 万吨级航道(-16.5m)建成通航。

2009 年连云港港开始着手建设"人"字形 30 万吨级航道一期工程。2012 年 6 月连云港区 25 万吨级航道实现首航,2013 年 7 月徐圩港区 10 万吨级航道完工。

1.2 建设计划

近期,连云港区和徐圩港区将大力推进大型专业化深水码头建设。按照规划将建设万吨级以上泊位 18 个,其中 5 万吨级以上泊位 15 个,10 万吨级以上泊位 9 个,30 万吨级码头 1~2 个。重点建设以徐圩港区 30 万吨级原油码头和连云港区 10 万吨级集装箱泊位为代表的一批专业化深水码头。徐圩港区 30 万吨级原油码头计划 2016 年建成。

2 二期工程航道建设时机分析[1]

2.1 25 万吨级航道与 30 万吨级矿石码头不完全匹配,制约港口铁矿石运输竞争力提升,迫切需要启动二期工程

连云港区 25 万吨级航道通航,有力支撑了 30 万吨级矿石码头产能的发挥。2012 年连云港区外贸进口铁矿石 3 786 万吨,25 万吨级及以上散货船到港数量 15 艘次;2013 年连云港区外贸进口铁矿石达到 4 172 万吨,25 万吨级及以上散货船到港数量达到 51 艘次,有效降低了腹地钢铁企业的物流成本。尽管如此,现有连云港区 25 万吨级航道与码头规模不完全匹配,已经成为制约连云港区矿石接卸进一步发展的"瓶颈",限制了 30 万吨级矿石码头及后方集疏运通道生产效能。特别是 2012 年 6 月连云港区 25 万吨级航道通航伊始,已有数十艘 30 万吨级减载船舶靠泊连云港区,甚至有 30 万吨级船舶因为航道原因不得已被"拒之门外",25 万吨级航道仍然不能完全适应目前 30 万吨级散货船的进港需求。

2013 年连云港港巴西、南非航线铁矿石进口量合计突破 3 200 万吨,占全港外贸铁矿石进口量 32%,预计 2020 年连云港港巴西、南非航线进口铁矿石比重将进一步提升至 40% 以上。巴西主要矿石输出港可以满足 30 万吨级及以上散货船靠泊,南非部分港口可以接纳 25 万吨级散货船和吃水较小的 30 万吨级散货船,巴西、南非的矿石运输船型以 30 万吨级船为主,30 万吨级以上散货船也会逐渐增加。另外,国内青岛港、岚山港 30 万吨级矿石码头已建成,并且正在完善进港航道,而马来西亚、菲律宾、阿曼等周边国家已基本具备接纳 30 万吨级散货船条件(甚至更大吨位),以谋求铁矿石全球运输亚洲分销中心地位。

因此,为了更好地适应连云港港外贸铁矿石运输船型大型化发展形势,发挥 30 万吨级矿石码头生产效能和接卸能力,进一步提升连云港港在国内矿石运输方面的竞争力,乃至提升江苏省和我国的港口竞争力,应对铁矿石全球运输格局新变化,适应矿石运输船型大型化发展趋势,启动连云港区 30 万吨级航道二期工程是十分迫切的。

2.2 连云港原油储备、炼化一体化等项目迫切要求启动二期工程

徐圩港区 10 万吨级航道通航标志着徐圩港区正式开港,同时加快了后方徐圩新区产业集聚和临港项目实质性启动。原油储备项目已开工建设,计划于 2017 年建成。LNG 接卸项目已获得国家发改委同意开展前期工作通知。2013 年 11 月,国家发改委以发改办产业

〔2013〕2924 号文正式批复同意开展连云港石化产业基地规划编制和炼化一体化项目一期工程前期工作,炼化一体化项目一期工程力争于“十三五”初期建成投产。

现有徐圩港区 10 万吨级航道远不能满足原油储备、炼化一体化项目(含配套 30 万吨级原油码头)外贸原油运输需要。徐圩港区 30 万吨级航道应与原油储备、炼化一体化项目的建设进程相协调,同步建设,共同发挥效益。同时,徐圩港区 30 万吨级航道二期工程基建疏浚工程量巨大(约 1.2 亿 m^3),而施工作业面有限,施工强度大,建设周期长(合理工期为 4 年,在充分借鉴一期工程建设经验、充分利用一期建设期科研和 863 项目科研成果的情况下,二期工程的建设周期可适当压缩),为了确保徐圩港区 30 万吨级航道与原油储备项目、炼化一体项目一期工程同步进行、同期建成,应尽快启动徐圩港区 30 万吨级油船乘潮单向航道的建设。

2.3 长期科研积累、一期工程实践和建设期科研表明 30 万吨级航道不存在技术风险,技术可行性问题已经得到解决

连云港区航道建设历经 0.5 万 ~25 万吨级航道各个阶段,取得了 3.5 万吨级、7 万吨级、15 万吨级航道等阶段完整、可靠的常年和大风天实测航道回淤数据,已开展 25 万吨级航道回淤观测,并取得超强台风“达维”期间回淤数据。回淤综合研究表明,常年和大风天回淤情况好于预期,不存在大风骤淤碍航风险,30 万吨级航道在 25 万吨级航道基础上增深仅 2.5m,预测年回淤量增加也极为有限(增加 100 万 m^3,增加幅度 13%[2])。徐圩航道已按计划完成先导试挖,5 万 ~10 万吨级航道回淤观测研究,期间经受了百年一遇超强台风“达维”的正面考验,已取得了完整、可靠的常年和大风天实测航道回淤数据。回淤综合研究表明[2],徐圩航道常年和大风天回淤情况符合预期,不存在大风骤淤碍航风险,回淤环境、回淤规律及回淤机理与连云港区航道基本一致。因此可以认为徐圩港区开辟 30 万吨级航道的主要技术问题已得到解决,从 10 万吨级航道直接提升到 30 万吨级航道不存在技术风险。

2.4 综合分析

综上所述,虽然连云港港 30 万吨级一期工程已建成通航,但连云港区 25 万吨级航道仍然难以适应连云港区铁矿石运输发展需要,而徐圩港区 10 万吨级航道更无法满足炼化一体化(含配套 30 万吨级原油码头)等项目外贸原油运输需要,且炼化一体化项目一期工程计划 2016 年建成投产,因此连云港港迫切需要进一步提升航道等级,满足 30 万吨级散货船、油船的进港需要。同时,通过连云港港长期积累的航道回淤观测研究成果以及 30 万吨级一期航道回淤观测研究,连云港港 30 万吨级航道二期工程不存在技术风险,建设时机成熟。

3 二期工程航道货运量预测[3]

3.1 项目定位

连云港港 30 万吨级航道二期工程徐圩港区 30 万吨航道首要服务对象为徐圩港区后方的炼化一体化项目。炼化一体化项目一期工程选址连云港港徐圩港区,配套建设一座 30 万吨级原油码头,启动徐圩港区 30 万吨级航道建设,以保障炼化一体化项目的顺利投产和效益实现,并为徐圩新区以炼化一体化项目为核心的临港石化产业加速发展提供支持。

同时,为适应到港船舶大型化发展形势和外贸铁矿石运输要求,有利于充分发挥连云港区 30 万吨级矿石码头及后方集疏运通道生产效能,有利于提高连云港港口综合竞争力,有利于江苏沿海开发战略的顺利实施,连云港区进港航道需要进一步扩建至 30 万吨级散货船航道。

3.2 主要货种吞吐量预测结果

根据连云港港 30 万吨级航道二期工程的项目定位，航道主要服务的货种为金属矿石（铁矿石）和原油。经过对腹地钢铁企业、连云港炼化一体化项目以及腹地炼化企业需求分析，并充分考虑腹地国民经济及社会发展新形势以及国家、省、市相关产业政策和规划，预测连云港区 2015 年、2020 年、2030 年吞吐量为 2 亿吨、2.5 亿吨、3 亿吨，其中外贸铁矿石吞吐量为 4 200 万～4 500 万吨、4 600 万～4 800 万吨和 4 800 万～5 000 万吨；徐圩港区 2015 年、2020 年、2030 年吞吐量 3 300 万吨、9 700 万吨和 15 000 万吨，其中原油吞吐量为 160 万吨、2 800 万吨和 6 200 万吨。连云港区、徐圩港区吞吐量预测表如表 1 所示。

连云港区、徐圩港区吞吐量预测表（单位：万吨，万 TEU）　　表 1

	2015 年			2020 年			2030 年		
	合计	出口	进口	合计	出口	进口	合计	出口	进口
连云港区	20 000	7 350	12 650	25 000	9 580	15 420	30 000	11 960	18 040
其中，外贸铁矿石	4 200～4 500	0	4 200～4 500	4 600～4 800	0	4 600～4 800	4 800～5 000	0	4 800～5 000
徐圩港区	3 300	400	2 900	9 700	1 650	8 050	15 000	2 580	12 420
其中：原油	160	0	160	2 800	0	2 800	6 200	0	6 200

巴西、南非航线由于 30 万吨级散货船长距离海运经济性在一定程度上弥补了海运距离超长的劣势，未来连云港港从巴西、南非进口的铁矿石比例将明显上升，预计澳大利亚、巴西、印度、南非等四大主要来源地铁矿石外贸进口比例分别约为 45%、35%、5%、10%，其他来源地外贸进口铁矿石比例约为 5%。

连云港徐圩石化产业园将以炼化一体化项目为依托，建成以化工新材料、多产品链、多产品集群为特色的大型石化产业基地，并且依托徐圩港区和原油储备项目为腹地炼化企业提供原油中转运输服务。在国家确保能源安全的背景下，今后进口原油来源地必将多元化，徐圩港区进口原油将主要来自中东、非洲和南美等地区，预计三大地区的原油进口量比例约为 40%、25% 和 20%。

4　二期工程航道建设规模论证[1]

4.1 主要到港船型预测

4.1.1 干散货船

截至 2012 年 6 月，世界万吨以上散货船保有量 9 248 艘、65 210 万载重吨，随着铁矿石、煤炭及谷物为主的大宗干散货海运量持续增长，运输船舶呈现出明显的船舶大型化发展趋势。2006 年，世界 30 万吨级散货船数量仅 29 艘，与 25 万吨级数量基本相当；到 2012 年 6 月，30 万吨级散货船数量达 75 艘，是 2006 年的 2.6 倍，且 30 万吨级以上散货船达 17 艘，30 万吨级及以上散货船的保有量明显超过 25 万吨级散货船，是 25 万吨级散货船的 1.3 倍。2006 年 12 月和 2012 年 6 月世界散货船保有量统计（1 万吨及以上散货船）如表 2 所示。

从世界主要铁矿石输出港码头泊位吨级看，澳大利亚铁矿石输出港主要有黑德兰、沃尔科特、丹皮尔和杰拉尔顿等港口，各港口矿石泊位基本可满足 15 万～20 万吨级矿石船，最大可靠泊 25 万吨级矿石船；巴西铁矿石输出港主要有图巴朗、塞佩蒂巴（GIT）、马德拉、蓬塔多乌布和伊塔加伊等港口，各港口矿石泊位基本可满足30万吨级矿石船靠泊，其中淡水河谷在上述港口拥有3个可靠泊30万吨级及以上矿石船的码头泊位（最大的矿石泊位为马德拉港42万载重吨）；南非的萨尔达尼亚港是其最主要的铁矿石输出港，矿石泊位可以靠泊25万吨级散货船和吃水较小的30万吨级散货船；印度铁矿石主要的输出港（维沙卡帕特南、马德拉斯、曼加洛尔等）矿石泊位可满足7万~10万吨级船舶靠泊。

2006年12月和2012年6月世界散货船保有量统计（1万吨及以上散货船）　　表2

船舶吨级（DWT）	保有量（艘数）	
	2006年12月	2012年6月
合计	7 746	9 248
其中：25万	24	72
30万	29	75
30万以上	1	17

另外，根据宁波—舟山港泗礁港区马迹山作业区资料，马迹山作业区矿石码头二期工程建成以前（25万吨级航道），澳大利亚航线的铁矿石一直保持在55%以上，二期工程建成启用后（30万吨级航道），2008年起巴西航线矿石运量出现明显增长，巴西矿比重从38%增长到43%，而澳大利亚矿石比重逐步降低至50%左右。从马迹山作业区到港散货船的船型结构分析，30万吨级散货船承运量逐年增加，2011年承运比重达到25%（2008年仅为5%），特别是巴西航线30万吨级散货船承运比重达到58%，已经成为巴西航线的核心运输船型。连云港港30万吨级航道二期工程实施后，未来连云港港到港散货船船型大型化发展趋势必将和马迹山作业区一样。

综合铁矿石来源地输出港港口航道现状及发展、海运距离、经济船型和散货船保有量及发展趋势，分析二期工程航道铁矿石运输船型如下：①巴西、南非航线：巴西的主要矿石输出港可以满足30万吨级船舶靠泊，南非的萨尔达尼亚港可以接纳25万吨级散货船和吃水较小的30万吨级散货船。由于运距长且批量较大，30万吨级散货船运输经济性明显好于25万吨级散货船，而且30万吨级及以上散货船保有量已明显超过25万吨级散货船，大型化发展趋势非常明显，因此未来巴西航线将主要以30万吨级散货船为主，随着港口航道条件改善，南非航线30万吨级散货船也将逐步增加；②澳大利亚航线，运距较短且运量大，而且澳大利亚铁矿石输出港均可接纳20万~25万吨级散货船，以20万吨级散货船为主，25万吨级散货船比重呈持续增加趋势；③印度航线运距相对较短且受港口条件的限制，主要以5万~10万吨级散货船承运。

4.1.2 油船

截至2012年10月，世界油船保有量达到4 152艘、4.24亿载重吨，其中30万吨级油船数量达到600艘，载重吨位18 349万吨，25万吨级油船数量随着船舶淘汰大幅减少（仅10艘），新建投入营运的第三代油船（双壳体）则以30万吨级为主，并已完全取代25万吨级油船，成为现阶段原油远洋运输的主力船型。2006年和2012年10月世界油船保有量统计如表3所示。

另外，根据虾峙门航道2011年通航原油船统计资料，90%以上原油船为30万吨级油船。未来徐圩港区进港原油全部为外贸进口，预测中东地区（沙特、科威特等国）、非洲、南美航线进口原油以30万吨级原油船为主，东南亚航线进口原油以15万吨级以下原油船为主。

2006 年和 2012 年 10 月世界油船保有量统计 表 3

船舶吨级	2006 年	2012 年 10 月	
	艘数	艘数	万 DWT
合计	4 326	4 152	42 393
其中:15 万	341	436	6 806
25 万	97	10	235
30 万	493	600	18 349
30 万以上	0	2	88

4.2 航道设计控制船型分析

4.2.1 航道设计控制船型选择

经预测,二期工程航道通航船型主要有干散货船、油船、集装箱船、杂货船和化学品船,其中 2020 年、2030 年连云港区 30 万吨船舶通航密度约为 0.34 艘次/天和 0.35 艘次/天;徐圩港区 30 万吨级油船通航密度约为 0.64 艘次/天、1.50 艘次/天[3]。为满足二期航道内所有通航船型通航需要,确定二期工程连接连云港区的航道设计控制船型为 30 万吨级散货船,连接徐圩港区的航道设计控制船型为 30 万吨级油船。

4.2.2 设计控制船型设计吃水

鉴于设计控制船型的设计吃水是确定航道尺度的重要参数,因此,设计吃水的选取除了按规范取值外,有必要对国内有代表性的港口航道的到港 30 万吨级船舶实际营运吃水情况开展调查分析。为此,对宁波—舟山港泗礁港区马迹山作业区资料,以及虾峙门口外 30 万吨级航道通航船舶近几年实际营运吃水情况进行分析,并对原油贸易和海运航线进行调查,结合连云港石化产业园和炼化一体化项目总体安排,综合确定设计控制船型设计吃水。

(1)散货船

根据本工程铁矿石吞吐量预测结果,今后外贸进口铁矿石吞吐量基本稳定,巴西、南非航线铁矿石比例可达 45%,而且 30 万吨级散货船承运比重将达 25%,船舶到港频次基本保持 5 ~6 天/艘次。另外,30 万吨级散货船在巴西、南非等运距长、批量较大的航线上,实际吃水增加所带来运输经济性明显。因此,连云港区进港航道应能满足世界铁矿石海运发展趋势,充分发挥 30 万吨级散货船的海运经济性,30 万吨级散货船设计吃水按规范吃水 22.5m 是必要的。另外,对宁波—舟山港泗礁港区马迹山作业区近几年到港散货船实际吃水资料的分析表明,马迹山作业区到港的 30 万吨级散货船实际吃水略低于规范吃水 22.5m,到港 30 万吨级散货船 85% 保证率的吃水为 21.7m,最大吃水为 23.0m,载重吨、船长、船宽的平均值分别为 29.8 万吨、330m、56.9m,小于规范平均值,说明马迹山作业区到港 30 万吨级散货船存在采用 30 万载重吨以下且吃水相对较小的船型的情况。主要原因是马迹山作业区 30 万吨级进港航道属于专门为宝钢集团马迹山宝钢矿石中转码头服务的专用航道,因此在航道设计过程中,重点考虑到炸礁工程量过大因素和企业专用航道的建设经济性问题,航道的最小水深仅为 22.1m,因而限制了进入马迹山作业区 30 万吨级散货船的实际吃水。

综上所述,充分考虑连云港区铁矿石运输发展趋势和 30 万吨级散货船的海运经济性,同时参考类似港口到港 30 万吨级散货船实际吃水情况,连云港区 30 万吨级航道设计控制船型吃水考虑两个方案,即规范吃水 23.0m 和限制吃水 22.0m。

(2)油船

影响油船实际吃水的关键因素是航线水深、目的港航道水深和原油重度。我国外贸进口原油航线按原油来源地主要分为东行航线和西行航线。

东行航线原油来源地为南美洲东海岸、非洲和中东地区,是目前我国外贸原油核心航线,运量占目前外贸进口原油90%以上。马六甲海峡由于水深原因,允许通过船舶的最大吃水为22.0m,因此东行航线油船吃水基本按22.0m控制。

在徐圩新区石化产业园起步阶段,为腹地中转原油总量较小的情况下,考虑马六甲海峡水深限制、原油重度等因素,徐圩港区进港航道30万吨级油船设计吃水按22.0m控制在短时间内是可能的。

南美洲西海岸——远东的西行航线较东行航线航程短且无须通过马六甲海峡,油船装载不受马六甲海峡水深限制的影响。同时,根据外贸进口原油多元化战略和确保能源安全的需要,国家将加大南美地区原油进口,中石化、中石油两大石油化工龙头企业已经购买了南美洲石油生产国——南美西海岸的输油管线,开始通过西行航线进口原油。且南美洲原油大多为超重质原油(API <20),因此西行航线满载的30万吨级油船实际吃水接近规范吃水22.5m。

徐圩新区规划建设石化产业园,以炼化一体化项目为依托,打造江苏沿海地区的石化产业基地。炼化一体化项目一期、二期、三期工程的原油总需求量达到4 200万吨,而且今后徐圩港区为腹地中转运输原油将达2 000万吨。从徐圩新区石化产业园长期发展和国家能源保障安全的角度,今后石化产业园外贸进口原油的来源地必将多元化。徐圩港区航道作为徐圩新区石化产业园这一江苏沿海地区石化产业基地的重要支撑设施,应能满足今后石化产业园外贸进口原油来源多元化发展的要求,完全适应来自东行航线或是西行航线的30万吨级油船通航需要。

综上分析,徐圩港区30万吨级航道设计控制船型吃水也考虑两个方案,即规范吃水22.5m和限制吃水22.0m。

4.3 航道建设规模方案

根据上述设计控制船型吃水选择分析结果,连云港港30万吨级航道二期工程航道建设规模方案考虑如表4所示。

二期工程航道建设规模方案表 表4

航道规模方案	航道段	航道建设规模
方案一 (30油+30散)	外航道内段	30万吨级散货船乘潮单向航道
	徐圩航道	30万吨级油船乘潮单向航道
	外航道外段	30万吨级散货船、油船乘潮单向航道
方案二 (限制吃水30油+30散)	外航道内段	30万吨级散货船乘潮单向航道
	徐圩航道	30万吨级油船(限制吃水22m)乘潮单向航道
	外航道外段	30万吨级散货船、油船(限制吃水22m)乘潮单向航道
方案三 (30油+限制吃水30散)	外航道内段	30万吨级散货船(限制吃水22m)乘潮单向航道
	徐圩航道	30万吨级油船乘潮单向航道
	外航道外段	30万吨级散货船(限制吃水22m)、油船乘潮单向航道

4.4 方案综合比选

连云港港30万吨级航道二期工程连云港区航道建设规模关键取决于该航道与大型化到港船型的适应性、经济性(工程总投资、维护费用与铁矿石运输成本节约)、与30万吨级码头规模和后方集疏运通道的匹配性以及连云港港口综合竞争力等方面;徐圩港区航道的建设规模关键取决于江苏沿海地区的重要石化产业基地——徐圩新区石化产业园原油进口来源多元化、航线条件与船舶吃水和经济性(基建投资,维护成本)。

4.4.1 连接连云港区的航道

若按30万吨级散货船规范吃水23.0m设计,则连云港区航道完全能满足30万吨级散货船进港需求,有利于适应到港船型大型化发展形势和外贸铁矿石运输要求,可以充分发挥30万吨级矿石码头及后方集疏运通道生产效能,提高连云港港口综合竞争力,保证江苏沿海开发战略的顺利实施。且铁矿石运输成本节约明显,而基建疏浚工程量和年维护疏浚工程量增加非常有限。连云港区航道若按30万吨级散货船限制吃水22.0m设计,则连云港区航道只能勉强满足30万吨级散货船的进港要求(只能满足吃水22.0m以下30万吨级散货船进港要求,无法满足吃水22~23m的30万吨级散货船进港要求),对日益大型化的到港船舶的适应性较差,在一定程度上影响30万吨级矿石码头及后方集疏运通道生产效能,也不利于提高连云港港口综合竞争力和实施江苏沿海开发战略。因此,为适应船舶大型化发展形势和外贸铁矿石运输需要,充分发挥30万吨级矿石码头及后方集疏运通道生产效能,提高连云港港乃至江苏省和我国的港口竞争力,有利于顺利实施江苏沿海开发战略,连云港区航道建设规模推荐30万吨级散货船(规范吃水23.0m)单向乘潮航道。

4.4.2 连接徐圩港区的航道

徐圩港区航道作为徐圩新区石化产业园这一江苏沿海地区石化产业基地的重要支撑设施,应能满足今后进口原油来源多元化的要求,完全适应来自东行航线或是西行航线的30万吨级油船通航需要,即航道水深满足规范吃水22.5m的油船通航需要。虽然炼化一体化项目一期工程原油可选择中东、非洲原油,并考虑到马六甲海峡水深限制因素(限制吃水22.0m),限制吃水22.0m方案短时间内是可能的,但是从支撑徐圩新区石化产业园长期发展和保障能源安全的角度,限制吃水22.0m方案将不能完全适应。另外,规范吃水22.5m方案比限制吃水22.0m方案的基建投资仅增加1.8亿元,年维护成本仅增加200万元。基于以上分析,二期工程徐圩港区航道建设规模推荐30万吨级油船(规范吃水22.5m)单向乘潮航道。

5 结语

本文研究分析了连云港港30万吨级航道二期工程建设的迫切性,并且在遵循设计规范的基础上,通过铁矿石、原油的海运航线特点的调研,重点对设计控制船型吃水选择进行了论证,并且针对提出的航道建设规模方案,从航道建设投资、航道维护和运行经济性、港口适应性和综合竞争力等几个方面进行了技术和经济对比分析,使连云港港30万吨级航道二期工程建设规模的最终确定更具合理性。本次研究所采用的建设规模系统论证技术路线,也可为今后类似航道工程项目建设规模方面的论证提供借鉴。

参 考 文 献

[1] 中交上海航道勘察设计研究院有限公司. 连云港港 30 万吨级航道二期工程工程可行性研究报告[R]. 2013.

[2] 中交上海航道勘察设计研究院有限公司. 连云港港 30 万吨级航道二期工程回淤研究总报告[R]. 2013.

[3] 江苏省交通规划设计院有限公司, 江苏省水运工程技术研究中心. 连云港港 30 万吨级航道二期工程经济部分报告[R]. 2013.

连云港港旗台作业区岸线、防波堤、港内水域及进港航道综合布置研究

马兴华[1]　朱从富[2]　金雪英[1]　谢　军[1]　黄志扬[1]
(1. 中交上海航道勘察设计研究院有限公司　上海　200120；
2. 连云港港口集团有限公司　连云港　222046)

摘　要：由于旗台作业区岸线、防波堤、港内水域和30万吨级航道在平面上密切相关，且建设条件十分复杂，本次研究作为系统工程，对旗台作业区岸线、防波堤、港内水域和30万吨级航道平面开展综合布置研究，采用潮流泥沙数模、波浪数模、定床物模、船舶航行模拟试验和综合研究等手段，对各方案的防波、减淤、导流、通航安全效果、建设成本和效益进行系统研究，以综合效果最佳为原则，统筹考虑、综合平衡后确定了综合布置方案，为连云港港30万吨级航道工程、旗台作业区码头和旗台作业区防波堤的立项和建设提供了科学依据。其研究方法和成果可为同类研究借鉴。

关键词：连云港港；旗台作业区；口门布置；防波效果；减淤效果；通航安全

1　引言

为贯彻实施国家战略《江苏沿海地区发展规划》、《江苏省沿海开发总体规划》和《长三角发展规划》，江苏省于2006年启动江苏沿海开发的“牛鼻子”——连云港港30万吨级航道的前期论证工作。

旗台作业区是连云港区新开辟作业区，以大宗干散货和液体散货运输为主。为适应港口发展需要，2006年连云港港口集团有限公司着手启动旗台作业区的前期论证工作，包括30万吨级矿石接卸码头、散化肥码头和氧化铝码头等。

旗台作业区处于连云湾的口门段及口外段，东西连岛对旗台作业区的掩护作用由西向东逐渐减弱，特别是在旗台嘴以东延伸段基本位于开敞海域，直接承受外海风浪、涌浪的作用。若不建设防波堤，泊稳条件较差，码头护岸设计波浪较大，码头面高程较高，水工投资大。另外，W弯段一直是淤积较为严重的航段，泥沙数学模型计算表明，若不建设防波堤，拟建30万吨级航道W弯段的最大回淤超过3m/年。为此，需要配套建设旗台防波堤工程。

由于旗台作业区岸线、防波堤、港内水域和拟建30万吨级航道在平面上密切相关，需要统筹考虑和综合布置。2006年11月，连云港港口集团委托由我院牵头，三航院配合，结合30万吨级航道预可、30万吨级矿石接卸码头工可、旗台防波堤预可，开展旗台作业区岸线、防波堤、港内水域及30万吨级航道的综合布置及其专题研究[1]，研究成果直接支撑和配合连云港港30万吨级航道工程研究、旗台30万吨级矿石码头研究和旗台作业区防波堤研究。

经过近两年的努力，2008 年 6 月完成《连云港港旗台作业区岸线、防波堤及水域综合布置研究》[1]，研究成果被同步纳入 30 万吨级航道预可、30 万吨级矿石接卸码头工可、旗台防波堤预工可，为连云港港 30 万吨级航道工程、旗台作业区码头和旗台作业区防波堤的立项和建设提供了科学依据，并发挥了重要作用。本项研究建设条件复杂，为同类工程所罕见，本文对其研究方法和主要研究成果进行了总结，可为同类研究借鉴。

2 研究条件和要求[1]

2.1 连云港区吞吐量及通过能力概况

根据《连云港港总体规划》[7]，连云港区 2020 年货运量 19 000 万吨，其中集装箱吞吐量为 800 万 TEU，煤炭 2 500 万吨，石油及制品 1 600 万吨，矿石 2 500 万吨，矿建材料 800 万吨，粮食 800 万吨，化肥 300 万吨。

根据《连云港港总体规划》[7]，连云港区布置泊位通过能力为 23 300 万吨/年，其中集装箱 1 100 万 TEU/年，主要货种为集装箱和大宗散货，如表 1 所示。

连云港区泊位通过能力一览表 表 1

	码头岸线长度（km）	泊位数（个）	靠泊吨级（DWT）	陆域纵深（km）	陆域面积（万 m^2）	通过能力（万吨/万 TEU）	主要货种
合计	21.6	77			1 490	23 300/1 100	
马腰作业区	2.5	14	0.5 万～1 万	0.2～0.4	50	800	通用杂货
庙岭作业区	4.4	15	5 万～10 万	0.7～1.2	270	5 000/300	散货、集装箱
墟沟作业区	3.2	15	1 万～5 万	0.6～0.8	180	1 100	通用散杂、客运
旗台作业区	5.6	15	10 万～25 万	0.3～1.1	450	10 000	大宗散货
大堤作业区	5.9	18	3 万～10 万	0.9	540	6 400/800	集装箱

鉴于连云港区泊位通过能力要大于 2020 年吞吐量，且差额基本为集装箱运量，符合 2020 年后集装箱运量继续增长的趋势和要求，在论证最终航道建设规模时，采用连云港区的泊位通过能力，而不采用 2020 年的吞吐量。连云港区规划图如图 1 所示。

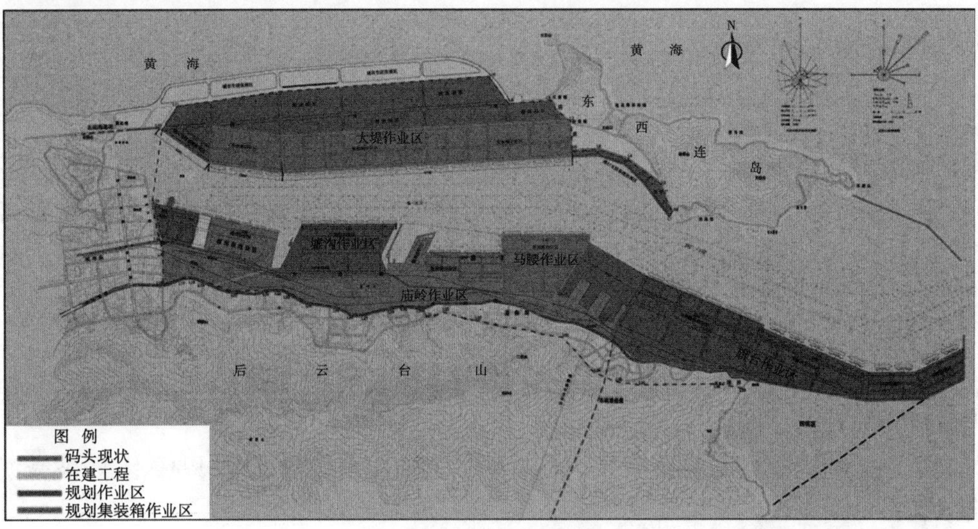

图 1 连云港区规划图

2.2 旗台作业区地形和潮流现状

旗台作业区规划地形、涨落潮流现状见后图。

2.3 旗台作业区规划建设规模

根据《连云港港总体规划》[7]，旗台作业区规划以大宗干散货和液体散货为主，重点建设10万吨级以上专业化泊位，规划采用大顺岸布局方案，岸线总长度5.6km左右，其中马腰作业区~旗台嘴之间自然岸线长度2.2km，旗台嘴以东延伸岸线3.4km。

根据装卸货种和等级的不同，旗台作业区可分为以下区域：

(1)西部大宗干散货作业区：包括10万吨级氧化铝专业化泊位1个、10万吨级散化肥专业化泊位1个、30万吨级矿石接卸泊位1个、5万吨级矿石装船泊位1个和2个预留泊位，除30万吨级矿石接卸泊位外，码头结构按15万吨级设计。

(2)中部液体散货作业区：包括港口股份液体散货泊位(5万吨级1个)、新世纪液体散货泊位(5万吨级1个)和2个预留泊位，码头结构按10万吨级设计。

(3)东部预留作业区：可能预留作为30万吨级原油接卸泊位。

2.4 旗台作业区允许作业条件和防波要求

根据旗台作业区各作业区规划等级，依据《海港总平面设计规范》[8]，确定各作业区的允许作业条件。防波要求体现在以下两个方面：

(1)改善港内泊稳条件：降低入射波高$H_{4\%}$(或$H_{1/10}$)及频率，以改善旗台作业区港池泊稳条件，提高作业天数。

(2)减小港内设计波浪要素：降低码头及护岸设计波浪$H_{13\%}$，以降低码头高程，降低码头和护岸投资。

2.5 防波堤往东延伸距离受制于田湾核电站取排水不超过2.3km

防波堤建设对核电站取排水口影响的潮流泥沙数学模型研究已在《连云港港水域及岸线详细规划》中完成，并与核电方面形成有关共识，该研究工作全部基于羊窝头往东延伸2.3km的情况，为避免不必要的重复研究，防波堤布置最东端不再突破。

3 研究特点和研究方法

3.1 研究特点

本次研究具有以下特点：

(1)建设条件十分复杂，为同类工程所罕见：W弯道附近现状涨落潮流为绕羊窝头进出，防波堤建设将加剧绕流，口门外横流增大，对通航安全有一定影响；防波堤长度受制于田湾核电站取排水，由羊窝头往东延伸不超过2.3km，对防波效果和减淤效果造成一定影响；防波堤口门距离W弯道很近，船舶一进口门即面临转弯，对通航安全有一定影响。

(2)研究对象多，涉及面广，研究对象包括岸线、防波堤、港内水域和进港航道，另外还涉及核电取排水口和海滨浴场。

(3)需要统筹防波效果、减淤效果、导流效果、通航安全效果、防波堤成本、防波减淤效益和综合效益。

(4)研究手段多，研究深度深(需要达到支撑各项目工可深度)，工作量大。

3.2 研究思路和步骤

由于旗台作业区岸线、防波堤、港内水域和拟建30万吨级航道在平面上密切相关,且建设条件十分复杂,总体思路为:作为系统工程对旗台作业区岸线、防波堤、港内水域、30万吨级航道开展综合布置,拟定综合布置方案。通过潮流泥沙数模、波浪数模、定床物模和船舶航行模拟试验,对不同布置方案的防波效果、减淤效果、导流效果和通航安全效果进行系统研究。另外测算防波堤建设成本、防波和减淤效益和综合效益,在此基础上开展综合研究,以综合效果最佳为原则,统筹考虑、综合平衡后确定综合布置方案。

为此,本次研究紧密结合30万吨级航道预可、30万吨级码头工可和旗台防波堤预工可,分步开展,逐步深入,经历多次协调优化,包括初步筛选、第一次优化和第二次优化三个阶段,研究步骤为:首先初步拟定综合布置方案,采用二维潮流数模筛选,然后提出第一次优化方案,开展潮流泥沙数模[2-4]、波浪数模[5]、定床物模,研究防波、减淤和导流效果,最后提出第二次优化方案,并深化研究防波、减淤和导流效果得到推荐方案。2008年3月17日,连云港市港口管理局在北京组织召开了《连云港港旗台作业区岸线、防波堤、水域综合布置研究报告》及其专题研究专家咨询会,专门听取了专家意见。根据专家咨询意见,于2008年6月完成《连云港港旗台作业区岸线、防波堤及水域综合布置研究》,得到推荐方案——不改线方案九(口门宽950m),妥善处理了旗台作业区岸线、防波堤、港内水域和30万吨级航道的平面布置,取得了满意的效果,研究深度达到控详规和工可的深度。之后在30万吨级航道一期工程工可研究阶段,委托上海海事大学开展了船舶航行模拟试验[6],对30万吨级散货船从口门外进入口门段、W弯段的通航及靠离泊作业进行了模拟,推荐方案的通航安全效果得到验证。

3.3 综合布置原则[1]

(1)符合连云港港总体规划,结合航道、港区规划布置。

(2)满足最终规模船舶安全通航要求,口门流速、流向、流态应有利于通航安全。

(3)满足防波要求。

(4)有利于减小港池航道回淤。

(5)作为系统工程,统筹考虑、综合平衡确定。

4 综合布置方案[1]

4.1 口门段航道最终建设规模及尺度研究

根据《连云港港总体规划》[7]关于连云港区货种、运量、作业区布置和泊位等级等规划,结合船型发展趋势、通航密度,综合论证确定旗台作业区30万吨级矿石码头～外航道的最终航道建设规模,如表2所示。

根据航道建设规模、设计船型和水文气象资料,计算确定口门段及口外航道的最终航道有效宽度和设计底高程,如表2和表3所示。

4.2 防波堤口门宽度及口门断面布置

4.2.1 防波堤口门宽度

根据《海港总平面设计规范》[8]布置,垂直于航道方向的口门宽度 = 口门有效宽度 B_0 + 口门有效宽度底边线至防波堤的距离 d_0。口门有效宽度 B_0 = 设计船长的1～1.5倍,并宜与毗邻口门的港内外航道同宽。口门有效宽度底边线至防波堤的距离 d_0 根据堤的结构形式及其安全要求确定。

最终航道建设规模及口门有效宽度 B_0 计算表 表 2

船　型	设计船长（m）	口门有效宽度 B_0		
		按 1 ~ 1.5 倍船长（m）	按航道有效宽度（m）	取值（m）
10 万吨级集装箱船双向航道	347	347 ~ 521	450	500
12 万吨级集装箱船双向航道	367	367 ~ 551	462	
15 万吨级集装箱船双向航道	398	398 ~ 597	540	
15 万吨级与 10 万吨级集装箱船组合双向航道			500	
10 万吨级散货船双向航道	250	250 ~ 375	404	
15 万吨级散货船双向航道	289	289 ~ 434	438	
25 万吨级散货船单向航道	325	325 ~ 488	287	
30 万吨级散货船单向航道	339	339 ~ 509	302	
35 万吨级散货船单向航道	342	342 ~ 513	323	
30 万吨级原油船单向航道	334	334 ~ 501	368	

航道有效宽度、底高程综合取值一览表 表 3

有效宽度（m）		设计底高程（m）	通航底高程（m）	航 道 建 设 规 模
口门段	口外段			
500	460	－18.5	－18.0	12 万吨级集装箱船双向通航 15 万吨级集装箱船和 10 万吨级集装箱船组合双向通航 15 万吨级散货船双向乘潮通航
365	350	－22.5	－22.0	35 万吨级散货船单向乘潮通航 30 万吨级油船单向乘潮通航

口门有效宽度底边线至防波堤的距离 d_0 计算如下：

（1）根据疏浚边坡及超宽、堤头尺度、安全距离计算，d_0 = 设计低水位以下边坡 20m + 护底长度 15m + 安全距离 30m + 疏浚超宽 10m + 疏浚边坡（18 − 6）× 10 = 210m。

（2）根据《海港工程设计手册（中册）》，对于有掩护的港内航道与突堤距离应控制在 200m 左右。

综合考虑，B_0 按 15 万吨级与 10 万吨级集装箱组合双向通航控制，航道有效宽度取 500m，d_0 取 210m，则垂直于航道方向的口门宽度 = 500 + 2 × 210 = 920m。

4.2.2 防波堤口门断面布置

根据南科院波浪数学模型计算，950m 口门防波效果已经可以满足要求，900m 口门与 950m 口门相比，港内设计波浪要素及泊稳条件几乎相同，防波效果差别极为有限。

为更好地适应远期港区、航道、船舶大型化的发展，本研究防波堤口门取 950m，对称布置，航道有效宽度预留 30m，以适应远期航道的需要。

4.3 综合布置方案初步筛选

初步筛选阶段考虑了 8 个初步方案，采用二维潮流数学模型初步筛选。二维潮流数学模型研

究成果表明,口门外横流程度与南北防波堤长度、北防波堤堤头形状及其与航道夹角有关:

(1)防波堤堤头与羊窝头的距离越大横流越大,距离越小横流越小。

(2)北堤堤头上挑时或与航道夹角较小时横流最大,达到 0.85m/s,北堤堤头与航道夹角垂直~适当内折时横流较小。

4.4 综合布置方案第一次优化

根据二维潮流数模,筛选优化出 3 个平面方案。根据防波堤预可审查会精神,补充 4 个不改线方案,另外增加 2 个改线方案,以期进一步改善防波效果,增加口门与弯段的距离以改善通航安全效果,则形成 7 个不改线方案和 2 个改线方案。

4.4.1 W 弯段不改线方案

1)航道平面布置

(1)W 弯段以外:规划航道在 15 万吨级航道基础上对称拓宽,规划航道宽度 550m(按 15 万吨级集装箱船双向航道控制)。

(2)W 弯段以内:以规划航道北边线与东西连岛的水岛距离 100m 为原则,确定规划航道位置,规划航道宽度按 400m(按 10 万吨级集装箱船双向航道控制)。

2)旗台作业区码头前沿线布置

(1)旗台作业区的码头前沿线总体平行于航道走向。

(2)西部、中部作业区按 15 万吨级散货船、调头区不占用规划航道为原则布置,码头前沿线距离规划航道边线 431~434m。

(3)东部预留作业区按 30 万吨级原油泊位、调头区不占用规划航道为原则布置,码头前沿线距离规划航道边线 420~457m。

3)防波堤布置

如表 4 所示。

第一次优化阶段综合布置方案一览表 表 4

阶段	名 称	北面围垦情况	防 波 堤 布 置	W 弯段与口门距离
第一次优化	W 弯段不改线方案一	围垦	①垂直于航道方向口门宽度为 1 000m; ②南北防波堤形成错位,北防波堤稍短,堤头距离羊窝头 1.9km,南防波堤较长,堤头距羊窝头 2.3km; ③北堤为直线 + R200 圆弧; ④南堤为直线,按分流堤布置	1 857m (5.3L)
	W 弯段不改线方案二	不围	①南北防波堤堤头东西向位置基本一致,堤头距离羊窝头 2.3km; ②其余同方案一	2 048m (5.9L)
	W 弯段不改线方案三	不围	①垂直于航道方向口门宽度为 950m; ②南北防波堤堤头东西向位置与旗台作业区东护岸齐平,堤头距离羊窝头 1.8km; ③北堤为直线 + R1 000 圆弧,堤头与航道基本垂直	1 473m (4.2L)
	W 弯段不改线方案四	不围	北防波堤为直线 + R1 200 圆弧 + 垂直于航道的直线 + R200 圆弧,其余同方案一	1 857m (5.3L)

续上表

阶段	名 称	北面围垦情况	防 波 堤 布 置	W 弯段与口门距离
第一次优化	W 弯段不改线方案五	不围	北防波堤为直线 + 反弧 + 直线 + R350 圆弧 + 垂直于航道的直线 + R200圆弧,其余同方案二	2 048m(5.9L)
	W 弯段不改线方案六	不围	①垂直于航道方向口门宽度为 1 000m; ②南堤同方案三,北堤距离羊窝头 2.2km,与南防波堤形成错口; ③北堤为二折线,与航道夹角 114°	1 700m(4.9L)
	W 弯段不改线方案七	不围	南北堤堤头东西向位置基本一致,距离羊窝头 2.2km,其余同方案三	1912m(5.5L)

注:L 按 10 万吨级集装箱船长 347m,下同。

W 弯段不改线方案一 ~ 方案七如图 2 ~ 图 6 所示。

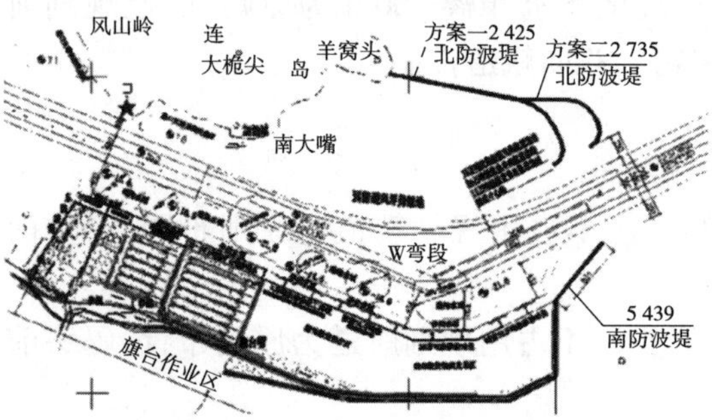

图 2 W 弯段不改线方案一、方案二

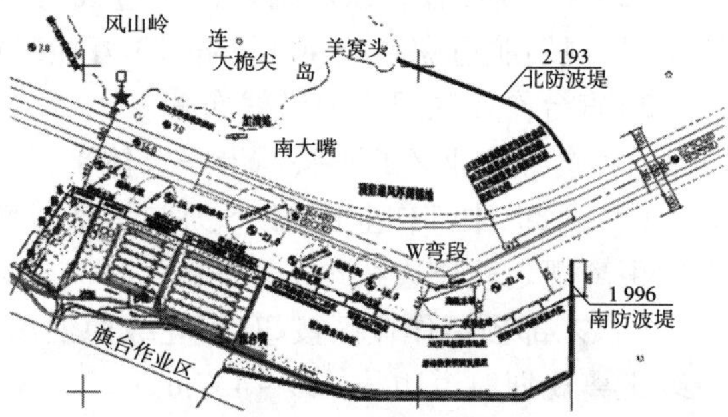

图 3 W 弯段不改线方案三

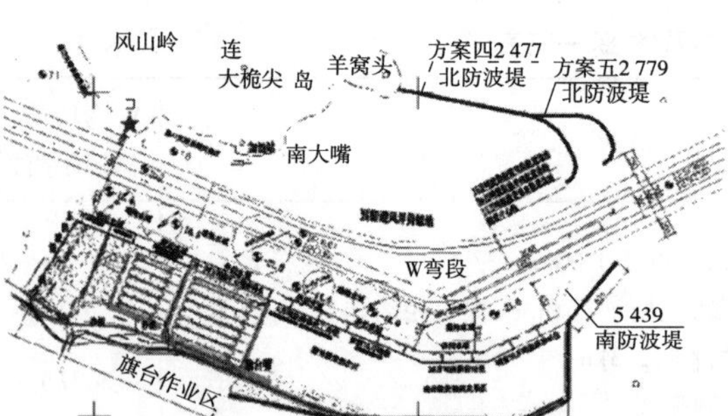

图 4 W 弯段不改线方案四、方案五

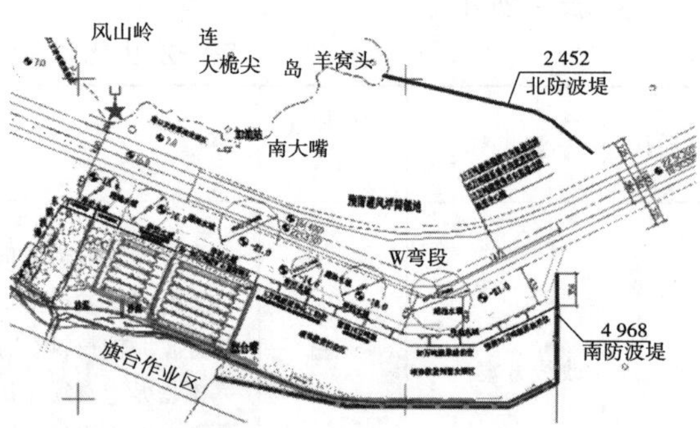

图 5 W 弯段不改线方案六

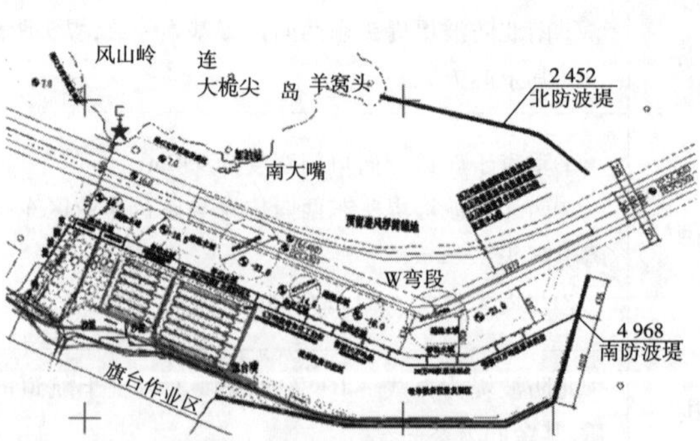

图 6 W 弯段不改线方案七

4.4.2 W弯段改线方案

W弯段改线方案考虑旗台作业区码头前沿线不突破现有W弯段水域，以便充分利用现有航道的水深条件，同时口门内外弯道与口门的距离宜满足《海港工程设计手册(上册)》关于不小于6～7L($L\leqslant200$m时)、9～10L($L\geqslant200$m时)的要求。

(1)改线方案一

规划航道向北面改线，形成3处弯道，相邻两个弯道距离、弯道与口门距离满足10万吨级集装箱船9倍船长。W弯段西侧左转40°，口门外左转9°。W弯段改线方案一如图7所示。

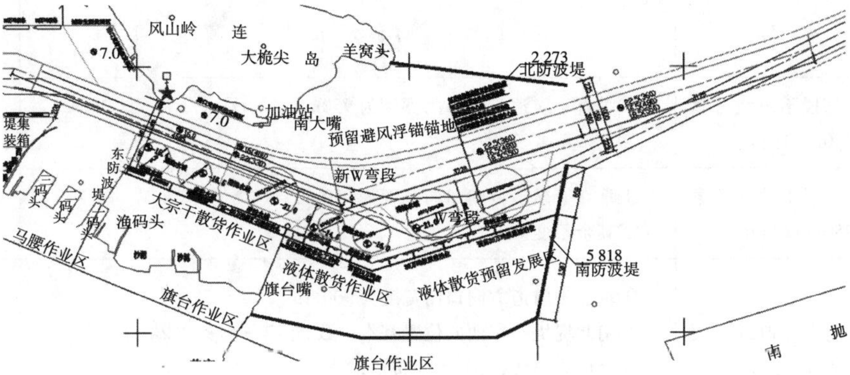

图7　W弯段改线方案一

(2)改线方案二

航道向南面改线，形成4处弯道，相邻两个弯道距离、弯道与口门距离满足10万吨级集装箱船9倍船长。W弯段西侧左转25°，口门外左转49°，再右转25°接外航道。W弯段改线方案二如图8所示。

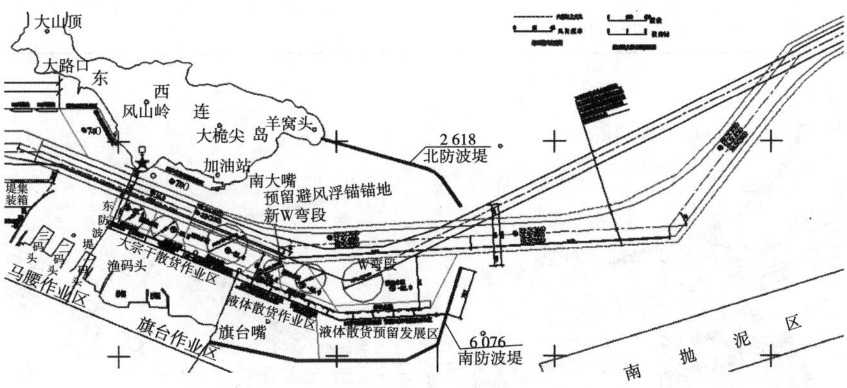

图8　W弯段改线方案二

4.4.3　研究结论

研究表明：

(1)不改线方案旗台作业区的泊稳条件大为改善，$H_{4\%}\geqslant0.8$m的天数最大为18.6天，不小于1m的天数最大为5.4天。

(2)改线方案一通航条件有所改善，但泊稳条件差于不改线方案；改线方案二增加了两个弯道，而泊稳条件与不改线方案相比并没有得到改善。

鉴于改线方案未显示出优越性，且涉及航道大改线，不予考虑。

4.5 综合布置方案第二次优化

根据专家咨询意见，从防波、减淤和导流作用角度，对不改线方案的口门宽度进行完善；在不改线方案六、七基础上，吸收其他方案的优点，提出优化方案——W 弯段不改线方案八；在不改线方案八基础上，增加黄窝吹填区、核电取水口延伸，形成不改线方案九，与 30 万吨级航道可行性研究的边界条件一致。第二次优化阶段综合布置方案如表 5 所示，W 弯段不改线方案八如图 9 所示，W 弯段不改线方案九如图 10 所示。

第二次优化阶段综合布置方案一览表 表 5

阶段	名 称	防 波 堤 布 置	W 弯段与口门距离
第二次优化	W 弯段不改线方案六(950m 口门)	①垂直于航道方向口门宽度为 950m； ②其余不变	1 700m (4.9L)
	W 弯段不改线方案七(950m 口门)	①垂直于航道方向口门宽度为 950m； ②其余不变	1 912m (5.5L)
	W 弯段不改线方案八(900m 口门)	①垂直于航道方向口门宽度为 900m； ②南北堤堤头东西向位置基本一致，距离羊窝头 2.2km； ③南堤为直线，按分流堤布置； ④北堤为二折线，堤头段基本垂直于航道口门	1 912m (5.5L)
	W 弯段不改线方案八(950m 口门)	①垂直于航道方向口门宽度为 950m； ②北堤堤头距离航道 225m，南堤堤头距离航道 225m； ③其余同 900m 口门	
	W 弯段不改线方案九	在不改线方案八基础上，增加黄窝吹填区、核电取水口延伸，延伸长度考虑 1 500m	1 912m (5.5L)

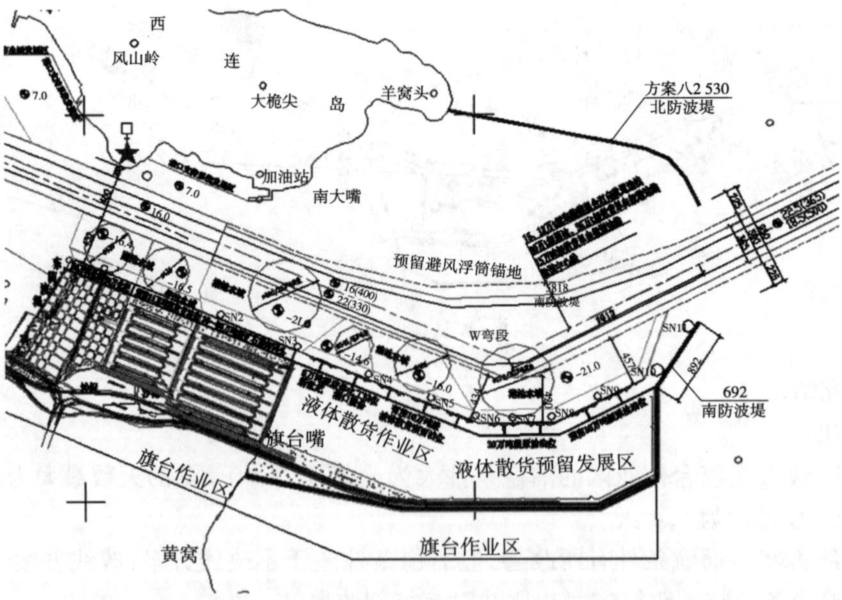

图 9 W 弯段不改线方案八(950m 口门)综合布置平面图

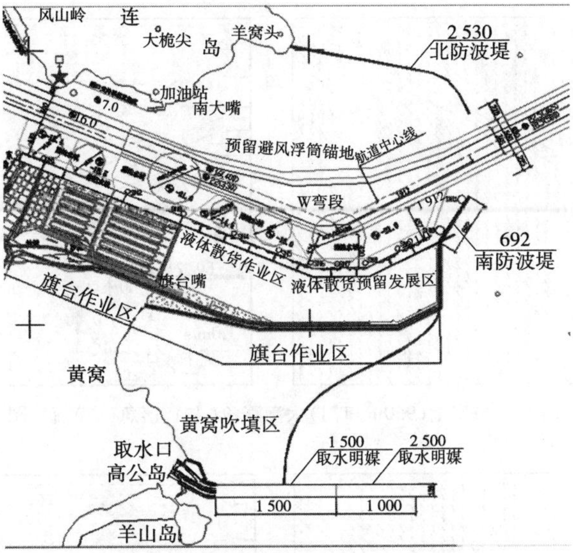

图10　W 弯段不改线方案九(950m 口门)综合布置平面图

5　综合布置方案第二次优化防波、减淤、导流效果研究

5.1　导流效果研究[1-4]

导流效果研究如图 11 ~ 图 14 所示。

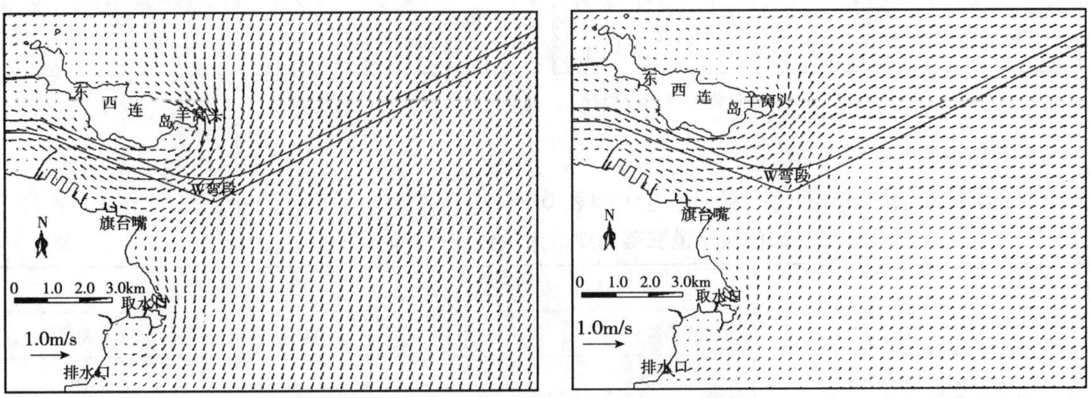

图 11　工程前大潮涨急(左)、落急(右)流场图

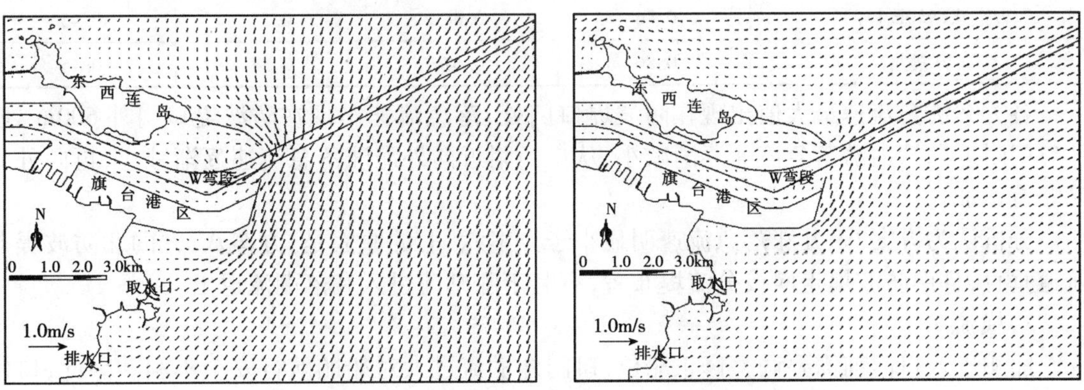

图 12　方案六(950m 口门)大潮涨急(左)、落急(右)流场图

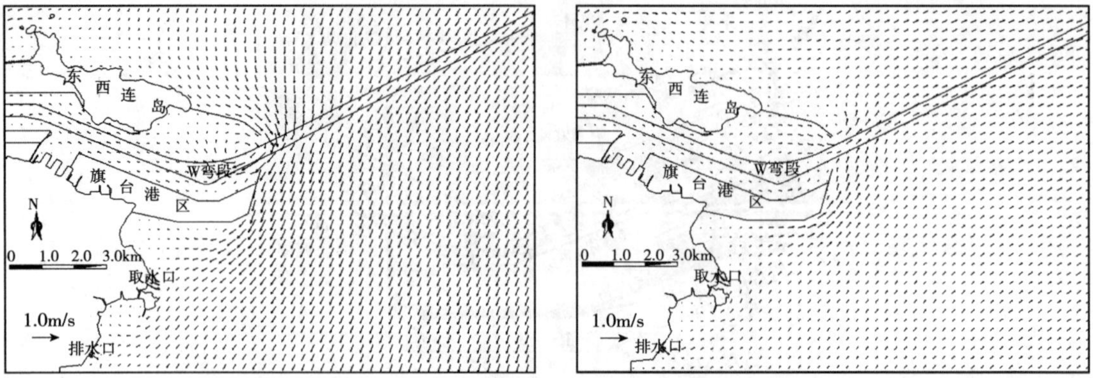

图 13　方案七(950m 口门)大潮涨急(左)、落急(右)流场图

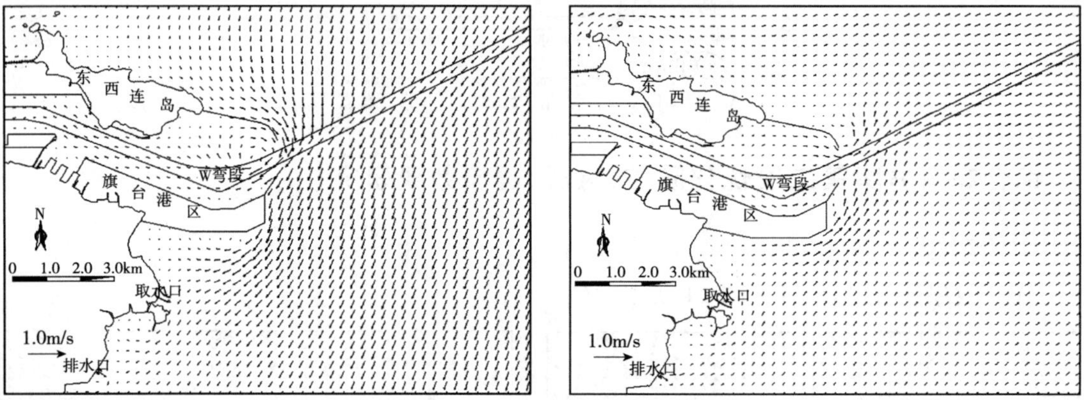

图 14　方案八(950m 口门)大潮涨急(左)、落急(右)流场图

1)航道流速纵向分布

口门段航道涨落潮期最大流速统计如表 6 所示。

口门段航道涨落潮期最大流速统计(单位:m/s)　　表 6

类别 / 方案名称	涨急流速		落急流速	
	航道院[2]	河海大学[4]	航道院[2]	河海大学[4]
方案六(950m 口门)	0.93	0.77	0.61	0.46
方案七(950m 口门)	0.93	0.74	0.61	0.44
方案八(950m 口门)	0.86	0.68	0.54	0.45
方案九	0.86	0.67	0.54	0.45

各方案涨急流速最大值出现在防波堤口门处,落急流速出现在防波堤口门外 600m 处;从口门附近向湾内涨落急流速逐渐减小,从口门附近向外海涨落急流速逐渐减小,再向外海又略有增加。

分析认为方案八、九涨落急流速明显小于方案六、七的原因是:方案八、九的北防波堤与航道垂直,且南防波堤走向按分流堤布置,有利于涨潮流进入和落潮流退出。

2)横流

船舶进入口门前需要调整修正船位,口门外横流过大对船舶航行安全不利。因此,口门外横流大小是需要关注的主要问题之一。

(1)纵向分布

①横流最大值出现在堤头外600m左右,0.49~0.61m/s,较工程前的0.46m/s有所增加,主要原因是涨潮流绕过北防波堤时受到堤头的挑流作用,一方面流速相对较大,另一方面该处水流呈与航槽夹角较大的往复流特征。

②从口门附近向湾内最大横流流速逐渐减小,W弯段最大横流0.12~0.15m/s,较工程前的0.41m/s大大减小,W弯段通航条件大为改善。外航道内段最大横流0.03m/s,也较工程前明显降低。

③从口门附近向外海,最大横流流速开始逐渐减小,在边滩水深约9.1m处减小到0.25m/s左右,再向外海由于旋转流作用最大横流又略有增加至0.29m/s,较工程前的0.44m/s明显降低。

(2)横流时间分布

各方案最大横流出现在涨潮过程中,落潮最大横流仅为涨潮最大横流的1/2~1/3;涨潮最大横流出现在高潮位前0.75~1h,落潮最大横流出现低潮位前1h左右。

(3)不同方案横流大小比较

各方案最大横流流速统计如表7所示。

各方案最大横流流速统计(单位:m/s) 表7

方　案	航道院成果[2]		河海大学成果[4]	
	数　值	出现位置	数　值	出现位置
工程前	0.46	口门段、口外段普遍	0.36	距离口门600m
方案六(950m口门)	0.61(133%)	K10	0.56(156%)	距离口门900m
方案七(950m口门)	0.60(130%)		0.55(153%)	
方案八(950m口门)	0.53(115%)		0.50(139%)	
方案九	0.53(115%)		0.49(136%)	

注:(　)内为与工程前的比值。

可见,方案八、九北防波堤与航道垂直,南防波堤走向按分流堤布置,有利于涨潮流进入和落潮流退出,可明显降低口门外最大横流。

(4)横流规律分析

①防波堤堤头与羊窝头的距离越大则横流越大,与丁坝挑流规律是一致的。

②北堤堤头与航道夹角较小时横流较大,北堤堤头靠近航道的一段垂直于航道时横流较小,这与下挑丁坝流速较小、正挑丁坝流速较大的丁坝挑流规律是一致的。

③南防波堤走向按分流堤布置,有利于涨潮流进入和落潮流退出,可明显降低口门外最大横流。

5.2　港池减淤效果研究[1-4]

旗台作业区港池回淤统计分区如图15所示,旗台作业区前沿港池年平均回淤强度与回淤方量如表8所示。

(1)北防波堤建设后港池减淤效果明显,最大回淤强度不超过1m/a。

(2)港池回淤纵向分布:从离口门较远处向离口门较近的港池回淤强度呈逐渐增加。

(3)方案六、七、八的港池回淤比较:方案六回淤量为方案八的110%。原因是方案六的南防波堤与涨急流向存在一定夹角,港池回流区现象显著,而方案八的南防波堤走向按分流堤布置，与涨急流向基本一致。

(4)方案八、九的港池回淤比较：方案九的回淤总量较方案八降低13%，说明黄窝吹填对减少港池回淤有利。

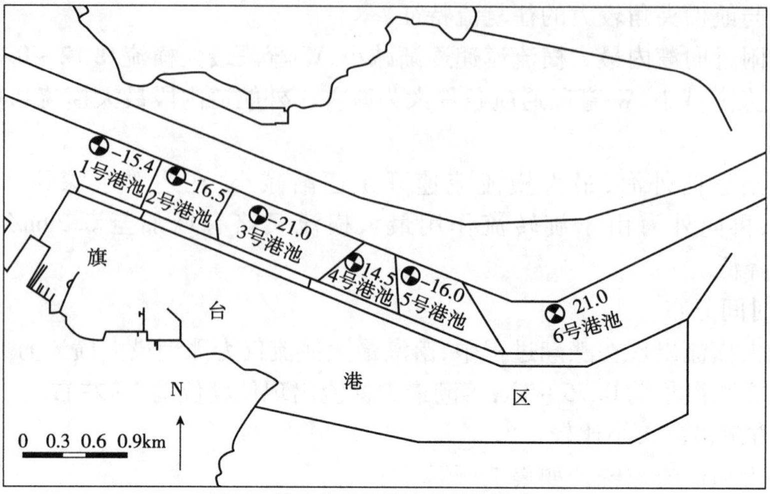

图15 旗台作业区港池回淤统计分区

旗台作业区前沿港池年平均回淤强度与回淤方量[2] 表8

回淤分区	方案六(950m 口门)		方案七(950m 口门)		方案八(950m 口门)		方案九	
	平均回淤强度(m/a)	回淤方量(万 m³)	平均回淤强度(m/a)	回淤方量(万 m³)	平均回淤强度(m/a)	回淤方量(万 m³)	平均回淤强度(m/a)	回淤方量(万 m³)
1号港	0.00	0.0	0.00	0.0	0.00	0.0	0.00	0.0
2号港	0.01	0.3	0.01	0.3	0.01	0.3	0.01	0.3
3号港	0.11	5.5	0.10	5.0	0.11	5.5	0.10	5.0
4号港	0.21	4.1	0.18	3.5	0.17	3.3	0.13	2.6
5号港	0.52	19.5	0.50	18.8	0.44	16.5	0.36	13.5
6号港	0.99	78.7	1.03	81.9	0.89	70.7	0.78	62.0
合计	0.45	108.1	0.45	109.5	0.40	96.3	0.35	83.4

5.3 航道减淤效果研究[1-4]

W弯段2及其以外航道年回淤量统计如表9所示。

W弯段2及其以外航道年回淤量统计(万方/年) 表9

方案名称 \ 单位	航道院[2]	南科院[3]	河海大学[4]	平均
方案六(950m 口门)	1 051.3	1 067.1	1 012.0	1 043.5
方案七(950m 口门)	1 050.7	1 055.8	1 015.7	1 040.7
方案八(950m 口门)	1 043.2	1 056.1	1 014.3	1 037.9
方案九	1 024.4	—	998.7	1 011.6

(1)北防波堤建设后航道减淤效果明显，约300万 m³/年。

(2)航道回淤总量：30万吨级航道不同方案年回淤总量相差不大，并且各家计算成果的差别也不大,W 弯段 2 及其以外航道年回淤量在 1 050 万 m^3 左右。

(3)航道回淤强度纵向分布:口内段回淤强度减小,W 弯段 2 回淤强度 1.33m/a,最大回淤强度出现在外 2 段,回淤强度 2.06m/a,外 2 段向外回淤强度逐渐减小。

5.4 防波效果研究[1,5]

5.4.1 港内泊稳条件

(1)不改线方案六、七、八、九泊稳条件基本一致,泊稳条件大为改善,特征点 $H_{4\%} \geq 0.8$m 的天数最大为 14.3 天,特征点 $H_{4\%} \geq 1.0$m 的天数最大为 4.2 天。

(2)泊稳条件纵向分布:均满足旗台作业区允许作业条件,其中东部预留 30 万吨级原油泊位 SN6、SN7 和 SN8 点泊稳条件略差,$H_{4\%} \geq 0.8$m 的天数最大为 14.3 天,$H_{4\%} \geq 1.0$m 的天数最大为 4.2 天;而中西部泊稳条件较好,$H_{4\%} \geq 0.8$m 的天数最大仅为 0.3 天。

港内采样点位置如图 16 所示,各泊位各级波浪出现天数一览表如表 10 所示,方案九、NNE 向波浪作用时港内波高分布如图 17 所示。

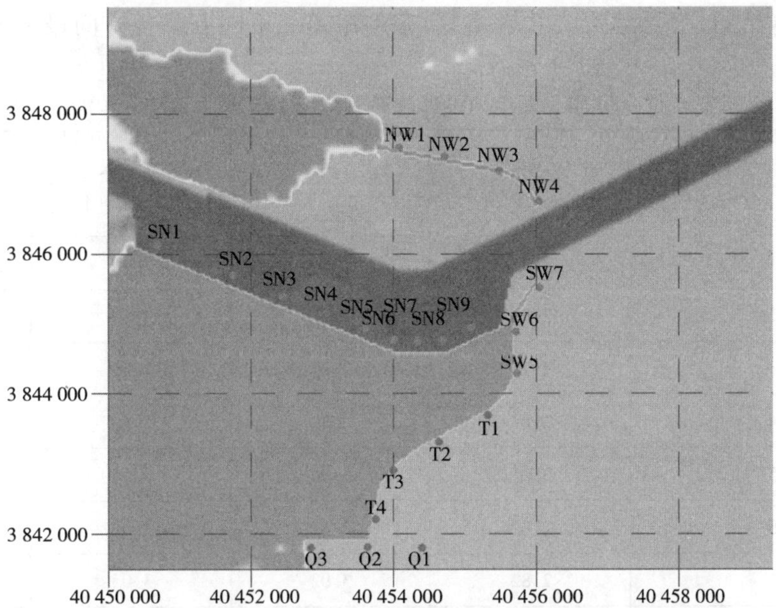

图 16 港内采样点位置

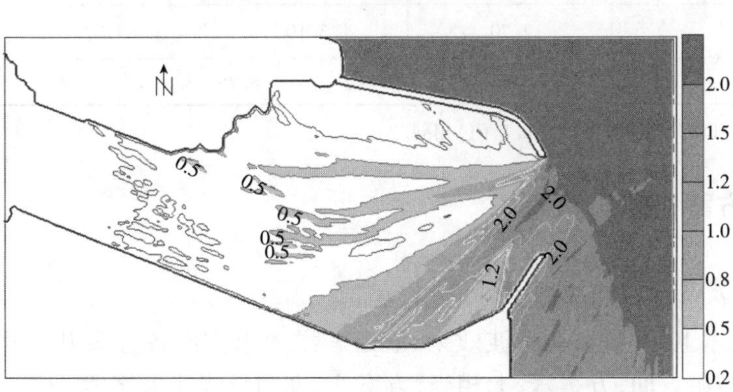

图 17 方案九、NNE 向波浪作用时港内波高分布

($H_{4\%}$ = 2.0m, T = 5.0s)

各泊位各级波浪出现天数一览表　　表 10

波高 $H_{4\%}$	10 万吨级散化肥	25 万～30 万吨级矿石接卸码头		液体散货泊位		预留 30 万吨级原油泊位			
	SN1	SN2	SN3	SN4	SN5	SN6	SN7	SN8	SN9
>0.8m	0.0	0.0	0.0	0.0	0.3	2.4	14.3	3.6	0.0
>1.0m	0.0	0.0	0.0	0.0	0.0	0.0	4.2	0.3	0.0

5.4.2　港内设计波要素

(1)各方案防波效果良好,特征点设计高水位 +50 年一遇港内设计波高 $H_{13\%}$ 最大为 3.16m,泊位平均 $H_{13\%}$ 最大为 2.86m。

(2)各方案的防波效果相当,但在不同部位的防波效果各有优劣:方案六中东部防波效果略好,西部防波效果略差;方案七中部防波效果较好,东部、西部防波效果较差;方案八、九防波效果基本相同,中西部防波效果略好,东部略差。不同方案各方向最大值统计如表 11 所示。

设计高水位 +50 年一遇港内设计波高 $H_{13\%}$ 各方向最大值统计(单位:m)　　表 11

采样点 \ 方案	方案六 950m 口门	方案七 950m 口门	方案八 900m 口门	方案九 950m 口门
SN1	2.52	2.44	2.49	2.49
SN2	2.56	2.56	2.54	2.50
SN3	2.75	2.77	2.59	2.60
SN4	2.89	2.82	2.80	2.80
SN5	3.05	3.06	3.14	3.12
SN6	2.82	2.89	3.02	3.00
SN7	2.82	3.02	3.05	3.04
SN8	2.94	3.10	3.15	3.16
SN9	2.70	3.10	3.02	3.02
周期	8.76～8.87			

注:方案八(950m 口门)与方案九(950m 口门)相同。

6　综合布置方案比较与推荐[1]

6.1　综合布置方案经济技术指标

各方案在技术上均可行,在防波效果、航道减淤效果方面各方案基本相同;在涨落急流速及横流、港池减淤方面,方案六、七相当,方案八、九明显优于方案六、七;方案八、九综合效果相对最好;在综合成本方面,方案九明显优于方案八。第二次优化方案经济技术如表 12 所示。

第二次优化方案经济技术一览表 表12

比选项目		综合布置方案			
		方案六(950m口门)	方案七(950m口门)	方案八(950m口门)	方案九(950m口门)
技术指标	旗台作业区岸线长度(m)	5 500			
	港区陆域面积(万 m^2)	430			890
	南北防波堤长度(m)	7 448	7 726	7 834	7 257
	港池疏浚量(万 m^3)	4 178			
	航道疏浚量(万 m^3)	5 343			
	港池回淤量(万 m^3/a)	149	138	136	126
	航道回淤量(万 m^3/a)	1 043.5	1 040.7	1 037.9	1 011.6
经济指标	防波堤工程造价(亿元)	9.7	10.0	10.2	9.4
	港池航道基建费用(亿元)	14.3			
	港池航道维护费用(20年)(亿元)	35.8	35.4	35.2	34.1
	陆域造地效益(亿元)	8.4			17.3
	防波效益(亿元)	基本相同			
	综合成本(费用-效益)(亿元)	51.4	51.3	51.3	40.5

注:航道回淤量为W2段及以外航道。

6.2 综合布置方案取舍关键因素分析

(1)防波效果:各方案防波效果相同,中西部泊位较好,东部略差,$H_{4\%}>1.2$m的天数不超过2天。因此,掩护条件不是方案取舍的关键因素。

(2)口门段及W弯段的涨落急流速及横流:受各方面条件限制,口门与W弯段距离较近,W弯段转角又达49°,航道平面条件不太理想。由于口门外横流影响,进港船舶通过口门时需要采取一定偏角顶流航行,并不断调整修正船位,进港船舶进入口门后即面临转弯,需要不断调整修正船位,以安全通过W弯段。因此,在航道平面条件不太理想的情况下,为安全通过W弯段和口门,口门外横流、W弯段~口门段的涨落潮流速应尽可能减小,口门外横流、W弯段~口门段的涨落潮流速是方案取舍的关键因素。

(3)港池航道减淤效果、防波堤造价和综合成本:各方案港池航道基建费用、航道减淤效果差别不大。防波堤建设属于一次性基建投资,建设后一劳永逸,维护量极小,只要方案有利于降低综合成本,就不是方案取舍的关键因素。从有利于今后港区营运角度来看,减少港池回淤显然较为有利,可减少维护疏浚的次数或备淤量,减少维护疏浚对泊位营运的影响。因此,港池减淤效果应作为方案取舍的关键因素。在收益相同的条件下,综合成本是项目国民经济评价的主要指标,也应作为方案取舍的关键因素。

6.3 综合布置方案推荐

根据上述分析,在涨落急流速及横流、港池减淤关键因素方面,方案八、九明显优于方案六、七,可作为优选方案。而方案九在方案八的基础上增加了黄窝吹填区,充分结合了30万吨级航道疏浚土吹填处理及旗台作业区陆域形成需要,同时延伸核电取水口,有效解决了防波堤及旗台作业区延伸对核电取排水的影响,可作为推荐方案。

7 口门段、W 弯段通航及靠离泊作业安全研究[6]

30 万吨级航道一期工程工可研究阶段，委托上海海事大学开展了船舶航行模拟试验，对 30 万吨级散货船从口门外进入口门段、W 弯段的通航及靠离泊作业进行了模拟，如图 18 所示，研究结论如下：

（1）30 万吨级散货船进出口门段时，航迹带叠加宽度为 276.0m，25 万吨级航道口门段航道宽度 290m，30 万吨级航道口门段航道宽度 310m，满足 25 万、30 万吨级船舶通航要求。

（2）W 弯段宽度满足 30 万吨级散货船航行操纵的需要，但考虑到 W 弯段转向角度较大，可以安排 2 艘拖轮在 W 弯段协助转首，确保安全。

（3）在 4 艘拖轮的协助下，25 万～30 万吨级散货船回旋离泊时所需的横向宽度占用航道的部分水域，离泊所需时间约为 24min，因此在离泊前半小时内，驾驶员应密切注意港内外船舶动态，保证离泊开始后一段时间内航道清爽。

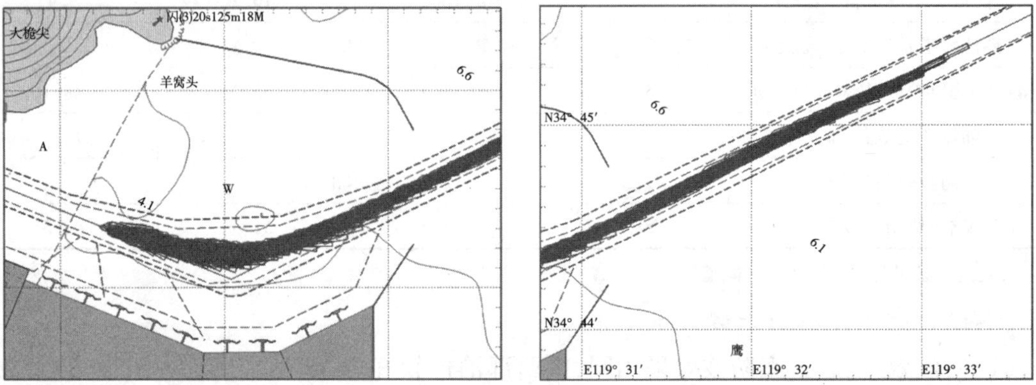

图 18　30 万吨级散货船过 W 弯段（左）、口门段（右）模拟试验航迹叠加图

8 结语

（1）针对旗台作业区岸线、防波堤、港内水域和拟建 30 万吨级航道在平面上密切相关，且建设条件十分复杂的特点，本次研究作为系统工程，对旗台作业区岸线、防波堤、港内水域和拟建 30 万吨级航道平面开展综合布置研究，采用潮流数模、泥沙数模、波浪数模、定床物模、船舶航行模拟试验和综合研究等手段，对各方案的防波效果、减淤效果、导流效果和通航安全效果进行系统研究，以综合效果最佳为原则，统筹考虑、综合平衡后确定了综合布置方案，取得了满意的效果，研究深度达到了控详规和工可的深度，研究成果被同步纳入 30 万吨级航道预可、30 万吨级矿石接卸码头工可、旗台防波堤预工可，为连云港港 30 万吨级航道工程、旗台作业区码头和旗台作业区防波堤的立项和建设提供了科学依据，发挥了重要作用，其研究方法和研究成果可为同类研究借鉴。

（2）横流规律研究表明，防波堤堤头与羊窝头的距离越大则横流越大，距离越小横流越小，这与丁坝挑流规律是一致的；北堤堤头上挑或与航道夹角较小时横流较大，北堤堤头靠近航道的一段垂直于航道时横流较小，这与下挑丁坝流速较小、正挑丁坝流速较大的丁坝挑流规律是一致的；南防波堤走向按分流堤布置，有利于涨潮流进入和落潮流退出，可明显降低口门外最大横流。

（3）港池回淤研究表明，南防波堤走向按分流堤布置，有利于涨潮流进入和落潮流退出，有利于减少港池回淤。

参考文献

[1] 马兴华,陈学良,金雪英,等.连云港港旗台作业区岸线、防波堤及水域综合布置研究报告[R].上海:中交上海航道勘察设计研究院有限公司,2008.

[2] 谢军,马兴华,王超,等.连云港港旗台作业区岸线、防波堤及水域综合布置潮流泥沙数学模型研究报告[R].上海:中交上海航道勘察设计研究院有限公司,2008.

[3] 窦希萍,高祥宇,等.连云港港旗台作业区岸线、防波堤及水域综合布置潮流泥沙数学模型研究报告[R].南京:南京水利科学研究院,2008.

[4] 张玮,等.连云港港旗台作业区岸线、防波堤及水域综合布置潮流泥沙数学模型研究报告[R].南京:河海大学,2008.

[5] 潘军宁,王红川,等.连云港港旗台作业区岸线、防波堤及水域综合布置波浪要素推算报告[R].南京:南京水利科学研究院,2008.

[6] 肖英杰,等.连云港港30万吨级航道一期工程船舶航行模拟试验报告[R].上海:上海海事大学,2009.

[7] 连云港市人民政府.连云港港口总体规划(批复稿).2008.

[8] JTJ 211—99 海港总平面设计规范[S].

连云港区旗台作业区水域综合布置定床潮流物理模型试验研究

高正荣[1]　卢中一[1]　吴治明[2]　杨程生[1]

（1. 南京水利科学研究院　南京　210029；

2. 连云港港口集团有限公司　连云港　222046）

摘　要：通过开展定床潮流物理模型试验，研究防波堤口门附近的各种特征流速、流向，分析和评价口门附近流态、流场对船舶航行的影响。研究表明，各工程方案实施后大范围的潮流特征差别不大，而工程附近水域的流速和流态有明显的变化。涨、落急明显增速区位于防波堤堤头～北侧2 000m以内的水域和防波堤堤头1 000m以内航道水域；而其余航道内流速略有减小，工程后港池内沿程流速普遍降低。防波堤堤头的东、西向位置对港池口门区的涨急流速的影响区别较小，错口布置使落急流速的增幅有所减小。港池的回流纵深长度与堤头布置关系较小，各方案涨、落潮形成的回流范围一般从南、北防波堤头至供油站断面水域，自供油站断面向西的老港池内涨、落潮流速缓慢，基本无回流产生。

关键词：连云港港；旗台作业区；防波堤；口门布置；模型试验；流态；回流

1　引言

连云港港地处我国沿海中部黄海海州湾西南岸，是我国第一批开放的沿海14个港口城市之一，因港口位于陇海兰新铁路的东端起点被誉为东方桥头堡，海运可通达近邻日本、韩国，并连接世界各地，西至荷兰鹿特丹，陆上经陇海兰新铁路沿线的11个省区，通过中亚各国铁路联结欧洲以及南亚、中东的40多个国家和地区，是连接太平洋与大西洋最便捷的陆路通道。

21世纪以来，我国国民经济继续快速发展，国家逐步实施西部大开发和振兴东北老工业基地战略，对沿海港口的运输需求旺盛，以市场经济为导向全面开放港口建设市场，掀起了新一轮的沿海港口建设高潮。连云港港口现有的泊位和设施已不能适应新形势的要求，为了抓住发展机遇，江苏省和连云港市把连云港旗台作业区岸线、防波堤建设作为振兴连云港港口作为带动苏北经济、辐射中西部地区的重要战略；为合理布置连云港旗台作业区岸线、防波堤及水域，建立连云港旗台作业区岸线、防波堤及水域综合布置定床物理模型，用以对港区不同布置方案进行比选，同时作为对工程实施进行动态管理的工作平台，根据不断补充的观测资料，依托物模对施工方案进行及时修正和完善。

江苏省交通运输科技项目（2014T12）资助。

2 模型设计与验证

2.1 模型设计

二维潮汐不稳定流方程式为：

$$\frac{\partial \xi}{\partial t}+\frac{\partial}{\partial x}[(\xi+h)u]+\frac{\partial}{\partial y}[(\xi+h)v]=0$$

$$\frac{\partial u}{\partial t}+\frac{\partial u}{\partial x}+v\frac{\partial u}{\partial y}+g\frac{\partial \xi}{\partial x}+\frac{guA}{C^2(\xi+h)}=0$$

$$\frac{\partial v}{\partial t}+u\frac{\partial v}{\partial x}+v\frac{\partial v}{\partial y}+g\frac{\partial \xi}{\partial y}+\frac{gvA}{C^2(\xi+h)}=0$$

式中：ξ 为水位；h 为水深；u、v 为 z、y 方向的垂线平均流速；$A=\sqrt{u^2+v^2}$；C 为谢才系数；g 为重力加速度；t 为时间。从上述方程式导出的潮汐水流运动相似条件为：

（1）重力相似：$\lambda_v=\lambda_H^{1/2}$

（2）阻力相似；$\lambda_c=(\lambda_L/\lambda_H)^{1/2}$ 或 $\lambda_n=\lambda_H^{2/3}/\lambda_L^{1/2}$

（3）水流连续相似：$\lambda_{t_1}=\lambda_L/\lambda_H^{1/2}$，$\lambda_Q=\lambda_L\lambda_H^{3/2}$

式中：λ_L 为平面比尺；λ_H 为垂直比尺；λ_V 为流速比尺；λ_n 为糙率比尺；λ_{t1} 为水流时间比尺。根据模型试验厅场地条件和试验研究的内容以及模型最小水深要求等确定模型几何比尺列于表 1。

模型比尺表 表 1

名称	符号	计算式	比尺
水平比尺	λ_L		800
垂直比尺	λ_H		100
流速比尺	λ_V	$\lambda_V=\lambda_H^{1/2}$	10
糙率比尺	λ_n	$\lambda_n=\lambda_H^{2/3}/\lambda_L^{1/2}$	0.76
时间比尺	λ_{t_1}	$\lambda_{t_1}=\lambda_L/\lambda_H^{1/2}$	80
流量比尺	λ_Q	$\lambda_Q=\lambda_L\lambda_H^{3/2}$	8×10^5

2.2 模型范围的确定与控制

根据数模计算成果[3]，不同工程布置对滩面流态的影响在 10m 等深线以内，对主航道的影响至 10m 等深线已很小，因此模型上边界定在黄石嘴以北 4.5km 附近；下边界定在羊山岛以南 13km 附近；海向在 10m 等深线外侧为外边界，模拟天然海域长度为 30 余 km，横向海向宽度为 18 余 km，模型长度近 40m，模型最大宽度为 25m。模型平面布置如图 1 所示。

对于控制边界很宽或者多口门（或多岛屿）的海港潮流模型，在具有水面横比降的水边界上用一个水位的闭环控制系统难以达到控制目的。对于开敞海域或多岛屿海域的海港物理模型，模型的水边界不可能只是一条短的直线边界，而是三面三条甚至四面四条都是水边界需要进行潮汐控制。为此设计了一种新型的适用于多口门宽边界港口模型试验的潮汐控制系统——双向泵流量控制系统。为模拟工程区的潮流态，根据数模计算潮量，拟在工程区的东侧 AB 边界上、下端各布设 1 台双向泵；在工程区的北侧 AD 边界布设 1 台双向泵；在工程区的南侧 BC 边界布设 1 台双向泵。4 台双向泵用明渠与蓄水库连接，如图 1 所示。

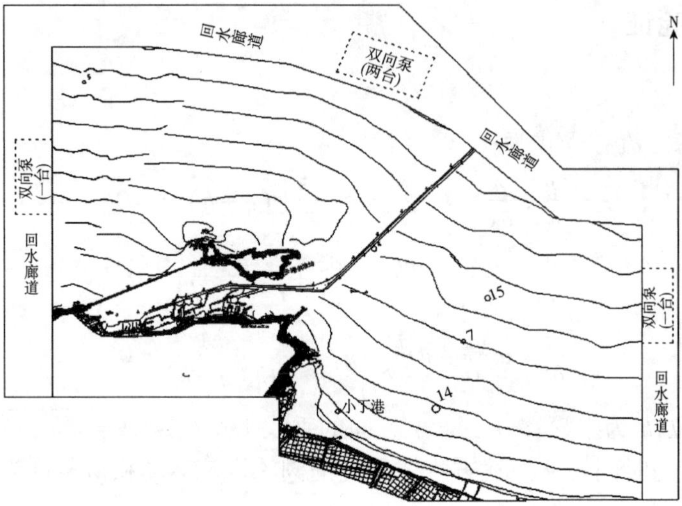

图1　连云港旗台作业区定床模型布置示意图

2.3　模型验证

模型验证如图2～图4所示。

验证试验表明,2004年与2005年的大、中、小潮流向验证结果显示,模型涨落潮流向与天然基本一致,转流时刻也与天然情况相符,从而表明模型的海流流场与原型流场基本相似。验证结果表明模型给出的高低潮位、相位、转流时间、流速大小及其流向均与原型基本一致,说明本模型与原型具有良好的相似性,为方案试验提供了良好的基础。

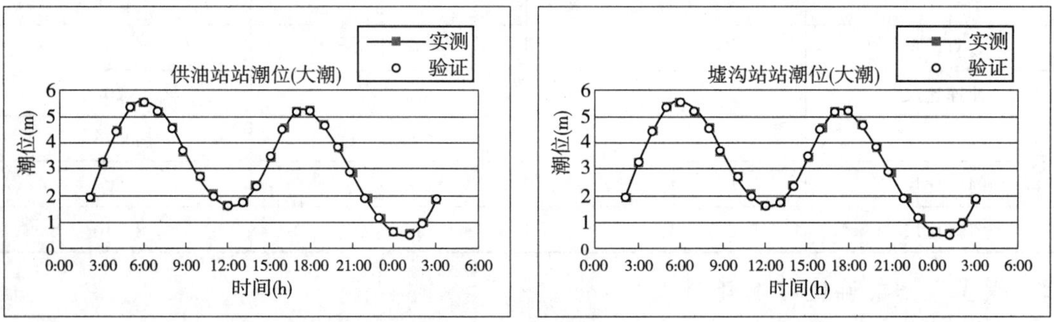

图2　2004年6～7月实测大潮潮位验证

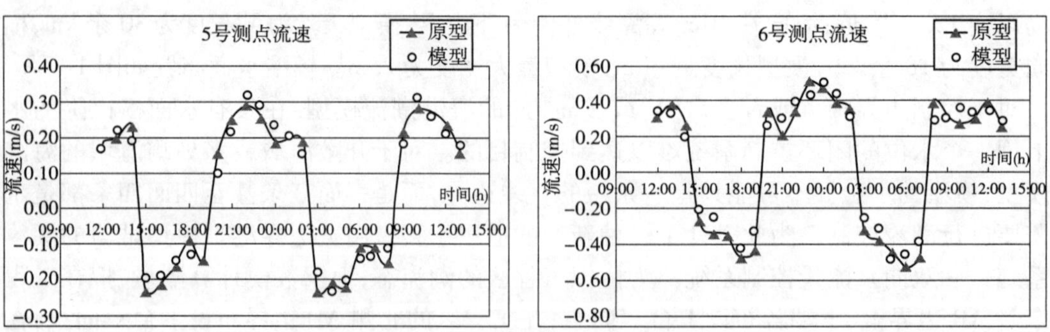

图3　2005年9月实测流速验证(大潮)

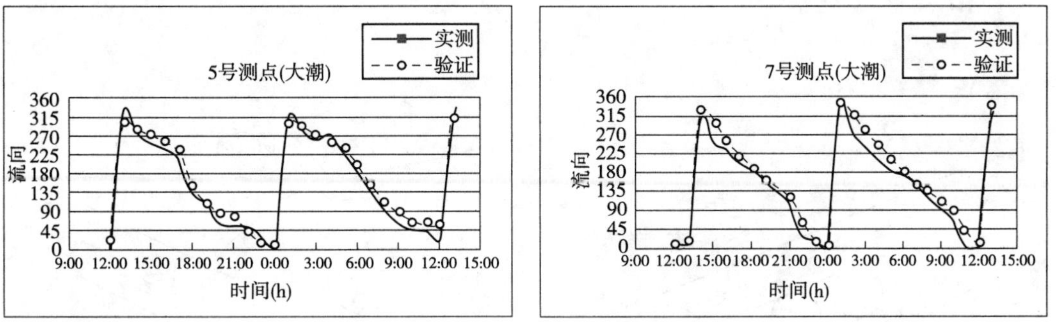

图4　2005 年 9 月实测流向验证(大潮)

3　方案概述、试验条件及测点布置

3.1　方案概述

方案布置示意图如图 5 ~ 图 8 所示。

方案一:平面布置垂直于航道方向口门宽度为 950m;南北防波堤堤头东西向位置与旗台作业区东护岸齐平,堤头距离羊窝头 1.8km;北堤为直线 + R1 000 圆弧,堤头与航道基本垂直;南堤堤头距离航道 200m,北防波堤堤头适当外移,堤头距离航道 200m,与南防波堤形成错口,如图 5 所示。

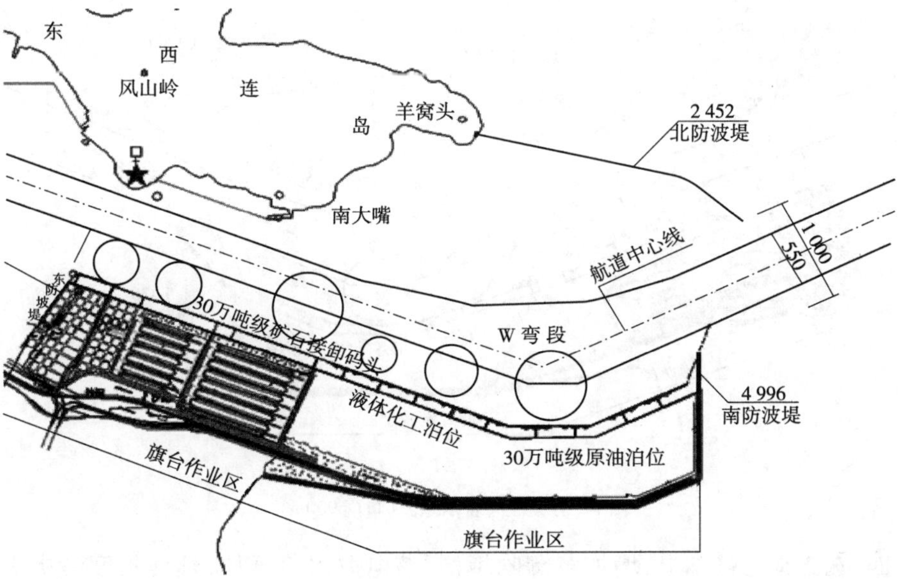

图5　方案一布置示意图

方案二:在方案一基础上适当变化,南北防波堤堤头适当外移,堤头东西向位置基本一致,如图 6 所示。

方案三:在方案一、二基础上适当变化,北防波堤堤线为二折线,堤头段基本垂直于航道口门,南防波堤堤线按分流堤方向布置,口门宽度分别考虑 900m 和 950m,如图 7 所示。

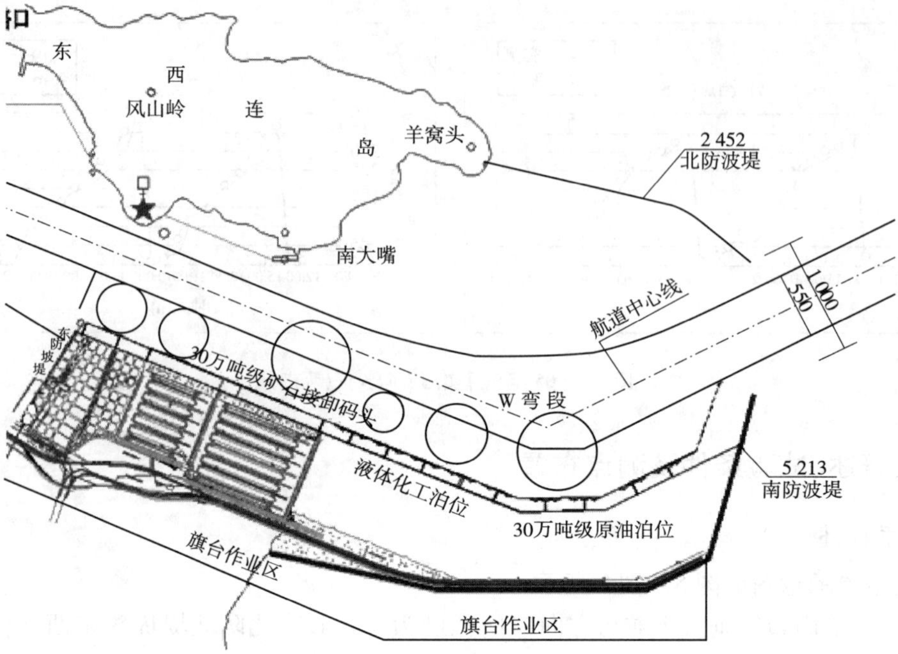

图 6　方案二布置示意图

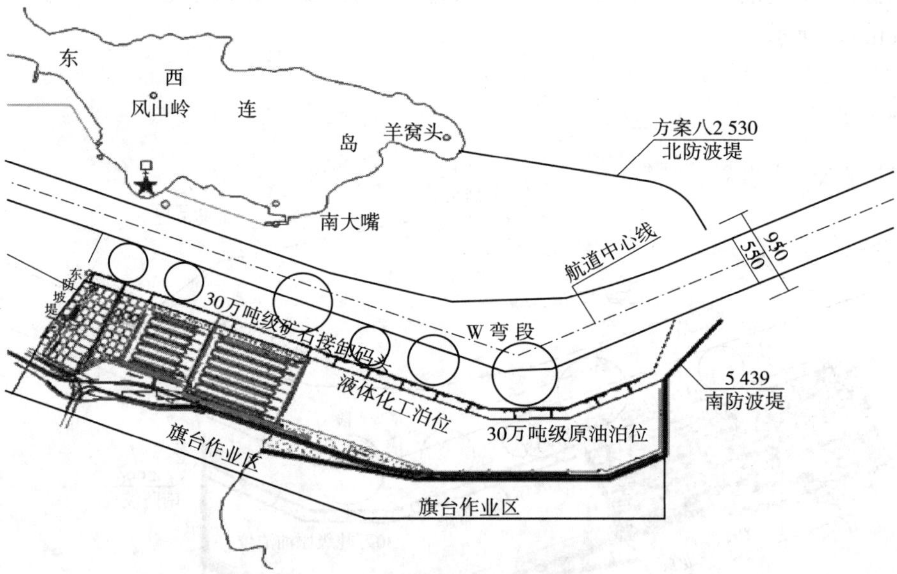

图 7　方案三布置示意图(口门 900m)

方案四:在方案三基础上,增加黄窝吹填区、核电取水口延伸,延伸长度考虑 1 500m 和 2 500m两种情况;核电排水口不考虑延伸,如图 8 所示。

航道尺度如表 2 所示。

30 万吨级原油船航道尺度一览表(疏浚边坡 1:10)　　表 2

航　道	航道底宽			航道疏浚底高程		
	口内	口门段	口外	口内	口门段	口外
30 万吨级原油船、散货船单向	330	360	350	-22	-22.5	-22.5

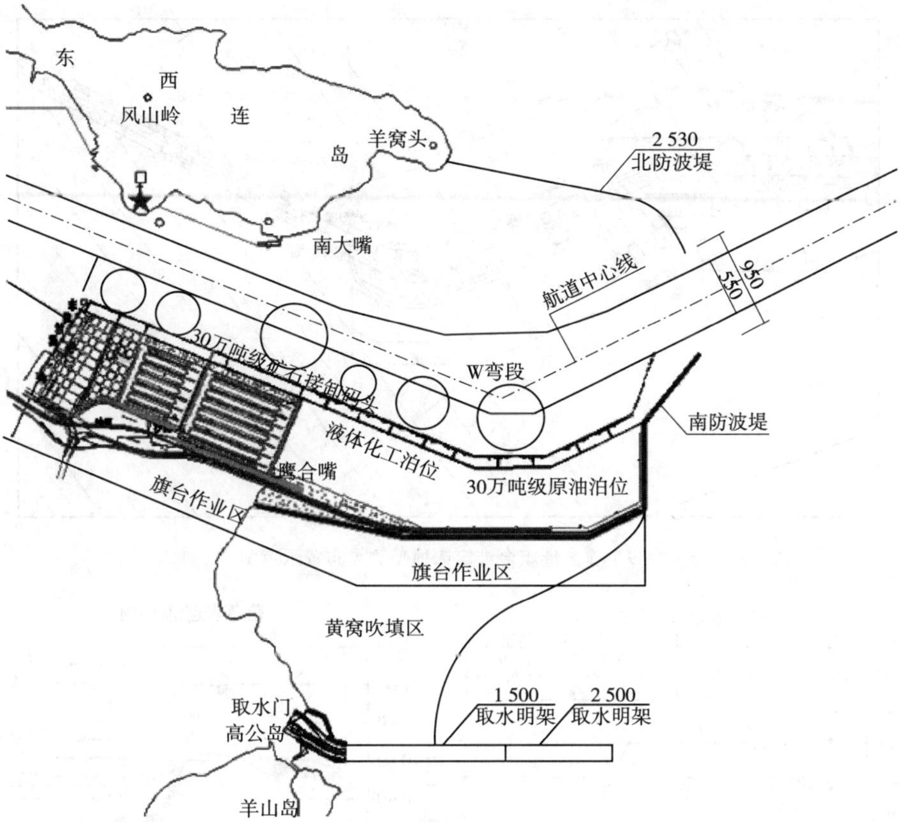

图 8　方案四布置示意图

3.2　水文条件及测点布置

本次定床试验采用 2004 年 7 月大潮潮型(7 月 1 日 23:00 ~ 7 月 3 日 2:00)作为试验水文条件进行各方案功效比较。该潮型的主要特征如表 3 所示。本水文条件的潮差为 4.83 ~ 4.84m,较连云港平均潮差 3.61m 大 1.2m。测点布置如图 9 所示。

2004 年 7 月潮型特征值(单位:m)　　表 3

项　目	连云港供油站站	潮差	煤码头站	潮差	墟沟站	潮差	备注
第一次涨落	5.63 ~ 1.60	4.03	5.68 ~ 1.65	4.03	5.70 ~ 1.66	4.04	04.7.2 2:00 ~ 04.7.3 2:00
第二次涨落	5.34 ~ 0.51	4.83	5.34 ~ 0.53	4.81	5.40 ~ 0.56	4.84	

4　试验成果研究

4.1　主航道的涨急、落急流速影响分析

图 10 ~ 图 13 分别为进港航道口外航道区段的涨急、落急表层和平均流速。试验显示:不同的港区布置使航道(1 ~ 4 号和 8 ~ 14 号断面)的涨急、落急流速有所减少,涨潮减幅在 0.08 ~ 0.33m/s 范围,落潮减幅在 0.02 ~ 0.10m/s 范围,而使航道(5 ~ 7 号断面)的涨急、落急流速有所增加。不同方案布置对口外段的涨、落急流速影响区别不明显,而主航道的开挖对涨急流速影响大于对落急流速的影响。

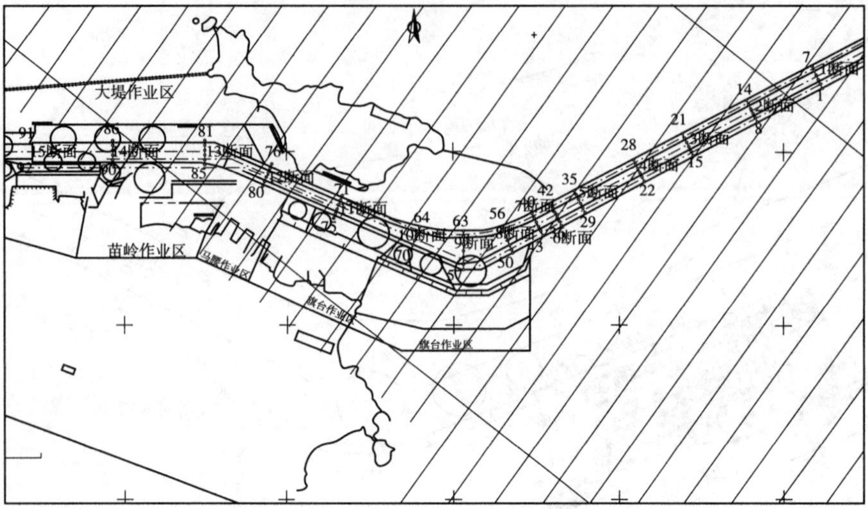

图9　连云港旗台港定床模型测点布置示意图

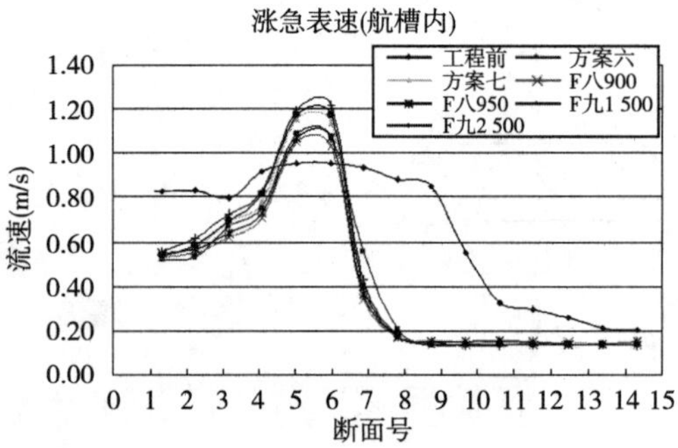

图10　主航道内涨急流速(沿程)

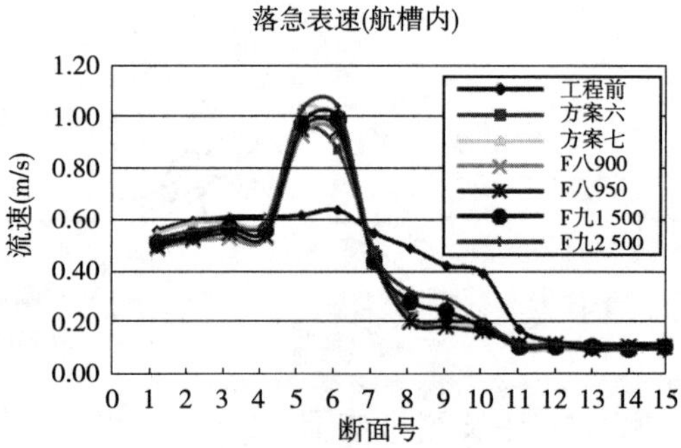

图11　主航道内落急流速(沿程)

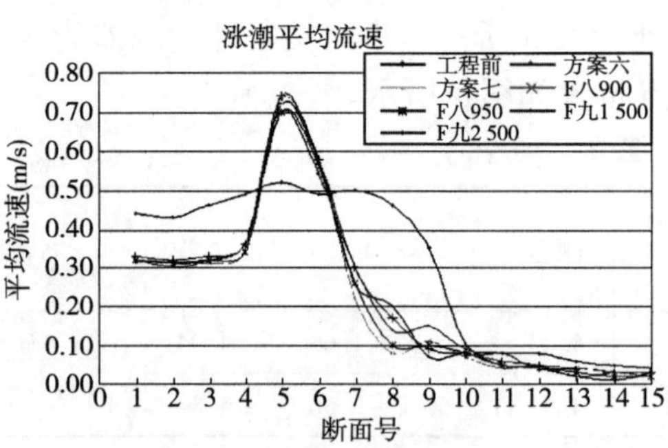

图12　涨潮平均流速(沿程)

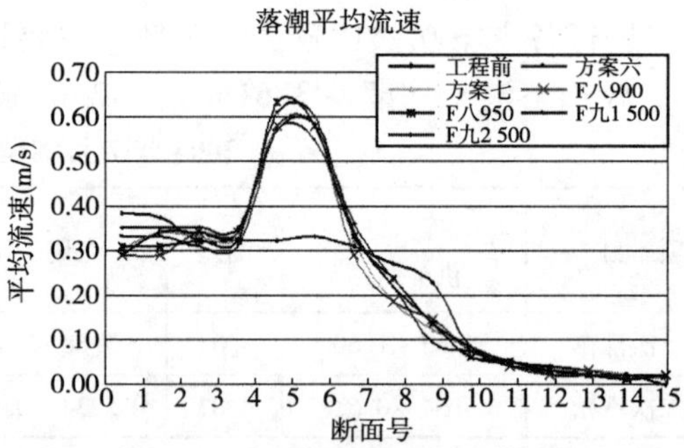

图13　落潮平均流速(沿程)

4.2　防波堤口门段航道横流分析

根据连云港的区域水流动力条件、本区域的地形条件和船舶进港需要，目前进港航道外航道的走向为63°～243°，该走向在一定时段内与涨、落潮水流流路相交而形成横流。表4反映进港航道口门段在0.6H处的流速实测值，工程实施前口门段各断面的涨潮在0.50～0.65m/s范围，落潮在0.35～0.43m/s范围，各工程方案实施后的变化趋势与前述表层流速变化具有良好的一致性。口门航道最大横流变化图(涨潮)如图14所示，口门区横流流态如图15所示。

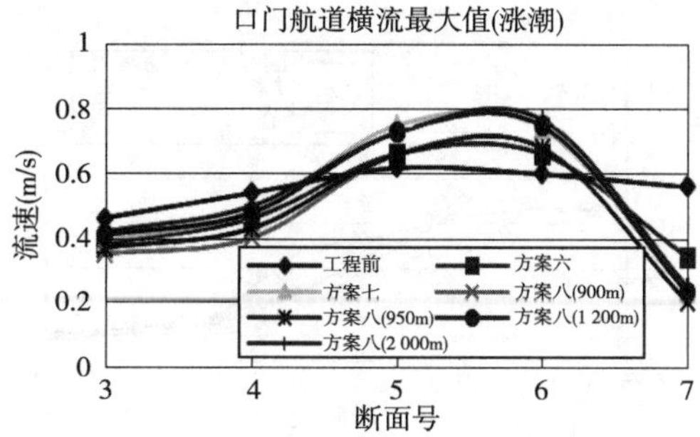

图 14　口门航道最大横流变化图(涨潮)

图 15　口门区横流流态

进港航道口门段涨、落急 0.6*H* 处的流速(单位:m/s)　　表 4

项目 / 方案名称	外航道与口门段交接处		口门航道		口门航道(防波堤外侧)		口门航道(防波堤堤头)		口门航道(防波堤内侧)	
	3 号		4 号		5 号		6 号		7 号	
	堤头外 3 200m		堤头外 2 000m		堤头外 600m		堤头附近		堤头内 550m	
	涨潮	落潮	涨潮	落潮	涨潮	落潮	涨潮	落潮	涨潮	落潮
工程前	0.50	0.35	0.63	0.36	0.65	0.42	0.65	0.43	0.64	0.41
方案 1(口门 950m)	0.43	0.33	0.50	0.32	0.76	0.65	0.75	0.61	0.40	0.32
方案 2(口门 950m)	0.45	0.34	0.52	0.33	0.81	0.71	0.79	0.64	0.28	0.30
方案 3(口门 900m)	0.40	0.31	0.46	0.31	0.72	0.64	0.71	0.64	0.25	0.30
方案 3(口门 950m)	0.42	0.32	0.49	0.31	0.74	0.65	0.74	0.65	0.25	0.31
方案 4(吹填区 + 明渠 1 500m)	0.46	0.33	0.56	0.33	0.82	0.67	0.82	0.70	0.28	0.31
方案 4(吹填区 + 明渠 2 500m)	0.48	0.33	0.56	0.34	0.84	0.71	0.85	0.72	0.30	0.34

4.3　旗台作业区港池流场分析

试验结果显示:拟建港池水域工程前后的涨、落急流速变化如图 16 和图 17 所示,拟建港池水域工程前后的涨、落潮平均流速变化如图 18 和图 19 所示。拟建港池的回流纵深长度与堤头布置关系较小,各方案涨、落形成的回流范围:南防波堤一侧自堤头至 25 万 ~30 万吨级矿石接卸码头西侧,北防波堤一侧自堤头至供油站偏西断面(11 号断面),11 号断面向里的老港池内涨、落潮流速较小,基本无回流产生,如图 20 和图 21 所示。

图 16　涨潮时口门回流

图 17　落潮时口门回流

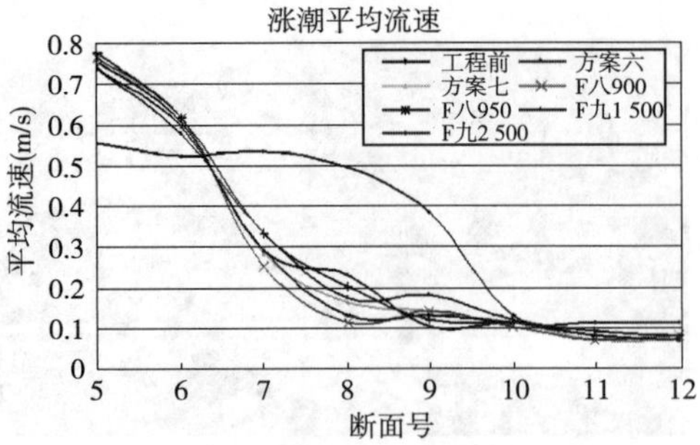

图 18　涨潮平均流速(港池水域沿程断面)

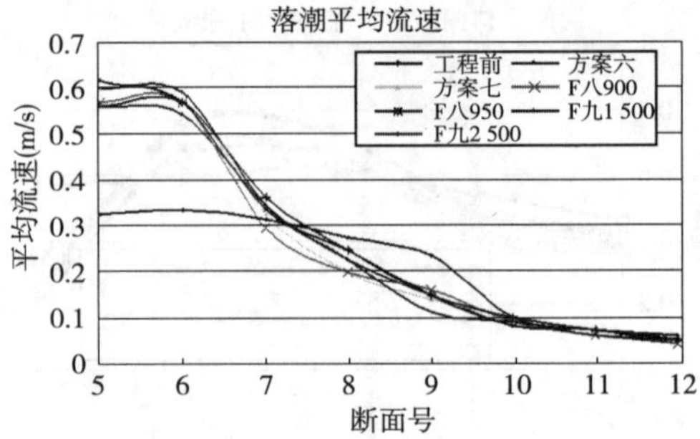

图 19　落潮平均流速(港池水域沿程断面)

图 20　防波堤堤头附近回流流态

图 21　防波堤堤头错口的回流流态

5　结语

根据试验结果,从水流角度对口门段横流、涨、落潮最大横流带距防波堤距离、港区工程对明渠取、排水影响以及综合布置(布置黄窝吹填区及延长取水口等)对口门航道影响等方面进行综合评估:港区延伸段南岸侧布置黄窝吹填区及延长取水明渠会引起进口航道口门段落潮横流的增大,核电不同规模的取、排水自身不会对旗台港池及 30 万吨级航道的潮流带来影响。不布置吹填区的四组方案的工程效果基本接近,方案六和方案八以其涨、落潮横流速较小和对港区延伸段前沿水域扰动小而略优于其他方案。

参考文献

[1] 李昌华,金德春. 河工模型试验[M]. 北京:人民交通出版社,1981.
[2] 中华人民共和国交通部. JTJ/T 233—98　海岸与河口潮流泥沙模拟技术规程[S]. 1998.
[3] 连云港新港址论证阶段平面二维潮流、悬沙数学模型计算分析报告[R]. 南京水利科学研究院,2008.
[4] 连云港新港区初步可行性研究现场水文测量技术报告[R]. 长江水利委员会水文局长江下游水文水资源勘测局,2005.
[5] 连云港港总体规划. 交通部规划设计院,2006.
[6] 连云港旗台港作业区岸线、防波堤及水域综合布置研究报告[R]. 中交上海航道勘察设计研究院有限公司,2008.

连云港港30万吨级航道一期疏浚工程设计特点及实际效果评价

张建锋　金雪英　郭冬冬

（中交上海航道勘察设计研究院有限公司　上海　200120）

摘　要：疏浚工程是连云港港30万吨级航道的主体工程，工程量大，工期紧，疏浚工程方案对整个工程的建设进度、投资和后续港口的开发有着极为重要的意义。本文就疏浚工程的工程条件、泥土处理和施工工艺等方面，对一期疏浚工程设计进行总结，并对疏浚工程实施效果进行评价，供同类沿海航道疏浚工程设计借鉴。

关键词：连云港港；30万吨级航道；一期工程；疏浚工程；效果评价

连云港港地处江苏省北部黄海海州湾西南岸，处于我国沿海岸线的中部，是陇海、兰新铁路沿线广大地区最经济便捷的出海口，区位优势明显。自1933年建港以来，随着大型码头和航道的不断建设，连云港港已成为我国沿海25个主要港口和12个区域性中心港口之一。为进一步发挥连云港港的重要区位优势，带动江苏沿海经济乃至我国中、西部区域经济协调发展，必须进一步提升港口和航道等级。连云港港30万吨级航道是江苏沿海开发的"牛鼻子"，是连云港港新一轮发展的重要前提和临港产业的重要依托。

连云港海域海床平缓，建设30万吨级深水航道需要进行大规模的疏浚工程。本疏浚工程具有工程量大，泥层厚度大，挖深大，疏浚区段长，工期紧，沿程地质条件复杂，沿程工况条件有差异等特点，疏浚工程方案合理性关系到整个工程的建设进度、投资和后续港口的开发，有必要进行专门的深入研究和论证。

1　工程概况

1.1　航道现状

15万吨级航道于2008年8月建成，由外向内分别为外航道、内航道、庙岭航道，总长33.9km，其中外航道25.7km，走向243°—063°；内航道5.5km，走向292°—112°；庙岭航道2.7km，走向270°—090°；航道有效宽度230m，底高程-16.0—-16.5m。可乘潮单向通航15万吨级散货船。

1.2　30万吨级航道实施规划

30万吨级航道按"一次立项，分期实施"的原则，先期实施一期工程，建设规模为连云港区25万吨级单向航道和徐圩港区10万吨级单向航道，根据产业码头进展，择机实施30万吨级二期航道。

1.3　一期工程航道总平面布置及尺度

连云港港30万吨级一期航道呈"人"字形布置，由连云港区航道、徐圩港区航道和推荐航线组成，其中连云港区航道连接连云港区，包括外航道内段和外航道外段；徐圩港区航道连接徐圩港区，包括徐圩航道和徐圩港内航道；外航道外段及推荐航线为两港区共用航道。航道有关参数如表1所示，平面示意图如图1所示。

航道设计尺度汇总表 表1

航道段	有效宽度（m）	通航水深（m）	设计水深（m）	底高程（m）	长度（km）	轴线走向	备注
外航道内段（A-W-Y）	270/290	22.7	23.1	-19.8	17.3	292°—112° 243°—063°	其中人工开挖段长67.7km
外航道外段（Y-E）	270	22.8	23.2	-20.3	35.6	243°—063°	
徐圩港内航道（N-M-S）	210	16.5	16.9	-13.3	4.8	280°—100° 196°—016°	
徐圩航道（S-Y）					20.1	196°—016°	
推荐航线（E-F）	1 000	23.5	/	/	11.1	190°—010°	自然水深段
推荐航线（F-G）			/	/	18.1	214°—034°	
推荐航线（G-H）			/	/	35.3	253°—073°	
合计					142.3		

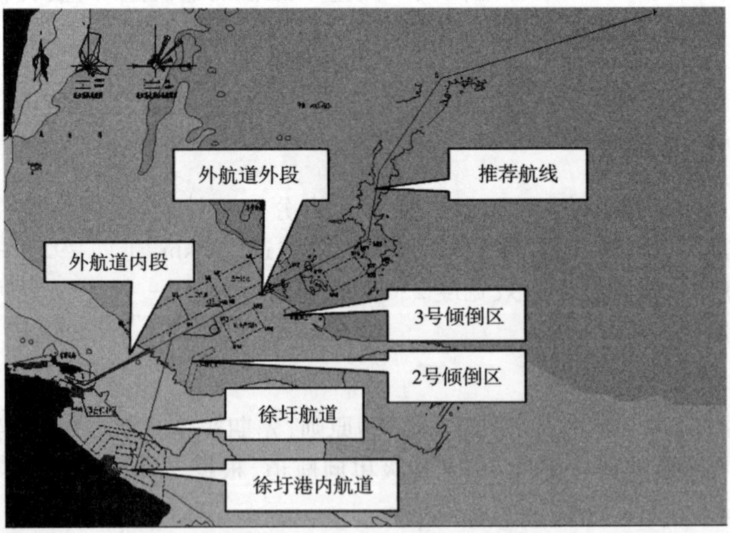

图1 平面示意图

1.4 疏浚工程量

疏浚工程量总计约1.4亿m^3,其中连云港区航道约为0.7亿m^3,徐圩港区航道约为0.7亿m^3。

2 疏浚工程方案研究

2.1 工程条件

(1)风、潮流、波浪情况

常风向为偏E向,ESE向出现频率为11.4%,E向出现频率次之为10.3%。强风向为偏N向,6级以上(含6级)大风NNE向出现频率为1.9%。6级以上大风一般发生在7月中旬到9月上旬(台风)和11月到次年的3月(寒潮)。

连云港海区潮流为不正规半日潮流,主要受南黄海旋转潮波控制,外海深水区为逆时针旋转流,近岸浅水区过渡为顺岸向的往复流。流速分布近岸小,外海大,垂线平均流速一般都在0.5m/s以下,最大不到1m/s。

连云港地区波型主要为风浪,占62.6%;以涌浪为主的混合浪次之,占27.9%。常浪向为偏NE向,NE向出现频率为26.41%,E向出现频率为18.40%。强浪向为偏N向,1.5m以上的波高NNE向出现频率为2.13%,NE向出现频率次之为1.79%。大于2m波高出现率为1.5%,波高大于0.5m的出现率占44.2%。

(2)工程地质

土层及对应主要指标大致如下:

上层为淤泥,下层分布有黏土、粉土、粉砂及粉细砂。

淤泥天然重度约为15.6kN/m^3,含水率约为76%。

黏土天然重度约为19.8kN/m^3,标贯击数为6~23击,平均击数为13击。

黏质粉土天然重度约为19.8kN/m^3,标贯击数为6~23击,平均击数为13击。

砂质粉土天然重度约为19.6kN/m^3,标贯击数为9~33击,平均击数为19击。

粉砂天然重度约为19.9kN/m^3,标贯击数为29~49击,平均击数为38击。

部分区段含钙质结核物,主要分布于淤泥与粉质黏土交界处,粒径5~80mm,个别达110mm。

(3)通航环境

工程区域连云港区航道为15万吨级航道,据统计2008年到港船舶总艘次数在8 000艘次以上,日均为22艘次,其中载重吨5万吨以上或船长200m以上的大型船舶到港艘次达到775艘次。可见航道中船舶通航密度很高。15万吨级船舶需要乘潮进港,10万吨级及以下船舶任何时段均可通航,因此连云港区航道有全天通航船舶的需求。

徐圩港区航道为新开辟航道,目前尚无港区营运通航船舶,经过该区域的主要是渔船等小型船舶。

(4)工程条件评价

大于7级的风出现情况较少,潮流流速适中,大于1.5m波高出现情况较少,对于疏浚施工而言,自然条件相对较好,一般具备一定抗风浪能力的船机设备均可在此施工作业。

工程地质多样,表层为海相沉积淤泥,以下为陆相沉积的硬黏土、密实粉砂、细砂。分布有钙质结核物,对于疏浚船机设备选用提出了较高的要求。

连云港区航道通航船舶密度很高,且要求全天通航,对疏浚施工影响较大,现有连云港区航道区域要求疏浚施工船舶具备灵活避让性能。徐圩港区航道此方面影响小,可以选用的船机设备自由度要大一些。

2.2　疏浚土处理

(1)陆上纳泥区

①旗台作业区:旗台作业区位于连云港区东端,W 弯道南侧位置,面积约 552 万 m^2,吹填高程为 7.5m,纳泥量约 5 683 万 m^3。

②徐圩港区起步工程区:徐圩港区为新开辟港区,位于连云港区南约 10km 的徐圩区域。起步工程面积约 662 万 m^2,吹填高程 7.8m,纳泥量约 4 833 万 m^3。

(2)海上临时倾倒区布置

陆上纳泥区纳泥量有限,因此仍有较多泥土需要外抛至海上临时倾倒区。

经“临时倾倒区选划研究论证”和有关部门批复,布置两个临时倾倒区:

2 号倾倒区:位于 Y 弯段东南侧 4km 附近,面积约 $8km^2$,平均水深约 13m,年可抛泥量约 2 700 万 m^3;

3 号倾倒区:位于外航道外段南侧,面积为 $2km^2$,平均水深约 20m,年可抛泥量为 2 500 万 m^3。

(3)泥土处理要求

旗台作业区和徐圩港区需要通过围堤吹填形成港区陆域,需要大量的吹填料,而根据建港经验,航道疏浚土可以作为陆域形成的吹填料。本次疏浚土要求在适当考虑经济性的前提下优先考虑上陆,余下泥土考虑外抛。

(4)土方平衡

①连云港区航道

土方平衡应本着“尽可能利用,就近处理,综合效益最大”的原则进行。

经核算 30 万吨级航道 W12 +300(即 W 点以外约 12.3km)以内疏浚土全部吹填上陆,W12 +300 以外疏浚土全部外抛,综合效益最大。据此测算,25 万吨级航道吹填土方(含临时储泥坑及临时航道)约 4 358 万 m^3,富裕容量(约 1 325 万 m^3)用于后续 25 万吨级航道挖至 30 万吨级航道(W12 +300 以内)疏浚工程。

②徐圩港区航道

土方平衡原则:徐圩港区航道疏浚土也应尽可能结合港区陆域形成吹填成陆。徐圩港区的陆域形成应与整个港区的港池、航道土方综合平衡。在此基础上,作为徐圩港区的一小部分徐圩港区起步工程,陆域形成填方主要考虑一期工程 10 万吨级航道疏浚工程弃土,港池和泊位疏浚土可考虑处置到后续的围堤吹填区域。

经核算,10 万吨级航道 S5 +000 以内(包括港内航道)疏浚土全部吹填至徐圩港区起步工程区域,吹填量与库容基本相当。

2.3　疏浚工程特点及其对疏浚船机设备的要求

(1)本次疏浚工程量大,总计工程量约 1.4 亿 m^3,其中连云港区航道约为 0.7 亿 m^3,徐圩港区航道约为 0.7 亿 m^3,而疏浚工期约为 30 个月,要求配置疏浚能力大的船机设备。

(2)浚挖深度较大,浚挖泥层也较厚,连云港区 25 万吨级航道设计底高程达 -19.8m ~ -20.3m。而边滩最浅处高程在 -5m 左右,浚挖的泥层厚度最大可达 15mm,要求配置挖掘深度大的船机设备。

(3)现有15万吨级航道船舶通航密度大,且全天有通航要求,必须要求该区域疏浚施工的船机设备具备灵活避让的性能,而徐圩航道区域无此要求。

(4)疏浚土质相对较难浚挖,特别是分布有钙质结核物,对疏浚设备提出了很高的要求。要求具备较强的挖掘能力,比如大型抓斗、大型绞吸(较强的绞刀)、大型耙吸(要求配备高压冲水等)。

(5)疏浚土大部分结合港区陆域形成进行综合利用,疏浚船机设备的选用必须与此匹配。

2.4 施工工艺选用

根据本工程疏浚工程特点,可采用常规的疏浚施工工艺有耙吸船挖运抛工艺、绞吸船挖吹工艺、耙吸船挖运抛联合绞吸船吹泥工艺(简称抛吹工艺)和耙吸船艏吹工艺。

具有艏吹工艺的船舶较少,疏浚单价高,且艏吹的效率不高,吹泥占用挖泥时间较大,经论证不经济,不予采用。

绞吸船挖吹工艺在一定吹距范围内是较为经济的疏浚方式,但吹距一般为5~6km,加装接力泵后可增加至约10km,其处理的区段有限。且对于连云港区长航道而言,由于船舶通航密度高,仅能满足原有航道离岸较近的拓宽部分施工。

抛吹工艺充分发挥了耙吸船挖泥和绞吸船吹泥的组合性能,是一种比较好的疏浚施工工艺,能够适应船舶通航密度高的区域施工。其中较为关键的是需要设置临时储泥坑,并要求设置在流速较小的区域,以免抛泥过程中泥土较多流失。

对于泥土需要抛卸至临时倾倒区的区段,选择外抛工艺是比较合适的。

综合上述情况,距离泥土处理区较近且不受通航影响的区段,采用绞吸船挖吹工艺,泥土需要抛卸至临时倾倒区的选择耙吸船外抛工艺,其余区段选择抛吹工艺。

2.5 疏浚施工方案

设计推荐的疏浚施工方案如表2所示。

施工方案一览表 表2

分 项	区 段	泥土处理区	施工工艺	船机	工期(年)
连云港区25万吨级航道	A0+000-W5+577	旗台作业区	抛吹/绞吸船挖吹	大耙+大绞	3
	W5+577-W12+300				
	W12+300-W41+476	2号、3号临时倾倒区	耙吸船外抛	大耙	
徐圩港区10万吨级航道	徐圩港内航道	徐圩港区起步工程区	绞吸船挖吹	大绞	2.5
	徐圩航道S0+000~S5+000		抛吹	大耙+大绞	
	徐圩航道S5+000~S19+909	2号临时倾倒区	耙吸船外抛	大耙	

3 实施效果评价

3.1 实际施工工艺情况

连云港港30万吨级航道一期工程实际采用的施工工艺为:连云港区航道W5+577以里北侧采用抛吹工艺,南侧采用绞吸工艺,其余区段采用外抛工艺:徐圩港区航道港内航道采用绞吸工艺,里段(S0+000~S5+000)采用绞吸(接力)工艺,外段采用外抛工艺。

实际施工工艺与设计推荐的施工工艺基本一致，仅徐圩航道 S0 +000 ~ S5 +000 区段施工单位根据自身拥有设备情况，将常规的抛吹工艺改为可以满足长距离输送泥土的绞吸（接力）工艺。

从施工过程及完工情况来看，设计推荐的施工工艺总体符合本工程特点。

3.2　施工与船舶通航影响分析

本工程分为连云港区航道和徐圩港区航道，连云港区航道现状为 15 万吨级航道，船舶通航密度大，施工船舶与通航船舶必然存在相互干扰，需要采取有效措施予以解决；徐圩航道为新开辟航道，无固定通航船舶，仅有部分渔船或施工船舶航行或穿越，基本无通航影响。

施工单位采用设计推荐的施工工艺，连云港区航道大部分区段采用可以灵活避让过往船舶的耙吸船施工，仅 W 弯段南侧局部区域采用绞吸工艺。

在施工过程中施工单位积极与业主、监理、海事、引航及其他主管单位协调，以大局为重，服从港口生产要求，确保了港口正常营运，施工期间未发生一起碍航事件。同时也顺利完成了整个疏浚任务。

从施工过程及完工情况来看，设计推荐的施工工艺能够满足港口生产通航需求，确保了安全生产。

3.3　施工完工情况

连云港区 25 万吨级航道于 2012 年 6 月完工，徐圩港区 10 万吨级航道于 2013 年 7 月完工。

根据本工程自检交工验收图和第三方交工验收图，本工程施工质量满足交通部相关规定，达到合格等级，并满足合同和相关验收要求的规定，施工区域内无浅点，航道疏浚断面达到设计要求。

施工进度和施工质量达到预期要求。

3.4　实施效果评价

本工程疏浚实际施工工艺与设计基本一致，施工过程中对现有 15 万吨级航道内的船舶通航未造成较大影响，对港口生产无明显影响，疏浚施工基本正常，满足施工质量及进度要求。因此，本工程疏浚设计方案在实际施工过程中起到了较好的指导作用，且施工效果较为理想。

4　几点体会

对于本次航道疏浚工程设计，有以下体会：

（1）从航道新建和扩建、疏浚工程特点、疏浚工艺、泥土处理、船机设备等方面来看，本次航道疏浚工程综合性较高，因此在设计时必须摸清基本情况，针对泥土处理要求，根据船舶设备特点和工艺情况，分区分段考虑。

（2）本次疏浚工程量很大，疏浚土考虑结合港区成陆尽可能地加以利用，符合“资源节约型，环境友好型”的要求；同时从经济角度，为后续航道进一步扩建泥土处理留有余地，立足当前，兼顾长远发展要求。

（3）疏浚工程与船舶通航之间的矛盾是设计过程中重点考虑的问题，本次提出了抛吹和绞吸船挖吹相结合的工艺，在具体实施中进一步细化，较好地解决了生产和港口营运的矛盾。

参 考 文 献

[1] 顾勇,马兴华,金雪英,等. 连云港港30万吨级航道一期工程设计[R]. 上海:中交上海航道勘察设计研究院有限公司,2010.

[2] 顾勇,马兴华,金雪英,等. 连云港港30万吨级航道一期工程工程可行性研究报告[R]. 上海:中交上海航道勘察设计研究院有限公司,2009.

[3] 顾勇,马兴华,金雪英,等. 连云港港30万吨级航道一期工程工程预可行性研究报告[R]. 上海:中交上海航道勘察设计研究院有限公司,2008.

连云港港30万吨级航道二期工程徐圩港区航道疏浚土处理方案研究

郭冬冬　侯海伟　马兴华

(中交上海航道勘察设计研究院有限公司　上海　200120)

摘　要:连云港港30万吨级航道二期工程拟建徐圩港区航道疏浚工程量大,工期紧,疏浚土处理方案对二期工程的建设进度、工程投资和后续港口开发有着极为重要的意义。本文结合港区规划、倾倒区条件,通过对限制条件的分析及疏浚土处理原则的确定,提出两个疏浚土处理方案,并从港区陆域形成需求与疏浚土资源综合利用、港区建设总成本、围堤吹填区依托条件与对航道疏浚吹填进度的适应性等多方面进行综合比较和推荐。

关键词:徐圩港区航道;疏浚土处理

连云港港地处江苏省北部黄海海州湾西南岸,是陇海、兰新铁路沿线广大地区最经济便捷的出海口,也是我国沿海中部能源外运和对外贸运输的重要口岸。2009年1月,连云港港30万吨级航道工程获国家发改委批复,并按“一次立项,分步实施”的原则,先期实施一期工程,即连云港区25万吨级航道和徐圩港区10万吨级航道,于2013年7月完工。二期工程拟在一期航道基础上将连云港区、徐圩港区航道进一步扩建至30万吨级。

经测算,徐圩港区航道自10万吨级扩建至30万吨级开挖土方量近一亿方,疏浚工程量大且工期紧,疏浚土处理方案关系到整个二期工程的建设进度、工程投资和后续港口开发,有必要进行专门研究和论证。

1　疏浚工程概况

1.1　疏浚范围及尺度

二期工程徐圩港区航道(图1:X-Y段)拟扩建至30万吨级,航道疏浚底宽346m,疏浚底高程-21.7m,疏浚段长17.6km。

1.2　疏浚土质

航道沿线上层为淤泥,属2级土,下层为黏性土、粉土及砂土,以5级土和9级土为主。

1.3　疏浚工程量

二期工程徐圩航道基建疏浚工程量9 984万m^3。

2　限制条件分析

2.1　挖深、工程量、土质对船机及工艺的要求

徐圩航道疏浚深度深,疏浚工程量近1亿方,疏浚土质又含硬黏土、密实砂土等难挖土

质，一般施工船机难以适应。根据市场调研并借鉴一期工程施工经验，大型绞吸挖泥船和大型耙吸挖泥船在该工况下施工技术上可行，经济上合理。据此，对应可采用的施工工艺如下：

(1)绞吸工艺：绞吸挖泥船在疏浚区挖泥并直接通过排泥管吹泥到指定的吹泥区。

(2)抛吹工艺：耙吸挖泥船挖泥满舱后运泥到指定的临时储泥坑抛泥，然后绞吸挖泥船在储泥坑挖泥并通过排泥管吹泥到指定的吹泥区。

(3)外抛工艺：耙吸挖泥船挖泥满舱后运泥到指定的临时倾倒区抛泥。

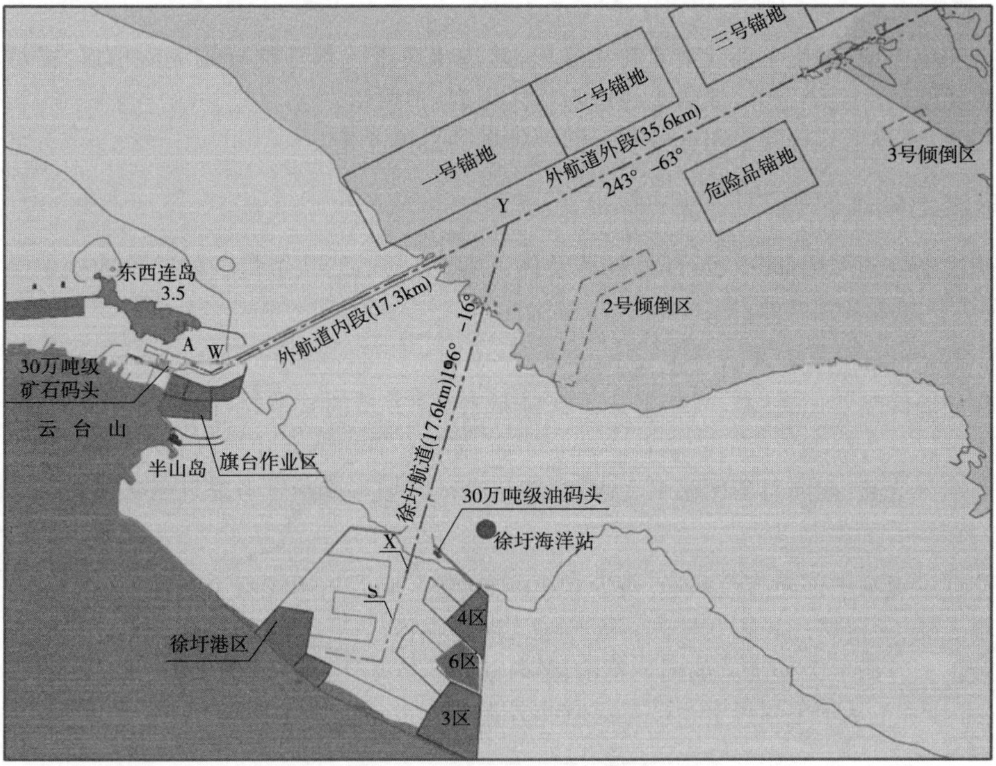

图1 二期工程航道总平面布置图

2.2 泥土处理区

2.2.1 海上临时倾倒区(已获批设)

2号倾倒区：位于Y弯段东南侧4km，年可抛泥量约1 800万m^3。

3号倾倒区：位于外航道外段南侧，年可抛泥量约1 300万m^3。

疏浚土处理方案需充分考虑倾倒区的纳泥量。

2.2.2 徐圩围堤吹填区

一期工程阶段，徐圩围堤吹填区已形成吹填1区和2区，并已吹填成陆，无剩余库容。根据徐圩港区规划布局和总体建设时序，结合临港产业发展布局，近期拟建设徐圩3区、4区和6区。其中3区、4区陆域需求最为迫切，分别需满足在建3个液体散货泊位和拟建连云港炼化一体化项目的需求。6区作为中期开发范围，需求相对滞后。因此，二期纳泥区考虑徐圩3区、4区(图2)，吹填面积分别为774.8万m^2和360.4万m^2，吹填总库容11 518.4万m^3。

2.3 疏浚工期

为适应码头及港区建设计划，疏浚工期不超过3年。

3 疏浚土处理总体方案确定

疏浚土处理总体方案包括全外抛方案、全吹填方案及部分吹填部分外抛方案。经上述限制条件分析：

全外抛方案：采用大型耙吸船，疏浚土全部外抛至2号、3号倾倒区，但受倾倒区纳泥量限制，工期将超3年，不可行。

全吹填方案：采用大型绞吸船和耙吸船，疏浚土全部吹填至徐圩围堤吹填区，需增加临时航道及储泥坑上陆土方，疏浚土超过吹填区库容，不可行。

因此，疏浚土处理宜采用部分吹填部分外抛的总体方案。

4 疏浚土处理原则

疏浚土处理采用部分吹填部分外抛总体方案，而合适的吹填量与外抛量的确定至关重要，应从多方面综合考虑。

4.1 港区陆域形成方面

徐圩港区需要通过围堤吹填形成港区陆域，需要大量的吹填料，而根据建港经验，航道疏浚土可以作为陆域形成的吹填料。若本工程疏浚土不吹填上陆加以利用，港区需通过外购砂石填料成陆，成陆总费用昂贵。因此，单从港区陆域形成角度考虑宜多吹填。

4.2 经济性方面

徐圩围堤吹填区距疏浚区远，最近直线距离超过7km，采用绞吸工艺和抛吹工艺二次接力吹填上陆，疏浚费用均相对较高。而疏浚区距抛泥区较近，最远不超过12km，采用外抛工艺将疏浚土外抛更为经济。如图2所示，随着疏浚土吹填上陆比例的增加，本工程投资增长明显。因此，单从本工程投资角度考虑宜多外抛。

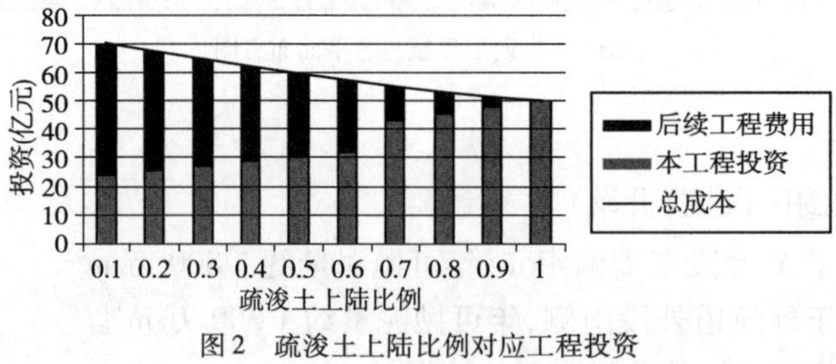

图2 疏浚土上陆比例对应工程投资

另外，港区建设包括航道疏浚及围堤吹填成陆等。若一味减少上陆土方，港区后续成陆则需外购砂石填料，增加后续建设成本。如图2所示，随着吹填上陆比例的增加，港区建设总成本呈递减趋势。因此，单从港区建设总成本角度考虑宜多吹填。

4.3 环境保护方面

本次疏浚工程量巨大，如果大量外抛不仅给海洋环境带来较大的压力，而且会增加航道回淤的泥沙来源和航道回淤量。因此，单从环保角度考虑宜多吹填。

综合分析，本着“尽可能利用，就近处理，综合效益最大”的原则，本工程疏浚土以吹填上陆加以利用为主，同时控制投资，适量外抛，使泥土处理方案在技术、经济上尽可能最优。

5 疏浚土处理方案

5.1 疏浚土处理方案提出

根据泥土处理总体方案及基本原则，结合港区建设，提出两个较为合理的疏浚土处理方案如图3所示，具体如下：

方案一（吹填比例占徐圩航道疏浚量97%，徐圩3区、4区成陆）：

内段：疏浚工程量5 638万 m^3（未含临时工程），吹填至徐圩3区；

中段：疏浚工程量4 020万 m^3（未含临时工程），吹填至徐圩4区；

外段：疏浚工程量326万 m^3，外抛至2号倾倒区。

方案二（吹填比例占徐圩航道疏浚量61%，徐圩3区成陆）：

内段：疏浚工程量5 638万 m^3（未含临时工程），吹填至徐圩3区；

中段：疏浚工程量4 020万 m^3，外抛至2号倾倒区；

外段：疏浚工程量326万 m^3，外抛至2号倾倒区。

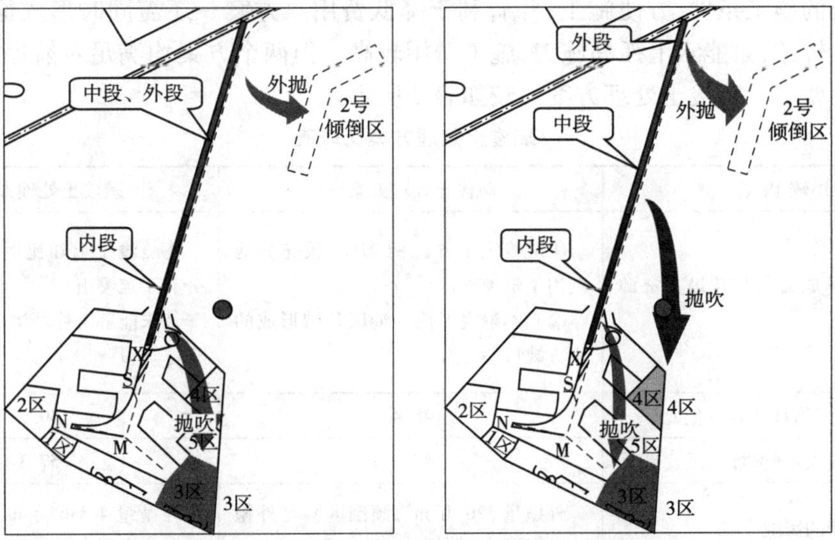

图3 徐圩港区航道疏浚土处理方案（左：方案一；右：方案二）

5.2 疏浚土处理方案比较

5.2.1 港区陆域形成需求与疏浚土资源综合利用

徐圩港区需要通过围堤吹填形成陆域，需要大量的吹填料。经测算，徐圩港区陆域形成共需约5亿 m^3 吹填料，徐圩港区口内港池及航道疏浚土方量为3.5亿 m^3，缺口约1.5亿 m^3。方案一吹填上陆约1亿 m^3，较方案二可大大缩小土方缺口，反言之方案二将造成疏浚土资源浪费，增加后期重新取土费用。

5.2.2 经济性

本工程投资：方案一徐圩围堤吹填区需形成3区、4区，疏浚吹填比例97%，疏浚和围堤工程费用合计48.4亿元，就本工程投资较方案二要多17.8亿元。

港区建设总成本：徐圩3区、4区均为港区发展需要近期成陆的范围，方案二结合航道疏浚仅吹填3区,本工程费用低,但4区还需另外取土吹填,初步测算后续新增取土吹填费用约18亿元,加上4区围堤工程费用,港区建设总成本达57.3亿元,反而较方案一增加8.9亿元,综合效益差。各疏浚土处理方案工程费用比较如表1所示。

各疏浚土处理方案工程费用比较表(单位:亿元)　　表1

疏浚土处理方案	本工程费用			后续工程费用		合计
	疏浚	围堤	小计	吹填	围堤	
方案一	34.4	14.0	48.4	—	—	48.4
方案二	25.3	5.3	30.6	18	8.7	57.3

5.2.3　对海洋环境的影响

经测算,2号、3号倾倒区均满足两个疏浚土处理方案的疏浚土外抛强度要求,而方案二外抛量相对大,达4 346万m^3,对海洋环境的影响相对较大,且增加航道泥沙回淤。

5.2.4　围堤吹填区依托条件及对航道疏浚吹填进度的适应性

两个方案均需形成徐圩3区,3区依托条件好,可同时依托后方海塘及在建东防波堤,具备水陆结合的施工条件,方便施工,并有利于降低费用。方案一还需同时形成徐圩4区,依托条件相对较差,只能水上孤岛施工,施工费用较高。但两个方案均满足对航道疏浚吹填进度的适应性要求。疏浚土处理方案比较如表2所示。

疏浚土处理方案比较表　　表2

比较内容	疏浚土处理方案一	疏浚土处理方案二
港区陆域形成需求与疏浚土资源综合利用	①疏浚土上陆比例97%,较充分地利用了疏浚土; ②基本解决了徐圩港区陆域形成的土方缺口	①疏浚土上陆比例61%,未能充分利用疏浚土; ②未能解决徐圩港区陆域形成的土方缺口
本工程投资(徐圩港区)/亿元	48.4	30.6
港区建设总成本(徐圩港区)/亿元	48.4	57.3
对海洋环境的影响	外抛量326万m^3,倾倒区满足外抛强度要求,对海洋环境影响小	外抛量4 346万m^3,倾倒区满足外抛强度要求,对海洋环境影响大
围堤吹填区依托条件及对航道疏浚吹填进度的适应性	方案一徐圩4区依托条件较差,两个方案均满足对航道疏浚吹填进度的适应性要求	
综合效益	好	差

6　结语

根据比较可知,疏浚土处理方案一吹填上陆比例高达97%,在很大程度上解决了徐圩港区陆域形成的土方缺口,可以更好地适应港区陆域形成需求;虽然本工程投资较方案二大,且徐圩4区先期建设依托条件较差,建设成本较高,但港区建设总成本明显低于疏浚土处理方案二,综合效益好;外抛疏浚土方量及倾倒强度很小,对海洋环境影响很小。因此,二期疏浚工程徐圩港区航道疏浚土处理推荐对环境影响小,疏浚土资源利用率高,综合效益好,对港区及临港工业发展最有利的是疏浚土处理方案一。

参考文献

[1] 中交上海航道勘察设计研究院有限公司．连云港港30万吨级航道二期工程工程可行性研究[R]．上海:中交上海航道勘察设计研究院有限公司,2013.

连云港港30万吨级航道一期工程围堤平面布置及结构选型研究

殷　昕　侯海伟　马兴华　盛懿洁

（中交上海航道勘察设计研究院有限公司　上海　200120）

摘　要：连云港港30万吨级航道一期工程围堤吹填区平面综合考虑港区陆域规划、近期港区开发计划、土方平衡、与航道建设进度适应性及工程投资等相关因素布置，既节约了大量工程投资，又大大减少了对海洋环境的污染，取得了良好的综合效益。围堤结构选型从技术可行性、施工可行性、结构合理性、经济性等方面，对爆破挤淤堤、充填袋斜坡堤两种结构方案进行了详细比较，并结合围堤使用功能，推荐爆破挤淤堤和充填袋斜坡堤组合方案，充分发挥了两种围堤结构方案的长处，取得了良好的技术效果及经济效益。

关键词：围堤平面布置；围堤结构选型

连云港地理位置优越，是连接东西南北的纽带，加快连云港港建设对带动江苏沿海经济乃至我国中、西部区域经济协调发展意义重大。连云港港30万吨级航道是江苏沿海开发的“牛鼻子”，是该港新一轮发展的重要前提和临港产业的重要依托。2007年江苏省委、省政府将连云港港30万吨级航道工程作为全省重点推进的工作写入政府工作报告，2008年该项目被列为江苏省一号工程，作为加快连云港港发展的战略要点着力推进。

连云港港建设30万吨级航道需开挖浚深，疏浚方量大，同时连云港港口依山傍海而建，缺乏港口陆域，为有效利用航道疏浚土，本次设计考虑港区陆域形成工程相结合建设配套围堤，同时针对工程建成后围堤使用功能选择相适应的围堤结构形式，共建设约18km围堤形成12.2km^2陆域，利用疏浚土方量超过1亿m^3，涉及的围堤结构型式主要有爆破挤淤堤和充填袋斜坡堤等。

针对上述问题，本文通过总结一期工程配套围堤平面布置及结构选型设计思路，为同类工程建设提供借鉴参考。

1　围堤平面布置方案研究

1.1　平面布置原则

（1）密切结合港区规划布局和开发时序，研究确定分期实施顺序。

（2）陆域形成分区布置应能适应港池航道疏浚土分期吹填进度需要，并具备疏浚吹填施工条件和围堤施工依托条件。

（3）应尽可能充分利用航道及港池疏浚土资源，结合港区陆域形成吹填成陆，以适应港区及临港工业发展需要，提高综合效益，同时最大限度地减小疏浚土外抛对海洋环境的影响。

1.2 旗台围堤吹填区

(1)近期码头建设及计划

旗台作业区以大宗干散货和液体散货运输为主的深水作业区,重点发展10万吨级以上大型专业化泊位。旗台嘴以西岸线作为大宗干散货发展区,可建设6个15万吨级以上泊位,通过能力4 000万吨以上;旗台嘴以东岸线作为大宗液体散货发展区及危险品发展区,可建设5个15万吨级以上液体散货泊位或5~6个5万吨级以上油气和液体化工泊位,能力可达3 000万吨以上[2],其近期码头建设计划如表1所示。

连云港区近期码头建设计划　　表1

项　目　名　称		建设规模		建设年限
		泊位吨级	泊位个数	
		万DWT	个	
连云港区	旗台作业区25万吨级矿石码头工程	5、25	各1	2007~2009
	旗台作业区氧化铝泊位	10	1	2010前
	旗台作业区散化肥泊位	10	1	2010前
	旗台作业区液体散货泊位	5	2	2010前

(2)土方平衡[1]

按"尽可能利用,就近处理,综合效益最大"的原则,经土方平衡,连云港区25万吨级航道约62%疏浚土(4 358万m^3)吹填至旗台围堤吹填区,形成土地面积约8 289亩,余下38%疏浚土(2 669万m^3)外抛至临时倾倒区。

(3)选址与平面布置[1]

根据港区规划平面布置,拟建吹填区选址于旗台作业区东侧,规划为液体散货泊位区和液体散货预留发展区,共建设3条正堤,分别为正堤1、正堤2和正堤3,正堤总长3 744m;围堤拟结合永久护岸建设,在满足土方平衡的前提下建设围堤,以减少重复建设,共建设东护岸、南护岸两条围堤,围堤长度3 263m。旗台围堤吹填区平面图如图1所示。

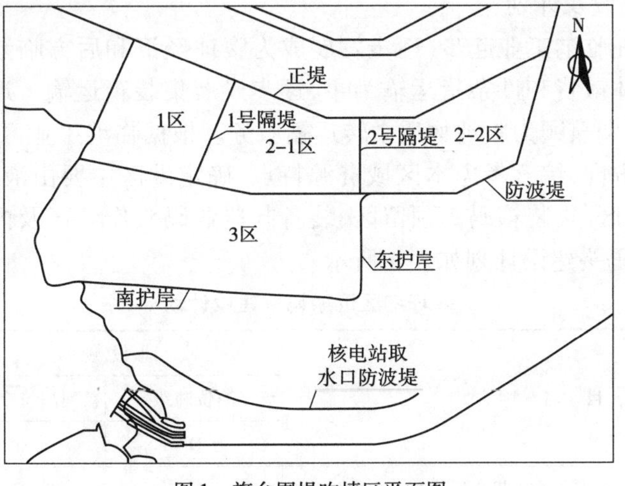

图1　旗台围堤吹填区平面图

为适应航道疏浚进度要求，根据航道疏浚进度安排和围堤施工顺序、进度安排，结合南防波堤1、2、3、4及东护岸、南护岸平面布置，考虑划分为1区、2-1区、2-2区、3区共4个分区，依次建设，设置1号、2号共2条隔堤，隔堤总长1 601m。

旗台围堤吹填区陆域形成面积5.53km^2（合8 289亩），围堤长度8 609m，纳泥方量5 684万m^3，相关参数如表2和表3所示。

旗台围堤吹填区围堤平面布置一览表 表2

分区	吹填高程(m)	吹填面积(万m^2)	吹填容量(万m^3)
1	7.5	97.68	972.42
2-1		97.80	1 059.24
2-2		110.96	1 330.03
3		246.17	2 322.15
合计		552.61	5 683.84

旗台围堤吹填区围堤布置一览表(单位:m) 表3

围堤	堤顶高程	防浪墙高程	长度(m)
正堤1	7.0	8.6	922
正堤2	7.0	8.6	1 103
正堤3	7.0	8.6	1 719
1号隔堤	7.0		941
2号隔堤	7.0		660
南护岸	7.0	9.0	2 241
东护岸	7.0	9.0	1 022
合计			8 609

1.3 徐圩围堤吹填区

(1)近期码头建设及计划

徐圩港区将依托临港工业起步，逐步发展成为腹地经济和后方临港工业服务的综合性港区，以干散货、液体散货和件杂货运输为主，逐步发展集装箱运输。近期以服务于后方临港工业园区为主，远期兼顾为腹地物质中转运输服务。根据临港工业区产业布局，结合徐圩港区的性质及发展方向，综合考虑本区域资源特点，确定港区主要由液体散货泊位区、干散货泊位区、通用泊位区、集装箱码头预留区、装备制造业码头作业区及内河转运区六大功能区组成[3,4]，其近期码头建设计划如表4所示。

徐圩港区近期码头建设计划 表4

项目名称		建设规模		建设年限
		泊位吨级	泊位个数	
		万DWT	个	
徐圩港区	散货泊位(起步码头)	10	2	2010~2012
	件杂货泊位(不含内河泊位)	3	8	2011~2013

(2)土方平衡[1]

同样,徐圩港区航道疏浚土也应尽可能结合港区陆域形成吹填成陆,根据徐圩围堤吹填区平面布置,经测算徐圩吹填区(1 区、2 区)容量总计约 4 833 万 m^3。为尽可能多地将疏浚土吹填上陆,考虑徐圩港区 10 万吨级航道约 59% 疏浚土(4 774 万 m^3)吹填至徐圩围堤吹填区,形成土地面积约 9 931 亩,余下 41% 疏浚土(3 279 万 m^3)外抛至临时倾倒区。

(3)选址与平面布置[1]

为满足航道疏浚土吹填和徐圩港区一期工程陆域进度需要,拟建吹填区位于徐圩港区规划平面的西南侧,依托现有海堤。平面充分结合徐圩起步港区陆域形成和规划西护岸,由西护岸西段、西护岸北段、2 号围堤、正堤、1 号围堤所围范围,呈 L 型布置,西护岸西段为港区永久边界,西护岸北段为近期港区边界,正堤布置在规划码头前沿线后方 120m 处。

为满足航道疏浚吹填和徐圩港区一期工程建设进度需要,根据与航道疏浚吹填、徐圩港区一期工程进度协调,划分 1 区、2 区共两块区域依次建设,设置 1 号隔堤。1 号隔堤平面沿正堤交叉点与后方岸线垂线布置,如图 2 所示。

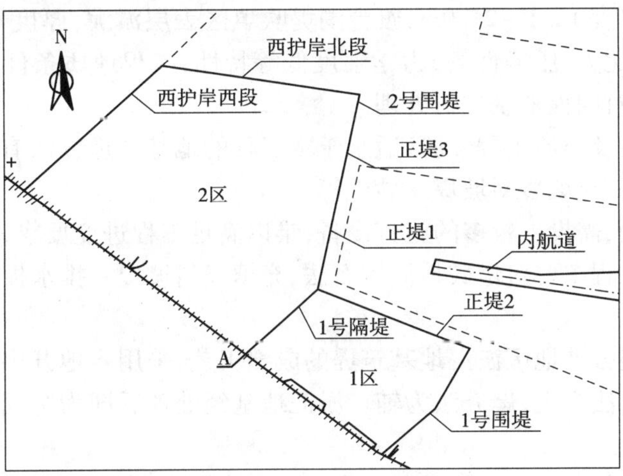

图 2　徐圩围堤吹填区平面图

徐圩围堤吹填区陆域形成面积 6.62km^2(合 9 931 亩),围堤长度 9 037m,纳泥方量 4 833 万 m^3,相关参数如表 5 和表 6 所示。

徐圩围堤吹填区平面布置一览表　　表 5

分区	吹填高程(m)	吹填面积(万 m^2)	吹填容量(万 m^3)
1	7.8	165.24	1 009.51
2		496.84	3 823.83
合计		662.08	4 833.34

徐圩围堤吹填区围堤布置一览表(单位:m)　　表 6

围　堤	堤顶高程	子围堰高程	防浪墙高程	长度(m)
正堤 1	7.0		8.8	1 298
正堤 2	7.0		8.8	1 411
正堤 3	7.0		8.8	165

续上表

围　堤	堤顶高程	子围堰高程	防浪墙高程	长度(m)
西护岸西段	7.0～7.3	8.0	8.2～9.0	1 760
西护岸北堤	7.4	8.0	8.7	1 694
1 号围堤	7.0	8.0	7.5～8.5	1 304
2 号围堤	7.0	8.0	8.7	508
1 号隔堤	7.0			897
合计				9 037

2　围堤结构选型研究

2.1　结构型式简介

根据相关地质报告,一期工程围堤吹填区表层均为淤泥,下层为粉质黏土,其中,徐圩围堤吹填区表层淤泥厚度 12.1～21.9m,旗台围堤吹填区表层淤泥,厚度 4.0～25.0m,该淤泥具有含水率高,孔隙比大,压缩性高,力学强度低等特性,工程地质条件差劣,对围堤稳定起控制作用,因此必须对围堤地基进行处理。

根据连云港建港及类似工程经验,适用于本工程的地基处理方法有爆破排淤填石法、充填袋斜坡堤 + 排水板、充填袋斜坡堤 + 砂桩等。

砂桩施打速度慢,需投入较多的施打设备,难以满足工程进度要求,而且工程费用高,因此不予考虑。一期工程主要对爆破挤淤填石法、充填袋斜坡堤 + 排水板方案进行比较。

1)爆破挤淤堤

该筑堤工艺为连云港地区淤泥地基筑堤的成熟工艺,采用当地开山石陆抛成堤,淤泥地基采用爆破排淤填石法为主、爆夯法为辅。淤泥地基经处理后即为坚固的护岸结构,可满足吹填土要求。

该方法显著优点是非常适合浅滩作业条件,抛石和埋药、起爆可全部在陆上施工完成,不存在挖泥和弃土问题,不需要大型施工机械设备和复杂的施工工艺,施工速度较快、投资省、见效快,软基处理深度可达到 10m 以上,落底效果好,成堤和陆域吹填时的整体稳定性强。爆破挤淤堤典型断面图如图 3 所示。

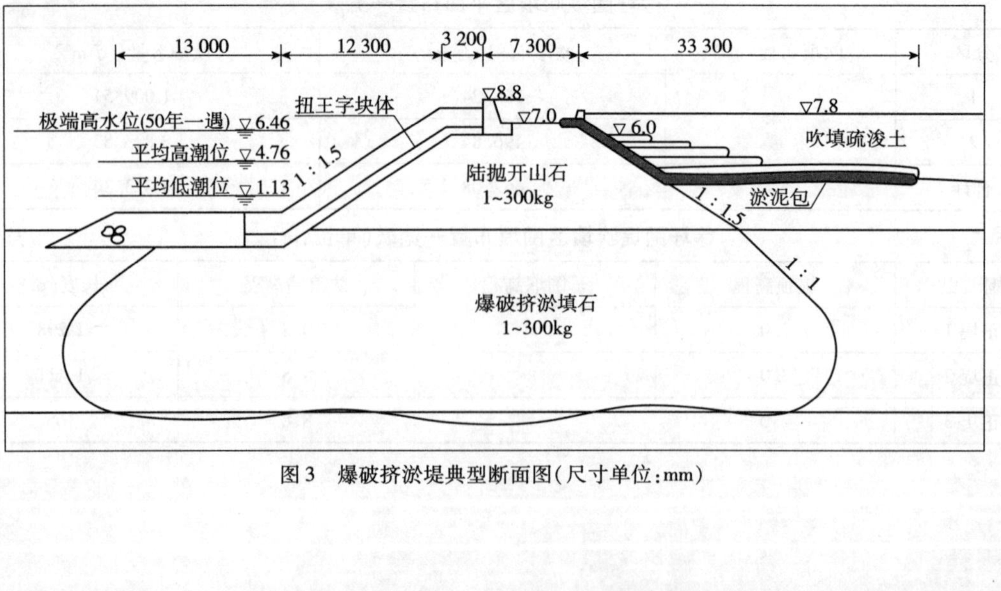

图 3　爆破挤淤堤典型断面图(尺寸单位:mm)

爆破挤淤堤不足有:随着处理软土层厚度越深,挤淤置换所需的石料量成倍增加,造价也随之增高;要耗费大量的石料,淤泥厚度越大,石料用量越多;爆破挤淤堤施工进度慢,工期较长,形成吹填边界时间长;对后方交通压力较大。

2)充填袋斜坡堤

大型土工织物冲填袋是近20年在国内推广应用的新型筑堤和护底材料,主要应用于江、海护岸、围堤造地、防波堤及堤坝工程。经过近20年的研究、实践,该项技术已日趋成熟,于90年代末完成国家和行业标准化,制定了国标《土工合成材料应用技术规范》、交通部《水运工程土工合成材料应用技术规范》,为工程设计、施工技术质量提供了有力保障。充填袋斜坡堤堤心材料相对于以往传统的抛石堤心材料,其优势主要体现在就地取材、工程造价低,不依赖陆上交通及水上全面展开、施工作业面大、施工速度快,堤身的整体性好且特别适合深厚淤泥和有利于组织防台防汛四个方面。

充填袋斜坡堤在淤泥地基中应用成功的关键技术总结如下:

(1)采用底层砂被+排水板进行地基处理,利用堤身自重排水固结,充分利用地基强度增长。

(2)以往淤泥软基筑堤加固地基采用排水固结法、单层加筋垫层等方法,堤坝稳定性提高有限。本次设计围堤的特点是底层充填袋+排水板处理淤泥地基并利用堤身自重加载以提高淤泥地基承载力,设置内外平台起镇压作用,同时采用多层通长充填袋、加筋软体排发挥加筋作用,提高围堤自身强度和稳定性。

与爆破挤淤堤相比,其缺点在于其工后沉降较大,作为护岸使用时对前方开挖稳定适应性较差。一期工程充填袋斜坡堤典型断面图如图4所示。

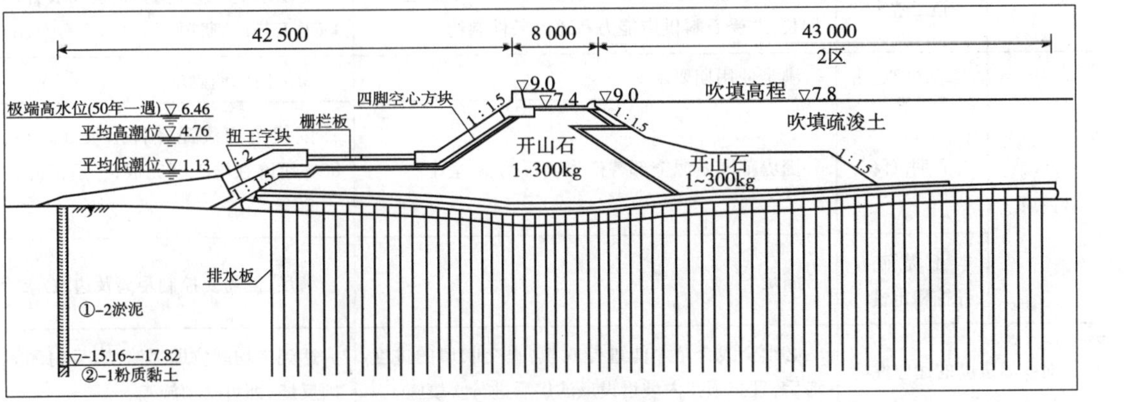

图4 一期工程充填袋斜坡堤典型断面图(尺寸单位:mm)

2.2 结构型式比较

(1)技术性比较

两种结构方案在深厚淤泥中筑堤均工艺成熟,使用广泛。

(2)经济性比较

爆破挤淤堤的特点是堤身及基础的断面呈梯形,石料用量与堤身+基础的高度呈平方关系,需要耗费大量石料,当淤泥厚度较小而堤身高度较高时,石料用量较少且较为经济,反之则不够经济。另外,当采用陆抛时较为经济,当采用水抛时造价较高。

充填袋斜坡堤的特点是充分利用天然淤泥地基,在地基一定的情况下,断面尺度主要取决于堤身高度，滩面越高，则堤身高度越小，断面尺度也越小，造价就越低。

因此，淤泥厚度较薄而堤身高度较高的情况下，爆破挤淤堤造价一般低于充填袋斜坡堤，而淤泥厚度较厚而堤身高度较小的情况下，爆破挤淤堤造价明显高于充填袋斜坡堤。

(3)工期比较

爆破挤淤堤只能陆上单向推进；推进速度跟淤泥厚度有关，并受石料供应能力、道路条件制约；必须全线合龙才能进行吹填，提交吹填的进度滞后；石料用量巨大，对道路交通压力大。

排水板+充填袋斜坡堤可水上全面展开，施工面大，施工速度快；石料用量少，对陆上交通压力小；围堤全线达到平均潮位即可进行吹填，吹填进度及工程总进度可大大提前。

两种结构型式优缺点比较如表7所示。

围堤结构型式特点比较一览表 表7

<table>
<tr><th colspan="2" rowspan="2">比选项目</th><th colspan="2">围堤结构型式</th></tr>
<tr><th>爆破填石挤淤堤</th><th>排水板+充填袋斜坡堤</th></tr>
<tr><td rowspan="3">施工可行性</td><td>施工工艺</td><td>为连云港地区淤泥地基筑堤的成熟工艺</td><td>为国内软基筑堤成熟工艺，1999年以来在连云港逐渐采用</td></tr>
<tr><td>交通条件</td><td>①只能采用陆上单头推进，若水上抛填，成本急剧上升；
②对后方交通压力大；
③石料陆路运输受通路条件制约</td><td>水上运输充填料筑堤</td></tr>
<tr><td>施工效率</td><td>陆上单点推进，日推进速度为4.5~7m/端，工期长，并受石料供应能力和道路条件制约</td><td>可以水上供应充填料、全面展开的施工工艺，工期短</td></tr>
<tr><td rowspan="3">结构可靠性</td><td>结构稳定性</td><td>满足使用期要求</td><td>满足使用期要求</td></tr>
<tr><td>后期沉降</td><td>围堤范围淤泥全部替换为填石，沉降量小</td><td>围堤范围淤泥经排水板处理后，80%沉降在施工期完成，工后沉降约占20%</td></tr>
<tr><td>正堤前方开挖稳定性</td><td>满足</td><td>满足，但需要控制距离及边坡</td></tr>
<tr><td colspan="2">对吹填进度的适应性</td><td>必须全线合龙才能进行吹填，提交吹填的进度滞后，且必须在内坡增设反滤层后进行吹填施工</td><td>达到平均潮位即可吹填，且内侧无须反滤，即可吹填施工</td></tr>
<tr><td colspan="2">经济性</td><td>堤身及基础的断面呈梯形，淤泥厚度较小而堤身高度较高时，较为经济，反之则不够经济。采用陆抛时较为经济，当采用水抛时不经济</td><td>主要取决于堤身高度，滩面越高，则堤身高度越小，断面尺度也越小，造价就越低</td></tr>
</table>

通过上述比较可知，两者在技术上都是可行的，但各有优劣，需根据具体情况选择。

2.3 结构型式选择

1)旗台围堤吹填区

工程区滩面高程-5~-3m，淤泥厚度在12~30m，淤泥含水率高，指标差，滩面低，工期紧，要求高。考虑到南护岸根部附近为爆破敏感区，无法采用爆破挤淤堤，而淤泥厚也难以采用抛石自重挤淤，因此，考虑南护岸采用充填袋斜坡堤，其余围堤推荐采用爆破挤淤堤，即正堤、东护岸、1 号、2 号隔堤均采用爆破挤淤堤。

2)徐圩围堤吹填区

工程区滩面工程区滩面高程 +3.0 ~ -1.6m,淤泥厚度在 12 ~ 16m,根据爆破挤淤堤与充填袋斜坡堤两种筑堤结构各自特点,综合考虑,一期工程采用两种组合方案进行比较:

(1)围堤结构组合方案一:全爆破挤淤堤,即西护岸西段、西护岸北段、正堤、1 号、2 号围堤、1 号、2 号隔堤均采用爆破挤淤堤。

(2)围堤结构组合方案二:爆破挤淤堤和充填袋斜坡堤组合。正堤、1 号隔堤采用爆破挤淤堤,西护岸西段、西护岸北段、1 号、2 号围堤、2 号隔堤采用充填袋斜坡堤。该方案是基于以下考虑的:

正堤:由于码头结构建成后正堤前方需进行开挖,稳妥起见,正堤采用爆破挤淤堤。

1 号隔堤:作为正堤大规模运输石料的主要通道,另 1 号隔堤长度短,考虑采用爆破挤淤堤。

西护岸西段、西护岸北段、1 号、2 号围堤:考虑到充填袋斜坡堤可水上全面作业,形成吹填条件时间短,为满足吹填进度需要,采用充填袋斜坡堤。

(3)组合方案比较与选用:结构组合方案二与结构组合方案一在造价上相当,工期上经测算,分区合龙进度、形成吹填条件均能与徐圩围堤吹填区航道池疏浚、吹填进度相匹配。但结构组合方案一石料用量大,所用石料绝大部分通过陆路运至现场,而目前后方石料场到工程区的道路为两车道防汛道路,而施工道路的建设需要有一个过程,且极易受道路情况制约,工期的可靠性较低。结构组合方案二石料用量较少(约为结构组合方案一的 45%),充填袋斜坡堤可水上全面作业,基本不受后方道路影响,工期的可靠性大幅提高。围堤结构组合方案比较如表 8 所示。

综上所述,考虑推荐结构组合方案二。

围堤结构组合方案比较一览表[1] 表 8

比选项目		围堤结构方案	
		结构组合方案一 (全爆破挤淤堤)	结构组合方案二 (爆破挤淤堤与充填袋斜坡堤组合)
施工可行性	料源	一期工程石料总量 1 000 万 m^3,从社会料场采购,易受供应能力限制,价格也受需求波动	①一期工程充填料 250 万 m^3,采用外购中粗砂,供应有保证(充填料取土区批复后采用灌河口粉土); ②一期工程石料 350 万 m^3,从社会料场采购,易受供应能力限制,价格也受需求波动
	交通条件	距徐圩最近石料场距离为 20km,且目前仅为 2 车道道路。运输强度 0.89 ~ 2.16 万 m^3/日,需建设施工便道	①充填料通过海运,不依赖陆上交通; ②石料运输强度 0.44 ~ 1.86 万 m^3/日,可减小对后方交通压力
	施工效率	单点推进,日推进速度为 4.5 ~ 7m/端,工期长,并受石料供应能力和道路条件制约	①充填袋斜坡堤:可以水上供料、全面展开的施工工艺,工期短; ②爆破挤淤堤:同方案一,石料总量和强度大大减小,受石料供应能力和道路条件影响小

续上表

比选项目	围堤结构方案	
	结构组合方案一 （全爆破挤淤堤）	结构组合方案二 （爆破挤淤堤与充填袋斜坡堤组合）
对航道疏浚进度适应性 （分区合龙、提交吹填时间）	只能陆上单向推进；推进速度与淤泥厚度有关，并受石料供应能力、通路条件制约，进度的可靠性受供应能力、道路条件影响大；必须全线合龙才能进行吹填。分区合龙、提交吹填的进度能满足疏浚要求，但工期的可靠性较低	既发挥了爆破挤淤堤前方开挖稳定性好的优点，又发挥了充填袋斜坡堤水上全面展开，施工面大，施工速度快，不依赖陆上交通，围堤全线达到平均潮位即可进行吹填的优点，分区合龙、提交吹填进度提前；同时石料用量减少、对道路交通压力减小、进度受供应能力、道路条件影响程度大幅降低，工期的可靠性相对有保证

3 结语

（1）连云港港30万吨级航道一期工程围堤吹填区平面布置充分考虑了港区陆域规划、近期港区开发计划、土方平衡、与航道建设进度适应性及工程投资等相关因素，最终确定旗台港区分为4个围堤吹填区、徐圩港区分为3个围堤吹填区进行建设，共利用航道疏浚土9 132万m^3，约占一期工程总基建疏浚工程量的60%，共形成土地面积约18万亩，既节约了大量工程投资，又大大减少了对海洋环境的污染，取得了良好的综合效益。

（2）从技术可行性、施工可行性、结构合理性、经济性等方面，对爆破挤淤堤、充填袋斜坡堤两种结构方案进行详细比较，并结合围堤使用功能，推荐爆破挤淤堤和充填袋斜坡堤组合方案，充分发挥了两种围堤结构方案的长处，取得了良好的技术效果及经济效益。

参考文献

[1] 中交上海航道勘察设计研究院有限公司. 连云港港30万吨级航道一期工程初步设计报告[R]. 2010.

[2] 交通部和江苏省人民政府. 连云港港总体规划（批复稿）. 2008.

[3] 交通部规划研究院. 连云港港徐圩港区总体规划（报批稿）. 2010.

[4] 交通运输部规划研究院，中交第三航务工程勘察设计院有限公司. 连云港港徐圩港区控制性详细规划（2010—2030）（征求意见稿）. 2010.

爆破挤淤堤内侧反滤结构设计计算方法创新与应用

侯海伟　马兴华　殷　昕

（中交上海航道勘察设计研究院有限公司　上海　200120）

摘　要：爆破挤淤堤是淤泥地基地区常用的筑堤结构型式，但爆破挤淤堤内侧反滤结构失效引起的吹填漏泥问题是长期以来困扰业界、未能解决的技术问题。在连云港港30万吨级航道一期工程设计中，专门研究分析了以往爆破挤淤堤内侧反滤结构失效机理，建立了围区外潮位和围区内水位差作用下内侧反滤结构稳定力学模型，提出了爆破挤淤堤内侧反滤结构稳定计算方法，并通过旗台1区试验性施工检验，成功后推广应用到其他围堤设计，有效解决了爆破挤淤堤内侧吹填漏泥问题。

关键词：爆破挤淤堤；反滤结构；创新与应用

1　引言

爆破挤淤堤自20世纪80年代在连云港港西大堤首次成功运用以来被广泛运用，已成为淤泥地基地区常用的筑堤结构型式。该结构型式的显著优点是非常适合浅滩作业条件，抛石和埋药、起爆可全部在陆上施工完成，不存在挖泥和弃土问题，不需要大型施工机械设备和复杂的施工工艺，软基处理深度可达到10m以上，落底效果好，成堤和陆域吹填时的整体稳定性强。但以往爆破挤淤堤内侧反滤结构设计计算方法尚未得到有效解决，吹填时普遍发生较为严重的漏泥现象，爆破挤淤堤内侧反滤结构失效引起的吹填漏泥问题是长期以来困扰业界、未能解决的技术问题。

在连云港港30万吨级航道一期工程中共建设了超过9km长的爆破挤淤堤，且均作为吹填围堰使用，吹填土方以淤泥为主，需要设计重点研究解决爆破挤淤堤吹填漏泥问题。

2　爆破挤淤堤内侧反滤结构应用现状

2.1　爆破挤淤堤内侧反滤结构现状

经过多年的研究和发展，爆破挤淤堤爆破设计、施工工艺已非常成熟，但爆破挤淤堤内侧反滤结构设计计算方法还基本属于空白领域。以往的爆破挤淤堤内侧反滤结构设计方案假定抛石结构为弱透水结构，在内侧设置无纺土工布反滤和1m厚的袋装泥（或块石）临时压载结构，如图1所示。

2.2　使用效果

如上所述，以往的爆破挤淤堤内侧反滤结构设计方案假定抛石结构为弱透水结构，这与而抛石堤结构属于强透水结构的实际情况是严重不符的。多年工程实践表明，上述反滤结构效果很差，在库内外水压力差的作用下极易被顶托破坏，反滤结构基本全部失效，吹填漏泥非常严重,不仅影响水域环境,还造成经济上的损失,由此造成的港池航道最大淤积厚度甚至超过2m。

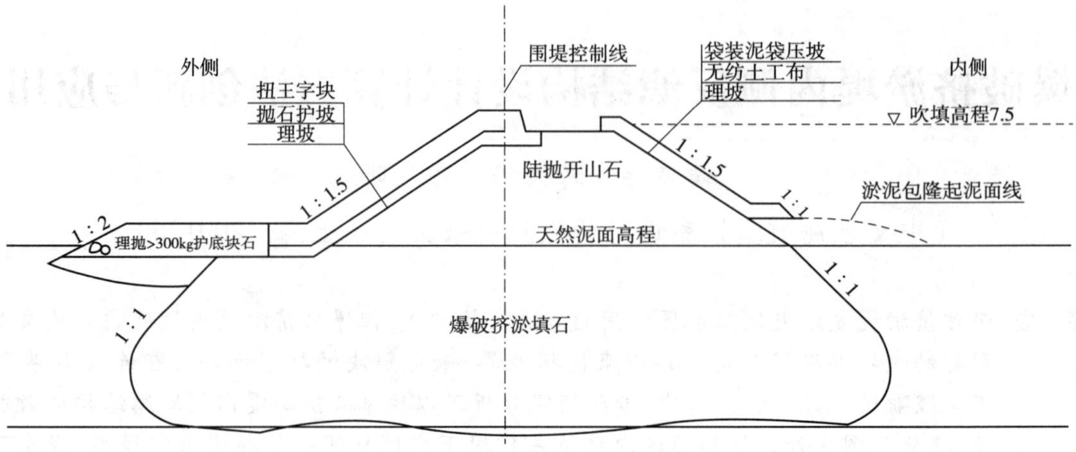

图1　以往爆破挤淤堤内侧反滤结构图

3　爆破挤淤堤内侧反滤结构稳定计算方法研究

在连云港港30万吨级航道一期工程中,我们仔细分析了以往爆破挤淤堤内侧反滤结构失效的原因,建立了潮汐作用下内侧反滤及压载结构力学模型,提出了爆破挤淤堤反滤结构设计计算方法。

3.1　以往爆破挤淤堤内侧反滤结构失效机理

大量调研和分析发现,爆破挤淤堤合龙后,外侧水位随潮汐作用变动,内侧水位基本维持在平均潮位附近,上下小幅度变动。当外侧水位高出内侧水位时,内外会形成水位差,而反滤及其压载结构的渗透系数较小,与爆破挤淤堤块石结构相比可认为是不透水结构,该水位差形成的水压力会对内侧反滤及其压载结构产生顶托作用。当水压力大于压载结构在垂直于坡面方向的压载分力时,反滤及其压载结构将被顶托破坏。因此,以往爆破挤淤堤内侧反滤及其压载结构失效的根本原因是压载结构的压载重量不足以抵抗水压力的顶托作用。

3.2　爆破挤淤堤内侧反滤结构稳定计算方法

(1)确定库内外水位及水位差

根据当地水文条件及施工组织安排(工期等),以安全和经济为原则,合理确定施工期库内、外允许和可能出现的最大及最小水位。

(2)建立内侧反滤结构稳定力学模型

由于无纺土工布透水性远小于开山石,近似认为无纺土工布为不透水层,按力学静力平衡原理建立爆破挤淤堤内侧反滤结构力学模型,为计算确定爆破挤淤堤内侧反滤及其压载结构设计断面提供依据,如图2所示。

(3)计算确定爆破挤淤堤内侧反滤结构断面尺度

根据爆破挤淤堤内侧反滤结构力学模型,计算爆破挤淤堤内侧反滤及压载结构的稳定情况,并根据计算结构最终确定爆破挤淤堤内侧反滤及其压载结构断面尺度。

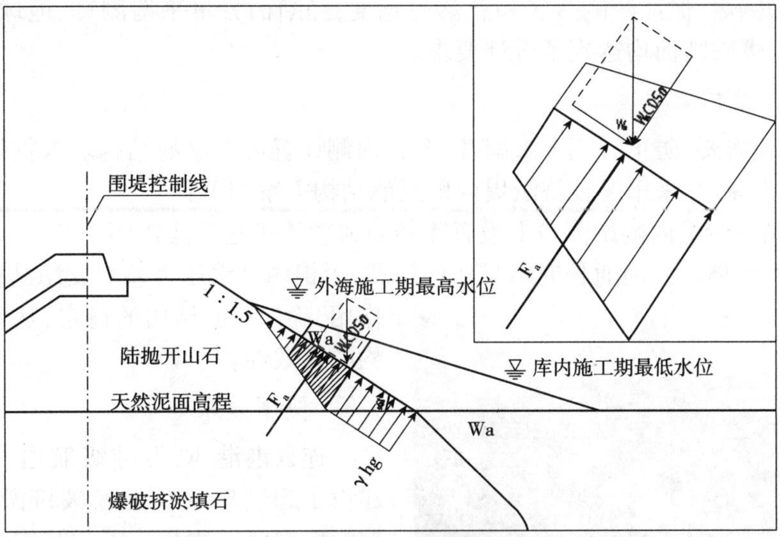

图 2　爆破挤淤堤内侧反滤结构稳定力学模型图

4　内侧反滤结构方案及其在 30 万吨级航道一期工程配套围堤应用效果

4.1　堤身断面概况

爆破挤淤斜坡堤断面图如图 3 所示。

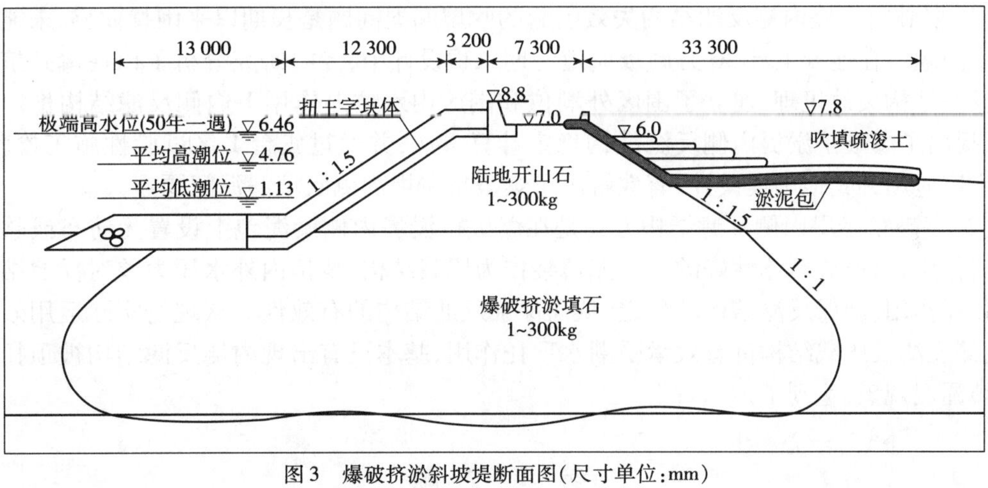

图 3　爆破挤淤斜坡堤断面图(尺寸单位:mm)

(1)堤身材料

采用规格为 10～300kg 为主的自然级配的开山石,陆抛工艺,内外边坡 1∶1.5。

(2)地基处理

本工程置换淤泥厚度 6～25m,围堤堤身高度 7～12m,根据连云港建港经验,采用以爆破排淤法为主、爆夯为辅的综合爆破法处理,是技术可行、经济合理的地基处理方法。

(3)爆破工艺

根据工程地质、置换淤泥厚度、围堤结构、周围建筑物情况等因素初步确定爆破参数,并根据工程实施过程中爆破试验结果进行调整和优化。本工程置换淤泥厚度最大达 25m,落底宽度超过 60m,爆破工艺难度大,要求高。在爆破施工过程中,先采用堤头端爆,保证堤顶位置落底，两边侧爆，保证两侧落底和总落底宽度，经断面方量平衡测算、地球物理探测、钻孔探摸法检测，爆破断面均达到了设计要求。

4.2 内侧反滤结构方案

为满足吹填需要，防止吹填土渗漏，需要在内侧设置可靠反滤结构。根据爆破挤淤堤内侧反滤结构受力原理，采用爆破挤淤堤内侧反滤结构方案如下：

(1)在爆破挤淤堤内侧淤泥包上设置无纺布或软体排起反滤作用。

(2)再设置整体性好的通长充填袋作为压载，承担内外水压力差对反滤结构产生的顶托作用，确保反滤结构的稳定，从而保证反滤结构的有效性。

图4 爆破挤淤堤内侧反滤及其压载结构现场施工图

4.3 使用效果

连云港港30万吨级航道一期工程中共建设了超过9km长的爆破挤淤堤，所有爆破挤淤堤内侧反滤及其压载结构均采用了上述结构。从现场实际运用效果来看，基本没有出现内侧反滤结构被顶托破坏和吹填漏泥现象，达到了预期效果，如图4所示。

5 结语

(1)爆破挤淤堤内侧反滤结构失效引起的吹填漏泥问题是长期以来困扰业界、未能解决的技术问题。在连云港港30万吨级航道一期工程设计中，专门研究分析了以往爆破挤淤堤内侧反滤结构失效机理，建立了围区外潮位和围区内水位差作用下内侧反滤结构稳定力学模型，提出了爆破挤淤堤内侧反滤结构稳定计算方法，并通过旗台1区试验性施工检验，成功后推广应用到其他围堤设计，有效解决了爆破挤淤堤内侧吹填漏泥问题。

(2)爆破挤淤堤内侧反滤结构方案是在爆破挤淤堤内侧淤泥包上设置无纺布或软体排起反滤作用，再设置整体性好的通长充填袋作为压载结构，承担内外水压力差对反滤结构产生的顶托作用，确保反滤结构的稳定，从而保证反滤结构的有效性。从现场实际运用效果来看，内侧反滤及压载结构可有效承受潮水顶托作用，基本没有出现内侧反滤结构被顶托破坏和吹填漏泥现象，达到了预期效果。

参考文献

[1] 顾勇，马兴华，金雪英，等. 连云港港30万吨级航道一期工程初步设计报告[R]. 中交上海航道勘察设计研究院有限公司，2010.

[2] 侯海伟，殷昕，马兴华，等. 连云港港30万吨级航道一期工程围堤工程设计[R]. 水运工程，2012.

[3] JTS 145-2—2013 海港水文规范[S].

[4] JTS 154-1—2011 防波堤设计与施工规范[S].

[5] JTJ 300—2000 港口及航道护岸工程设计与施工规范[S].

充填袋斜坡堤结构在连云港围堤中的创新与应用

马兴华　侯海伟　殷　昕

（中交上海航道勘察设计研究院有限公司　上海　200120）

摘　要：在现有充填袋斜坡堤技术的基础上，开展了多项有针对性的研究创新。首次在连云港地区采用充填袋和抛石组合斜坡堤，显著提高了经济性和施工期安全性；在业界首次成功开发应用 760g/m^2 高强机织布加筋砂被用于围堤加筋，最大限度地减少了袋装砂数量和砂料用量，进一步提高充填袋和抛石组合堤身斜坡堤的经济性，加快筑堤速度，为连云港地区大规模高强度筑堤解决了关键技术问题。在业界首次对围堤采用玻璃纤维经编复合土工布加筋进行了尝试，取得了初步经验。

关键词：连云港港；充填袋斜坡堤；充填袋和抛石组合堤；高强机织布；玻璃纤维经编复合土工布

1　引言

连云港港建设 30 万吨级航道疏浚方量大，同时连云港港口依山傍海而建，腹地小，缺乏港口陆域。为有效利用疏浚土并与港区陆域形成工程相结合，本工程通过建设约 18km 围堤形成 12.2km^2 陆域，围区纳泥超过 1 亿 m^3，吹填土方以淤泥为主。

针对围堤地基为深厚淤泥，围堤规模大，筑堤进度紧的特点，以及正堤为码头护岸，其余为一般围堤的情况，本工程围堤结构采用爆破挤淤堤和充填袋斜坡堤组合方案，正堤采用爆破挤淤堤，其余围堤基本采用充填袋斜坡堤，建设长度超过 7km。

本工程是充填袋斜坡堤首次在连云港地区大规模运用。考虑到连云港建设条件和特点与其他地区存在差异，设计在现有充填袋斜坡堤技术的基础上，对堤身结构、充填袋材料、加筋材料、反滤结构等方面开展了多项针对性的研究创新，为连云港地区大规模高强度筑堤解决了关键技术问题，取得了良好的经济效益和社会效益，可以为后续和同类工程提供借鉴。

2　工程条件特点及难点分析

2.1　地质条件——围堤地基为深厚淤泥，地质条件差

本工程共建设两个围堤吹填区，分别为徐圩围堤吹填区和旗台围堤吹填区，两个围堤吹填区地基表层均为深厚淤泥，该淤泥层具有含水率高（徐圩围堤吹填区 62.4%，旗台围堤吹填区 68.3%），厚度大（徐圩围堤吹填区 12.1～21.9m，旗台围堤吹填区 4.0～25.0m），地基承载力小（徐圩围堤吹填区 45kPa，旗台围堤吹填区 25kPa），孔隙比大，压缩性高，力学强度

交通运输部科技成果推广项目 2015326T18050、江苏省交通运输科技项目（2014T12）资助。

低等特性，工程地质条件差劣，对围堤稳定起控制作用，因此必须对围堤地基进行处理。徐圩地质剖面图如图1所示，旗台地质剖面图如图2所示，地质物理力学指标表如表1所示。

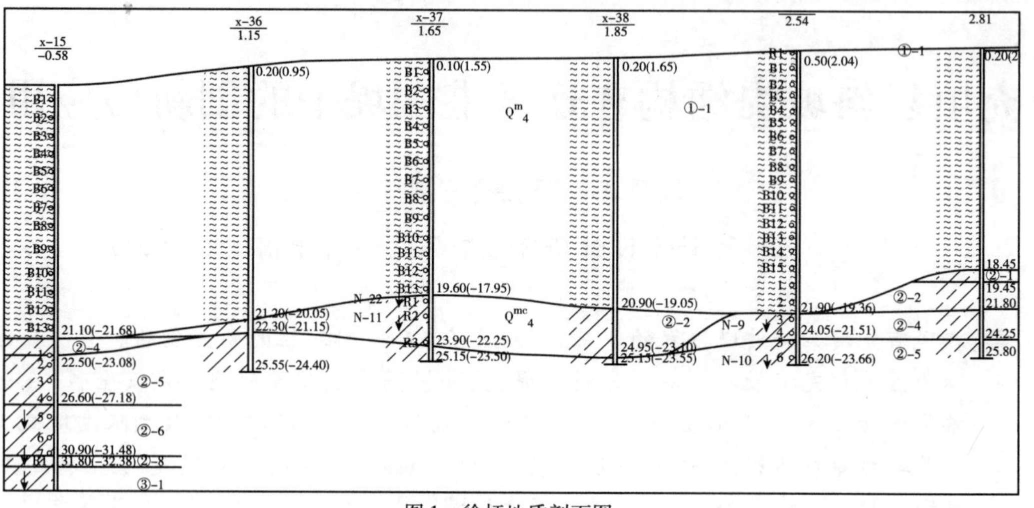

图1　徐圩地质剖面图

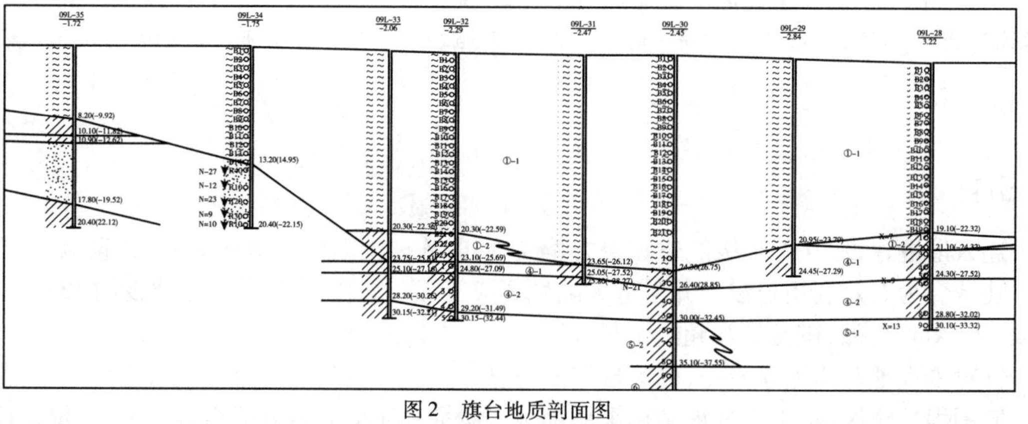

图2　旗台地质剖面图

地质物理力学指标表　　表1

围区	土层	含水率 W(%)	天然重度 (kN/m³)	孔隙比 e_o	塑性指数 I_P	黏聚力 C(kPa) 快剪	黏聚力 C(kPa) 固快	内摩擦角 φ(°) 快剪	内摩擦角 φ(°) 固快	地基承载力(kPa)
徐圩	①-2	62.4	16.4	1.716	29.9	28	21	0.8	9.1	45
	②-1	26.1	19.7	0.743	12.3	32	42	11.2	16.7	200
旗台	①-2	68.3	15.9	1.896	31.6	14	11	0.3	11.2	25
	②-1	25.6	19.7	0.737	15.5	58	88	16.7	22.0	175

2.2　使用功能——护岸和吹填围堰相结合，难度大

本工程所有充填袋斜坡堤均作为永久或准永久的护岸使用，设计使用年限达到50年或25年，施工期还作为吹填围堰使用，后方需进行吹填，吹填土质主要为淤泥，对围堰稳定不利。

2.3　建筑材料——当地石多砂少，砂料需外购，价格较高，供应不稳定

连云港地区石料相对较为丰富，且开采、供料、运输一条龙作业成熟可靠，但连云港港30万吨级航道一期工程所需的石料总量非常大（约为350万m³），本工程的围堤建设对石料开

采、供料和运输体系提出了更高要求。

连云港地区当地筑堤充填料非常匮乏，需全部进行外购解决，加上连云港港30万吨级航道一期工程总用砂量达到约250万 m^3，受制于多种因素，供应压力非常大，供应强度不稳定。因此，在充填袋斜坡堤中应尽可能减少砂料用量。

2.4 风浪条件——波浪大，对围堤结构安全影响大

围堤位于开敞海域，冬春季寒潮期间和夏季台风期间风浪大，同时涌浪大，对围堤水上部分施工期安全影响较大，需要采取有效措施。

3 技术创新及应用效果

3.1 首次在连云港大规模采用先进技术——充填袋和抛石组合堤心结构

1)技术创新

充填袋和抛石组合堤身斜坡堤是我院近年开发的先进技术，在宁波、舟山等地区成功应用。针对围堤规模大，筑堤进度紧，当地石多砂少，冬季寒潮频发对充填袋安全影响大的特点，一期工程采用充填袋和抛石组合堤身斜坡堤技术，下部采用通长充填袋(加筋砂被)满足围堤稳定需要，上部采用开山石，形成组合堤身结构，既发挥了袋装砂的加筋作用，又利用了价格相对便宜的石料，显著降低工程费用，同时上部抛石结构可有效抵御施工期风浪作用，提高了施工期安全性，如图3所示。

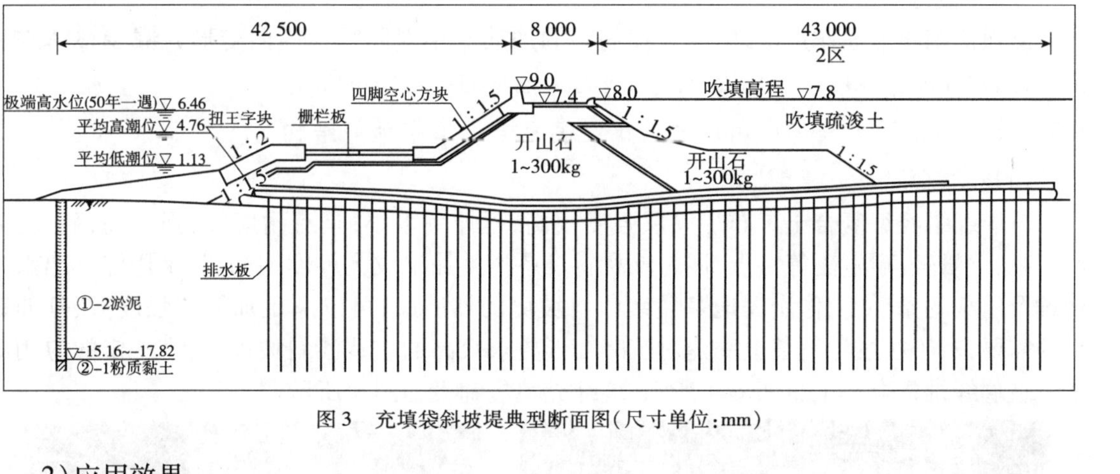

图3　充填袋斜坡堤典型断面图(尺寸单位：mm)

2)应用效果

(1)统筹使用砂石料

结合连云港当地石多砂少的特点，在满足整体稳定需要的基础上减少了砂料用量，堤身大部分结构采用石料，充分发挥连云港地区石料相对较为丰富的特点。

(2)显著提高经济性

经测算以本工程徐圩1号围堤为例，与传统的全充填袋斜坡堤相比，充填袋和抛石组合堤心结构造价上节省了约10%。与爆破挤淤堤相比，充填袋和抛石组合堤心结构节约了超过30%费用。

(3)显著加快工期

与传统的全充填袋斜坡堤和全抛石堤相比，充填袋与抛石组合堤心结构可快速的贯通并作为后续工程的施工道路。该结构充分吸收了全充填袋斜坡堤和全抛石堤的优点，克服

了两者缺点:可全线展开围堤基础部分施工,基础部分完成后快速抛填厚度不大的石料作为施工道路,后期择机加高至堤顶。

(4)解决施工期安全性问题

本工程建设规模大,强度高,周期长,需跨越两个冬季,而连云港地区冬季寒潮频发,对围堤施工期安全要求较高。相比传统全充填袋断面,本次围堤上部采用的抛石结构可作为临时防护措施,从而有效抵御施工期风浪作用。

3.2 在业界首次成功应用高强机织加筋充填袋加筋

1)技术创新

连云港地区石多砂少,砂需要外购,价格较高,同时砂料供应强度不稳定,因此在围堤设计中应考虑尽量减少砂料用量而多采用石料用量。在本次围堤设计中采用了760g/m^{2}的高强机织布替代以往常用的230g/m^{2}机织布,通过采用高强机织布,在满足围堤整体稳定的情况下,最大限度减少砂料用量,降低筑堤费用。

2)应用效果

(1)进一步减少袋装砂和砂料用量,降低投资

与传统的230g/m^{2}机织布相比,在满足稳定的情况下采用760g/m^{2}的高强机织布可以进一步减少充填袋的厚度,从而尽可能地减少砂料用量。经测算对于徐圩西护岸相比于传统的230g/m^{2}机制布,采用760g/m^{2}高强机织布可降低5%~10%工程费用。

(2)控制地基变形

高强机织布加筋作用机理:通过加筋层的加筋作用限制整体横向变形并减少整体水平位移,同时加筋材料可以均化堤身附加应力和地基的不均匀沉降量。

3.3 首次在水运工程中应用玻璃纤维经编复合土工布加筋结构

1)技术创新

玻璃纤维经编复合土工布加筋层强度很高,延伸率很小,具有耐腐蚀,强度高,耐疲劳,低松弛,重量轻,耐电磁等特点,同时该材料具备拼接加工成大尺度加筋层,采用铺排船水下铺设及压载的条件,用作淤泥地基袋装沙斜坡堤的加筋层,可以满足加筋层强度大、延伸率小的需要,对于在淤泥地基上修建对沉降变形要求较高的袋装沙斜坡堤,具有一定的应用前景。玻璃纤维复合土工布如图4所示,玻纤充填袋铺设如图5所示。

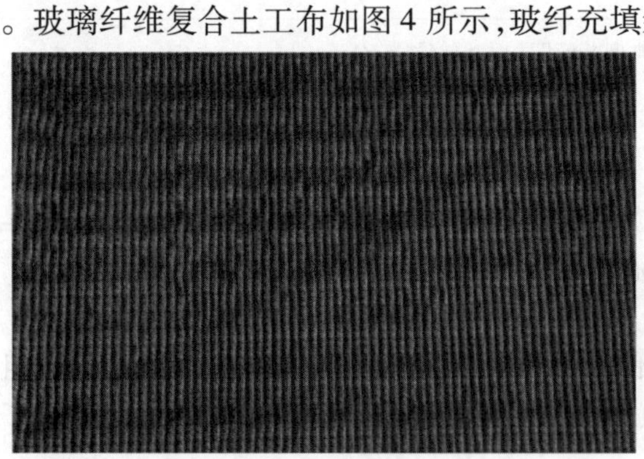

图4 玻璃纤维复合土工布

图5 玻纤充填袋铺设

2)依托工程

本次玻璃纤维经编复合土工布应用徐圩1号围堤中滩面1.5~0m位置,其中250kN/m

玻纤布 124m,300kN/m 玻纤布 212m,如图 6 所示。

1 号围堤结构为:地基采用排水板 + 砂被处理,堤身结构采用充填袋和开山石混合结构。顶宽 7.0m,围堤内、外侧高程 3.0 ~4.0m 处设置镇压平台,平台宽度 15 ~10m,内坡 1:1.5,外坡上坡 1:1.5,下坡 1:2,如图 7 所示。

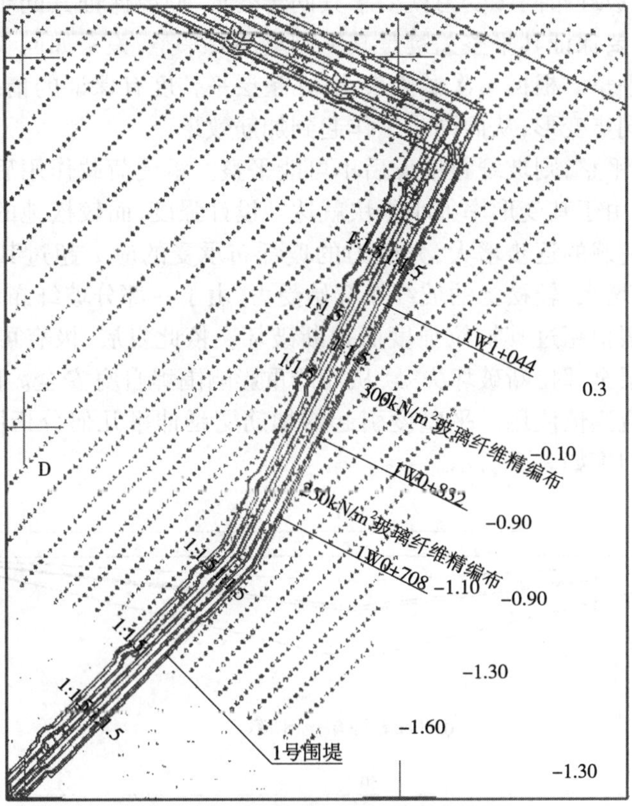

图 6　玻璃纤维应用平面布置图

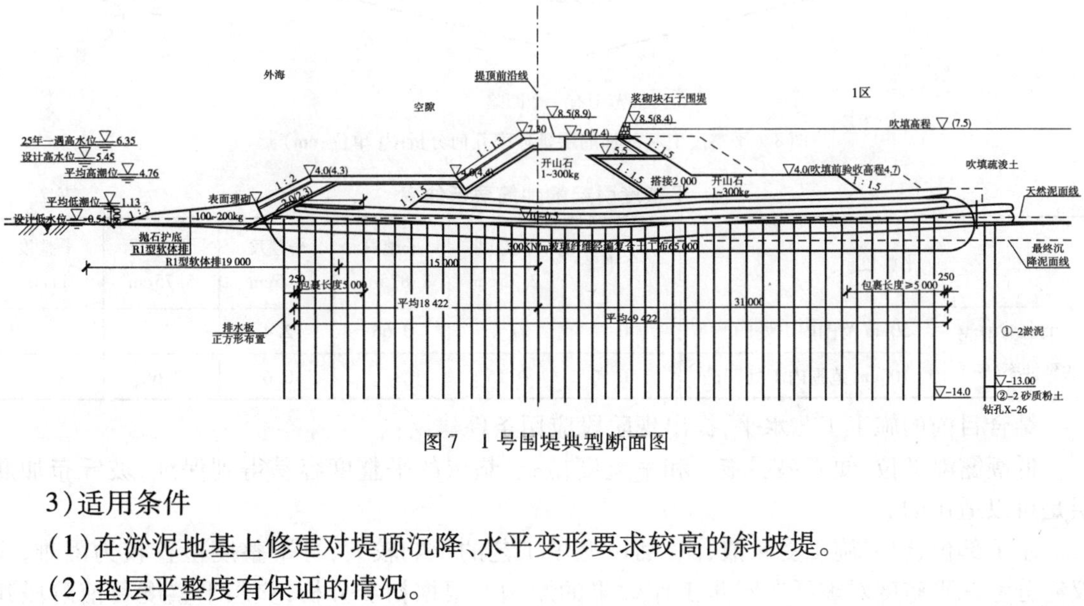

图 7　1 号围堤典型断面图

3)适用条件

(1)在淤泥地基上修建对堤顶沉降、水平变形要求较高的斜坡堤。

(2)垫层平整度有保证的情况。

在垫层及玻璃纤维经编复合土工布平整度有保证的情况下,玻璃纤维经编复合土工布可同步受力均匀可同步工作起到加筋效果,反之应谨慎使用。

玻璃纤维经编复合土工布加筋层抗拉强度大,变形率小,不超过3%,变形很小时就达到了设计抗拉强度,属于脆性加筋材料。作为工程中的加筋材料,要求其能同步受力。根据脆性材料特性,要保证玻纤布同步受力就要求其同步变形,而要保证其同步变形就要求其在铺设过程中足够平整,要保证其平整关键是其下侧垫层要平整,关系如同步受力←同步变形←玻纤布平整←垫层平整。根据本次试验表明,在垫层平整度有保证的情况下,玻璃纤维经编复合土工布是可以同步变形,从而同步工作起到加筋效果。

反之,若垫层不平整,则玻纤布铺设后不可能平整。承受荷载作用后原本较紧的一部分玻纤布先变形受力,由于其变形率太小很快就达到设计强度,而较松弛的玻纤布此时不受力或受力很小。随着荷载的逐步增大,先受力的玻纤布承受的应力超过其抗拉强度而拉断破坏,拉断后围堤变形增大,较松弛的玻纤布开始受力,由于一部分玻纤布已经拉断破坏,后受力的玻纤布应力也很快超过其抗拉强度而拉断破坏。依此发展,极有可能整个玻璃纤维经编复合土工布加筋层全部拉断破坏失效,从而严重影响围堤自身安全。因此,在垫层平整度不能保证的情况下应谨慎使用。平整度引起的加筋层延伸率几何分析图如图 8 所示,平整度引起的加筋层延伸率如表 2 所示。

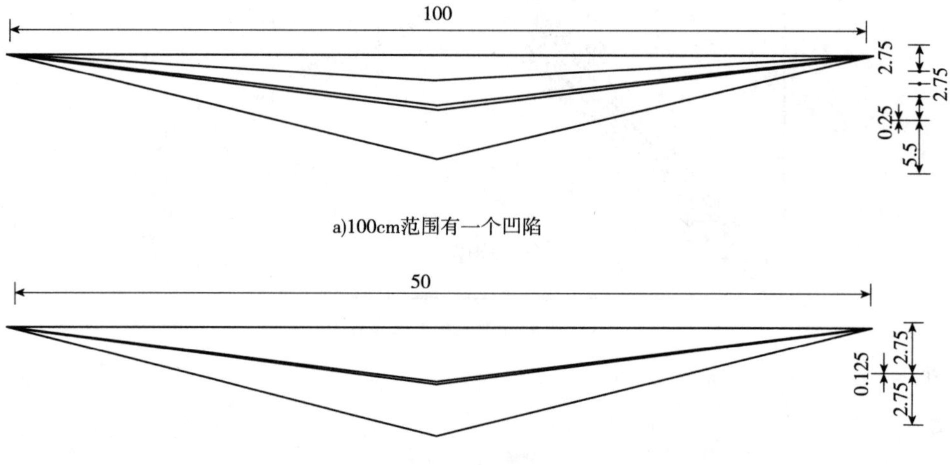

a)100cm范围有一个凹陷

b)50cm范围有一个凹陷

图 8　平整度引起的加筋层延伸率几何分析图(单位:cm)

平整度引起的加筋层延伸率　　表 2

平整度		完全平整	平整度 2.75cm	平整度 2.875cm	平整度 5.5cm	平整度 5.75cm	平整度 11cm
不平整引起的延伸率(%)	50cm 范围内 1 处凹凸	0	0.6	0.66	2.4		
	100cm 范围内 1 处凹凸	0	0.15		0.6	0.66	2.39

结合目前的施工工艺水平,提出现阶段应用条件建议:

低潮露滩部位:便于垫层施工和平整度检查,垫层的平整度容易得到保证,玻纤布加筋层是可以适用的。

水下部位:垫层施工受风浪、流、铺设充填工艺的影响较大,且平整度检查较为困难,建议充分考虑平整度对玻纤布同步工作效果的影响。根据初步分析,垫层平整度目前阶段建议值为:若垫层的平整度可以达到 5.5cm/100cm(1 处凹凸)或 2.75cm/50cm(1 处凹凸)则可以适用,否则应谨慎使用。

4)应用效果

(1)加筋效果

采用玻璃纤维经编复合土工布加筋层的 1 号围堤历经了围堤主体结构建成,后方吹填淤泥至 7.8m 等几个关键节点,该围堤始终保持稳定,玻璃纤维经编复合土工布达到了加筋的效果。

(2)控制地基变形

①减少不均匀沉降效果

根据现场观测及钻孔数据,采用玻璃纤维经编复合土工布的围堤堤顶沉降量,小于普通土工织物加筋的断面和理论计算的最终沉降量,说明玻璃纤维经编复合土工布加筋材料对均化堤基应力分布,减少堤顶沉降量有一定作用,且效果好于传统的土工织物加筋材料。

②减少水平位移效果

根据现场测斜数据显示,玻璃纤维经编复合土工布对于减少堤坝水平位移有明显作用,与传统的土工织物加筋材料相比,可减少 30% 的堤坝水平位移。

3.4 首次采用堤心内反滤结构,既满足工程需要,又减少投资

1)技术创新

本工程首次在连云港大规模采用了充填袋和抛石堤心组合结构的先进技术,降低了工程费用,加快了工程进度,但开山石堤身为透水结构,为满足吹填需要,必须设置可靠的反滤措施同时需保证一定的压载厚度避免受潮汐作用顶托破坏。根据以往抛石堤设计施工经验,反滤措施一般是在围堤内侧通过加宽设置,势必需要额外增加工程费用。本次在总结以往工程经验教训基础上,创造性地提出将反滤措施结合围堤堤身结构采用堤心内布置,如图 9 所示。

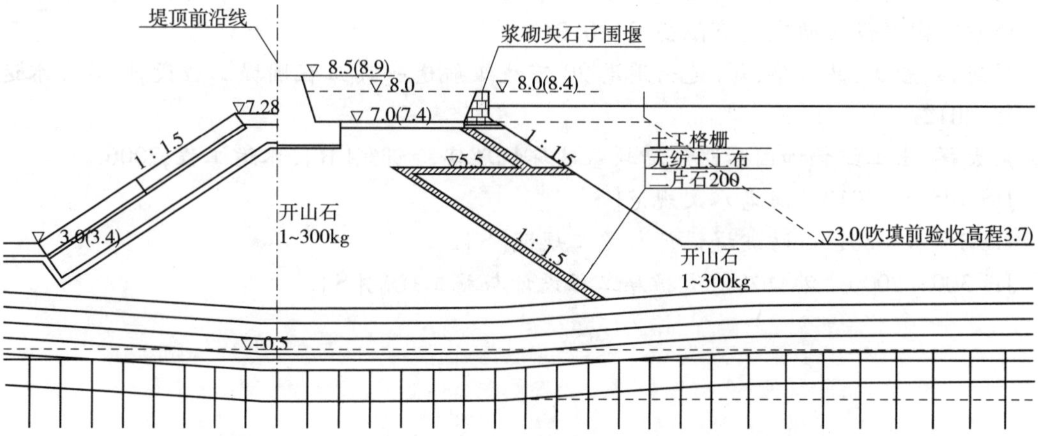

图 9 堤心内反滤结构图

2)应用效果

(1)反滤效果

堤心内反滤结构满足吹填需要,施工期未出现反滤结构顶托破坏。

(2)经济性

经测算与传统在内侧加宽设置反滤结构方案相比,本次采用的堤心内反滤结构可减少投资0.3~0.5万元/m。

4 结语

(1)本工程是充填袋斜坡堤首次在连云港地区大规模运用。考虑到连云港建设条件和特点与其他地区存在差异,设计在现有充填袋斜坡堤技术的基础上,对堤身结构、充填袋材料、加筋材料、反滤结构等方面开展了多项针对性的研究创新,为连云港地区大规模高强度筑堤解决了关键技术问题,取得了良好的经济效益和社会效益,可以为后续和同类工程提供借鉴。

(2)针对当地石多砂少、冬季寒潮频发对充填袋安全影响大的特点,首次在连云港地区采用充填袋和抛石组合堤身斜坡堤,充分发挥袋装砂的加筋作用、石料价格低廉和抵御施工期风浪能力强的优点,解决充填袋斜坡堤施工期安全性问题,同时显著降低工程费用,加快筑堤进度,为连云港地区大规模高强度筑堤解决了关键技术问题。

(3)以往加筋砂被一般采用230g/m^{2}机织布,连云港淤泥深厚,需要较多层数的加筋砂被和砂料,在一定程度上影响经济性和施工速度。针对连云港地区石多砂少,砂需要外购,价格较高,同时砂料供应强度不稳定的特点,设计首次成功开发应用760g/m^{2}的高强机织布用于加筋砂被,在满足围堤整体稳定的情况下,减少了袋装砂数量和砂料用量,进一步提高了充填袋和抛石组合堤身斜坡堤的经济性,加快了筑堤速度。

(4)在业界首次对围堤采用玻璃纤维经编复合土工布加筋进行了尝试,取得了初步经验。

参 考 文 献

[1] 马兴华,顾勇,金雪英,等.连云港港30万吨级航道一期工程初步设计报告[R].中交上海航道勘察设计研究院有限公司,2010.
[2] 侯海伟,殷昕,马兴华,等.连云港港30万吨级航道一期工程围堤工程设计[R].水运工程,2012.
[3] 燕太祥.土工织物加固后防波堤软基破坏机理实验研究[R].水运工程,2006.
[4] JTS 145-2—2013 海港水文规范[S].
[5] JTS 154-1—2011 防波堤设计与施工规范[S].
[6] JTJ 300—2000 港口及航道护岸工程设计与施工规范[S].

爆破挤淤堤与充填袋斜坡堤衔接及龙口方案研究

侯海伟　马兴华　殷　昕

（中交上海航道勘察设计研究院有限公司　上海　200120）

摘　要：为有效利用疏浚土并与港区陆域形成工程相结合，连云港港30万吨级航道一期工程中共建设了长约18km的配套围堤，围堤结构为爆破挤淤堤与充填袋斜坡堤组合。因此在工程中势必要处理好爆破挤淤堤与充填袋斜坡堤两种不同结构的衔接。本文介绍在连云港港30万吨级航道一期工程中爆破挤淤堤与充填袋斜坡堤的衔接处理方案，以及结合衔接方案的龙口布置方案。

关键词：爆破挤淤堤；充填袋斜坡堤；衔接；龙口

1　引言

连云港依山傍海，通航及掩护条件好，集输运便捷，非常适合建设大型港口，但港区陆域纵深小，建设用地资源缺乏制约着港口的发展，必须围海形成陆域以满足港口发展需要。本工程结合航道疏浚，综合利用疏浚土，在淤泥质海滩上建筑围堤实施吹填造陆，既解决了港区陆域发展的困境，又避免了疏浚土外抛造成的环境破坏、资源浪费以及航道回淤的问题。

为有效利用疏浚土并与港区陆域形成工程相结合，连云港港30万吨级航道一期工程中共建设了长约18km的配套围堤，围堤结构为爆破挤淤堤与充填袋斜坡堤组合。因此在工程中势必要处理好爆破挤淤堤与充填袋斜坡堤两种不同结构的衔接。本文介绍在连云港港30万吨级航道一期工程中爆破挤淤堤与充填袋斜坡堤的衔接处理方案，以及结合衔接方案的龙口布置方案。

2　难点分析

2.1　两种围堤结构的地基处理方式不同

爆破挤淤堤与充填袋斜坡堤在地基处理的思路上有很大区别。

爆破挤淤法是利用炸药爆炸的力量将石料置换淤泥的动力地基处理方法，工艺是通过爆破形成空腔让已抛土石方靠自重填入土层，并落在硬土层上，在原软土层内含土石方比例较大的混合体，其思路是尽可能的清除堤身范围的淤泥。

充填袋斜坡堤地基处理思路是充分利用淤泥地基，通过排水板和堤身自重排水固结，保持地基强度增长提高地基承载力，同时利用充填袋的加筋作用，加强围堤的整体性，保证围堤稳定。

上述两种结构中爆破挤淤堤是要尽可能清除淤泥，充填袋斜坡堤是要充分利用现有淤泥，有着本质的区别，增加了两种不同结构的衔接难度。

2.2 爆破施工对充填袋斜坡堤存在不利影响

爆破挤淤通过挤淤处理地基,因此爆破施工时要尽可能地提高单次爆破炸药用量以确保地基处理效果,爆破时地基挤淤及振动会影响、波及一段范围,单次爆破炸药用量越大,影响和波及的范围越大。

充填袋斜坡堤依靠砂被+排水板进行地基处理,其中排水板打入至淤泥中。排水板由滤膜和软性板材构成,是可以适应一定的地基变形,但不能适应大幅度地挤淤作用。因此,为确保充填袋斜坡堤地基处理效果,应避免排水板受到爆破施工的挤淤作用。

爆破施工对充填袋斜坡堤排水板的影响也增加了两者衔接的难度。

3 爆破挤淤堤与充填袋斜坡堤衔接方案及龙口布置方案

根据各围堤选用的结构型式,连云港港 30 万吨级航道一期工程中共包括 3 处衔接位置:徐圩 1 号围堤爆破挤淤段与充填袋斜坡段衔接、徐圩正堤 3(爆破挤淤堤)与 2 号围堤(充填袋斜坡堤)衔接及旗台南护岸爆破挤淤段与充填袋斜坡段衔接,如图 1 和图 2 所示。衔接处理方案应根据衔接处的使用功能和要求及建设条件等因素确定。

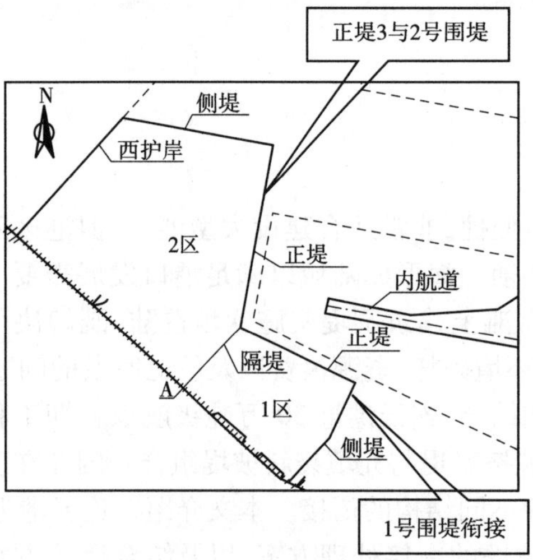

图 1 徐圩围堤吹填区平面图

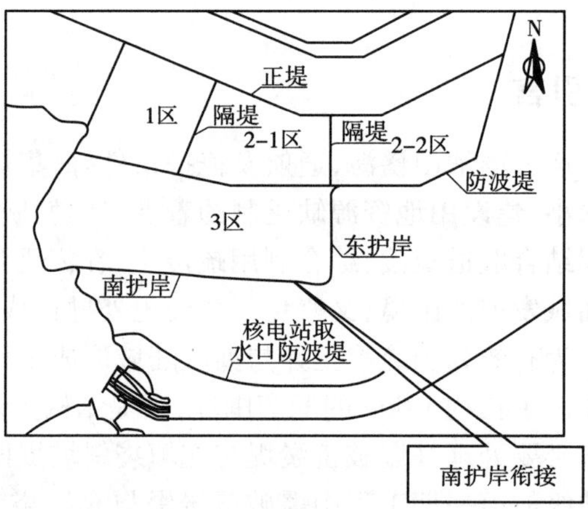

图 2 旗台围堤吹填区平面图

3.1 爆破挤淤段与充填袋斜坡段衔接方案一

徐圩 1 号围堤爆破挤淤段与充填袋斜坡段衔接采用了这一衔接方案。

1)衔接处使用功能及建设条件

(1)衔接处今后作为较长期的护岸、吹填围堰及施工期道路使用。

(2)滩面高程 -0.6m,滩面较高。

(3)充填袋斜坡堤先于爆破挤淤堤到达衔接处。

2)衔接方案

(1)以爆破挤淤堤施工不影响充填袋斜坡堤的稳定为原则,设置爆破挤淤过渡段,过渡段药量由小到大,减少一次爆破的药量,减少推进进尺,减少振动速度,落底深度从一半落底到全部落底。

(2)为避免爆破施工对排水板的不利影响,部分范围的排水板(图 3 中⑨范围的排水板)在过渡段爆破施工全部完成后再施工。

3)龙口位置

衔接处非本区域最后施工主体结构位置,龙口设置于衔接处外的正堤上。

4)施工顺序

①断面 1 层砂被厚 1m;②2 层编织布充填袋厚 1m;③2 层机织布充填袋厚 1m(顶高程 2.5m);④无纺土工布 1 层(范围覆盖充填袋顶部);⑤开山石厚度 1m(顶高程 3.5m);⑥过渡段端爆和侧爆;⑦陆抛石;⑧9-9 断面开挖开山石至充填袋顶部;⑨排水板施打;⑩无纺土工布 1 层(范围按原设计);⑪150kN/m 加筋软体排 2 层、开山石堤心。

5)适用条件

(1)充填袋斜坡堤先于爆破挤淤堤到达衔接位置并为爆破挤淤堤提供施工便道。

(2)由于设置了爆破挤淤过渡段,块石落底厚度从一半落底到全部落底,因此本结构型式只能适用于堤前不开挖的衔接处。

(3)由于部分范围的排水板(图中⑨范围的排水板)需在爆破过渡段完成后再实施,而该排水板只能采取小型设备陆上施工,因此本结构型式只能适用于滩面较高位置。

6)应用效果

徐圩 1 号围堤爆破挤淤段与充填袋斜坡段衔接采用了这一衔接方案。自衔接结构完成后,历经围堤加高、后方吹填完成等关键节点,衔接位置始终保持稳定,衔接方案达到了预期效果,如图 3 所示。

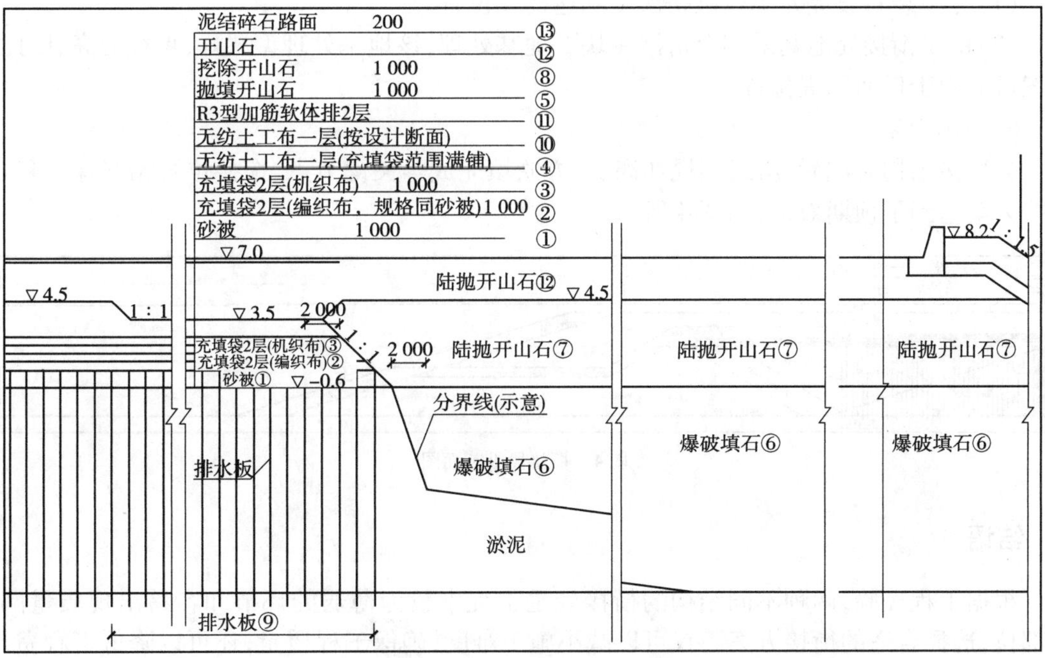

图 3　衔接纵断面图

3.2　爆破挤淤段与充填袋斜坡段衔接方案二

方案二用于徐圩正堤 3(爆破挤淤堤)与 2 号围堤(充填袋斜坡堤)衔接、旗台南护岸爆破挤淤段与充填袋斜坡段衔接,现以徐圩正堤 3 与 2 号围堤衔接为例阐述。

1)衔接处使用功能及建设条件

(1)衔接处今后作为较长期的护岸、吹填围堰及施工期道路使用。

(2)滩面高程 -1.6m,滩面较低。

(3)充填袋斜坡堤先于爆破挤淤堤到达衔接处。

2)衔接方案

(1)衔接方案考虑采用全清淤 + 抛石方案,处理效果好。

(2)在工程开工后择机先施工衔接处,充填袋斜坡堤与衔接处衔接并作为龙口一侧,爆破挤淤堤从另一侧边合龙边向衔接位置推进。

3)龙口位置

根据施工总体安排,衔接处为徐圩2区最后施工位置,因此,龙口结合爆破挤淤堤与充填袋斜坡堤衔接,布置于衔接处右侧爆破挤淤堤范围,龙口宽度根据需要确定,爆破挤淤堤边合龙边向衔接位置推进。

4)施工顺序

①基槽开挖至 -16.2m,基槽水深测量;②船抛开山石至 -6.0 ~ -1.6m;③船抛袋装碎石;④船抛中粗砂;⑤铺设砂被、打设塑料排水板;⑥铺设软体排;⑦铺设C1型充填袋;⑧铺设无纺土工布;⑨船抛袋装碎石;⑩船抛开山石至1.5m;⑪陆推开山石至5.5m,7.4m;⑫正堤1爆破挤淤推进至Z1K1 +163后进入合龙阶段,应做好施工安排,保证材料供应,尽量安排在平潮期布药、爆破、抛石,加大施工强度,缩短合龙时间。

5)适用条件

(1)充填袋斜坡堤先于爆破挤淤堤到达衔接位置。

(2)由于衔接处地基采用全清淤 + 块石地基处理,该地基处理型式好,承载力高,因此该方案可适用于任何围堤位置。

6)应用效果

自衔接结构完成后,历经围堤加高、后方吹填完成等关键节点,衔接位置始终保持稳定,衔接方案达到了预期效果,如图4所示。

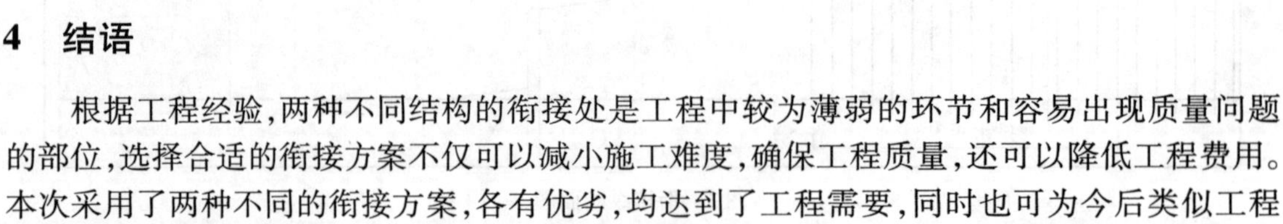

图4 衔接段纵断面图

4 结语

根据工程经验,两种不同结构的衔接处是工程中较为薄弱的环节和容易出现质量问题的部位,选择合适的衔接方案不仅可以减小施工难度,确保工程质量,还可以降低工程费用。本次采用了两种不同的衔接方案,各有优劣,均达到了工程需要,同时也可为今后类似工程提供借鉴作用和技术保障。

参考文献

[1] 顾勇,马兴华,金雪英,等.连云港港30万吨级航道一期工程初步设计报告[R].中交上海航道勘察设计研究院有限公司,2010.

[2] JTS 145-2—2013　海港水文规范[S].
[3] JTS 154-1—2011　防波堤设计与施工规范[S].
[4] JTJ 300—2000　港口及航道护岸工程设计与施工规范[S].

爆破挤淤填石筑堤技术在连云港区南防波堤深厚淤泥条件下的应用

蔡云晟　宋　兵　郭玉昌

（连云港港口工程设计研究院有限公司　连云港　222042）

摘　要：本文以连云港港旗台作业区南防波堤工程为例，从设计、施工及检测三方面阐述了爆破排淤填石筑堤技术在深厚淤泥条件下应用的关键技术措施，说明在深厚淤泥（淤泥最厚处28.8m厚，底高程－30.8m，连云港高程）条件下采用爆破挤淤堤筑堤是可行的，爆破挤淤在深厚淤泥处能够落底，达到设计要求且效果良好，为其他类似工程提供了较好的参考依据。

关键词：防波堤；深厚淤泥；爆破挤淤

1　工程概况

连云港港旗台作业区防波堤工程位于云台山旗台嘴的东侧。该工程分为南防波堤与北防波堤两部分，本次重点讨论南防波堤（深厚淤泥处）。工程北侧为液体化工北围堰工程、1号隔堤工程、旗台围堤工程与2号隔堤工程，南侧为旗台3区东护岸工程、南护岸工程。南防波堤工程总长5 240.09m（包括50m长的堤头段）。工程区域滩面高程为－5.3～－1.5m（连云港零点，下同），淤泥底高程为－30.8～－2.7m，局部地势变化较大，南防波堤工程位置图如图1所示。

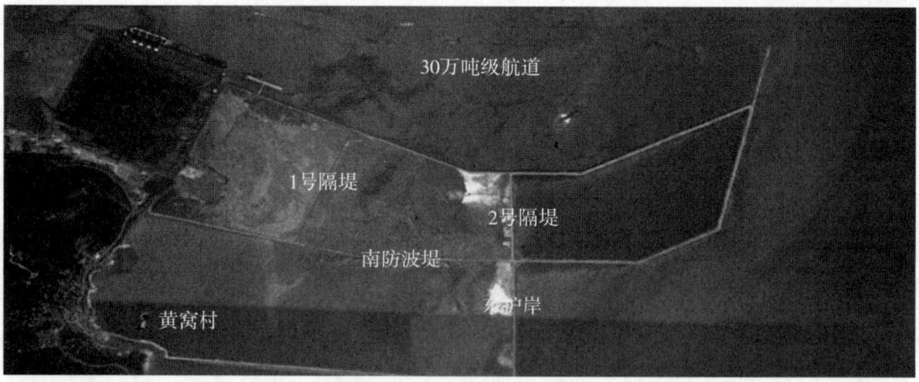

图1　南防波堤工程位置图

2　水文地质条件

2.1　水文

南防波堤设计高水位5.45m（高潮累积频率10%），设计低水位0.54m（低潮累积频率

90%)，平均高潮位 4.76m，平均低潮位 1.13m。

2.2 工程地质

根据江苏省水文地质工程地质勘察院 2008 年 5 月提供的《连云港港旗台港区防波堤工程——南防波堤工程地质勘察报告》，旗台嘴以东南防波堤区域勘探深度范围内地层均为第四系松散堆积物。工程区域滩面高程为 -5.3 ~ -1.5m（连云港零点，下同），淤泥底高程为 -30.8 ~ -2.7m，淤泥层厚度变化较大，且具高压缩性、工程地质性能极差。容许承载力 $f=25\text{kPa}$，无法作为防波堤的有效持力层，必须进行处理，而对深厚淤泥的处理即成为本工程的难点。其下为粉质黏土、粉土或黏土，容许承载力较高，可作为防波堤的有效持力层。土的主要物理力学性质指标如表 1 所示。

土的主要物理力学性质指标 表 1

层号	名称	含水率 W(%)	重度 γ(kN/m³)	孔隙比 (e)	液性指数 I_L	压缩模量 E_S(MPa)	快剪		固结快剪		容许承载力 f (kPa)
							c (kPa)	ϕ (°)	c (kPa)	ϕ (°)	
①	淤泥	72.4	15.8	1.994	1.32	1.38	14	0.5	16	9.1	25
②-1	粉质黏土	26.2	19.9	0.728	0.56	9.57	51	13.2			220
②-2	粉土	28	19.6	0.768	0.65	11.6	22	24	16	30.2	160
②-3	黏土、粉质黏土	32	19.2	0.884	0.58	8.03	53	17	54	20.8	210

3 关键技术措施

3.1 深厚淤泥爆破参数选取

爆破药量设计参数的确定是非常重要的，特别是本工程部分区段（比如 SK0 +965.43 ~ SK1 +100 段）存在深厚淤泥，爆破参数的控制尤为关键。爆破挤淤质量控制在于爆破参数的控制，它包括药量、药包埋深、孔距、布药宽度、布药线与抛填边线的距离、起爆水深等。特别是药量的控制，药量少了达不到处理效果，药量多了不仅浪费，还对周边产生不利影响。另外，布药位置也是影响爆破效果的关键参数。布药位置太远，则爆破效果很差；布药位置太近，则爆破飞石多不能保证安全。

根据连云港近年来爆破挤淤堤施工的经验（特别是 25 万吨矿石码头围堰爆破挤淤典型试验段的经验）并结合《水运工程爆破技术规范》（JTS204 -2008）4.3.13 的相应条文，得出各断面的相应药量。以 SK0 +965.43 ~ SK1 +100 段断面为例（此处淤泥最深），天然泥面高程为 -2.1m ~ -2.0m，淤泥底高程为 -30.8m ~ -28.6m，爆破处理泥层厚度 26.5m ~ 28.8m。因为该段为隔堤段，所以采用端爆即可达到使用要求（无须侧爆）。该段端爆推进量 L_H 为 7m，埋药宽度为 16m，埋药孔距 a 为 2m，炸药单耗量 q_0 为 0.3kg/m³（规范取值为 0.3 ~ 0.4kg/m³），经计算得出单孔药量为 110kg[$Q_1=q_0L_HH_{mw}a$]，后根据典型试验段的施工情况将炸药单耗量 q_0 降为 0.2kg/m³。另外，设计文件提出爆破时应保证足够的起爆水深（潮位大于 3m），以免爆破能量大量向上传递，出现所谓“冲天炮”现象影响爆破淤泥处理效果。此外，爆破时保证足够的埋药深度，本次设计埋药深度为（$0.5H+1$）m，向较深处理埋设，这样可以使爆破能量能更多地向深层淤泥传递,保证爆破挤淤效果。深厚淤泥处爆破挤淤典型设计断面如图 2 所示。

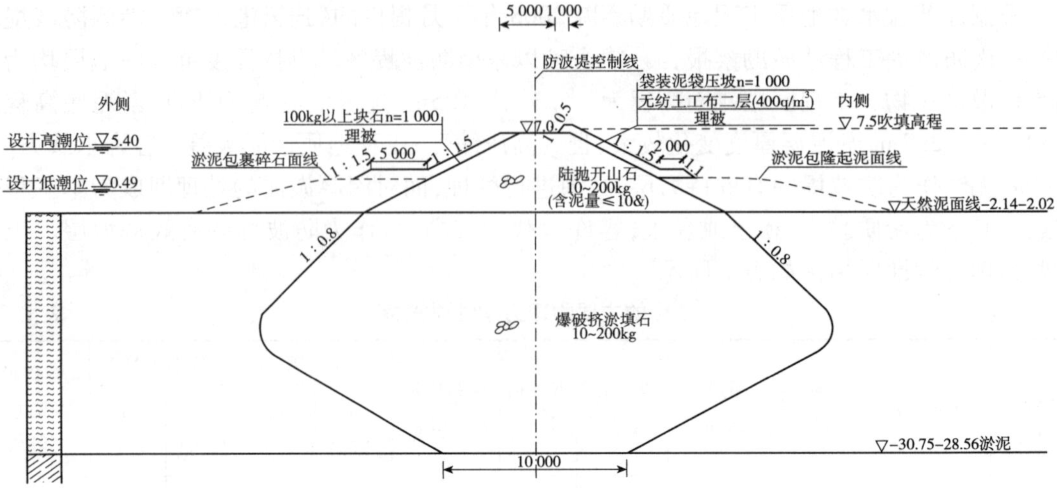

图 2　深厚淤泥处爆破挤淤典型设计断面

3.2　施工过程控制措施

爆破挤淤效果的体现在于落底情况,堤身不落底就达不到设计标准[2,4]与使用要求(堤身稳定系数应大于 1.25[3])。为了保证充分落底(特别是存在深厚淤泥处),爆破前石料抛填尺度的保证以及埋药深度的保证是爆破挤淤施工的控制重点。为此,施工时根据以往爆破挤淤工程以及本工程的具体情况,采取了以下控制措施:

(1)合理的抛填参数是爆破挤淤堤堤身落底的保证,因此爆破前堤头段抛石应有足够的超高(不小于 3m)并保证抛填宽度不小于埋药宽度(即不小于 16m),并严格控制每炮推进量,这样填石才可以充分填实爆破后形成的空腔,使落底宽度不小于 16m,保证爆破挤淤效果。如果爆破深厚淤泥时堤头出现坍塌,则应进行循环爆破。

(2)深厚淤泥处理首先是药包深度要达到设计要求。为此需要采用小吃水、大埋深的水上装药设备。在总结以往布药工艺的基础上,本工程研制并采用了分段下沉、分段提拔的装药器,能够将药包埋深至 18m,考虑起爆覆盖水深后,满足规范及设计文件要求的埋深要求。实践证明,达到了深厚淤泥爆破挤淤的工程要求。该设备的主要原理是:中空振动锤夹紧装药套管,把第一节套管打入淤泥,松开夹紧装置,提示振动锤,把第二节套管打入淤泥中,依次操作,把套管打入设计高程。采用自动脱钩装置投放药包后,提拔第一节套管,固定套管,下放振动锤,夹紧套管,提拔,依次操作,把套管底部提成水面,完成一个布药孔循环操作。该装药器获得国家实用新型专利。

3.3　施工质量检测控制

为了检测工程质量,施工后应对防波堤堤身进行钻孔检测和探地雷达检测,在隔堤段处布设 4 个效果检测孔,其中中间 2 个效果检测孔位于防波堤控制线两侧各 8m 的距离(即为 16m 埋药宽度范围)。并委托有经验的检测单位据此进行检测以判断是否落底。图 3 为工程检测坡面图,可以看出竣工后南防波堤在深厚淤泥处落底情况良好,符合设计要求与相应规范的。

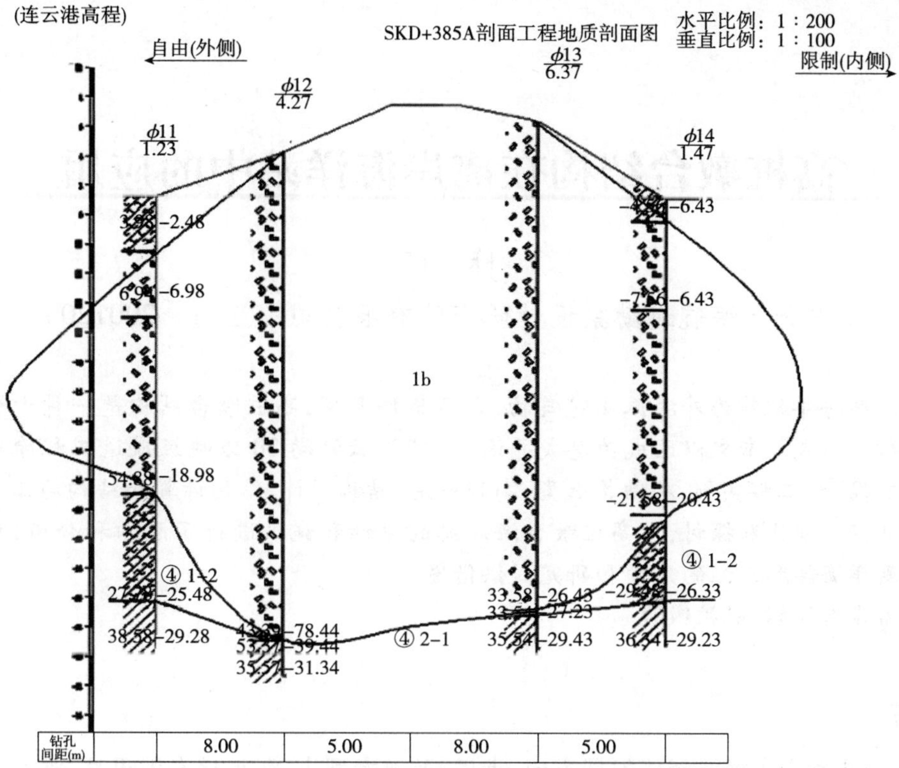

图 3　工程检测剖面图

4　结语

本文从设计、施工及检测三方面对爆破排淤填石筑堤技术在连云港港旗台作业区南防波堤工程深厚淤泥条件下应用的关键技术措施进行了总结。研究表明，对深厚淤泥进行爆破挤淤堤施工是可行且效果良好的，爆破挤淤在深厚淤泥处能够落底，达到设计要求且效果良好，其成功实施为其他类似工程提供了较好的参考依据。

参 考 文 献

[1] JTJ/T 258—98　爆炸法处理水下地基和基础技术规程[S].
[2] JTS 204—2008　水运工程爆破技术规范[S].
[3] JTS 147-1—2010　港口工程地基规范[S].
[4] JTS 154-1—2011　防波堤设计与施工规范[S].

高桩墩台结构在离岸海洋站中的应用

陈　喆

（中交上海航道勘察设计研究院有限公司　上海　200120）

摘　要：离岸海洋站作为外海孤立建筑物，自然条件恶劣，高桩墩台结构是一种十分适合的结构形式。本文以已成功建成并运行的“连云港港30万吨级航道工程徐圩海洋站工程”为工程实例，从结构选型、高程确定、结构设计、结构计算和结构施工等多方面进行了阐述和探讨，对高桩墩台海洋站的设计和施工进行了总结和分析，可为今后离岸海洋站工程的建设和研究提供借鉴。

关键词：离岸海洋站；高桩墩台

1　引言

我国逐步确立了海洋经济发展方向，港口、航道大型化、深水化发展迅猛，涉及的海域也由近岸、浅海向离岸、深海扩展，原有近岸、浅海海洋站已不能满足工程建设、营运需要，建设离岸海洋站，长期不间断地观测水文气象资料变得十分迫切。

2　自然条件与功能要求

离岸海洋站为外海孤立建筑物，自然条件一般非常恶劣，必须承受多种荷载的作用，除自重及设备荷载外还需承受很大的风压力、波浪力、水流力、船舶荷载及地震力等，同时施工条件及维护条件差，受海水腐蚀严重，因此海洋站的结构选型和设计对海洋站的建设十分重要。高桩墩台结构具有抗风浪能力强，承载力高，施工速度快，便于安装水文气象观测仪器和方便小型交通船舶临时靠泊等优点，是一种理想的离岸海洋站结构形式，目前在长江口、广东崖门、江苏连云港等地都已成功实施并运行。

3　结构方案与结构计算

3.1　墩台及平台高程确定

离岸海洋站墩台及平台高程的确定关系到海洋站使用功能、结构安全和结构耐久性，是离岸海洋站设计的一个重要环节。

离岸海洋站一般采用双层设计，下层为桩基墩台，为整个海洋站的基础，兼做靠船墩台使用，墩台顶高程应满足小型交通艇在风浪较小情况下临时靠泊需要，墩台顶高程按下式计算确定：$E = HWL + \Delta$，E 为墩台顶高程，HWL 为设计高水位；Δ 为超高，取 0.5 ~ 1m[1]。徐圩海洋站的设计高水位为 +5.36m，Δ 取 0.5m，墩台顶高程计算值为 5.86m，设计取 6.0m。

海洋站上平台采用立柱架空处理，平台上建设验潮房，满足顶面不被波浪淹没要求，上平台顶高程按下式计算确定：$E = HWL + \eta_0 + \Delta$，$\eta_0$ 为重现期 50 年的 $H1\%$ 静水面以上的波峰高度,Δ 为超高,取 1 ~ 2m,同时,应采用重现期 50 年的校核水位与 1m 的超高值之和进行复核[1]。徐圩海洋站的 η_0 为 3. 67m,Δ 取 1m,上平台顶高程计算值为 10. 03m,设计采用 10. 5m。

3. 2 结构方案

徐圩海洋站位于徐圩港区外,距徐圩航道东边线约 3km,主要功能为自动观测潮位、波浪、气象和泥沙项目。工程区域地形平坦,天然泥面高程 -6. 0 ~ -6. 3m,表层分布约 7m 厚的淤泥,其下主要为黏土和粉土,桩基持力层为粉砂层,深度大约在高程 -30m 左右。海洋站设计波高 6. 22m,设计靠泊船型 100t 级交通艇。

徐圩海洋站采用高桩墩台结构,设置双层平台,底层平台的平面尺寸为 9m × 9m,平台顶高程 6. 0m,厚 2. 5m。上层平台面尺寸为 6m × 6m,平台顶高程 10. 5m,厚 0. 5m。两层平台之间设置 4 根直径 1m 混凝土柱将上下平台连成整体。在下平台台面布置 3 只 150kN 系船柱,满足船舶系缆要求,并在墩台外侧布置斜梯。

墩台基础为 4 根直径为 1 500mm 钢管桩斜桩,桩长大约 37m,钢桩内灌混凝土。钢管桩进行涂重防腐涂层结合阴极保护双重防腐处理。

上层平台建有验潮房,为现浇钢筋混凝土框架结构,填充墙,建筑面积 $18m^2$。平顶屋面,上设避雷针杆。

测波架固定在验潮房外墙上,外伸 6 ~ 8m,为无缝钢管结构。

徐圩海洋站立面图如图 1 所示。

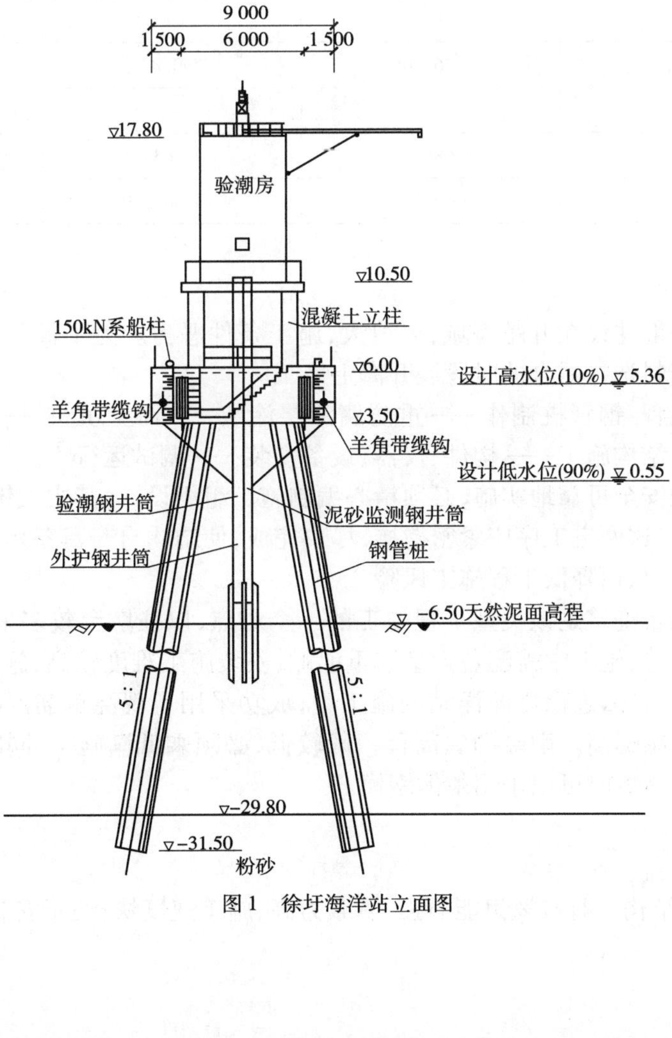

图 1 徐圩海洋站立面图

3.3 结构计算

高桩墩台结构的计算，一般应进行三维空间结构分析[2]。为了简化计算，将钢筋混凝土平台按刚性平台考虑，平台上部的所有结构及其受力均按平台上的荷载考虑，钢管桩伸入平台1倍桩径，与平台固结[3]。对于离岸海洋站来说，结构的竖向承载力一般均可满足使用要求，水平作用力为控制性荷载，其中波浪力是主要的水平作用力[4]。

可以采用高桩墩台三维空间结构计算软件进行结构计算，表1为徐圩海洋站高桩墩台结构承载能力极限状态桩基计算值。另外，通过计算，墩台形心在 X 方向位移最大值 $U_{Xmax}=21mm$，墩台形心在 Y 方向位移最大值 $U_{Ymax}=23mm$。

承载能力极限状态桩基计算结果 表1

桩号	截面位置	轴力 Max(kN)	轴力 Min(kN)	弯矩 Max(kN·m)
1	泥面	—	—	92.16
1	桩顶	1 665.66	-2 827.66	6 193.21
1	下端	975.42	-3 434.98	14.75
2	泥面	—	—	99.08
2	桩顶	2 715.25	806.69	5 951.33
2	下端	1 989.08	337.56	58.31
3	泥面	—	—	98.18
3	桩顶	3 357.36	1 281.79	6 114.07
3	下端	2 763.05	750.83	37.43
4	泥面	—	—	99.08
4	桩顶	1 688.84	-1 103.31	5 668.25
4	下端	998.59	-1 689.69	71.9

4 工程实施

离岸海洋站一般建设在开敞海域，风浪大，施工条件恶劣。为了保证施工的顺利开展，应根据当地气象资料选择适合的时段展开海上施工。

施工的总体流程：钢管桩制作——重防腐涂层涂装——海上沉桩——钢筋混凝土平台浇筑——平台上部结构施工——构件、仪器、设备安装——调试运行[5]。

为了保证工程安全可靠地实施，必须精心编制施工组织设计，其中关键工序是沉桩和钢筋混凝土墩台浇筑，这两道工序应紧密衔接，尽快完成，使结构自身具备承载能力，可以抵抗大风浪等恶劣天气，从而降低工程施工风险。

钢筋混凝土墩台浇筑是该类型工程施工的一个难点，以往墩台较多采用预制安装工艺或预制套箱安装工艺，施工中需配备大型起重船舶，安装施工难度较高，施工质量无法保证。在广东崖门潮位站、连云港徐圩海洋站的施工中，成功采用了现浇钢筋混凝土墩台工艺，使墩台的施工质量大幅提高。墩台的底高程一般较低，必须乘低潮施工，同时模板受潮汐、波浪影响，必须加固，必要时可以采用整体钢模。

5 结语

(1)高桩墩台结构具有抗风浪能力强，承载力高，施工速度快，便于安装水文气象观测仪器，方便小型交通船舶临时靠泊等优点，是一种十分合适的离岸海洋站结构形式。

(2)为了保证海洋站使用功能、结构安全和结构耐久性，离岸海洋站一般采用双层设计，下层墩台顶高程应满足小型交通艇在风浪较小情况下临时靠泊需要，上层平台采用立柱架空处理，满足顶面不被波浪淹没要求。

(3)为了提高结构在大风浪作用下的稳定性，保证在全天候条件下观测数据的精度，高桩墩台结构的桩基一般采用大直径的钢管桩，桩内一定范围灌混凝土，以提高钢管桩稳定性和耐撞击能力。

(4)为了满足海洋站日常维护、检修需要，墩台上应设置临时靠船、系船设施以及供人员上下的踏步和爬梯等设施。

(5)高桩墩台海洋站结构应按三维空间结构计算，水平作用的波浪力一般是控制荷载，重点应对桩基的抗弯承载力、轴向承载力，墩台的水平位移进行验算。

(6)高桩墩台海洋站实施过程中，沉桩和钢筋混凝土墩台浇筑是两道关键工序，应紧密衔接，尽快完成，使结构自身具备承载能力，可以抵抗大风浪等恶劣天气，从而降低工程施工风险。

参考文献

[1] 交通部. JTJ 211—99　海港总平面设计规范[S]. 1999.

[2] 孙文俊，胡维俊，蔡新. 码头空间计算及桩基影响分析[J]. 河海大学学报，1993.

[3] 交通部. JTS 167-1—2010　高桩码头设计与施工规范[S]. 2010.

[4] 交通部第一航务工程勘察设计院. 海港工程设计手册[M]. 北京：人民交通出版社，1994.

[5] 刘雅清，李永全，王长兴. 大型高桩墩台施工新工艺[J]. 中国港湾建设，1999(4).

连云港港 30 万吨级航道工程导标总体设计研究

朱　飞　丁鸿林

（中交上海航道勘察设计研究院有限公司　上海　200120）

摘　要：连云港港 30 万吨级航道工程导标设计，需要统筹兼顾一期工程和二期工程航道建设规模条件下船舶通航需要。外航道外段长 41.5km，轴线延长线方向为旗台山，后方地势较高，受地形因素限制，前后导标间距稍小，仅能满足重点航段船舶导航需要，为解决近端盲区的问题，设置第三座导标；徐圩航道长 20.1km，轴线延长线方向地势平坦，建设条件较好，基本可满足全航段导航的需要，但导标塔身高度高。

关键词：连云港港；30 万吨级航道；导标

连云港港 30 万吨级航道呈“人”字形布置，由连云港区航道、徐圩港区航道和推荐航线组成，其中连云港区航道连接连云港区，包括外航道内段和外航道外段；徐圩港区航道连接徐圩港区，包括徐圩航道和徐圩港内航道，外航道外段及推荐航线为两港区共用航道（图 1）。连云港区航道、徐圩港区航道均为人工疏浚航道，一期工程建设规模连云港区航道为 25 万吨级、徐圩港区航道为 10 万吨级，二期工程建设目标均为 30 万吨级规模[1]。

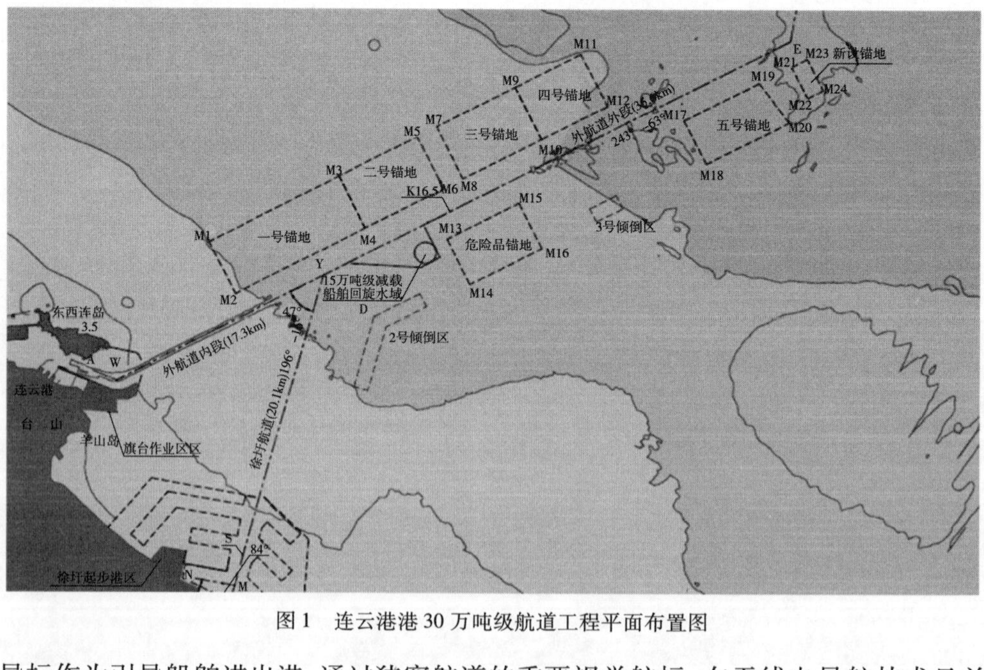

图 1　连云港港 30 万吨级航道工程平面布置图

导标作为引导船舶进出港、通过狭窄航道的重要视觉航标，在无线电导航技术日益发展的今天依然发挥着重要的作用。目前，连云港区航道的外航道已设有 5 组导标，分别为外航道中线导标、外航道左侧标(交汇用标)、外航道右侧标(交汇用标)及外航道左边标(挖泥边标)及外航道右边标(挖泥边标)各1组,按照5万吨级航道通航规模建设。随着航道通航船舶吨级的提升,并考虑到导标附近建筑物的遮挡等因素,现有导标已不能满足大型船舶通航需要,需拆除重建。

1 导标设计条件

连云港港30万吨级航道一期工程外航道为25万吨级船舶单向航道,航道有效宽度270m,口内段适当加宽至290m,计算时按270m取值;徐圩航道为10万吨级船舶单向航道,航道有效宽度210m,计算时按210m取值;考虑到二期工程连云港区航道和徐圩港区航道都将建成为30万吨级航道规模,航道有效宽度也将提高到350m左右。在导标设计时,将按照航道的最终规模考虑,即按30万吨级船舶和相应航道宽度350m考虑,同时考虑本阶段25万吨级船舶(外航道)、10万吨级船舶(徐圩航道)及相应航道宽度270m(外航道)、210m(徐圩航道)。由此,确定导标设计条件如下:

外航道:设计长度41.5km,宽度270/290m(一期工程25万吨级规模),二期工程建设宽度约为350m(30万吨级规模)

徐圩航道:设计长度20.1km,宽度210m(一期工程10万吨级规模),二期工程建设宽度约为350m(30万吨级规模)

设计船型船宽(30万吨):58m

兼顾船型船宽(25万吨):55m

兼顾船型船宽(10万吨):55m

设计船型眼高(30万吨):28m

兼顾船型眼高(25万吨):25m

兼顾船型眼高(10万吨):15m

2 外航道导标设计方案

根据规划资料及旗台附近地形资料,外航道 *W* 转弯点沿外航道轴线延长线方向约900m为规划油码头,地表高程约4.1m,距 *W* 点约2 800m为旗台山脚下,地势开始升高,再往后方870m处,地表高程升高至90m,地势太高已不适合建设导标,因此外航道中线导标选址范围在沿外航道轴线距 *W* 点1 000~3 500m范围内。外航道轴线延长线地形纵断面图如图2所示。

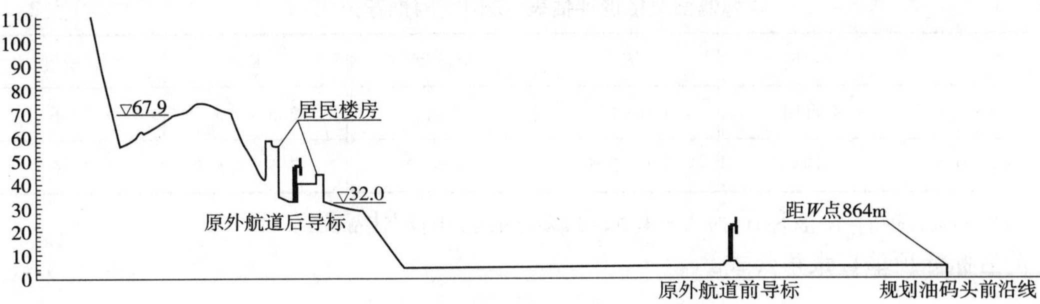

图2 外航道轴线延长线地形纵断面图

考虑到 *W* 点以外的外航道长41.5km,导标有效作用距离要尽可能大,在后方地形限制情况下,前导标尽可能靠近 *W* 点,初步选址在规划油码头前沿线后方约200m处;考虑到前标设标点地势低，后导标建设点高程不宜太高，否则造成建设成本过高。根据地形资料，经多次现场踏勘和计算后认为，后导标选择在原外航道后导标附近，地表高程32m，导标间距2 019m，比较合适。

根据《水运工程导标设计规范》（JTJ 237—94）[3]，计算船舶在航道内各点对应视觉偏离量 P_ρ，导标灵敏度 K，前后标标顶垂直张角 α。

视觉偏离量公式：

$$P_\rho = \frac{D2 + Dd}{3\,438d} \tag{1}$$

式中：P_ρ——视觉偏离量（m）；

D——观察距离，自前标至使用段某观察点的距离（m）；

d——导标前后标间距离（m）。

在使用段任何部位处，视觉偏离量应不大于设计偏离量。

导标灵敏度参数公式：

$$K = \frac{Wd}{D(H - h)} \tag{2}$$

式中：K——导标灵敏度系数；

W——航道宽度（m）；

d——导标前后标间距离（m）；

D——观察距离，自前标至使用段某观察点的距离（m）；

H——后标标顶高程（m）；

h——前标标顶高程（m）。

根据《水运工程导标设计规范》（JTJ 237—94），导标灵敏度参数 K 取值如表1所示。

导标灵敏度评估表 表1

系数 K	灵敏度	系数 K	灵敏度
<1	不可用	2.5~3.5	很好
1~1.5	尚可用	3.5~4.5	过于灵敏，操船困难
1.5~2.5	良好		

《海港工程设计手册》中美国奎因推荐的公式，导标灵敏度参数 K 取值范围如表2所示。

导标侧面灵敏度评估表（美国奎因推荐公式） 表2

K	灵敏度	K	灵敏度	K	灵敏度
<0.6	不可用	1.0~1.5	尚好	2.5~3.5	很好
0.6~1.0	很差	1.5~2.5	较好	3.5~4.5	最好

综合考虑，推荐 K 值范围为1~4.5，可以满足船舶使用需要。

前后标标顶垂直张角公式：

$$\alpha = 3\,438 \times \left(\frac{H - e}{D + d} - \frac{h - e}{D}\right) \tag{3}$$

式中：α——前后标标顶垂直张角（′）；

H——后标标顶高程（m）；

h——前标标顶高程(m)；

D——观察距离，自前标至使用段某观察点的距离(m)；

d——导标间距(m)；

e——观察者眼高(m)。

应保证在使用段内任何一点处在平均大潮高潮和平均大潮低潮潮位时的标顶垂直张角不小于2′，不大于14′。

导标高度取值应保证在使用段内任何一点的视觉偏离量、导标灵敏度参数K、前后标标顶垂直张角α满足规范取值范围。经反复计算比较，前、后导标日标牌中心高程取值分别为36.4m、64.4m时效果较好，验算结果如表3所示，桩身高度分别约为39.8m、47.4m。

前、后导标成对使用验算结果 表3

航道桩号：（W点为0，往口门方向）	观察距离（距前标，单位：m）	30万吨级航道（设计偏离量78m）				25万吨级航道（设计偏离量53.3m）			
		导标灵敏度参数K	α（平均大潮高潮位）	α（平均大潮低潮位）	视觉偏离量α	导标灵敏度参数K	α（平均大潮高潮位）	α（平均大潮低潮位）	视觉偏离量α
0	1 016	24.84	17.75	7.69	0.4	19.16	11.00	0.94	0.4
1 484	2 500	10.10	17.16	14.41	1.6	7.79	15.31	12.57	1.6
3 684	4 700	5.37	12.55	11.57	4.5	4.14	11.89	10.91	4.5
4 364	5 380	4.69	11.51	10.73	5.7	3.62	10.98	10.20	5.7
5 064	6 080	4.15	10.58	9.95	7.1	3.20	10.16	9.53	7.1
5 984	7 000	3.61	9.56	9.06	9.1	2.78	9.23	8.74	9.1
9 984	11 000	2.29	6.65	6.43	20.6	1.77	6.50	6.28	20.6
11 984	13 000	1.94	5.74	5.58	28.1	1.50	5.63	5.47	28.1
14 584	15 600	1.62	4.85	4.74	39.6	1.25	4.78	4.67	39.6
17 234	18 250	1.38	4.18	4.10	53.3	1.07	4.12	4.04	53.3
20 014	21 030	1.20	3.63	3.57	69.8	0.93	3.59	3.53	69.8
21 264	22 280	1.13	3.43	3.37	78.0	0.87	3.39	3.33	78.0

注：前标日标中心高程取大潮高潮位以上34m，后标取大潮高潮位以上62m。

经计算，对30万吨级航道来说，船舶在距W点约5km的航段范围内无法使用导标，而该范围内由于航道深槽内外高差大、横流大，船舶驾引人员非常需要借助导标来操船，因此，需对导标方案进行优化，以满足船舶在靠近W点的一段航道内能够使用导标。原后导标后方地势较高，后导标后移方案基本不可行，考虑在后导标后方再增加1座导标，即三座导标方案来解决航道近段的盲区问题。根据地形资料及当地规划资料，后导标选址在原后导标后方389m处，位于树林中，地表高程67.7m。该点前方（往航道方向）地表高程最高处约74m，为了避开该处及周围树木的遮挡，日标牌下沿高程不应小于80m。为解决W点近段航道盲区问题，考虑三座导标两两组合使用，经反复计算，后导标日标中心高程取88m，桩身高度约25m，中导标日标牌中心高度至少为75.4m方能完全弥补W点近段盲区，验算结果如表4所示，即中导标需设置两块日标牌分别与前导标与后导标成对使用。

组合使用验算结果　　表4

航道桩号：（W点为0，往口门方向）	观察距离（距中标，单位：m）	30万吨级航道（设计偏离量78m）				25万吨级航道（设计偏离量53.3m）			
		导标灵敏度参数K	α（平均大潮高潮位）	α（平均大潮低潮位）	视觉偏离量	导标灵敏度参数K	α（平均大潮高潮位）	α（平均大潮低潮位）	视觉偏离量
0	3 035	3.56	6.77	6.20	7.8	2.75	6.39	5.81	7.8
965	4 000	2.70	6.35	6.01	13.1	2.08	6.13	5.78	13.1
1 965	5 000	2.16	5.72	5.49	20.1	1.67	5.57	5.35	20.1
2 765	5 800	1.86	5.23	5.07	26.8	1.44	5.12	4.96	26.8
3 965	7 000	1.54	4.61	4.50	38.7	1.19	4.53	4.42	38.7
5 215	8 250	1.31	4.08	4.00	53.3	1.01	4.03	3.94	53.3
5 655	8 690	1.24	3.92	3.84	59.0	0.96	3.87	3.79	59.0
6 965	10 000	1.08	3.50	3.44	77.7	0.83	3.46	3.41	77.7
12 565	15 600	0.69	2.38	2.36	186.5	0.53	2.36	2.34	186.5

注：中标日标中心高程取大潮高潮位以上73m，后标取大潮高潮位以上85.6m。

经计算，分别由前标与中标、中标与后标成对使用，本方案对30万吨级航道和25万吨级航道，船舶在航道上的有效引导范围分别为0＋000～21＋500和0＋000～17＋500（外航道桩号，W点为0＋000，向口门方向桩号增加）。该方案导标助航效果好，且成功解决了外航道近端盲区问题。

3　徐圩航道导标设计方案

徐圩航道轴线延长线方向附近目前基本上为渔塘，地势较低，地表高程约4.1m，无较高地势可利用，从经济角度考虑，导标不宜设置太高。根据徐圩新区规划资料，徐圩航道中轴线延长线与陆域线交汇处为预留集装箱码头，为不影响码头建设，前导标位置暂定于规划码头前沿线后方200m处，距徐圩航道与徐圩内航道交界处M点约1 300m。经计算，前后标间距约1 900m效果较好。

经反复计算，前标标顶高29.1m，后标顶高50.1m，前后导标桩身高度分别为32.5m、53.5m左右。本方案对30万吨级航道和10万吨级航道，船舶在航道上的有效引导范围分别为5＋680～20＋320和2＋880～14＋180（徐圩航道桩号，M点为0＋000，向外航道方向桩号增加）。徐圩航道导标验算结果如表5所示。

徐圩航道导标验算结果　　表5

航道桩号：（M点为0，往口门方向）	观察距离（距中标，单位：m）	30万吨级航道（设计偏离量78m）				10万吨级航道（设计偏离量41.3m）			
		导标灵敏度参数K	α（平均大潮高潮位）	α（平均大潮低潮位）	视觉偏离量	导标灵敏度参数K	α（平均大潮高潮位）	α（平均大潮低潮位）	视觉偏离量
0	1 320	24.0	24.0	17.1	0.7	14.4	4.0	−2.9	0.7
1 180	2 500	12.7	16.8	14.1	1.7	7.6	9.0	6.4	1.7
2 880	4 200	7.5	11.7	10.6	3.9	4.5	8.4	7.3	3.9

续上表

航道桩号:(*M*点为0,往口门方向)	观察距离(距中标,单位:m)	30万吨级航道(设计偏离量78m)				10万吨级航道(设计偏离量41.3m)			
		导标灵敏度参数*K*	α(平均大潮高潮位)	α(平均大潮低潮位)	视觉偏离量	导标灵敏度参数*K*	α(平均大潮高潮位)	α(平均大潮低潮位)	视觉偏离量
5 680	7 000	4.5	7.8	7.3	9.5	2.7	6.5	6.0	9.5
6 680	8 000	4.0	7.0	6.6	12.1	2.4	5.9	5.5	12.1
8 680	10 000	3.2	5.7	5.5	18.2	1.9	5.0	4.7	18.2
10 680	12 000	2.6	4.8	4.6	25.5	1.6	4.3	4.1	25.5
14 180	15 500	2.04	3.75	3.64	41.3	1.2	3.4	3.3	41.3
16 680	18 000	1.8	3.2	3.1	54.8	1.1	3.0	2.9	54.8
18 680	20 000	1.6	2.9	2.8	67.1	1.0	2.7	2.6	67.1
20 320	21 640	1.5	2.7	2.6	78.0	0.9	2.5	2.4	78.0

注:前标日标中心高程取大潮高潮位以上26.7m,后标取大潮高潮位以上47.7m。

4 结语

导标设计受地形因素影响较大,既要考虑满足近、远期船舶助航服务的需求,又要考虑建设经济性的要求,两者往往会是一对矛盾的存在,需要找一平衡点,兼顾二者需求。由于地形条件限制,本工程中导标有关参数并未完全达到规范要求,但现有方案是现有条件下的相对最优方案。

由于受旗台山附近地形因素限制,外航道导标的设计为了能够完整覆盖航道近端,中线导标采用了三座导标成一直线的设计方案,在国内沿海航道中尚属首次,因此建议在导标应用一定时间后进行后评价。

参考文献

[1] 中交上海航道勘察设计研究院有限公司.连云港港30万吨级航道一期工程初步设计[R].2010.

[2] 交通部第一航务工程勘察设计院.海港工程设计手册[M].北京:人民交通出版社,1997.

[3] JTJ 237—94 水运工程导标设计规范[S].

连云港港30万吨级航道一期工程导标结构方案研究

杨　勇　朱媛媛　华凤妹　陈　喆

（中交上海航道勘察设计研究院有限公司　上海　200120）

摘　要：随着船舶的大型化，航道等级的提升，导标的上部标识牌和支撑标牌的主体结构也日益大型化，给导标结构设计带来挑战。本文介绍连云港港30万吨级航道一期工程钢结构导标的塔身结构和基础结构形式的选择以及塔身与基础的连接方式，可为同类工程借鉴。

关键词：连云港港；30万吨级航道；导标结构

1　引言

连云港港30万吨级一期航道呈“人”字形布置，由连云港区航道、徐圩港区航道组成，其中连云港区航道连接连云港区，包括外航道内段和外航道外段；徐圩港区航道连接徐圩港区，包括徐圩航道和徐圩港内航道。连云港港30万吨级航道一期工程总共布置5座导标，导标设置日标和航标灯，白天利用日标进行导航，夜间利用航标灯导航，其中外航道采用三坐标方案，即中线前导标，中线中导标、中线后导标，徐圩航道采用两坐标方案，即徐圩前导标、徐圩后导标。

2　导标尺度要求

根据连云港港30万吨级航道一期工程导标的总体设计，统筹兼顾现阶段和远期航道建设规模条件下船舶通航需要，经计算外航道前标标身高度为40.4m，需在高程24.8m处设置日标，标牌尺寸13m×15m，在高程32.3m设置LED航标灯；外航道中标标身高度为48.0m，需分别在高程24.9m和39.9m处设置日标，标牌尺寸分别为14m×15m和6m×7.5m，在高程32.4m和39.9m处设置LED航标灯；外航道后标标身高度14.4m，需在高程5.9m处设置日标，标牌尺寸6m×8m，在高程9.9处设置LED航标灯。徐圩前导标标身高度为30.0m，需在高程14.5m处设置日标，标牌尺寸13m×15m，在高程22m处设置LED航标灯；徐圩后导标标身高度为54.0m，需在高程38.5m处设置日标，标牌尺寸13m×15m，在高程22m处设置LED航标灯。

3　导标工程特点及难点分析

本工程导标特点及难点如下：

（1）上部结构为细塔、宽标身：导航需要日标尺度大、标身高度大，但受征地条件限制和出于经济性考虑，需要根开较小。

(2)导标基础条件差:各导标之间地形、地质条件复杂多变,外航道中、后导标位于倾斜的岩基上,外航道前导标位于淤泥中,徐圩前导标位于水中,后导标位于盐田中,基础条件复杂。

(3)为了便于维护和检修,需在塔身内部设置上下楼梯。

4 导标结构选型

4.1 常用导标结构形式

常见的导标结构形式为混凝土结构或钢桁架结构,优缺点如下:

混凝土结构导标:优点是结构形式成熟,封闭结构,对导标结构的检修和维护比较有利,对结构的防腐也有利;缺点是一般外形如混凝土烟囱,建筑外形不美观,若采用外立面相对美观的结构,工期较长,造价高且不方便施工。

钢结构桁架导标:分为钢管桁架和角钢桁架,优点是钢管桁架或角钢桁架结构都为空间桁架结构,通透性较好,钢管和角钢进行现场拼接,与电力行业的高低压输变电塔类似,结构技术成熟,施工便利且造价低;缺点是结构为开敞结构,风荷载对结构的稳定性影响比较大,不利于结构的检修和维护,攀爬存在安全隐患,对导标结构在港口防腐蚀也是不利的。

4.2 本工程导标结构选型

外航道中、后导标位于地质为中风化~微风化片麻岩的花果山风景区中,一个位于山脚居民区,另一个为山上悬崖边,徐圩前导标位于待吹填区,徐圩后导标位于盐田中。

从功能效果、景观与周围环境相协调、场地条件、施工条件、工期、造价、维护等角度,对混凝土结构导标、角钢桁架导标和钢管桁架导标等进行了多方案技术经济比较,导标结构选择根开相对较小、抗风性能和观赏性较好些的正四边形优质无缝钢管塔结构。

5 导标上部结构的设计与计算

5.1 导标上部结构设计

设计基本风压 $0.55kN/m^2$(50 年一遇),设计地震烈度 7 度,结构安全等级为二级,抗震设防类别为丙类。

为了便于结构的检修和维护,在塔架内部中心各设置旋转爬梯一座直达塔顶,导标设置日标标牌,透空率 33.3%,正对航道轴线的标身平面向后倾斜 5°~10°,主体塔架塔柱、横杆、斜杆均优质无缝钢管,主体塔架塔柱采用 Q345B,其他为 Q235B,在塔顶设置避雷针,引专用引下线与接地网连接。

徐圩前导标,A 类地貌,场地高程 4.1m,塔架高 30.0m,安装高程 0.000(相当于 85 高程 7.1m),位置按法兰承台高程,根开 8m。在高程 30.0m,21.0m 处设置 2 个内平台,高程 14.5m 处设置航道日导标,标牌尺寸 13m×15m,高程 22m 处预留直径 1m 孔安装 LED 灯器。

徐圩后导标为 A 类地貌,场地高程 4.1m 塔架高 54.0m,安装高程 0.000(相当于 85 高程 4.1m),位置按法兰承台高程,根开 10m。在高程 54.0m、45.0m 处设置 2 个内平台,高程 38.5m 处设置航道日导标,标牌尺寸 14m×15m,高程 46m 处预留直径 1m 孔安装 LED 灯器。

外航道前导标，A类地貌，场地高程4.1m，塔架高40.4m，安装高程0.000（相当于85高程4.1m），位置按法兰承台高程，根开10m。在高程40.4m、31.3m处设置2个内平台。高程24.8m处设置航道日导标，标牌尺寸13m×15m，高程32.3m处预留直径1m孔安装LED灯器。

外航道中导标，A类地貌，场地高程32.0m。塔架高48.0m，安装高程0.000（相当于85高程32.0m），位置按法兰承台高程，根开10m。在高程48.0m、42.65m、31.4m处设置3个内平台。高程24.9m处设置航道日导标，标牌尺寸14m×15m，高程32.4m处预留直径1m孔安装LED灯器。高程39.9m处设置航道日导标，标牌尺寸6m×7.5m。高程43.4m处预留直径1m孔安装LED灯器。

外航道后导标，A类地貌，场地高程72.0m，塔架高14.4m，安装高程0.000（相当于85高程75.5m），位置按法兰承台高程，根开6m。在高程14.4m、8.9m处设置2个内平台，高程5.9m处设置航道日导标，标牌尺寸6m×8m，高程9.9m处预留直径1m孔安装LED灯器。

结构防腐采用重防腐处理，采用热喷锌+封闭+涂装处理，其中锌层厚度应不低于250μm，封闭厚度不低于30μm，涂装厚度不低于100μm。

5.2 导标上部结构计算

本文以外航道中导标为例，对导标的结构计算进行说明，结构计算采用有限元软件进行计算。结构建模采用空间结构整体建模分析计算，杆件单元模式采用梁单元，荷载工况考虑0°和45°风向，结构自重程序自动计算，旋转楼梯、平台以及导标面板等采用附加荷载手动输入。涵盖了各种工况对结构的作用，充分考虑了最不利工况的影响，保证了结构的整体安全性。外航道中导标总图如图1所示。

外航道中导标计算结果如图2和图3所示。

（1）强度计算

所有杆件计算应力都在许用应力范围内，按强度应力比统计结果如表1所示。

强度应力比统计结果表 表1

范围	1.05~1.00	1.00~0.80	0.80~0.60	0.60~0.02
单元数	0	0	0	262

（2）位移计算

外航道中导标在最不利工况下，最大位移为199.893mm，小于规范最大位移不超过480mm的要求。

（3）稳定性计算

所有杆件稳定性计算应力和长细比都在许用范围内，统计结果如表2和表3所示。

整体稳定应力比统计结果表 表2

范围	>1.05	1.05~1.00	1.00~0.80	0.80~0.60	0.60~0.02
单元数	0	0	0	5	257

长细比统计结果表 表3

范围	>180	180~150	150~120	120~80	80~33
单元数	0	1	1	44	216

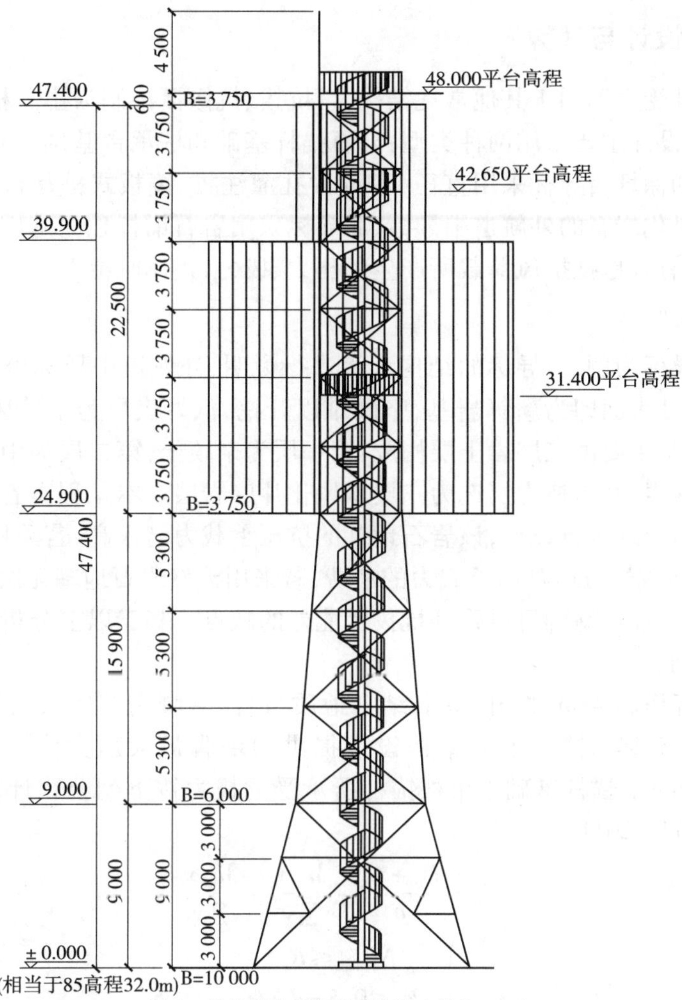

图1 外航道中导标总图(尺寸单位:mm)

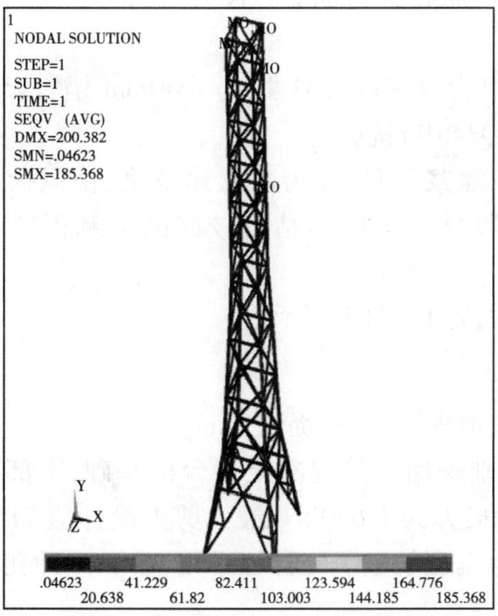

图2 外航道中导标计算应力云图

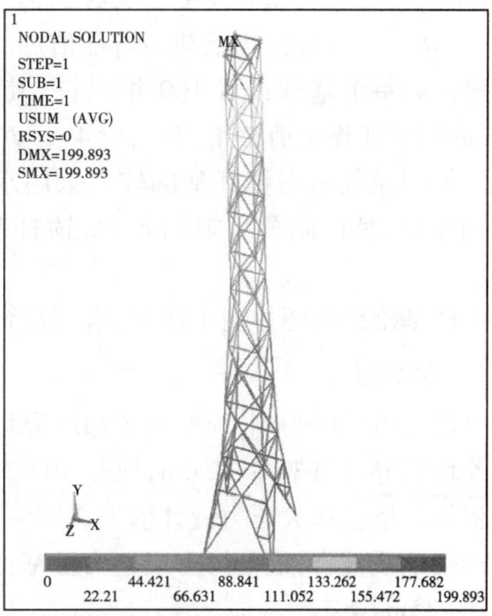

图3 外航道中导标计算位移云图

6　导标基础的设计与计算

塔架结构基础受力不同于其他常规结构，以抗拔、抗倾覆控制为主。根据不同的地质情况，本次导标基础设计主要采用两种类型：岩石锚杆基础和桩承台基础。对于地质情况较差的外航道前导标和徐圩后导标采用直径1.2m冲孔灌注桩、筏板式桩承台；对于地质情况较好的位于中～微风化岩石的外航道中导标、后导标采用岩石锚杆独立基础，灌浆材料为喜利得锚固胶黏剂，可有效地抵抗风荷载所产生的压力、拔力、整体倾覆力矩。

6.1　岩石锚杆基础

以外航道中导标为例，对导标的结构计算进行说明，外航道中导标坐落在山体上，总体处于倾斜面上，高处表面即为新鲜岩基，坚硬难以开挖，低处表层为中等风化岩石。根据勘察地质报告，该地基主要由三层岩土层构成：第一层为杂填土；第二层为中等风化片麻岩；第三层为微风化片麻岩，基础持力层选为三层微风化片麻岩层。本工程本着因地制宜，合理利用岩石地基承载力原理进行设计，该岩石地基的抗压承载力已很高，若采用其他深基础形式（如桩基）必然会造成岩石地基高承载力的浪费，若采用天然岩石地基无法抵抗上拔力，不能满足抗倾覆要求，而锚杆基础可以弥补抗拔性能差的缺点。基于以上分析，中导标基础形式采用岩石锚杆基础。

外航道中导标塔高48m，根开10m，结合地质报告，塔脚高差较大，且均位于倾斜岩基上，基础抗剪十分不利。根据上部结构设计提供的塔脚最大压力为1 900kN，最大拔力1 480kN，剪力670kN。锚杆基础中单根锚杆所承受的拔力按下列公式计算（建筑地基基础设计规范GB 50007—2011）：

$$N_{ti}=\frac{F_k+G_k}{n}-\frac{M_{xk}y_i}{\sum y_i^2}-\frac{M_{yk}x_i}{\sum x_i^2} \tag{1}$$

$$N_{t,\max}\leqslant R_t \tag{2}$$

$$R_t\leqslant 0.8\pi d_1 1 f \tag{3}$$

式中：$N_{t,\max}$——单根锚杆所受最大拔力值（N_{ti}为第i根锚杆所承受的拔力值）；

R_t——锚杆抗拔承载力特征值。

经计算每个基础设置100根锚杆，其中49根为Φ25mm，51根为Φ40mm锚杆，51根Φ40mm锚杆兼作抗剪键用，并增设4个Φ70mm（Q345B）抗剪键。

一般建筑物岩石锚杆基础较多采用水泥砂浆灌浆，而导标为高耸建筑物，由风荷载所产生的拔力、整体倾覆力矩均较大，锚杆基础灌浆材料选用黏结力较好的喜利得锚固胶黏剂。

锚杆基础结构图如图4所示，塔脚承台锚杆构造图如图5所示。

6.2　桩承台基础

以徐圩后导标为例，导标位于徐圩海堤内侧盐池内，东距海堤约1km。

徐圩后导标塔架高54.0m，根开10m，导标基础采用钢筋混凝土承台桩基础，上部结构设计提供的塔柱最大压力设计值为2 075kN，最大拔力为1 620kN，最大剪力设计值715kN。根据勘察地质报告，桩基持力层选为桩基持力层为3_7层粉砂。经计算采用Φ1 200冲孔灌注桩，桩长35m。

承台采用现浇钢筋混凝土结构，承台之间设连系梁拉结。

6.3 导标水中基础

徐圩前导标位于连云港徐圩港区内，-1m 等深线附近，距离航道约 1.2km。

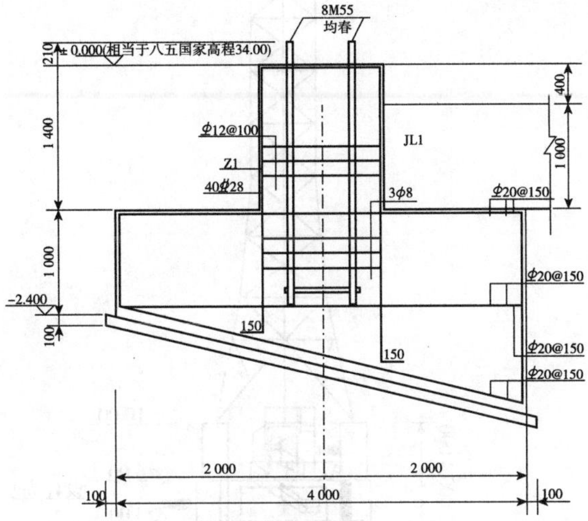

图 4　锚杆基础结构图(尺寸单位：mm)

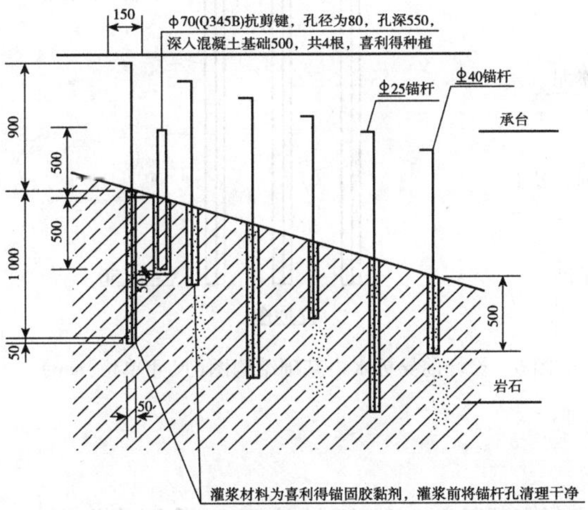

图 5　塔脚承台锚杆构造图(尺寸单位：mm)

导标基础采用钢筋混凝土高桩承台结构，承台顶高程 +6.0m，承台上设置四根 4m 高钢筋混凝土立柱，顶高程 +10.0m，顶面预埋钢塔导标的基础预埋件，作为导标基础，确保导标结构不受波浪直接作用。承台两侧设置橡胶护舷、系船柱等靠船设施，并设置铁爬梯和踏步，方便检修人员上下，承台顶面四周设置栏杆。

承台采用现浇钢筋混凝土梁板结构，四周为高度 3m，宽度 2.5m 的四根梁，形成矩形平面框架，中间是厚度 0.6m 的现浇钢筋混凝土板，与梁形成整体结构。

导标基础采用 8 根直径为 1 000mm 钢管桩，钢管桩与承台的钢筋混凝土梁连接，桩基采用直桩。钢桩内灌混凝土，提高钢桩的抗撞击能力。

徐圩前导标水中基础结构图如图 6 所示。

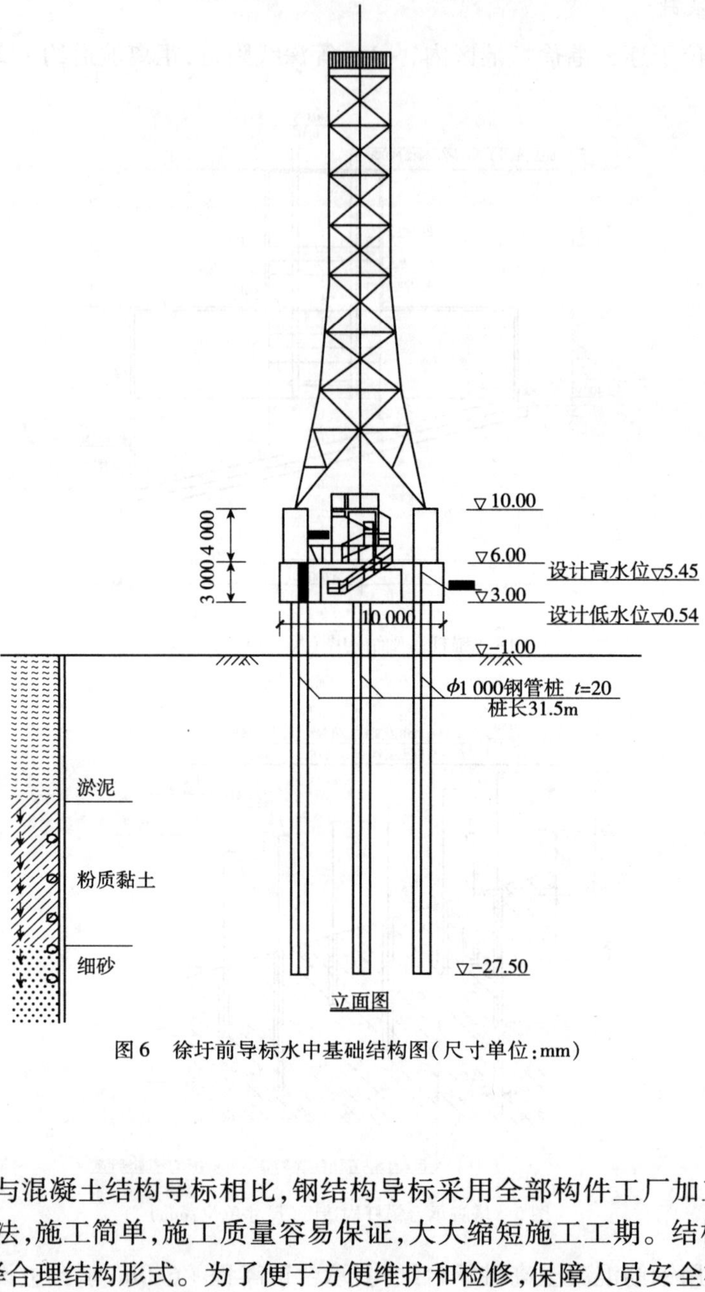

图6　徐圩前导标水中基础结构图(尺寸单位:mm)

7　结语

在本工程中与混凝土结构导标相比,钢结构导标采用全部构件工厂加工,现场拼装,螺栓连接的施工方法,施工简单,施工质量容易保证,大大缩短施工工期。结构基础根据不同地形和地质,选择合理结构形式。为了便于方便维护和检修,保障人员安全在塔中设置螺旋爬梯,并为人员上下提供相对安全。

参 考 文 献

[1] 中交上海航道勘察设计研究院有限公司. 连云港港30万吨级航道一期工程施工图设计[R]. 2010.

[2] 中华人民共和国国家标准. GB 50135—2006　高耸结构设计规范[S]. 北京:中国计划出版社,2007.

[3] 中华人民共和国国家标准. GB 50017—2003 钢结构设计规范[S]. 北京:中国计划出版社,2003.
[4] 中华人民共和国行业标准. JTS 153-3—2007 海港工程钢结构防腐蚀技术规范[S]. 北京:人民交通出版社,2008.
[5] 中华人民共和国国家标准. GB 50007—2011 建筑地基基础设计规范[S]. 北京:中国建筑工业出版社,2012.
[6] 中国有色工程设计研究总院. 混凝土结构构造手册(第三版)[M]. 北京:中国建筑工业出版社,2003.

连云港港30万吨级航道一期工程建后经济社会效益评价

翟剑峰　李　巍　岳巧红　葛建钰
（江苏省交通规划设计院股份有限公司　南京　210014）

摘　要：连云港港30万吨级航道一期工程在攻克各种难题，经受超强台风“达维”考验后，已顺利按预期目标建设完成，本文重点从国家战略实施、腹地经济发展、临港产业集聚、港口功能提升和深水码头建设等层面揭示了一期工程启动建设以来，已经发挥的显著经济社会效能，证明连云港港30万吨级航道的建设决策是正确的，并对进一步充分发挥深水航道效能提出相关建议，以期对连云港港发展有所帮助。

关键词：连云港港；30万吨级航道；经济社会效益

1　引言

连云港港是我国沿海主要港口和综合运输体系的重要枢纽，是江苏省沿海开发的龙头，连云港港30万吨级航道是江苏省沿海开发的“牛鼻子”工程，航道建设意义重大，影响深远。2009年1月，连云港港30万吨级航道工程获国家发改委项目建议书批复立项，明确将“按‘一次立项、分期实施’的原则”，先期实施一期工程；2010年12月，《连云港港30万吨级航道一期工程可行性研究报告》获得国家发改委批复同意，确定一期工程建设25万吨级连云港区航道和10万吨级徐圩港区航道及配套围堤工程等，概算投资为47.7亿元，工期为39个月；2011年1月，《连云港港30万吨级航道一期工程初步设计》获交通运输部批复；2011年3月，连云港港30万吨级航道一期工程正式开工；2012年6月连云港区25万吨级航道建成，2013年7月徐圩港区10万吨级航道基本建成并于12月正式通航。随着一期工程的建成投产，连云港港的综合发展和服务能力进一步提升，对沿海和中西部地区经济社会发展的支撑和带动作用日益增强，已带来显著的深水航道建设“红利”。

2　30万吨级一期工程已发挥显著深水效应

30万吨级一期工程的建成投产，标志着连云港港已跻身世界深水大港行列，极大提升了连云港港在国际航运体系中的地位，在港口服务区域重大战略实施、引导临港产业集聚，支撑经济社会发展中发挥了重要作用。

2.1　有力支撑国家东中西区域合作示范区建设，极大提升了连云港港在“中部崛起”和“西部大开发”战略实施中的地位和作用

国家为加快中西部地区改革开放和经济社会发展，先后提出了“西部大开发”和“中部崛起”的区域发展战略。连云港港是陇海、兰新铁路沿线地区扩大对外开放、参与国际经济

技术合作与交流的战略资源和便捷的出海口，在陇海、兰新铁路沿线地区煤炭、铁矿石等能源、原材料物资转运体系中发挥着重要的作用，是国家实施“西部大开发”和“中部崛起”战略的重要战略资源。

2011 年 6 月，国务院批准在连云港设立国家东中西区域合作示范区，并正式批复《国家东中西区域合作示范区建设总体方案》，明确立足连云港，依托大陆桥，服务中西部，面向东北亚，加强区域合作与交流，推动东中西地区良性互动，全方位拓展开放合作的广度和深度，以徐圩新区为先导区，建成服务中西部地区对外开放的重要门户、东中西产业合作示范基地、区域合作体制机制创新试验区。东中西区域合作示范区的批复建设，进一步明确了连云港在服务国家东中西区域协调合作、协调发展中的战略地位和作用。

连云港港 30 万吨级航道建设，对国家东中西区域合作示范区的建设和服务国家实施“中部崛起”、“西部大开发”战略具有十分重要的意义。自 2011 年一期工程建设以来，依托陇海兰新铁路，2013 年连云港港为纵深腹地转运的金属矿石量达 2 573. 4 万吨，是 2008 年的 1. 9 倍、年均增速达 13. 7%；完成集装箱铁水联运到发总量达 25. 7 万标箱，是 2008 年的 1. 8 倍、年均增速达 13. 1%，其中过境运输突破 10 万标箱，铁水联运示范效应显著。

2. 2 明显加速临港产业集聚，充分发挥连云港港服务江苏沿海开发中的龙头引擎作用

2009 年 6 月，国务院发布《江苏沿海地区发展规划》，标志着江苏沿海地区发展正式成为具有全局意义的国家战略。规划提出：“将江苏沿海建设成为我国东部地区重要的经济增长极和辐射带动能力强的新亚欧大陆桥东方桥头堡”的战略定位，明确要加快以连云港港为核心的沿海港口群建设。连云港港凭借独特的区位交通优势，成为带动江苏沿海综合开发的引擎和龙头。连云港港 30 万吨级航道一期工程的建成，对加快连云港形成新的经济增长极和辐射带动力强的新亚欧大陆桥东方桥头堡，更好地带动江苏沿海地区经济发展，具有十分重要的作用。

在深水航道的牵引带动下，连云港临港产业发展势头迅猛，产业梯度转移以及重化工业向临海集聚趋势明显。尤其是徐圩新区，充分依托深水航道建设和充足临港工业用地资源优势，已形成由城市配套功能区、石化产业园、精品钢产业园、节能环保科技园、现代港口物流园、中西部地区出口产品加工基地、东辛现代农业示范区等“一区六园”功能区组成的临港产业布局规划（见图 1），在规划的引领下，石化、钢铁、装备制造等大型临港产业项目纷纷落地，加快建设。目前，连云港炼化一体化项目、原油储备项目、LNG 接卸项目已经获得国家发改委前期工作许可（拿到“路条”），已开工和签约入驻的重点产业项目总投资达 1 200 多亿元，石化产业基地加快推进建设年产 150 万吨的 TPA 项目、年产 360 万吨的醇基多联产、年产 35 万吨的合成氨项目、140 万 m^3 荣泰储运项目等项目；精品钢产业基地已落地，包括年产 380 万吨的珠江钢管项目、年产 30 万吨凯帝重工项目和镍合金新材料项目等。

2. 3 契合国际航运船舶大型化趋势，有效降低腹地企业物流成本

当前国际海运船舶大型化的趋势日益明显，集装箱船、散货船的大型化发展尤为突出，集装箱船最早容量仅 700 ~ 1 000TEU，2000 年前后已提高至 8 000 ~ 1 万 TEU，目前发展到 1. 3 万 TEU，大型航运企业已开始建造装载可达 1. 8 万 TEU 的大型集装箱船；散货船队最早的主力船型为灵便型船舶（2 万 ~ 5 万载重吨），到 2000 年已转变为好望角型（12 万 ~ 20 万载重吨），现在 38 万吨级超大型矿砂船已投入运营，且好望角型散货船运力的比重逐年提高，已由 2000 年的 30% 上升到 40%。且根据世界海运船队统计规模及订单统计情况分析

(表1、表2),2014年以后,20万吨级以上干散货船运力占世界干散货船队总运力的比重将提升至11.3%,载箱量3 000TEU(约5万吨级)以上的集装箱船占世界集装箱船队总运力的比重将提升至74.7%、成为集装箱运输绝对主力船型。

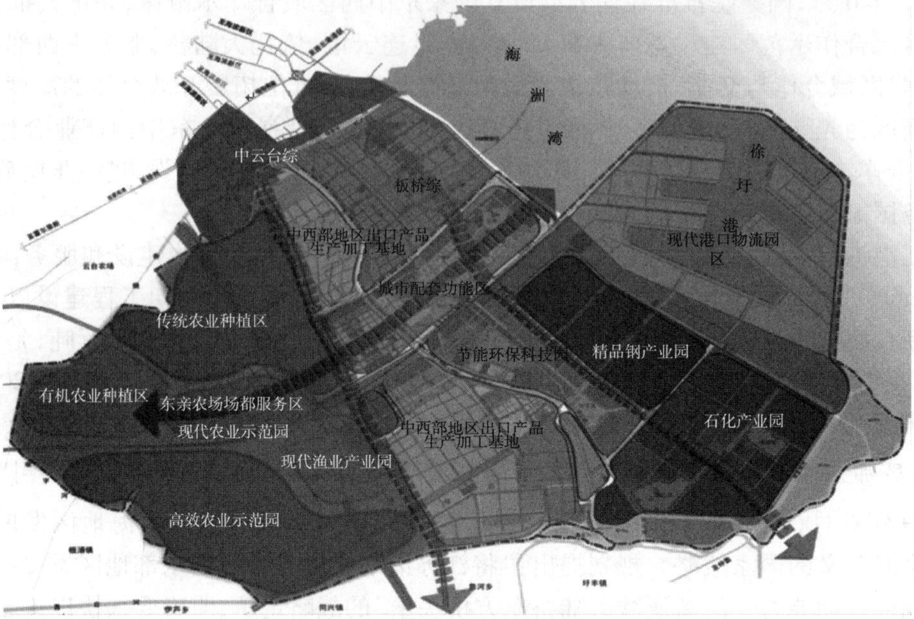

图1 徐圩港区临港重大产业功能区布局示意图

连云港港30万吨级航道一期工程的建成,使连云港区的通航水深由15万吨级提升至25万吨级,极大地增强了连云港港对全球散货、集装箱等海运船队大型化发展的适应能力,2012年到港5万吨级以上船舶已经达到1 319艘次,其中20万吨级船舶158艘次,25万吨级船舶10艘次,25万吨级以上到港船舶实现零的突破。2013年1~11月,到港5万吨级以上船舶1 306艘次,其中20万吨级船舶已经到港134艘次,25万吨级船舶已经到港28艘次,25万吨级以上到港船舶也达到了20艘次。进口铁矿石船舶的大型化极大地降低了腹地钢铁企业物流成本,据测算,仅船舶大型化平均每年可为腹地内钢铁企业的铁矿石节约运输成本1.26亿元/年。

2014年世界干散货船队规模预计(艘/万吨) 表1

吨 级	已有船队			订 单			2014年预计		
	艘数	载重吨	占比(%)	艘数	载重吨	占比(%)	艘数	载重吨	占比(%)
万吨以下	1 249	395	0.74	71	33	0.14	1 320	428	0.56
1~3.5	2 231	5 690	10.70	471	1 344	5.72	2 702	7 034	9.18
3.5~6	2 426	11 708	22.02	1 014	5 356	22.80	3 440	17 064	22.26
6~10	1 846	13 881	26.11	954	7 736	32.93	2 800	21 617	28.20
10~20	985	16 377	30.80	323	5 510	23.46	1 308	21 887	28.55
20以上	209	5 117	9.63	136	3 512	14.95	345	8 629	11.26
总计	8 946	53 168		2 969	23 491		11 915	76 659	

注:数据来源于劳埃德《World shipbuilding forecast(世界造船预测)》。

2014 年世界集装箱船队规模预计(艘/万 TEU) 表 2

载箱量	已有船队			订单			2014 年预计		
	艘数	载箱量	占比(%)	艘数	载箱量	占比(%)	艘数	载箱量	占比(%)
<1 000	1 138	68	4.83	175	13	2.05	1 313	80	3.98
1 000 ~1 999	1 270	180	12.79	293	41	6.77	1 563	221	10.96
2 000 ~2 999	722	183	13.03	98	26	4.19	820	209	10.35
3 000 ~4 999	921	372	26.41	218	90	14.75	1 139	462	22.87
5 000 ~7 999	562	341	24.20	106	65	10.60	668	405	20.07
8 000 以上	280	264	18.74	381	378	61.65	661	642	31.76
总计	4 893	1 408		1 271	613		6 164	2 019	

注:数据来源于劳埃德《World shipbuilding forecast(世界造船预测)》。

2.4 进一步完善国家铁矿石、集装箱等重要物资运输系统布局,着实提高了连云港港在沿海港口群中的地位和作用

2006 年国家发展改革委和交通运输部印发《全国沿海港口布局规划》,明确了长江三角洲地区港口集装箱、进口石油和天然气、进口铁矿石、煤炭、粮食等运输系统布局。根据规划,连云港港是上海国际航运中心集装箱运输系统的组成部分、进口铁矿石中转运输系统的主要港口、煤炭接卸及转运系统的核心港,粮食中转储运系统的主要港口,根据地区经济发展需要,适当布局进口原油接卸设施。2008 年交通运输部和江苏省联合批复《连云港港总体规划》,明确连云港港将以集装箱运输和能源、原材料等大宗散货运输为主,商贸流通功能和临港工业发展并重,是国家规划的能源和原材料运输的重要口岸和重要的煤炭装船港;是我国沿海集装箱运输的支线港,应加快发展成为集装箱运输干线港,并在服务于长江三角洲北部地区和渤海湾南部地区沿海经济带的发展及带动中西部纵深腹地经济协调发展中,逐步发展成为区域性中心港口。

随着连云港港 30 万吨级航道一期工程的建设,连云港港在铁矿石、集装箱等重要物资运输系统中的作用进一步增强,有力提升了连云港港规划发展成为全国区域性中心港口的综合实力。2013 年连云港港货物吞吐量达到 2.02 亿吨、同比增长 8.8%,是 2008 年的 2.0 倍、年均增速达 14.9%;集装箱吞吐量完成 548.8 万标箱、同比增长 9.3%,是 2008 年的 1.8 倍、年均增速为 12.8%,货物吞吐量和集装箱吞吐量分别位居全国第 16 位、第 9 位;其中,外贸进口铁矿石吞吐量完成 4 172.0 万吨、同比增长 10.2%,是 2008 年的 2.8 倍、年均增速高达 22.9%,国际航线集装箱吞吐量完成 306.6 万标箱、同比增长 2.9%,是 2008 年的 2.1 倍、年均增速达 16.2%。

2.5 极大发挥已建深水码头效能,进一步拓展了连云港港发展空间

为满足腹地钢铁企业发展需求,适应国际航运船舶大型化趋势,连云港港加快深水码头建设,至 2013 年底,全港共有万吨级以上泊位 44 个,其中 5 万吨级以上泊位 16 个,特别是连云港区旗台作业区 25 万吨级(结构兼顾 30 万吨级)矿石码头已于 2009 年 9 月试投产运营。随着连云港港 30 万吨级航道一期工程的建设,15 万吨级以上深水码头的能力得到有效的发挥,特别是 25 万吨级矿石码头利用率从 2010 年的仅 38% 提高到 2011 年的 75%,2012 年进一步增长达到 93%,2013 年跨越式提升达到 203.9%,此外,煤炭、液体化工、粮食等专业化

泊位能力利用率也显著提高,2013 年均达到 200% 以上。

同时,在 30 万吨级航道一期工程建设过程中,连云港港经受了 2012 年超强台风"达维"考验,取得了开敞海域淤泥质浅滩深水航道建设等一系列重大建港科研攻关,以实际行动证明了连云港港具备建设深水大港的优良资源和条件。并且,在深水航道的带动下,连云港港进一步加快了深水码头建设步伐,连云港区 10 万吨级氧化铝、散化肥泊位已实现临时靠泊,10 万吨级木材、煤炭码头升级改造和 5 万吨级液体散货泊位正在加快建设;特别是徐圩港区 30 万吨级原油码头一期工程工可已进入国家发改委立项评估程序,10 万吨级通用散货泊位已基本建成,开港试投产,随着徐圩港区东西防波堤建成,港区已具备规模化开发建港的条件,使连云港港加快迈向"国家区域中心港"的发展新阶段。

3 进一步发挥深水航道效能的相关建议

当前,国家正在实施"丝绸之路经济带"和"21 世纪海上丝绸之路"战略构想,连云港与哈国铁路公司共建过境运输出海通道和中转分拨基地项目签约,上合组织成员国总理第十二次会议达成"将连云港作为上海合作组织成员国共用出海口"共识,连云港被列为中韩陆海联运试点口岸,连云港港在丝绸之路经济带建设中的东方桥头堡地位已十分凸出。30 万吨级深水航道是连云港港提升战略地位、增强发展力的重要支撑,只有建好深水航道,用好深水航道,充分发挥深水航道效能才能更好地担当东方桥头堡。结合相关研究与思考,对进一步发挥深水航道效能提出以下建议:

(1)加快连云港港 30 万吨级航道二期工程建设,充分发挥连云港港 30 万吨级航道一期工程的投资效益和 30 万吨级航道工程的整体效益,进一步提升连云港区和徐圩港区综合功能,更好地推进国家重大战略实施和区域经济社会发展。

(2)尽快建设形成与深水航道相适应的基础设施体系,连云港区重点突出做好老码头加固改造,徐圩港区重点突出 10 万吨级以上码头能力建设,提升港口基础设施等级结构更好地推进适应到港船舶大型化发展要求。

(3)加快推进大陆桥航运中心建设,结合深水航道带来的对接国际航运、承接全程物流的机遇,立足远洋,依托新亚欧大陆桥,加快连云港国际航运服务中心建设,大力拓展现代航运物流服务功能,提升港口的国际物流资源配置能力。

4 结语

连云港港 30 万吨级航道一期工程建设的经济社会效能已持续显现,有力支撑了沿海开发战略和国家东中西区域合作示范区的发展,拓展了港口发展空间,促进了连云港港发展,提高了服务中西部地区和带动江苏沿海地区开发开放的能力,以发展实践验证了连云港港 30 万吨级航道建设的战略决策是正确的。在此基础上,紧密结合连云港炼化一体化项目、徐圩港区 30 万吨级原油码头一期工程等重大项目的建设,及时推进 30 万吨级航道二期工程,并加快港口基础设施建设,加大港口综合服务功能提升,实现航道、港口和产业的一体化发展已显得十分必要。

参 考 文 献

[1] 中交上海航道勘察设计研究院有限公司. 连云港港 30 万吨级航道一期工程初步设计

[R]. 上海:中交上海航道勘察设计研究院有限公司,2010.

[2] 江苏省交通规划设计院股份有限公司. 连云港港 30 万吨级航道一期工程工程可行性研究经济专题[R]. 南京:江苏省交通规划设计院股份有限公司,2008.

[3] 连云港市人民政府. 连云港港总体规划[R]. 连云港市人民政府,2008.

[4] 连云港市人民政府. 连云港港徐圩港区总体规划[R]. 连云港市人民政府,2010.

[5] 江苏省交通规划设计院股份有限公司. 长江南京以下 12.5 米深水航道经济分析与综合效益研究[R]. 南京:江苏省交通规划设计院股份有限公司,2011.

[6] 江苏省交通规划设计院股份有限公司. 江苏省港口"十二五"规划中期评估[R]. 南京:江苏省交通规划设计院股份有限公司,2013.

连云港徐圩海域海岸性质研究

张　华[1,2]　马兴华[1,2]　顾　勇[1,2]　金雪英[1,2]　虞志英[3]

(1. 航道疏浚技术交通行业重点实验室　上海　200120;
2. 中交上海航道勘察设计研究院有限公司　上海　200120;
3. 华东师范大学河口海岸国家重点试验室　上海　200062)

摘　要: 本文研究了连云港徐圩海域底质的粒径特征和泥沙水力特性,并与连云港主港区、天津港和黄骅港等港口进行对比,研究了不同海岸类型在底质的粒径特征和泥沙水力特性的差异,提出了泥沙颗粒黏性影响泥沙水力特性、泥沙水力特性决定海岸性质的观点,系统提出了海岸性质分类的改进意见,在此基础上确定了徐圩海域海岸性质。

关键词: 海岸性质;海岸带性质;分类标准;连云港;底质;黏粒含量;水力特性

1　引言

连云港港地处江苏省北部黄海海州湾西南岸,是陇海、兰新铁路沿线广大地区最经济便捷的出海口,是我国沿海中部能源外运和对外贸运输的重要口岸,我国沿海 25 个主要港口和 12 个区域性中心港口之一。根据连云港港总体布局和 2009 年 8 月国务院批复的《江苏沿海地区发展规划》,连云港目前正在大力推进 30 万吨级深水航道建设。连云港港 30 万吨级航道呈"人"字形布置,由外航道、徐圩航道和推荐航线组成,其中外航道内段连接连云港区,徐圩航道连接徐圩港区,外航道外段及推荐航线为两港区共用航道。徐圩港区、航道属于新开辟港区、航道,位于连云港区东侧 15km 处、埒子口以西,见图 1。

工程实践表明,海床性质、海床及岸滩稳定性关系到航道的稳定性和可维护性,是沿海港口航道规划建设的重要技术问题之一,不同海岸性质的泥沙运动特性和回淤规律有着显著的不同。连云港主港区是建立在淤泥质海岸上的港口,但资料显示,连云港以东的灌河口附近发育沙嘴和沙体,徐圩海域的海岸性质有所不同。因此,在前期研究阶段,我们组织开展了系统的现场观测(水文测验、底质取样、水深测量)、室内试验(泥沙水力特性试验)工作,在此基础上,开展了《连云港港海床和岸滩稳定性分析》[1,2]专题研究,取得了连云港—灌河口海域的海岸变迁、水动力条件、底质分布及粒径特征、海床性质、海床及岸滩稳定性等方面的研究成果。其中在海岸性质方面,重点研究了徐圩海域底质的粒径特征和泥沙水力特性,并与连云港主港区、天津港和黄骅港等港口进行对比,研究了不同海岸类型在底质的粒径特征和泥沙水力特性的差异,提出了泥沙颗粒黏性影响泥沙水力特性、泥沙水力

本文全文收录《水运工程》2011 年 4 月发表文章《连云港徐圩海域海岸性质研究》。

特性决定海岸性质的观点，系统提出了海岸性质分类的改进意见，在此基础上确定了徐圩海域海岸性质。

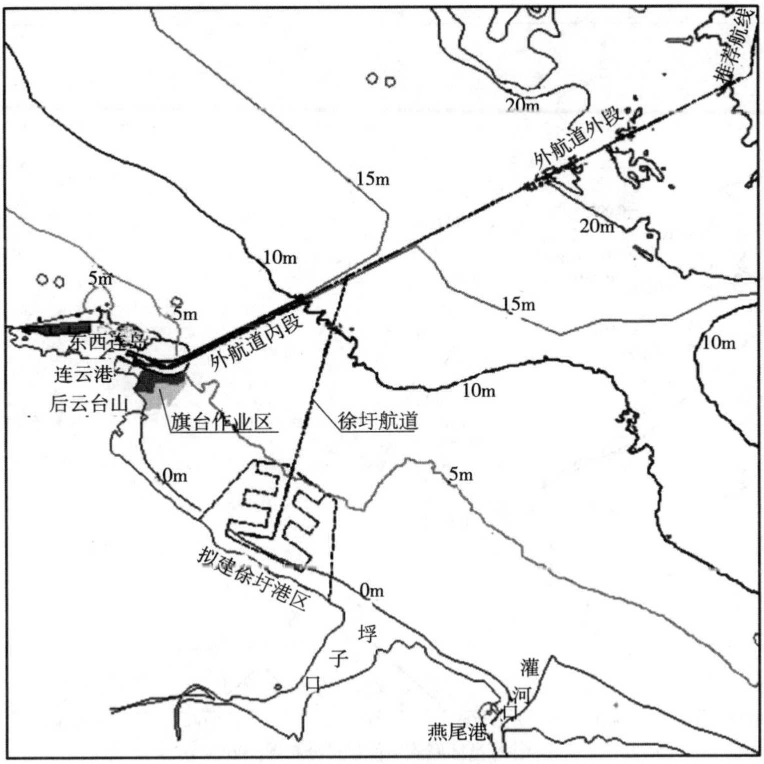

图1　30万吨级航道位置图

2　连云港徐圩海域的底质分布、粒径特征及泥沙水力特性

2.1　地形地貌、水动力条件和含沙量

徐圩港区所在海域滩面由岸向外逐渐降低，岸滩平缓，滩坡约为0.5‰。

徐圩海域-5m等深线以外海域为旋转流，-5m等深线以内逐渐过渡为与岸线平行的往复流，涨落潮平均流速一般不超过0.6m/s。

徐圩海域近岸常年波高约0.6m，以风浪为主，常浪向为偏北向，常年破波带位于-5m等深线以内。

徐圩海域近岸正常天气含沙量约0.2~0.06kg/m^3，由岸向外、由浅到深，逐渐降低，大风条件下泥面以上0.5m水层内实测含沙量峰值约6kg/m^3。

2.2　底质分布及粒径特征

底质是由不同粒径的颗粒组成的混合沉积物，反映底质的粒径组成状况的指标包括中值粒径d_{50}、分选系数、黏粒含量、粉粒含量、沙粒含量、d_{10}、d_{30}、d_{60}、不均匀系数、曲率系数等，我们可统称为粒径特征。研究发现（见后文），影响底质水力特性的指标基本可归结为中值粒径d_{50}和黏粒含量，因此，我们可以采用中值粒径d_{50}和黏粒含量描述底质的粒径特征。

2005年9月至2009年3月，分5次在徐圩海域0m~10m等深线区域采用薄壁取土器或抓斗取底质样品，采用激光粒度仪对底质组分进行分析，表明徐圩海域底质分布及粒径特征基本稳定,其中 1965 年和 2009 年 3 月实测底质的中值粒径和黏粒含量分布如图 2、图 3[1,2,5]。

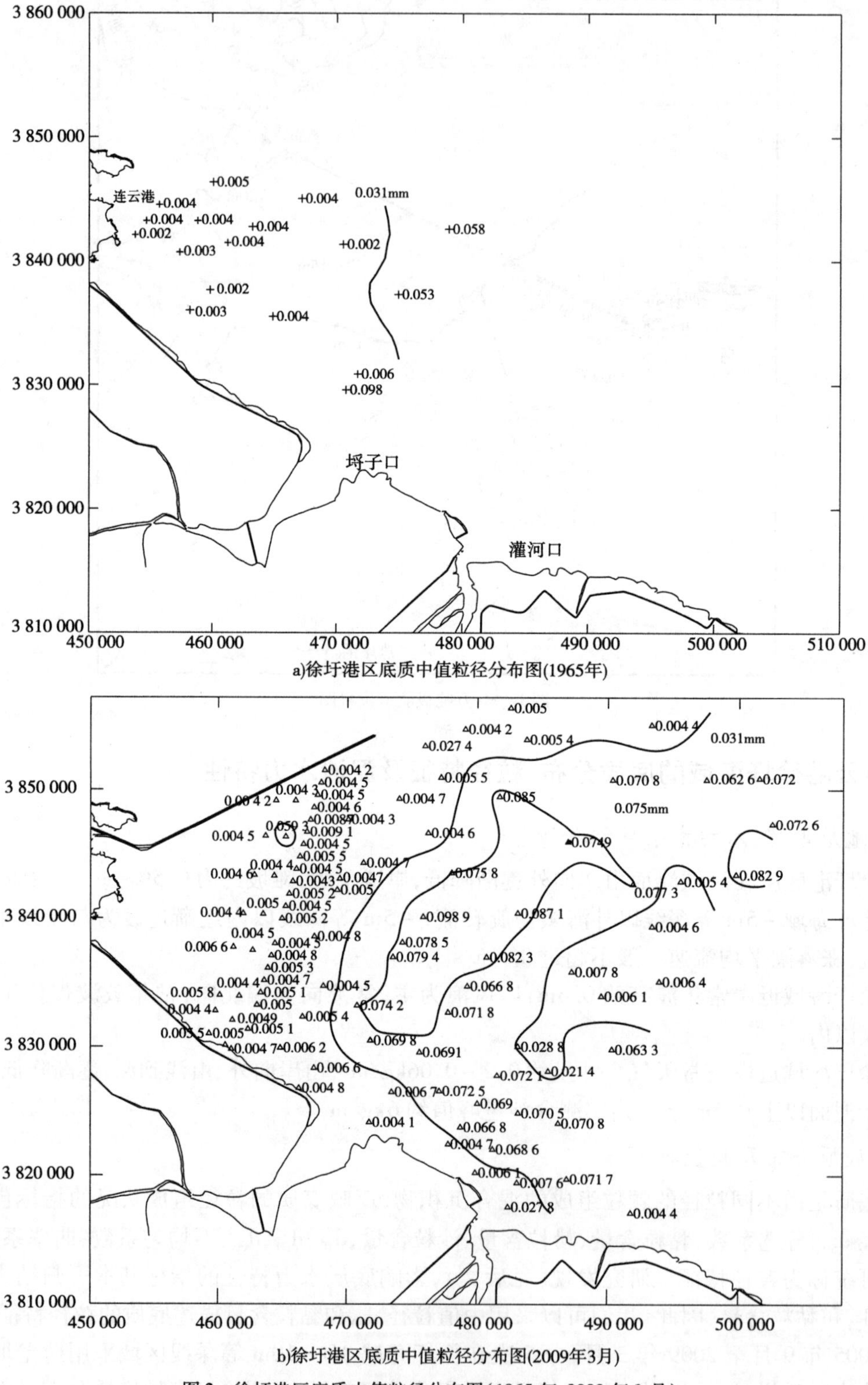

a)徐圩港区底质中值粒径分布图(1965年)

b)徐圩港区底质中值粒径分布图(2009年3月)

图 2 徐圩港区底质中值粒径分布图(1965 年、2009 年 3 月)

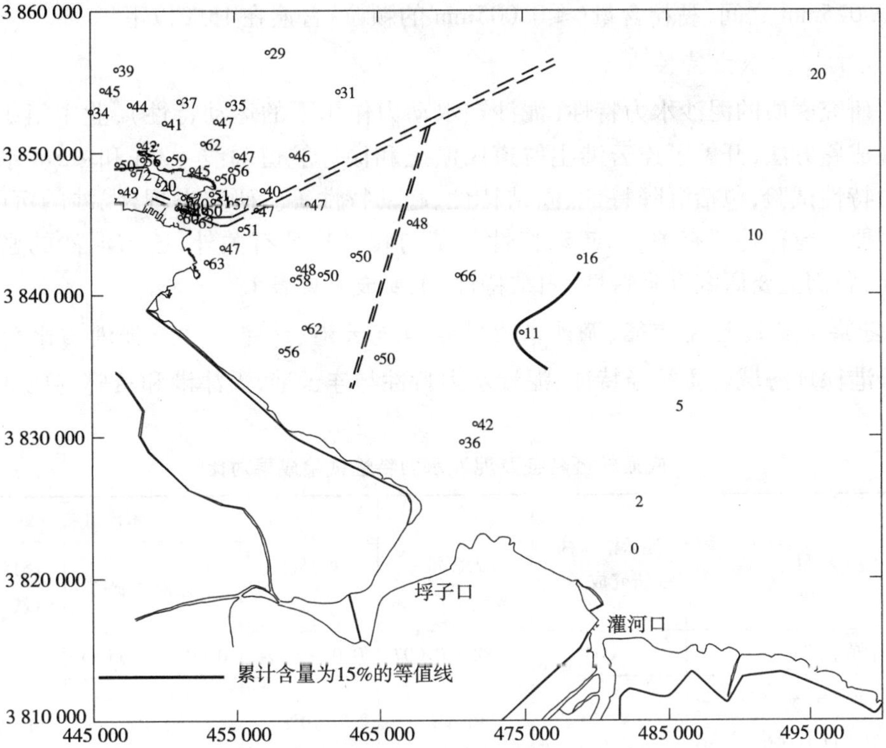

a)底质黏粒(粒径小于0.005mm的颗粒)含量分布图(1965年)

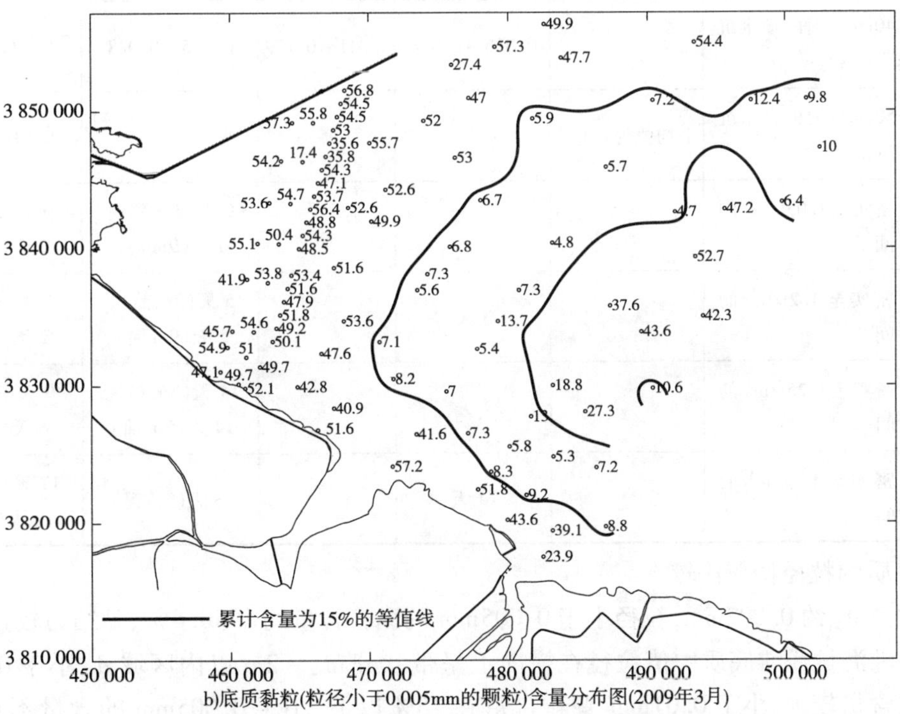

b)底质黏粒(粒径小于0.005mm的颗粒)含量分布图(2009年3月)

图3　底质黏粒(粒径小于0.005mm的颗粒)含量分布图(1965年、2009年3月)

由此可见,徐圩海区底质分布及粒径特征为:埒子口以西的底质 $d_{50}<0.031\mathrm{mm}$,黏粒含量(≤0.005mm的颗粒)普遍在30%以上,而埒子口以东至灌河口附近的底质 d_{50} 介于

0.031～0.075mm 之间，黏粒含量（≤0.005mm 的颗粒）普遍在 15% 以下。

2.3　底质的泥沙水力特性[1]

为了研究底质的泥沙水力特性（泥沙在水动力作用下的运动特性），业主组织有关单位采用常规成熟方法，开展了连云港主航道回淤土和徐圩航道轴线 -3m 和 -5m 水深处表层土的水力特性试验，包括沉降特性、固结特性、起动特性等。研究发现，泥沙的沉降特性、固结特性主要与粒径特征有关，而起动特性除了与粒径特征有关外，还与泥沙的密实程度有关。因此，我们主要研究沉降特性、固结特性，主要成果见表 1。

2.4　徐圩海域底质粒径特征、泥沙水力特性与连云港、天津港和黄骅港的比较[1,6]

连云港徐圩海域底质粒径特征、泥沙水力特性与连云港、天津港和黄骅港的比较结果如表 1。

底质粒径特征及泥沙水力特性试验成果对比　　表 1

项目		连云港以往研究成果	天津港	黄骅港	本次试验成果[7,8]	
					连云港外航道	徐圩航道（徐圩海域埒子口以西）
粒径特征	中值粒径（mm）	0.004	0.005～0.007	0.02～0.04	0.0031～0.0055	0.0056～0.012
	平均黏粒（≤0.005mm 的颗粒）含量		40.4%	<10%	50.6%	34.4%～39.4%
沉降特性	静水沉速（cm/s）	0.01～0.07	0.049～0.077		0.031～0.048	0.04～0.053
	40cm/s 时的动水沉速（cm/s）		0.015～0.028	0.041～0.129	0.025～0.028	0.024～0.034
	50cm/s 时的动水沉速（cm/s）	平均值为 0.022				0.014～0.019
固结特性	密实至 1.05t/m³ 的时间				0 天（3m 筒）、0 天（9m 筒）	0 天（3m 筒）、0 天（5m 筒）
	密实至 1.2t/m³ 的时间		3 天		5 天（3m 筒）、5 天（9m 筒）	3 天（3m 筒）、2 天（5m 筒）
	密实至 1.25t/m³ 的时间		7 天		14 天（3m 筒）、14 天（9m 筒）	9 天（3m 筒）、6 天（5m 筒）
	密实至 1.3t/m³ 的时间		14 天		33 天（3m 筒）	17 天（3m 筒）、14 天（5m 筒）

1）底质的粒径特征比较

天津港 d_{50} 约 0.007mm，粒径小于 0.005mm 的黏粒含量约占 40.4%，黏结力较强。

黄骅港海域浅滩底质中值粒径在横向上呈带状分布：-2m 以内区域 d_{50} 小于 0.03mm，但细颗粒含量较少，小于 0.01mm 颗粒含量在 15% 以下，小于 0.005mm 的含量不足 10%；-2～-8m 区域 d_{50} 为 0.03～0.04mm；-8m 的 d_{50} 小于 0.03mm。

比较可知，连云港主港区、徐圩航道和天津港沉积物粒径特征相近，粒径小于 0.005mm 的黏粒含量普遍大于 30%。黄骅港底质中值粒径接近于 0.031mm，但黏粒含量很小（小于

0.005mm 的含量不足 10%),粒径特征与前两个港口有明显区别。

2)底质的泥沙水力特性比较

沉降特性比较:当细颗粒黏粒含量较大时,悬沙沉降过程中有絮凝现象,连云港主航道泥沙静水沉速为 0.031 ~ 0.047cm/s,动水沉速为 0.025 ~ 0.028cm/s;徐圩航道底质静水沉速为 0.04 ~ 0.053cm/s,动水沉速 0.014 ~ 0.046cm/s,与主港区和天津港相近。而黄骅港悬沙垂向粒径分异较大,沉降时存在分选沉积现象,即沉速较大的粗颗粒物质先沉积,细颗粒物质后沉积,并且初始动水沉速明显大于连云港和天津港泥沙。

固结特性比较:徐圩海域底质由 1.05t/m^3 固结至 1.3t/m^3 需要 14 ~ 17 天,快于主港区,但与天津港底质固结速度相近;而黄骅港粉砂质底质由初始容重 1.19t/m^3 密实到 1.41t/m^3 只需 23 小时,明显快于连云港和天津港。

3)综合比较

综上所述,徐圩航道(徐圩海域埒子口以西)和连云港主港区、天津港沉积物粒径特征相近,粒径小于 0.005mm 的黏粒含量普遍大于 30%,沉降、固结水力特性相近。而黄骅港底质尽管中值粒径接近于 0.031mm,但黏粒含量很小(小于 0.005mm 的含量不足 10%),其沉降、固结水力特性与前两个港口有明显区别,实际回淤情况也显示出与淤泥质海岸不同、而与粉沙质海岸类似的特征。

这说明中值粒径接近但黏粒含量不同的海岸可以表现出完全不同的泥沙水力特性、泥沙运动和回淤规律,现行的采用中值粒径这一单一标准的海岸性质分类标准尚有不足,需要改进。

3 海岸性质分类标准的改进意见

3.1 泥沙分类标准

由于研究应用的目的和关注重点的不同,关于泥沙的分类标准各不相同。常见的分类标准包括岩土工程规范(如《港口工程地质勘察规范》、《疏浚岩土分类标准》)、美国地球物理学会泥沙分类标准(Lane et al,1947)、《海洋调查规范》和常用海洋分类标准等。

我国《海洋调查规范》[10] 依据泥沙粒径划分泥沙组分,如 0.004mm 以下为粉土,0.004 ~0.063mm 为粉沙,并进一步形成组合分类标准,如:对于黏土和粉砂的混合底质的定名,当黏土粒含量≥ 75%,定名为黏土;当黏土粒含量为 50% ~75%,粉砂粒含量为 25% ~50%时定名为粉砂质黏土;当黏土粒含量为 25% ~50%,粉砂粒含量为 50% ~75%时定名为黏土质粉砂,粉砂粒含量≥ 75%,定名为粉砂。这种分类标准主要根据不同组分的比例定名,定名原则为以组分比例高的颗粒为主,只是反映了不同组分的比例,并不代表泥沙的力学特性和水力学特性。

岩土规范按黏粒含量和塑性指数将细颗粒土划分为黏土、无黏性土和微黏性土,对于黏土和粉砂的混合沉积物,黏粒含量小于 10% 为砂质粉土,黏粒含量为 10% ~15% 为黏质粉土,黏粒大于 15% 为粉质黏土和黏土。这种分类标准代表了泥沙的力学特性(黏性)。

美国地理协会也根据泥沙粒径进行泥沙粒径分类,其分类标准基本同我国《海洋调查规范》,不再赘述。

3.2 现行海岸性质分类标准[9]

根据国内外研究和实践经验,海岸性质分为沙质海岸、淤泥质海岸和粉沙质海岸三大类型,并采用底质的中值粒径作为海岸性质的划分标准:$d_{50}>0.125mm$,属于沙质海岸,$0.125mm>d_{50}>0.031mm$,属于粉沙质海岸,$d_{50}<0.031mm$,属于淤泥质海岸。

3.3 海岸性质分类标准的改进意见

(1)根据有关研究成果,0.031mm 中值粒径大致是泥沙发生絮凝的临界粒径,在一定程度上能够指示沉降、固结水力特性的差异,所以按中值粒径直接划分海岸性质具有一定的合理性。但上文已阐述,工程实践经验表明,中值粒径接近但黏粒含量不同的海岸表现出完全不同的泥沙水力特性、泥沙运动和回淤规律,其原因在于,单一的中值粒径只是反映泥沙的平均粒径,并没有反映泥沙的粒径组成状况,因而难以全面反映泥沙水力特性。因此,现行的采用中值粒径这一单一标准的海岸性质分类标准尚有不足,需要改进。

(2)在工程实践中,需要注意泥沙分类与海岸性质两者之间有联系,但属于不同的概念,海洋分类标准的沉积物类型表征沉积物粒径组成状况,而海岸性质表征沉积物的水力特性(沉降特性、固结特性),因此也不能直接用海洋分类标准的沉积物类型来确定海岸性质,或者将两者混为一谈。比如,海洋分类标准规定,当黏土粒含量为25%～50%,粉砂粒含量为50%～75%时定名为黏土质粉砂,当黏土粒含量为0～25%,粉砂粒含量为75%～100%时定名为粉砂。连云港、天津港黏粒含量为30%～50%,属于典型的淤泥质海岸,而按海洋分类标准,则属于黏土质粉沙。

(3)海岸性质影响因素分析[1]

从泥沙运动和回淤的角度出发,海岸性质分类应重点关注泥沙运动的主要影响因素,包括泥沙粒径特征、泥沙颗粒黏性、泥沙水力特性、泥沙运动形式、悬沙含沙量等。

我们分析发现,淤泥质海岸与粉砂质海岸在泥沙运动的重大差异主要源于泥沙水力特性的差异,而泥沙水力特性的差异取决于颗粒黏性的差异,因此沉积物颗粒是否具备一定的黏性以及颗粒黏性是否足以影响沉积物的运动特征应是区分淤泥质海岸和粉砂质海岸的关键,而颗粒黏性大小主要取决于黏粒含量。

土力学理论揭示细颗粒土的塑性(表征黏性)主要取决于黏粒含量,不同黏粒含量的塑性和黏结力是明显不同的,岩土工程规范[4]按黏粒含量大小将细颗粒土划分为黏土、无黏性土和微黏性土,当黏粒含量超过15%时,土质就属于黏性土(粉质黏土、黏土),当黏粒含量为10%～15%时,土质就属于微黏性土(黏质粉土),当黏粒含量小于10%时,土质就属于无黏性土(砂质粉土、粉沙等)。

根据 Van Rijn[3]等的研究成果,"在砂、粉砂和黏土的混合物中,当黏土和粉砂的组分(<0.062mm)达到30%以上,则混合物通常表现出黏性;而当砂的组分(>0.062mm)大于70%,混合物表现出非黏性。黏性和非黏性的分界称为'临界黏土～粉砂含量'。这一临界值最主要的是取决于混合物中的黏土(Clay, <0.008mm)含量,当这部分含量超过5%～10%时,黏性就成为混合物主要特征。"

因此,从泥沙运动和回淤的角度出发,海岸性质分类的主要影响因素有泥沙粒径特征、泥沙颗粒黏性、水力特性、泥沙运动形式、悬沙含沙量等,泥沙颗粒黏性影响泥沙水力特性、泥沙水力特性决定海岸性质,即泥沙水力特性是直接因素,泥沙颗粒黏性是根本因素。而泥沙粒径特征(主要是黏粒含量)是代表泥沙颗粒黏性、决定泥沙水力特性、便于开展海岸性质分类的一种间接量化指标。

(4)海岸性质分类标准的改进意见[1]

由于泥沙颗粒黏性属于定性指标,泥沙水力特性也难以精确化,因而采用泥沙粒径特征作为代表泥沙颗粒黏性、决定泥沙水力特性、便于开展海岸性质分类的一种间接量化指标。根据岩土工程规范(黏粒含量超过15%的,属于黏性土,黏粒含量为10%~15%的属于微黏性土,黏粒含量小于10%的属于无黏性土)和连云港、天津港等典型淤泥质海岸黏性含量情况,可将颗粒粒径小于0.005mm的黏粒含量<15%作为粉沙质海岸,将颗粒粒径小于0.005mm的黏粒含量≥25%作为典型的淤泥质海岸。

颗粒粒径小于0.005mm的黏粒含量15%~25%,根据黏性推算应属于淤泥质海岸,但由于缺少此类底质类型的实际案例,其泥沙运动特性和回淤规律有待实践验证,从严谨角度考虑,现阶段可按接近于淤泥质海岸处理,在应用时需要注意。

综合以上内容,提出海岸性质分类改进意见见表2。

海岸性质分类标准改进意见表 表2

<table>
<tr><td colspan="4">分类
项目</td><td>淤泥质海岸</td><td>粉沙质海岸</td><td>沙质海岸</td></tr>
<tr><td>根本因素</td><td>定性指标</td><td colspan="2">颗粒间黏结力</td><td>较大</td><td>小</td><td>无</td></tr>
<tr><td rowspan="2">直接因素</td><td rowspan="2">定性指标</td><td rowspan="2">水力特性</td><td>沉降特性</td><td>各层均匀沉降,静水沉速一般约为0.05cm/s,有絮凝</td><td>可发生分选沉积现象,静水沉速一般大于0.1cm/s</td><td>—</td></tr>
<tr><td>固结特性</td><td>固结速度较缓,重度增加到1.3t/m^{3}一般需要十余天</td><td>固结速度较快,重度增加到1.3t/m^{3}一般只需要十余小时,甚至无固结过程</td><td>—</td></tr>
<tr><td colspan="2" rowspan="2">间接、量化指标</td><td rowspan="2">粒径特征</td><td>中值粒径</td><td>宜≤0.031mm</td><td>0.031~0.125mm</td><td>>0.125mm</td></tr>
<tr><td>d_{50}<0.005mm的颗粒(黏粒)含量</td><td>≥15%~25%,其中15%~25%为接近于淤泥质海岸</td><td><15%</td><td>≈0%</td></tr>
<tr><td colspan="2" rowspan="4">间接、定性指标</td><td colspan="2">泥沙运动形式</td><td>以悬移质为主,均匀悬浮</td><td>兼具悬移质、推移质,递变悬浮</td><td>推移质</td></tr>
<tr><td colspan="2">含沙量</td><td>1. 正常天气含沙量低,大风天近底层可达数公斤。
2. 垂线分布表层低、底部高,有时出现泥跃层</td><td>1. 正常天气含沙量低,大风天近底层高达数十公斤。
2. 垂线分布斜线形为主,风天常出现底部高浓度层</td><td>—</td></tr>
<tr><td colspan="2">悬沙粒径垂向分布</td><td>较均匀</td><td>上细下粗,存在垂向分异</td><td>—</td></tr>
<tr><td colspan="2">输沙动力</td><td>潮流为主</td><td>波生流、潮流</td><td>波生流为主</td></tr>
</table>

4 连云港徐圩海域海岸性质的确定[1]

连云港徐圩海域埒子口以西底质中值粒径均不超过0.03mm,<0.005mm的黏粒含量基本大于30%;泥沙静水絮凝沉速小于0.05cm/s,在咸水中存在明显的絮凝现象;槽内新淤物质重度约为1.05~1.2t/m^3,固结至1.3t/m^{3}需要14~17天。可见,徐圩港区航道沿线底质的中值粒径、黏粒含量、水力特性与连云港主港区外航道、天津港基本一致。此外,现场观测资料表明徐圩航道正常天气水体含沙量为0.21kg/m^{3}左右,大风天底层最大含沙量约6kg/m^3,明显增加,但远小于粉砂质海岸。同时徐圩港区的悬移质分层颗分结果比较接近,

显示均匀悬浮和均匀沉降特征，不存在黄骅港等淤泥粉沙质海岸递变悬浮和分选沉降现象。而埒子口以东至灌河口附近的底质 d_{50} 介于 0.031 ~ 0.075mm 之间，黏粒含量（≤0.005mm 的颗粒）普遍在 15% 以下。

因此，徐圩海域埒子口以西为淤泥质海岸，埒子口以西以东为粉沙质海岸。

5 结语

1）底质是由不同粒径的颗粒组成的混合沉积物，反映底质的粒径组成状况的指标包括中值粒径 d_{50}、分选系数、黏粒含量、粉粒含量、沙粒含量、d_{10}、d_{30}、d_{60}、不均匀系数、曲率系数等，其中影响底质水力特性的指标基本可归结为中值粒径 d_{50} 和黏粒含量，因此，我们可以采用中值粒径 d_{50} 和黏粒含量描述底质的粒径特征。

2）徐圩航道（徐圩海域埒子口以西）和连云港主港区、天津港沉积物粒径特征相近，粒径小于 0.005mm 的黏粒含量普遍大于 30%，沉降、固结水力特性相近。而黄骅港底质尽管中值粒径接近于 0.031mm，但黏粒含量很小（小于 0.005mm 的含量不足 10%），其沉降、固结水力特性与前两个港口有明显区别，实际回淤情况也显示出与淤泥质海岸不同、而与粉沙质海岸类似的特征。这说明中值粒径接近但黏粒含量不同的海岸可以表现出完全不同的泥沙水力特性、泥沙运动和回淤规律，现行的采用中值粒径这一单一标准的海岸性质分类标准尚有不足，需要改进。

3）在工程实践中，需要注意泥沙分类与海岸性质两者之间有联系，但属于不同的概念，海洋分类标准的沉积物类型表征沉积物粒径组成状况，而海岸性质表征沉积物的水力特性（沉降特性、固结特性），因此不能直接用海洋分类标准的沉积物类型来确定海岸性质，或者将两者混为一谈。

4）从泥沙运动和回淤的角度出发，海岸性质分类的主要影响因素有泥沙粒径特征、泥沙颗粒黏性、水力特性、泥沙运动形式、悬沙含沙量等，泥沙颗粒黏性影响泥沙水力特性、泥沙水力特性决定海岸性质，即泥沙水力特性是直接因素，泥沙颗粒黏性是根本因素。由于泥沙颗粒黏性属于定性指标，泥沙水力特性也难以精确化，因而采用泥沙粒径特征作为代表泥沙颗粒黏性、决定泥沙水力特性、便于开展海岸性质分类的一种间接量化指标。根据岩土工程规范和连云港、天津港等典型淤泥质海岸黏性含量情况，可将颗粒粒径小于 0.005mm 的黏粒含量 <15% 作为粉沙质海岸，将颗粒粒径小于 0.005mm 的黏粒含量 ≥25% 作为典型的淤泥质海岸。颗粒粒径小于 0.005mm 的黏粒含量为 15% ~25%，根据黏性推算应属于淤泥质海岸，但由于缺少此类底质类型的实际案例，其泥沙运动特性和回淤规律有待实践验证，从严谨角度考虑，现阶段可按接近于淤泥质海岸处理，在应用时需要注意。

5）根据底质粒径特征（中值粒径、黏粒含量）、泥沙水力特性判断，徐圩海域埒子口以西为淤泥质海岸，埒子口以西以东为粉沙质海岸。

参 考 文 献

[1] 中交上海航道勘察设计研究院有限公司，华东师范大学河口海岸研究所. 连云港港海床及岸滩稳定性研究[R]. 上海：中交上海航道勘察设计研究院有限公司，2009.

[2] 华东师范大学河口海岸研究所，中交上海航道勘察设计研究院有限公司. 连云港港海床及岸滩稳定性研究[R]. 上海：华东师范大学河口海岸研究所，2008.

[3] Leo C. van Rijn, Unified View of Sediment Transport by Currents and Waves[J],Journal of hydrolic engineering,2007.6.
[4] 中华人民共和国行业标准. JTJ 240—97 港口工程地质勘察规范[S].
[5] 虞志英,等. 连云港地区泥沙运移和冲淤趋势[A]. 连云港回淤研究论文集[C],1989.
[6] 黄建维. 黏性泥沙在盐水中冲刷和沉降特性的试验研究[A]. 连云港回淤研究论文集[C],1989.
[7] 交通部天津水运工程科学研究所工程泥沙交通行业重点实验室. 连云港主港区航道淤积泥沙水力特性试验研究报告[R]. 天津:交通部天津水运工程科学研究所工程泥沙交通行业重点实验室,2008.
[8] 交通部天津水运工程科学研究所工程泥沙交通行业重点实验室. 连云港徐圩港航道泥沙水力特性试验研究报告[R]. 天津:交通部天津水运工程科学研究所工程泥沙交通行业重点实验室,2009.
[9] 中华人民共和国行业标准. JTJ 213—98 海港水文规范[S].
[10] 中华人民共和国国家标准. GB/T 13909—1992 海洋调查规范[S].

连云港徐圩海域海床和岸滩稳定性监测研究

刘　红[1]　蔡　辉[2]　马兴华[1]　张　华[1]　丁　琦[1]　卢立江[1]
(1. 中交上海航道勘察设计研究院有限公司　上海　200120；
2. 连云港港30万吨级航道建设指挥部　连云港　222042)

摘　要：根据1980年以来的连云港徐圩海域地形观测资料分析，灌河口沙嘴5m和10m等深线基本保持稳定，沙体的移动速度减缓，逐步趋于稳定。本次采用二维数模计算了不同潮汐和风浪条件下的摩阻流速，与泥沙起动摩阻流速进行对比，分析徐圩海域岸滩稳定性和灌河口沙嘴稳定的动力机理。研究表明，灌河口沙嘴海域无风天大潮涨急时刻泥沙能够起动，其余时段泥沙基本不能起动；小风天波浪摩阻流速较小，泥沙不能起动；中风天、大风天具备泥沙起动和沙体移动的动力条件，出现的频率较低（分别为10.7%和0.6%），灌河口沙嘴移动量有限，灌河口沙嘴总体上将进一步趋于稳定。徐圩港区防波堤建成后，水动力条件会发生变化，海床演变也会产生相应调整。

关键词：连云港港；徐圩海域；灌河口沙嘴，海床稳定性；动力机理

1　引言

连云港港地处江苏省北部、海州湾南岸，是陇海、兰新铁路沿线广大地区最经济便捷的出海口，是我国沿海主枢纽港之一。由于主港区水陆域空间狭小，集疏运系统与城区矛盾突出，为适应连云港港、临港产业和腹地经济的发展需要，2008年交通运输部和江苏省联合批复《连云港港总体规划》（修订），提出"一体两翼"的港口布局，在充分发展主港区的同时，在南翼开辟徐圩新港区，建设一批与临港产业配套的大型散货码头和原油接卸码头，并在徐圩港区布置环抱式防波堤，以防浪挡沙，改善港区泊稳条件，减少泥沙回淤，降低运营成本[1]。目前，徐圩港区10万吨级航道、一港池西侧、南侧的徐圩吹填1区、2区的陆域吹填工程已完工，其他相关工程正在逐步推进（图1）。

徐圩港区东侧～灌河口外有河口沙嘴存在，由灌河口口门左岸向东北方向延伸，尾端伸至10m等深线附近，长达30km左右，平均宽度4～6km，沙嘴沙脊与两侧海底的相对高差1～2m，在纵向上由浅水区向深水区延伸，而在横断面上则表现为两侧坡底不对称，外坡缓、内坡陡。沙嘴区底质为粉砂质沉积区，与附近的淤泥质沉积区存在明显差异。鉴于岸滩稳定性研究对港口和航道建设的重要性，特别是灌河口沙嘴地形变化的复杂性和长期性，因此，工程建设对海床及岸滩地形变化、灌河口外沙体的长期演变趋势及其对港口航道的影响必须予以重视。

自20世纪80年代以来，国内众多学者对连云港和灌河口海域进行了大量的科学研究，大范围的海床演变和沉积特征的研究主要集中在废黄河三角洲发育、形成及侵蚀改造[2-4]、

连云港附近潮滩沉积特征和沉积模式[5]等方面，为了解连云港海域大范围海床演变和水沙运动特征提供了重要的参考。对灌河口沙嘴区域的相关研究主要集中在灌河口沙嘴演变发育和成因[6,7]、现代沉积速率及沉积特征[8-11]等方面，但对灌河口沙嘴海床冲淤和岸滩稳定性的动力机理分析涉及较少。

本文结合大量实测资料，采用海床演变、泥沙动力学和数学模型等方法，计算不同潮汐和风浪条件下的工程前后摩阻流速情况，与泥沙起动摩阻流速进行对比，分析徐圩海域岸滩和灌河口沙嘴的稳定性，探讨海床冲淤和岸滩稳定性的动力机理。

2 徐圩海域水沙条件概况

连云港—徐圩海域由岸向海方向随着水深增加，由近岸往复流向旋转流过渡，5m 等深线内外变化较为明显，涨潮流速明显大于落潮流速。5m 以内区域大潮涨潮平均流速在 0.29 ~ 0.84m/s 之间，落潮平均流速在 0.30 ~ 0.67m/s 之间；5m 以外区域大潮涨潮平均流速在 0.36 ~ 0.87m/s 之间，落潮平均流速在 0.33 ~ 0.60m/s 之间，整个连云港海域潮流流速最大可达 1.0m/s。对于颗粒较细的淤泥质悬沙而言，仍具有较强的运移扩散能力，但对于沉积时间较久的废黄河沉积物而言，则难以冲刷悬扬(图 1)。

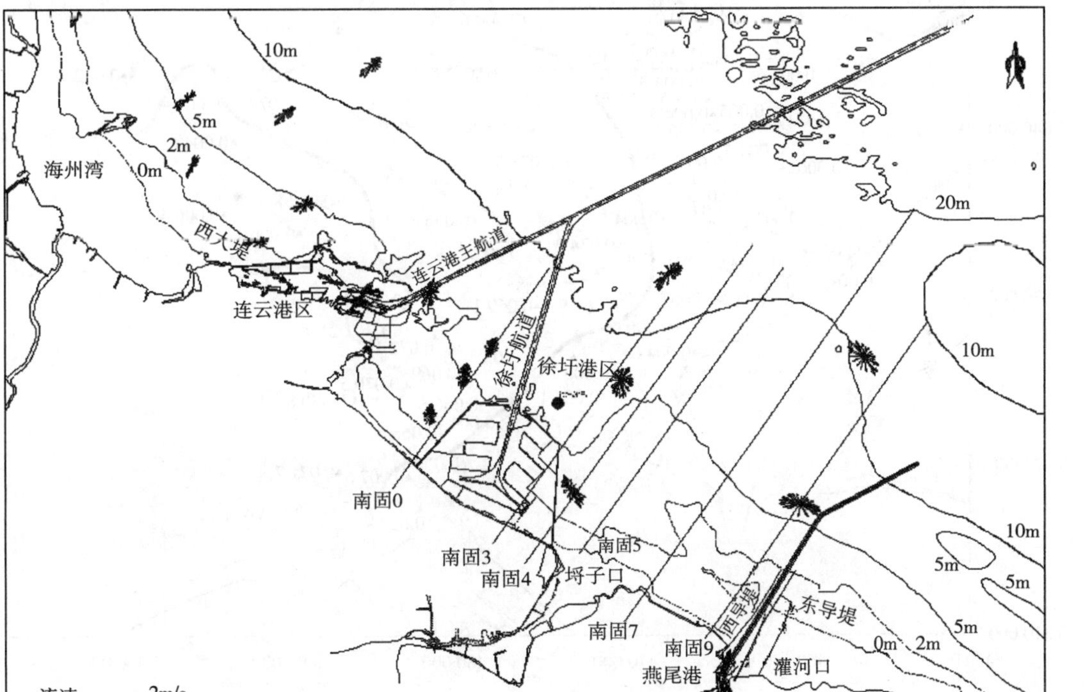

图 1　连云港工程现状及流速矢量图

连云港地区波型主要为风浪，占 62.6%；以涌浪为主的混合浪次之，占 27.9%，而其他以风浪为主的混合浪、涌浪和风、涌浪并列的混合浪分别占 1.6%、6.4% 和 1.5%。连云港海域累年平均波高 $H_{1/10}$ 为 0.5m，累年各向平均波高 $H_{1/10}$ NNW、N、NNE 向均为 0.9m。累年各向最大波高 $H_{1\%}$ 以 NNE 向为最大，为 6.0m；N 向次之为 4.7m。

破波带以内的区域含沙量相对较高，连云港海域 5m 以浅的区域大潮最大含沙量在

0.12 ~ 0.24kg/m^3 之间，中潮最大含沙量在 0.09 ~ 0.59kg/m^3 之间。破波带以外含沙量明显降低。由于破波带以外的海域处在旋转流为主的泥沙扩散带内，对航道回淤的影响不断减小，当连云港航道增深后，由于缺乏足够的泥沙供应，连云港海域含沙量常年处于较低水平。

灌河口沙嘴所在海域悬沙粒径相对较大，大潮悬沙 D_{50} 在 0.009 ~ 0.015mm 之间；海州湾顶、连云港和徐圩海域悬沙中值粒径相对较小，大潮悬沙 D_{50} 在 0.006 ~ 0.009mm 之间，泥沙类型主要为黏土质粉砂。

连云港和徐圩港区海床沉积物分布与历史海岸变迁存在密切关系。徐圩—灌河口海域沉积物分布特征为埒子口以西基本为 d_{50} < 0.031mm 的黏土质沉积物分布区；灌河口沙嘴基本为 d_{50} > 0.031mm、黏粒含量 < 15% 的粉砂质沉积区；-20m 以外海床为末次冰期前陆相残留沙沉积，连云港外航道所在区域即为当时沟槽所在，以黏土质粉砂沉积为主(图 2)。

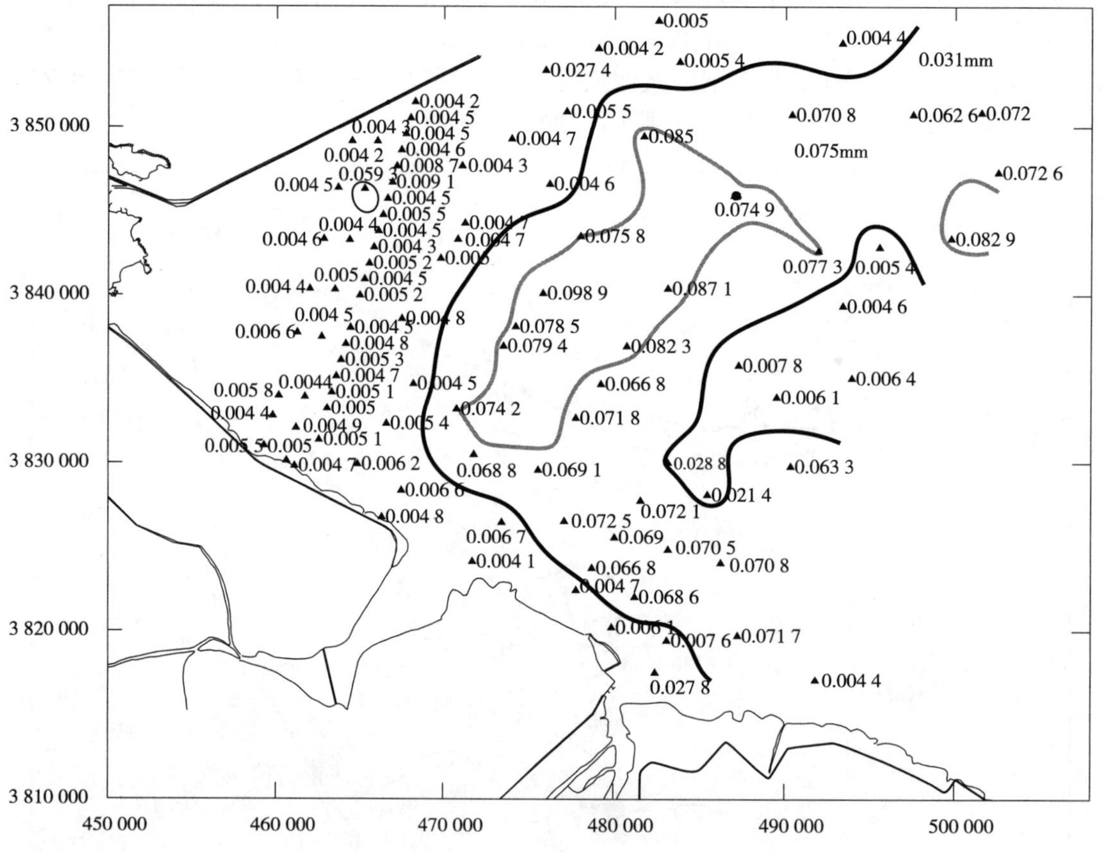

图 2　连云港沉积物中值粒径分布(2009 年 3 月)

3　徐圩海域近期海床演变

徐圩港区平面布置呈双导堤环抱式，堤头前沿水深在 -5m 外(破波带外)。

20 世纪 80 年代以来连云港海域岸滩处于"泥沙来源减少，冲淤相对稳定，略有冲刷"的宏观自然环境之中[3,4]。沙嘴主体沉积速率低，沙层的厚度随着不断冲刷而减小，沙体的移动速度减缓，逐步趋于稳定。

3.1 1980～2010 年海床演变

根据 1980～2010 年地形冲淤变化分析(图 3),1980～2005 年埒子口以西的徐圩海域海床冲淤基本平衡,略有冲刷,受灌河口沙嘴移动的影响,埒子口以东—灌河口海域西淤东冲,冲刷幅度小,但范围大;2007～2010 年徐圩海域有冲有淤,冲淤幅度约在 1m 以内。

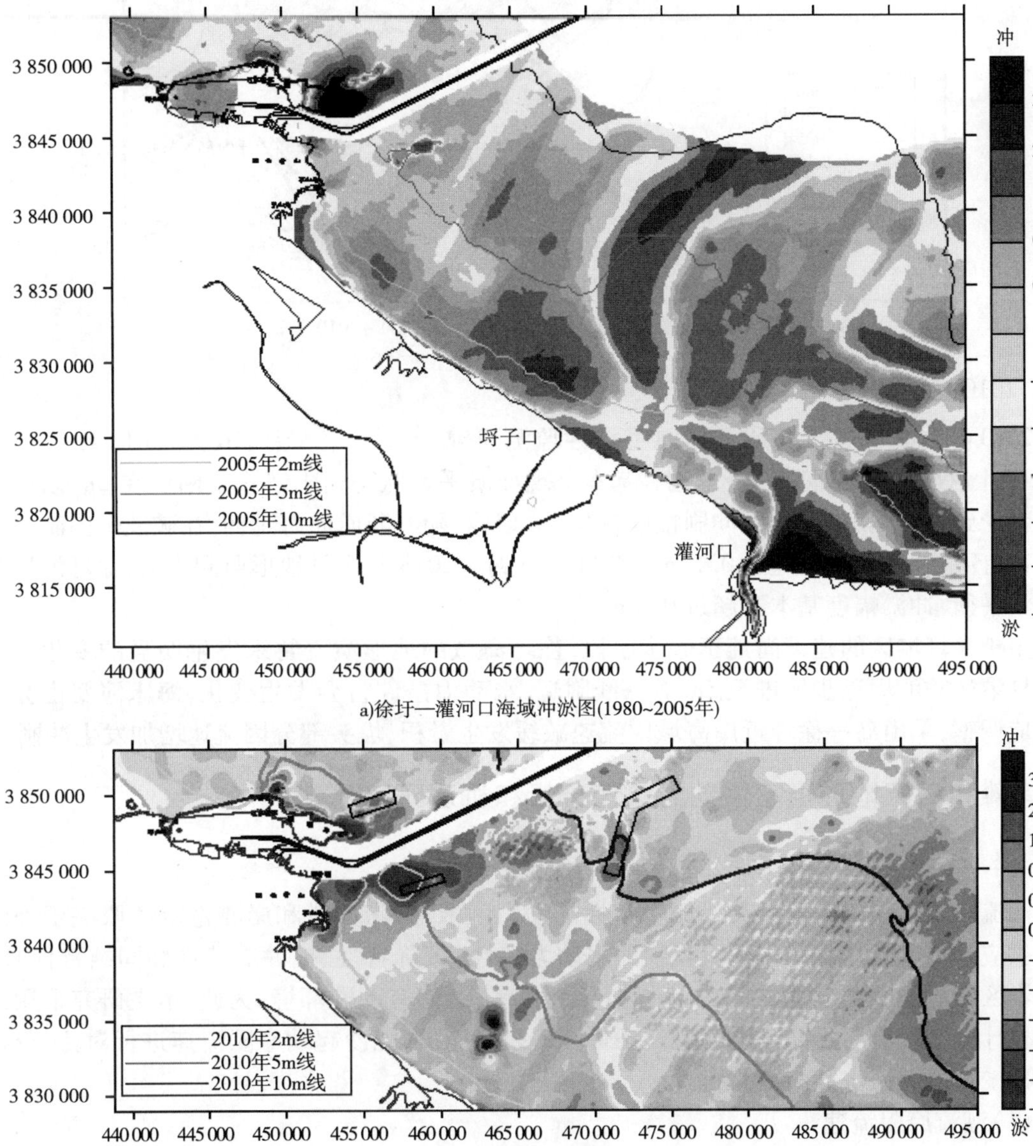

a)徐圩—灌河口海域冲淤图(1980~2005年)

b)徐圩—灌河口海域冲淤图(2007~2010年)

图 3

徐圩—灌河口海域多年等深线的变化分析表明(图 4),1960～1980 年灌河口外沙嘴 5m 等深线外推了约 5km,10m 等深线向西北偏西方向外推了 6.2km,年平均外推 310m,1980～2005 年沙体 5m 等深线向西北方向移动了 2.5km,年均约 100m;10m 等深线向西北偏北方向移动了 1.5km 左右,年均约 58m,移动速度远比 1960～1980 年小,说明沙嘴移动速度明显减缓,位置趋于稳定。2005～2010 年灌河口沙嘴沙体 5m 和 10m 等深线基本保持稳定,进一步说明灌河口沙嘴前缘地形是稳定的。

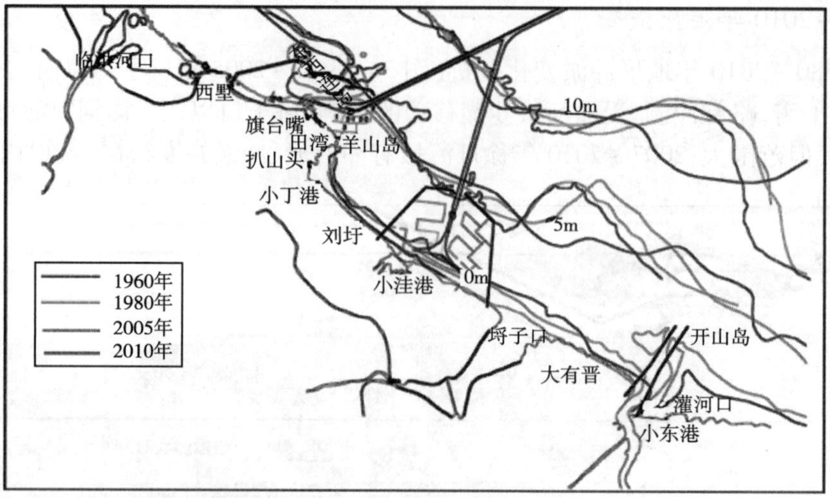

图4　徐圩—灌河口海域等深线变化图(1960 ~ 2010 年)

3.2　2010 年以来海床演变

2010 年以来开展了底质和岸滩稳定性监测研究。2011 年 5 月、10 月、2012 年 5 月和 2013 年 4 月断面监测显示[12]，本地区基本呈现冲淤平衡状态(图 5)。各断面在 2m 以浅的海域都受到不同程度的冲刷，冲刷幅度在 0.1m 以内，随着断面向海延伸，在破波带内断面沿程有冲有淤，冲淤幅度不超过 0.17m。2011 年 5 月 ~ 2013 年 4 月地形监测表明，徐圩海域总体冲淤平衡，冲淤幅度基本不超过 0.2m。

由于徐圩港区的建设尚处于起步阶段，徐圩海域的地形演变暂未发生明显的变化。随着徐圩港区防波堤逐步推进至 5m 等深线附近，水动力条件将会发生变化，海床演变也会产生相应调整，羊山岛—徐圩近岸海域因流速减缓发生淤积，堤头部分因流速增加发生冲刷。

4　岸滩和海床地形稳定性动力数值分析和机理研究

4.1　岸滩和海床地形稳定性水动力数值计算方法

潮流和波浪是海床冲淤和岸滩稳定性的动力因素，海床冲淤和岸滩稳定性取决于外源泥沙供应条件和当地水动力和沉积物的水动力特性(沉降特性、抗冲刷特性和固结特性)对比。本区外源泥沙供应基本枯竭，海岸处于总体平衡、略有冲刷环境，为此，本次研究采用二维数模计算工程前后不同潮汐和风浪条件下摩阻流速，与泥沙起动摩阻流速进行对比，分析海床冲淤和岸滩稳定性的动力机理。

(1)潮流摩阻流速

$$u_* = \frac{2.5\ln\left(11\,\dfrac{h}{\Delta}\right)}{\bar{u}_m} \tag{1}$$

式中：u_*——潮流摩阻流速；

$\bar{u}_m$——垂线平均流速；

h——水深；

Δ——床面粗糙高度，当底质粒径小于 0.5mm 时，粗糙高度与粒径基本无关，均取 $\Delta = 1.0\text{mm}$[13]。

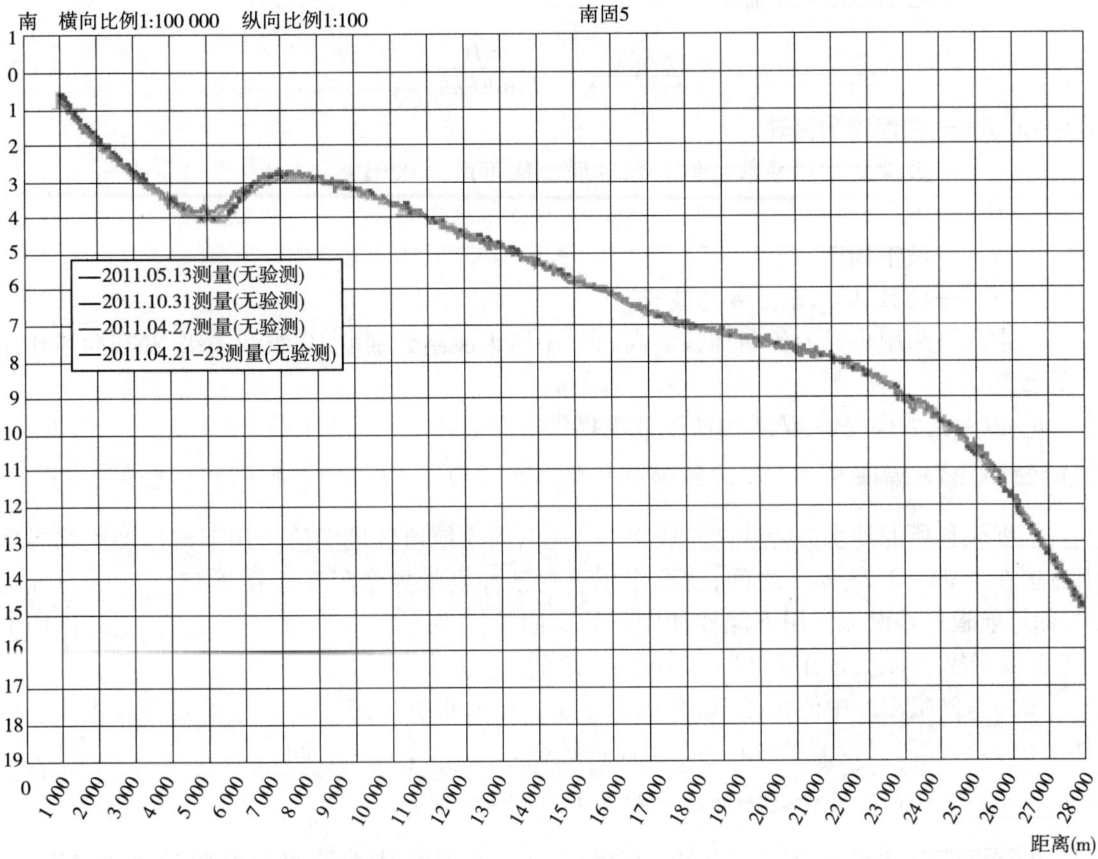

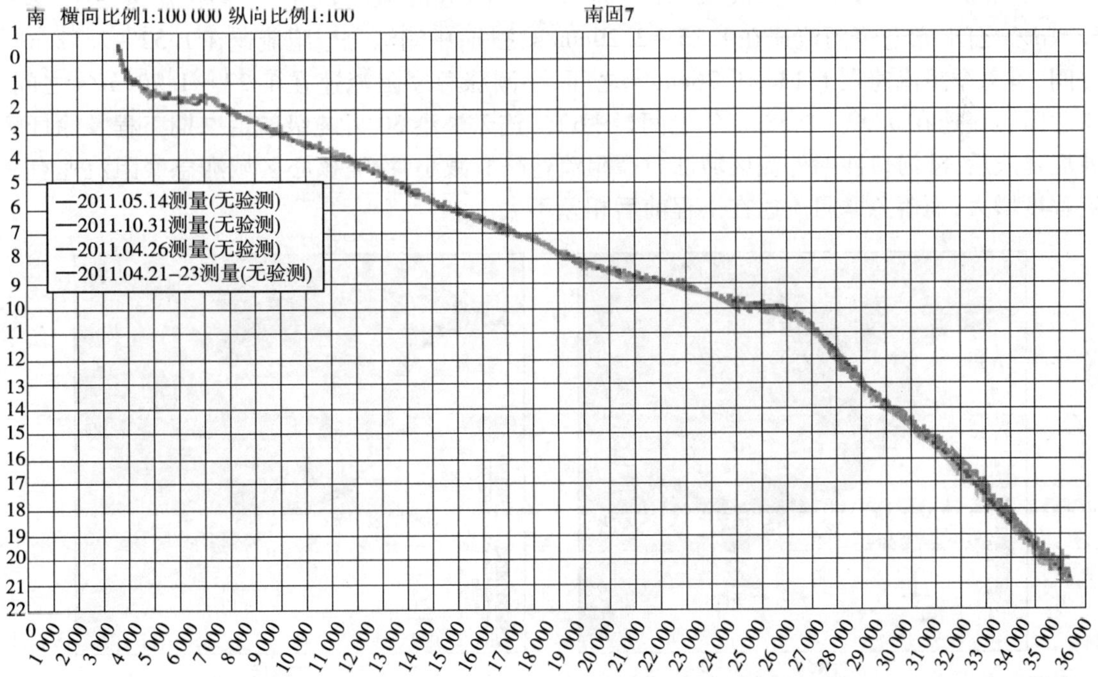

图5　2011 年 5 月 ~2013 年 4 月徐圩海域地形断面变化图

(2)线性波的波浪摩阻流速

$$u_{*W} = \sqrt{\frac{f_w}{2} \frac{\pi H}{T\sinh(kh)}} \tag{2}$$

式中：u_{*W}——波浪摩阻流速；

f_w——波浪底摩擦系数，淤泥、粉砂质海床可取为0.01；

H——波高；

T——波浪周期；

k——波数，$k = 2\pi/L$，L为波长。

正常天气采用小风天各向加权波高，大、中风天波高分别取10级和7级NNE向风作用下的波高。

$\overline{u}_m$由潮流数模提供；H、T由波浪数模提供。

4.2 泥沙水力特性

根据天科所泥沙水力特性试验成果[14]，连云港主航道区域潮流作用下泥沙冲刷临界摩阻流速在1.93～2.28cm/s之间，波浪作用下泥沙冲刷临界摩阻流速在2.13～2.23cm/s之间，徐圩航道区域潮流作用下泥沙冲刷临界摩阻流速在1.83～2.32cm/s之间，波浪作用下泥沙冲刷临界摩阻流速在1.73～2.16cm/s之间。

灌河口沙嘴泥沙中值粒径D_{50}在0.07～0.10mm，根据沙玉清泥沙起动流速公式并换算为摩阻流速，灌河口沙嘴泥沙起动摩阻流速约在2.0～2.2cm/s之间。

4.3 无风天潮流动力对海床冲淤和岸滩稳定性的影响

根据潮流数学模型计算成果[1]，灌河口沙嘴附近海域大潮涨急摩阻流速在1.72～2.74m/s之间，落急摩阻流速在1.35～2.26cm/s之间；中潮涨急摩阻流速在1.52～2.12cm/s之间，落急摩阻流速在1.13～1.76cm/s之间；小潮涨急摩阻流速在1.27～1.70cm/s之间，落急摩阻流速在0.99～1.58cm/s之间（图6）。连云港港30万吨级航道二期工程及徐圩防波堤建成后，灌河口沙嘴外侧区域涨急摩阻流速略有减小，沙嘴核心区域涨急摩阻流速有一定程度增大；而落急摩阻流速在工程前后相差不大。

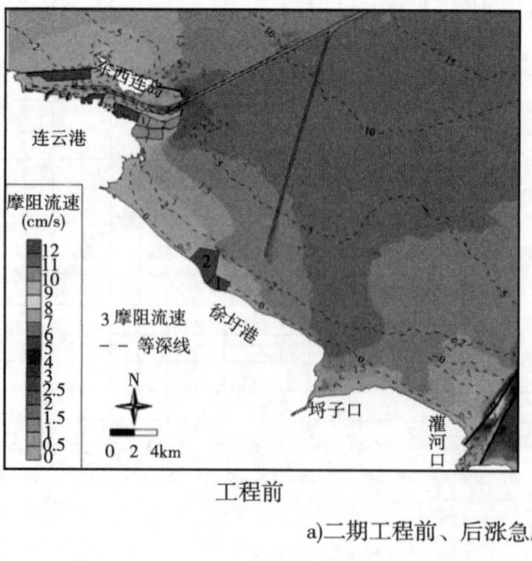

工程前

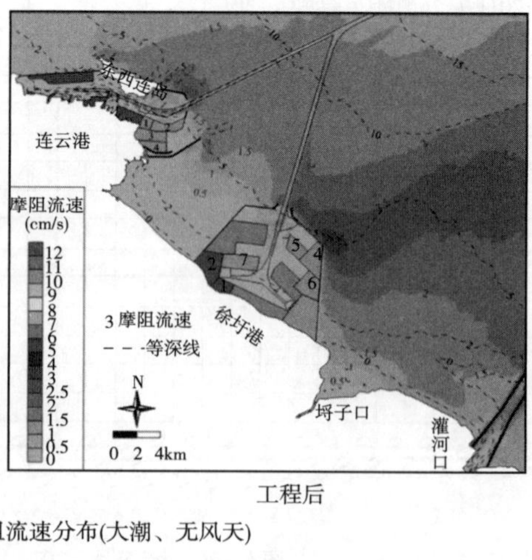

工程后

a)二期工程前、后涨急摩阻流速分布(大潮、无风天)

图 6

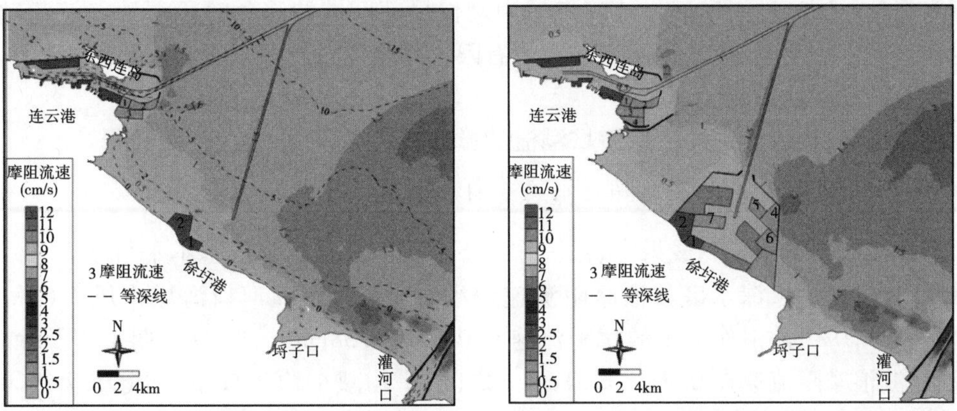

工程前　　　　工程后

b)二期工程前、后落急摩阻流速分布(大潮、无风天)

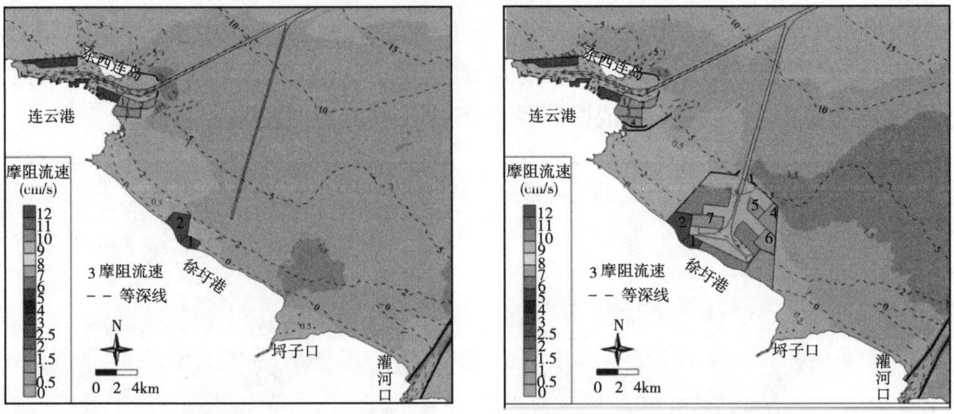

工程前　　　　工程后

c)二期工程前、后涨急摩阻流速分布(小潮、无风天)

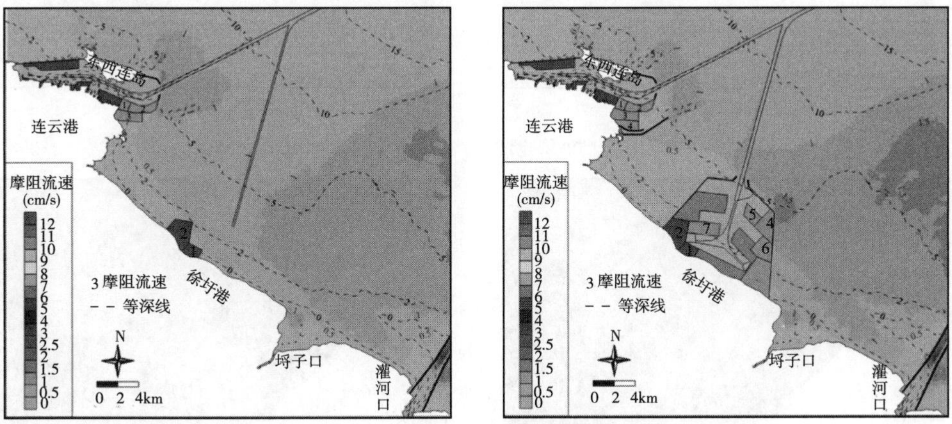

工程前　　　　工程后

d)二期工程前、后落急摩阻流速分布(小潮、无风天)

图6　二期工程前、后涨急摩阻流速分布(大潮、无风天,小潮、无风天)、落急摩阻流速分布(大潮、无风天,小潮、无风天)

根据上述分析,连云港—灌河口沙嘴海域无风天的潮流摩阻流速在1.0~2.7cm/s之间,泥沙起动摩阻流速在2cm/s左右。连云港海域沉积的淤泥在大潮期间不能起动;灌河口沙嘴海域仅在大潮涨急时段泥沙能够起动,徐圩防波堤建设后,沙嘴局部区域的涨急摩阻流速增加,可能引起涨急时段含沙量有所增加;落急摩阻流速在工程建设前后相差不大,泥沙基本不能起动。连云港—灌河口沙嘴海域中潮仅局部区域的涨急时段泥沙能够起动,其他时段泥沙基本不能起动,对航道回淤的影响有限。徐圩港区建设前后,连云港—灌河口沙嘴海域小潮期间泥沙均不能起动。

因此,无风天连云港—灌河口海域潮流的掀沙作用微弱,水体含沙量较低。

4.4 风天波浪动力对海床冲淤和岸滩稳定性的影响

根据潮流数学模型计算成果[1],波浪作用下的摩阻流速等值线基本平行于等深线,近岸区波浪摩阻流速较大,深水区波浪摩阻流速较小。连云港—灌河口海域小风天(平均波高0.5m,频率88.7%)波浪作用下的摩阻流速在0.92～1.38cm/s之间;二期工程及徐圩防波堤建成后,波浪摩阻流速在0.51～1.31cm/s之间,平均减小约24%。中风天(7级风,频率10.7%)波浪作用下的摩阻流速在2.63～5.09cm/s之间;二期工程及徐圩防波堤建成后,波浪摩阻流速在2.59～5.04cm/s之间,平均减小约1%。大风天(10级风,频率0.6%)波浪作用下的摩阻流速在6.10～10.07cm/s之间;二期工程及徐圩防波堤建成后,波浪摩阻流速在6.08～9.75cm/s之间,平均减小约2%。徐圩港区建成后,小风天条件下波浪摩阻流速有显著减小,中风天和大风天条件下波浪摩阻流速的变化不明显(图7)。

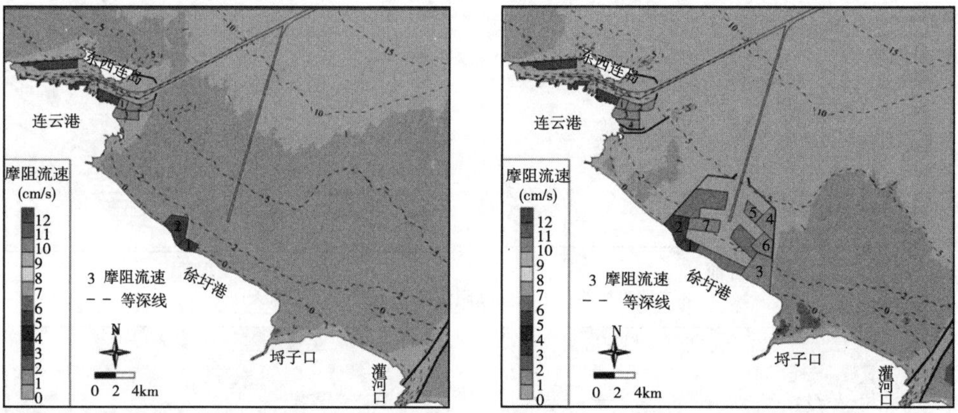

工程前　　工程后

a)二期工程及徐圩防波堤建设前、后波浪摩阻流速分布(小风天)

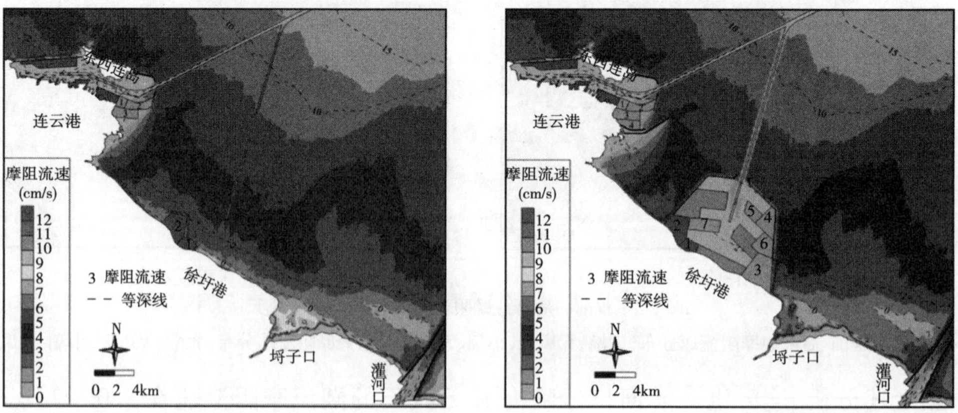

工程前　　工程后

b)二期工程及徐圩防波堤建设前、后波浪摩阻流速分布(中风天)

图 7

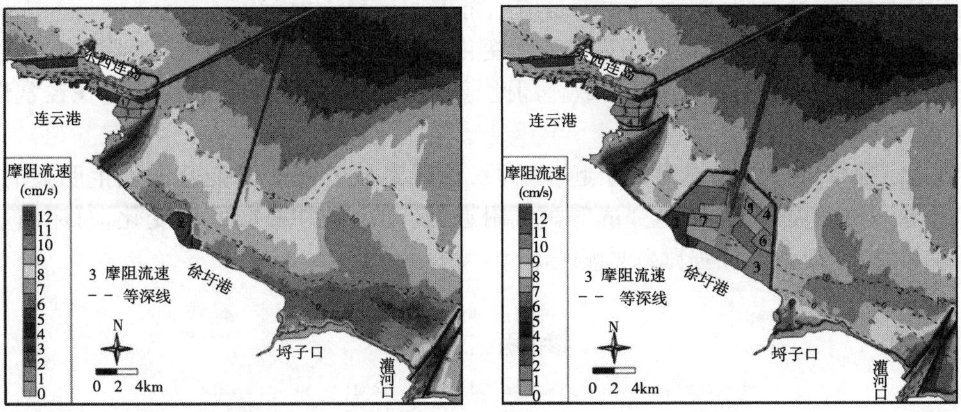

c)二期工程及徐圩防波堤建设前、后波浪摩阻流速分布(大风天)

图 7　二期工程及徐圩防波堤建设前、后波浪摩阻流速分布(小风天、中风天、大风天)

小风天条件下波浪摩阻流速均在 1.4cm/s 以下,二期工程及徐圩防波堤建设后,波浪摩阻流速有一定程度的减小,因此,小风天泥沙不能起动。中风天波浪摩阻流速在 2.59 ~ 5.04cm/s 之间,大风天波浪摩阻流速在 6.08 ~ 9.75cm/s 之间,在波浪作用下泥沙会大量起动宣扬并随潮流输移。因此,中风和大风天连云港—灌河口沙嘴海域含沙量增加。

根据工程前后流速矢量图分析,灌河口沙嘴附近处于主流向由沿岸方向向垂直于岸线方向的过渡区,由此判断泥沙输移方向主要为西南—东北方向,向航道方向输移的泥沙量相对较少。

灌河口沙嘴的主体部分处于常年风浪作用范围以外,无风天条件下沙体运动的动力条件不足,但中风天、大风天波浪动力较强,具备泥沙起动、运移的动力条件,沙体会发生缓慢的移动,移动方向以西南—东北方向为主,向航道方向为辅,但由于中风天、大风天的频率较低(分别为 10.7% 和 0.6%),中风天、大风天引起的灌河口沙嘴移动量有限,因此,灌河口沙嘴总体上将进一步趋于稳定。

综上所述,“波浪掀沙、潮流输沙”是连云港海域泥沙运动的主要形式,波浪动力是影响海床冲淤和岸滩稳定性的主要动力因素,岸滩侵蚀物质为近岸带泥沙的主要物质来源。

5　结语

(1)1980 年以来,徐圩港区总体冲淤平衡。2010 以来地形断面在 2m 以浅的海域都受到不同程度的冲刷,冲刷幅度在 0.1m 以内,随着地形断面向海延伸,在破波带内断面沿程有冲有淤,冲淤幅度不超过 0.17m。灌河口沙嘴沙体 5m 和 10m 等深线基本保持稳定,沙体的移动速度减缓,逐步趋于稳定。

(2)采用动力数值分析开展的岸滩和海床地形稳定性动力机理研究表明,灌河口沙嘴海域无风天大潮涨急时刻泥沙能够起动,其余时段泥沙基本不能起动,徐圩防波堤建设后,潮流动力有所增强。小风天波浪摩阻流速较小,泥沙不能起动;中风天、大风天波浪动力较强,具备沙体起动、运移的动力条件;波浪动力是影响海床冲淤和岸滩稳定性的主要动力因素。灌河口沙嘴的主体部分处于常年风浪作用范围以外,但中风天、大风天波浪动力较强,具备泥沙起动、运移的动力条件,沙体会发生缓慢的偏移,移动方向以西南—东北方向为主,向航道方向为辅,由于中风天、大风天的频率较低(分别为 10.7% 和 0.6%),中风天、大风天引起的灌河口沙嘴移动量有限,灌河口沙嘴总体上将进一步趋于稳定。

(3)灌河口沙嘴向西北方向延伸和底质变化,对徐圩港区的航道有不利影响,这种影响主要发生于中、大浪条件的破波带海域。因此,建设防浪挡沙堤并将堤头布置在经常性大浪的破波带之外是必要的。

(4)由于徐圩港区的建设尚处于起步阶段,徐圩海域的地形演变暂未发生明显的变化。随着徐圩港区防波堤逐步推进至5m等深线附近,水动力条件将会发生变化,海床演变也会产生相应调整,建议继续加强跟踪监测分析。

参考文献

[1] 中交上海航道勘察设计研究院有限公司.连云港港30万吨级航道二期工程海床和岸滩稳定性研究报告[R]. 2012.

[2] 虞志英,陈德昌,金鏐.江苏北部旧黄河水下三角洲的形成及侵蚀改造[J].海洋学报,1986,8(2):97-106.

[3] 虞志英,张勇,金鏐.江苏北部开敞淤泥质海岸的侵蚀过程及防护[J].地理学报,1994,49(2):149-157.

[4] 金鏐.连云港回淤研究的回顾[C]// 龚崇准.连云港回淤研究论文集,南京:河海大学出版社,1990:1-11.

[5] 刘苍字,虞志英,陈德昌.江苏北部淤泥质潮滩沉积特征和沉积模式的探讨[J].上海师范大学学报(自然科学版),1980,(4):78-81.

[6] 虞志英,陈德昌,金鏐.灌河口沙嘴发育和出口水道动态分析[J].华东师范大学学报(自然科学版),1983,(2):87-96.

[7] 张东生,张鹰.灌河口河口演变的遥感图像解译[J].河海大学学报,1991,19(4):18-26.

[8] 张东生,张长宽.灌河口沙嘴成因分析及治理研究[J].河海大学学报,1993,(4):29-37.

[9] 丁贤荣,张鹰,张东生.灌河口沙嘴沉积特征与河口演变[J].河海大学学报,1993,21(3):85-92.

[10] 肖玉仲,刘国贤,杜瑞芝,等.江苏灌河口现代沉积速率的研究[J].海洋学报,1997,19(5):91-96.

[11] 陈君,王义刚,林祥.江苏灌河口海域现代沉积特征研究[J].资源调查与环境,2006,27(1):39-45.

[12] 中交上海航道勘察设计研究院有限公司.连云港港徐圩海域底质、海床和岸滩稳定性监测技术报告[R].2013.

[13] 窦国仁.再论泥沙起动流速[J].泥沙研究,1999,(6):1-9.

[14] 交通部天津水运工程科学研究所.连云港徐圩港区航道泥沙水力特性试验研究报告[R].2009.

连云港区 25 万吨级航道和徐圩 5 万吨级航道常年回淤观测研究

沈雪松[1]　应　铭[2]　马兴华[2]　丁　琦[2]　张　华[2]

(1. 连云港港 30 万吨级航道建设指挥部　连云港　222042;
2. 中交上海航道勘察设计研究院有限公司　上海　200120)

摘　要:连云港港 30 万吨级航道一期工程自建设期开始分阶段分航段开展了回淤观测。连云港区 25 万吨级航道和徐圩 5 万吨级航道常年回淤观测表明,航道实际回淤情况好于预期,其中旗台防波堤口门段减淤效果十分明显。结合底质采样、地形测量、风浪资料,利用数模计算,进一步深化了对航道回淤规律和回淤机理的研究,为连云港港 30 万吨级航道二期工程研究提供了技术支撑。

关键词:连云港港;30 万吨级航道;常年回淤;回淤规律;回淤机理

1　引言

连云港港 30 万吨级航道一期工程经过四年多的建设,现已按计划全面建成。其中连云港区 25 万吨级航道在原有 15 万吨级航道基础上进一步增深扩建,已于 2012 年 6 月建成通航;徐圩港区航道是一条新开辟航道,先期实施 5 万吨级航道,经回淤观测期后,再实施 10 万吨级航道,2013 年 12 月建成通航,实现了一期工程预期目标。长期以来连云港港十分重视航道回淤观测研究,科研设计单位在航道回淤特征、回淤规律、回淤预测等方面取得了丰富的研究成果。由于 30 万吨级航道一期工程连云港区航道增深幅度大、工程边界有所变化,徐圩港区是新开辟的航道,因此,30 万吨级航道一期工程宝贵的航道实测回淤数据,为 30 万吨级航道二期工程研究设计提供回淤验证资料和设计依据。一期工程航道回淤观测包含常年回淤观测和大风天回淤观测。本文主要针对连云港区 25 万吨级航道和徐圩 5 万吨级航道的常年航道回淤特征、规律及回淤机理进行分析研究。

2　工程概况及回淤观测安排

连云港区 25 万吨级航道全长 52.9km,航道设计有效宽度 270 ~ 290m,航道底高程 −19.8/ −20.3m(当地理论最低潮面,下同),设计边坡 1:5 ~ 1:10[1]。

回淤统计依据 2012 年 6 月(测图主体完成时间)25 万吨级航道交工测图和 2013 年 7 月回淤观测测图。测量范围为航道 A 点以外,具体范围见图 1[2]。

徐圩港区 5 万吨级航道于 2011 年 8 月交工,航道底高程 −11.5m,航道底宽 166m[1]。有效观测范围[2]为破波带 S0 + 000 至 S5 + 000 区段,有效回淤观测时段为 2011 年 8 月 ~ 2012 年 4 月 28 日。具体范围见图 1。

图 1 连云港港 30 万吨级航道一期工程航道回淤分段示意图

3 一期工程航道常年回淤特征与认识

3.1 连云港区 25 万吨级航道常年回淤特征[2]

1)航道实测回淤特征

连云港区 25 万吨级航道 2012 年 6 月～2013 年 7 月约 13.5 个月实测回淤总量为 618 万 m^3(562 万 m^3/a),平均回淤厚度为 0.52m(0.47m/a)。最大回淤强度区段位于外 2 段～外 3 段,实测回淤强度约 1.37m/a,外 3 段以外沿程回淤强度逐渐减小,外 10 段及以外回淤强度小于 0.2m/a;W1～W2 位于防波堤口内港池,平均回淤强度约 0.96m/a;外 1 段观测期回淤强度仅为 0.42m/a,淤强小于内外相邻区段。

2)25 万吨级航道与 15 万吨级航道回淤强度对比

连云港区 25 万吨级航道是在 15 万吨级航道的基础上增深,实测航道回淤强度沿程变化对比、变化特征如下(图 2):

(1)W1 段～外 2 段区间内,25 万吨级航道较 15 万吨级航道回淤强度大幅度减小,这与旗台防波堤建成后,防波堤掩护区内输沙条件变化有关。

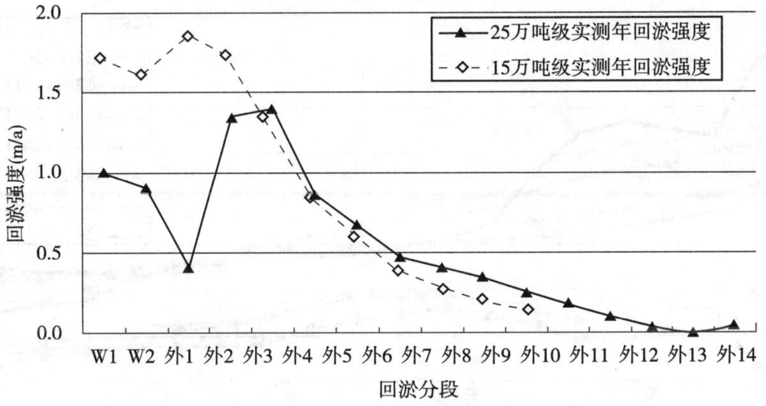

图2　连云港区25万吨级与15万吨级航道[3,4]实测回淤强度分布对比

15万吨级航道：无防波堤掩护，W1～W2段处在破波带内，含沙量高，航道回淤强度较大。

25万吨级航道：旗台防波堤于2011年底建成，防波堤口内段破波掀沙作用减弱，含沙量降低，W1～W2段回淤强度减小；防波堤口门具有束水效应，口门外滩面为旋转流，主轴方向与航道交角大，口门处流态变为往复流，动力增强、流向与航道夹角减小（图3），泥沙不易落淤，因此外1段回淤强度大幅度减小。

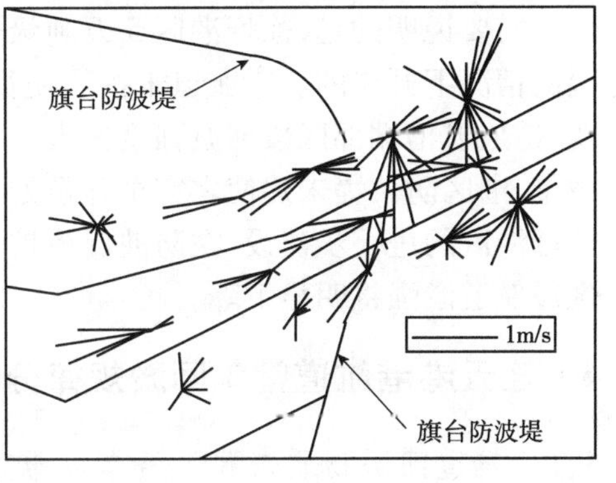

图3　2012年3月ADCP测线大潮平均流速矢量图

（2）25万吨级航道较15万吨级航道，外3～6段航道区段淤强增幅较小，外7～9段淤强增幅相对稍大，与倾倒区位置变动有关。

15万吨级航道：临时倾倒区分布在外3～6段南侧（图1），受其影响外3～6段航道回淤相对较大。

25万吨级航道：临时倾倒区调整到2号倾倒区（图1），外3～6段被徐圩港区航道阻隔，抛泥区影响外移至外7～9段，这是外3～6段淤强增幅较小、外7～9段航道淤强增幅相对稍大的主要原因。

3.2　徐圩港区5万吨级航道常年回淤[5]

1）航道实测回淤特征

徐圩5万吨级航道S0+000～S5+000共5km范围9个月淤积量约119万m^3，平均淤积厚度约1.43m。

回淤强度从近岸向海逐渐递减（图4），滩面水深小于5m的范围内（S0+000～S3+000）淤厚2.5～1.0m，呈近似线性递减；滩面水深5～6m的范围（S3+000～S5+000）淤厚基本为0.9m。

不同时段回淤强度变化较大，有以下两个特征：①回淤观测期初期正值夏半年，航道回淤强度大，而后逐渐降低，第1季度（完工～第4次）回淤强度约0.36m/月，第2季度（第4次～第5次）回淤强度约0.23m/月，第3季度（第5次～第6次）回淤强度约0.12m/月；②观测时段内第2次～第3次回淤强度最大。

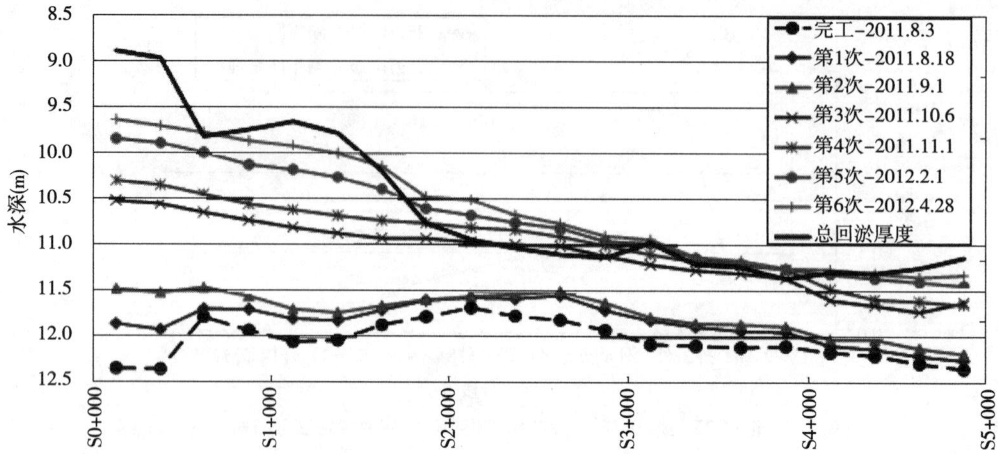

图4　徐圩5万吨级航道各测次水深及总回淤厚度沿程分布

2）对5万吨级航道实测回淤的认识

需要说明的是，徐圩港区5万吨级航道实测回淤是在港内航道未挖通和港区防波堤未建的情况下开展的。①航道未挖通使得航槽S0+000端部三面高滩，端部槽内水流动力较弱，造成航槽端部区段回淤强度偏大。②本次回淤区段滩面水深浅于5m属于经常性大浪破波带，港区防波堤未建使之完全开敞处于波浪掀沙作用范围，航道整体回淤强度较大。随着徐圩港区的进一步建设，在防波堤掩护下，港内航道挖通后，上述破波带S0+000～S5+000区段航道淤强将明显下降。

4　连云港港航道常年回淤规律分析

4.1　航道回淤物质来源于沿岸边滩

多次回淤物取样表明，连云港区航道和徐圩港区航道回淤物质基本接近，中值粒径多为0.005～0.009mm，粒径＜0.005mm的黏粒含量普遍在25%～55%，回淤物重度普遍在14.5～16kN/m^3。

航道回淤物的黏粒含量和中值粒径与挖槽两侧滩面底质基本一致；徐圩港区新开挖的5万吨级航道，出现靠近航槽侧的滩面明显冲刷形成由航槽向外的缓坡的现象；这说明连云港港航道回淤物质主要来源于两侧边滩，常年及大风天回淤与灌河口沙嘴变化的影响不大。

4.2　航道回淤强度的时间变化与航道水深条件、测图时段内波浪条件、不同季节水温变化等因素有关

1）淤强与波浪条件密切相关

对比分析5万吨级航道回淤观测期间的不同时段回淤强度与波浪特征（见表1），根据连云港地区水动力和泥沙运动特征，航道常年回淤与波浪的关系如下：

（1）由于连云港地区泥沙运动以“波浪掀沙、潮流输沙”为主，常年回淤与波浪关系密切；

（2）波高是影响常年回淤强度的首要因素，尤其是2m以上波高发生破碎后导致滩面泥沙大量悬浮；

（3）大浪发生的频度（大浪发生的时间间隔）是影响回淤强度的第二个因素，大浪发生的时间间隔越短，常年回淤强度越大；

(4)在波高和大浪频度相同的情况下，大浪的累计作用时间成为影响回淤强度的重要因素，累计作用时间越长，回淤强度越大。

徐圩5万吨级航道工程回淤观测期间波浪统计 表1

测 次	波浪有效累计时间(h)			最大 H1/10	时间间隔	回淤厚度	大 浪 特 征
	H>1.25m	H>2.0m	H>2.5m	(m)	(d)	(m)	
完工~第1次	28	3(3)	0	2.34	15	0.20	波浪较大、频度较高
第1次~第2次	44	0	0	2.48	13	0.11	波浪较大、频度最小
第2次~第3次	102	43(43)	16(16)	3.35	36	0.64	波高大、频度最高
第3次~第4次	35	7	0	2.47	26	0.14	波浪较大、频度较小
第4次~第5次	426	63(31)	21(13)	3.47	94	0.23	波高大、频度较高
第5次~第6次	263	13(5)	0	2.80	86	0.12	波浪较大、频度较小

注：波浪累计时间( )表示最长1次持续时间。

2)水温是夏半年淤强大的影响因素之一

连云港地处季风海洋性气候地带，四季分明，全年水温变化较大，夏季水温可超过25℃，冬季极端条件港内近岸会出现浮冰。水温变化影响泥沙沉降速度，水温越高、泥沙沉速越大。因此，在含沙量水平相同的情况下，水温高的夏季回淤强度高于冬季。

3)航道常年回淤分布与滩面水深、航槽水深和滩槽高差关系密切

开敞海域淤泥质航道回淤沿程分布与滩面水深具有较好的相关性，滩面水深越浅，则回淤强度越高，反之越低。航道回淤沿程分布的波动则受航槽初始水深影响，回淤初期航槽水深较深处淤积强度大，随着回淤的累积航槽水深沿程逐渐平坦。滩槽高差综合了滩面水深和航槽水深两个因素，航道实测回淤的沿程分布曲线形态与滩槽高差分布非常接近。对于淤泥质海岸无掩护航道，特别是常年含沙量水平不高的条件下，滩槽高差是影响回淤强度的一个关键因素，参见图5。

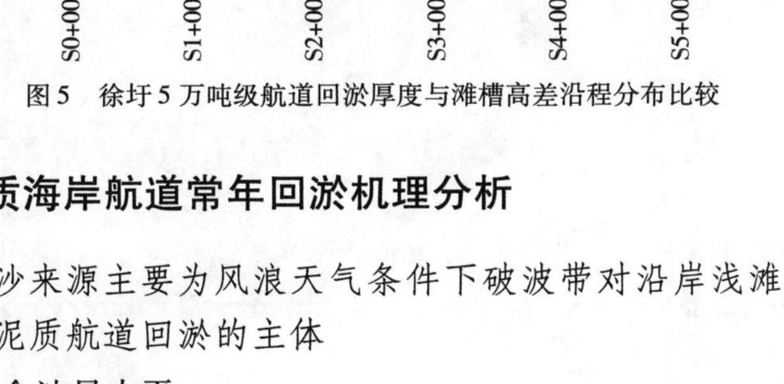

图5 徐圩5万吨级航道回淤厚度与滩槽高差沿程分布比较

5 连云港港淤泥质海岸航道常年回淤机理分析

5.1 航道回淤的泥沙来源主要为风浪天气条件下破波带对沿岸浅滩的掀沙，中风天回淤是连云港淤泥质航道回淤的主体

1)不同天气条件含沙量水平

根据正常天气(小风天)条件下多次水文测验成果、2009年8~11月连续水沙观测成果以及2008年"韦帕"台风过程水文泥沙波浪综合观测成果，连云港海域不同天气条件下含沙

量水平见表 2[2]，正常天气条件（小风天）下，波浪较弱，掀沙动力有限，导致常年含沙量处于较低水平，一般在 0.1kg/m^3 以下；风浪天波浪能够作用于浅滩起悬泥沙，使水体含沙量增大，同时使浅滩滩面发生冲刷，中风天条件下 3m 水深附近最大含沙量可达 1.0kg/m^3，大风天条件下，连云港水域平均含沙量可达 2kg/m^3 左右。

连云港海域不同天气条件下平均含沙量水平（单位：kg/m^3）　　表 2

水域	正常天气（小风天）	中风天	大风天
3m	0.08 ~ 0.10	0.60 ~ 1.00	~ 2.1
5 ~ 5.5m	0.05 ~ 0.09	0.45 ~ 0.65	~ 1.7
7m	0.04 ~ 0.07	0.30 ~ 0.50	~ 1.0

2）影响水体含沙量的水动力机理分析

根据泥沙水力特性试验成果，连云港港海域淤泥质泥沙起动摩阻流速约为 1.73 ~ 2.32cm/s。采用数模计算不同天气条件下的摩阻流速分布（图 6）[6]，连云港港海域小风天（正常天气）条件下摩阻流速约 1 ~ 3cm/s，泥沙基本不能起动，呈现“水清沙少”的特征；中风天条件下（7 级风）摩阻流速约为 2.6 ~ 5cm/s，大风天条件下（10 级风）约为 6 ~ 10cm/s，中风和大风天近岸泥沙才能够起动，水体含沙量增大。

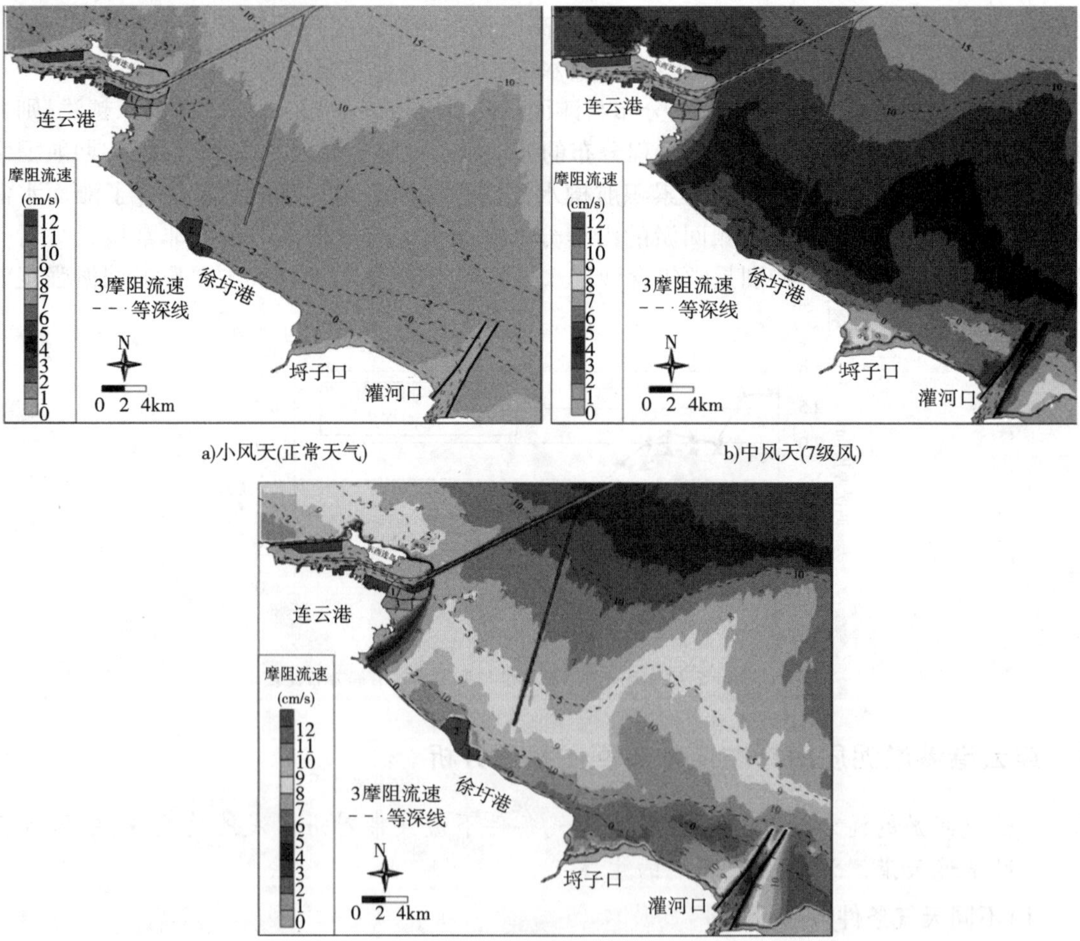

a)小风天(正常天气)　　b)中风天(7级风)

c)大风天(10级风)

图 6　连云港海域不同天气条件下摩阻流速分布

3）中风天回淤是连云港淤泥质航道回淤的主体

根据连云港区25万吨级航道[10]、徐圩港区5万吨级航道实测回淤结果，不同时段航道回淤强度与该时段内波浪条件有显著的关系。利用泥沙数模航道回淤计算结果显示[6]，大风天回淤强度是中风天的2～3倍，但中风天出现的频率远远高于大风天；中风天回淤量占常年回淤总量的比重达60%左右，大风天回淤量仅占常年回淤总量约10%，因此中风天回淤是连云港淤泥质航道回淤的主体，这与航道位于开敞海域、中浪频率高有关。

5.2 浅水区起悬泥沙随潮向深水区输移扩散，含沙量水平、滩槽高差由陆向海递减，使回淤分布呈浅水区大、深水区小的特征

近岸水深较浅，尤其在破波带，波浪对海床泥沙作用力大，泥沙易于起悬，悬浮泥沙随潮向深水区输移扩散，含沙量呈现近岸浅水区大、深水区小的分布特征。航道开挖后，滩槽高差由陆向海递减。滩槽高差越大，跨越航槽水动力减幅越大，挟沙力锐减，从而导致航道发生回淤，因此滩槽高差大的区段航道泥沙更易落淤。

连云港区25万吨级航道回淤峰值区段集中在防波堤口门外的外2～外3段附近，徐圩港区5万吨级航道目前开敞条件下近岸区段淤强最大，两回淤峰值区段都位于常年破波带。其中，连云港区旗台防波堤的防浪减淤效果明显，口内港区水体含沙量主要来源于口外向内输移泥沙，防波堤口门外的外2～外3段水体含沙量高于内外两侧，且南北向潮流在这一区域横跨航道，加之滩槽高差较大，所以此处回淤强度较高。徐圩港区待防波堤和港区建成后，浅滩水域面积减小、北侧滩面动力减弱，将进一步减少徐圩海域的泥沙来源，水体含沙量水平整体会有所降低。同时滩面水深小于5m区段航道成为徐圩港内航道，在掩护下其回淤强度将比开敞条件下大大减小。但防波堤口门外航道的横流将有所加强，回淤强度将略有增大。

综上所述，回淤峰值区段处于常年破波带范围，由较高含沙量水平、较大滩槽高差以及航道走向与潮流流向不一致等因素造成。

6 一期航道回淤评价和二期航道回淤展望

6.1 实测回淤与一期工程预测对比分析

1）实测回淤与预测回淤对比

（1）连云港区25万吨级航道

连云港区25万吨级航道实测回淤量小于一期工程初步设计预测值（表3、图7）。25万吨级航道实测年回淤总量为562万m^3/a，约为预测年回淤量880万m^3/a的64%。25万吨级航道外2段～外3段为回淤峰值，向外回淤强度逐渐减小。防波堤口门外实测回淤分布特征，与初步设计预测基本一致。

连云港区25万吨级航道回淤量预测与实测比较 表3

航道区段	一期初设预测值（万m^3/a）	实测值（万m^3/a）
W1～W2段	143	121
外1段	137	30
外2段以外	600	410
全航道	880	562

（2）徐圩港区5万吨级航道

徐圩港区5万吨级航道实测回淤总量小于一期工程初步设计预测值（表4）；但S0+000～S2+000区段实测回淤量较大，这与5万吨级航道端部未挖通有关。

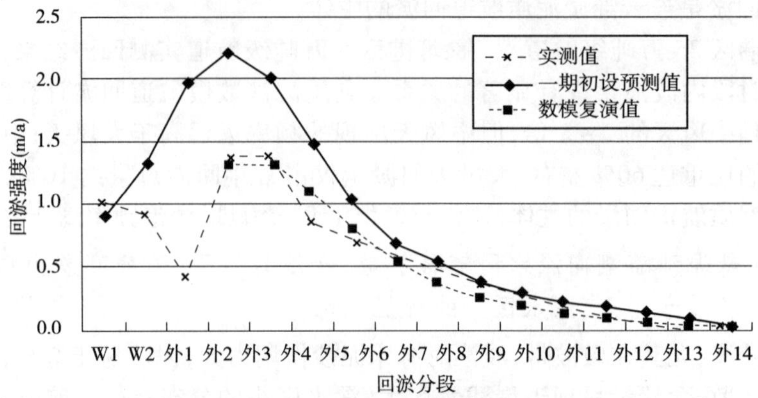

图7　连云港区25万吨级航道回淤实测值和预测值对比

徐圩港区5万吨级航道回淤量预测与实测比较　　表4

航道区段	一期初设预测值(万 m^3/a)	实测值(万 m^3/a)
S0+000~S2+000(规划口门内)	86	94
S2+000~S4+000(规划口门内)	68	47
S4+000~S5+000(规划口门外)	28	21
合计	182	162

2)实测回淤与预测回淤总体偏差原因分析

30万吨级航道一期工程实测回淤好于预期,经梳理分析,其原因主要有以下三个方面。

(1)工程建设导致含沙量水平有所降低

近年来连云港海域岸滩稳定、外来泥沙补给小。随着连云港旗台作业区防波堤的建设、核电站取排水口导堤的建设、徐圩港区围堤吹填工程的启动建设和灌河口导堤的建成,在一定程度上减弱了近岸浅滩的潮流动力和波浪动力,减小了滩面掀沙的强度和水体含沙量水平,从而导致航道实际回淤小于预测回淤。

(2)观测期风浪频率与常年存在差异

如前所述,风浪大小和频度影响回淤强度。利用一期工程初步设计阶段泥沙数模根据回淤观测期风浪,复演计算外2~14段(W1~外1段回淤量变化主要受防波堤工程影响)年回淤量为415万 m^3/a,约为预测值600万 m^3/a 的69%,与实测年回淤量410万 m^3/a 接近。因此,连云港区25万吨级航道回淤观测期间中浪、大浪频率低于常年水平(表5)是连云港区25万吨航道外2段以外(防波堤以外)区段实测回淤明显小于预测值的重要原因。

连云港区25万吨级航道回淤计算采用波浪频率(单位:%)　　表5

浪情观测		常浪	中浪	大浪
$H_{1/10}$		小于1.25m	1.25~2.5m	大于2.5m
连云港区25万吨级航道	预测计算(常年水平)	89.65	9.97	0.38
	回淤观测期	93.84	6.04	0.12
徐圩港区5万吨级航道	预测计算(常年水平)	88.74	10.67	0.59
	回淤观测期	85.17	14.11	0.72

徐圩港区5万吨航道回淤观测期中浪、大浪频率明显高于常年水平，而实测回淤却小于预期。这由于徐圩港区航道是新建航道，数模缺乏实测回淤数据进行的验证，一期工程初步设计阶段预测偏于安全，航道实际回淤好于预期。

(3)模型回淤验证数据的倾倒区条件与观测期存在差异

一期工程初步设计回淤预测模型采用15万吨级航道实测回淤进行验证，当时航道回淤是在15万吨级航道临时倾倒区持续抛泥的情况下获得的，导致邻近抛泥区的外4～6段回淤实测强度相对偏大。实测值与数模复演值对比，外4段～外6段实测值小于数模复演值0.1～0.2m；外7段～外9段受此影响增加的年回淤强度约0.1m。

6.2 连云港港30万吨级航道二期工程展望

后续徐圩港区大规模围堤吹填工程和防波堤的建设，将有利于进一步减弱近岸浅滩的潮流动力和波浪动力，减小滩面掀沙的强度和水体含沙量，使得连云港港30万吨级航道回淤的物质基础进一步减少，预计30万吨级航道全部建成后，航道回淤量亦不高，前景光明。

7 结语

(1)通过连云港区25万吨级航道和徐圩港区5万吨级航道的回淤观测，掌握了30万吨级航道一期工程实际航道回淤情况，进一步深化了对航道回淤规律和回淤机理的认识，为连云港港30万吨级航道二期工程研究提供了技术支撑。

(2)回淤观测表明，连云港区25万吨级航道约13.5个月的实测回淤总量为618万m^3/a，最大回淤强度区段位于外2段～外3段，实测回淤强度约1.40m/a；徐圩港区5万吨级航道S0+000～S5+000范围9个月淤积量约119万m^3/a。

(3)回淤规律深化研究表明，航道回淤强度在时间上变化呈现回淤观测初期较大；波浪越大、频度越高、夏季水温高使得回淤强度越大；航道回淤沿程分布呈现破波带外回淤强度向海逐渐递减的特征，其中旗台防波堤的防浪减淤效果明显。

(4)回淤机理深化研究表明，连云港淤泥质海岸航道回淤物质来源于风浪天气条件下破波带对沿岸浅滩的掀沙，中风天回淤是连云港淤泥质航道回淤的主体。浅滩起悬泥沙随潮向海输移扩散，含沙量水平逐渐降低；航道区域潮流流速下降导致挟沙力不足而引起悬沙落淤，滩槽高差越大越有利于形成泥沙落淤条件。较大风浪出现时和破波带以内水体含沙量水平高，航道回淤强度大。

(5)连云港区25万吨级航道和徐圩港区5万吨级航道实际回淤情况好于预期，其中旗台防波堤减淤效果十分明显。后续徐圩港区大规模围堤吹填工程和防波堤的建设，将有利于进一步减弱近岸浅滩的潮流动力和波浪动力，减小滩面掀沙的强度和水体含沙量，预计连云港港30万吨级航道全部建成后，航道回淤量亦不高，前景光明。

参考文献

[1] 马兴华，顾勇，金雪英，张建锋，等. 连云港港30万吨级航道一期工程初步设计[R]. 中交上海航道勘察设计研究院有限公司，2010.12.

[2] 顾勇，马兴华，张华，应铭，等. 连云港港30万吨级航道二期工程回淤研究总报告[R]. 中交上海航道勘察设计研究院有限公司，2013.12.

[3] 顾勇，马兴华，张华，应铭，等. 连云港港15万吨级航道回淤观测研究报告[R]. 中交上

海航道勘察设计研究院有限公司,2009.6.

[4] 应铭,张华,马兴华,等.连云港港15万吨级航道回淤观测研究[J].水运工程,2012.1:143-147.

[5] 顾勇,马兴华,张华,应铭,等.连云港徐圩港区5万吨级航道回淤观测研究报告[R].中交上海航道勘察设计研究院有限公司,2012.12.

[6] 顾勇,马兴华,谢军,丁琦,等.连云港港30万吨级航道二期工程潮流泥沙数模研究报告[R],中交上海航道勘察设计研究院有限公司,2012.12.

连云港港30万吨级航道一期工程大风天回淤观测研究

应　铭[1]　马兴华[1]　丁大志[2]　张　华[1]　蔡　军[2]

（1. 中交上海航道勘察设计研究院有限公司　上海　200120；

2. 连云港港30万吨级航道建设指挥部　连云港　222042）

摘　要：连云港港30万吨级航道一期工程自建设期开始分阶段分航段开展了回淤观测研究，回淤观测期间遭受2012年第10号超强台风"达维"的影响。观测研究表明，"达维"台风后的航道回淤情况符合一期研究设计预期，进一步证实了连云港区及徐圩港区航道基本不存在大风骤淤碍航风险的科学论断。一期工程大风天回淤观测研究进一步深化了对大风天航道回淤规律和回淤机理的研究，为连云港港30万吨级航道二期工程大风天回淤研究提供了技术支撑。

关键词：连云港港；30万吨级航道；大风天回淤；回淤规律；回淤机理

1　引言

连云港港30万吨级航道一期工程经过四年多的有序建设，2013年底已按计划建成。淤泥质海岸浅滩深挖槽航道回淤问题是连云港港深水航道建设的关键技术问题之一。随着航道逐步增深，在回淤观测、回淤规律研究和回淤模拟预测技术等方面积累了较为丰富的研究成果[1,2]，其中大风回淤研究仍是目前工程界关注的热点。一期工程回淤观测期间连云港区25万吨级航道和徐圩港区5万吨级航道经受了2012年超强台风"达维"考验，取得了宝贵的大风天航道回淤实测数据[3-4]。本文在一期工程航道大风天实测回淤数据分析的基础上，结合连云港港15万吨级航道"韦帕"台风回淤特征，对连云港淤泥质海岸航道大风天回淤规律和机理进行研究，为30万吨级航道二期工程回淤预测研究提供验证资料和设计依据。

2　2012年"达维"台风概况及大风回淤观测情况[5]

2.1　2012年"达维"台风概况

2012年第10号超强台风"达维"8月2日在连云区海岸登陆，徐圩海洋站实测平均风速约31.8m/s（11级），最大波高H_{max}为5.90m，最大波高$H_{1/10}$为4.37m，最大有效波高$H_{1/3}$为3.39m。7级风的持续时间约为11小时；10级风持续时间为4小时；$H_{1/10}$波高大于2.5m的持续时间约7小时（图1）。本次台风风力达到100年一遇，波高达到50年一遇。

2.2　回淤观测及大风回淤分析资料

1）连云港区25万吨级航道的观测资料

连云港区25万吨级航道全长52.9km，航道设计有效宽度270～290m，航道底高程

-19.8/-20.3m。“达维”台风过后，8月6日进行了连云港区航道风后断面加测，测量断面布置见图2。风前测图采用25万吨级航道于2012年6月的交工测图。

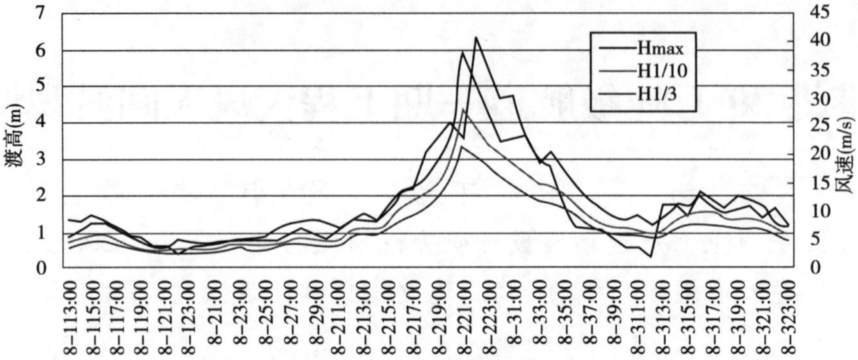

图1 “达维”台风徐圩海洋站波高、风速变化过程

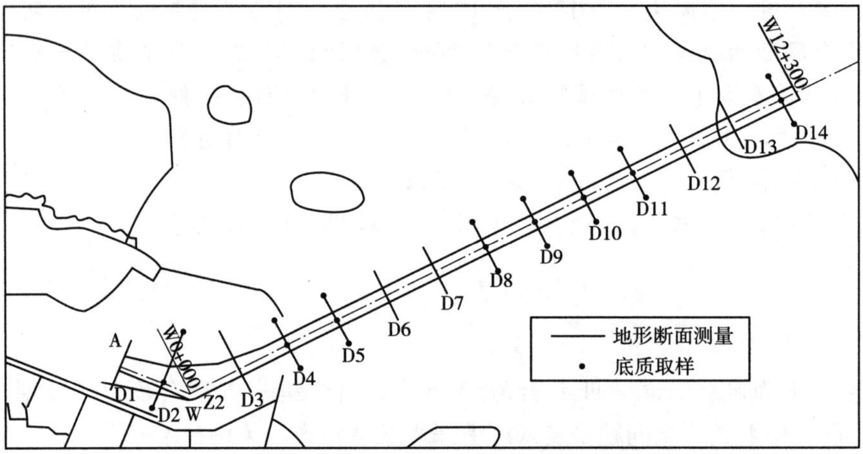

图2 连云港区25万吨级航道风后加测布置示意图

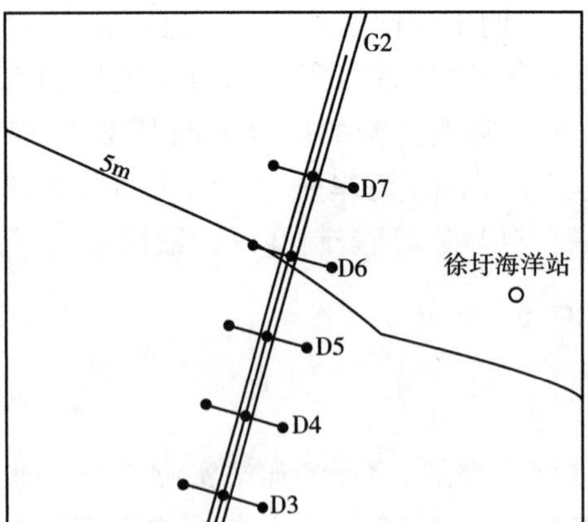

图3 徐圩港区5万吨级航道风后加测布置示意图（断面间距1km）

2）徐圩港区5万吨级航道的观测资料

徐圩港区5万吨级航道于2011年8月交工，航道底高程-11.5m，航道底宽166m。有效观测范围为破波带S0+000至S5+000区段。风前水深为2012年4月29日完成的5万吨级航道第6次回淤测图。风后8月5日开展了固定断面加测（图3）、滩面底质和航道回淤物取样、浮泥测量等观测工作。并利用8月17日完成第7次回淤测图分析大风回淤规律。

3 一期工程航道大风天回淤特征研究

3.1 连云港区25万吨级航道大风天回淤特征

1）航道实测大风天回淤分布特征

连云港区25万吨级航道“达维”台风前测图时间较早，含有常年回淤部分，因此大风天回淤厚度为

2012 年 6 月交工至“达维”台风后(2012 年 8 月 5 日)总回淤厚度减去常年回淤厚度,其中常年回淤厚度根据 25 万吨级航道常年回淤强度折算[5]。

结果表明,交工测图~“达维”台风后总回淤厚度在 0.14~0.82m 之间(表 1),未发现浮泥现象,分段回淤特征如下:

(1)港内 D1~D2:“达维”台风引起的回淤厚度大约为 0.35~0.39m。

(2)口门 D3~D5:只有少量回淤(0.06~0.50m),呈下凹形分布,这与防波堤口门束水导致流速增大,泥沙不易落淤有关。

连云港区 25 万吨级航道“达维”台风回淤厚度估算(单位:m)　　表 1

断面号	“达维”台风造成回淤	回淤分段
D1	0.35	W 弯段 1
D2	0.39	
D3	0.34	W 弯段 2
D4	0.06	外 1 段
D5	0.50	
D6	0.48	外 2 段
D7	0.46	外 3 段
D8	0.56	
D9	0.51	
D10	0.50	外 4 段
D11	0.24	
D12	0.14	
D13	0.15	外 5 段
D14	0.14	

(3)口外 D6~D10(外 2 段、外 3 段):“达维”台风引起的回淤厚度大约为 0.46~0.56m。

(4)D10 以外(外 4 段以外):“达维”台风引起的回淤厚度 0.14~0.24m。

2)大风回淤物特征

风后连云港区 25 万吨级航槽回淤物质和滩面底质的粒径组分基本一致,中值粒径较细,D_{50}基本在 0.006~0.007mm,粒径<0.005mm 的黏粒含量普遍在 38%~45%,初始回淤物多为重度低于 12.5kN/m^3 的浮泥,风后回淤物多为重度 13.8~15.0kN/m^3 的淤泥。

3.2 徐圩港区 5 万吨级航道大风天回淤特征研究[6]

1)航道实测大风天回淤分布特征

(1)“达维”台风初始回淤估算

2012 年 4 月 29 日和风后 8 月 5 日测图比较显示(图 4),由于 S0+000 以内的徐圩港内航道 4 月初~6 月初正进行疏浚施工,S0+000 端部挖通,挖通后的引流效应,使 S0+000 端部槽内水流动力显著增强,徐圩 5 万吨级航道 S0+000~S1+700 区段航槽回淤受到影响。同时,S4+500 以外受外段 10 万吨级航道疏浚影响,航道水深增深。因此只能以中段 S1+700~S4+500 范围(D3~D5 断面)来分析徐圩 5 万吨级航道“达维”台风期间的航道回淤特征。

经统计，第 6 次观测至“达维”台风后航道发生比较明显的回淤，航道中段平均回淤厚度为 0. 6m 左右(表 2)。根据 2011 年 8 月 ~2012 年 4 月常年回淤观测成果折算常年回淤厚度约为 0. 3m。由此推断，“达维”台风引起的初始回淤厚度约为 0. 3m。

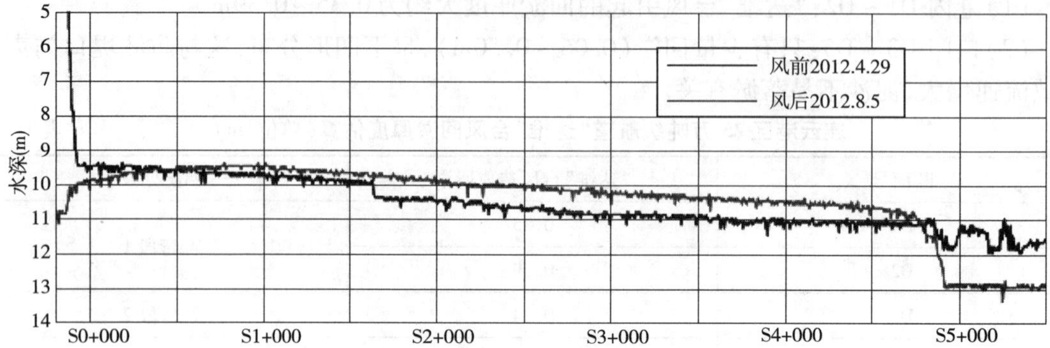

图 4　徐圩 5 万吨级航道“达维”台风前后纵断面水深变化

徐圩港区 5 万吨级航道“达维”台风前后实测冲淤厚度统计(单位:m)　　表 2

范围	第 6 次 ~“达维”台风		“达维”台风 ~ 第 7 次
	总厚度	其中达维引起	
D1	-0. 56	—	-0. 15
D2	0. 29	—	-0. 14
D3	0. 55	约 0. 3	-0. 12
D4	0. 59	约 0. 3	-0. 17
D5	0. 70	约 0. 3	-0. 17
D6	-1. 69	—	-0. 51
D7	-1. 57	—	—

(2)大风回淤过程

根据 2012 年 8 月“达维”台风前后现场观测资料，大风回淤及风后浮泥运动过程大致分为 2 阶段，以中段 S1 +700 ~ S4 +500 范围为例说明(表 3)：

①第一阶段：大风期间浮泥初始回淤，水深减小。台风后 8 月 5 日测图表明航槽内发生明显淤积，扣除正常回淤后，台风影响下中段平均淤积厚度约 0. 3m。

②第二阶段：大风后短期内表层部分浮泥消失、下部浮泥逐步密实、水深有所恢复。测图显示 8 月 5 日至 8 月 8 日航槽大部分区域水深增深，中段范围平均增深大致为 0. 15m，8 月 5 日 ~8 月 17 日航槽中段平均增深大致为 0. 15m。

2007 年“韦帕”台风影响下的连云港港 15 万吨级航道[2] 和 2012 年“达维”台风后徐圩港区 5 万吨级航道水深都具有分阶段变化的特征。多次大风天回淤实测资料说明，航道水深分阶段变化是连云港海域淤泥质海岸航道大风天回淤的规律。

2)大风天回淤物特征

风后徐圩港区航槽内的回淤物质和滩面底质泥沙粒径组分基本一致，中值粒径较细，D_{50}基本在 0. 005 ~0. 007mm，粒径 <0. 005mm 的黏粒含量普遍在 40% ~50%，属于淤泥。初始回淤物多为重度低于 12. 5kN/m^3 的浮泥，风后回淤物多为重度 13. 8 ~14. 5kN/m^3 的淤

泥。大风天航道回淤物较细也说明徐圩港区航道大风天也基本不受工程区南侧埒子口外灌河口沙嘴影响。

3)"达维"台风航道浮泥回淤及运动特征

"达维"台风后采用了双频测深仪、音叉密度仪和浮泥取样器等3种方法进行浮泥测量(表3)。

徐圩5万吨级航道浮泥测量取样沿程分布统计(单位:m)　　表3

范围	2012.8.5初始浮泥厚度	
	双频显示浮泥厚度(m)	音叉密度仪、浮泥取样器显示浮泥厚度(m)
D1	0.12	0.17
D1 +500	0.20	0.29
D2	0.13	0.40
D3	0.20	0.33
D4	0.30	0.25
D5	0.15	0.20

4　连云港港航道大风天回淤规律分析

综合连云港区航道2007年"韦帕"台风前后、徐圩5万吨级航道2011年"梅花"台风前后以及2012年"达维"台风前后航道水深变化过程,对连云港开敞海域淤泥质航道大风天回淤规律得到以下基本认识:

(1)台风过后的淤积总厚度不大,维持时间不长,基本不碍航;航道水深具有先淤后恢复的特征,需要疏浚清除的碍航性回淤很小。

自20世纪70年代以来,连云港区航道多次开展了大风天回淤观测研究工作,均未发生台风骤淤碍航现象。连云港区25万吨级航道和徐圩5万吨级航道观测研究表明,"达维"台风后的航道回淤情况符合一期设计预期,进一步证实了连云港区及徐圩港区航道基本不存在台风骤淤碍航风险的科学论断,为30万吨级航道建设的继续推进和顺利建成提供了有力的支撑。

(2)大风天航道冲淤过程大致分为两个阶段

风后第一阶段:大风期航道初始回淤阶段航槽水深明显淤浅,回淤物状态为浮泥。连云港区航道"韦帕"台风风后最大初始回淤厚度约0.9m[2];徐圩5万吨级航道"达维"台风风后最大初始回淤约0.3m,对比大风天回淤厚度和浮泥厚度,认为徐圩港区航道大风天回淤物质基本为浮泥。

风后第二阶段:大风后短期内浮泥消失,航道水深部分恢复,回淤物状态为淤泥。"韦帕"台风风后短期水深恢复约0.4m[2],"达维"台风风后短期水深恢复约0.15m。残留浮泥固结为淤泥,成为航道实质性回淤,航道恢复至常态回淤状态。

5　连云港港航道大风回淤机理分析

5.1　航道大风天初始回淤机理

在台风或寒潮期间,大风特别是向岸大风作用下形成大浪,在破波带范围内岸滩掀沙动力大为增强,泥沙大量起动,水体含沙量急剧上升,并形成近底相对高含沙层。大风天航道初始回淤常以浮泥形态为主，重度较低。风后水体含沙量逐渐恢复至正常天气条件时的水平，此前由于风浪起悬的泥沙全部落淤，这时航道风后回淤厚度达到最大值。

5.2 风过后回淤厚度减小、水深恢复的机理

大风后航槽回淤厚度减小、水深恢复的机理主要有以下两种：一是浮泥逐渐密实固结成淤泥，重度增加，厚度减小；二是浮泥的起动切应力很小，在潮流作用下悬扬起动，或在波浪水流作用下缓慢流动。

1）浮泥密实

航槽回淤物密实试验成果显示[8]，连云港航道回淤物的密度从1.15t/m^{3}增加到1.30t/m^{3}大约需要15天。由此可知，航道回淤物初期密实速度较快，风后10～15天，重度明显增大，导致回淤厚度明显减小。

2）浮泥运动

根据浮泥起动试验成果[9]，密度1.155g/cm^{3}的浮泥起动摩阻流速约0.870cm/s，密度1.206g/cm^{3}的浮泥起动摩阻流速约1.190cm/s。利用数模计算连云港港海域正常天气下潮流摩阻流速表明，正常天气条件下，潮流动力可以使浮泥悬扬。部分表层浮泥起悬后随潮输移，是浮泥层变薄的原因之一。

浮泥除在潮流作用下能够起悬，并随潮流运动外，浮泥自身也存在流动性。试验表明[8]：即使在平底条件下，容重为1.102g/cm^3、厚度0.2m的浮泥，在重力作用下的流动距离可达到110m，浮泥厚度0.4m时，流动距离可达到430m；当叠加水流、波浪作用时，流动距离相应加大。斜坡条件下，浮泥的流动性更强。

综上所述，连云港港淤泥质海岸航道大风天初始回淤后，航槽水深存在自然恢复过程。

6 结语

（1）连云港港30万吨级航道一期工程回淤观测期间经受2012年超强台风“达维”影响，其风力达到100年一遇，波高达到50年一遇。连云港区25万吨级航道实测风后最大回淤强度约0.4m；徐圩5万吨级航道风后初始回淤厚度约为0.3m，短期内航道水深恢复约0.15m。

（2）台风作用下航槽回淤物质粒径较细，中值粒径一般为0.005～0.010mm，粒径<0.005mm的黏粒含量普遍在35%～50%，初始回淤物多为重度低于12.5kN/m^{3}的浮泥，风后回淤物多为重度13.8～14.5kN/m^{3}的淤泥，同时说明航道大风天也基本不受工程区南侧埒子口外灌河口沙嘴影响。

（3）连云港淤泥质海岸航道大风淤积厚度不大，维持时间不长，基本不碍航，具有先淤浅后恢复的特征，需要疏浚清除的碍航淤积很少。连云港30万吨级一期航道“达维”台风后实测回淤情况符合一期航道设计预期，进一步证实了连云港区及徐圩港区航道基本不存在大风骤淤碍航风险的结论意见。

参考文献

[1] 龚崇准. 连云港回淤研究论文集[M]. 南京：河海大学出版社，1990.

[2] 应铭，张华，马兴华，等. 连云港港15万吨级航道回淤观测研究[J]. 水运工程，2012.1：143-147.

[3] 中交上海航道勘察设计研究院有限公司.连云港区25万吨级航道(A0+000~W12+300)及徐圩5万吨航道回淤观测“达维”台风加测技术报告[R].2013.8.

[4] 交通运输部天津水运工程科学研究院.连云港徐圩港区5万吨级航道浮泥观测技术报告[R].2012.8.

[5] 顾勇,马兴华,张华,应铭,等.连云港徐圩港区5万吨级航道回淤观测研究报告[R].中交上海航道勘察设计研究院有限公司,2012.12.

[6] 交通部天津水运工程科学研究院,工程泥沙交通行业重点实验室.连云港海域泥沙水力特性试验研究报告[R].2007.12.

[7] 中国科学院力学研究所.连云港航道底泥及浮泥的临界起动条件试验研究[R].2010.7.

二维泥沙数学模型改进及其在连云港港30万吨级航道二期工程中的应用

丁　琦　谢　军

(中交上海航道勘察设计研究院有限公司　上海　200120)

摘　要: 根据连云港港航道泥沙回淤实测资料,结合相关泥沙模型的研究成果,对连云港港30万吨级航道一期工程中采用的二维泥沙模型进行了改进。利用改进模型对本海域的含沙量、徐圩先导试挖槽、徐圩5及10万吨级航道以及连云港区15万吨级航道的实测回淤资料进行了验证。结果表明,改进后的模型更好地体现了连云港海域的含沙量分布特征以及挖槽的冲淤趋势。采用改进后的模型对连云港港30万吨级航道二期工程的航道回淤进行了预测。

关键词: 二维泥沙数学模型;模型改进;连云港港;30万吨级航道;航道回淤

1　前言

连云港港地处江苏省沿海北部黄海海州湾西南岸,是我国沿海中部能源外运和外贸运输的重要口岸。泥沙回淤是影响港区维护及发展的关键问题,近年来,数学模型已经成为研究这一问题的重要手段之一。针对本海域的泥沙运动特性及航道回淤问题,已有不少学者采用数学模型对其进行了研究,张玮等[1]构建了淤泥质－粉砂质海岸泥沙数学模型,对连云港埒子口—灌河口的含沙量分布进行了模拟,并分析了此海域的泥沙运动特征及影响因素;张世奇等[2]在对窦国仁的挟沙能力公式进行修正后,建立了相应的二维泥沙冲淤模型,对连云港核电站各取、排水工程布置方案进行了冲淤计算研究;解鸣晓等利用波、流共同作用下的二维泥沙运动数学模型,模拟了连云港海域大范围的含沙量场并对连云港7万吨级航道的回淤进行了验证[3],以连云港15、30万吨级航道为例,研究了大尺度深水航道的回淤特性,估计了航道宽度对回淤强度的影响[4],还研究了连云港口门防波堤的建设对航道回淤的影响[5]。

中交上海航道勘察设计研究院有限公司在连云港港30万吨级航道工程建设各阶段,利用自主开发的二维潮流泥沙数学模型对工程前后的流场特性、含沙量分布及航道回淤进行了模拟研究[6~9]。在各阶段的研究中,利用近期实测资料,对二维泥沙数学模型进行改进。本文着重介绍一期工程中对本泥沙模型的改进以及改进模型在二期工程中的应用。

2　泥沙数学模型的建立及改进

2.1　连云港港一期工程二维潮流泥沙数学模型

1)计算范围及网格剖分

模型计算范围东至东经120°16′,北至日照港,西南至海岸线(图1)。模型采用任意贴体坐标进行计算网格剖分，以便较好地拟合深水航道及港区布置；同时为保证数值计算精度，港区及航道等工程周边水域的网格加密至30m。

2）控制方程及定解条件

连云港港海岸在海岸性质上属于典型的淤泥质海岸，泥沙运动机理为波浪掀沙、潮流输沙。任意曲线坐标下的二维潮流泥沙数学模型控制方程为：

连续方程

$$\frac{\partial \zeta}{\partial t}+\frac{1}{J}\frac{\partial}{\partial \zeta}(\sqrt{\alpha}Hu)+\frac{1}{J}\frac{\partial}{\partial \eta}(\sqrt{\gamma}Hv)=0 \tag{1}$$

动量方程

$$\frac{\partial u}{\partial t}+\frac{\sqrt{\alpha}}{J}u\frac{\partial u}{\partial \xi}+\frac{\sqrt{\gamma}}{J}v\frac{\partial u}{\partial \eta}+a_1u^2+b_1uv+c_1v^2+\frac{gu\forall}{c^2H}-f(\beta u+\sqrt{\alpha}v)/J+g\left(\sqrt{\alpha}\frac{\partial \zeta}{\partial \xi}-\frac{\beta}{\sqrt{\alpha}}\frac{\partial \zeta}{\partial \eta}\right)/J=0 \tag{2}$$

$$\frac{\partial v}{\partial t}+\frac{\sqrt{\alpha}}{J}u\frac{\partial v}{\partial \xi}+\frac{\sqrt{\gamma}}{J}v\frac{\partial v}{\partial \eta}+a_2u^2+b_2uv+c_2v^2+\frac{gv\forall}{c^2H}+f(\beta v+\sqrt{\alpha\gamma}u)/J+g\left(\sqrt{\gamma}\frac{\partial \zeta}{\partial \eta}-\frac{\beta}{\sqrt{\gamma}}\frac{\partial \zeta}{\partial \xi}\right)/J=0 \tag{3}$$

其中 α、β、γ、J、a_1、b_1、c_1、a_2、b_2、c_2 是方程变换产生的系数，为坐标 x、y 的函数；ξ、η 为任意曲线坐标；ζ 为潮位；u、v 分别为沿 η、ξ 法向流速分量；$\forall$ 为潮流总流速；H 为总水深；c 为谢才系数，$c=(1/n)H^{1/6}$，n 为糙率系数；$f=2\omega\sin\phi$，ω 为地球自转角速度，ϕ 为所在地区纬度。

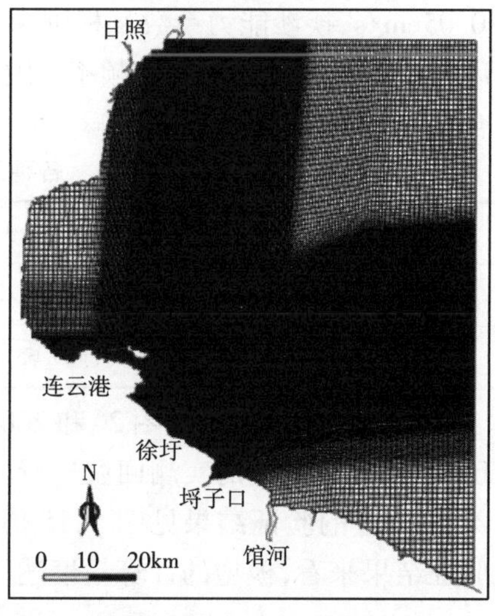

图1 模型计算范围及网格剖分示意图

悬沙运动方程

$$\frac{\partial S}{\partial t}+\frac{\sqrt{\alpha}}{J}u\frac{\partial S}{\partial \xi}+\frac{\sqrt{\gamma}}{J}v\frac{\partial S}{\partial \eta}=\frac{\mu\omega(S-S_*)}{H} \tag{4}$$

河床变形方程

$$\gamma_0\frac{\partial z_b}{\partial t}=\mu\omega(S-S_*) \tag{5}$$

式中 S 为含沙量；μ 为泥沙沉降几率，ω 为泥沙沉速；S_* 为挟沙能力，根据刘家驹研究，在波流共同作用下悬沙挟沙能力为 $S_*=k\frac{\left(|\vec{\forall}|+|v_2|\right)^2}{gH}$，$k$ 为挟沙能力系数，v_2 为平均波动流速；z_b 为床面冲淤厚度。

方程(1)~(4)定解条件为：

初始条件：

$$\zeta(\xi,\eta,t)\big|_{t=t0}=\zeta_0(\xi,\eta)$$

$$u(\xi,\eta,t)\big|_{t=t0}=0,v(\xi,\eta,t)\big|_{t=t0}=0$$

$$S(\xi,\eta,t)\big|_{t=t0}=S_0(\xi,\eta)$$

式中：ζ_0、S_0——计算初始时刻潮位、含沙量空间分布函数。

边界条件：在水边界上　　$\zeta(\xi,\eta,t)=\zeta_B(\xi,\eta,t)$

悬沙按入流

$$S(\xi,\eta,t)|_{\Gamma}=S_2(\xi,\eta,t),\text{出流}\frac{\partial S}{\partial t}+u_n\frac{\partial S}{\partial n}=0$$

在固边界上

$$u=0\text{ 或 }v=0,\partial S/\partial n=0$$

式中：ζ_B——边界已知潮位；

S_2——边界已知含沙量。

3）计算方法及动边界处理

本文采用有限差分法 DSI 法（Double-Sweep-Implicit Method），变量 ζ、u、v 在网格上交错布置，对时间差分采用前差，对流项差分采用迎风格式可显著增强计算的稳定性，其余空间差分均采用中心差分。离散后得到两组三对角系数矩阵，用追赶法求解。对计算中滩地的淹没与出露，采用水位判别法处理，即当某计算点水深小于某一薄水深（如 0.1m）时，令该处流速为零，当水深超过这一薄水深时，该计算点参与计算。

4）参数选取及模型验证

模型的计算时间步长为 10s，糙率系数取为 0.02；悬沙沉降几率取为 0.45，絮凝沉速取为 0.05cm/s，挟沙能力系数 k 根据率定，取为 134kg/m^3。常年回淤通过将小风天、中风天、大风天的回淤按各自的发生频率（根据大西山海洋站 1962 ~ 2003 年波高资料统计，见表 1）组合相加后得到。

各种天气划分标准及发生频率 表 1

	小 风 天	中 风 天	大 风 天
划分标准（m）	$H_{4\%}\leq1.3$	$1.3<H_{4\%}<2.5$	$H_{4\%}\geq2.5$
发生频率（%）	89.65	9.96	0.39

模型对 2004 年 7 月（图 2）和 2005 年 9 月的潮流场、本海域常年含沙量场以及连云港港 7 万、15 万吨级航道的实测回淤进行了验证。2004 年 7 月水文测验的部分验证结果见图 3、图 4，含沙量的验证结果见图 5，15 万吨级主航道回淤验证结果见图 6，其余见参考文献 7。从验证结果来看，模型的计算精度达到了相关规范[10]的要求。

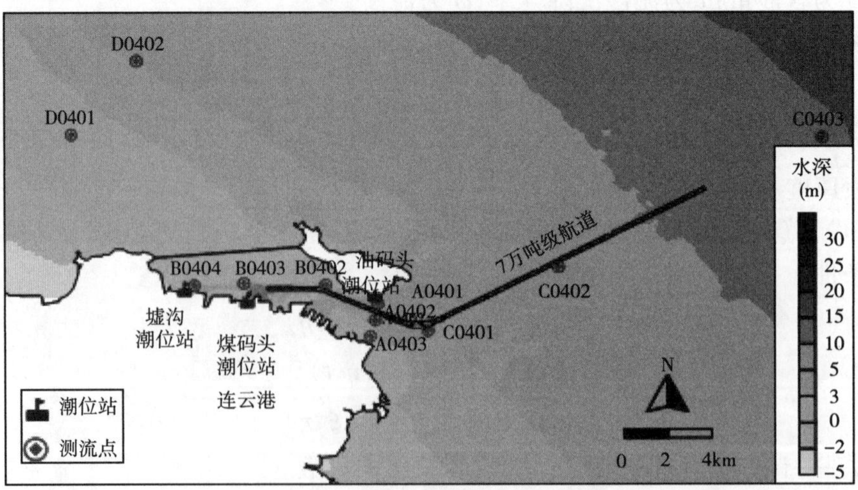

图 2　2004 年 7 月水文测点位置示意图

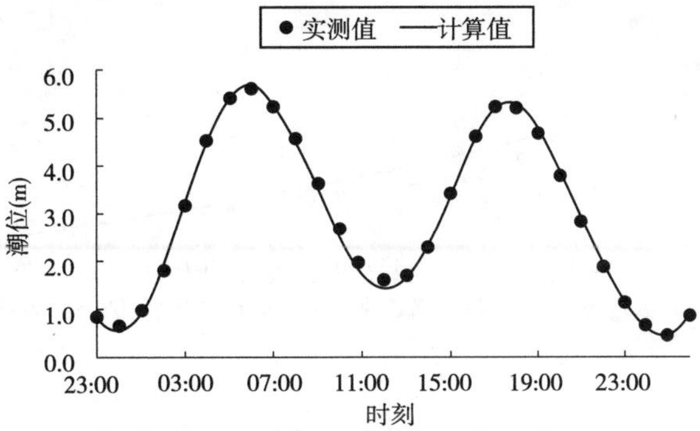

图 3　油码头站大潮潮位验证结果

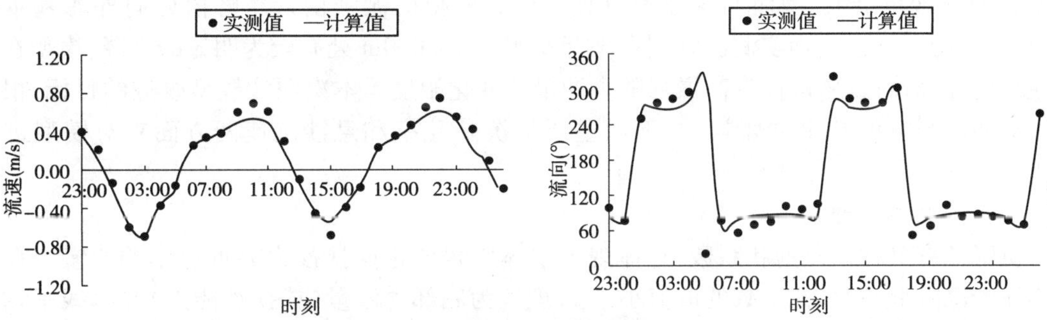

图 4　A0401 站大潮流速验证结果(2004. 7. 1 ~ 7. 3)

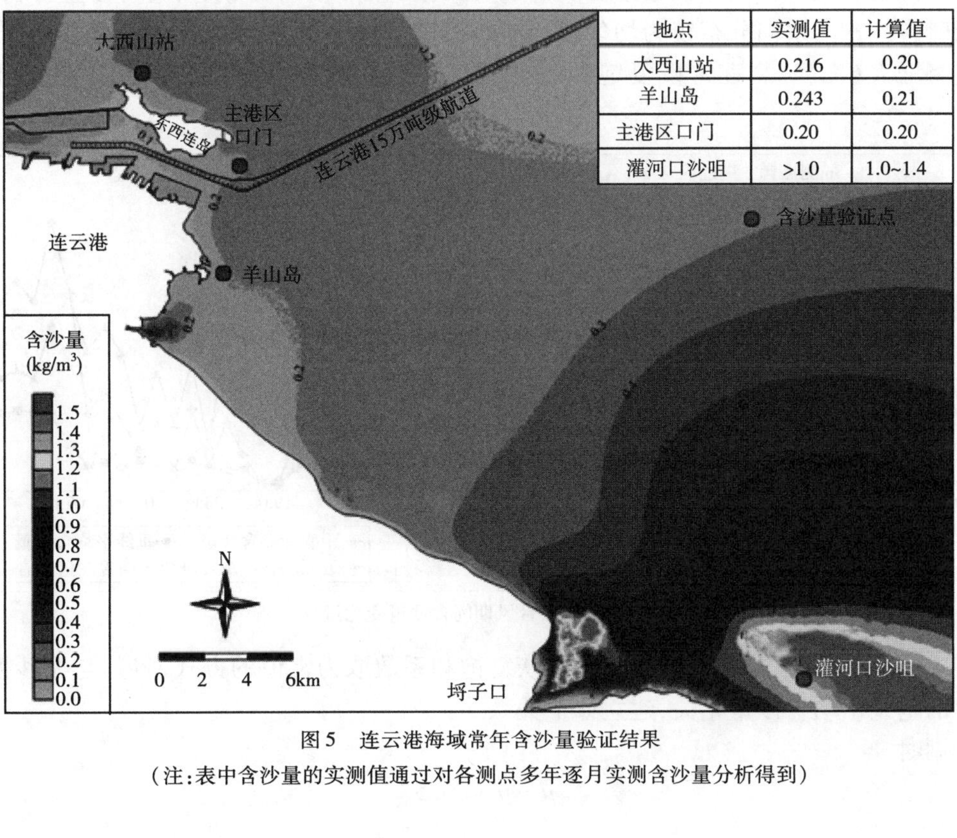

图 5　连云港海域常年含沙量验证结果

（注:表中含沙量的实测值通过对各测点多年逐月实测含沙量分析得到）

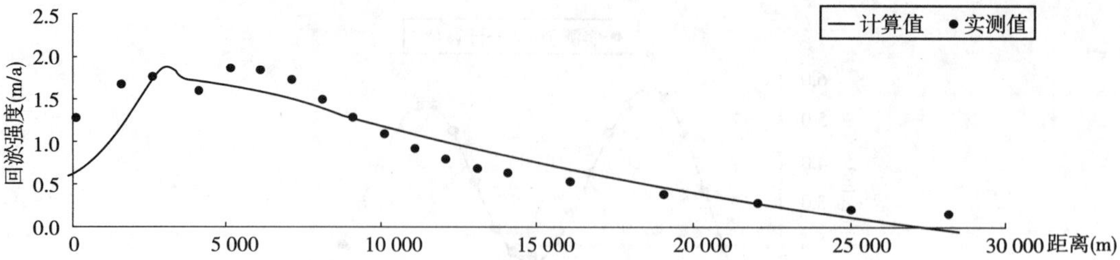

图6 连云港港15万吨级主航道常年回淤验证结果(2008.8～2009.8)

2.2 泥沙模型的改进

从图6来看,一期工程中采用的泥沙模型总体上能够反映连云港港航道的回淤情况。结合含沙量分布特征可以发现,计算所得淤强的大小与含沙量的高低保持良好的关系,口门附近的含沙量最大,因而回淤强度也高。计算所得的淤强由近岸峰值处向外海基本呈现出线性递减的规律,而实测淤强则在坐标6 000～12 000m处有较为明显的下降,模型在该段航道的计算值偏高,因而提高淤强随含沙量的变化幅度是本次泥沙模型改进的目标,根据模型对回淤影响的几个主要参数,下面主要从沉降几率和悬沙沉速两方面来对模型进行改进。

1)沉降几率的改进

沉降几率又称恢复饱和系数,它体现了水体中含沙量向挟沙力靠近速率的快慢。在理解为泥沙沉降概率时,此系数的取值小于1;理解为底部含沙量(或挟沙能力)与垂线平均含沙量(或挟沙能力)的比值时,此系数的取值大于1[11]。连云港海域的含沙量垂向分布,在不同风浪条件下有较大差别。根据常规天气水文测验及"韦帕"台风期间的含沙量分析结果,小风天时含沙量的垂向分布较为均匀,而在风浪作用下,近底层含沙量迅速上升,垂向分布差异也将增大(图7)。宜将恢复饱和系数视为底部含沙量与垂线平均含沙量的比值来考虑。

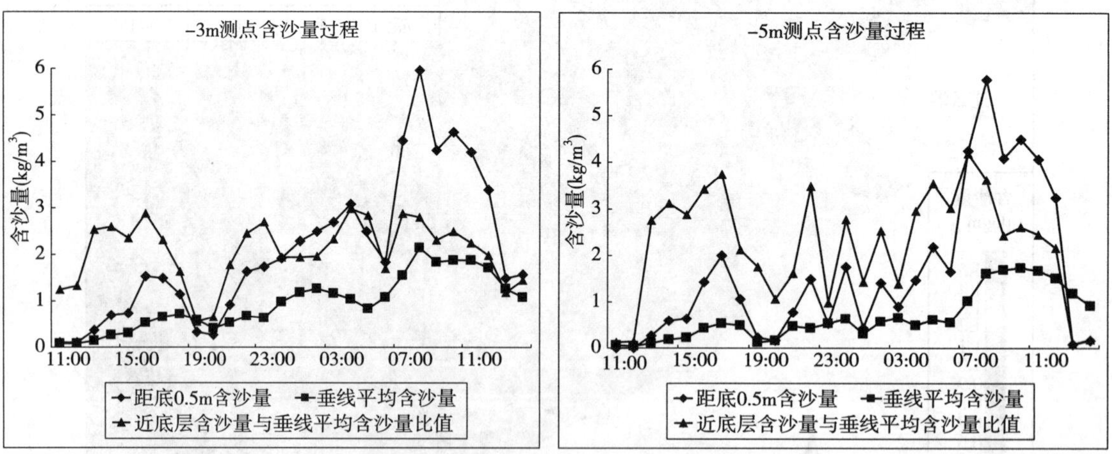

图7 "韦帕"台风期间含沙量变化过程

在本项目的研究中,改变一期工程中恢复饱和系数取为常值的方式,将其与泥沙模型计算所得的垂线平均含沙量相关,建立如下关系式:

冲刷时

$$\mu = \mu_1 = 0.5$$

淤积时

$$\mu=\mu_2=\begin{cases}5\mu_0 & S>3.1\\ [(S-1.1)\times1.0+3.0]\mu_0 & 1.1<S<3.1\\ [(S-0.1)\times2.0+1.0]\mu_0 & 0.1<S<1.1\\ \mu_0 & 0.0<S<0.1\end{cases}$$

上式中含沙量 S 的单位为 kg/m^3，$\mu_0=0.75$。

2）悬沙沉速的改进

一期工程泥沙数学模型中，沉速取为常值 0.05cm/s，根据相关研究，沉速与含沙量、动水流速、盐度、水温等众多因素有关[12]，因而一期工程的泥沙数学模型，无法较好地体现沉速随含沙量及水动力条件的变化。在本次改进中，参照宋志尧的相关研究成果[13]，泥沙沉降时，考虑含沙量及流速对沉速的影响，$\omega_s=\omega_0\dfrac{1+4.6S^{0.6}}{1+0.06U^{0.75}}$，式中 S 为含沙量（kg/m^3），U 为流速（m/s），ω_0 根据率定，取为 1.8×10^{-4}m/s。

3）泥沙数学模型改进后的验证

对泥沙数学模型改进后，含沙量的验证见表 2 及图 8，连云港港 15 万吨级航道的回淤验证见图 9，徐圩航道试挖槽的回淤验证见图 10，徐圩 5 万吨级航道的回淤验证见图 11。

含沙量验证（kg/m^3） 表 2

测点	小风天		中风天		大风天	
	实测值	计算值	实测值	计算值	实测值	计算值
3m	0.08～0.10	0.09	0.6～1.0	0.48～0.96	～2.1	0.71～2.24
5～5.5m	0.05～0.09	0.08	0.45～0.65	0.35～0.65	～1.4	0.58～1.54
7m	0.04～0.07	0.07	0.3～0.5	0.27～0.47	～1.0	0.44～1.16

注：表中含沙量的实测值通过对徐圩海域 2009 年 8～11 月波浪潮流泥沙短期观测资料的综合分析后得到。

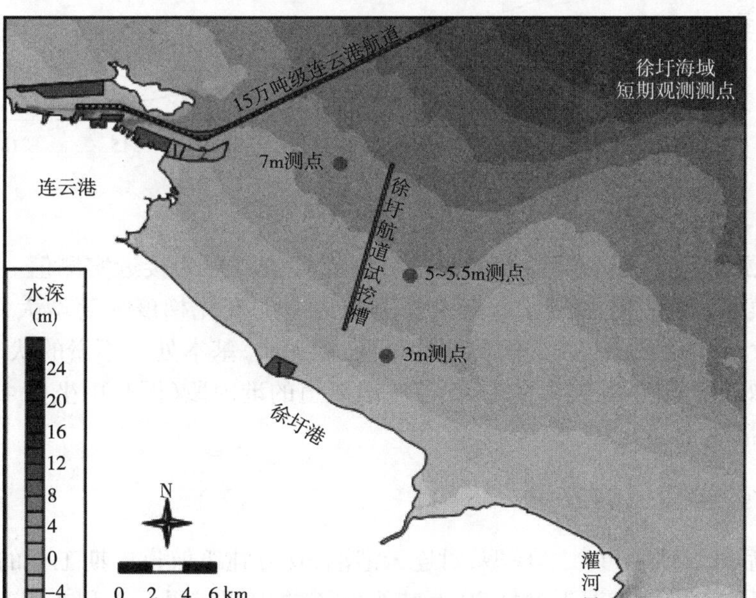

图 8 含沙量验证点示意图

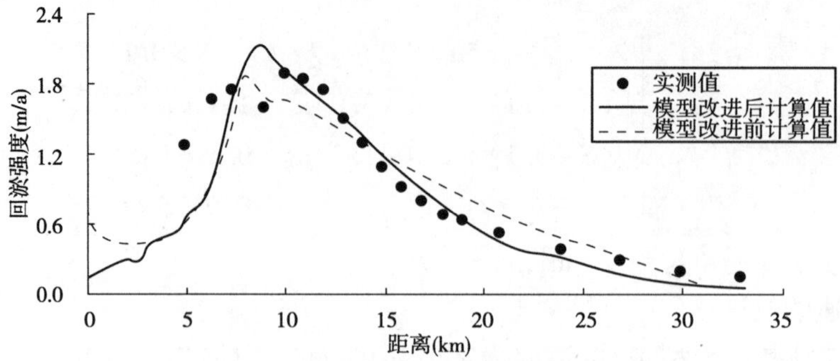

图9　连云港港15万吨级航道回淤验证

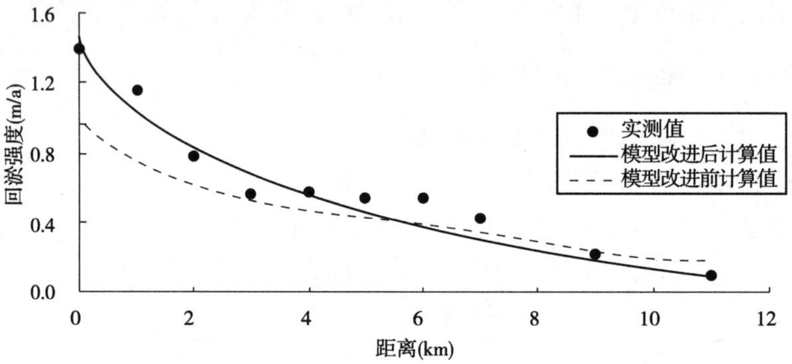

图10　徐圩航道试挖槽回淤验证

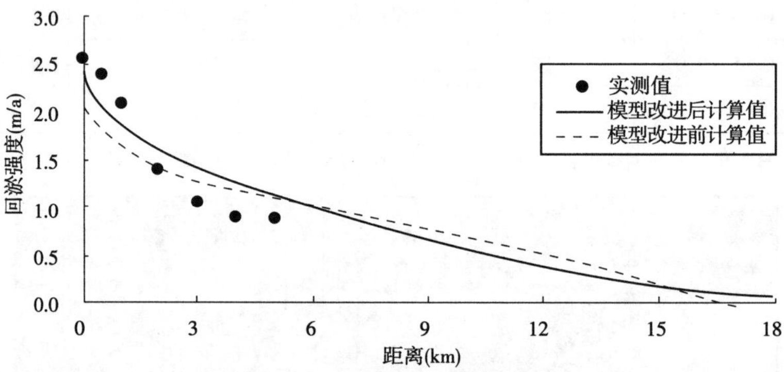

图11　徐圩5万吨级航道回淤验证

从航道回淤的验证结果来看,模型改进后的计算值要更为接近实测值。在淤强沿程变化的梯度上,模型改进后的淤强计算值由外海向近岸的变化梯度显著增大,近岸侧含沙量高、航槽浚深大,因而淤强较大,外海侧含沙量低、浚深小,基本处于不淤的状态。可见,本文的改进方法较好地提升了除连云港港15万吨级航道的港内段(图9中坐标4.8~6.5km)以外的回淤计算精度。

3　改进泥沙数学模型的应用

利用改进后的二维泥沙数学模型,对连云港港30万吨级航道二期工程的航道回淤进行了预测,本文仅列出中期工况下徐圩30万吨级航道的预测成果。工程布置见图12,徐圩港附近的大潮流矢见图13,徐圩航道的常年淤强及年平均含沙量沿程分布见图14。

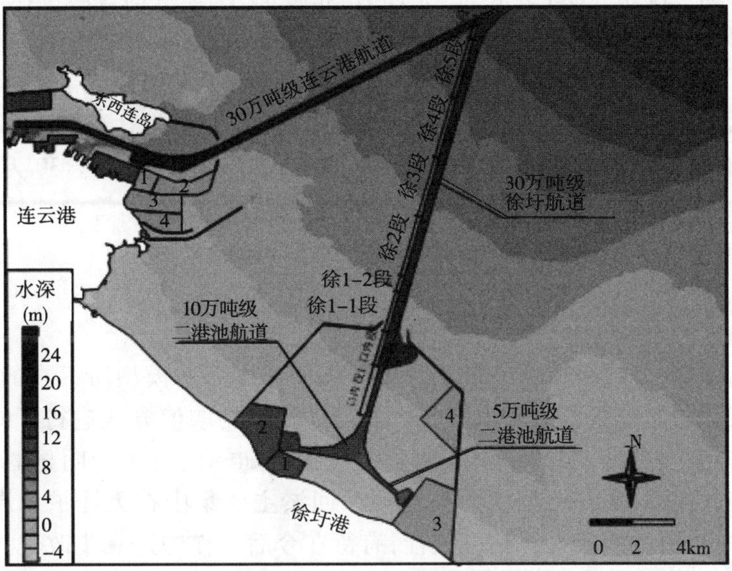

图 12　连云港港二期工程中期工况工程布置

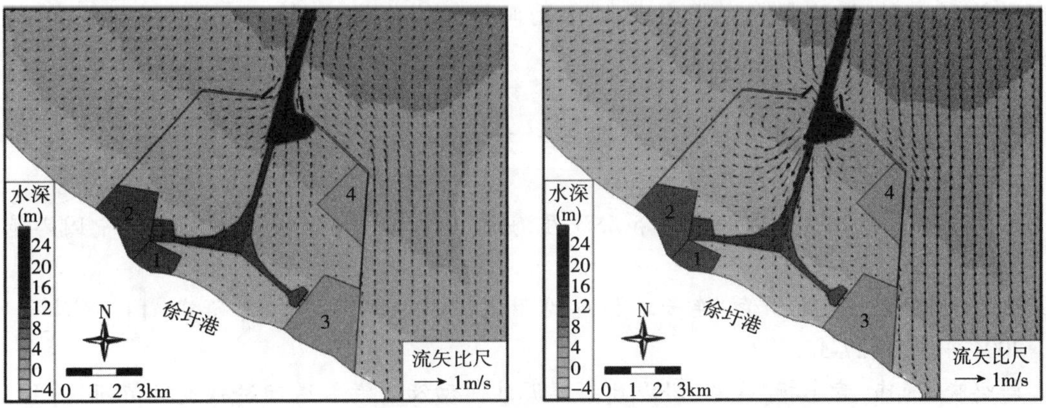

图 13　连云港港二期工程中期工况下徐圩港附近大潮流矢图

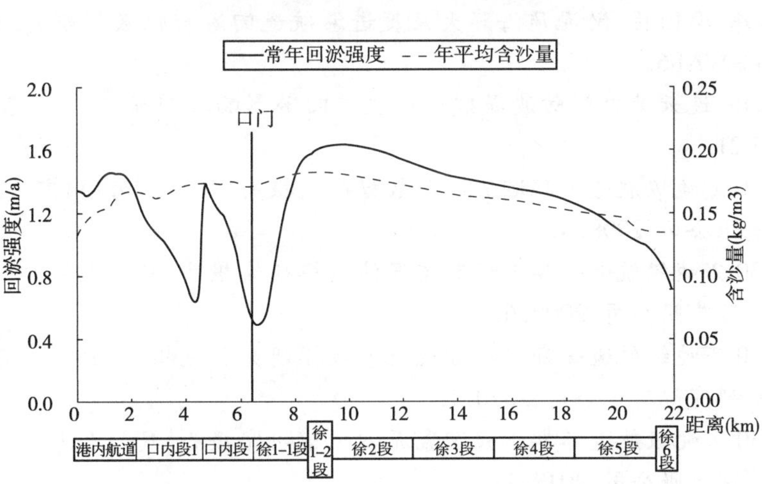

图 14　徐圩航道常年回淤及年平均含沙量沿程分布

二期工程中期工况下,徐圩港区为“大环抱”布置形式,年平均含沙量在口门外的徐 2 段最高,向港内和外海侧逐渐降低。由于口门内围区面积小,无效水域面积较大,导致口门处流速较大,尽管口门附近含沙量略高,但悬沙不易落淤,此处航道的常年淤强最小,为 0.5m/a;港外的淤强峰值出现在口外约 3km 的徐 2 段,最大淤强达到 1.65m/a,与含沙量峰值的位置基本吻合;港内航道淤强峰值出现的位置有两个,第一个位于 30 万吨级航道末端,淤强约 1.4m/a,另一处位于 5、10 万吨级航道的分叉点处,此处尽管含沙量较低,但水流动力最弱,适于涨潮流携带进港悬沙的落淤,淤强达到 1.45m/a。

4 结语

针对连云港港 30 万吨级航道一期工程中采用的二维泥沙模型所存在的问题,对控制方程中影响泥沙回淤的两个主要因素沉降几率和悬沙沉速的取值方式进行了修正。从航道回淤的验证来看,模型改进后,航槽中淤强随含沙量的增加幅度有更为明显的增大,回淤的整体计算精度有较大提高,较好地反映了航道泥沙回淤主要集中在无掩护的岸滩浅水区这一客观现象,但港内航道的回淤计算精度欠佳,有待在今后工作中进一步改进。

利用改进后的泥沙模型,对连云港港 30 万吨级航道二期工程中期方案的徐圩航道进行了回淤预测。预测结果表明,徐圩港口门附近航道段的淤强最小,港外最大淤强出现在口门外约 3km 处,港内最大淤强出现在 30 万吨级航道末端以及 5、10 万吨级航道的分叉点处。

参考文献

[1] 张玮,安翔.连云港海域粉砂质和淤泥质海岸泥沙运动数值模拟研究[J].中国港湾建设,2012.6,(3):1-6.

[2] 张世奇,张燕青,陈金荣.连云港核电站附近海域泥沙冲淤计算研究[J].泥沙研究,2004.4,(2):27-32.

[3] 解鸣晓,张玮,黄志扬,崔冬.淤泥质海岸泥沙运动及进港航道回淤强度数值研究[J].中国港湾建设,2007.8,(4):1-4.

[4] 解鸣晓,张玮,李国臣.淤泥质海岸大尺度进港航道回淤特性数值研究[J].水运工程,2008.4,(4):80-86.

[5] 解鸣晓,张玮.连云港口门防波堤建设对航道回淤影响数值研究[J].泥沙研究,2008.10,(5):15-21.

[6] 连云港港 30 万吨级航道工程潮流泥沙数模研究报告[R].上海:中交上海航道勘察设计研究院有限公司,2008.8.

[7] 连云港港 30 万吨级航道一期工程潮流泥沙数模研究报告[R].上海:中交上海航道勘察设计研究院有限公司,2009.6.

[8] 连云港港 30 万吨级航道一期工程潮流泥沙数模研究补充报告[R].上海:中交上海航道勘察设计研究院有限公司,2010.12.

[9] 连云港港 30 万吨级航道二期工程潮流泥沙数模研究报告[R].上海:中交上海航道勘察设计研究院有限公司,2012.12.

[10] JTS/T 23-2—2010 海岸与河口潮流泥沙模拟技术规程[S].北京:人民交通出版社,

2010.8.

[11] 韩其为,陈绪坚.恢复饱和系数的理论计算方法[J].泥沙研究,2008.12,(6):8-16.

[12] 黄建维.海岸与河口黏性泥沙运动规律的研究和应用[M].北京:海洋出版社,2008.

[13] 宋志尧,孔俊,李瑞杰,章卫胜.长江口悬沙输运数值模拟[A].中国海洋工程学会.第十二届中国海岸工程学术讨论会论文集[C].北京:海洋出版社,2005.10,8-16.

2010.8.

[11] [illegible][J]. [illegible], 2008(12): (6): [illegible].

[12] [illegible][M]. 北京: [illegible]出版社, 2008.

[13] [illegible][A]. [illegible][C]. [illegible]出版社, 2005.10: [illegible].

工程施工篇

复杂土质及工况条件下大型绞吸船疏浚施工关键技术研究

张日国

（中交上海航道局有限公司东方疏浚工程分公司　上海　200002）

摘　要：连云港港30万吨级航道一期工程疏浚工程H1.1标段施工土质下层为硬黏土、密实砂混钙质结核，易发生堵管现象，又位于开敞海域，受风、浪、流影响大，管线易产生漂移、折弯，管线施工时间占比大，影响施工效率。大型绞吸船“新海豚”轮承担绞吸施工。本文针对复杂土质和工况条件，结合实际施工，研究提出了相应施工措施，取得了良好效果，对同类工程安全、高效和低能耗施工具有重要的借鉴意义。

关键词：大型绞吸船；复杂土质条件；复杂工况条件

1　工程及施工概况

1.1　工程概况

连云港港30万吨级航道一期工程疏浚工程H1.1标段工程范围和内容为桩号A0+000～W12+300段的疏浚与旗台围堤吹填区吹填，施工土质表层为淤泥，以下为硬黏土、密实砂混钙质结核，分布不均，有关H1.1标段区域位置见图1所示。

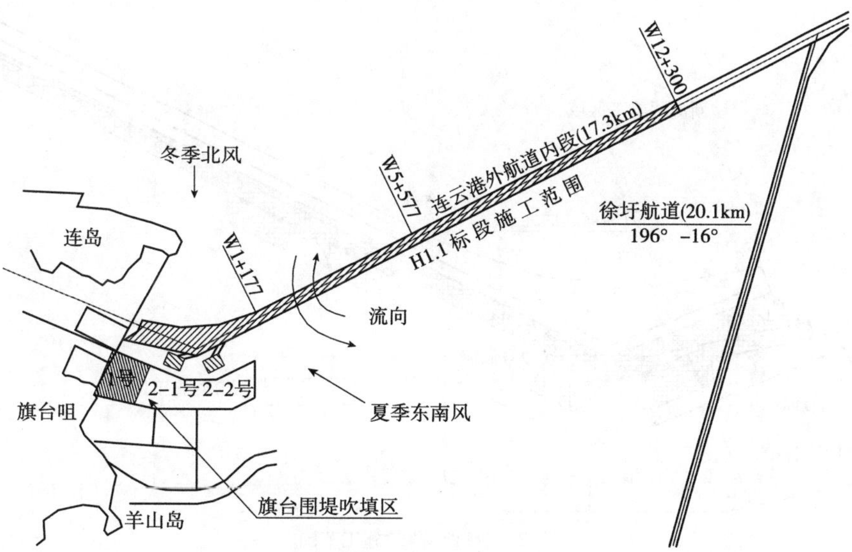

图1　连云港港30万吨级航道一期工程疏浚工程H1.1标段位置示意图

本标段航道A0+000～W5+577段南部采用绞吸船施工。该段航道处于开敞海域（北防波堤尚未建成)，潮汐为不规则半日潮，潮流方向 W1 +577 以内基本为东西向，W1 +577 以外与航道成 70°左右夹角。绞吸船施工受风浪、涌浪影响大，同时航道通航对施工干扰较大，施工工况为六级工况，有关 H1.1 标段的设计参数见表 1 所示。

连云港港 30 万吨级航道 H1.1 标段设计参数表 表 1

点号	54 北京坐标(中央子午线 120°)		分标段	25 万吨级航道		
	X	Y		边坡	设计底宽(m)	设计底高程(m)
A	3 845 805.4	40 453 020.5	H1.1	-12m 以上 1:10 -12m 以下 1:5	266 ~637	-19.8
LD1	3 845 661.3	40 453 372.0				
W	3 845 281.8	40 454 297.8				
LD2	3 845 991.0	40 455 706.5		-12m 以上 1:10 -12m 以下 1:7	284.4	
LD3	3 846 181.6	40 456 085.2				
LD4	3 847 081.7	40 457 872.3			264.4	
LD5	3 847 790.4	40 459 278.7				
LD6	3 847 982.0	40 459 659.0				
LD7	3 848 207.6	40 460 106.4		1:10	262	
LD8	3 848 882.6	40 461 445.4				
LD9	3 849 783.5	40 463 231.4				
LD10	3 850 684.5	40 465 017.0				
LD11	3 850 818.0	40 465 281.5				

1.2 施工概况

"新海豚"轮绞吸船疏浚施工范围为 30 万吨级航道 A0 +000 ~ W0 +000；W0 +000 ~ W5 +200 航道南侧拓宽及 1 号、2 号、3 -1 号、3 -2 号储泥坑开坑施工，见图 2 所示。

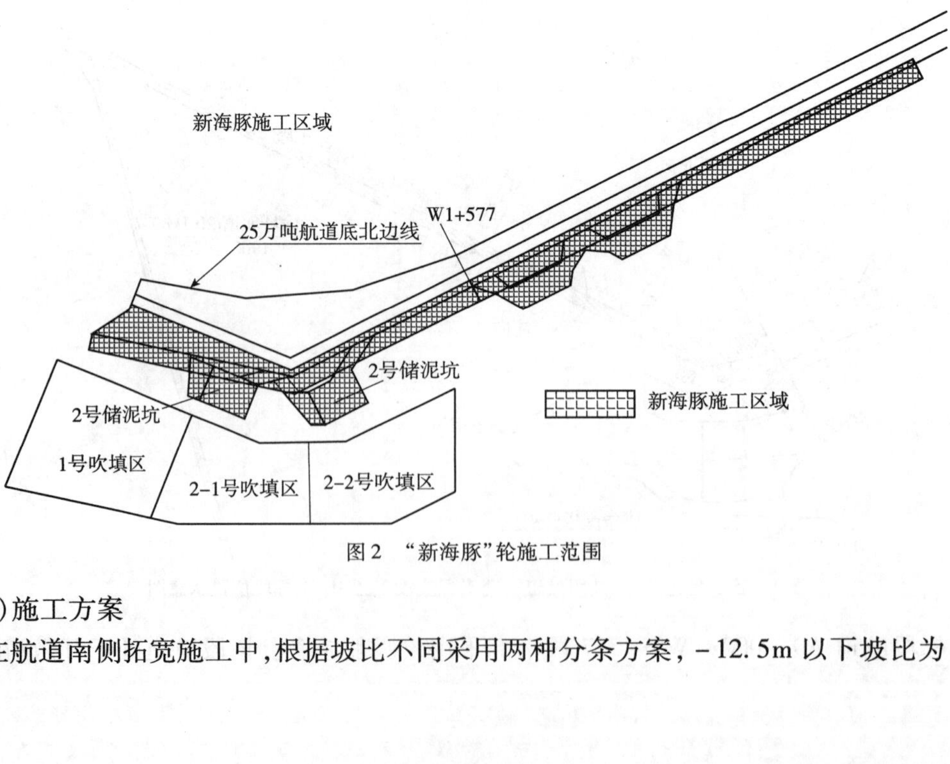

图 2 "新海豚"轮施工范围

1)施工方案

在航道南侧拓宽施工中，根据坡比不同采用两种分条方案，-12.5m 以下坡比为 1:5 时

(W1 +577 以内)顺航道方向分两条,北条宽为100m,南条宽为55m,不重叠。-12.5m以下坡比为1:7时(W1 +577 以外)顺航道方向分两条,北条宽100m,南条宽105m,重叠50m。分层基本上是以2m为一层,上层为淤泥时,分层厚度加大,即第一层以-8.0m开挖。排泥管线长度920~7 447m不等,其中水下排泥管线最长时为6 000m,采用两泵串联施工时管线最大长度为5 116m,排泥管内径均采用Φ850mm。

2)施工参数设定

施工流速从最初不低于4.0m/s调整至4.8m/s;泥浆浓度从最初不高于45%调整至35%,遇钙化结核层泥浆浓度降低至20%左右;水下泵电机功率不低于1 100kW;甲板泵柴油机负荷不低于70%。

3)施工数据及边坡质量

有关施工数据分析见表2所示,边坡施工情况见图3和图4所示。

"新海豚"轮主要施工数据分析表 表2

施工状态	总时间(h:m)	运转(h:m)	挖泥(h:m)	自影(h:m)	管线(h:m)	产量(m^3)	效率(m^3/h)
两泵	7 442:00	4 127:50	3 695:50	1 356:10	529:45	5 841 812	1 581
三泵	2 880:00	879:45	758:05	445:35	844:10	1054784	1 391
合计	10 322:00	5 007:35	4 453:55	1 801:45	1 373:55	6 896 596	1 548
占总时间比例(%)		48.5	43.1	17.5	13.3		

2 施工难点及措施研究

2.1 复杂土质条件对管道输送的影响及施工措施

1)土质条件

施工土质表层为淤泥,以下为硬黏土、密实砂,部分岩土层中含有数量不等的结核物,结核物的粒径主要介于5~80mm之间,个别达到110mm,见图5所示。主要分布在-10.5~-14m之间,其他层面中也存在,但含量较少。此种结核物的天然密度大于砾石(可2.9t/m^3左右),与黏土混合在一起输送时,大大增加了管道输送阻力,稍有不慎即会产生堵管现象。

2)管道输送过程中的堵管原因及施工措施

根据以往在连云港港各工程中的施工经验,使用内径Φ850钢质管道输送浓度为40%的一般性黏土时的实用流速为3.7m/s。在施工初期,按照以往我们在连云港港各工程中的施工经验,将土质按一般的黏土来对待,选择的施工流速不低于4.0m/s,泥浆浓度不高于45%。但由于土质复杂,造成多次发生堵管现象。

针对历次发生的堵管现象,通过认真分析,制定了以下相应的预防措施。

(1)高浓度引起的堵管

原因分析:由于"新海豚"轮的绞刀功率大,在挖掘施工中还有较大的富裕功率,施工过程中容易产生高浓度,加上该标段土质黏性大、天然容重大且夹杂一定量的钙化结核物,管道输送需要较高的扬程,当高浓度泥浆在排泥管中输送至一定的距离后,一旦泥泵所产生的有效扬程无法满足高浓度泥浆管道输送所需的扬程时,就会产生堵管现象。

应对措施:针对这种情况的堵管,要求各班在施工时根据多个参数(流速、吸入真空、排压、水下泵舱内泵负荷等)进行综合判断,将流速、泥浆浓度控制在规定范围以内,避免因高浓度再次发生堵管。

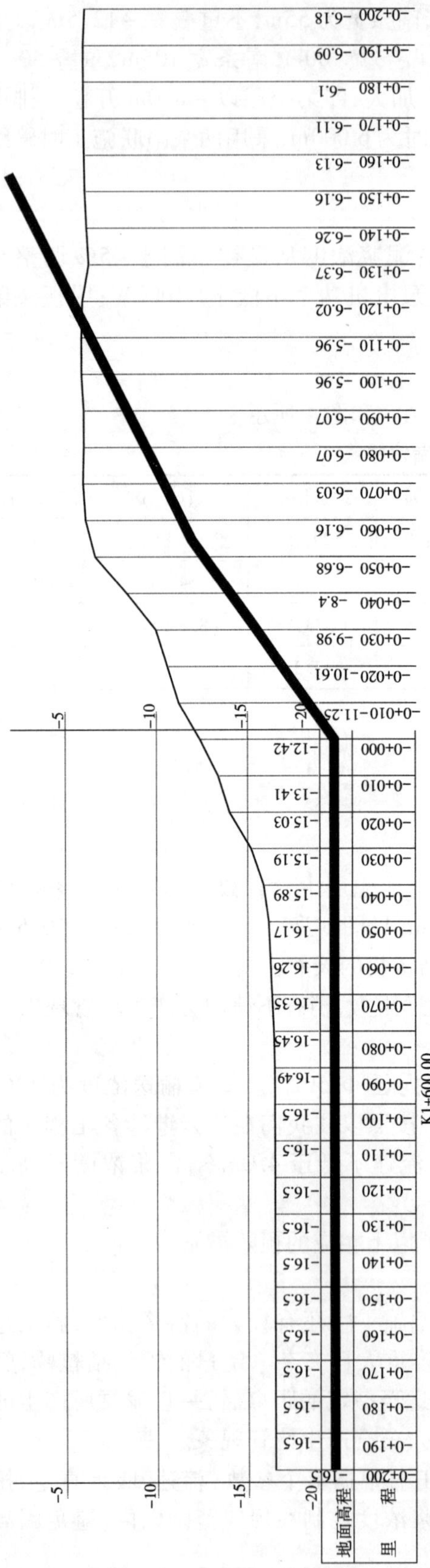

图3 边坡断面浚前图（比例尺：横向1:500；纵向1:100）

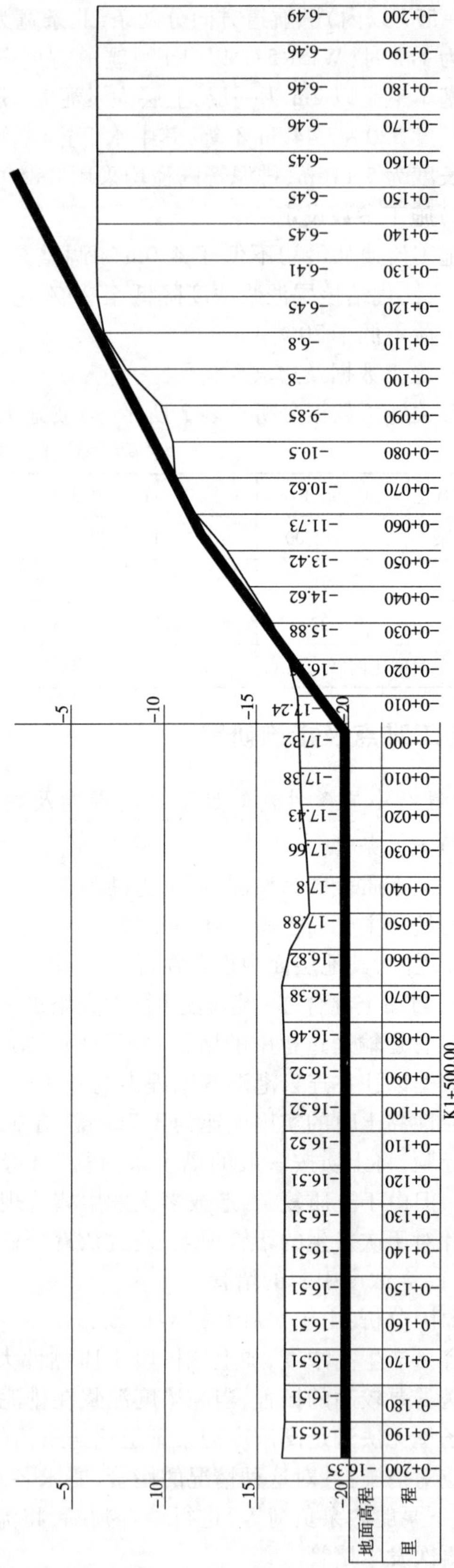

图4 边坡断面浚后图（比例尺：横向1:500；纵向1:100）

图5　施工土质中的钙化结核物

(2)管线泄漏引起堵管

原因分析:当管线局部发生泄漏时,漏点以后的管道中的施工流速变慢,漏点以后管道中的大颗粒泥团产生沉积,当沉积至一定量后就会产生堵管现象。

应对措施:针对这种情况的堵管,我们主要是通过对施工参数的变化来判断管线是否发生泄漏,发现问题及时组织查找管线漏点,修复管线再施工。

(3)管道中大颗粒泥团沉积引起堵管

原因分析:由于该标段土质主要是以坚硬性黏土为主,土质黏性大,并夹杂着一定数量的钙化结核物,当两者相互黏合在一起时,就会在输送过程中不断沉积在管道底部,特别当局部管线位于较低处、管线爬坡处或过度弯折处时就容易发生堵管现象。

应对措施:这种情况则较为复杂,因为这种堵管发生前基本没有任何征兆,用电脑回放施工记录时,施工参数都正常,开始找不出原因,实际上在第一次堵管发生后已经对施工参数进行了调整,将流速提高至4.5m/s,浓度降至35%以下,但还是发生多次堵管。在发现有钙化结核物后,将流速进一步提高至4.8m/s,并使浓度不超20%,经过这样的调整后,避免了堵管现象的发生。真正找到这种堵管的原因是在疏通管线时发现的。前几次发生水下排泥管线堵管时(浮管没有发生堵管,岸管发生堵管时容易查找堵管位置,好处理)无法确定堵管位置,只能靠高流量水力疏通,一次是在两泵堵管时用三泵串联泵送12小时清水才疏通;另一次是用三泵串联泵送50多小时清水才将另一艘绞吸船的水下排泥管线打通。后来将水陆管架头拆开后采用倒打清水的方法,结果所用时间较短,一般30分钟左右就将管线疏通了。通过对管线疏通方法的变换和分析,认为这种堵管情况是由于钙化结合物的存在,致使泥浆密度过大并在输送过程中不断沉积于管道底部后逐渐叠加所形成的。堵管时形成了加塞情况,在疏通时正打就难,而倒打就容易得多。

(4)施工操作不当引起的堵管

原因分析:当平均施工流速较大时,施工操作人员一般会提高泥浆浓度来消耗多余的压头。泥浆浓度的增加,一方面使得土颗粒间相互作用的程度加大,另一方面也使得水流支持土颗粒悬浮的能量加大,一旦管路的所需总扬程小于泥泵机组产生的有效扬程时,施工流速就会下降。管道中泥浆的紊流状态也会因流速的下降而减弱,一旦低于输送该种土质条件下的临界流速,管路内高浓度的泥浆就会逐渐沉积,造成管道输送阻力的上升而引起堵管现象。

应对措施:对于这种情况,我们通过对该类疏浚土的充分认识,合理改进施工操作方法,即合理控制泥浆与清水转换时的施工步骤，有效地避免了堵管现象的发生。

3）防堵管措施导致成本超支的控制措施

为了保证在这种土质条件下施工，将施工流速保持在4.8m/s以上，也即清水流速必须在6m/s以上，导致“新海豚”轮万方油耗居高不下，进而导致成本超支较多。有关“新海豚”轮2011年度1~9月份成本支出见表3所示，其产量与耗油量统计见表4。

“新海豚”轮2011年1~9月份单船成本支出情况表（万元）　　表3

施工月份	1	2	3	4	5	6	7	8	9
燃油消耗（万元）	218	439	80	633	678	506	562	204	442
其他费用（万元）	302	282	264	241	276	287	266	300	306
总成本（万元）	520	721	344	874	954	795	828	504	748
燃油占总成本比例（%）	42	61	23	72	71	64	68	41	59

“新海豚”轮2011年1~9月份产量与耗油量统计　　表4

施工月份	1	2	3	4	5	6	7	8	9
月产量（万m^3）	16.3	44.7	5.2	39.2	76.4	71.4	99.1	17.7	80.5
耗油量（t）	278.4	588.2	102	754.7	785.9	590.7	655.2	239.3	494.9
万方油耗（t/万m^3）	17.08	13.16	19.48	19.24	10.29	8.27	6.61	13.49	6.15

注：1~4月份三泵施工；8月份20天修船。

“新海豚”轮在H1.1标段施工成本高，主要是由于工程施工难度所引起的，土质状况是该工程施工成本高的主要原因。从表2中可以看出：”新海豚”轮两泵串联施工时万方油耗平均达到9t左右，三泵串联施工时达16t多，这是影响成本的主要因素。如何控制燃油成本，对于我们控制整个船舶成本意义非凡，燃油价格随市场而变，我们只能从降低油耗上下功夫，只有提高效率与时间利用率，才能降低万方油耗，为此我们从以下几个方面进行了努力，收到了一定的效果。

（1）制定切实可行的施工方案，发现问题及时调整，在保证施工质量的前提下，努力提高施工效率；

（2）在施工中合理选择施工参数，找出较佳的结合点，有效降低成本。在三泵串联施工时，针对效率与油耗的关系，我们进行了仔细的对比测试，当采用水下泵柴油机转速993r/min，1号、2号甲板泵柴油机转速950r/min状态施工时，经测定每台甲板泵燃油消耗量约在850L/h，平均施工效率为1 822m^3/h；当采用水下泵柴油机转速993r/min，1号、2号甲板泵柴油机转速930r/min状态施工时，经测定每台甲板泵柴油机燃油消耗量下降至约710L/h，平均施工效率为1 751m^3/h；平均施工效率虽下降了71m^3/h，油耗却下降了140L/h左右，可见，根据工况条件及设备性能，合理制定施工工艺，确保了设备安全性并具有很好的经济性，能真正达到节能降耗的目的。

（3）减少不必要的浪费，在管理上我们严格控制“跑、冒、滴、漏”，在施工中尽可能地减少泵送清水时间，在设备使用方面上，努力减少设备空转时间，减少不必要的设备投入，如我们在航道边坡上层施工时，泥质较软，绞刀负荷较低时，我们就只开一台疏浚发电机组。

虽然在多个方面想方设法降低成本，但万方油耗仍然很高。在今后的施工中不但要想方设法提高效率和时间利用率，同时对施工区域和吹填区域进行合理安排，尽可能多采用两泵施工，减少采用三泵施工。在本标段四个月三泵串联施工中，最好的一个月万方油耗也超过13t。

2.2 复杂工况条件对管线影响及施工措施

H1.1 标段水下排泥管线铺设难度大，在土质输送困难的情况下，特别是排距长的时候，管线阻力越小越好，这就要求管线尽量顺直，而该标段的水下排泥管线的铺设既费时又费力，从表 2 统计数据可以看出管线的施工占总时间的 13.3%，即平均每天有 3.2 小时用于管线施工，而管线施工的大多数时间都用在水下排泥管线上。

1）复杂工况条件对管线的影响

主要原因有以下几方面：

（1）海况及气象条件影响：施工区域是开敞海域（南北防浪堤建成后，堤内掩护较好），受风、流影响大，沉管铺设时因受风浪和潮流的影响易产生漂移，形成多个折弯，见图 6 和图 7 所示。特别是冬季，当管线发生问题时，需要好天气才能解决，而管线好了，天气又变差了，使船舶无法施工，由于以上种种因素地相互牵制影响了"新海豚"轮的时间利用率。

图 6　沉管下沉前的状态(1)

图 7　沉管下沉前的状态(2)

（2）管线延伸频繁，由于施工区域狭长，相隔时间不久就要延伸水下排泥管线，而延伸的水下排泥管线中空气不能完全排尽，合泵后原来已沉好的水下排泥管线又重新浮起，产生二次漂移现象；

（3）水下排泥管线在铺设过程中要避开抛泥坑、围堤、抓斗施工区等障碍，从而产生多个转向点,在受风、流影响的地方难以控制转向点。

由于上述原因,使得水下排泥管线产生多个折拗点,同时因水下排泥管线的二次浮起,使得水陆管架头附近的水下排泥管线产生堆积现象,需要使用锚艇将其拉顺或裁短重接。

2)施工措施

在施工过程中,水下排泥管线产生折拗点的橡胶软管的磨损远大于顺直管线中橡胶管的磨损,致使水下排泥管线经常发生泄漏,管线一旦发生泄漏,必须及时修复。由于水下排泥管线长,为了节约管线施工时间,不将水下排泥管线全部起浮,而是从中间接近泄漏点的地方将水下排泥管线吊起,更换破损的橡胶管,但要特别注意避免在修复后的水下排泥管线再次下沉时形成新的折拗点。

3 结语

连云港港30万吨级航道一期工程疏浚工程H1.1标段一大特点是土质复杂,施工土质下层为硬黏土、密实砂混钙质结核,易发生堵管现象,包括高浓度引起的堵管、管线泄漏引起堵管、管道中大颗粒泥团沉积引起堵管、施工操作不当引起的堵管等。

本工程另一大特点是工况条件复杂,位于开敞海域,受风、浪、流影响大,管线易产生漂移、折弯;管线延伸频繁,已沉好的水下排泥管线容易产生二次漂移现象;水下排泥管线在铺设过程中要避开抛泥坑、围堤、抓斗施工区等障碍,从而产生多个转向点,在受风、流影响的地方难以控制转向点。由于上述原因,管线施工时间占比大,影响施工效率。

本文通过研究,提出了相应的预防措施,有效地解决了问题。

参 考 文 献

[1] 连云港港30万吨级航道一期工程疏浚工程施工项目H1.1标段施工组织设计.中交上海航道局有限公司连云港项目部.

[2] 连云港港30万吨级航道一期工程(H1.1标段)岩土工程勘察报告.江苏省水文地质工程地质勘察院.

[3] "新海豚"轮连云港港30万吨级航道一期工程疏浚工程H1.1标段生产效率调研测试报告.中交上海航道局有限公司东方疏浚工程分公司.

开敞海域淤泥质浅滩条件下绞吸船疏浚吹填施工关键技术和施工安全管理

罗伟昌　周禹扬

（中交广州航道局有限公司　广州　510800）

摘　要：江苏沿海滩涂围垦基本位于潮间带和 -5m 以浅，土质多为淤泥、粉砂与底层粉质黏土。本文根据连云港30万吨级航道项目徐圩航道H2.3标段的实际施工情况，分析、总结了在潮间带和淤泥质黏土、粉质软黏土条件下绞吸船疏浚吹填关键技术和施工管理经验，可为类似工程提供借鉴。

关键词：潮间带；淤泥质黏土；绞吸船；施工管理

1　工程概况

江苏的海岸线长954km，海域面积约3.75万km^2，占全省土地面积37%，沿海滩涂面积约5 100km^2。江苏沿海围垦区域基本都是滩涂区域，其工况特点是吹填施工区位于潮间带和 -5m 以浅，土质多为淤泥、粉砂与底层粉质黏土（图1）。

连云港港30万吨级航道由连云港区航道、徐圩港区航道及推荐航线组成。H2.3标段工程所在地位于徐圩航道的最近岸端（图2），根据水深图显示，施工区大部分水深在0.6m～2.8m，部分区域大潮的最低潮时干出水面。

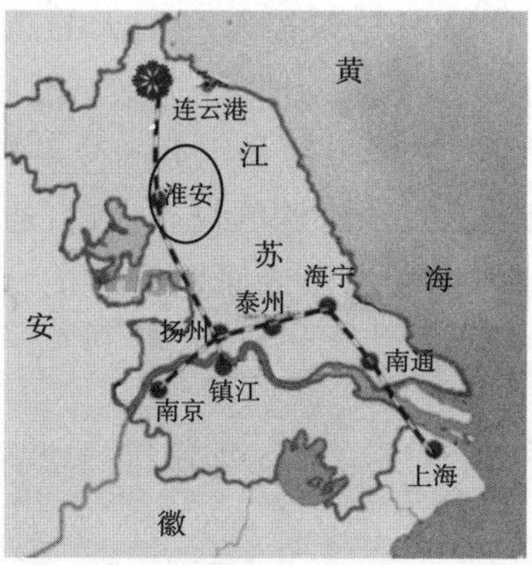

图1　工程位置图

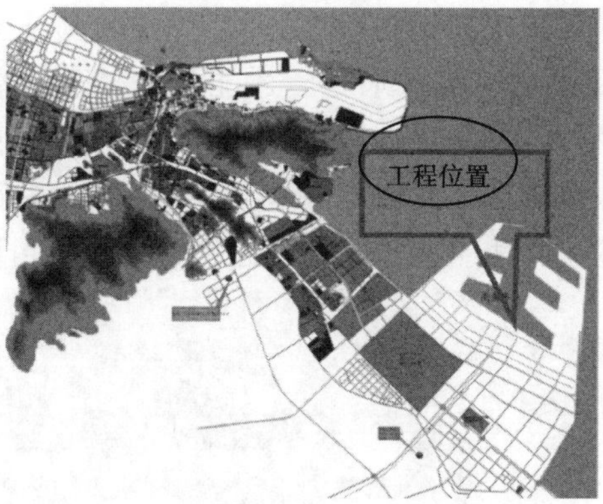

图2　连云港港徐圩港区规划图

江苏省水文地质工程地质勘察院于2009年12月和2011年5月对徐圩港内航道进行了2次工程地质勘察，根据地质勘察资料，徐圩5万吨级港内航道范围内主要为淤泥，从上至下分述如下：

①-1 淤泥：浅灰黄色，饱和，流塑，土质均匀细腻。局部偶夹粉土薄层。均有揭露、普

遍分布。该层土底板高程 -10.80 ~ -5.53m；厚度4.00 ~9.00m。

①-2 淤泥质软黏土：灰色，饱和，流塑，土质均匀细腻。局部偶夹粉土薄层。均有揭露、普遍分布。该层土顶板埋深4.0 ~9.0m；底板高程 -17.70 ~ -12.28m；厚度4.00 ~8.50m。

2 开敞海域淤泥质浅滩条件下绞吸船施工特点

1）绞吸船在连云港淤泥土质工况下的施工与其他地区不同的土质施工比对有明显的区别，具体表现为：

（1）开挖的疏浚土对船舶挖泥机具、排泥管线的磨损很小，因此产生的设备维修及更换而导致施工停歇的时间大大减少。

（2）吹填形成的泥面高差较小，淤泥在排泥管口附近容易流淌，形成较大的吹填作业面，节约了大量管线排泥口轮换的时间（图3）。

图3 排泥管口排出的淤泥

（3）淤泥在排泥管路中的输送阻力很小，绞吸船的施工效率在额定输送距离内基本不受排泥管线的长度影响，在不低于临界流速的前提下，可尽量提高泥浆浓度，提高施工效率。

（4）淤泥的承载力极低，吹填区内的管线作业非常困难，大部分管线只能布置在围堰上。

2）施工区均为浅水区，管线作业及绞吸船施工受潮水限制非常严重（图4）：

（1）施工船舶展布、浮管、水下沉管的布设均受到水位的限制，只能选择在高潮时间段内进行作业。

（2）连云港地区潮间带区域涨、退潮时的流速大，船舶移位、横移锚移动以及浮管调整等受水流的影响较大。

（3）项目施工初始阶段，绞吸船需要候潮施工。实际开挖时需等到当天的高潮水位，满足绞吸船最低施工需求水深后才能开挖。开挖潮间带区域表层时，需防止退潮后水深变浅时船体搁浅，同时需要防止开挖工作面的前后高差大，土体塌方后易引起安全事故。

（4）编制施工计划需考虑船舶防风安全，一般应先从安全水深区域开挖，打通施工通道，以及扩大防风区域的面积，以便遇到大风天气可随时撤出浅水区或原地防风。

图4 低潮时干出的施工区

3 开敞海域淤泥质浅滩条件下绞吸船施工关键技术

绞吸船在连云港地区的淤泥质、潮间带及无遮蔽条件下,需要通过积极有效的手段延长船舶的施工时间和提高施工效率。下面通过上文分析的影响因素,结合连云港港的具体工况条件,从挖泥效率、时间利用率和保质降本等三方面来阐述绞吸船在这种不利的工况条件下的施工关键技术和管理工作。

3.1 提高绞吸船的挖泥效率

1)保证泥浆浓度

绞吸船的施工,为提高整体的施工效率,在吹填施工和疏浚施工的上层开挖中,关键点是如何在安全流速下保持最大浓度。根据绞刀头的直径和土质的特性,在淤泥质土情况下,因为挖泥过程中绞刀头压力不大,一般分层厚度为 4 ~ 6m,泥浆浓度能保持在较高水平,相应的施工效率也能维持在较高水平。

2)测定最佳流速

绞吸船施工过程中保持一个合理、稳定的流速,也是提高效率的一个关键点。依据施工船的规格书,绞吸船的最佳流速(也称为理想流速)约在 4.0 ~ 4.8m/s,高于或低于理想流速都会降低施工效率。在淤泥质工况下,依据施工经验,管线长度在 5km 以下,双泵施工均可达到理想流速和较好的施工状态,参见图 5。

图 5 绞吸船施工中(左)、流速在 4.5m/s 的施工效率(右)

淤泥、平均粒径小于 0.05mm 的黏土以及粉土,其临界流速按下式计算:

$$V_c = 0.928C^{0.105}d_s^{0.056}\sqrt{2gD(\gamma_s - 1)} \quad (1)$$

$$C = \frac{\gamma_m - \gamma_w}{\gamma_s - \gamma_w} \quad (2)$$

式中:V_c——泥浆临界流速(m/s);

C——土颗粒体积浓度(%);

γ_m——泥浆密度(t/m^3);

γ_w——水密度,海水取 $\gamma_w = 1.025$(t/m^3),清水取 $\gamma_w = 1.00$(t/m^3);

γ_s——土颗粒密度(t/m^3);

d_s——土颗粒平均粒径(mm);

g——重力加速度,取 $g = 9.81$(m/s^2);

D——排泥管内径(m),取 $D = 0.85$(m)。

不同土类在不同泥浆体积浓度时的临界流速值见表 1。

各土类临界流速计算参数数据表 表1

土类	颗粒平均粒径 d_s（mm）	沉降速度 V_{SS}（mm/s）	天然土密度 γ（t/m^3）	土颗粒密度 γ_s（t/m^3）	泥浆体积浓度 ρ（%） 相应的土颗粒体积浓度 C（%）									
					2.5	5.0	7.5	10.0	15.0	20.0	25.0	30.0	35.0	40.0
淤泥	0.002 5		1.60	2.65				3.5	5.3	7.1	8.8	10.6	12.4	14.2
			1.65					3.8	5.8	7.7	9.6	11.5	13.5	15.4
			1.70					4.2	6.2	8.3	10.4	12.5	14.5	16.6
			1.75					4.5	6.7	8.9	11.2	13.4	15.6	17.8
黏土	0.020 0		1.75	2.70				4.3	6.5	8.7	10.8	13.0	15.1	17.3
			1.80					4.6	6.9	9.3	11.6	13.9	16.2	18.5
			1.85					4.9	7.4	9.9	12.3	14.8	17.2	19.7
			1.90					5.2	7.8	10.4	13.1	15.7	18.3	20.9
粉砂	0.075 0	6.0	1.80	2.70				4.6	6.9	9.3	11.6	13.9	16.2	18.5
细砂	0.175 0	15.0	1.85	2.70				4.9	7.4	9.9	12.3	14.8	17.2	19.7
中砂	0.375 0	25.0	1.90	2.70				5.2	7.8	10.4	13.1	15.7		
粗砂	1.000 0	60.0	2.00	2.70		2.9		5.8	8.7	11.6	14.6			
砾石	4.000 0	175.0	2.00	2.70	1.5	2.9	4.4	5.8	8.7					

不同土类、不同泥浆体积浓度的管路临界流速计算值见表2。

不同土类、不同泥浆体积浓度的管路临界流速计算值（m/s） 表2

土类	天然土密度 γ（t/m^3）	泥浆体积浓度 ρ（%）									
		2.5	5.0	7.5	10.0	15.0	20.0	25.0	30.0	35.0	40.0
淤泥	1.60				2.45	2.56	2.64	2.70	2.75	2.80	2.83
	1.65				2.47	2.58	2.66	2.72	2.77	2.82	2.86
	1.70				2.49	2.60	2.68	2.74	2.80	2.84	2.88
	1.75				2.51	2.62	2.70	2.76	2.82	2.86	2.90
黏土	1.75				2.85	2.98	3.07	3.14	3.20	3.26	3.30
	1.80				2.87	3.00	3.09	3.16	3.23	3.28	3.32
	1.85				2.89	3.02	3.11	3.19	3.25	3.30	3.35
	1.90				2.91	3.04	3.13	3.21	3.27	3.32	3.37
粉砂	1.80				2.18	2.50	2.75	2.97	3.15	3.32	3.47
细砂	1.85				2.85	3.27	3.60	3.87	4.12	4.33	4.53
中砂	1.90				3.11	3.56	3.91	4.22	4.48		
粗砂	2.00		3.10		3.90	4.47	4.92	5.30			
砾石	2.00	2.97	3.74	4.28	4.71	5.40					

注：排泥管内径 $D=0.85$m。

3）提高挖泥手们的操控技术

挖泥技术水平是影响施工效率的一个重要方面。有经验的挖泥手可以根据现场工况，自行调整本班次的挖泥厚度、步长、真空度、绞刀横移速度和排出压力等。

3.2 提高绞吸船的挖泥时间利用率

提高挖泥时间利用率主要是通过最大限度地提高挖泥时间，减少停工、停歇时间和吹水等时间来实现的，下面通过以下几点来探讨如何提高绞吸船的挖泥时间利用率。

1）优化管线的敷设与维护

绞吸船在浅滩区域的挖泥施工，对潜管和水上管的状态提出了更高的要求。因为在浅滩区域的管线出现故障，受潮水的制约，管线维修时间增加将导致船舶的停工时间将相应增加。因此在施工前敷设管线就需提前做好方案，加强管线厚度、法兰、胶管以及接口处的检查，以及钢管和胶管的搭配比例，保证管线良好的耐久性和与地形的适应性。

潮间区域，由于水上管持续受涨、落潮水的撞击，在浅滩容易造成损坏，尤其是 PE 红浮体结构的水上管特别易损。而自浮橡胶管自身具有一定的弹性，适应性较好，比较适应急水流状态下的施工，建议在潮间带施工尽量采用自浮橡胶管作为水上管。

淤泥和淤泥质黏土的自然边坡比较大，流动性较好。吹填施工前期不需频繁地换管和推进管线，但此种土质承载力较差，吹填区内的运管、接管都需使用水陆两用挖掘机，这种机械移动速度很慢，导致管线作业的时间也相对增加。另外，施工过程如管线发生小破损，将会很快形成大的孔洞。因此，施工前需做好整体的管线布设方案，施工中需加强管线的巡查、维护和人员与机械的配合，及时发现问题、解决问题。

2）优化船机设备的修理维护

淤泥对船机设备的磨损较少，但泵机等如有小的缺口，由于淤泥粒径较小，将会很快形成大的缺口，需加强挖泥设备的日常检查与维护，加大岸基支持，合理安排修理时间，降低设备维修保养导致的停工时间。

3）减少移船移锚等生产性停歇时间

配置合理的水上管线长度及确定合理的分条长度，能有效降低移船次数，从而减少移船时间；同时在现场部分水深条件允许的情况下采用抛长锚的施工方法（图 6），可显著减少移锚的时间。

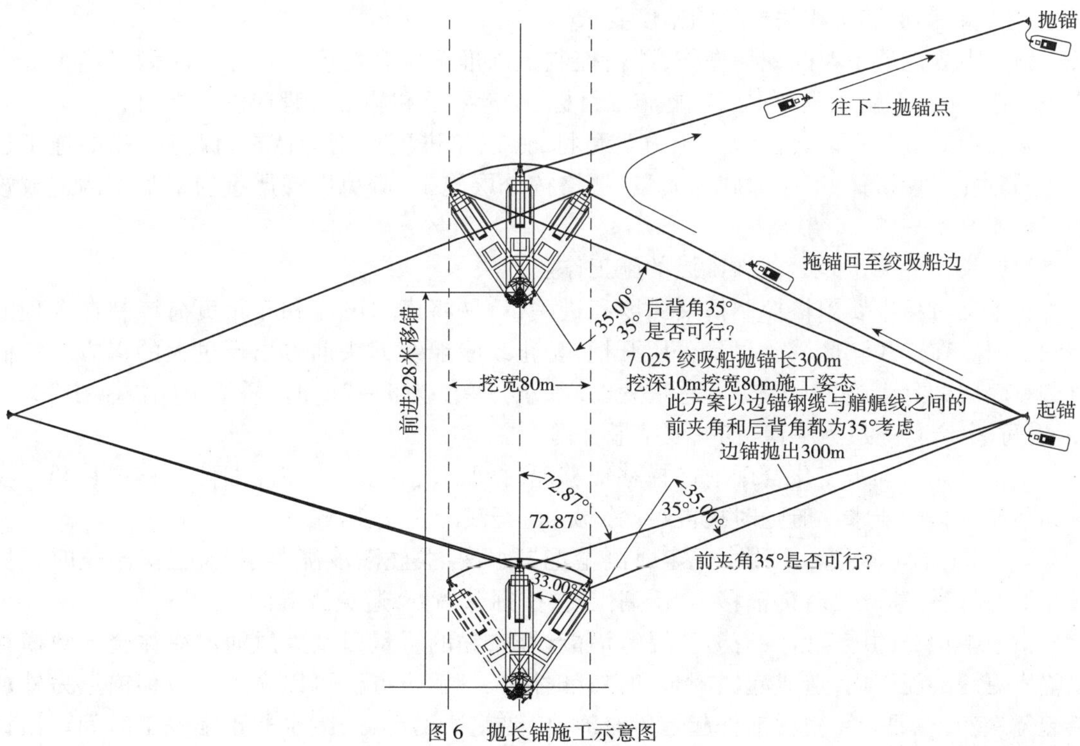

图 6　抛长锚施工示意图

3.3 保证质量、效率的同时，降低施工成本

通过施工方案的优化，保持管线长度，维持绞吸船保持理想的浓度和流速。在保持挖泥效率稳定的同时能够尽量多的单泵施工时间，从而达到保证质量、保持效率、降低油耗，节约成本的目标。

施工方案的优化体现在两方面，一是依据取土区与吹填区的形状、位置、距离等因素，按照“挖近吹远、挖远吹近”原则，合理制定整个施工期的管线敷设总体方案，并依据水深、土质等情况进行合理分层挖泥等；二是通过优化施工方案，降低大风、波浪等工况对施工的不良影响。

1)有效的质量控制与保证措施

根据现场的施工工况、土质条件和疏浚土处理方式，以及台风、雾季等不同的气候条件，结合在该地区的施工经验，编制出切实可行的施工进度计划，投入合适、足够数量的绞吸船确保工程优质、按期、安全完成。投入船舶设备疏浚能力应适当考虑富余，以减少因气候等不利因素对施工进度造成的影响。

根据工程特点，优化管线布设方案，降低管线维护强度。

加强施工期回淤观测，找出回淤规律。

加强船岸沟通，编制后勤保障计划；船上配备相当数量的应急物资，编制切实可行的应急预案。

施工前，对施工基线的测量控制点、水准点进行交接复核，依此测设施工基线和施工水准点。施工基线、施工水准点和定位标点的设置及其测量误差应符合《水运工程测量规范》和《疏浚工程技术规范》的要求。

严格按设计要求建立高程控制系统。

施工前和施工过程中定期对测量仪器、验潮仪、施工船的挖深控制系统和定位系统的精度进行校验，确保满足相关规范的精度要求。

施工中规范施工船的挖深操作，严格控制挖深准确率和精度。每一工序做好施工技术交底工作，向施工船舶明确本工序的施工目标、质量要求和施工过程应注意事项。

施工中间过程不以突击抢挖土方为目标，而以总进度计划为依据，保持平稳的施工进度，控制中间过程每一工序的施工质量，严格按分层施工，避免出现严重的施工垄沟造成竣工工程海床不平整。

2)归纳出连云港地区浅滩吹淤的施工作业方法

在施工过程中要严格控制桥架深度和进关量，并将横移电流和斗轮负荷控制在合理的范围之内。在挖浅滩区域时尽量分层开挖，防止绞吸船绞刀头前方出现过大的塌方。我们对调整底层的黏土施工参数进行总结发现，在分层厚度为 1 ~ 2m 时，桥架角度控制在 20° ~ 25°之间，生产状况最为平稳，挖掘效率最合理。

根据每天的潮水变化合理地选择移锚移船时间，确保挖泥船在高潮位时移锚移船。在移锚移船过程中要求锚艇随时报告水深情况，避开浅滩防止搁浅。

船上 24 小时安排专人用水砣定时测量挖掘水深，关注潮汐涨落情况，在高潮位时挖掘浅滩处，并确保高潮位时移锚移船；低潮位时，挖掘深槽处，避免浅滩搁浅。

由于本项目的施工区没有防波堤等消能设施，锚的重量以及大风涌浪往往会导致横移锚陷入更深的泥层内，造成起锚困难和消耗时间长。解决方法可以采用在横移锚上另外加装起锚钢丝，在遇到用横移锚杆起锚困难时，由锚艇协助起锚，减少非正常停工时间。横移

锚浅滩施工中要注意横移缆受力情况,防止受力过大,发生断缆情况。

浅滩施工时,移锚有时受到涨潮时间的制约,为节省移锚时间不影响船舶正常施工,抛设横移锚时根据风流情况,确定抛锚顺序。一般先抛上风、上流锚。抛锚时将斗轮转移到挖泥边线上,抛锚位置约在边线锚与当时船身的前夹角45°的位置。但在有时船身不转到边线上就必须搬移横移锚,船舶施工操作人员根据当时实际的潮位情况和船舶在挖掘过程中的绞刀头位置,估算调整横移锚抛锚角度和抛锚所需的钢缆长度,并正确指挥锚艇抛锚作业。

4 施工安全管理

绞吸船的施工需要使用钢桩,在施工中易受风浪的影响受损,并危及船舶人员安全。连云港地区在每年的11月份~来年2月份,一般为5~6级以上的东北风,在强冷空气时经常达到9~10级,周期约为10天。在6~9月份为台风季节,台风影响本地区的频率约为每年1~2个。在7级以上大风来临时,所引起的涌浪对施工船的安全造成了严重危害。因此需要针对本地区的浅滩、风浪的特定工况制定防强风、防台专项安全预案。在防风预案中需要考虑以下潮流、潮差、土质、水深、风力和避风区域等因素。

(1)潮流和潮差的影响。潮差变化大,必然会导致潮流流速大。流速超过绞吸船的设计标准,必然影响绞吸船展布和管线布设,情况严重的甚至可能会发生安全事故。

(2)土质和水深。在连云港地区均是淤泥质的滩涂区域,水深情况时刻在变化,对于常用的施工通道和防风通道需要经常检测。对于防风区域内下锚防风,应选择水深较好,使用抓地力大的锚型,并时刻注意锚位变化,防止发生走锚危险。

(3)在施工前期,考虑到会遇到冬天寒潮大风,需要首先开挖出足够防风条件的防风区域,减少因大风停工导致的长距离拖带,延长施工时间。

(4)管线布设安全问题。管线一般在船舶进场前需要安装完毕,在浅滩布设管线需要高平潮先行对接好,利用平潮时的水流较小,打开排气阀灌水进入沉管,使沉管能够较为顺直的下沉至泥面。

5 结语

在连云港港30万吨级航道一期工程H2.3标段这一大型浅滩吹填的施工项目中,解决了土质承载力差、风大、浪高、流急及台风等恶劣工况下船舶施工安全问题,同时提高了船舶的时间利用率,降低了施工成本。项目的按质、顺利完成,为后续的工程积累和提供了相关施工经验,并为类似项目提供了良好的借鉴。

参 考 文 献

[1] 高伟,韦东.绞吸船施工要点及措施[J].中国港湾建设,2011(01).

[2] 中华人民共和国行业标准.JTJ 319—99 疏浚工程技术规范[S].

连云港港 30 万吨级航道一期工程疏浚工程质量通病防治

王玉东　沈徐兵

（中交上海航道局有限公司　上海　200002）

摘　要：本文结合连云港港 30 万吨航道一期工程，论述了疏浚工程质量通病及其防治意义。分析了航道疏浚工程质量通病影响因素及应对措施，对类似工程具有借鉴意义。

关键词：连云港港；30 万吨级航道；疏浚质量通病；防治

1　疏浚工程质量通病概述及其防治意义

质量通病是指在工程中经常发生的、普遍存在的工程质量问题。航道疏浚工程质量通病主要有以下几项：

（1）施工区域内存在浅点，未达设计要求水深；

（2）航道底边线未挖足，开挖宽度小于设计要求宽度；

（3）航道边坡与设计要求不符，明显小于或者大于设计要求坡比。

因为以上质量通病的存在，在新版的《水运工程质量检验标准》（JTS 257—2008）中将以下几点作为航道疏浚工程质量是否合格的主要检测项目：

（1）设计底边线以内水域无浅点；

（2）设计底边线以内水域的开挖范围满足设计要求；

（3）所有检测断面全部大于设计开挖断面；

（4）边坡的开挖范围和坡度满足设计要求。

以上 4 条检测项目的理解如图 1 ~ 图 3 所示。

若无法达到以上 4 项检测项目的要求，即为出现疏浚工程质量通病，则该项目不能通过质量验收，质量判定不合格。

在施工过程中加强质量控制，做好对质量通病的防治，追求一次通过质量检测，从而减少延期、返工等造成的时间、成本的额外支出是每一个施工单位的努力方向。

连云港港 30 万吨级航道一期工程共包含 H1.1，H1.2，H1.3，H2.1，H2.2，H2.3，H2.4，H2.5 共 8 个疏浚标段项目。我公司参与了其中的 H1.1，H1.3，H2.1 和 H2.5 四个主要标段的施工。H1.1 和 H2.5 标段是其中难度最大、质量要求最高的两个施工项目。H1.1 标段是在现有航道基础上的拓宽、增深，疏浚施工与营运船舶通航存在干扰，安全协调有难度，另外经钻孔揭示：黏性土层中夹杂大量的钙化结合物，基本遍布所有区域，且厚度较大、分布不均。H2.5 标段在开敞海域施工，存在易受自然气象影响，冬季施工时间利用率低，施工水域航道回淤较大等客观因素，这些恶劣的客观因素是导致疏浚工程质量通病的主要原因之一。

连云港港30万吨级航道一期工程疏浚工程中对于出现的质量通病的处理主要集中在工程后期扫浅阶段,花费了高昂的代价,从表1中工程收尾阶段的扫浅计划与实际情况的对比即可明显看出。

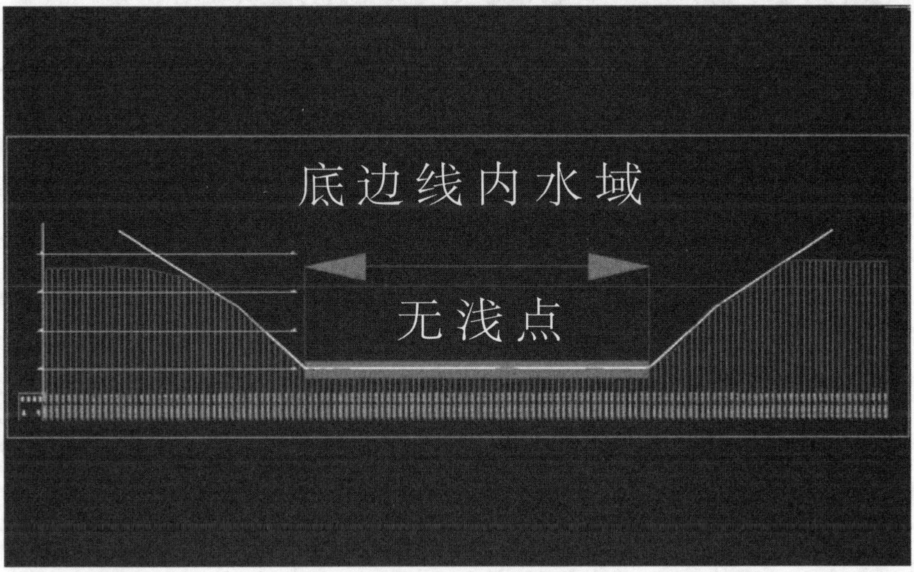

图1 设计底边线以内水域无浅点

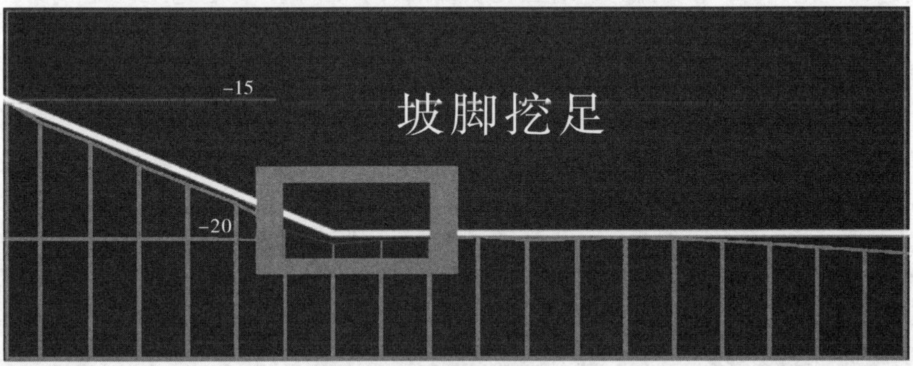

图2 施工范围内坡脚挖足

H1.1标段扫浅计划与实际实施对比 表1

项 目	计 划	实 际
扫浅时间	2012年4月底至5月底	2012年4月底至2012年6月底
投入船机	1艘3 500m^3/h绞吸船 1艘4 500m^3耙吸船 1艘10 000m^3耙吸船	1艘3 500m^3/h绞吸船 3艘4 500m^3耙吸船 1艘10 000m^3耙吸船 1艘整平船

航道疏浚工程质量通病的防治在项目的实施过程中进行,可以获得更加直接和明显的效果。在为期近4年的连续高强度施工过程中,通过不断地摸索和实践,在航道疏浚质量通病的防治方面取得了一些有效的、针对性强的措施与办法,对于航道疏浚工程质量通病的防

治具有借鉴意义。

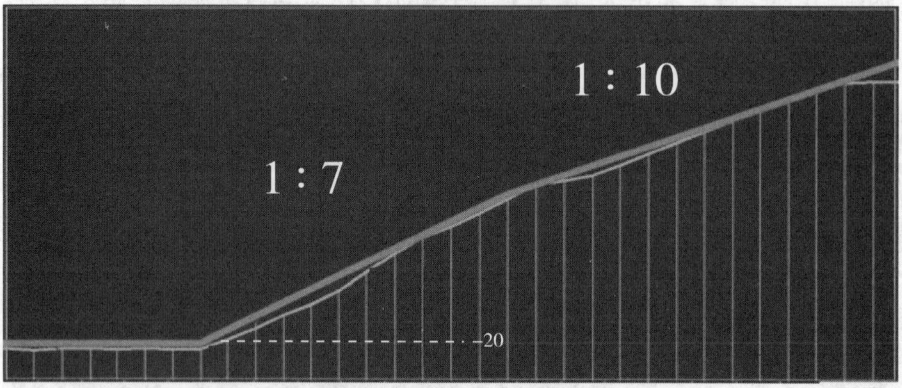

图3　监测断面大于设计断面，坡度满足设计要求

2　航道疏浚工程质量通病影响因素及应对措施

要做到对质量通病的防和治，必须先弄清楚质量通病的成因和影响因素，进而才能制定应对措施。直接影响航道疏浚工程质量通病的因素主要有以下几点。

2.1　外界因素

对于航道疏浚工程来说，项目所在地的水文、地质和气象等外界因素是最直接的影响因素。

影响连云港港30万吨级航道一期工程质量的外界因素主要是施工区的气象与地质两方面。前者主要指气象恶劣，工况条件差，直接影响船舶施工效率，后者是因为施工区内存在钙化结合物，难于切削，极易导致遗漏。其主要集中于-11m及以下泥层，且厚度不均匀。-12m左右是耙吸船施工难度最大区域，主要表现为施工后存在较多条形浅点，且连续分布，沟壑明显，扫浅船舶无论采取何种施工方式都难于上线，多数情况是滑耙后浅点未扫除，相邻低洼处却越挖越深。如图4所示。

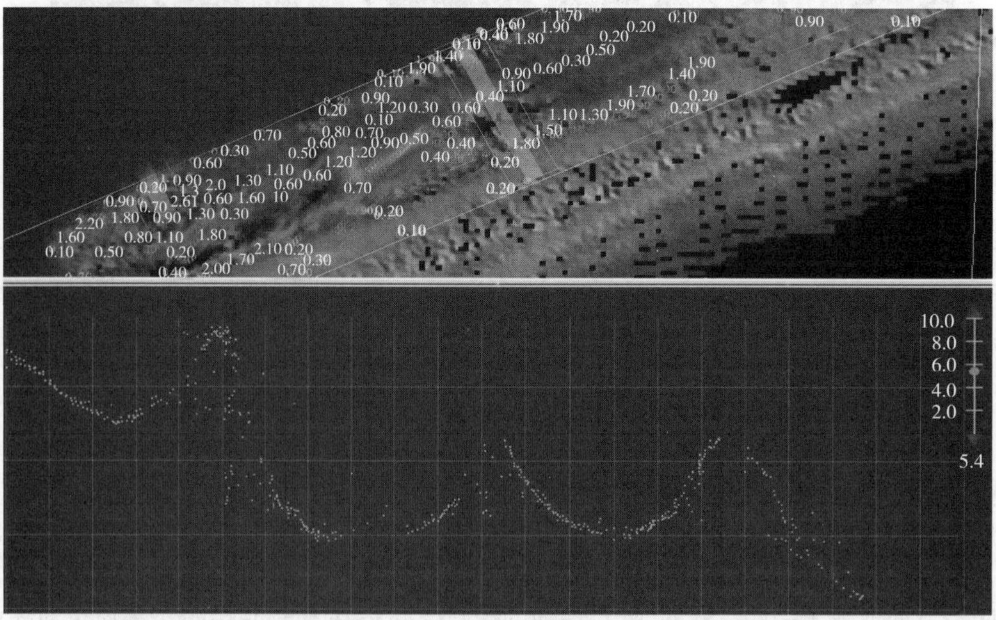

图4　土质因素导致疏浚工程质量通病（边坡断面）

针对实际存在的不利的外部因素导致的质量通病，大部分可以通过增加设备投入，创新施工技术或调整施工方案来克服。

对于航道内存在的浅点，连云港港30万吨级航道一期工程中研发的整平器(见图5)，由拖轮牵引拖拽，削峰填谷，取得明显的浅点防治效果。

图5 用于消除航道浅点的整平器

2.2 人的因素

人是生产过程中的活动主体，其总体素质和个体能力，决定着一切质量活动的成果。组织机构的整体素质和每一个体的知识、能力、生理条件，心理状态、质量意识、行为表现、组织纪律、职业道德等，都会对其所管理的工程项目的质量造成直接或者间接的影响。

对于航道疏浚工程，其直接作业者为施工船舶，因此施工船舶的操控直接影响到航道工程的施工质量，作为施工船舶的操控者，其质量意识和质量活动能力是影响航道疏浚工程质量的最直接因素。

连云港港30万吨级航道一期工程中新投入使用的“新海虎5”号，施工初期因船机设备处于磨合期，部分操作人员处于适应阶段，对新设备还不能做到得心应手，因此过程中出现了一定程度的漏挖或超挖现象。另外一线操作人员过于年轻，施工经验不足，还处于学习适应阶段，错误率较高，替岗人员责任心不够或者能力不足等原因也导致施工质量有所欠缺。通过总结经验教训，我们认为加强以下几点关于人的因素的控制，可有效降低质量通病发生率：

(1)以施工项目的质量管理目标为中心，根据项目部质量管理职能要求，组建项目管理部门，因事设岗，配备合适的管理人员；

(2)所有管理者、作业者必须持证上岗，特别是一线的重要技术人员、特殊工种、设备调试、校对人员等，具有合格的资质方能上岗；

(3)坚持和加强对施工项目的管理者和作业者质量意识教育及技术培训；

(4)制定和落实严格的质量管理制度和纪律，减少和避免不规范管理活动；

(5)邀请专家现场进行必要的技术指导，落实严格的奖惩措施。

通过以上几点管理措施的有效落实，因人的因素所导致的质量通病明显得到控制。

2.3 管理因素

对施工单位来说，管理因素包括两个方面，一是对组织的管理，二是任务的管理。简单的理解，前者论及的是工程项目的组织管理模式，后者是对所实施的施工项目的管理工作的过程。

由于航道疏浚工程的特殊性，施工船是工程项目的直接作业者，项目部作为管理者必须对作业者的能力了然于胸，时刻把握船舶施工动态，把不同性能的施工船舶安排在能够充分发挥其效能的区域施工，才能取得最好的施工效果。若是项目部对船舶性能、能力缺乏了解，则会造成管理混乱。在连云港港30万吨级航道一期工程，因施工区狭长，采用区域包干方式对施工船舶进行管理。施工中为了摸索最佳施工方案，需要较为频繁的跨区域调整施工船，从而导致无法发挥船员的主观能动性，及时总结和优化区域内船舶操控参数，提高施工准确度,保证质量。在意识到可能由此影响施工质量后,项目部根据船舶性能和区域地质条件,组织万方耙吸船重耙、定点、反复施工扫除局部顽固浅点,中型耙吸船满载、快速扫除回淤区域等措施,对于加快施工进度、确保工程质量、预防质量通病取得立竿见影的效果。

参与航道施工船舶的经济考核也对工程质量造成直接影响。施工船舶抢进度、轻质量,追求利益最大化的倾向是项目管理者需要关注并加以克服的重点。在施工初期,施工船舶开足马力,在最便于施工的区域施工,追求高产量,没有按照要求循序渐进、逐层逐条施工从而导致其包干区域内会出现较大的深度差,加大了后期施工的难度,且难于补救,这也是导致航道内出现连续浅点等质量通病的主要因素(图6)。在连云港港30万吨级航道一期工程中,项目部及时跟踪各分区船舶施工质量,派驻施工员专人监管,对于过程中出现的质量通病的征兆由专人定时、定点、及时消除,并且在考核中增加了质量控制的内容,对于克服质量缺憾,防治质量通病具有明显效果(图7)。

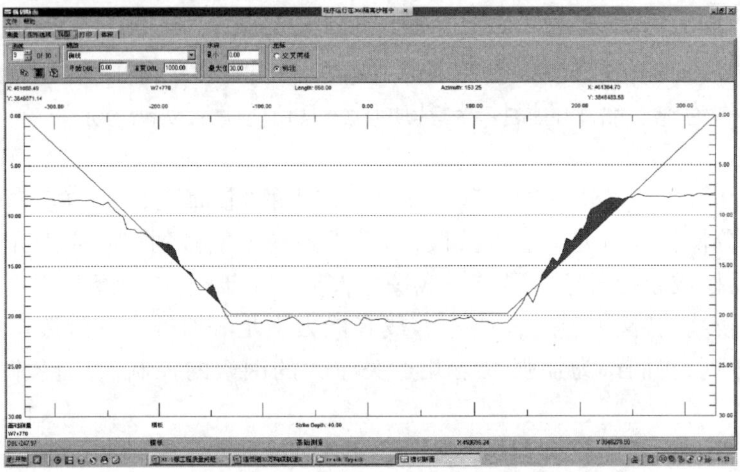

图6　船舶边坡欠挖,导致质量通病(断面图)

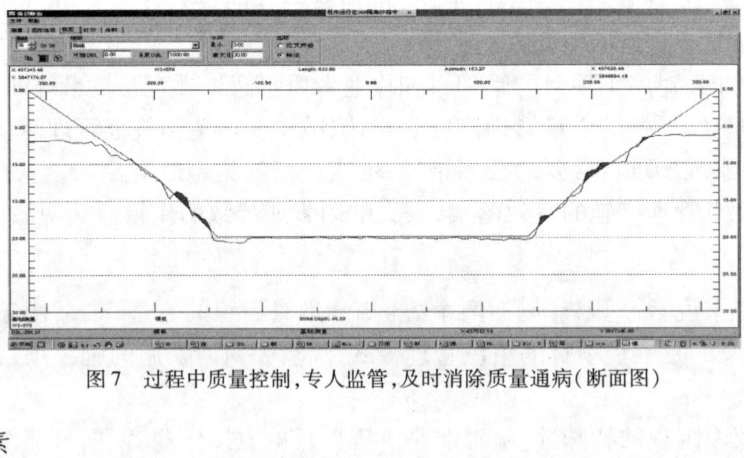

图7　过程中质量控制,专人监管,及时消除质量通病(断面图)

2.4　技术因素

影响工程质量的技术因素包括直接的工程技术因素和辅助的生产技术因素,如工程勘察技术、设计技术、施工技术,检测检验技术、试验技术等。

对于航道疏浚吹填项目,主要是通过技术工作的组织与管理,优化技术方案,发挥技术因素对工程项目质量的保证作用。在连云港港30万吨级航道一期工程中,因工况条件复杂、安全形势严峻导致施工难度大,因此在施工过程中通过技术的创新,新设备的应用,施工方案的优化等措施可有效提高工程质量。如黏性土工况条件下绞吸船施工工法的应用,新建万方耙吸船"新海虎5"号,"新海虎8"号的投入使用,施工后期整平器的使用都对保证工程质量起到至关重要的作用(表2、图8与图9)。

整平器施工前后效果对比表 表2

项　目	W9 +000 - W12 +300	
时间	整平器施工前	整平器施工后
超挖量(m^3)	365 899	276 933
欠挖量(m^3)	19 484	5 033
超挖面积(m^2)	787 285	809 228
欠挖面积(m^2)	66 321	48 722
超挖深度(m)	0.465	0.342
欠挖深度(m)	0.294	0.103
完成率(%)	92.23	94.32

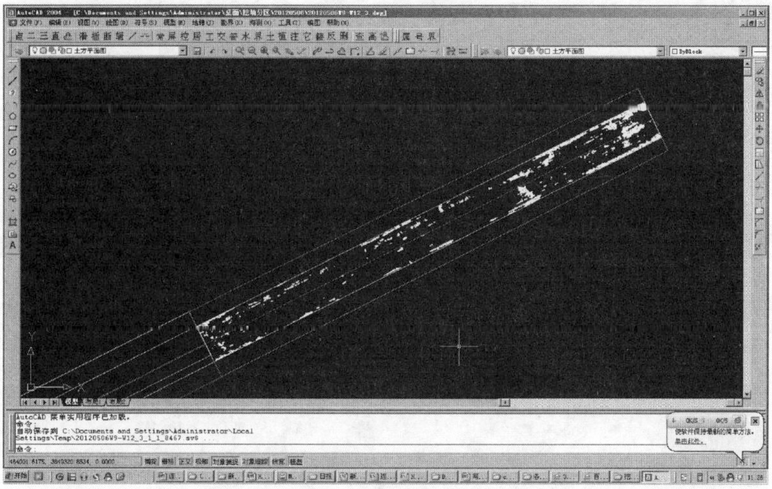

图8　整平前航道内浅点分布示意图

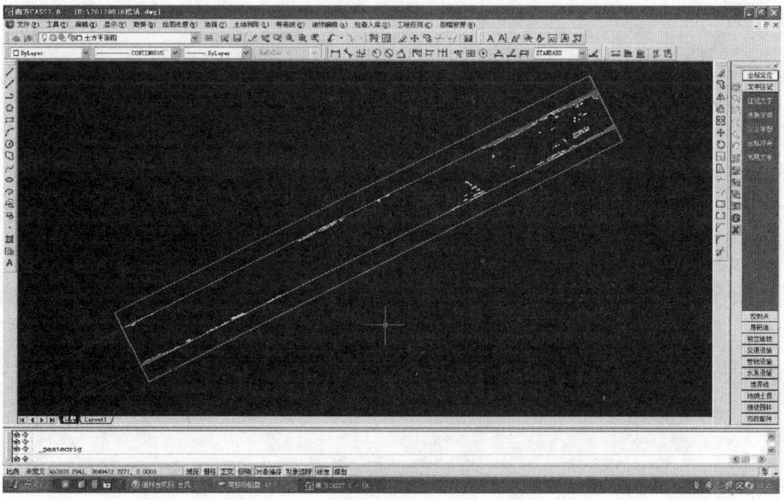

图9　整平后航道内浅点分布示意图

3 结语

在航道疏浚工程的施工中,对于所发现的质量通病,不仅要从施工项目本身分析其产生的原因,还要系统总结和思考导致质量通病的更深层次规律和影响因素,进而寻找应对措施予以防治。本文所列举的四大因素的控制对防治航道疏浚工程质量通病具有直接和关键的作用。针对具体的工程项目,各因素影响程度有所不同,在项目管理过程中要根据实际情况分清哪些是主要因素,哪些是次要因素,区别对待,制定有针对性的应对措施,在施工中及时落实,可以有效地减少质量通病发生的概率。

参考文献

[1] 上海航道局.疏浚工程手册.1994.

连云港港30万吨级航道一期工程疏浚工程H1.1标段水下排泥管线铺设和控制

沈徐兵　葛卫东　张国辉　钱勇强

(中交上海航道局有限公司东方疏浚工程分公司　上海　200136)

摘　要:本文针对连云港港30万吨级航道一期工程疏浚工程H1.1标段工程特点,叙述了水下排泥管线铺设方法和过程中管路破损或堵管后的处理措施,对绞吸船水下排泥管铺设具有指导意义,可一定程度上减少因管线问题造成的绞吸船停产,加快工程进度。

关键词:水下排泥管线;铺设方法和控制

1　工程概况

连云港港30万吨级航道呈"人"字形布置,由外航道、徐圩航道和推荐航线组成。H1.1标段施工区域位于外航道内段,施工范围从A(东西连岛最东段与旗台嘴连线)到W12+300合计13.68km,见图1。

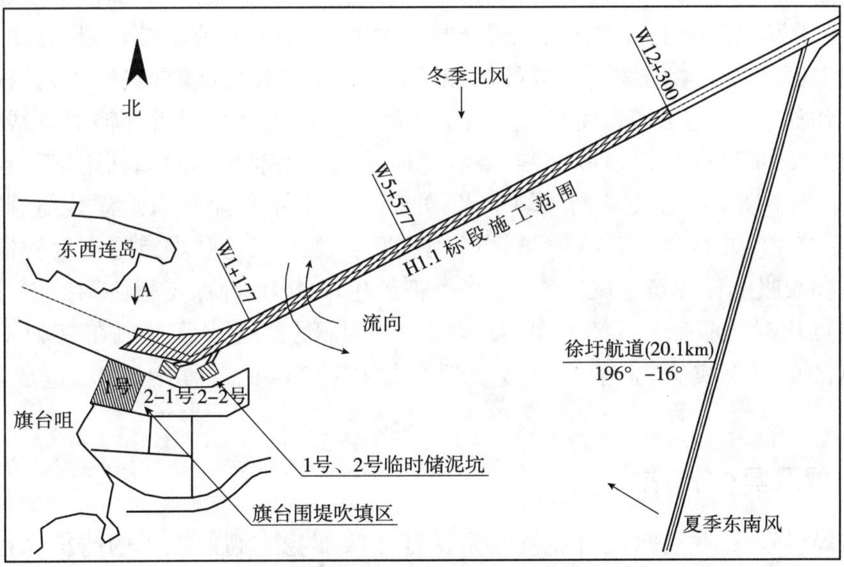

图1　连云港港30万吨级航道外部条件概况图

1.1　施工区自然条件

连云港冬季盛行偏北风,夏季盛行东南风。台风多出现在7月到9月,最大风速30m/s。寒潮影响的时间在每年的11月到次年3月,伴有7级以上的大风,风向为NNW—NE占

93.7%。连云港潮型属于非正规浅海半日潮性质,潮差较大,平均潮差3.64m。外航道水域潮流运动以旋转流为主,逆时针方向旋转,近岸具往复流性质,基本垂直于航道。常浪向为偏NE向,E向次之。累年平均波高为0.5m。

1.2 施工区域附近水深条件

除疏浚施工及围堤施工区域外,水深在-5.0~-8.0m之间。

1.3 其他情况及工艺要求

(1)施工区域南侧围堤仅形成1号,2-1号围堤正在施工,南北均未遮挡。

(2)A0+000~W5+577段航道南侧采用绞吸船施工,直接吹填1号吹填区。

(3)W0+000~W5+577与吹填区之间有储泥坑阻隔,吹填至1号吹填区排泥管线必须绕过储泥坑,铺设于储泥坑与吹填区北侧围堤之间。

(4)由于绞吸施工区域狭长,绞吸船自西向东进行施工,进度较快,平均1~2月向东加接500~1 000m沉管,以满足进度要求。

从图1可知,沿岸潮水流向基本为南北往复流,而管线布设的方向基本平行于航道,正好与流向垂直,对沉管铺设十分不利。左右两侧无遮挡,若风向与潮流同向,更加大了管线铺设的难度。

1.4 其他工程难点

连云港港口工况复杂,疏浚施工难度相当大,有些困难直接关系到整个工程的成败,对工程起着决定性的影响。主要体现在以下几个方面:

(1)连云港港30万吨级航道是对原有15万吨级航道的增深和拓宽。原15万吨航道不封航,保持使用状态,来往船舶密集,导致航道内通航船舶与施工船舶之间的相互干扰,安全形势严峻。业主要求我方采取主动避让措施,确保港口生产不受影响,确保安全通航。

(2)施工中发现疏浚土质中含有大量招标文件中未提及的硬质结石,且数量巨大,基本覆盖所有施工区域。大量的块石造成绞吸船疏浚设备及排泥管线重大磨损,且极易造成堵管,绞吸船新海豚轮在施工摸索阶段发生多次堵管现象,而且绞刀齿和输送管线超速磨损,速度是常规土质的2~3倍;处理堵管或维修更换导致绞吸船平均时间利用率不到40%。

(3)该工程中所有疏浚土均需吹填上岸,处理方式是耙吸船航道疏浚装舱,临时储泥坑抛泥,绞吸船储泥坑二次抛吹进入吹填区的耙绞联合施工工艺。难点是需要控制耙吸船航道疏浚效率和绞吸船储泥坑抛吹效率,以平衡耙绞生产能力,确保工程协调推进。

以上难点均对绞吸船施工产生重大影响,水下排泥管的铺设必须在有利于控制或解决以上难点的前提下实施,提前规避或设置预控措施,避免过程中调整,造成停工,影响生产。

2 管线布置及具体措施

提供布局科学,结构合理的排泥管线是保证绞吸船稳定高效施工的前提。在铺设之初就必须考虑到施工过程中管线维修的可能,减少不必要停工时间。

2.1 结构形式

该工程水下排泥管组成模式为12.0m钢质管与2.0m橡胶管1+1组合方式[1],可兼顾管线的柔韧度及摩擦阻力。

2.2 总体布局

排泥管线布设的基本要求是满足绞吸船在特定的土质条件下、有效施工排距内，安全、连续、稳定和高效施工的要求，要尽量减少管线的增减、移动和维修所造成的停工[1]。管线总体布局应在绞吸船进点之前进行，综合施工工艺、土质、气象、水流、施工干扰、管线质量等多项因素确定。

该工程因需频繁延伸管线，又因管线快速磨损，需及时维修等原因，过程中可以随时根据情况对管线的布局进行优化。1 号吹填区前期施工，沉管必须穿过围堤与储泥坑之间的狭长地带布置，避过南侧的围堤延伸线和北侧的临时储泥坑至施工区域，走向弯折，铺设难度大。在 2-1 号吹填区北侧围堤形成后，及时调整管线方案，以岸管代替沉管，不仅铺设难度小，而且破损后便于维修，对于提高绞吸船时间利用率有利。如图 2 所示。

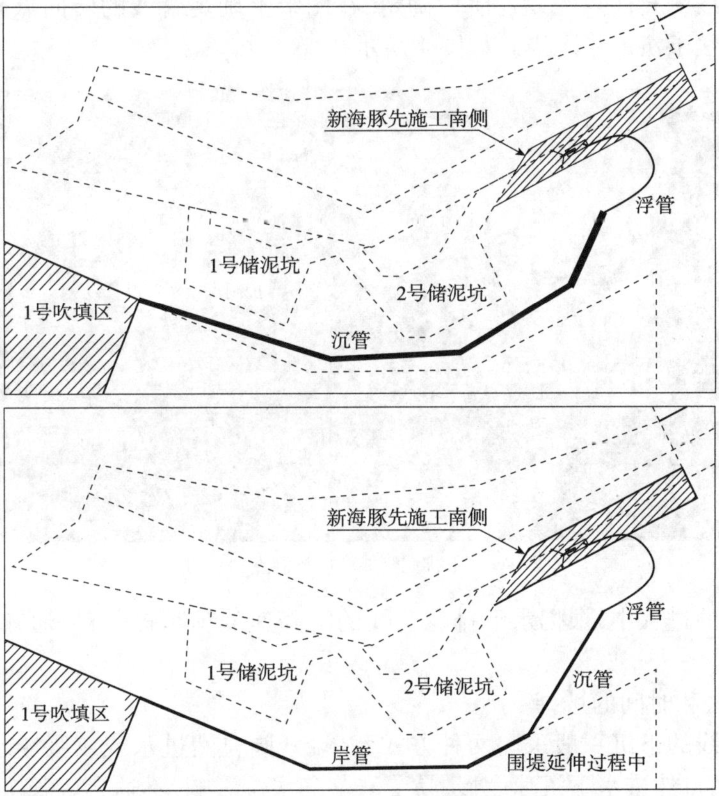

图 2 1 号吹填区前后期排泥管线布置方案

2.3 过程控制

(1)水下排泥管线方向控制

水下排泥管走向确定之后铺设，位置控制是关键。该工程中，要控制与南侧围堤的及北侧储泥坑的距离，避免被围堤抛石覆盖或滚落储泥坑中。借助拖轮进行沉管的方向控制，经实践证明能取得预期的效果。如图 3 所示，拉直前后的水下排泥管线走向对比。

沉管一端进水，另一端走向由拖轮控制走向，要点是控制好拉力和航向，过大的拉力会使排泥管线受损，后期施工中如果管道内部压力较大，在法兰处形成的细小空隙将被逐渐冲刷放大，造成管线破损。

图3　拉直前后的水下排泥管线走向对比

(2)水下排泥管线转向点控制

水下排泥管线的转向点在设计阶段确定,在图纸上确定管线的转向点坐标,然后定位,抛定位浮作为管线下沉的指示点。如图4所示。

图4　水下排泥管线转向控制点示意图

在管线沉降的过程中,根据水下排泥管线的沉降速度预判提前量,通知拖轮转向,以保证转向点圆顺。

(3)下沉方法和时间的选择

水下排泥管线的下沉一般采取两种方式,一端开阀自然进水或绞吸船水下泵打水。两种方式各有优劣,自然进水下沉速度慢,易受涨落潮水位影响,不适合较长沉管铺设使用,较长的水下排泥管线可分段下沉。该方法优点是铺设好的水下排泥管线走向顺直、平稳。适用于潮差较小,水流缓慢,长度控制在2.0km以内的水下排泥管线的下沉。

绞吸船水下泵泵送清水下沉,在两端都连接好,且沉管走向固定以后,通知绞吸船合泵打水沉管。该方法下沉速度快,效率高,受水流、涨落潮影响小。缺点是下沉速度不易控制,局部易出现大角度弯曲,易折拗,折拗处易出现在水陆管架头处。绞吸船直接合泵沉管适用于自然环境恶劣,缓慢沉放不利的工程。沉降过程最好选择在平潮时段。

(4)下沉速度控制

不管采用哪种方式进行沉管铺设,都不是下沉速度越快越好。自然进水方式下沉,如果沉降速度快则进水速度快,则管道内的水流前进惯性大。若期间旁通阀进水速度受限,进水量小于管道内水流的前进量,将会阶段性带入空气。空气随水流进入管道,在已下沉部分汇集，产生足够浮力将已沉管线浮起。会影响后续沉管中水流前进动力，管道内没有足够的推力将已浮起的管线再次压入水底，则无法进行后续管线下沉。解决办法是在排泥管线的另一端设置排气阀，根据进水口进水量情况，随时控制排气速度来人为调节进水速度，避免进入过多的空气导致部分水下排泥管线浮起，见图5所示。

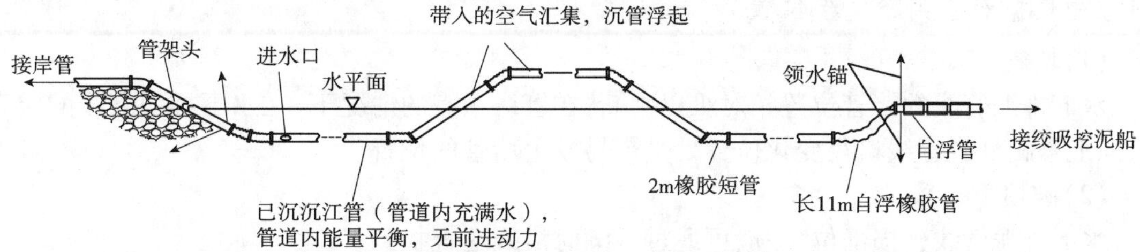

图5　空气进入后导致水下排泥管线浮起现象

绞吸船直接合泵沉管，也是流速越低越好，所以仅水下泵打水即可。受限于设备性能，水下泵不能低于一定转速，所以管道内流速一般会保持在2m/s以上，这个流速对于控制沉管走向较为有利。在管线下沉过程中需要一艘辅助船舶跟随管线下沉方向航行，过程中跟踪观察沉降动态，并与绞吸船保持联系，遇到意外指挥绞吸船随时调整转速或暂时脱泵，正常后再继续下沉。下沉至管架头附近时最好通知绞吸船暂时脱泵，辅助锚艇将下沉过程中堆积在管架头附近的沉管拉顺，形成弯弧或裁短，并固定管架头走向后方再通知绞吸船合泵沉管，完成所有水下排泥管下沉工作，见图6所示。

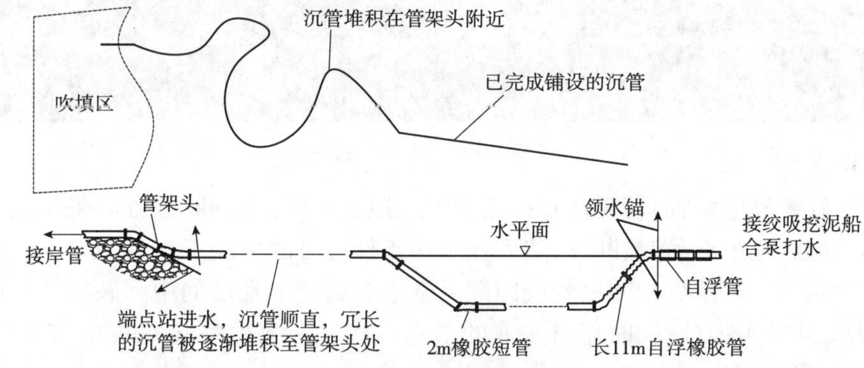

图6　管架头处出现管线过度折坳现象

总之，水下排泥管线的铺设过程需要针对不同的施工现场，不同的水流、潮汐和风向等自然条件随机应变。

3　施工过程中意外情况的处理

这里讨论的意外情况是指管线破损和意外堵管两种情况。

破损和堵管若发生在浮管或岸管部位可以通过更换或裁撤迅速地恢复生产。若这两种情况发生在沉管段将会对施工造成很大影响，长时间的停工不可避免，同时为恢复生产需要付出高昂代价。总体来说，主要的停工时间用于寻找破损或堵管部位并将之提升出水面，而进行维修更换所需的时间反而较少。因此在水下排泥管线的铺设阶段就需要为后续施工中可能发生的意外事件考虑周到，并提供必要的准备和应对措施。

H1.1标段工程中，在浅滩上进行长距离水下排泥管线铺设之前，先根据以往经验在易发生破损、堵管部位，或每隔500m左右设置一根直径至少36mm以上，长度15～30m的钢缆，另一端采用锚浮固定。在施工中若发生破损或堵管，可较为迅速地利用机械起吊破损或堵管部位附近的水下沉管，较之采用常规方法从管线一端用空气压缩机打气逐条将所有水下排泥管线都起浮然后再维修可以节约大量时间。具体做法如下：

3.1 先根据经验判断发生位置

(1)堵管

水下排泥管线的堵管位置相对难以判断，在管线顺直的情况下，在水下排泥管线的转弯处，向上攀爬处及管线口径变化位置处是容易发生堵管的位置。

(2)破损

水下排泥管线破损部位，一般可通过低潮时沿线巡查找到。

3.2 就近维修和更换

水下排泥管线发生破损可用锚艇将破损部位附近的预设起吊钢缆收起，机械起吊将沉管拎出水面，然后采用空气压缩机向管内打气，将管内水从破损处挤出，则起吊点与破损处之间的沉管会自然起浮，方便进行维修或更换，见图7所示。

图7 沉管破损预设钢缆起吊打气维修

水下排泥管线发生堵管，若无法直接用水力疏通，同样可在判断位置后采用上述方法将邻近绞吸船一端的起吊点吊起，断开，然后在水深条件许可的情况下直接与船上管或浮管连接，再进行水力疏通，可减少中间段管线因法兰微小渗漏或未发现的中间破损造成的压力释放情况，增大疏通的可能性；同时还可采取的措施是将另一端也吊起并断开，节约疏通所需的能量和时间，降低损失。

实现以上措施需注意的是锚艇的起吊能力必须足够大，且预设的钢缆强度必须大于充满水的沉管重力及起吊时邻近沉管纵向移动泥面阻力的共同作用，如图8所示。

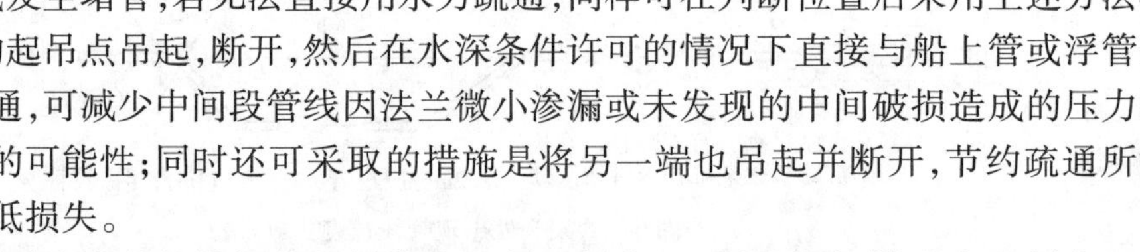

图8 机械起吊沉管必须克服的阻力示意图

还需要注意的是，即使同样长度和组成的管线，在起浮维修，恢复施工后会发现，相对维修前各施工参数会发生改变。主要表现于施工流速降低，柴油机负载降低等现象[2,3]。分析原因,如能排除沉管折拗,则可判定是因为前期施工中沉管自身重力、管道内泥浆重力、水流影响和管道内流速产生的曲张力等因素共同作用下,达到平衡状态,管道顺直,摩阻较小。而重新沉管后,不可避免地会发生沉管水下翻滚、局部折拗等现象,都会增大管道摩阻,造成参数变化。但是施工一段时间后各影响因素会达到新的平衡,又恢复到原来的正常状态。

4 结语

在连云港港30万吨级航道一期工程疏浚工程H1.1标段施工中,通过不断地摸索和积累,获得上述的水下排泥管线铺设和意外情况处理的经验,经实践证明取得了很好的效果,可以有效减少管线的局部磨损,降低破损和堵管概率,即使发生破损或堵管,通过采取措施也可以比较快速地修复,对于提高绞吸船时间利用率,确保工程进度具有积极作用。但其中某些措施还有待进一步细化和完善,形成通用性更强的系列资料,为绞吸船水下排泥管铺设起到更大的指导作用。

参考文献

[1] 中交上海航道局有限公司. 排泥管线施工工艺[M]. 上海:中交上海航道局有限公司,2009.

[2] 中华人民共和国行业标准. JTJ 319—99　疏浚工程技术规范[S].

[3] 中交上海航道局有限公司. 疏浚技术培训教材(上)[M]. 上海:中交上海航道局有限公司,2005:44-47.

耙头改造提高复杂土质挖掘效率研究

程　飞　张　诚

（长江南京航道工程局　南京　210011）

摘　要：结合自航耙吸挖泥船耙头结构特点、使用性能要求、疏浚工况条件及泥沙磨吸入等具体情况，借鉴国内外采用的不同方法和思路，对耙头形状、高压冲水角度、引水等内容进行研究改造，提高复杂土质的挖掘效率，针对改造效果进行总结探讨。

关键词：耙吸挖泥船；耙头改造；挖掘效率

1　引言

随着疏浚船舶的大型化，实现疏浚工程的高效率，一个必须解决好的关键问题是提升疏浚设备对工程施工土质的适应性。耙头是自航耙吸挖泥船主要疏浚设备之一，它安装在耙吸管最下端，挖泥作业时耙头紧贴水底泥面，在船的拖曳下松土挖泥，再由泥泵将泥水混合物一起吸入并排入泥舱或边抛，达到清淤、疏浚、工程开挖之目的。耙头挖泥性能的好坏直接影响到自航耙吸挖泥船生产效率，国内外疏浚行业都高度重视耙头新技术的研究和开发。本项目总体目标为针对不同工况和土质情况，研制相应的耙头，提高施工效率，发挥船舶的性能优势。

2　现有耙头不足之处及本次研究拟重点改进方向

2.1　实际施工中遇到问题

“长鲸6”号自航耙吸挖泥船现有耙头为软钢焊接结构，主要由一个固定部件和一个调节罩组成。由于在使用过程中遇到硬质土，原耙头多处出现裂纹，尤其高压冲水腔底部耐磨板出现整体裂缝，造成了耙头安全隐患。

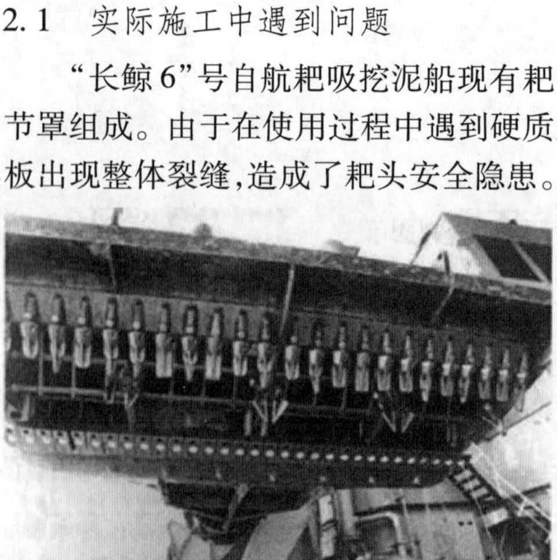

图1　黏土堵耙

船舶在连云港工地和青岛董家口工地施工过程中，该施工区域土质成分比较复杂，中上层以淤泥和中粗沙为主，施工时泥浆密度达到 1.22t/m^3 以上，下层基本上以铁板砂、粉质黏土为主，局部甚至会有强风化岩，我们关注到由于土质的变化，现有耙头施工效率不高，使该船的性能得不到充分的发挥。如图1所示。

2.2　现有耙头的不足及拟改进方向

通过对国内外高效耙头的广泛调研，我们认为针对密实细砂和较硬粉质黏土、坚硬黏土（贯入击数 19～26，天然密度 1.9t/m^3）这一类硬土质，现有的高效耙头具有如下几点不适应性：

（1）过分突出破土能力某一方面的因素。

（2）耙齿的形式发展很快，而忽略耙的重量。

（3）不同土质对耙头的反作用力不同，对耙头的强度要求不一样，耙头结构强度不足而产生裂纹（图 2）。

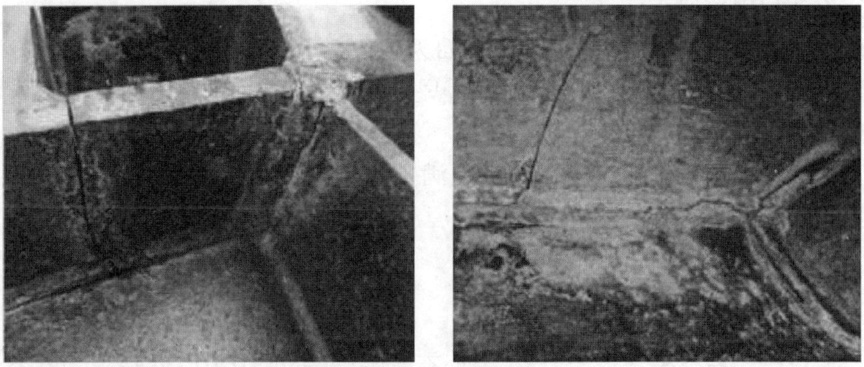

图 2　耙头结构件产生裂纹

3　高效耙头开发研究

3.1　技术要求

（1）主要技术规格

吸泥管径：1 200mm

冲水管径：450mm

活动罩最大转动角度：50°

主动耙头总重量：≥28 000kg

（2）耙头的结构及材料要求

①采用两只新型高效耙头，适用于疏浚黏泥和砂，也能适用于疏浚高密实细砂。两只耙头分别布置在船首左右舷的耙吸管上。

②本体与耙管的连接用法兰式装配，并配备安全连接耳板短管。

主动耙头本体与活动罩之间采用两只油缸连接，其中一只油缸具有行程数显功能，传感器用进口。

③新型高效耙头主要由连接耳板短管、耙头本体、活动罩、高压冲水装置、液压油缸、耐磨件、冲水耙齿、冲水嘴、手动蝶阀、液压蝶阀等部件组成。

④耙头主要为 CCSA32 钢板焊接结构，耐磨件、冲水耙齿为 CrNiMo 耐磨合金钢铸造而成，冲水咀为高分子聚乙烯材料，焊接结构必须具备足够强度和良好的焊接质量。

⑤挠性橡胶软管采用耐海水腐蚀、力学性能很好的橡胶制造。

⑥相应铰接孔的同轴度、平行度需符合图纸要求。

⑦结构件焊缝气割面必须打磨，保持美观。

⑧耙头制造应按设计图纸要求、CCS 规范进行，并满足《船用臂架起重机金属结构制造技术要求》（CB/T 3491—92）、《船用臂架起重机安装技术要求》（CB/T 3492—92）的要求。

⑨焊接质量和检验要求：焊缝外观质量应满足 CB/T 3802—1997 的规定；对接焊缝的内

在质量,要求进行100%超声波探伤,验收标准按CB/T 3559—94规定的Ⅱ级要求执行;角接焊缝的内在质量,要求抽取长度的5%～10%作着色探伤或磁粉探伤,验收标准按CB/T 3958—2004规定的Ⅰ级要求执行。对主要铰轴,除了超声波探伤外,还要在加工后进行着色探伤或磁粉探伤,其应满足相关标准要求。

⑩要求主要结构件的加工需在焊接完成并消除焊接应力后进行,相应铰接孔同轴度、平行度需符合图纸和规范要求。

⑪所有钢结构件表面须喷砂处理,其表面为Sa2.5。

⑫油漆要求:所有结构采用厚浆环氧漆,厚度2×125μm,面漆为聚氨酯面漆,厚度1×100μm,颜色为黑色。

⑬以上耙头设计时需满足在下列条件下满负荷运行:

沿海航区作业,船舶横倾7°,纵倾2°,环境温度-15℃～+45℃,最大风速20m/s。

3.2 高效耙头设计

1)耙头的总体方案设计

WGH001-1200耙头是在DN12000型耙头的基础上,总结不同的施工工况及施工经验,改进完善设计的。设计构思图如图3所示。

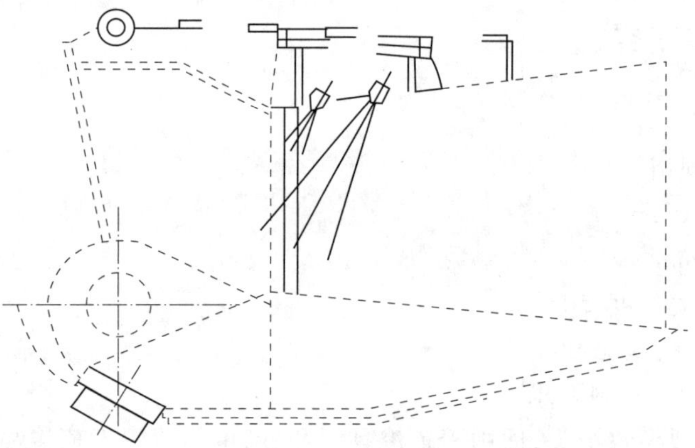

图3 设计构思图

本耙头针对黏土、亚黏土这种特殊土质开发。在原有耙头的基础上,增加适合黏土切割的水力破土的功效,防止耙头挖掘施工过程中的土质对格栅的堵塞从而影响施工。设置了高压冲水装置,高压冲水由2路液压控制,其中一路高压水,经耙头底部的一组喷嘴或耙齿本身的出水口喷射出高速水柱,利用水动力破坏泥砂黏结力,使其松动悬浮,挖泥效率明显提高,特别适用于中细砂、黏土的挖掘。由于格栅安装在固定体入口处,为了有效清理堵塞,在固定体上方加设一个水箱,通过高压冲水管的液压蝶阀的控制达到冲刷格栅目的,当格栅发生堵塞时,关闭此路高压水,打开另一路高压水对格栅进行冲刷,缓解格栅闷堵现象。

格栅冲水是冲洗格栅处堆积的泥块等,喷嘴布置两排,一排冲格栅上部,直径10mm,另一排冲格栅下部,直径16mm,两排喷嘴间隔布置,进水口装有蝶阀撩制。

另外,耙头发生闷耙时,除手动打开引水窗外,还可利用油缸打开引水窗摆动使活动罩进水,缓解闷耙现象。

通过试验,分析水流在耙头内部压力、流量、流速、流线分布情况,作为耙头设计的基础。

经过对耙头的水力分析，耙头内部压力分布、流速流线分布较均匀，说明耙头的各尺寸选择较为合理。

2）耙头高压冲水腔设计

耙头高压冲水腔根据高压水的破土、切割的原理来设计。固定一排耐磨块，每块耐磨块中用螺纹连接一个喷嘴，为了找到最适合的喷嘴形式，在试验室里将直管喷嘴、锥管喷嘴、锥一直管喷嘴三种形式的喷嘴进行了充分的比较和分析（图5），认为进流端具有15°锥角的高压冲水喷嘴可提高高压冲水的效果（图4）。高压水通过压力输送到喷嘴，通过喷嘴的特殊结构，在有效距离内形成对泥土的冲刷，喷嘴与耙齿成15°夹角，通过与耙齿的挖掘配合，对黏土进行小块切割。并由于喷嘴的不同喷射角度，产生不同的冲刷力，从而对泥床的泥土从不同角度进行分层冲刷，使冲刷的泥土形成泥水混合物，进入活动罩区域内。

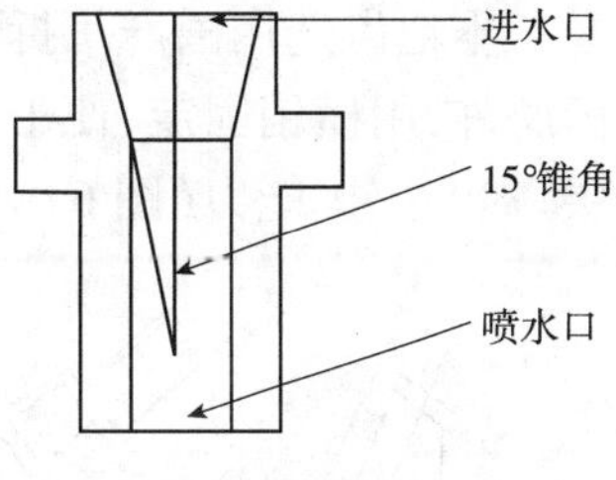

图4　射流一致性较好的高压冲水喷嘴

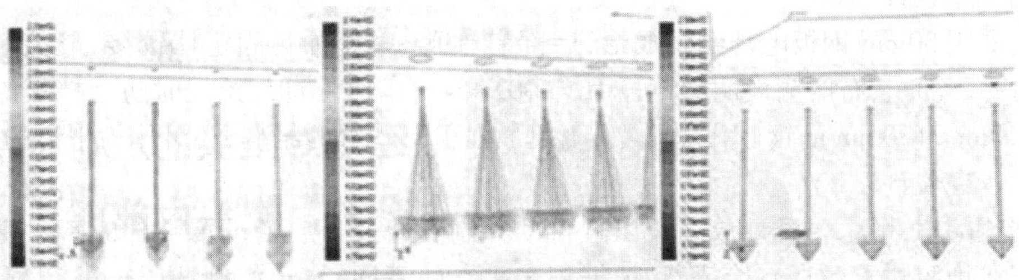

图5　直管喷嘴，锥管喷嘴，锥—直管喷嘴的比较分析

活动罩耙齿旁根据高压冲水泵提供的最大的压力及流量分别布置喷嘴，由于高压冲水的有效压力太小，不能全部覆盖耙齿经过的所有区域，只在耙齿旁的一定范围内设置喷嘴，最大程度的利用高压冲水泵的优势。

活动罩冲水形式：活动罩设前后两排耙齿及两排冲水嘴，耙齿自带冲水孔为间隔布置，孔径16mm，冲水嘴为对称耙齿进行斜冲水，水柱向夹角为30°，开挖土层深度约300mm，喷嘴直径10mm。

耙头喷嘴处流速计算：

①高压冲水泵的流量为6 600m^3/s、扬程为120m（供双耙使用）

出水口总面积 $s=0.019\ 3m^2$

按照平均流速计算，且不考虑在水中的能量损失。

按照流量计算流速 $V_1=95m/s$

按照扬程计算流速 $V_2=49m/s$

按照流量和扬程计算所得流速超过最低流速32m/s，故喷嘴的数量和出水口尺寸及流速满足设计和使用要求。

②高压冲水泵的流量为44 001m^3/s，扬程为180m（供单耙使用）

出水口总面积 $s=0.019\ 3m^2$

按照流量计算流速 $V_1=63.3m/s$

按照扬程计算流速 $V_2=60m/s$

结论：通过在两种方式下的工作状态计算，按照扬程和流量计算均大于要求的喷嘴流速，故耙齿和喷嘴的数量合适。

3）耙齿设计

本耙齿选用国产可拆装双插耳犁形耙齿 19 只，齿座焊在活动罩钢管横梁上，齿尖套在齿座外，用横销固定、便于更换，齿尖与齿座中部为空心，高压冲水通过耙齿作用于施工泥层，提升挖掘能力（图 6）。

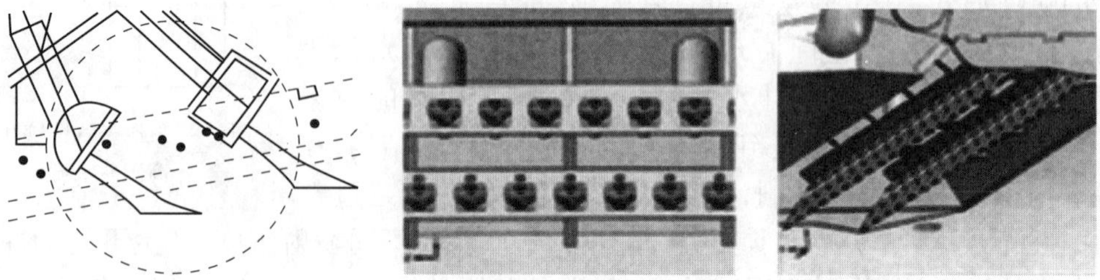

图 6　耙齿齿杆上增设高压冲水喷嘴

4）活动罩设计

活动罩用 30mm 钢板电焊结构成形，后部有轴孔，用短轴与固定体铰接，最大可以摆动 50°，活动罩下部左、右两侧设耐磨钢板 HARDOX450 的防磨挡板，挖泥时防磨挡板深深压入土中，ϕ310mm × 30mm 的钢管作为横梁，不仅加强了活动罩的结构，还可作为耙齿的安装座。

5）引水窗设计

为避免闷耙，引水窗设计成由液压缸自动控制。通过开启活动罩端部的引水窗进行引水疏散。在耙腔内设置真空传感器，根据耙腔真空的不同，自动控制液压缸进行引流疏散，不需要在施工过程中将耙头起升到甲板进行人工开启引水窗，既费时又费力。引水窗的自动控制启闭，极大程度的降低工人的劳动强度，同时又不影响施工进程。如图 7 所示。

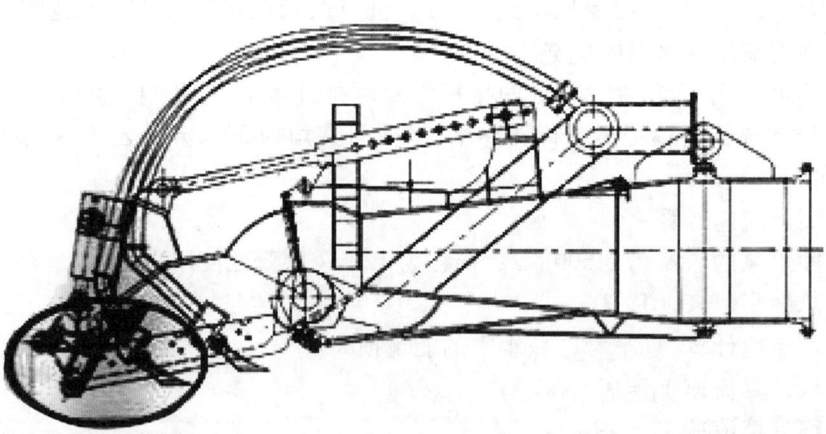

图 7　自动控制引水窗

6）耐磨体设计

耐磨块的设计采用二合一的方式，为了满足耐磨性，接触泥土的一面采用高铬铸铁的材料，另一面为了能和水箱底部能有效连接，采用碳钢制作。

图 8 ~ 图 11 分别是高效耙头俯视图、可喷射高压冲水的犁形齿图、新型耙头耙腔总体及格栅图、耙齿与高压冲水分布与高压冲水耐磨块图。

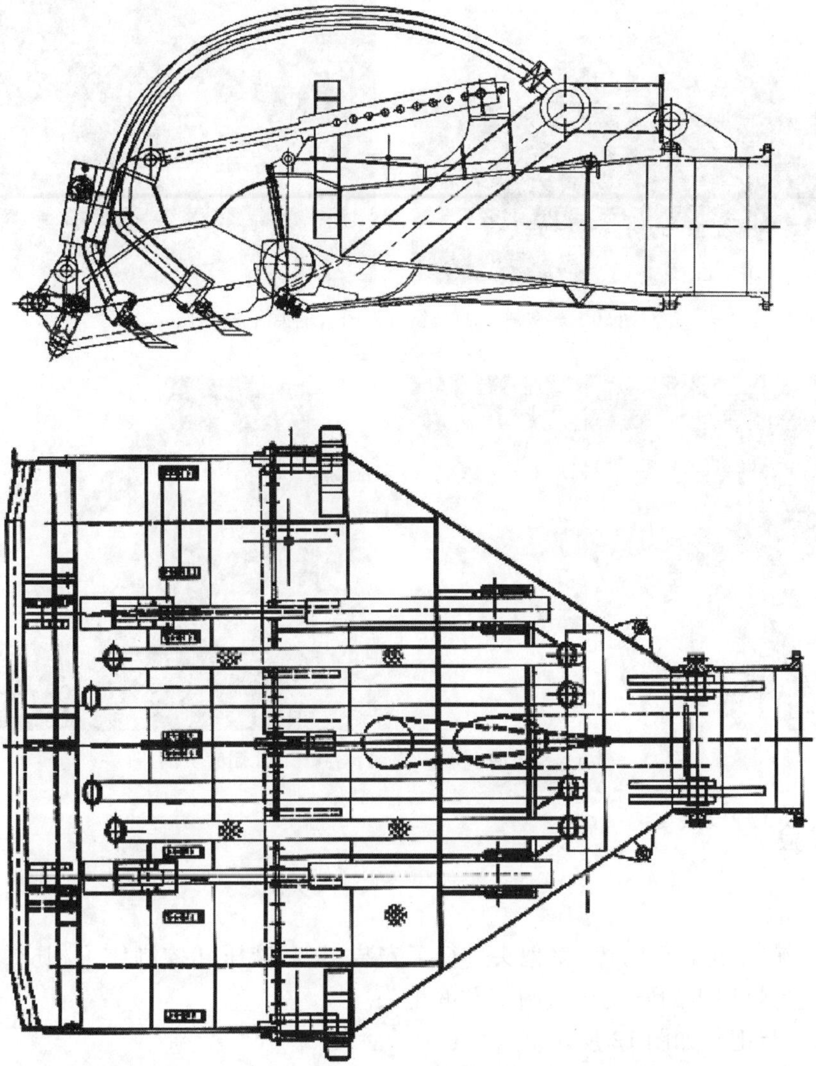

图8　高效耙头俯视图

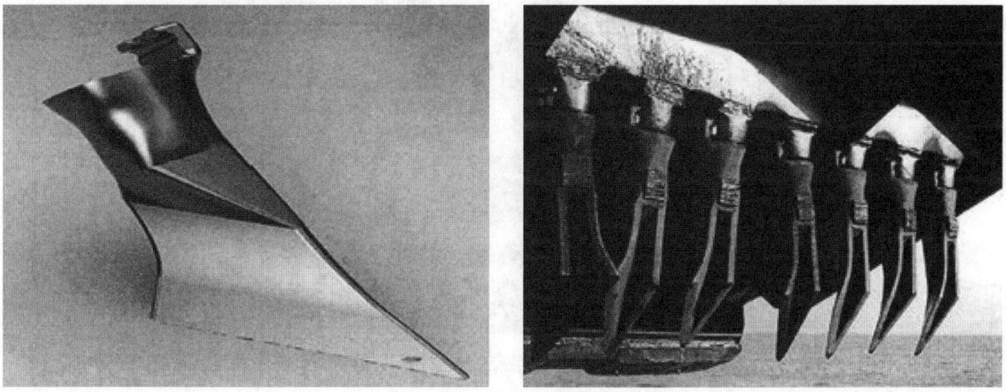

图9　可喷射高压冲水的犁形齿

图 10　新型耙头耙腔总体(左图),耙头格栅(右图)

图 11　耙齿与高压冲水分布(左图)与高压冲水耐磨块(右图)

4　现场试验

4.1　耙头安装

利用"长鲸 6"轮修理时机,将耙头进行了安装,并对液压和控制作了相应的整改。为便于比较,本次高效耙头的研发只试制了左舷耙头。

左舷新安装耙头如图 12 所示。

图 12　左舷新安装耙头

4.2　对比试验和应用效果

"长鲸 6"轮于 2011 年 11 月底完成修理出厂,先在青岛董家口施工,于 2012 年 3 月份到江苏连云港施工，研制的高效耙头已投入实际工程应用，施工的土质为高强度硬质黏土，经历了不同的工况条件取得了较好的工程应用效果。由于不同的工地土质情况不相同，即使同一工地不同泥层，土质情况也不相同，因此取不同时期或不同土质进行比较意义不大。本次对比试验采用横向对比试验，即在同一工况下，比较两耙头的施工情况，进行了实际工况下挖掘浓度的比较。

图 13 是 2012 年 3 月 1 日挖泥界面截图，该照片真实反映了新旧两耙头的挖泥效果，该照片显示右耙头挖深为水下 22.23m，波浪补偿器高度为 0.33m，左耙头挖深为水下 22.53m，波浪补偿器跳起高度为 0m，说明右耙头正处于挖泥最佳状态，而左耙头还需继续下放，而此时显示的泥浆密度右耙头为 1.06t/m^3，左耙头为 1.16t/m^3，新耙头挖泥泥浆密度较原耙头提高了 0.1t/m^3，平均提高 0.06t/m^3 左右。

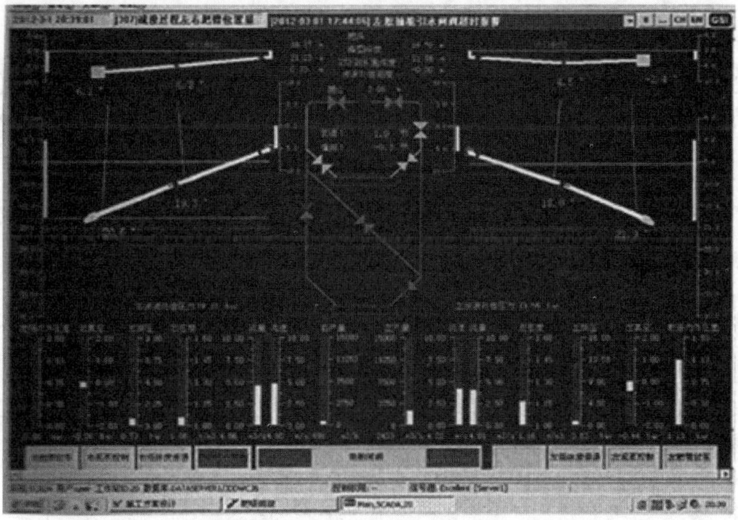

图 13　2012 年 3 月 1 日挖泥界面截图

通过半年的施工，该船在青岛董家口、连云港两个工地的现场实践检验，对于贯入击数 19 ~ 26，天然密度 1.9t/m^3 这一类硬土质，新型高效耙头的挖掘能力有了很大的提升，根据船方提供的使用报告表明：使用新型高效耙头后，平均泥浆密度提高了 0.06t/m^3 左右，超过了原定提高 0.05t/m^3 的目标。

5　主要成果、创新点及效益

5.1　主要研究成果

（1）结合疏浚工况特点，开展了流体在耙头内部的分布基础理论研究，分析水流在耙头内部压力、流量、流速、流线分布情况，为各部分尺寸确定提供试验依据，为研究和确定耙头各部件最佳尺寸提供了基础的试验手段和客观的评定标准，该成果具有理论价值和实际意义，该项研究水平处于国内领先。

（2）高效耙头结构设计中，耙齿的布置与高压冲水喷嘴呈 15 度夹角，有利于提升切削能力，通过理论设计和试验室试验检验，具有独创性。

（3）高效耙头结构设计中，高压水腔采用高强板密封，再外加耐磨钢板 HARDOX450，既保证了高压水腔的强度，又保证了耐磨性。虽是小改革，但在国内属首次。

(4)高效耙头结构设计中,依据流体动力学原理,对耙头格栅进行合理布置,并配置高压冲水反冲系统,有效降低格栅被黏土堵塞的几率,大大降低了船员的劳动强度。

(5)该耙头已申请专利。

5.2 主要创新点

(1)提出了疏浚工况下高压冲水与耙齿相结合的挖掘方式,并在试验室进行了水力试验。

(2)耐磨块的设计采用二合一的方式,为了满足耐磨性,接触泥土的一面采用高铬铸铁的材料,另一面为了能和水箱底部能有效连接,采用碳钢制作。

(3)增加了耙头格栅的反冲装置,可在水下操作反冲耙头格栅,减少了起耙清障的次数。

5.3 效益

由使用效果及其分析可以看出,本研究成果具有显著的经济效益。

“长鲸6”轮单泵装舱流量为255 001m^3/h,新耙头使用后施工平均浓度较原耙头提高0.08t/m^3,由于上述两个工地都是按水下实测方作为结算依据,按该船每天施工6船,每船装舱时间为2.5小时,耙实际挖泥时间利用率按40%计。设原状土密度为1.95t/m^3,每天多挖泥0.45万m^3,每月按25天施工,一个月可多挖泥11万m^3。

表1为“长鲸6”轮更换耙头前后施工的统计报表。

“长鲸6”轮更换耙头前后施工的统计报表 表1

施工日期	施工时间	挖泥统计		万方油耗(t)
	h	方量(万m^3)	土质	
2011.1	58	计入下月		
2011.2	482	145	淤泥混砂	7.54
2011.3	486	85	黏土	14.8
2011.4	673	120	粉质黏土、黏土	13.76
2011.5	688	120	粉质黏土、黏土	14.32
2011.6	599	92	粉质黏土、细粉砂	16.6
2011.7	640	122	粉质黏土、淤泥混砂	12.59
2012.1	448	88	粉质黏土、黏土	13.03
2012.2	474	166	淤泥混砂	7.28
2012.3	459	76	粉质黏土、黏土	13.23

从表1中可以看出,在2011年3、4、5、6月份该船挖掘黏土或粉质黏土时油耗达到或超过14t/万m^3。在2012年1、3月份油耗下降到14t/万m^3以内,施工效率有了一定的提升。

根据“长鲸6”轮更换耙头前后施工的统计报表(表2),对该轮更换耙头前后对粉质黏土、黏土工况下施工进行对比分析(更换前取3、4、5、6月,更换后取1、3月)。

“长鲸6”轮更换耙头前后施工的统计报表 表2

	运转时间(h)	方量(万m^3)	万方油耗(t/万m^3)
更换前	2 410	417	14.76
更换后	862	164	13.17

挖掘同类型粉质黏土、黏土工况下，抛泥运输距离相当的情况下，万方油耗下降1.6t/万 m^3，下降幅度为 10.8%，实现了节能降耗的目的。

若单从泥浆装舱浓度方面进行比较，改造前平均泥浆装舱密度为 1.10g/cm^3，改造后平均泥浆装舱密度为 1.27g/cm^3，平均施工效率提高了约 16%。

参 考 文 献

[1] 天津航道局.疏浚技术.1997.

[2] 上海航道局.疏浚工程手册.1994.

薄层回淤淤泥条件下大型耙吸船扫浅施工措施研究

杨　帆

（中交上海航道局有限公司　上海　200002）

摘　要：“新海虎8”轮出厂调试后，承担连云港港30万吨级航道一期工程疏浚工程施工项目H2.5标段扫浅施工。针对薄层回淤淤泥条件，通过高压冲水、溢流时间以及抽舱方法等多个方面进行摸索，得到了最优的施工参数，提高了扫浅施工效率。

关键词：耙吸船施工；高压冲水；溢流时间；抽舱；扫浅施工

1　工程概况

连云港港30万吨级航道一期工程疏浚工程H2.5标段施工内容为N-M-S段及S0+000～S5+000段航道增深拓宽，疏浚土吹填至吹填区，S5+000以外航道在回淤观测之后疏浚施工至设计要求，疏浚土外抛至2号临时抛泥区。航道疏浚底宽全程均取202m、设计底高程－13.3m，设计边坡为1∶10。

施工区原先已由绞吸挖泥船疏浚至－14.0m左右，目前水深为－11.4～－12.9m，主要是由回淤造成的。“新海虎8”轮于6月1日进点施工，主要承担徐圩港内航道M－S段、徐圩航道S0+000－S5+000段（5.0km）航道维护疏浚至设计要求。因此“新海虎8”轮施工土质以回淤性淤泥为主，浚深厚度约在0.7m左右。“新海虎8”是公司目前最先进的大型耙吸挖泥船，双耙耙臂长约50m，最大设计挖深为35m；满载吃水8.2m，最大舱容量约为10 004m^3，满载最大航速约为15.3kn，船用动力系统为两台进口的MAN主机，额定功率为6 000kW，同时带动螺旋桨和主轴发电机；泥泵和高压冲水系统采用了先进的变频驱动系统，疏浚时泥泵功率可达1 500kW，高压冲水泵最大功率为1 000kW，两泵串联时可给耙头提供压力为20bar的水流。“新海虎8”轮施工区域见图1所示，施工轨迹见图2所示。

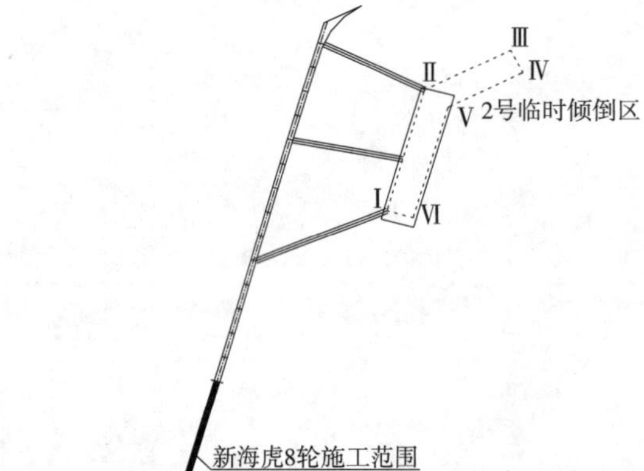

图1　“新海虎8”轮施工区域平面布置图

图2 “新海虎8”轮施工轨迹图

2 扫浅施工措施研究

2.1 高压冲水对装舱效率的影响

由于施工区土质以淤泥为主,以“新海虎8”轮安装的耙头性能,挖掘该类土质应该比较容易。从节省油耗成本考虑,不准备开启高压冲水泵系统进行挖泥施工。但进点施工后经常出现耙头因控制不及时而出现“闷泵”现象,船舶生产效率也较低。有关未开启高压冲水时施工情况统计见表1所示。

未开高压冲水时,“新海虎8”轮施工情况统计(6月8日~6月9日)　表1

船　数	左　泵		右　泵		装舱效率(m^3/h)
	平均流速(m/s)	平均浓度(%)	平均流速(m/s)	平均浓度(%)	
第一船	7.73	40.1	7.47	28.1	11 880
第二船	7.29	45.0	6.54	37.1	13 080
第三船	5.95	57.8	5.57	41.0	13 080
第四船	6.72	56.2	5.14	44.2	13 860
第五船	6.12	51.3	6.46	28.0	11 340
平均值	6.76	50.0	6.24	35.7	12 660

注:①泥泵进舱管路管径为0.9m,流速为泥浆进舱后15min的平均流速。浓度为进舱后15min内的平均浓度。
②“新海虎8”轮采用双耙挖泥进舱施工模式。

施工一段时间后,决定采用高压冲水泵进行挖泥施工对比,结果发现施工效率有较大幅度的提高。有关开启高压冲水时施工情况统计见表2所示。

开高压冲水时,“新海虎8”轮施工参数统计(6月9日~6月10日)　表2

船　数	左　泵		右　泵		装舱效率(m^3/h)
	平均流速(m/s)	平均浓度(%)	平均流速(m/s)	平均浓度(%)	
第一船	5.59	79.4	5.13	52.1	16 260
第二船	5.64	72.4	5.59	47.8	15 480

续上表

船 数	左 泵		右 泵		装舱效率 (m^3/h)
	平均流速(m/s)	平均浓度(%)	平均流速(m/s)	平均浓度(%)	
第三船	6.61	66.8	5.24	43.4	15 300
第四船	6.48	66.2	5.98	46.6	16 200
第五船	6.76	55.9	6.98	39.3	14 940
平均值	6.22	68.1	5.78	45.8	15 660

注:高压冲水泵转速为396r/min,压力为7.1bar左右。

通过表1、表2可以明确得出,开高压冲水时装舱效率提高了约23.7%。开高压充水施工和不开高压充水施工装舱效率对比见图3所示。

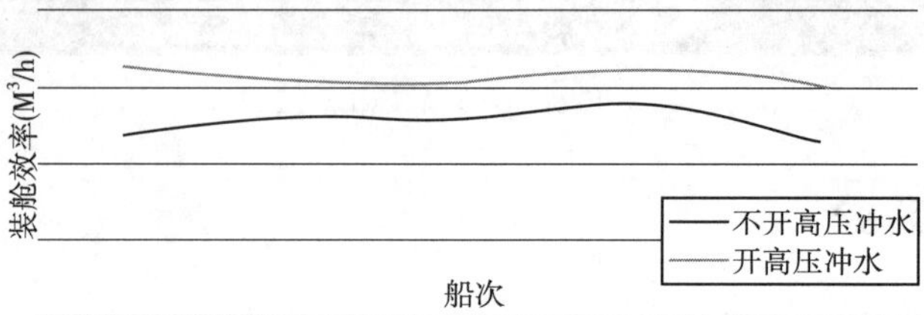

图3 开启高压充水和不开启高压充水装舱效率对比图

"新海虎8"轮两个高压冲水泵转速可以在0~625r/min无级调速,单泵排出压力最高在9.0bar左右。因此,为进一步摸索高压冲水压力值对船舶装舱效率的影响,可根据6月9日~6月13日"新海虎8"轮施工统计数据进行分析,见表3所示。

不同高压冲水排出压力施工情况统计表 表3

日期	高压冲水泵转速 (r/min)	排出压力 (bar)	左 泵		右 泵		装舱效率 (m^3/h)
			平均流速 (m/s)	平均浓度 (%)	平均流速 (m/s)	平均浓度 (%)	
9日	396	7.1	6.22	68.1	5.78	45.8	15 660
10日	396	4.1	6.29	58.3	5.13	43.0	13 440
11日	420	8.0	6.91	62.6	6.74	40.0	16 080
13日	334	5.1	6.71	56.3	6.42	35.5	13 860
13日	370	6.4	6.67	61.4	6.07	44.9	15 600

通过表3可以大致分析出,随着高压冲水泵排出压力的增加,装舱效率随之增加,但排出压力达到6.0bar左右以上后装舱效率的提升就不再明显。结合工程工况和船舶性能特点,出现这个现象的原因可能有以下几点:

(1)由于施工区土质以回淤性土,土层极为松软,施工过程中整个耙头会沉没在泥层以下0.5~1.0m,由于耙头周围没有足够的水源补充稀释泥层,从而造成"闷泵"现象,一定程度上影响了船舶的装舱效率。当然这同样也可以通过改变耙头下放深度和改变耙唇对地角度方式,达到提高施工效率的目的。

(2)开启高压冲水泵后,底层的淤泥就会被高压水混合成高浓度泥浆,更容易被吸入,从而能获得更高的泥浆吸入浓度。

(3)随着高压水流的压力逐步增加到一定界限时,高压冲水所产生的能量将进一步稀释泥浆浓度,吸入的泥浆浓度会降低,船舶的施工效率的增加不再明显。

因此,对于当前工况条件下,若采用开启高压冲水泵进行施工,高压冲水排出压力控制在6.0~8.0bar左右时,装舱效率基本处在最合理状态。但对于后期施工,由于泥层厚度逐渐变薄,高压冲水的作用不明显,故不采用高压冲水施工工艺。

2.2 溢流时间对装舱效率的影响

经过十天左右的施工情况分析,"新海虎8"轮在启用高压冲水情况下的施工效率仍未达到船舶性能要求。分析发现,施工时施工浓度比较高,施工操作也较为合理,主要是施工时间没有得到合理有效分配。

刚开始施工时,考虑到抛泥运距远,为尽量多装舱,采用的施工溢流时间较长。但当前施工主要是清淤,土质为淤泥,天然土密度低,在大流量装舱施工过程中难以沉淀。若采用较长溢流施工时间施工,施工溢出的土方量将较大,而溢出土方量又大部分回到施工区,清淤效果不佳,同时,很大程度上增加了船舶的能耗。经公司相关部门及项目部进行现场施工调研测试分析,确定了比较合理的溢流施工时间,调整之后施工效率得到了明显提高。

在当前工况及船舶性能条件下,在舱容取9 400m^3、泥泵转速在209r/min状态下,挖泥至溢平时间约为18min左右。调整之前,溢流施工时间为50min左右,经测试分析,溢流施工时间控制在20min左右,有关溢流施工时间调整前后的船舶生产指标对比情况见表4所示。

溢流施工时间调整前后生产指标对比情况表 表4

序号	项 目	单位	溢流时间缩短之前			溢流时间缩短之后			
			第一船	第二船	第三船	第一船	第二船	第三船	第四船
2	溢平时间	min	21	15	22	18	15	16	16
3	溢流时间	min	46	59	43	20	20	19	16
4	掉头时间	min	7	11	8	7	10	10	9
5	航行时间	min	158	164	117	102	130	104	114
6	生产总时间	min	232	249	190	147	175	149	155
7	装载土方量	m^3	4 695	4 220	5 477	4 843	4 213	4 245	4 591
8	装舱效率	m^3/h	4 204	3 422	5 056	7 647	7 223	7 277	8 608
9	生产效率	m^3/h	1 214	1 017	1 730	1 977	1 444	1 709	1 777
10	平均生产效率	m^3/h	1 287			1 715			

由表4分析可知,根据土质条件,通过合理缩短溢流施工时间之后,每船次施工总时间减少了30min左右,船舶的整体平均生产效率提高了约33.3%。施工产量得到了明显提高。

但随着施工时间的推移,航道内淤泥层厚度不断降低,船舶施工泥浆浓度也随之降低,溢流时间也应随之适当的延长。

2.3 抽舱对施工效率的影响

"新海虎8"轮在连云港徐圩航道H2.5标施工,单程运距约20km,装舱施工前是否抽舱对船舶整体施工效率有着较大的影响。有关施工统计数据见表5所示。

抽舱施工与不抽舱施工时生产效率对比 表5

序号	项 目	单位	不 抽 舱				抽 舱			
			第一船	第二船	第三船	第四船	第一船	第二船	第三船	第四船
1	装舱前舱内液位	m	4.64	4.77	4.89	4.76	4.13	4.03	3.46	3.22
2	装舱至溢平时间	min	16	20	21	18	23	22	19	19
3	溢流时间	min	42	15	13	41	32	14	36	20
4	航行及抛泥时间	min	122	165	133	148	131	141	139	163
5	施工总时间	min	180	200	167	207	186	177	194	202
6	装载土方量	m^3	4 524	4 417	4 168	4 934	5 432	4 790	5 324	5 038
7	装舱效率	m^3/h	4 680	7 573	7 355	5 018	5 926	7 984	5 808	7 751
8	生产效率	m^3/h	1 508	1 325	1 497	1 430	1 752	1 624	1 647	1 497
9	平均生产效率	m^3/h	1 436				1 627			

抽舱一般在船舶空载航行过程中进行,不需要额外的施工时间。从表5对比结果分析,"新海虎8"轮采用抽舱施工后平均生产效率有了较大的提升。因此,施工上线前进行抽舱是有必要的。

在施工后期,"新海虎8"轮主要对浅点进行定点清除,不以追求高生产效率为目的,此时不需要再进行抽舱施工。

2.4 耙唇角度对施工效率的影响

"新海虎8"轮装备了主动型耙头,通过调节耙唇对地角度控制耙齿对泥的切削方式,对船舶施工影响也较大。

施工前期泥层较厚,淤泥质土不需要耙齿的切削就能被泥泵吸取,但耙唇对地角度过小会造成耙头陷入泥层中而产生"闷泵"现象,耙唇对地角度过大则会造成耙唇耙齿脱离泥面,施工浓度偏低。经过不断测试发现当耙唇对地角度为6°~10°时,能产生较高的施工泥浆浓度。

到了施工后期,施工区域泥层逐渐变薄,耙唇对地角度也应逐渐地减小。同时由于施工区内的浅点不少是硬质黏土或是石头,需要借助耙齿的切削作用,此时耙唇对地角度应控制在-3°~-5°之间。

根据以上分析,"新海虎8"轮在不同阶段,采取的施工方法也不尽相同。第一阶段(5月31日~7月15日):以搬运土方为主,多拉快跑,尽量提高施工效率。第二阶段(7月16日~7月31日):以质量控制为主。不同阶段采用的施工方法如表6所示。

不同时期采用的施工方法 表6

阶段	泥层厚度(m)	耙唇对地角度(°)	高压冲水	抽舱方式	航速	溢流时间(min)	泥泵转速(r/min)
第一阶段	0.5~1.0	6~10	开	抽舱	2~3	≤20	209
第二阶段	0.2~0.4	-3~-5	不开	不抽舱	3~4	≥60	180

3 结语

连云港港30万吨级航道一期工程疏浚工程施工项目H2.5标段是"新海虎8"轮出厂后

参加的首个工程。经过不断地调整和优化施工方法，船舶生产效率不断提高，船舶施工人员对“新海虎8”轮的船舶性能更为理解，为船舶今后更好地高效施工奠定了基础。

参 考 文 献

[1] 李耀华，成国镇，陆宗豪，等. 疏浚技术培训教材(上). 中交上海航道局有限公司，2000.10.

[2] 中华人民共和国行业标准. JTJ 319—99 疏浚工程技术规范[S].

求导算法确定大型耙吸船长运距工况下挖泥装舱时间研究与应用

于　亮　李　晟

(中交上海航道局有限公司东方疏浚工程分公司　上海　200136)

摘　要:耙吸船在长运距工况施工中,抛泥航行时间占生产运行总时间比例高,是影响船舶生产效率发挥的主要因素之一。本文通过结合“新海虎8”轮在连云港港30万吨级航道一期工程疏浚工程施工项目H2.5标段中的施工情况,采用求导算法,合理确定挖泥装舱时间,对提高大型耙吸船长运距施工生产效率具有积极意义。

关键词:耙吸船施工;长运距;求导算法;生产效率

1　工程概况

连云港港30万吨级航道是在原15万吨级航道基础上进行扩建,呈“人”字型布局连接连云港区和徐圩港区,其中徐圩航道为新建航道。一期工程疏浚工程施工项目H2.5标段施工范围为徐圩港内航道N-M-S段、徐圩航道S0以外19.9km,全长24.7km。航道设计底宽为202m,设计底高程为-13.3m,设计边坡为1:10。”新海虎8”轮主要承担徐圩港内航道M-S段、徐圩航道S0+000-S5+000段(5.0km)航道维护疏浚至设计要求,土质为回淤淤泥,疏浚土外抛至2号临时抛泥区。有关施工区域如图1所示。

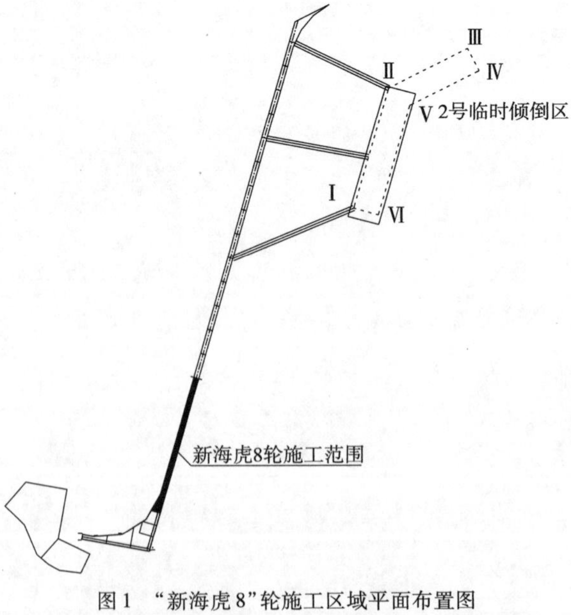

图1　“新海虎8”轮施工区域平面布置图

2 施工情况分析

“新海虎8”轮是我局公司自主创新建造的大型耙吸船，其疏浚系统采用变频驱动、高效泥泵等先进技术，具有舱容量大、功能齐全、工况适应能力强等优点。在H2.5标段工程施工中，采用固定舱容装舱施工，由于土质的原因，装舱沉淀效果差，长时间溢流施工对提高船舶生产效率无积极意义，因此，在施工组织过程中，必须合理确定挖泥装舱时间与抛泥航行时间之间的比例关系，才能最大程度上充分发挥船舶的生产能力。为此，需结合工程特点、船舶性能和施工运行参数，采用求导计算方法确定合理挖泥装舱施工时间。

3 求导法计算挖泥装舱施工时间原理

耙吸船在施工过程中，其生产运行时间主要由挖泥装舱施工时间、抛泥航行时间、施工时调头时间等组成。其中，施工工程量受挖泥装舱施工时间长短的影响，而生产效率受上述时间共同影响。在抛泥航行和施工调头等时间相对固定的情况下，求得合理的挖泥施工时间的方法是：从零点开始，画出一条直线与挖泥施工时装载土方量增加趋势线相切，在这个切点上，土方装载量除以疏浚周期时间的值代表生产效率的最大值[1]。见图2所示。

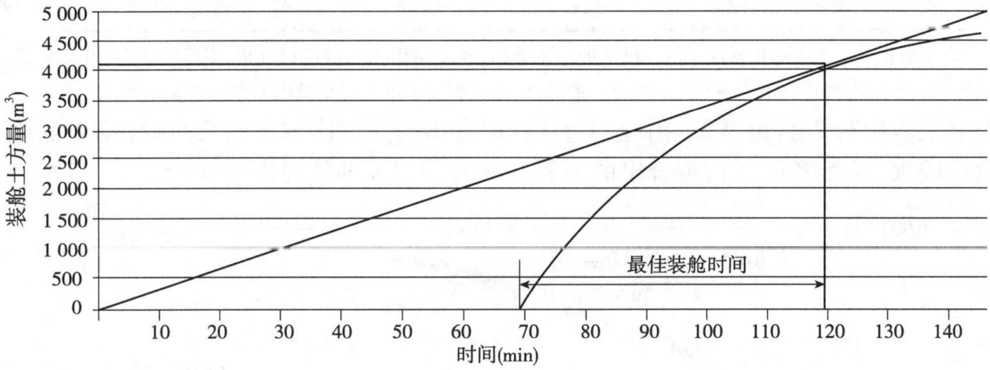

图2 最佳挖泥装舱施工时间

最佳挖泥装舱施工时间是以零点为起点的直线与挖泥装舱施工时装载土方量增加趋势线的切点。为计算该切点的时间位置，首先需要在施工现场根据多船次施工装舱情况，分别拟合出各船次装载土方量增加趋势线的一元二次方程式，再求出多船次趋势线的平均一元二次方程式，然后采用求导计算，求出该切点的时间位置，进而可得出最佳挖泥装舱施工时间。

4 求导算法在连云港港30万吨级航道H2.5标段的应用

“新海虎8”轮在连云港港30万吨级航道一期工程疏浚工程施工项目H2.5标段施工中，抛泥运距长，单程运距约为20km，根据船舶目前航速（重载航速约为11kn，空载航速约为13kn），正常抛泥航行所需时间约2h。根据公司对该轮施工测试前一段时间施工情况分析，可建立平均趋势线的一元二次方程式。

1）拟合挖泥装舱土方量增加趋势线的一元二次方程

根据施工参数统计分析，船舶挖泥之前经过抽舱后，挖泥装舱至溢平时间约为18min，溢流施工平均时间为50min左右。有关船舶装载土方量和挖泥效率计算分析情况见表1所示。

船舶装载土方量和挖泥效率计算分析情况表　　表1

序号	项　目	单位	第1船	第2船	第3船	平均值
1	挖泥前舱内剩余土方量	m^3	448	550	0	333
2	溢平时间	min	21	15	22	19
3	溢平时装载土方量	m^3	3 608	3 873	3 163	3 548
4	溢流施工时间	min	46	59	43	49
5	溢流结束时装载土方量	m^3	5 143	4 770	5 477	5 130
6	溢流施工进舱土方量	m^3	1 535	897	2 314	1 582
7	实际装载土方量	m^3	4 695	4 220	5 477	4 797
8	挖泥掉头时间	min	7	11	8	9
9	航行时间	min	158	164	117	146
10	总时间	min	232	249	190	224
11	挖泥装舱效率	m^3/h	4 204	3 422	5 056	4 192

注:上表中数据采集于船舶正常施工时连续三船施工数据,在文中作为示例进行分析,实际应用中,可采集更多船次施工数据,以提高拟合出的一元二次方程式的精度,最大程度上准确模拟舱内土方量增加趋势。

根据上表中第2船和第3船中施工参数,拟合出一元二次方程式及曲线(第1船施工参数离散性较大,无参考意义),拟合出的一元二次方程式及曲线见图3所示。

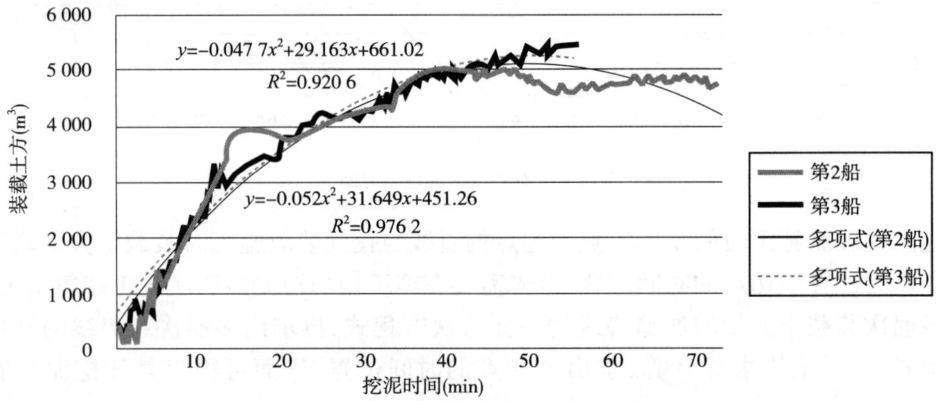

图3　船舶装载土方量变化曲线及方程式

得出的平均装载土方量变化一元二次方程式为:

$$Y = -0.049\ 85x^2 + 30.406x + 556.14 \tag{1}$$

其中,当挖泥时间为0时,土方量应为0,因此将公式修正为:

$$Y = -0.049\ 85x^2 + 30.406x \tag{2}$$

2)不同生产辅助时间条件下的最佳挖泥装舱施工时间计算

根据不同的生产辅助时间,在同样的挖泥施工条件下,根据公式(2)采用求导计算,可得出相应的最佳挖泥装舱施工时间,并可求出该时段的装载土方量。相关计算结果见表2所示。

不同生产辅助时间下的最佳挖泥装舱施工时间及装载土方量　　表2

辅助施工时间（min）	最佳挖泥时间（min）	装载土方量（m^3）	辅助施工时间（min）	最佳挖泥时间（min）	装载土方量（m^3）
10	23.5	3 286	110	41.6	4 506
15	26.9	3 599	115	41.9	4 513
20	29.4	3 801	120	42.1	4 520
25	31.3	3 944	125	42.3	4 526
30	31.9	4 049	130	42.6	4 532
35	33.2	4 130	135	42.9	4 537
40	34.3	4 195	140	43.2	4 542
45	35.3	4 246	145	43.5	4 547
50	36.1	4 289	150	43.8	4 550
55	36.9	4 325	155	44.1	4 555
60	37.5	4 355	160	44.3	4 559
65	38.1	4 380	165	44.5	4 561
70	38.6	4 402	170	44.7	4 565
75	39.1	4 422	175	44.9	4 567
80	39.6	4 438	180	45.1	4 569
85	40.0	4 453	185	45.2	4 572
90	40.4	4 466	190	45.3	4 575
95	40.7	4 478	195	45.4	4 576
100	41.0	4 488	200	45.5	4 579
105	41.3	4 497	205	45.6	4 581

将表2中数据绘制成图表，可直观地得出最佳挖泥装舱施工时间和装载土方量之间的关系，见图4所示。

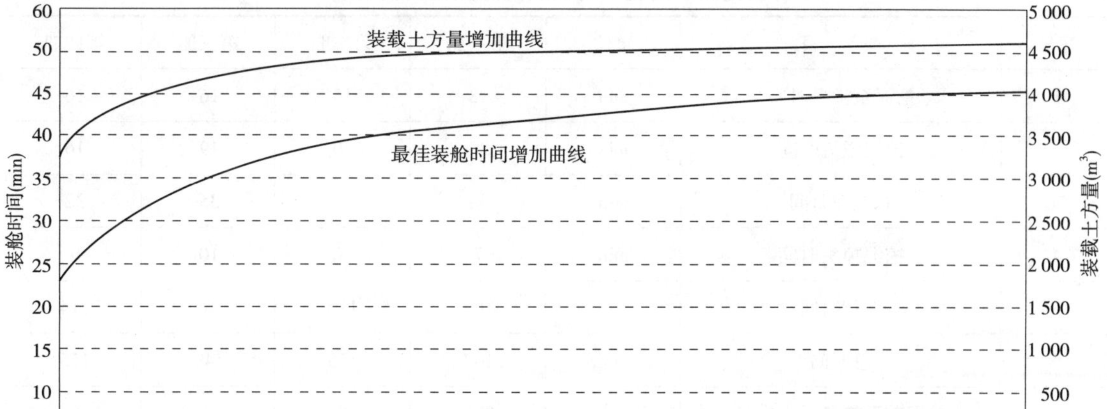

图4　不同辅助施工时间的最佳挖泥施工时间和装载土方量

由图 4 可看出：

(1)在当前施工情况下，船舶所需的辅助施工时间越长，则所需的最佳挖泥装舱施工时间也越长；

(2)在当前施工情况下，当辅助施工时间超过 3h 后，最佳挖泥装舱施工时间变化很小，可基本认为固定不变化；

(3)同样，挖泥装舱施工时间越长，船舶装载的土方量越大，但当挖泥装舱施工时间超过 44min 后几乎不再增加，即进舱土方量与溢流出舱土方量几乎相等；

(4)在实际工程施工中，还应考虑船舶设计装载量，以免由于超载对船舶安全性影响。

3)实际正常施工时最佳挖泥装舱施工时间

在本工程中，“新海虎 8”轮在正常施工时，挖泥掉头时间约为 10min，正常抛泥航行时间约为 115min，即辅助施工时间约为 125min，查找表 2 和图 4，可认为最佳挖泥施工时间约为 42min，装载土方量约为 4 500m^3。

4)最佳挖泥装舱施工时间下施工溢流效果的变化对生产效率的影响

船舶在挖泥装舱施工中，由于进舱流量基本不变，各船次从开始装舱至溢平时间基本保持不变，因此调整挖泥装舱施工时间，主要是对溢流施工时间进行调整。

“新海虎 8”轮施工土质为淤泥，天然土密度低，在大流量挖泥施工过程中难以沉淀，随着溢流施工时间延长，溢流出舱泥浆浓度将快速接近挖泥进舱泥浆浓度，施工效果较差；如采用较长溢流施工时间进行施工，施工溢出的土方量将较大，清淤效果将受到一定程度的影响，同时一定程度上增加了船舶的施工能耗。以最佳挖泥装舱施工时间施工，能将溢流施工效果较差的时间段剔除，避免船舶在低效状态下施工，达到提高挖泥装舱施工效率和生产效率的目的。

5)最佳挖泥装舱施工时间下的生产效率分析

(1)挖泥装舱施工效率分析

通过对测试时船舶的施工情况进行分析，可初步确定在该工程工况条件下，船舶最佳挖泥装舱施工时间宜控制在 40min 左右。有关挖泥装舱施工时间调整后的船舶施工情况见表 3 所示。

调整挖泥装舱施工时间后的船舶施工情况表 表 3

序号	项　目	单位	第一船	第二船	第三船	第四船
1	挖泥至溢平时间	min	18	15	16	16
2	挖泥溢流时间	min	20	20	19	16
3	总挖泥时间	min	38	35	35	32
4	挖泥掉头时间	min	7	10	10	9
5	航行时间	min	102	130	104	114
6	总时间	min	147	175	149	155
7	挖泥前系统显示土方量	m^3	283	0	0	0
8	挖泥后系统显示土方量	m^3	4 665	3 812	3 841	4 154
9	泥舱装载显示土方量	m^3	4 382	3 812	3 841	4 154

续上表

序号	项　目	单位	第一船	第二船	第三船	第四船
10	换算后泥舱装载土方量	m^3	4 843	4 213	4 245	4 591
11	挖泥装舱效率	m^3/h	7 647	7 223	7 277	8 608
12	平均挖泥装舱效率	m^3/h	7 668			

在测试之前船舶的平均挖泥装舱施工效率为4 192m^3/h，根据最佳挖泥装舱施工时间调整后，船舶的平均挖泥装舱施工效率为7 668m^3/h，提高了约为3 500m^3/h，提升效果明显。

(2)生产效率分析

船舶在调整挖泥装舱施工时间后，平均生产效率亦得到了较为明显的提高，有关缩短挖泥装舱施工时间前后生产效率对比情况见表4所示。

缩短挖泥装舱施工时间前后生产效率对比情况　　表4

序号	项　目	单位	溢流时间缩短之前			溢流时间缩短之后			
			第一船	第二船	第三船	第一船	第二船	第三船	第四船
1	挖泥时间	min	67	74	65	38	35	35	32
2	掉头时间	min	7	11	8	7	10	10	9
3	航行时间	min	158	164	117	102	130	104	114
4	生产总时间	min	232	249	190	147	175	149	155
5	装载土方量	m^3	4 695	4 220	5 477	4 843	4 213	4 245	4 591
6	生产效率	m^3/h	1 214	1 017	1 730	1 977	1 444	1 709	1 777
7	平均生产效率	m^3/h	1 287			1 715			

通过以上分析可知，船舶按最佳挖泥装舱施工时间进行施工，单船装载土方量虽有所减少，但平均挖泥装舱施工效率、平均生产效率均有较为明显的提高，对提高船舶整体生产效率具有明显效果。

6)实际应用方法

(1)及时收集当前船次前30分钟左右(根据施工土质状况、船舶实际施工运行参数调整)的施工装载土方量数据；

(2)采用excel对数据进行处理，绘制出装载土方量增加趋势线；

(3)通过绘图法找出从零点出发直线与趋势线的切点，实时地估算出当前施工船次的最佳挖泥装舱施工时间；

(4)船舶根据估算出的最佳挖泥装舱施工时间进行组织施工，并在施工中注重技术和经验的积累。

5　结语

耙吸船在施工中的生产效率受多种因素影响，其中，根据施工条件和土质状况所确定装舱施工时间是否合理，对船舶的整体施工效率具有重要影响。特别是清淤施工中，根据抛泥航行时间合理安排船舶挖泥施工时间，对提高船舶挖泥施工效率和船舶周期生产效率有明显的效果。本文对耙吸船清淤施工时疏浚土在泥舱中的沉淀效率、装载土方量的变化特点和抛泥航行、调头等辅助时间的长短进行综合分析,采用求导法进行计算,得出最佳挖泥装舱施工时间,为合理组织施工和提高生产效率提供一定参考价值。

参考文献

[1] 李耀华,成国镇,陆宗豪,等.疏浚技术培训教材(上).中交上海航道局有限公司,2000.10.

[2] 陶冲林,沈徐兵,等.新海鳄轮施工工艺.中交上海航道局有限公司东方疏浚工程分公司,2007.12.

连云港港25万吨级矿石码头泊位区及积淤槽施工工艺优化研究

唐星磊

（中交上海航道局有限公司东方疏浚工程分公司　上海　200002）

摘　要：本文对连云港港旗台港区25万吨级矿石码头泊位区及积淤槽工程施工工艺开展了优化研究，总结积累了一些经验和数据，取得了较好的施工效果和经济效益，对同类工程具有一定的借鉴意义。

关键词：泊位疏浚；工艺优化

1　工程概况

连云港港旗台港区25万吨级矿石码头港池加深及积淤槽疏浚工程是将码头前沿水域按30万吨级散货船设计尺度进行疏浚加深处理，其中码头停泊区宽116.0m，设计底高程-24.3m；积淤槽长775.0m，设计底宽100.0m，设计底高程-26.8m。开挖土质-21.0m以上为可塑～硬塑状黏土、粉质黏土，疏浚土级别5～6级；-21.0m以下为中密状砂质粉土、粉砂夹黏土，部分区域含石块及钙化结合物，疏浚土级别9级。由于施工工况及条件的限制，工程施工难度较大，其施工平面图见图1所示。

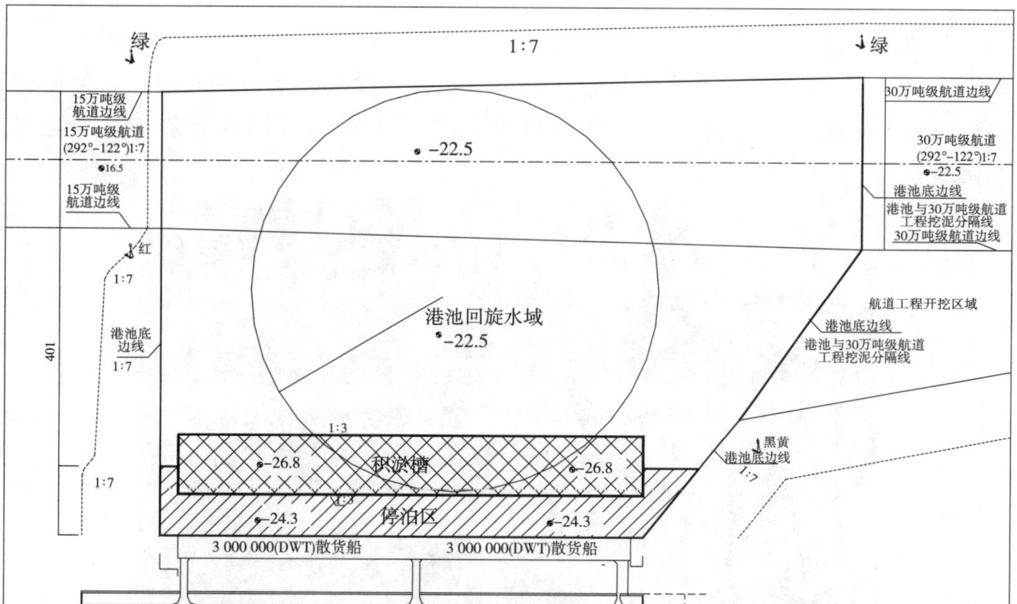

图1　25万吨级矿石码头港池加深及积淤槽疏浚工程施工平面图

2 工艺优化措施

2.1 原施工方案

根据原施工投标方案,停泊区及积淤槽施工采用抓斗船组挖运抛工艺。中标后对方案进行了调整,采用绞吸船和抓斗船联合施工工艺。即停泊区及积淤槽 -22.5m 以上疏浚土改为绞吸吹填工艺,断面工程量 59.8 万 m^3, -22.5m 至设计底高程仍由抓斗船组组织施工,断面工程量减少至 56.8 万 m^3。

计划施工工期:绞吸船"新海燕"轮施工 1.4 月,抓斗船"新海蚌"轮船组施工 7.2 月。

2.2 施工难点分析

(1)挖深超过 -21.0m(水深超过 25.0m),施工水深超出"新海蚌"轮定位钢桩使用极限,必须采用锚缆定位及码头带缆施工工艺,限制了"新海蚌"轮设备优势的发挥;

(2)码头处于营运状态,码头方面仅能间断性提供泊位区疏浚作业面,最长连续时间仅 3~5 天;

(3)抓斗船避让时需要辅助船舶配合,避让致使有效施工时间降低,施工时间利用率与施工效率远远无法达到测算的施工能力。

2.3 工艺优化措施

鉴于标后成本测算抓斗船疏浚同等方量成本远大于绞吸船,前者约为后者的 2.4 倍,而施工效率前者仅为后者的五分之一,加之泊位区施工面临着诸多困难,故采用相对避让机动性强、施工效率高的3 500m^3/h绞吸船进行加深施工,发挥绞吸船极限挖深能力,将抓斗船工程量尽可能降至最低,以确保工程总体施工进度及降低施工成本支出。

2.4 施工情况

根据工艺优化方案及连云港港工地现场设备配置的实际情况,目前施工已进行了 3 个阶段:

1)绞吸加深试挖施工阶段

2011 年 9 月 24 日,"新海燕"轮开始在 -22.2m 的浚深基础上对积淤槽西半部进行增深试挖,按 -26.1m 施工,排泥管总长度为2 917.0m(含船上管),采用水下泵与一个舱内泵串联组合施工,见图 2 所示。

图 2 "新海燕"轮在连云港 25 万吨级矿石码头积淤槽施工

根据积淤槽泥层浚前高程 -22.2m，浚深 -26.1m，平均厚度约为 4.0m 左右，结合潮位变化及土质情况，采用分两层挖掘施工；上层 -24.5m + 潮位，下层 -26.1m + 潮位。为了确保船舶施工安全，当潮位高于 3.5m 时，开挖 -24.5m + 潮位，前移量控制在 1.5m 左右，分四刀开挖；当潮位低于 3.5m 时，开挖 -26.1m + 潮位，前移量控制在 0.6 ~ 1.2m 左右，分五 ~ 六刀开挖，视绞刀油压与管内施工流速而定。

积淤槽宽度 100m，“新海燕”自西向东平行于码头前沿方向开挖，当施工位置泊位一侧有停靠船时，必须留有足够的抛锚距离及安全距离，实际挖宽为 80m。当施工位置泊位一侧无停靠船时，改为垂直码头前沿方向施工，挖宽 100m，上层施工进入泊位区，见图 3 所示。

图 3 “新海燕”轮在连云港 25 万吨级矿石码头积淤槽施工

由于开挖土层(-22.2m 以下)为中密状砂质粉土、粉砂夹黏土，局部区域夹杂有风化岩及钙化结合物，因此“新海燕”轮加深施工过程中最担心的问题就是“堵转”和“堵管”。“新海燕”轮液压绞刀系统经过改造后，绞刀挖掘能力得到了有效提高，虽然遇到了部分风化岩及钙化结合物，但通过利用“反刀”挖掘优势、控制进刀量、横移速度等措施进行应对，在挖掘能力方面仍较好地满足了本工程的需要。为保证含大粒径黏土球团泥浆的输送，通过改变排泥管出口大小和有效调节泥泵柴油机转速，建立合理的施工流量，有效避免了“堵管”问题的发生。由于事前从项目部到主要船干再到各班组操作人员都对困难预计得较为充分，施工中采取的应对措施得当，所担心的“堵转”和“堵管”问题并未对工程实施造成大的影响。

通过对绞吸加深试挖施工的施工数据进行比较分析，一些技术经济指标的变化还是非常明显的，具体情况及分析如下：

(1)时间利用率降低。原因主要为：①泊位及积淤槽部位施工时的干扰较港池部位更大，避让时间更长、避让频率更高；②下层开挖受潮高限制，潮位超过 3.5m 时需停工候潮；③ -22.5m以下土质更易在管线出口位置堆积，移接管线的频率更高。

(2)施工效率降低。下层施工时，通常采用降低泥浆浓度维持正常流速，保证输送含大粒径黏土球团泥浆的正常流态。施工效率由1 500m^3/h降低至 900m^3/h，下降 40%。

(3)万方油耗上升。这是出现上述两项情况后的必然结果，也是施工成本分析的重要参考因素。在同等排距下，上下两层施工的万方油耗分别为 10.4t 和 14.9t，上升 43%。绞吸加深试施工是以牺牲一部分运转时间和增加万方油耗为代价，换取加深施工的效果。

2）码头前沿抓斗船施工阶段

2012 年 4 月 23 日，“新海蚌”轮进点泊位区西侧边坡，水深较浅，选择钢桩定位施工工艺，见图 4 所示。泊位区水深深，采用锚缆定位及码头带缆施工工艺。

图 4 “新海蚌”轮在连云港 25 万吨级矿石码头泊位区西侧边坡施工

“新海蚌”轮开挖范围是码头前沿 24m，挖深 −25m，艏东艉西，自西向东施工。只负责码头前沿 24m 内绞吸船无法施工的部分及积淤槽内绞吸船挖深达不到的部分。码头前沿 24m 外的泊位区由绞吸船疏浚至设计底高程，一方面是为了尽量减少抓斗施工工程量，节约成本及工期；另一方面是为了提高泊位区施工精度，尽量减少超挖废方。

“新海蚌”轮在泊位区施工日期分别为 4 月 23～24 日及 5 月 8 日～5 月 14 日，完成西半部即 88 号泊位前沿水域的施工，期间利用 30 万吨级航道 H1.1 标段储泥坑进行抛泥，大大缩短了泥驳运距。

3）绞吸泊位区及积淤槽加深施工阶段

2012 年 5 月 24 日至 6 月 18 日，“新海燕”轮进入矿石码头扫浅，并对泊位区及积淤槽进行加深施工，与抓斗船施工的码头前沿部分搭接，实现泊位区全面达到 −24.3m 水深的目标。

泊位区仍采用分条垂直码头前沿施工，挖宽 100m。为确保与抓斗船施工码头前沿部分搭接到位，利用低潮位贴近码头前沿施工，控制横移速度尽量将码头根部的浮淤土吸除。施工中将绞刀工作平台吊起至最高限位，安排专人在船前部负责观察，避免与码头面及其他附属物发生碰撞，见图 5 所示。

图 5 “新海燕”轮在 25 万吨级矿石码头泊位区施工

2.5 施工与码头生产之间的协调措施

针对施工与码头生产之间的矛盾，项目部加强信息协调与现场管理，灵活调整施工布置，总结了以下几点经验：

(1)在码头运营状态下，施工水域相当有限，因此不宜将绞吸船、抓斗船同时安排在场施工，避免自有设备之间(管线、锚位、泥驳船航行等)相互干扰，以及紧急避让时锚艇调用紧张的情况发生。

(2)密切掌握码头方面的动向信息，利用码头装卸设备检修期或装卸作业淡季等这类难得的连续作业时间，集中安排对泊位区施工。

(3)迷雾天气往往因海面视线不足而造成船期延后，这对绞吸船组织施工是有利的，应充分抓住这样的机会。

(4)要求码头方面禁止停靠87号泊位的散货船在港池内抛锚，统一配备拖轮辅助靠离泊作业，减少对施工的干扰，为施工船舶争取作业面，保障施工安全，见图6所示。

图6 “新海燕”轮避让25万吨级矿石码头87号泊位离泊散货船

(5)利用AIS、VHF等监控通信手段可以最为及时准确地掌握船期动态信息，合理采取避让措施。

3 施工效果及效益分析

3.1 施工效果

根据2012年6月21日达华测绘多波束水深检测图显示，除87号、88号泊位交接水域由于干扰太大未施工外，其他已施工部分泊位区平均水深 -24.3m，积淤槽平均水深 -24.9m，达到了预期效果。

3.2 经济效益

通过对方案进行优化，停泊区及积淤槽 -22.5m以上土层改为绞吸吹填工艺，又通过采用候潮分层、垂直开挖泊位区等工艺将实际挖深加大至 -24.3 ~ -25.0m，完成了原抓斗施工工程量77.9万m^3中的50万m^3，充分发挥了绞吸船施工优势，最大程度上减少了抓斗船施工工程量。通过方案优化使得该部分工程量的疏浚成本减少约625万元，工期也相应缩短约3.2个月。

3.3 社会效益

随着连云港港30万吨级航道一期工程开通使用,进出连云港港船舶的大型化趋势也越来越明显,2012年6月28日,吃水达19.95m的利比里亚籍超大型散货船“国峰(GUOFENG ENTER PRISE)”轮安全进靠连云港港25万吨级矿石码头88号泊位,创造了连云港港进港船舶吃水最大纪录。所有工程参建者本着“急业主所急,服务好业主”的理念,保质保量完成了业主下达的疏浚水深节点目标,为业主方新苏港码头公司进一步提升港口综合服务的能力及国际竞争力做出了应有的贡献。

参考文献

[1] 中华人民共和国行业标准. JTJ 319—99 疏浚工程技术规范[S].

3 500m^3/h 绞吸挖泥船长排距吹淤试验研究

江　波　芮永强　王建平

（上海东华建设管理有限公司　上海　200231）

摘　要：绞吸挖泥船高效率、低能耗施工的关键技术之一是根据施工条件确定泥泵的运转参数，确定最佳工况点。本文结合连云港30万吨级航道一期工程H2.1标工程实例，采用对比试验，总结了一套适应于连云港地区远距离吹淤的施工参数，可供疏浚施工参考。

关键词：绞吸船；长排距吹填；施工参数

1　引言

绞吸式挖泥船单船排距一般在6km以下，国、内外有陆上接力泵站配合绞吸挖泥船进行远排距吹填施工案例，在曹妃甸项目上也有大型绞吸船与大型接力泵串联、大口径管道泥浆输送施工排距超过15km以上接力吹填施工案例。在连云港30万吨级航道一期工程实现了大型的3泵绞吸船单船直接吹淤10.9km。

2　工程条件

徐圩港区5万吨级航道包括徐圩航道和徐圩港内航道，总长24.7km，航道设计有效宽度166m，设计通航水深14.6m，设计水深15.1m，设计底高程－11.5m。勘察所揭露的孔深28.2m深度范围内，各层土均属第四系全新统（Q4）冲洪积物。土层主要由淤泥、黏性土、砂性土组成。徐圩航道，淤泥较厚，由岸边向外海方向渐薄至缺失，④、⑥层断续有分布，由于孔距较远，航道开挖时发现较了大异常情况，部分区域含钙化结合物，给施工带来较大麻烦，参见表1。

徐圩航道H2.1标段设计疏浚尺度表　　表1

航道名称	桩　号	长度（m）	先导试挖		一期工程		边　坡	
			底宽（m）	底高程（m）	底宽（m）	底高程（m）	先导试挖	一期工程
徐圩航道	S0+000～S5+000	5 000	170	－8.0	156（局部200m）	－11.5	1:7	1:10（局部1:7）

3　试验过程

本次工程试验所选用绞吸船舶适宜疏浚淤泥、黏性土和砂性土，疏浚淤泥、软黏土和较松的砂性土，极为容易；疏浚黏性大和密实坚硬的土困难，挖掘贯入击数$N<12$的黏性土类及贯入击数$N<25$的砂性土类较易，挖掘贯入击数$N>12$的黏性土类及贯入击数$N>25$的砂性土类,较为困难。适于挖深、挖宽和吹距为水面下挖深最小约 6.5m(以新海鳄轮为例,下同),最大 25m,最佳挖深 15 ~ 20m。挖宽:最小 3m,最大 100m,最佳 70 ~ 90m。吹距:因土类和浓度的不同而不同,参见表 2 ~ 表 4。

试验船舶设备参数(新海鳄轮设备参数) 表 2

<table>
<tr><td>总长</td><td>97.8m</td><td rowspan="2">满载吃水</td><td>平均</td><td>3.67m</td><td>公称产量</td><td>3 500m³/h</td></tr>
<tr><td>垂线间长</td><td>77.7m</td><td>船尾</td><td>3.2m</td><td>公称排距</td><td>6 000m</td></tr>
<tr><td>型宽</td><td>17.2m</td><td rowspan="2">空载吃水</td><td>平均</td><td>m</td><td>吸排泥管直径</td><td>900mm/850mm</td></tr>
<tr><td>型深</td><td>5.0m</td><td>船尾</td><td>m</td><td>挖深</td><td>6.5 ~ 25m</td></tr>
<tr><td>总吨位</td><td>2 437t</td><td rowspan="2">排水量</td><td>满载</td><td>4 109t</td><td>挖宽</td><td>25 ~ 100m</td></tr>
<tr><td>总功率</td><td>14 576kW</td><td>空载</td><td>3 407t</td><td>桥架长度</td><td>38.576m</td></tr>
<tr><td>泥泵</td><td>甲板泥泵</td><td colspan="2">水下泥泵</td><td>原动机</td><td>甲板泵柴油机</td><td>水下泵柴油机</td></tr>
<tr><td>型式</td><td>双壳、卧式</td><td colspan="2">单壳、卧式</td><td rowspan="2">型式</td><td rowspan="2">V 型 12 缸、四冲程、涡轮增压</td><td rowspan="2">直列型 8 缸、四冲程、涡轮增压</td></tr>
<tr><td>型号</td><td>JT14400-76</td><td colspan="2">HPD-M800-1900C</td></tr>
<tr><td>流量</td><td>14 000m³/h</td><td colspan="2">14 000m³/h</td><td>型号</td><td>CAT3612</td><td>CAT3608</td></tr>
<tr><td>台数</td><td>2 台</td><td colspan="2">1 台</td><td>台数</td><td>2 台</td><td>1 台</td></tr>
<tr><td>扬程</td><td>760kPa</td><td colspan="2">361kPa</td><td>缸径 × 行程</td><td>280mm × 300mm</td><td>280mm × 300mm</td></tr>
<tr><td>轴功率</td><td>3 620kW</td><td colspan="2">1 721kW</td><td>功率</td><td>3 700kW × 2</td><td>2 460kW</td></tr>
<tr><td colspan="3">齿轮箱</td><td colspan="2">高弹性离合器</td><td colspan="2">高弹性联轴器</td></tr>
<tr><td>型号</td><td>NBCD3700</td><td>DP – A1S560</td><td>型号</td><td>LT500</td><td>型号</td><td>RATO – S3119</td></tr>
<tr><td>输入功率</td><td>3 700kW</td><td>2 000kW</td><td>额定扭矩</td><td>50kN · m</td><td>额定扭矩</td><td>50kN · m</td></tr>
<tr><td>减速比</td><td>3.89:1</td><td>5.33:1</td><td>工作气压</td><td>0.7 ~ 0.8MPa</td><td>许可转速</td><td>1 410r/min</td></tr>
<tr><td colspan="3">水下泵电动机(SIEMENS)</td><td>合、分转速</td><td>≤500r/min</td><td>制造商</td><td>无锡伏尔康</td></tr>
<tr><td>型号</td><td colspan="2">DKKAF5621 – 4WF</td><td>行程</td><td>17.9mm</td><td></td><td></td></tr>
<tr><td>功率</td><td colspan="2">2 000kW</td><td>制造商</td><td>温州永恒</td><td></td><td></td></tr>
<tr><td>转速</td><td colspan="2">1 200 ~ 1 493r/min</td><td colspan="4">水下泵发电机</td></tr>
<tr><td>效率</td><td colspan="2">97%</td><td>效率</td><td>97.2%(全负荷)</td><td>频率</td><td>50Hz</td></tr>
</table>

"新海鳄"轮吹清水时水下泵的特性表 表 3

流量 Q(m³/h)	6 000	7 000	8 000	9 000	10 000	11 000	12 000	13 000	14 000	15 000
扬程 H(m 水柱)	44.7	43.8	42.8	41.8	40.6	39.4	38.5	37.4	36.1	34.7
功率 N(kW)	975	1 081	1 186	1 287	1 377	1 468	1 588	1 643	1 721	1 807
效率 η(%)	78.0	77.8	79.4	80.8	81.7	82.0	81.9	82.0	81.3	81.2

不同泥浆体积浓度的管路实用最低流速计算值 表 4

土类	天然土密度 γ(t/m³)	泥浆体积浓度 ρ(%)						
		10.0	15.0	20.0	25.0	30.0	35.0	40.0
	1.75	2.76	2.88	2.97	3.04	3.10	3.15	3.19

遇到钙化质时由于无经验可循,我们在实际工程参考砾石,结合工程实际,挖掘时减小分层厚度控制在 0.5m 左右,控制泥浆浓度 25% 以下,总阻尼系数控制在 0.001 2 左右。

2011.01~2011.07期间设备运行和施工参数汇总列于表5供分析，其中2011年2月23日及时将2泵绞吸船"新海鹤"轮（表5）更换为3泵绞吸船新海鳄轮进行施工，提高了施工效率：最高小时效率达3 000m^3/h，最高日产达63 350m^3。

2泵绞吸船设备运行参数统计汇总表 表5

序号	施工起止日期	管线长度（m）	水下泵		舱内泵			流速（m/s）	效率（m^3/h）
			柴油机转速（r/min）	排温（℃）	柴油机转速（r/min）	排温（℃）	排压 bar		
1	1.03-1.11	5.5	1 476	392	952	508	9.42	4.3	2 980
2	1.12-1.25	6.0	1 475	386	956	505	9.38	4.1	2 802
3	1.25-2.04	6.4	1 478	383	960	503	9.56	3.7	2 401
4	2.04-2.23	6.6	1 476	383	963	503	9.67	3.7	2 015

对以上试验数据分析我们可以发现随着管线长度的增加，在增加泵机转速的情况下，由于排距增加，流速反而呈下降趋势，总排出压力增大。这是由于当管道长度增加时，总的管道阻力也随之增加。

在2月19日施工过程中发生排泥管爆裂事件，事后根据计算机辅助疏浚决策系统回放分析，由于斗轮前方出现较大泥层塌方，从而使泥浆浓度陡然上升，瞬时流量由2 000m^3/h迅速增至5 000m^3/h左右，造成泥泵产生吸入真空过高，舱内泵产生锤击响声，排泥管中排压急剧下降，使排泥管大幅度急剧摆动，造成橡胶管脱节、撕裂。

爆管事件发生后，我们分析在连云港地区6 400m排距对于两泵串联施工的"新海鹤"轮已基本达到极限，平均小时产量仅为2 015m^3/h左右，平均日产量4.5万m^3左右，已不能满足施工节点要求，且存在堵管隐患，项目部更换为3泵绞吸船新海鳄轮进行施工。具体施工参数如表6。

3泵绞吸船设备运行参数统计汇总表 表6

序号	施工起止日期	管线长度（m）	水下泵		舱内泵			流速（m/s）	效率（m^3/h）
			柴油机转速（r/min）	排温（℃）	柴油机转速（r/min）	排温（℃）	排压 bar		
1	2.23-3.20	6.6	1 475	380	966	498	10.01	5.3	3 102
2	3.20-4.25	7.1	1 475	376	971	495	10.08	5.3	3 068
3	4.25-5.10	8.1	1 474	375	973	492	10.21	5.2	2 506
4	5.10-6.20	9.1	1 476	372	978	490	10.32	5.2	2 303
5	6.20-7.28	10.9	1 478	368	978	488	10.41	5.1	2 205

更换后，由于船机功率增加，流速明显提高，产率大幅度提高，减少由于管道阻力过大发生堵管的概率。

另外，对于同一管道而言，输送泥浆的浓度高低同样会改变管道中的总阻力。图1中，和A点相交的线表示排送高浓度泥浆的曲线，在这种工况下，泥浆流速最小，接近临界流速；和B点相交的线表示排送低浓度泥浆的曲线，在这种工况下，泥浆流速处于较高的状态[1]。

泥泵输送泥浆的能力取决于驱动柴油机的输出功率，而柴油机的输出功率主要根据泥泵柴油机的喷油量。在调速区，喷油量越大，柴油机的输出功率越大；当进入恒扭矩区后柴

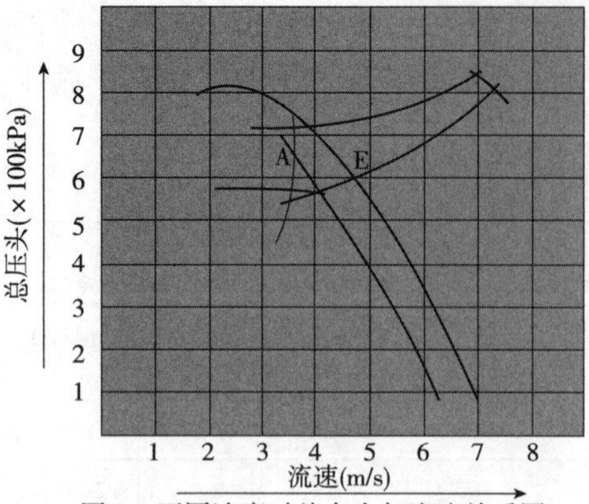

图 1　不同浓度时总水头与流速关系图

油机为满喷油量，喷油量不会增加，而随着负荷的继续增加，柴油机通过自动调节降低转速来减小负荷。

当泥泵在满油量范围内工作时管道阻力因部分堵塞，土质不同和泥浆浓度的变化而变化时，泥浆的流速随之改变，而压力伴随着有较大的变化，此时泥泵在稳定的工作范围内工作。在满油量范围内陡直的特征曲线直到额定全扭矩点必须保持一定的余量，以便满足相对平均状态下阻力瞬时波动的要求[2]。

泥泵在远距离吹挖时，选用叶片数相对较多的叶轮，在试验过程中将“新海鹤”的 3 片叶轮换成“新海鳄”的 5 片叶轮，尽量使泥泵原动机开至规定的额定转速，使泥泵输出压力提高和流速增加。

4　结语

泥泵工况点的确定受到驱动原动机的外特性和管道特性以及所挖泥层的土质的共同影响。在实际操作过程中要根据管道长度的变化，随时注意各仪器的变化情况，使泥泵在最佳工作范围内工作。在合理的工况下，两泵直接吹淤距离可达 6. 6km，三泵可达 10. 9km，以上施工参数是由本次试验在连云港 30 万吨级航道一期工程实际施工过程中所取得的适应于连云港地区远距离吹淤的施工参数，相关疏浚行业参考，但是具体工程有其局限性，各种因素未能全面分析，全面推广还有待今后施工继续分析、论证。

参 考 文 献

[1] 天津航道局. 疏浚技术. 1997.
[2] 上海航道局. 疏浚工程手册. 1994.

绞吸船与接力泵船串联工艺在长排距硬质土疏浚中的应用

王建平[1]　沈徐兵[2]　顾文萍[1]　王健祥[1]　芮永强[1]

(1. 上海东华建设管理有限公司　上海　200231;

2. 中交上海航道局有限公司东方疏浚工程分公司　上海　200136)

摘　要: 连云港30万吨级航道一期疏浚工程徐圩10万吨级航道绞吸吹填施工距离长,并遇到钙质结核、硬黏土等复杂土质,针对性地采用了绞吸船与接力泵船串联工艺施工,较好地解决了在吹距长、高程深、土质硬等不利条件下吹填上陆的施工难题,获得了较好的效益。

关键词: 长排距;接力泵船;钙质结核

1　引言

连云港30万吨级航道一期工程徐圩10万吨级航道疏浚工程总长24.7km,在高程-11.5m(5万吨级)以上部位为可挖性较好的淤泥,利用3 500m^3/h绞吸船3泵串联成功实现了10.9km单船吹填施工。由5万吨级扩建为10万吨级航道(-13.3m)时,由于-11.5m以下存在大量钙质结核和黏土,若绞吸船采用常规工艺3泵串联施工,近船端1km左右管线需承受约18kg/cm^2内部压力,国内生产的常规胶管耐压强度仅20kg/cm^2左右,初期施工1.5个月左右期间频繁出现胶管爆裂现象,需要停工维修更换,超过40%的停工时间用于维修管线。为此采用了绞吸式挖泥船+接力泵船的施工工艺,两船相隔约2.5km,有效地避免了排压集中,从而降低对排泥管线的耐压要求,极大地降低了爆管几率,时间利用率得以提高,进而施工效率、产能得以提高,提前1个月完成S0+000—S5+000段长排距基建性开挖。

2　工程地质条件

徐圩10万吨级航道总长24.7km,分为N-M-S段和S0+000—S19+909段(图1),其中S5+000以内9.8km要求采用绞吸船吹填上陆,S5+000以外使用耙吸挖泥船外抛。施工的区域含有淤泥、黏土及钙质结合物。淤泥层局部含少量贝壳碎片,其下与黏土层交界处10~20cm厚度中含10%~50%粒径10~600mm钙质结核物,分布于高程-12.00~-14.00m;淤泥底板处厚10~30cm,分布较稳定,多数钻孔均有揭露,含量约为10%~40%,个别钻孔达55%;黏土层中有少量揭露。绞吸船吹填区采样表明,S1+500—S4+000之间-11.5m以下层施工时,出现较多粉碎的钙质结核(抗压强度约C40)和黏土球,如图2、图3所示。

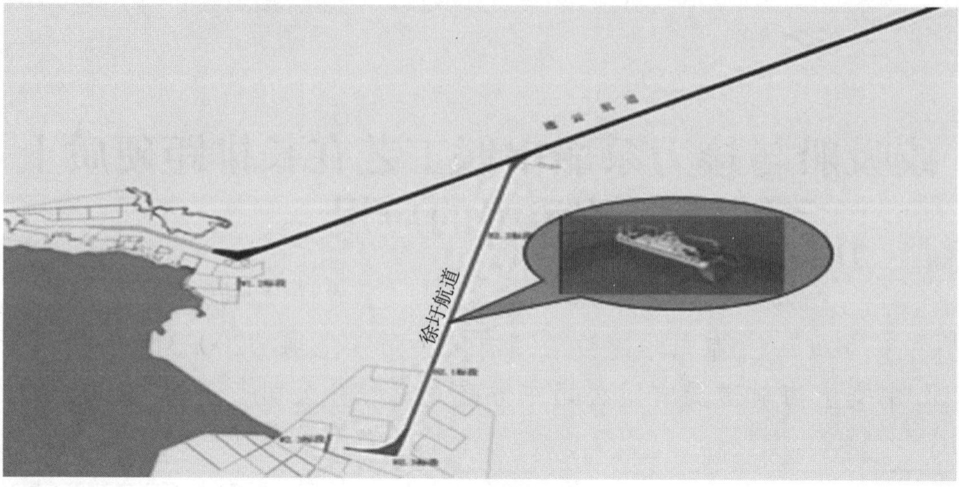

图1　徐圩航道平面图

图2　绞吸船吹填区粉碎的钙质结核样本

图3　耙吸挖泥船耙齿带上来的钙化物样本

3　施工设备及连接姿态

S1 +500—5 +000 段疏浚施工采用 3 500m^3/h 的非自航绞吸船“新海燕”轮(图4) +“航绞接一”号接力泵船(图5)进行长排距串联施工,采用 2 泵 +1 泵的组合形式。“新海燕”轮泥浆输送距离 4.5km,最大挖深 27m。

图4　3 500m³/h 绞吸船"新海燕"轮

图5　"航绞接一"号接力泵船

3.1　3 500m^3/h 绞吸船"新海燕"轮主要设备参数

1)船体(表1)

表1

总长	104.8m	结构吃水	平均	3.7m	公称产量	3 500m^3/h
船体长	82.6m		船尾		公称排距	4 500m
型宽	18.2m	设计吃水	平均	3.6m	吸排泥管直径	900mm/850mm
型深	5.2m		船尾		挖　深	6.5～27m
总吨位	2 944t	排水量	满载	4 786t(d=3.7m)	挖宽	25～110m
总功率	9 563kW			4 656t(d=3.6m)	桥架长度	40.7

2)泥泵系统(表2)

表2

泥泵	舱内泥泵	水下泥泵	原动机	舱内泵柴油机	水下泵柴油机
型式	双壳、卧式	单壳、卧式	型式	4冲程、V型、直喷式、透气增压后冷却式	4冲程、V型16缸、直喷、定压增压、中冷
型号	JT14400—76	JT14400—33			
流量	14 000m^3/h	13 700m^3/h	型号	CAT 3612	16V240ZC
台数	1台	1台	台数	1台	1台
扬程	76m水柱	35m水柱	缸径×行程	280mm×300mm	240mm×275mm
轴功率	3 620kW	1 730kW	功率	3 700kW	2 350kW

续上表

泥泵	舱内泥泵	水下泥泵	原动机	舱内泵柴油机	水下泵柴油机
转速	257r/min	245r/min	额定转速	1 000r/min	1 000r/min
叶轮外径	2 500mm	1 920mm	压缩比	13:1	12.4:1
叶轮内宽度	450mm	550mm	合泵转速/怠速	500/350r/min	550/430r/min
叶片数	5 片	5 片	燃油消耗率	205.1g/kW h	204g/kW h
重量	96t	31t	滑油耗率	0.7g/kW·h	1g/kW·h
球形通道	350mm		最高排温	520℃(单缸) 630℃(增压器前)	420℃(单缸) 520℃(增压器前)
吸排口径	900/850mm	900/850mm	启动方式	空气马达启动	
			重量	29.58t	23.0t
制造商	上海航道局船舶配件公司		制造商	美国 CAT	大连北车

3)铰刀系统(表3)

表3

铰 刀			液 压 马 达	
刀圈	外径	2 760mm	型号	MB2400-1725-SN
	内径	2 330mm	排量	108.383L/r
齿顶	高度	1 845mm	最大额定压力	35MPa
	外径	3 030mm	工作压差	22MPa
刀臂数		6 片	最大转速	33 r/min
刀齿数量		54 个	额定转速	22r/min
工作转速		0~30r/min	比扭矩	1 725Nm/bar
工作压差		26MPa	工作压力	26MPa
轴 功 率		1 280kW	最大额定压力	35MPa
生产厂家		航道装备工业公司	生产厂家	HAGGLUNDS

注:铰刀液压系统由液压泵站柴油机(16V240ZC)驱动,经液压分动箱上八个液压泵(日本川崎 K3V280)中的五个液压泵驱动一个赫格隆液压马达。

3.2 "航绞接一号"接力泵船主要设备参数

1)船体(表4)

表4

总长	54.00	全船总功率	8 189kW
型宽	18.00m	吸排管直径	DN850mm
最大宽度	18.00m	排距	3~7km
型深	4.00m	空船重量	1 306.07
满载排水量	2 200.24t	净吨位	399t
满载吃水	2.60m	总吨位	1 331t
空载排水量	1 306.07t	床位数	12

2)泥泵系统(表5)

表5

型　式	增压中冷V型 四冲程 水冷	缸径	280mm	用　途	带 动 泥 泵
		行程	285mm	燃油耗量	≤205 +5% g/kW·h
型号/台数	16V280ZC/2	额定功率	3 650kW	机油耗量	≤3g/kW·h
制造年份	2008.10	常用功率		调速器型号	HEIZMANNDC -2
制造厂	南车资阳机车有限公司	额定转速	1 000rpm	增压器型号	VTC254P -13W
机号	00030/00031	常用转速	600 ~1 000rpm	增压器转速	30 720rpm

3.3 “新海燕”轮及接力泵船组连接姿态(图6、图7)

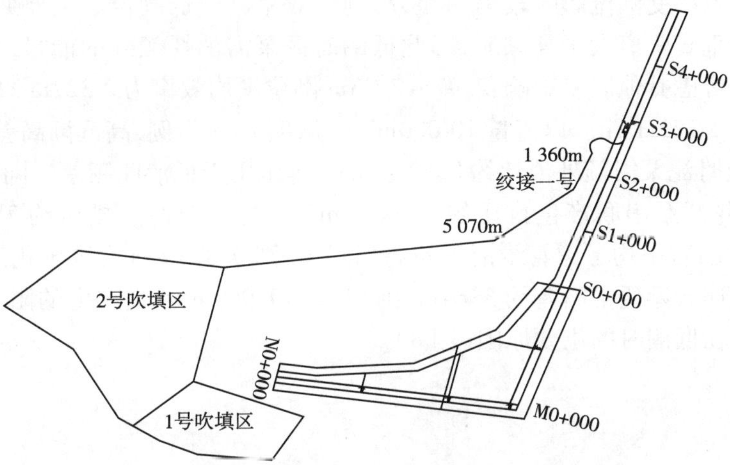

图6 “新海燕”轮施工 S1 +500 - S3 +000 平面布置图

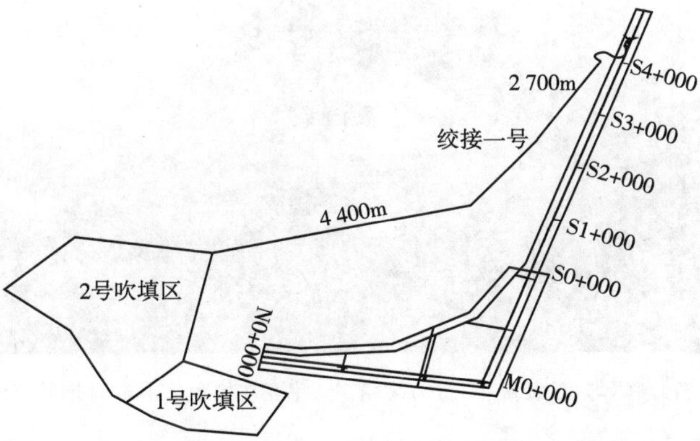

图7 “新海燕”轮施工 S3 +000 - S5 +000 平面布置图

4 船组参数收集和分析

根据施工过程中收集的2船串联施工各潮水施工参数、设备运行参数(略),分析如下:

(1)挖掘:本工程 -12.0m 以上为淤泥质土, -12.0m 及以下夹杂有钙化结合物,利用淤泥质土对管道中形成的黏土球、钙质结核能起到润滑和助推作用,故在施工中采用一层开挖,绞刀实际下放深度约为 -13.6m + 潮位,分条挖宽为101m。施工时瞬时绞刀最大压力在

80bar 左右，平均绞刀压力在 50bar 左右，绞刀设备能力完全满足施工要求，挖掘不受限。

（2）泥浆输送："新海燕"轮泥泵机组采用 980r/min 左右，接力泵船右泵泥泵机组转至 947r/min 左右（实际泥泵转速 230r/min 左右），组成三泵串联系统进行施工。S1 +500—S3 +000 段清水流速约为 5.8m/s，S3 +000—S5 +000 段清水流速约为 5.4m/s，由于土质原因流速下降较为明显，但为了满足输送要求，降低堵管风险，人为控制在不低于 4.8m/s 施工。此种状态下，接力泵船泥泵机组转速基本处于恒扭矩工作状态。接力泵船泥泵机组输送能力是影响生产效率的原因之一。

（3）合泵初期：通常流速较高，之后逐渐恢复至正常状态。主要是因为停工后，泥泵之后的管道内存量余水较正常施工时少，且浓度低，因此相对摩阻较小，合泵几分钟，管道内充满水，正常施工后充满泥浆，则逐渐恢复至正常施工状态。

绞吸船施工效率受潮位影响较为明显，高潮位效率高于低潮位。主要原因是低潮时泥泵中心距出口的垂直距离大于高潮时，因此低潮时泥泵需消耗额外的能量以抵消此段潮差产生的势能。不考虑其他因素影响，2.97 ~2.93m 潮位平均效率为 2 327m^3/h，2.36 ~2.28m 潮位平均效率为 1 722m^3/h。以流量 10 000m^3/h、浓度 20% 为例，高低潮高差 2.97 −2.28 = 0.69m，则低潮位时泥泵需额外消耗约 0.82kg/cm^2 排压用于抵消此潮差。同样，以上述工况为例，"新海燕"轮两泵串联产生排压约 9.5kg/cm^2，接力泵船产生排压约 7kg/cm^2，总排压 6.4kg/cm^2 消耗完，若平均考虑管线沿程与局部阻力，则 0.82kg/cm^2 排压相当于 330m 管线产生的阻力。而连云港通常高差约 3.64m，则相当于 1 900m 管线产生的阻力，这也是为什么堵管大多发生在低潮时的主要原因（图 8）。

图 8 "新海燕"与"航绞接一"接力泵船三泵串联在排距 7.4km 时排泥管线出口

5 绞吸船与接力泵船串联施工要点

5.1 合理确定接力泵船与绞吸船之间的管线距离

排泥管线中接入接力泵船后，需合理确定接力泵船与绞吸船之间管线长度，才能确保整个系统安全、高效和低耗施工，主要考虑以下两个方面。

1）防止接力泵船末端排出压力过大

绞吸船与接力泵船之间必须保持一定管线距离，才能确保接力泵船泥泵系统最终排出压力不会过大,根据使用的接力泵船设计要求,接力泵船最终排出压力应控制在 20.0bar 左右。如果最终排出压力超过 20.0bar,这在接力泵船后面的管线需要配置一定数量的耐压强度 25.0bar 橡胶管及其他附件,一定程度上增加了管线设备的投资。其次,系统最终排出压力过高,接力泵船泥泵系统的耐磨部件极易磨损,增加接力泵船泥泵系统过流部件的维修成本。

2)接力泵船泵前进口余压不能太低也不能过高

为了不使绞吸船在施工挖泥控制过程中的不稳定而引发水锤现象,就要求接力泵船在正常施工时泵前进口余压必须保持在 1.0~3.0bar 之间,即接力泵船在施工过程中不执行吸入功能,这就要求在施工过程中,在一定施工流速条件下,绞吸船和接力泵船之间的管路所消耗的水头必须低于绞吸船泥泵机组串联组合施工使所产生的有效扬程。

因此在确定接力泵船与绞吸船之间的管线距离,既要满足在较短排距下,同时又能满足在最长排距下设备安全运行。具体做法如下:

3)绘制泥泵、管道性能曲线

决定接力泵船与绞吸船之间管线距离,第一步是计算出绞吸船、接力泵船绞吸船和接力泵船串联泥泵特性曲线以及排泥管道阻力曲线,如图 9 所示。在计算过程中,为保证高效率施工应保持一定的富裕空间,绞吸船与接力泵船泥泵机组转速应按额定转速的 95% 运行工况计算。

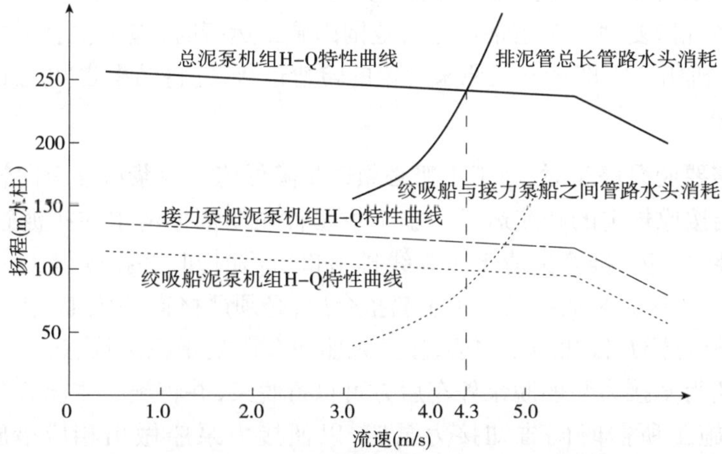

图 9　大型绞吸船与接力泵船串联超长排距水力计算示意图

(1)在最短施工排距下,确定接力泵船与绞吸船之间的管线距离。系统中的施工流速是由绞吸船和接力泵船泥泵特性共同确定的。在最短排距下,两船之间管道所消耗扬程必须小于绞吸船泥泵机组产生的有效清水扬程,接力泵船前泵前余压控制在 1.0bar 左右。并根据施工流速和两船之间管线消耗扬程,推算出绞吸船和接力泵船两船之间管线长度。

(2)验证接力泵船在各种排距下进口余压和最总排出压力。已经在最小排距中确定了接力泵船与绞吸船之间的管线距离,同时根据实际施工情况,验证在各种泥浆浓度下、各种施工排距下接力泵船进口余压和最终排出压力,特别要验证在最大施工排距施工时,接力泵船进口余压和最终排出压力,使其最终排出压力满足接力泵船泥泵性能设计要求。

(3)在正常施工时,应根据实际施工时所产生的施工流速和各泥泵机组所产生的有效扬程,合理调节绞吸船和接力泵船各泥泵机组运行转速,确保接力泵船进口压力和排出压力控制在合理的范围之内。

由于本工程的排泥管线长度调整，在施工过程中泥浆浓度也在发生不断变化，因此在实际施工过程中，应根据管道中的泥浆流速和接力泵船进口余压和最终排出压力状况，合理调节绞吸船和接力泵船泥泵机组转速，以确保整个系统安全、高效和低耗施工。

5.2　合泵

（1）当施工主船接到接力泵船备车完毕并具备开工条件的报告后，方能启动施工主船合泵控制开关，并逐步加速至规定的泥泵柴油机转速，同时告知接力泵船施工主船已经合泵施工。

（2）接力泵船在接到施工主船已合泵指令后，注意观察已打开的排泥管上的放气阀，当放气阀排出清水后应及时关闭，同时观测泥泵进口处压力，当进口压力达到约 4.0bar 左右时，接力泵船方可启动合泵控制开关，并逐步加速至规定的泥泵转速，同时告知施工主船，接力泵船已合泵正常施工（相关设备运行、施工参数和合泵时间等均应记载在轮机日志上）。

（3）整个系统在正常施工时，施工主船与接力泵船施工人员应仔细观察所有设备运行、施工参数。特别要注意当泥浆浓度发生变化后的管道泥浆流速和接力泵站进口压力变化，当接力泵站进口压力低于当前设定压力值时，接力泵船泥泵机组在规定的转速范围之内应采取适当降速运行，并将设备运行参数及施工情况告知施工主船。施工主船泥泵机组应在规定的转速范围内采取适当增速处理，并将所采取的措施同样告知对方。

（4）当整个系统恢复到原来正常规定值范围内施工运行时，施工主船应立即告知接力泵船，接力泵船泥泵机组应立即恢复至原来规定的转速运行，并将结果告知施工主船。

5.3　正常脱泵停车

（1）当系统需要脱泵停车时，施工主船必须逐步降低施工泥浆浓度至向管道内泵送清水（此阶段接力泵船按原规定的转速运行），施工主船首先要依据清水在排泥管线中运行的流速，结合总排泥管的长度，推算出清水至管线排出口所需时间，并指令接力泵船按推算出的时间进行正常脱泵。接力泵船接到施工主船指令后，必须严格遵照施工主船的指令，在规定的时间脱开泵机离合器并告知施工主船，接力泵船泥泵已处于脱泵状态。

（2）施工主船得知接力泵船脱泵停车后方可自行脱泵，并将施工主船脱泵的情况以及脱泵以后恢复正常施工所需时间告知接力泵船，以便接力泵船做出相应措施，并保持通信畅通。

5.4　紧急脱泵停车

（1）当施工主船或接力泵船发生施工紧急情况或设备突发性故障需要紧急停车时，必须立即相互告知，求得步调一致（并将有关情况记录至相应的施工日志和轮机日志上）。

（2）当施工主船某一泥泵机组要求紧急停车时，施工主船应逐步降低施工泥浆浓度并起桥到规定深度（水下泵不能露出水面），采用单泵泵送清水，并通知接力泵船降速运行。在输送清水过程中，接力泵船的进口余压应不低于 1.0bar 左右。施工主船按系统稳定后的清水流速和后方排泥管长度推算所需泵送清水时间，并告知接力泵船，当接力泵船泥泵机组达到所需泵送清水时间时，即可降速脱泵停车。

（3）当接力泵船要求紧急停车时，施工主船在接到对方信息后，应立即逐步降低泥浆浓度施工直至泵送清水，至清水流速稳定，并按稳定后的清水流速和后方排泥管长度推算泵送清水时间。当施工主船泥泵机组达到所需泵送清水时间时，施工主船即可降速脱泵停车。

6 效益分析

在连云港30万吨级航道一期工程中,采用大型绞吸船主船与接力泵船串联技术施工,在硬性黏土夹杂钙质结核的土质条件下提高了系统生产效率,增加了绞吸船泥浆输送距离,输送距离最远到8.5km以上,施工效率可稳定在1 800m^3/h以上。"新海燕"轮与"航绞接1"号轮三泵串联施工,在排距近8km工况下实现月平均产量超过80万m^3。平均施工效率提高了17.9%,每工作日提高土方量7 727m^3,每月按22个有效工作日计算,月新增产值235.11万元。"新海燕"轮与"航绞接一"号长排距串联施工,有效降低了堵管与爆管概率,对于提高船舶时间利用率有明显作用。

7 结语

在连云港淤泥质条件下,30万吨级航道徐圩航道疏浚工程H2.1标段(5万吨级航道)中曾成功实现一艘绞吸船单船3泵串联吹填10.9km[2]。由于要求土方吹填上岸造陆,在10万吨级航道扩建过程中,采用了绞吸船+接力泵船(2泵+1泵)串联长排距施工工艺,成功解决了黏土夹杂钙化物(C40)土质下的长距离土方挖掘、输送,取得了较好的效益。

参考文献

[1] 王建平,江波,王健祥,等.浅滩长排距绞吸船施工技术课题成果[R].上海东华建设管理有限公司,2011.11.

[2] 江波,芮永强,王建平.大型绞吸船长排距吹淤试验研究[J].中国水运,2013(3):218、148.

[3] 王春城.大型绞吸船大排距施工工艺[J].中国水运,2013(3):216-217.

[4] 于海,周显田,王建平.吹填工程进度控制方法的应用与研究[J].中国水运,2011(5):232-233.

营运航道增深拓宽施工过江沉管绞吸工艺与抛吹工艺方案比选

胡晓军

（连云港科谊工程建设监理有限公司　连云港　222042）

摘　要:本文针对连云港港30万吨级航道一期工程主航道增深拓宽施工,对过江沉管绞吸工艺与抛吹工艺方案进行了研究比选,可供生产繁忙的港口航道拓宽加深施工提供参考。

关键词:连云港港;过江沉管;抛吹

1　引言

连云港港30万吨级航道一期工程监理Ⅰ标段对应航道各施工标段为连云港区进出港唯一航道的疏浚工程。近年来,随着通航条件的改善,进出港船舶数量增多(平均每天进出港船舶达近20艘次),且日趋大型化,妥善处理通航和疏浚施工的矛盾,是营运航道疏浚工艺需要考虑的重要问题。工程实施准备阶段及施工过程中,监理通过超前预控、防控结合,确保了在不影响航道正常营运通航的情况下,协同各方按时保质完成疏浚施工任务。本文针对连云港港30万吨级航道一期工程主航道拓宽加深施工,对过江沉管绞吸工艺与抛吹工艺方案进行了研究比选,可供生产繁忙的港口航道拓宽加深施工提供参考。

2　工程概况

连云港港30万吨级航道呈"人"字形布置,由外航道、徐圩航道和推荐航线组成。本文所研究的施工区域位于外航道内段,施工范围为A0 +000(东西连岛最东段与旗台嘴连线) ~ W5 +577(含W弯道拓宽)段,如图1阴影部分所示。

2.1　施工区自然条件

连云港冬季盛行偏北风,夏季盛行东南风。因处于开敞海域(北防波堤尚未建设),受风浪、涌浪影响大。外航道水域潮流运动以旋转流为主,逆时针方向旋转,近岸具有往复流性质,基本垂直于航道。累年平均波高为0.5m。

2.2　设计对工艺的要求

根据设计说明,航道A0 +000 ~ W5 +577段航道中心线北侧采用绞吸或抛吹工艺施工,疏浚泥土通过管道输送至吹填区,如图2所示。

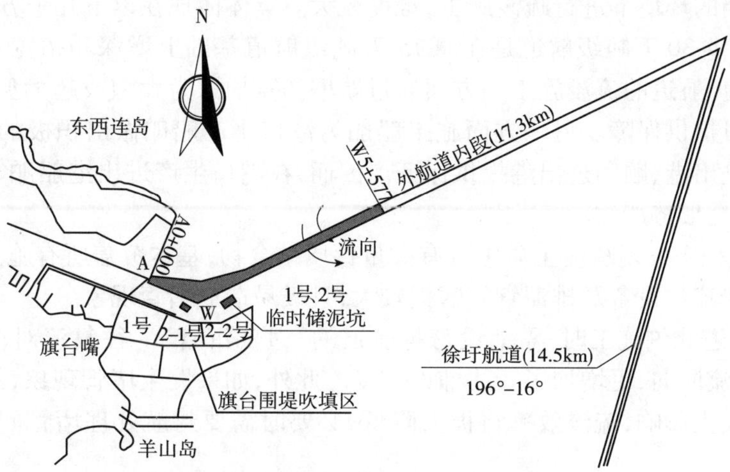

图 1　连云港港 30 万吨级航道平面图

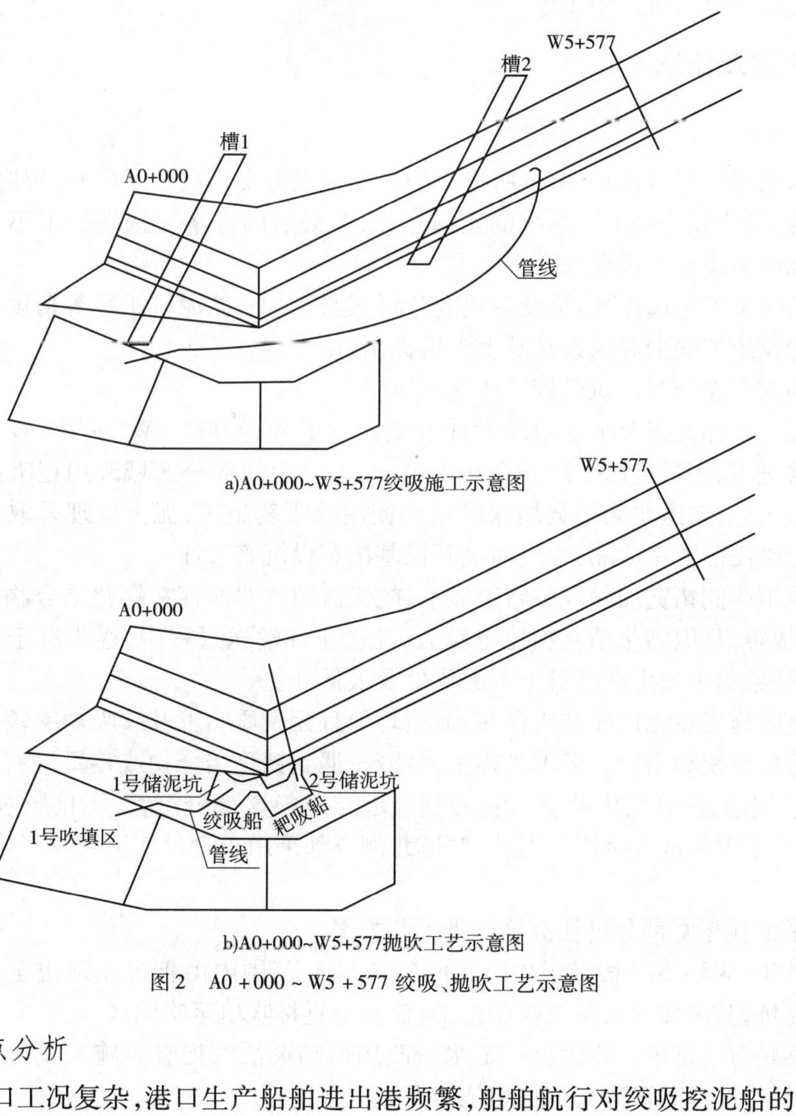

a)A0+000~W5+577绞吸施工示意图

b)A0+000~W5+577抛吹工艺示意图

图 2　A0+000～W5+577 绞吸、抛吹工艺示意图

2.3　工程难点分析

连云港港口工况复杂，港口生产船舶进出港频繁，船舶航行对绞吸挖泥船的干扰较大，

在南北均无遮挡的环境下进行疏浚施工,难度较大。具体体现在以下几个方面:

(1)连云港港30万吨级航道是在原15万吨级航道基础上增深和拓宽。作为连云港区进出港唯一航道,航道的疏浚施工一方面通过航槽拓宽加深为大型或超大型船舶进出港、港口生产增产上量提供保障。另一方面施工船舶为港口生产船舶做出积极的无条件避让,为生产船舶安全进出港、顺利进出港提供保证。因而,在港口生产进出港船舶非常频繁情况下不封航施工,安全形势严峻。

(2)施工过程中发现疏浚土质中含有大量钙质结合物,基本覆盖所有施工区域。大量的块石造成绞吸船疏浚设备及排泥管线磨损较大,且极易造成堵管现象。

(3)进入航道北侧施工时,需铺设跨越航道的"过江沉管"。往复流对沉管布设影响较大,若风向与潮流同向,更增加了管线铺设难度。此外,如果发生堵管现象,经常性清理堵管将对工程产生较大影响,疏浚效率将极大降低,必要时需要封航处理堵管问题,无疑会严重影响港口生产。

综上所述,本区段即A0+000~W5+577段航道中心线北侧疏浚施工工艺方案选择非常关键,需重点分析、研究和比选。

3 工艺方案及比选

3.1 工艺方案

作为本工程监理,对施工单位所提交的各个施工方案均进行了细致的研究分析,结合进出港航道的工况实际,提出了系统的实施主张,为最后的方案比选提出了不少建设性意见,确保了本标段疏浚施工顺利进行。

通过从施工工艺选择、船机设备效能分析、延长工期、储泥坑扩容等角度入手,在综合考虑工程费用及施工安全等因素基础上先后提出以下方案:

1)航道北侧全部过江沉管绞吸工艺方案

该方案为投标方案及施工组织设计方案。对于A0+000~W5+577段,出于从保证生产船舶正常进出、满足港口生产安全角度考虑,航道中间部分区域改用耙吸船施工,泥土处理采用抛吹工艺;航道北侧拓宽加深区域仍使用绞吸船施工,泥土处理采取直吹方式,直接吹填至旗台纳泥区上岸造陆,管线通过开挖基槽布设沉管过江。

之前航道南侧拓宽加深区域施工显示,施工区域内普遍存在钙化结合物夹层,管线磨损严重,易造成爆,且因钙化结合物比重较大,疏浚土在输送过程中,逐步沉于管底,极易造成堵管,堵管现象集中发生在沉管上下起伏处及最低处。

绞吸直吹施工在无钙质结构存在、泥质均匀且无硬质黏土及绞吸功率较大情况下,一般不会产生管底沉积和堵管。但本工程土质特殊,遇到钙化结合物或零星块石,极有可能发生"过江沉管"堵塞,一旦发生堵管,需要封航、起浮更换该部分沉管,不仅影响施工的顺利进行,而且也严重影响港口生产。因此,航道北侧全部采用布设过江沉管绞吸施工方案存在较大风险。

2)航道北侧拓宽部分过江沉管绞吸工艺方案

A0+000~W5+577段航道中心线两侧各90m范围内由耙吸船疏浚至设计水深,疏浚土抛至储泥坑,其余部分采用绞吸船施工,疏浚土直接吹填至吹填区。

该方案是对航道中心线附近一定水域改用机动灵活的耙吸船施工,缓解了通航安全的压力,但仍需"过江沉管",安全隐患依然存在。

3）航道北侧全部抛吹工艺方案

A0 +000 ~ W5 +577 段航道中心线北侧 90m 以北全部由耙吸挖泥船实施疏浚，泥土抛入临时储泥坑后，由绞吸船吹填上岸造陆。

该方案可以彻底避免过江沉管堵管和影响通航的风险，有利于保障施工的顺利进行。

3.2 方案推荐

根据以上分析，为确保施工与通航安全，最终推荐航道北侧全部抛吹工艺方案（图 3）。

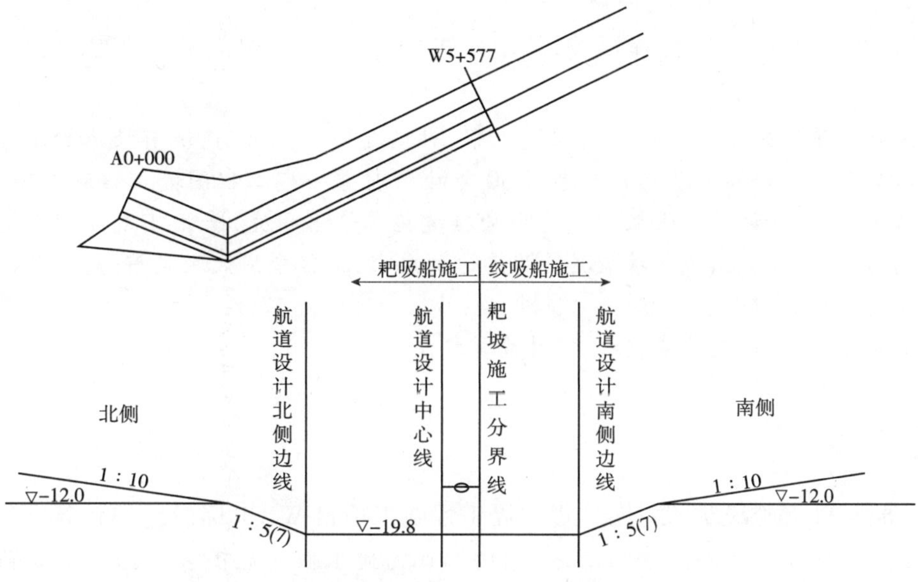

图 3　抛吹工艺下 A0 +000 ~ W5 +577 施工范围示意图

4　结语

综观本工程 A0 +000 ~ W5 +577 段航道施工方案比选过程，不难得出下列结论：

（1）在费用、工期、安全等影响因素制约下，确保疏浚施工安全无疑对方案的敲定起到主导作用，充分体现了"安全第一"、生产必须安全的思想。

（2）对于近岸水域，使用绞吸船直吹比较经济。而对通航中心水域和需跨航道施工水域进行绞吸直吹（沉管过江）疏浚施工时，应谨慎选用"过江沉管"方案，一旦出现堵管现象，既耽误施工，又影响生产。

参 考 文 献

[1] 冯创志. 航道拓宽疏浚施工控制要点概述[J]. 中国公路，2009（S1）.

[2] 中华人民共和国行业标准. JTJ 319—99　疏浚工程技术规范[S].

高强机织布充填袋接缝施工关键技术研究与应用

王少灿　裴洪伟　潘晓炜

（中交第三航务工程局有限公司江苏分公司　连云港　222042）

摘　要：高强机织布充填袋首次用于围堤工程，对接缝强度要求高，现有袋体加工方法尚不能满足。结合连云港港旗台港区 30 万吨级航道一期工程围堤工程施工项目 W1.1 标段工程，开展了高强机织布充填袋接缝施工技术研究，采用丁缝 + 环氧树脂黏结的方法，高强机织布充填袋接缝强度达到要求，工程应用效果良好，为类似工程解决了关键技术问题。

关键词：高强度机织布；充填袋接缝；径纬向接缝法

1　引言

连云港港 30 万吨级航道一期工程围堤工程施工项目 W1.1 标段地处江苏省北部黄海海州湾西南岸，位于连云港港旗台港区，结构形式为排水板 + 充填袋 + 抛石堤心斜坡堤结构，地基处理采用排水板 + 砂被，堤身结构为充填袋 + 开山石组合。其中充填袋袋体采用 760g/m^2 机织布，兼做加筋层，以满足高大围堤整体稳定需要，而充填袋接缝强度将直接影响充填袋本身的强度。

设计及规范对高强度机织布缝制强度要求是：接缝采用丁缝或包缝，布缝 2 道锦纶线，锦纶线强度 ≥150N，针脚间距 ≤7mm，且缝制后强度不低于原织物设计强度的 60%，即 6 000N/m。

使用 760g/m^2 机织布制作充填袋体为国内首次使用，各方面均没有相关工法或标准，且无法借鉴同类型工程施工经验。

传统接缝工艺为：土工织物接缝采用丁缝，布缝 2 道锦纶线，锦纶线强度 ≥150N，针脚间距 ≤7mm，且缝制后强度不低于原织物设计强度的 60%。但经过前期的袋体加工试验情况统计，采用传统接缝的缝制方法，760g/m^2 机织土工布接缝强度仅能达到 2 000N/m，远远达不到设计要求。

2　方案比选

2.1　提高充填袋接缝强度方法梳理和方案筛选

通过与兄弟单位在充填袋加工方面进行技术交流，发现以往充填袋所用机织布均为 450g/m^2 以下，其缝制强度较容易达到原织物强度的 60%，而 760g/m^2 机织布充填袋袋体加工没有可供参考的案例，也没有可供参考的施工经验及方法。针对如何研制能够提高充填袋接缝强度提出了各种方案，并运用亲和图加以归纳整理。如图 1 所示。

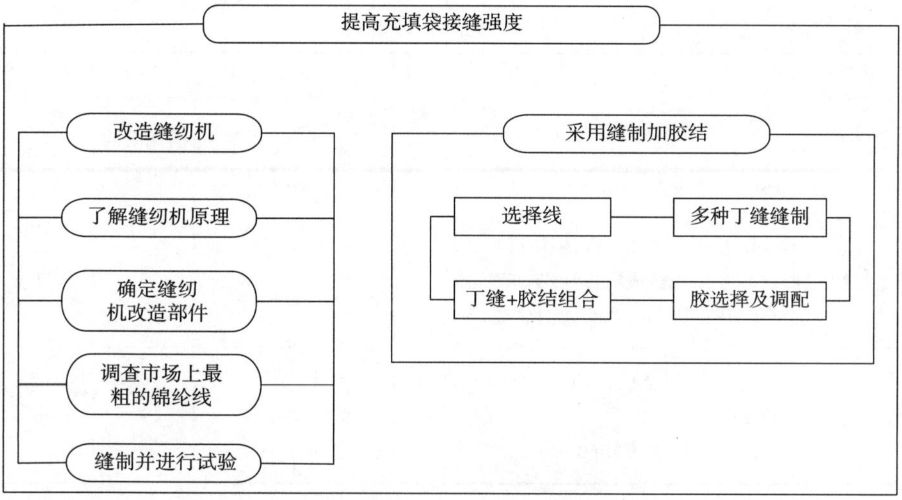

图1　提高充填袋接缝强度工艺研制亲和图

由以上亲和图分析归纳整理出两种方案。以下我们对两种方案从技术上、经济上及可实施性三个方面进行综合分析。

2.2　方案一：改造缝纫机

目前充填袋袋体加工主要采用工业缝纫机＋人工缝制。为保证充填袋，需改进缝纫机，使其适应较粗线。针对改造缝纫机，具体分析如表1。

改造缝纫机方案表　　表1

方案一	技术可实施性	成本分析	所用时间分析	特点
改造缝纫机	1. 连云港地区有相关厂家； 2. 需定制专用线，粗细度 >7mm； 3. 厂家需定制专用生产线机器	1. 改造缝纫机头，每台需要2 000元，共7台，需要2 000×7＝14 000元； 2. 需专用线，本工程需要4吨线，4 000kg×18.8元/kg＝75 200元； 3. 专用生产 >7mm 线机器每台价格1万元，根据本工程要求，需7台，共7万元	1. 改造缝纫机头需要7天； 2. 生产专用线需要20天； 3. 定制专用线生产机器需要30天	1. 技术上虽然可行，但施行复杂； 2. 所用资金成本合计89 207元； 3. 从开始到正式加工袋体需要57天

2.3　方案二：采用缝制＋胶结（表2）

缝制＋胶结方案表　　表2

方案二	技术可实施性	成本分析	所用时间分析	特点
采用缝制＋胶结	选型可供选择多； 环氧树脂胶结机织布接缝强度可以达到原机织布强度的70%～80%； 缝制加工场地位于项目部附近，加工试验方便	环氧树脂费用：786kg×38.5元/kg＝30 261元； 人工费用：增加2人，2人×100元/天×60天＝12 000元	原袋体加工时间：357个÷1.5个/天＝238天； 丁缝＋胶结：357个÷1.2个/天＝298天； 需要增加298－238＝60天	增加资金成本：30 261＋12 000＝42 261元； 增加施工天数60天

2.4　方案比选(表 3)

方案对比分析评价表　　表 3

序号	方案	特点	评估			综合得分	选定
			技术可实施性(10 分)	成本(10 分)	所用时间(10 分)		
1	改造缝纫机	1. 技术上虽然可行,但施行复杂; 2. 所用资金成本合计 89 207 元; 3. 从开始到正式加工袋体需要 57 天	6	8	7	21	否
2	缝制 + 胶结	1. 增加资金成本:30 261 + 12 000 = 42 261; 2. 增加施工天数 60 天	9	8	9	26	选

通过两种方案的对比分析,我们选择"缝制 + 胶结"作为推荐缝制方案。

2.5　方案优化

针对推荐方案,进行进一步优化(图 2)。

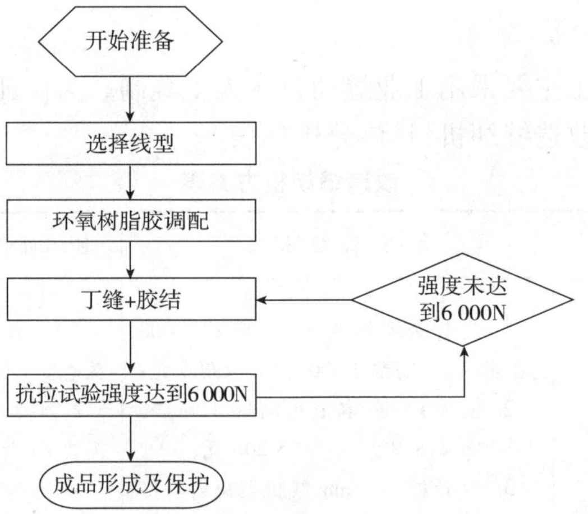

图 2　最佳方案优化图

3　方案实施

3.1　方案实施对策

为了按照最佳方案优化后流程能够达到预期目标 6 000N/m,考虑到施工中遇到的不可预见因素,我们选用 PDPC 法进行过程决策,并按照决策图制定相应对策如图 3 所示。

3.2　方案实施

1)接缝方式

现场缝制为袋体纬向缝制和袋体径向缝制。

袋体纬向缝制:纬向缝制采用 3 道涤纶线加密缝制,缝制时采用 3 台机器流水作业(图 3 ~ 图 5)。

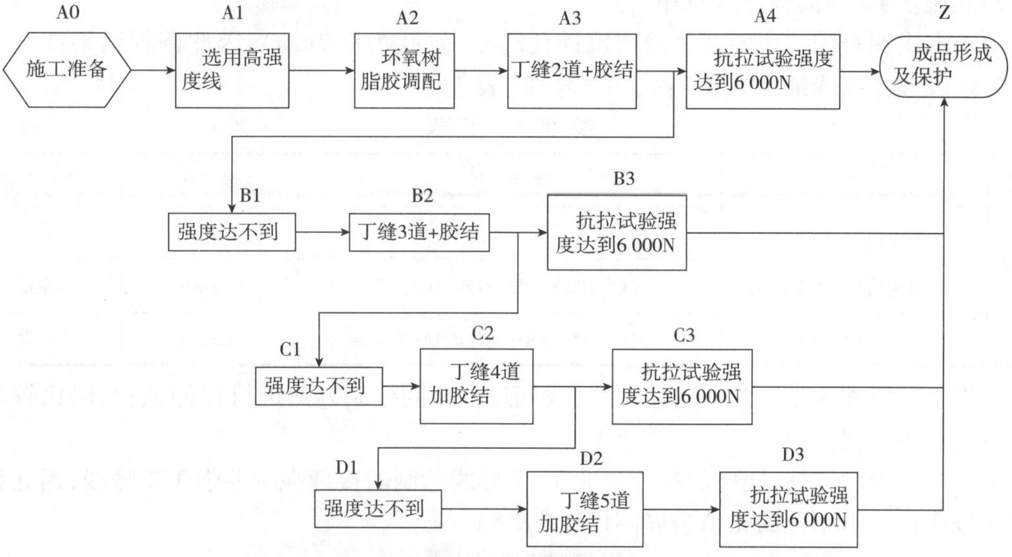

图 3　缝制 + 胶结决策的 PDPC 研究法

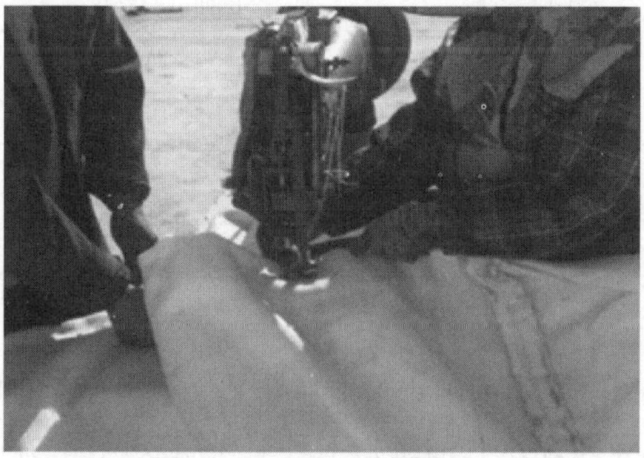

图 4　现场纬向缝制

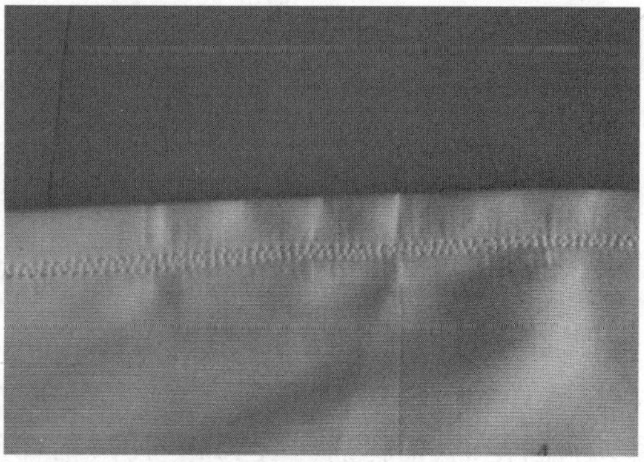

图 5　缝制后 3 道丁缝图样

袋体径向缝制:由于径向方向缝制强度较高,如单独靠涤纶线与机织布结合,满足不了强度要求,因此径向缝制采取 4 道涤纶线并排缝制 + 环氧树脂黏结方式(图 6)。

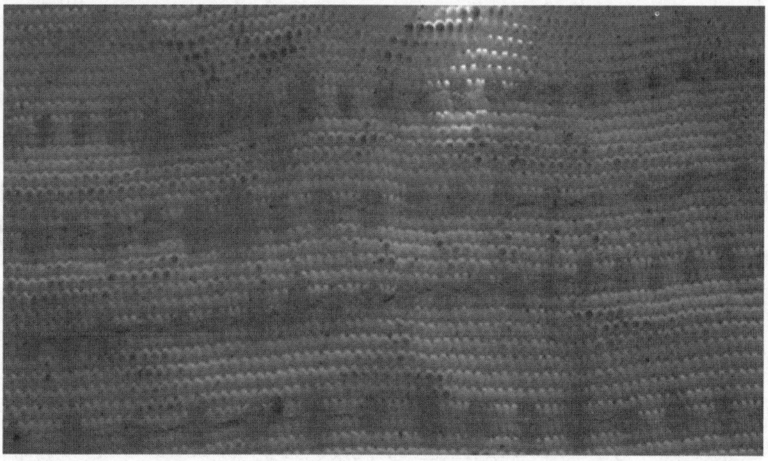

图 6　径向 4 道涤纶线缝制后图样

2）实施步骤一：高强度线选用

由于本次调查的线型要适合缝纫机针孔缝制（针孔为0.7mm），因此调查结果适合本工程的锦纶线和涤纶线最强为：2号线和3号线（表4）。

线型调查表 表4

序号	线类别	线型号	粗细度	生产厂家
1	锦纶线（1号线）	强度：200N；型号：500D×3股	0.5mm	鼎泰
2	锦纶线（2号线）	强度：280N；型号：1500D×3股	0.5mm	鼎泰
3	涤纶线（3号线）	强度：300N；型号：1500D×3股	0.5mm	纺发

因为2号线和3号线为不同类型线，我们进行相同缝制方法进行拉伸试验，以比较两者哪个更适合本工程。

在同样的缝制方法，同样的拉伸试验下：3号线缝制的接缝强度要强于2号线，因此我们选择3号线作为本工程的充填袋缝制用线（表5）。

缝制强度对比表 表5

序号	所用线	缝制方法	拉伸试验强度
1	2号线	丁缝4道	4 434N
2	3号线	丁缝4道	5 219N

3）实施步骤二：环氧树脂胶的调配

环氧树脂6101化学性能稳定，固化后具有优良的耐碱性、耐酸性和耐溶剂性，由于本工程充填袋在本围堤工程中起加筋层作用，且位于海水中，这就要求所用胶具有一定的抗腐蚀性，因此我们选用此型号的环氧树脂胶。

根据环氧树脂6101的说明书及其他参考资料，有4种因素对其强度有直接影响，即环氧树脂、固化剂、稀释剂（二乙烯三胺）、稀释剂（丁基缩水甘油醚），对环氧树脂胶调配，并制作相同材料不同胶试验件进行试验，试验结果如下（表6）：

不同配比环氧树脂强度统计表 表6

<table>
<tr><th>序号</th><th>环氧树脂用量（kg）</th><th>固化剂用量（kg）</th><th colspan="2">稀释剂用量（kg）</th><th>胶结宽度</th><th>抗拉强度</th></tr>
<tr><td>1</td><td>1</td><td>0.45</td><td colspan="2">无</td><td>10cm</td><td>5 000N/m</td></tr>
<tr><td>2</td><td>1</td><td>0.8</td><td colspan="2">无</td><td>10cm</td><td>5 500N/m</td></tr>
<tr><td rowspan="2">3</td><td rowspan="2">1</td><td rowspan="2">0.3</td><td>二乙烯三胺</td><td>丁基缩水甘油醚</td><td rowspan="2">10cm</td><td rowspan="2">13 331N/m</td></tr>
<tr><td>0.07</td><td>0.15</td></tr>
</table>

由表6的试验结果，我们可以看到第3种胶配方用760g/m^{2}机织布黏结试验抗拉强度均达到13 331N/m，达到对策目标强度在机织布本体强度的60%～80%，其费用各方案相差不大，所以我们最终选择3号胶配方作为本次胶结用胶配方。

环氧树脂胶调配控制要点主要有3点，分别为环氧树脂胶结配方、精确配方方量，搅拌均匀和径向胶结后压载。

环氧树脂胶结配方如下（每次调配4kg）：环氧树脂6101号（E44）4kg、丁基缩水甘油醚501号0.6kg、聚酰胺650号（H）1.2kg、二乙烯三胺（工业）0.28kg。

精确配方方量，搅拌均匀：为了保证环氧树脂胶的质量，配备电子秤（图7）和自动搅拌器等设备(图8),搅拌时间约为30s。

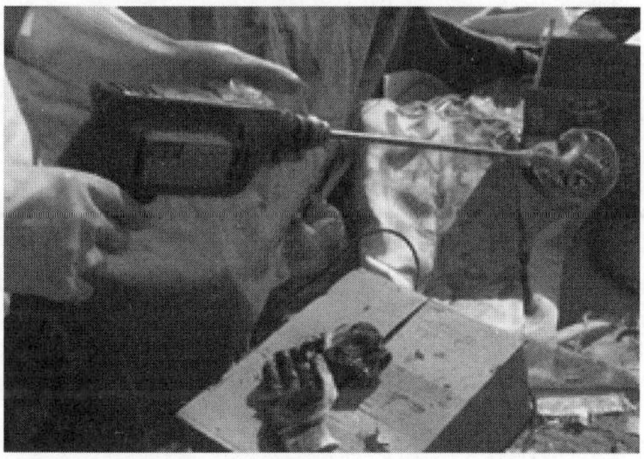

图7　电子秤及量筒

图8　自动搅拌设备

环氧树脂径向胶结:在径向并排缝制4道涤纶线后,采用环氧树脂胶结,使4道线受力变成整体受力,增加了其抗拉强度。

径向胶结后压载:环氧树脂径向胶结后要进行压载,使环氧树脂胶浸透机织布体,一般胶结宽度为10cm,达到胶结最大效果。压载推荐采用底面平整好的压载物,例如工字钢等,压载时间一般为24小时(图9、图10)。

图9　径向缝胶结压载

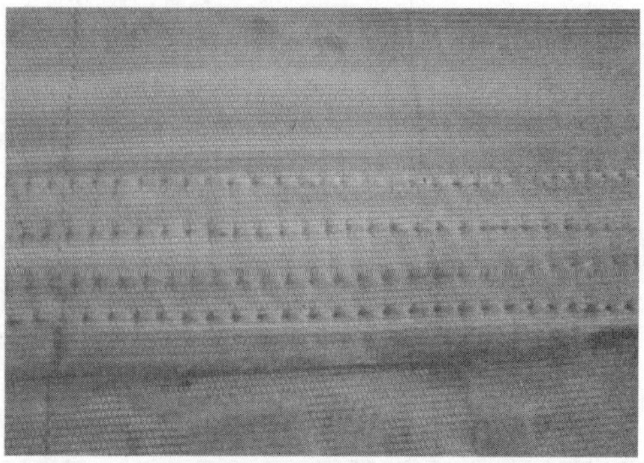

图10　卸载后径向胶结现场图

4)实施步骤三:丁缝缝制+胶结

在环氧树脂胶配方确定完毕后,对现场操作人员进行详细的施工技术交底,明确丁缝缝与缝间距≤5cm,针脚间距≤7mm,缝制后环氧树脂黏结宽度≥10cm,胶结完毕后压载24小时后送去抗拉试验(表7)。

丁缝+胶结试验情况　　表7

方案选择	试验分析	结论
丁缝2道+胶结	按图加工9组送检试验: 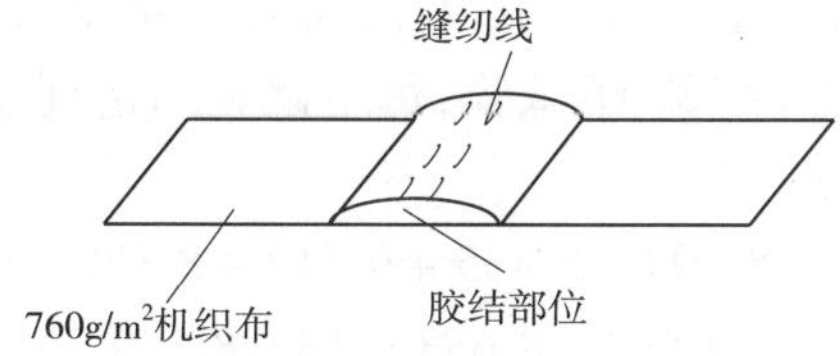 加工图	试验平均强度3 300N/m 未达到设计6 000N/m要求

续上表

方案选择	试验分析	结论
丁缝3道+胶结	按图加工9组送检试验: 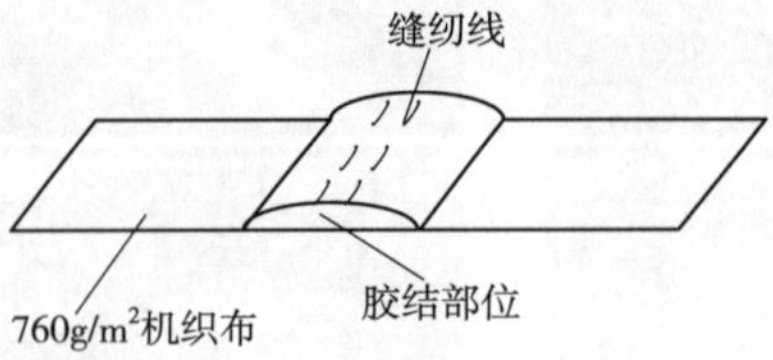 加工图	试验平均达到5 500N/m 未达到设计6 000N/m要求
丁缝4道+胶结	按图加工9组送检试验: 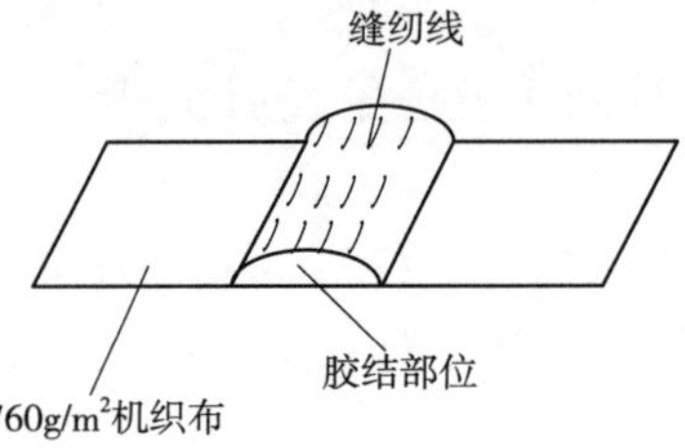 环氧树脂胶结+丁缝4道	试验平均达到7 082N/m 达到设计强度6 000N/m
丁缝5道+胶结	按图加工9组送检试验: 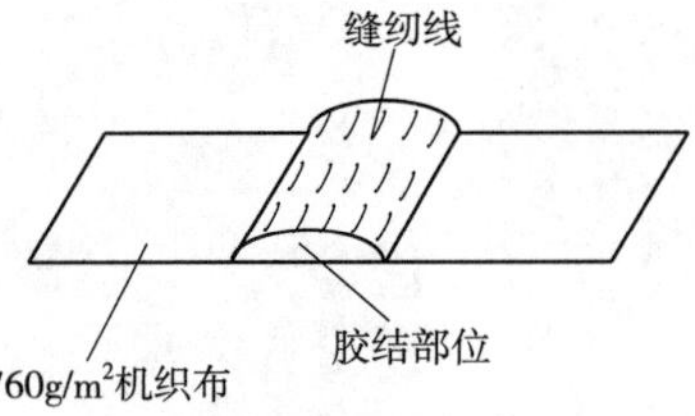 环氧树脂胶结+丁缝5道	试验平均强度达到7 100N/m 达到设计强度6 000N/m

丁缝4道并排缝制+胶结试验共8组,抗拉强度分别为6 800N/m、7 012N/m、7 015N/m、7 100N/m、7 200 N/m、7 018N/m、7 024N/m、7 342N/m、7 231N/m,平均值为7 082N/m > 6 000N/m(设计强度),因此我们选择丁缝4道并排缝制+环氧树脂胶结作为充填袋接缝缝制方法。

5)实施步骤四:成品形成及保护

土工织物在阳光照射下极易老化,因此,小组成员经过考察,选择在连云港高公岛乡租用临时仓库。运输、储存严格防止紫外线照射。

4 工程应用情况

按照上述方法,连云港港30万吨级航道一期工程围堤工程施工项目W1.1标段共加工287个760g/m^{2}机织布充填袋,即进行287组试验,每组试验均达到设计要求。

充填袋接缝强度均值为:

(7 010+6 035+7 459+8 813+8 699+8 435+9 617+8 379+9 500+8 812+7 191+9 782+7 509+9 699+9 283+9 571+9 523+8 653)/18=8 139N

达到和超过设计要求原机织物强度60%(6 000N)要求。

5 结语

连云港港30吨航道项目是江苏省重点工程,W1.1标项目使用760g/m² 机织布制作充填袋体为国内首次使用,各方面均没有相关工法或标准。本次开展了高强机织布充填袋接缝施工技术研究,首次创新采用丁缝+环氧树脂黏结的方法,高强机织布充填袋接缝强度达到要求,工程应用效果良好,为类似工程解决了关键技术问题,得到了业主、设计、监理的一致认可,并推广至整个30万吨级航道项目使用。

参考文献

[1] 中华人民共和国国家标准. GB/T 3923.1—1997 纺织品 织物拉伸性能 第1部分:断裂强力和断裂伸长率的测定 条样法.

[2] 中华人民共和国行业标准. JTJ 239—2005 水运工程土工合成材料应用技术规范.

[3] 中华人民共和国国家标准. GB/T 15788—2005 土工布及其有关产品宽条拉伸试验.

大型疏浚土充填袋筑堤技术施工工艺研究

沈雪松[1]　黄康理[2]　何　宁[2]　杨守华[2]　周彦章[2]　黄宙晟[2]

（1. 连云港港 30 万吨航道建设指挥部　连云港　222046；
2. 南京水利科学研究院　南京　210029）

摘　要：为缓解砂石资源紧缺、保护生态环境、降低工程造价和高效利用航道疏浚土，连云港港 30 万吨级航道开展了大型疏浚土充填袋筑堤技术施工方法研究和现场试验，提出了新型配套施工工艺。高黏粒含量疏浚土排水性能差，传统的高压水枪联合泥浆泵输送施工工艺不适合，疏浚土充填料初始含水率是大型疏浚土充填袋筑堤技术成功实施的关键。采用泥浆泵与浓浆泵串联接力的施工工艺，能够控制疏浚土充填料初始含水率，提升充填高含泥量航道疏浚土的大型充填袋筑堤的施工效率，保证满足正常围堤建设强度需要。另外，直接利用机械将低含水率疏浚土灌袋的施工方法也是一种可选施工工艺。

关键词：疏浚土；充填袋；孔隙水压力；压缩率；施工效率

1　引言

围海造陆、航道工程等海堤建设需要填筑大量砂石，随着全社会环保意识的日益增强，国家政策已不允许大规模开山采石，筑堤工程所需的砂石料资源难以满足要求。同时，沿海航道疏浚工程中产生的大量疏浚土被弃置，开展利用航道疏浚土作为筑堤材料的研究对于解决资源短缺和环境制约等问题具有重要工程实践价值。

现行国家及行业标准中有关充填袋筑堤技术的应用，均规定应选用含泥量小于 10% 的砂性土作为充填材料。我国沿海航道疏浚土的天然含泥量大多超过该技术限制，若直接采用高含泥量疏浚土作为充填袋筑堤填筑材料，将会因疏浚土充填料渗透性差、排水时间长、固结较慢，袋体结构压缩率大、强度低，而影响围堤结构稳定性及运营安全，国内外对采用含泥量大于 10% 的土作为充填材料的充填袋技术开展了一些研究[1-3]，但有关大型疏浚土充填袋筑堤技术的施工工艺成果并不多见。在砂石料资源紧缺、环保政策限制，航道疏浚土大量弃置却又难以利用的工程背景下，有必要开展大型疏浚土充填袋筑堤技术的相关研究，以满足沿海围堤建设的工程需要。

连云港港 30 万吨级航道全长 71km，航道规划由外航道内段、徐圩航道、外航道外段和推荐航线组成，由于环境保护要求连云港港 30 万吨级航道围堤工程建设所需石料严重缺乏，但航道疏浚中将产生大量的废弃疏浚土将需要处理，而本地区④层粉质黏土由于其排水

交通运输部科技成果推广项目 2015326T18050、江苏省交通运输科技项目（2014T12）资助。

特性好,航道疏浚该层土产生的疏浚土可以作为大型充填袋筑堤充填材料应用于连云港港30万吨航道建设的围堤等堤体建设中,解决航道建设石料严重缺乏的难题。但连云港地区④层粉质黏土层厚较薄,航道疏浚该层土产生的疏浚土不可避免地夹杂其临近含泥量较高土层,导致产生的疏浚土含泥量将超过大型充填袋筑堤技术规范要求的含泥量不大于10%的要求,其原状土土性参数见表1。

④层粉质黏土层原状土土性参数 表1

层号	岩土名称	指标类别	天然含水率(%)	密度(g/cm^3)		天然孔隙比(e)	76克锥稠度				固结快剪		黏粒含量(Mc)<0.005%	标准贯入试验(N)击
				天然(ρ)	干燥(ρ_d)		液限(W_L)%	塑限(W_P)%	塑性指数(I_P)	液性指数(I_L)	黏聚力(C)kPa	内摩擦角(φ)(°)		
④	粉质黏土	最大值	27.8	2.09	1.73	0.765	33.5	18.6	14.9	0.98	78	26.0	36.1	8.6
		最小值	20.7	1.97	1.54	0.571	23.1	12.2	10.1	0.62	28	11.7	15.1	6.4
		平均值	23.7	2.04	1.65	0.653	26.6	14.5	12.1	0.77	50	18.8	23.1	7.5

为了解决连云港港30万吨航道建设筑堤材料难题,连云港港30万吨航道建设指挥部联合相关科研单位组织开展了大型疏浚土充填袋筑堤技术研究课题,开展了相应的室内试验、离心模型试验、数值分析和现场试验研究工作,并在旗台和推广工程试验段的现场试验研究中对大型疏浚土充填袋筑堤技术施工工艺开展了细致的研究。本文基于该现场试验研究资料对大型疏浚土充填袋筑堤技术的施工工艺进行总结和研究,提出了其切实可行的施工工艺,可为大型疏浚土充填袋筑堤技术施工提供指导。

2 施工工艺现场试验研究

依托连云港港30万吨航道建设中旗台1号隔堤2－1区侧120m长反滤及压载结构(其结构如图1所示),设置A～F共6个试验断面,每个断面长20m进行大型疏浚土充填袋筑堤技术现场试验研究,试验段断面分段布置见表2。

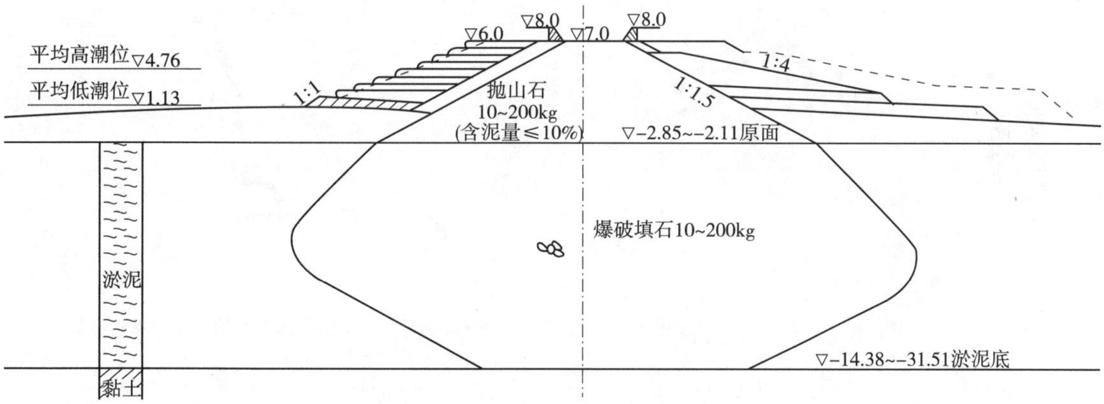

图1 旗台试验段反滤及压载结构图

试验段分段布置表 表2

断面	桩 号	结构型式	袋体 O_{95} (mm)	设计层厚 (mm)	设计层数	袋体最大/最小宽度 (m)
A	K0+000—K0+02	全砂	0.1	750	9	18/10

续上表

断面	桩　号	结构型式	袋体 O_{95}（mm）	设计层厚（mm）	设计层数	袋体最大/最小宽度（m）
B	K0 +020—K0 +04	泥(全疏浚土)砂互层	0.155	750	9	18/10
C	K0 +040—K0 +06	疏浚土含量20%	0.1	750	9	18/10
D	K0 +060—K0 +08	疏浚土含量30%	0.1	750	9	18/10
E	K0 +080—K0 +10	疏浚土含量20%	0.155	750	9	18/10
F	K0 +100—K0 +12	疏浚土含量30%	0.155	750	9	18/10

图 2　泥浆泵充填含泥量高填料的袋体形态

旗台试验段的大型疏浚土充填袋筑堤技术试验研究中初期沿用充填砂的施工工艺，采用高压水枪加泥浆泵的水冲泵送施工方式进行充填施工。这种施工工艺，对于含泥量高的疏浚土充填施工难度较大，充填料的含水率过高，排水固结缓慢，充填好袋体长时间处于鼓胀状态，如图 2 所示。充填完成后袋体内充填体长期保持高水压力和流动状态，短时间内很难铺设第 2 层充填袋，从而严重影响施工效率；同时由于这种施工工艺充填袋内含水率过高，固体物比例偏低，充填有效厚度小，同样将影响筑堤效率。图 3 为试验段 C 断面充填袋的充填体内水压力过程线，图 4 为 C 断面第 4 层充填袋的充填体压缩率过程线。

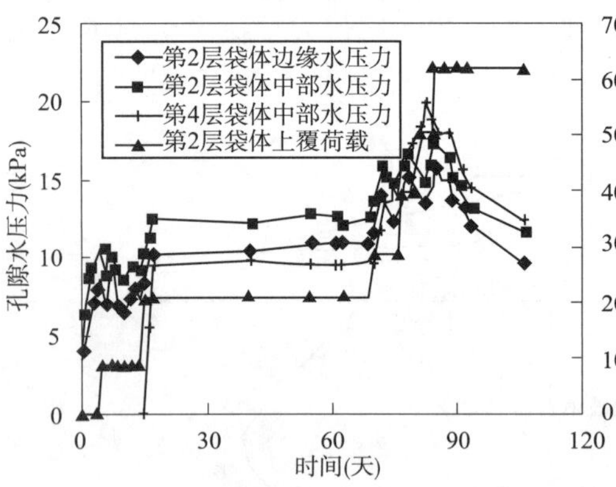

图 3　C 断面充填袋的充填体内水压力过程线

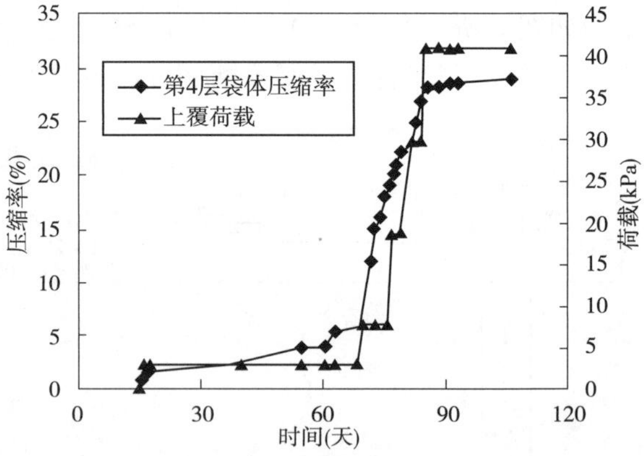

图 4　C 断面第 4 层袋体内充填体压缩率过程线

由于疏浚土充填料含泥量高，在排水过滤过程中，大量的细颗粒土积聚在袋内壁形成相对弱透水层，导致排水缓慢，充填结束后充填袋饱胀似气球状。袋体内充填体水压力较高，图 3 所示 C 断面充填袋的充填体内孔隙水压力过程线显示该断面第 2 层袋体内充填体充填形成最大水压力约为 10kPa，上部袋体充填施工加载后充填体内水压力继续增大，测得该层袋体内最大水压力为 17.6kPa，袋体内充填体的中部和边缘水压力相差较小，整个袋体内充填体中全范围内都长期保持在较大水压力状态；测得第 4 层袋体内充填体中部充填形成最大水压力约为 10kPa，上部袋体充填施工加载后充填体内水压力继续增大，测得该层袋体内最大水压力为19.8kPa。图3所示C断面充填袋的充填体内孔隙水压力过程线表明由于该施工工艺形成的充填袋体排水缓慢，袋体内充填体长期保持高水压力，尤其在前期，充填施工完成后经历了春节假期施工暂停，且天气寒冷，袋体表面结冰，对充填体的排水影响尤其严重，施工暂停近60天时间内充填体内水压力基本未见明显释放，充填体基本未发生排水压缩，后续上部充填袋体充填施工时其上覆荷载继续增加后袋体内充填体内水压力继续增大，上覆加载全部完成后水压力开始释放，释放速度较前期快，但仍不理想。

对于高含泥量疏浚土采用高压水枪加泥浆泵的水冲泵送施工方式进行充填施工时，由于充填料初始含水率高，且充填施工完成后充填体初始排水性能和长期排水特性都较差，使得袋体内完成的疏浚土充填体含水率大，充填袋堤体将发生较大的压缩。图4所示C断面第4层袋体内充填体压缩率过程线显示在上覆5层疏浚土充填袋体约40kPa的上覆荷载作用下，C断面第4层充填袋内充填体的最大压缩率约为30%。图4所示旗台试验段的现场试验监测成果也显示在自重荷载作用下充填体的压缩固结量较小，上覆荷载作用下高含水率充填体大量被压缩，加载完成后充填体压缩发展缓慢，充填体压缩主要发生在施工期。现场试验测得充填体压缩变形规律与离心模型试验研究结果一致，离心模型试验结果[5]采用大型疏浚土充填袋筑堤技术筑堤，施工期随着充填袋土高度的增加，充填袋土的压缩沉降明显增大，停止填筑后压缩沉降增量很小，表明充填袋土压缩沉降主要发生在施工期，竣工后压缩沉降很缓慢。

旗台现场试验研究表明大型疏浚土充填袋筑堤技术采用高压水枪加泥浆泵的水冲泵送施工方式进行充填施工，将导致充填入袋的充填体保持高含水率，并长期处于高压流动状态，充填好袋体长时间处于鼓胀状态，充填袋体综合强度低，无法满足其上部充填袋体铺袋和充填施工面所需要的强度要求，导致短期内难以在充填完成面进行后续施工，严重制约施工进度和影响施工效率；同时采用该施工工艺进行充填施工，对于含泥量较高的充填料来说，将使充填袋内含水率过高，固体物比例偏低，充填体压缩特性差，使得形成的有效充填体厚度低，也将对施工效率带来非常不利的影响。大型疏浚土充填袋筑堤技术中沿用传统充填砂袋工艺所采用的高压水枪加泥浆泵的水冲泵送的施工工艺使得其施工成本提高，严重影响该技术的经济性，将严重制约技术上可行的[6]疏浚土充填袋筑堤技术的推广和应用，该施工方法不适合大型疏浚土充填袋筑堤技术。

针对旗台现场试验中由于施工工艺不当出现的问题，对试验段前期采用的充填袋筑堤施工设备和施工工艺进行改进试验，主要包括：减少充填泥的含水率，将原有的泥浆泵水冲泵送施工工艺改为新的浓浆泵输送高浓度充填料施工工艺，将高含泥量疏浚土充填料在含水率较低状态下直接泵入充填袋，使泵入充填袋内的疏浚土充填体呈流塑状，降低充填袋内充填料的含水率，增加充填袋有效厚度，提高充填施工效率。

旗台现场试验段工程开展浓浆泵输送高浓度充填料施工工艺研究于2011年3月2日复工后开始实施，工艺研究包括：浓浆泵设备选型和调试，泥浆泵和浓浆泵接力泵送工艺调试，输送管道选择，高含泥量疏浚土拌和工艺试验研究等。通过试验研究提出了采用控制充填疏浚土初始含水率的泥浆泵和浓浆泵接力泵送的详细施工工艺，并于3月17日开始应用于旗台试验段6个断面5~9层疏浚土充填袋施工，4月1日全部充填完成。现场试验研究成果表明采用浓浆泵泵送高浓度充填料的施工工艺，可以保障大型疏浚土充填袋筑堤技术具备良好施工效率，保证该技术满足正常围堤建设强度需要，形成的充填袋堤体结构有效厚度得到较好保障，保证该筑堤技术的经济性能，且有利于降低袋体内水压力，加速疏浚土充填体强度增长速度,提升堤体及其下部软土地基的稳定性能。

3 新型充填工艺推广应用研究

结合航道二期准备工程建设,选取航道二期工程准备工程徐圩3区围堤工程为典型推广应用工程试验段,对大型疏浚土充填袋筑堤技术开展推广应用研究,通过进一步研究完善浓浆泵输送高浓度充填料的施工工艺,推广应用工程围堤结构如图5所示。

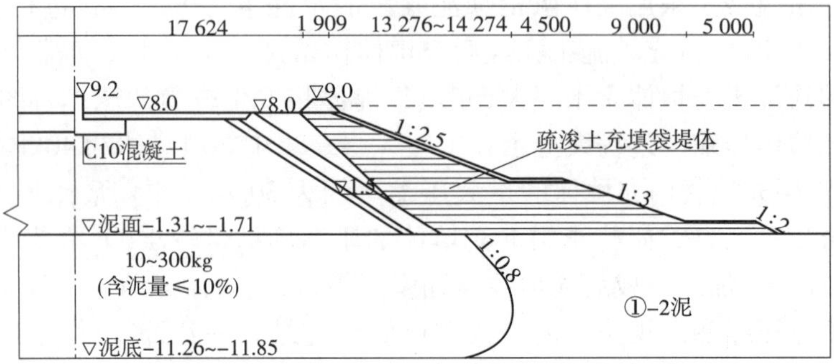

图5 徐圩3区二港池引堤反滤及压载结构图

施工工艺推广工程应用研究中,根据前期试验研究成果,提出充填袋充填疏浚土施工的主要控制条件如下:①施工设备:施工设备包括浓浆泵和配备相应的料槽(斗)及其他必需的辅助设备,以保证施工效率,由浓浆泵和料槽等组成的疏浚土筑堤技术设备,可泵送浓浆固体含量>60%的低含水率疏浚土,每小时泵送量>200m^3。其中浓浆泵电机功率>30kW,工作压力>6kg/cm^2,泵送流量>200m^3/h,扬程>60m,吸程>2m,进出口径>100mm;料斗(场、槽)容积>100m^3,深度>1m;泵送管直径>100mm,硬质管材,承压强度>6kg/cm^2,疏浚土充填工艺的施工设备的组合系统见图6所示。②充填料初始含水率控制<50%;③施工工艺流程:疏浚土运输至充填施工区域→铺设充填袋→固定充填袋边角→泵送设备调试正常后正式充填→充填袋体四个边角→充填袋体周边→由四周向中央充填直至整个充填袋充填施工完成。充填过程中人工反复踩踏充填袋,以加速排水,增加充填有效厚度。充填完成后及时将充填袋袖口扎紧,再次人工反复踩踏充填袋加速排水。如充填袋出现局部塌陷,则应进行补充充填,直至充填袋中完全充填饱满。充填过程中要及时观察袋体的位置,确保充填袋不发生偏移或滑动,并确保相临充填袋之间接合紧密。

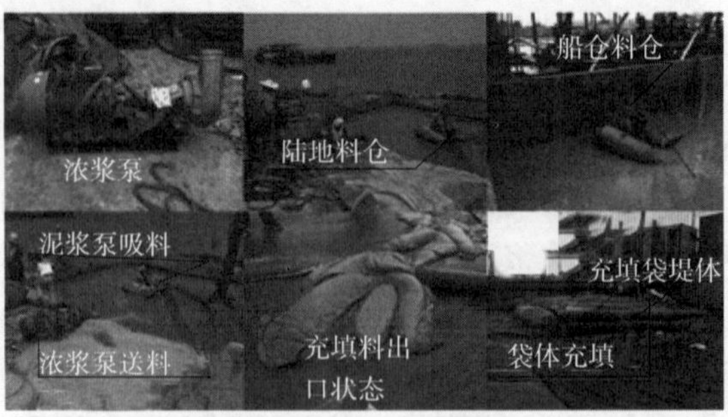

图6 新型充填工艺施工设备组合系统

根据典型推广应用工程试验监测资料得到采用该新型充填工艺充填施工完成大型疏浚图充填袋堤体的排水特性和压缩特性如图7~图10所示。

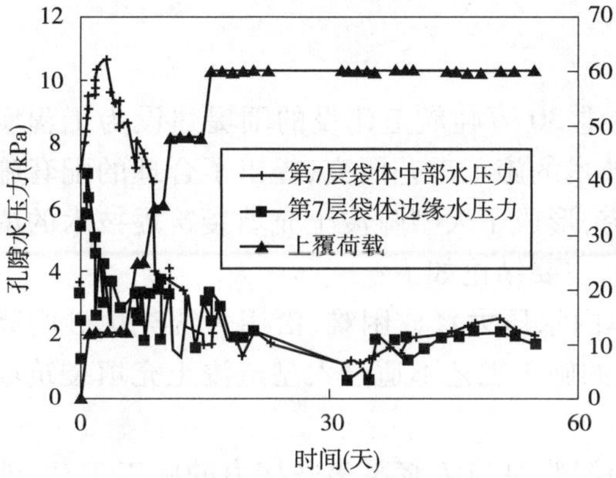

图7　试验监测断面第7层充填体内水压力过程线

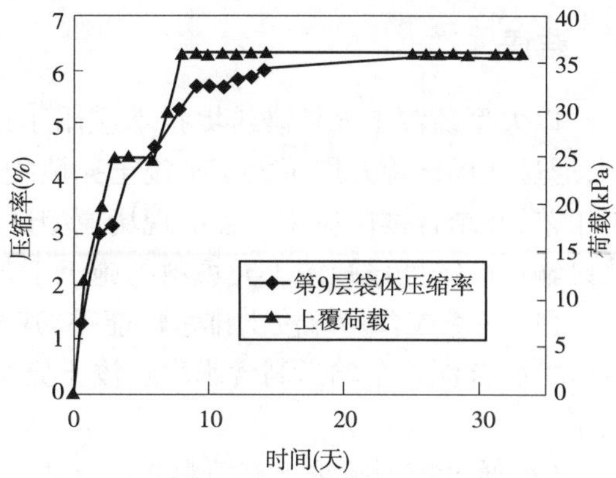

图8　试验监测断面第9层充填体压缩率过程线

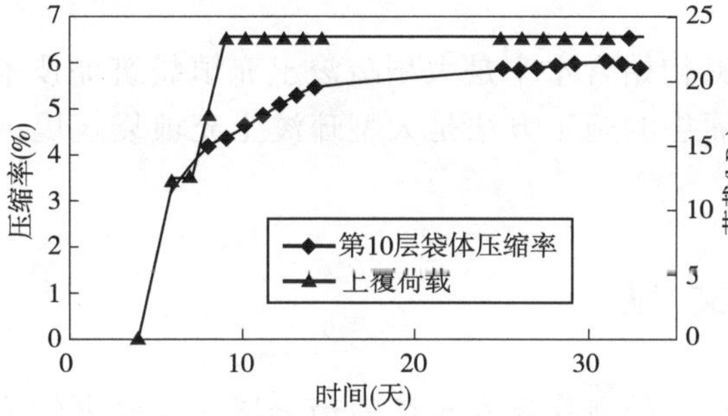

图9　试验监测断面第10层充填体压缩率过程线

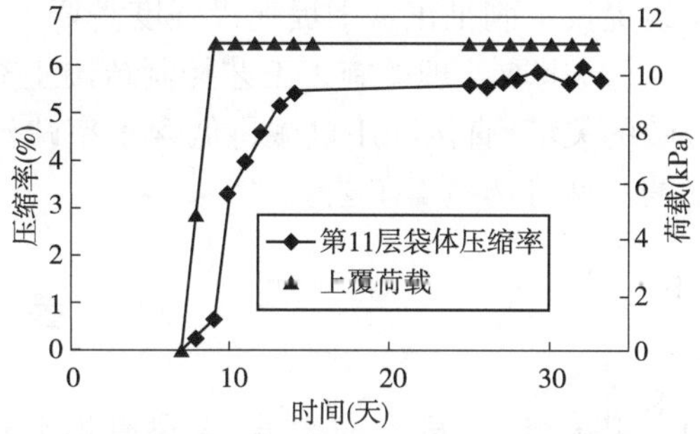

图10　试验监测断面第11层充填体压缩率过程线

图7所示袋体内水压力监测资料表明采用该充填工艺，充填体内形成最大水压力约为10kPa，较采用泥浆泵充填施工工艺形成的疏浚土充填体内水压力小，且最大水压力是在充填施工时形成，上覆荷载时，袋体水压力并未出现增长，而表现为本层充填袋充填完成后袋体内水压力即开始释放，且释放速度较快，大部分水压力10天内基本释放完成，远快于采用泥浆泵充填施工工艺形成的疏浚土充填体内水压力的消散速度，有利于充填体的快速固结。

图8～图10所示试验监测断面9～11层疏浚图充填体的压缩率曲线表明采用该新型充填工艺，由于控制疏浚土充填料初始含水率<60%，充填料充填入袋后即为含水率低的塑性状态充填体，其中第9层充填体约40kPa的上覆荷载作用下充填体压缩率为6.2%，远小于采用泥浆泵充填施工工艺形成的疏浚土充填体在上覆荷载相当时30%的压缩率，因此采用该新型充填工艺，上覆荷载压缩后形成更好的充填袋体厚度，大大提高了筑堤效率。推广工程实践也表明，采用该新型充填工艺，控制疏浚土充填料较小的初始含水率，浓浆泵可以顺利将其泵送并充填入袋，充填入袋的疏浚土为塑性状态，在袋体的加筋保护作用下，刚充填完成的疏浚土充填袋体具备足够的强度即可满足其上部袋体铺设和充填施工需要，完全满足筑堤施工强度要求，推广应用试验段工程中多次在单个潮间期完成两层充填袋内充填体的充填施工。

采用浓浆泵泵送的新型施工工艺的航道疏浚土充填袋筑堤技术建设完成的航道二期工程准备工程徐圩3区围堤工程反滤及压载结构的原型试验段完工后已正常运行，经历了两次台风风浪考验，堤体结构各方面性能始终保持良好，其抗风浪能力不弱于邻近充填砂袋堤体，说明疏浚土充填袋筑堤技术选用该施工工艺是合理可行的。

4 结语

以大型疏浚土充填袋筑堤技术应用于连云港港30万吨航道建设的围堤建设为工程实例,通过现场试验开展了大型疏浚土充填袋筑堤技术的施工工艺研究,提出了合理的配套施工工艺,并结合推广应用工程的现场原型试验研究,形成了大型疏浚土充填袋筑堤技术的浓浆泵输送高浓度设疏浚土充填料的施工工艺成果,主要结论如下:

(1)高黏粒含量疏浚土排水性能差,其充填体内水压力释放困难,沿用传统充填砂的高压水枪联合泥浆泵输送高含水率疏浚土充填入袋的施工工艺不适合大型疏浚土充填袋筑堤技术;

(2)通过控制疏浚土充填料初始含水率,采用泥浆泵与浓浆泵串联接力的施工工艺,能够提升充填高含泥量航道疏浚土的大型充填袋筑堤的施工效率,可以保证大型疏浚土充填袋筑堤技术满足正常围堤建设强度需要;

(3)采取合理的施工工艺控制疏浚土充填料初始含水率是大型疏浚土充填袋筑堤技术成败的关键,直接利用机械将低含水率疏浚土灌袋的施工方法是大型疏浚土充填袋筑堤技术的一种可选施工工艺。

参考文献

[1] 田庆利,李宝华,祝业浩. 大型固化土充泥模袋的研究及在天津港南疆围堰工程中的应用[J]. 中国港湾建设,2002(4):50-53.

[2] 孟凡琳. 充泥管袋在围海造地工程封堵龙口中的应用[J]. 山西建筑,2007(19):364-368.

[3] 马燕. 大型充泥袋结构在黄骅港一期工程引堤工程中的应用[J]. 港工技术,1999(4):21-24.

[4] 黄康理,张凌,周彦章. 疏浚土充填袋筑堤新技术旗台试验段研究报告[R]. 南京:南京水利科学研究院,2013.

[5] 王年香,顾行文,任国锋,朱群峰. 连云港淤泥质海岸筑堤新技术试验研究模型试验研究报告[R]. 南京:南京水利科学研究院,2013.

[6] 章为民,何宁,杨守华. 疏浚土充填袋筑堤新技术研究总报告[R]. 南京:南京水利科学研究院,2013.

"引水爆破"新工艺在潮间带爆破挤淤施工中的应用

沈雪松[1]　王建平[2]

(1. 连云港港 30 万吨级航道建设指挥部　连云港　222042;

2. 上海东华建设管理有限公司　上海　200231)

摘　要: 潮间带爆破挤淤施工,必须保证堤端有一定的覆盖水深,若自然等候高潮位爆破,施工进度与质量难以保证;采用"引水爆破"新工艺有效地解决了这一难题。本文分析了堤端覆盖水深与挤淤填石影响的作用机理,介绍了引水爆破的工艺与实施效果。

关键词: 爆破挤淤;抵抗线;泥石流;引水

1　问题的提出

连云港港 30 万吨级航道一期工程徐圩吹填 1 区的 1 号隔堤采用爆破挤淤抛石堤结构,天然泥面高程 3.52 ~ −0.58m(连云港理论基准面,下同),表层淤泥厚度 15 ~ 22m,淤泥天然含水率 62.4%,液性指数 1.17,为流塑状。堤身典型断面见图 1。

当地平均高潮位 4.76m,平均低潮位 1.13m,因而整个隔堤处于海滩潮间带。爆破挤淤隆起的淤泥包顶高程有时达到 4.80m 以上,只有当高潮时,潮水才能淹没爆破挤淤后堤前隆起的淤泥包,而在小汛期间,高潮位也不能淹没淤泥包。爆破挤淤要求堤头淤泥上要有一定的覆盖水深。由于淤泥包阻隔,除非高潮位海水靠近不了堤头,夜间又不允许爆破作业,因此,只有在大汛白天高潮时,才能实施爆破施工,这就严重限制了爆破施工进度。同时,随着爆破挤淤施工推进,抛石堤头与淤泥包之间形成了 V 形槽;由于淤泥包的阻隔,V 形槽中水位不高,常常看不到水,造成局部抵抗线薄弱。

根据设计安排,1G0 + 0 ~ 1G0 + 150 为过渡段,1G0 + 150 ~ 1G0 + 270 为试验段,1G0 + 270 之后应为正常施工段。但试验段钻探检测结果表明,块石没有达到落底要求,块石下还有 1 ~ 3m 淤泥夹层,这种情况引起了连云港港 30 万吨级航道建设指挥部的高度重视,设计单位专门提出了"徐圩围堤吹填区 1 号隔堤起爆水深要求,堤头端爆前要把淤泥包挖至 2.2m,保证起爆时堤头水深不小于 2.3m。"这就意味着每次爆破前都要挖除端部淤泥。受挖掘机臂长度限制,陆上开挖淤泥包很困难;受水深影响,水上施工船舶也很难靠近淤泥包,赶高潮工作时间短,与爆破施工干扰大;采用水陆两栖挖掘机开挖,成本很高,与抛石施工干扰也很大。但不解决堤头覆盖水深问题,就存在块石不落底问题。因而,解决堤头端爆覆盖水深问题,不仅关乎进度,而且关乎质量,显得十分必要而迫切。[1]

江苏省交通运输科技项目(2014T12)资助。

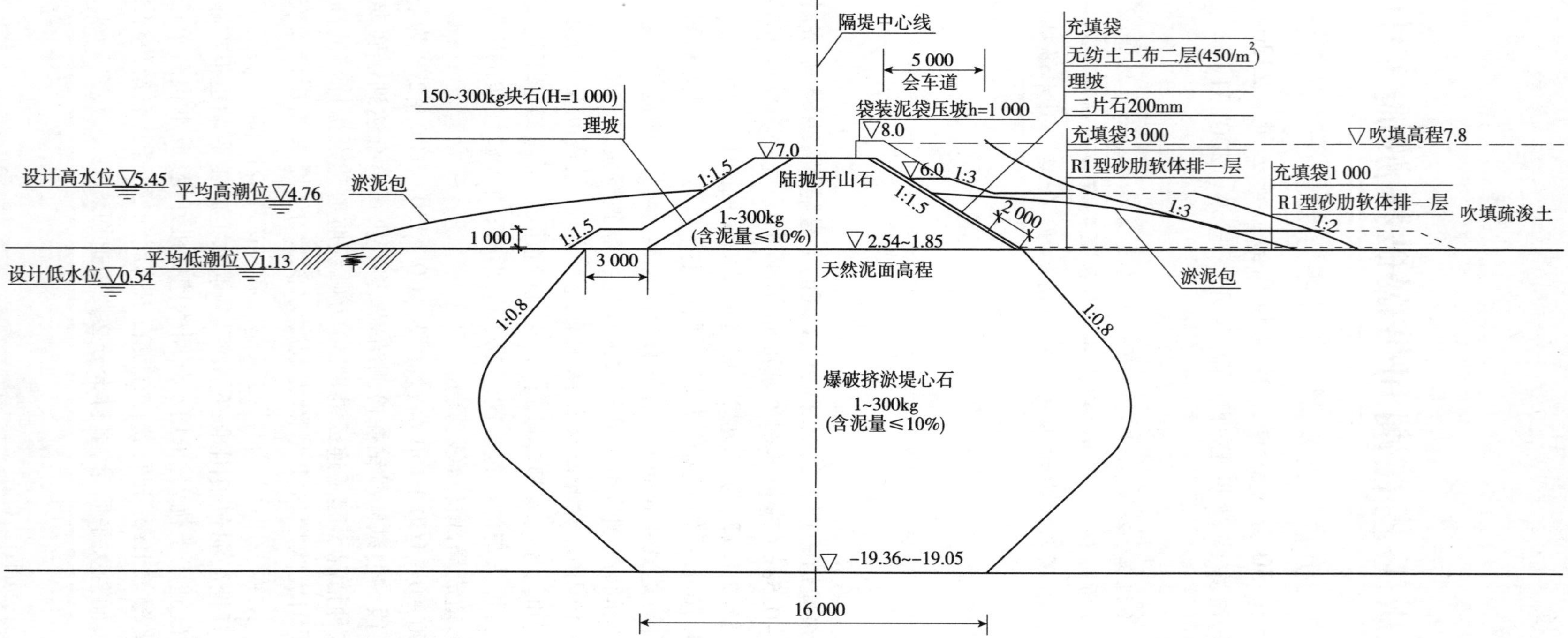

图1　徐圩1区1号隔堤典型断面图(单位:mm)

2 “引水爆破”的原理

爆破排淤填石药量计算公式中的上覆水深有两个意义：上覆水深折算为淤泥厚度，用于计算抵抗线的需要；加大抵抗线，减少爆破能量的散逸。在形成爆炸空腔的瞬时，抛石边坡以泥石流的形式坍塌形成落至深层的石舌，而饱水土体无疑是形成泥石流的有利条件。基于以上原因，起爆时间原则上选择高潮位。

3 “引水爆破”工艺

3.1 向V形槽中引水，加大向上抵抗线，减少爆炸能量散失

我们知道，爆破瞬间，炸药爆破形成的巨大能量总要寻找一个最薄弱的方向释放出来，这个方向就是最小抵抗线方向。定向爆破就是利用这一原理引导爆破体向指定方向抛掷或坍塌[2]。爆破挤淤填石工艺就是在抛石体外缘一定距离和深度的淤泥质软基中埋放药包群，起爆瞬间在淤泥中形成空腔，抛石体随即坍塌充填空腹形成“石舌”，达到置换淤泥的目的。爆破时在堤端保持一定水深，就可加大向上的抵抗线高度，使淤泥向前方挤出、“石舌”向前方推进，见图2。分析1号隔堤试验段抛石不落底的原因，就是因为淤泥包高于潮位，使堤端没有足够的覆盖水深，局部向上的抵抗线不足，使泥石混合体向上方抛出，甚至形成“冲天炮”，造成爆炸能量散逸，而药包下方的淤泥不能被足量挤出，造成淤泥夹层。从这一角度看，堤头淤泥包有利于增加向上方向的抵抗线长度，还是不挖有利；同时采取“引水”，向堤头V形槽中补水，以加大此处的抵抗线，减少爆炸能量散失。

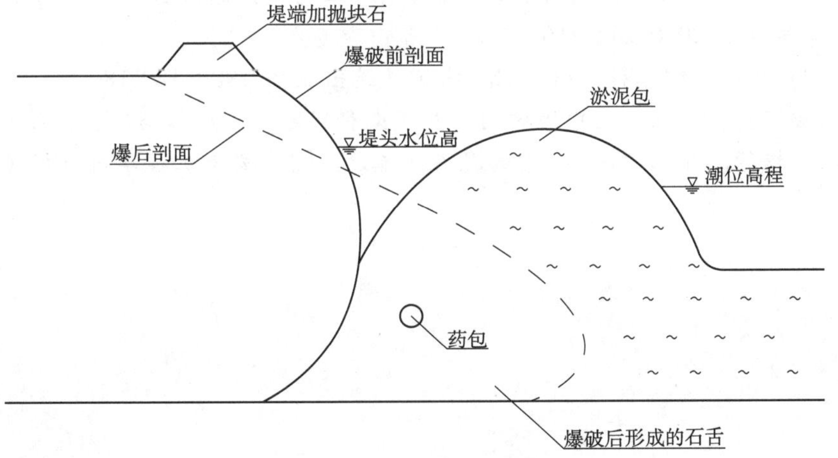

图2　爆破挤淤填石原理图

3.2 向堤头引水有利于抛石体形成泥石流向前方推进

在堤头无水的状态下，抛石体难以形成泥石流，抛石体前端在爆破作用下，只能形成坡度较陡的坍塌作用；而在堤头水量充足且抛石体中有一定含泥量的状态下，在爆炸压力与振动作用下会形成泥石流向前方流动，迅速填补爆破形成的淤泥空腔，形成坡度平缓的“石舌”。这里，泥和水在泥石流形成中都起着重要作用。[3,4]因此，需保持堤头V形槽中有一定水位，以形成饱水土体，在爆破挤淤过程中有效形成泥石流。

3.3 从挖槽引水到水泵引水

要人为解决堤头覆盖水深问题，必须采取“引水”工艺。在如何引水方面，我们经历了一

个不断探索和改进的过程。首先我们想到的是开槽引水,就是把堤头淤泥包挖开一个槽,把海水引入堤头。这个方案虽然比挖除整个淤泥包工程量大大减少,但仍然要动用水上挖泥设备或两栖挖泥设备,需趁高潮或趁低潮施工,施工效率低、费用高,仍然需要等到 4.5m 以上高潮时才能进行爆破。后来我们想到了水泵补水方案,试验证明,这种工艺简便易行,只需两台水泵,不需要大型设备,不需要赶高潮,在潮位 2.7m 以上就可抽水,每天可作业时间在 8 个小时以上,施工灵活度高,基本不受风浪影响;由于淤泥包有一定隔水性,可以使堤头 V 形槽内水位全天保持高水位,这样小汛期间也能保证有足够的堤头覆盖水深。引水施工使一天两次爆破成为可能,大大加快了施工进度。经过试验并检测验证,确认"引水爆破"工艺效果良好,很快得到推广;不仅在本工程中,而且在其后的 W2.3 标等类似工程中也得到推广应用。

4 结语

"引水爆破"工艺不仅大大加快了潮间带爆破挤淤施工进度,降低了工程成本,通过工后钻探检测,爆破挤淤填石落底效果很好,该工艺对确保施工质量功不可没。"引水爆破"工艺简单可行,只需两台水泵,无须候潮作业,且埋药更方便,挤淤效果更好,对提高工程质量效用明显,值得在类似工程中推广。

参考文献

[1] 沈雪松."引水爆破"(由挖槽引水到水泵引水)工艺提出的经过[C].连云港:连云港市港口与口岸协会,2010:215-216.

[2] 冯叔瑜,马乃耀.爆破工程[M].北京:中国铁道出版社,1980:182-186.

[3] 许连坡,顾道良,等.在海淤中爆破的一些现象和问题[J].爆炸与冲击,1989(4):42-51.

[4] 许连坡,章培德."填石排淤法"中的泥石回流效应[J].岩土工程学报,1993(1):33-39.

爆破挤淤填石技术在徐圩港区深厚淤泥围堤中的应用

张卫民

（连云港港务工程公司　连云港　222042）

摘　要：徐圩围堤吹填区地基为淤泥，强度低、厚度大。施工工艺端部爆填采用集中布药方式，堤身两侧爆填采用外侧两次侧爆一次布药，内外侧同时实施，“两炮一响”的方式，解决了堤身落底宽度和深度的难题，可为同类工程所借鉴。

关键词：爆破挤淤；深厚淤泥地基；施工工艺

1　引言

本工程位于徐圩港区，水域开敞，风浪较大。大部分滩涂面处于平均潮位以下，徐圩围堤吹填区近岸滩面位于潮间带，当地潮差较大。且该处地基为淤泥，强度低、厚度大，沉降大，软土层厚度达到15～20m，含挤淤隆包时厚度可达25m以上，具有易触变性、高压缩性和易剪切滑动等不良特性。经过钻孔检测后证实：端部爆填采用集中布药方式，堤身两侧爆填采用外侧两次侧爆一次布药，内外侧同时实施，“两炮一响”的方式，解决了堤身落底宽度和深度的难题，为此类工程积累了经验。

2　工程概况

2.1　围堤结构方案

本工程包括正堤1、正堤3（K0＋000—K0＋130）两个部分（见图1）。其中正堤1全长1 297m，正堤3长165m。结构形式为爆破挤淤堤，地基处理采用爆破全清淤法，堤身采用陆抛开山石形成，开山石规格1～300kg。堤顶宽度为7.3m，外坡为1∶1.5，内坡为1∶1.5，围堤外坡设置3t扭王字块体护面，内侧设置防渗倒滤层，倒滤层结构为土工布、软体排反滤、充填袋压载，防浪墙采用混凝土结构。

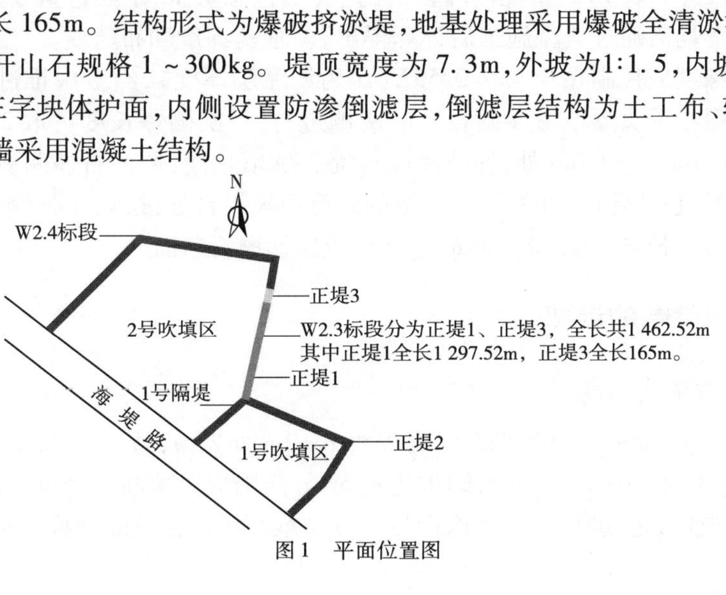

图1　平面位置图

2.2 工程地质

将地基土层按其成因时代、成因类型、岩性特征及其物理力学指标从上至下分为4个岩土层，其中①层细分为2个亚层；②层细分为10个亚层；③层分为4个亚层；④层分为3亚层，共将场区地层划分为19个亚层。滩面高程为-0.6~-1.6m，淤泥底高程为-15.41~-21.68m，最大淤泥厚度约20m。

3 施工重点难点分析

（1）外海施工难度大：本工程位于开敞水域，风浪较大。现场施工区域受风浪影响较大，水上施工船舶可作业天数约60%，其中每年12月~翌年2月为寒潮频发季节，可作业天数不足40%，而3月~11月风、浪影响较小，可作业天数可达80%，是良好的施工季节。

（2）淤泥厚度大：施工区域淤泥厚度大，且强度低，厚度达到15~20m，爆破后隆起淤泥抱高度3~4m，淤泥滩面+4.0m以上，局部含挤淤隆包时厚度甚至可达25m以上，同时具有易触变性、高压缩性和易剪切滑动等不良特性。

（3）堤身落底宽度、深度要求高：①整个围堤后期将作为码头护岸，码头施工前堤外侧需要开挖，为保证堤身稳定，围堤爆破落底深度要求较高，要求堤身落底深度25m；②为应对开挖稳定性，围堤外侧爆宽度10m，要求堤身的落底宽度达58m，对施工工艺要求较高，参见图2。

4 爆破挤淤施工总体思路

爆破挤淤的基本方法是在软基上先填筑一定高度的石方，向石方坡脚软土内部装入炸药包，如图3。药包爆炸后，软土内产生部分空腔，并伴有强烈的振动，扰动淤泥体，石方在其自重及振动能量作用下下压，填充空腔同时向路基外侧挤压淤泥，从而达到处理软土地基的目的。

本工程爆破挤淤填石分为端爆堤身推进，侧爆拓宽排淤两道工序。当堤头抛填满足设计要求高度、宽度后，准备进行端部爆填，在抛填堤头“泥—石”交界面前方一定距离处（约1~2m），一定深处（见表1）的淤泥内埋设群药包（药包总重量、单药包重量、布药宽度、埋药孔距、起爆水深等均需通过典型施工后计算得出）。埋药深度和布药线宽度是处理深厚淤泥层的关键，埋药深度应控制在0.45~0.55H（H为淤泥层厚度），经多次推进爆破后，完成全部堤头爆填；侧爆在堤头爆填形成抛石堤的两侧进行，一次侧爆长度可取20~30m，埋药位置在泥石交界面外1.0~2.0m处，埋药深度与堤头爆填相同，使抛石体两侧堤脚基本落底；爆夯是在外侧淤泥包清除后，在爆填抛石堤的外侧边坡平台处进行，在外侧平台处布设小药量的爆夯药包，布设长度可取20~30m，最终形成设计抛石断面。

5 抛填及爆破参数的选取

5.1 抛填及爆前堤头堆高

开山石运输由自卸汽车运输，抛填时由堤头1~2m处先抛，抛2~3车后用推土机向前推进，围堤爆前设计断面一次抛填到位，即推进量5m。当围堤抛填断面经现场测量人员确认满足要求后，停止向前推进，进行堤头堆高抛填。堤头堆高用挖掘机配合推土机进行，一般爆前

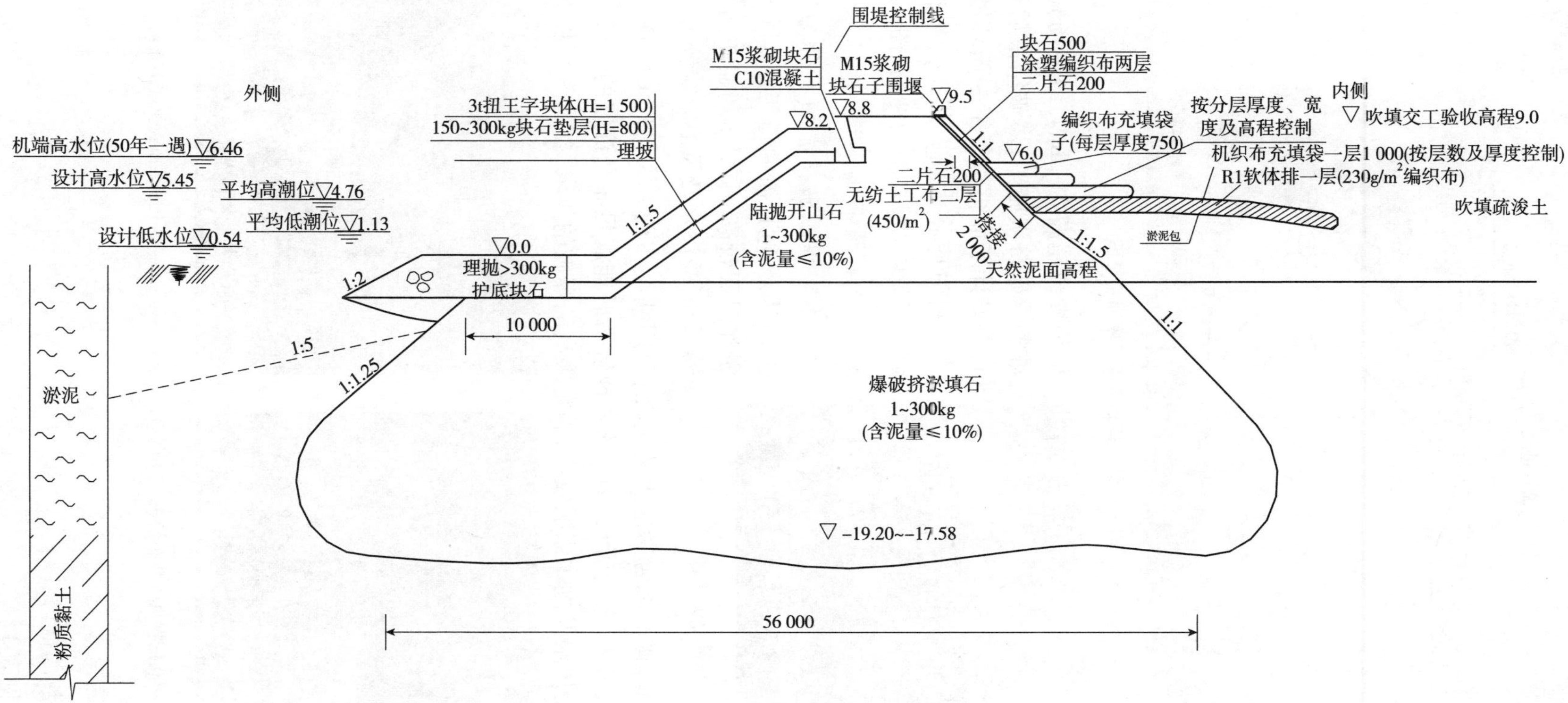

图 2　围堤断面图(单位:mm)

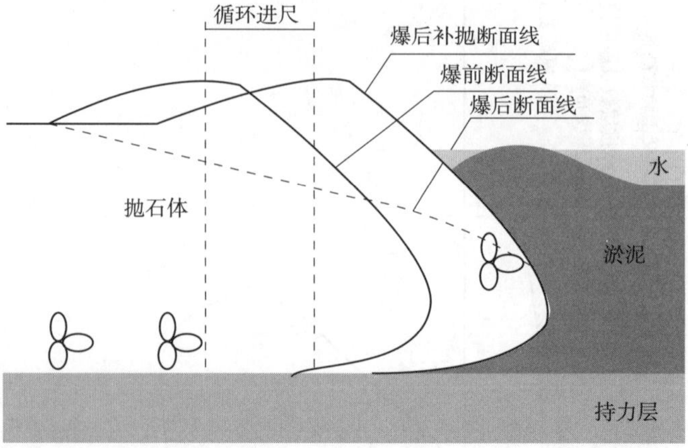

图3 爆前、爆后及循环断面示意图

图4 爆前堤头堆高

堤头堆载超高5～6m。经现场验收合格后，准备爆破挤淤施工，爆破结束后进行堤头补料至设计断面再进行下一循环抛填，注意堤头补料时应将大块石用挖掘机抛至堤身两侧，以减少风浪对堤的冲刷（图4）。

5.2 装药设备的改造

本工程爆破挤淤填石分为端爆堤身推进，侧爆拓宽排淤两道工序。由于施工区域淤泥滩面较高，采用布药船布药吃水深度不够，同时受潮水及风浪影响较大，布药时间较长，难以保证乘高潮爆破。综合考虑上述情况，采用陆上布药方式，将VOLVO E460挖掘机改装成布药机，臂长15m，布药管长14m，这样改装后既能满足布药深度的要求，又大幅度提高布药速度，同时受风浪及潮水影响较小，满足乘高潮爆破的要求，参见图5、图6。

图5 VOLVOE460挖掘机改装布药机

图6 布药机陆上布药

5.3 爆破参数的选择

①端部爆填参数的探讨

端部爆填参数见表1。

端部爆填参数 表1

推进量(m)	埋药深度(m)	单孔药量(kg)	埋药宽度(m)	埋药孔距(m)	埋药位置	起爆水深(m)
5	9.3~11.5	64	30	2	距离泥石交界线2m	每日高潮位

根据表1可知设计插药孔距为2m,单孔药量为64kg,药孔呈线性布置,爆破后虽场面壮观,但爆破力较为分散,实际效果并不理想。

根据量纲分析,水下爆破挤淤法的药量公式经简化可表示为:

$$\frac{SH}{R^2}=f\left(\frac{l}{H},\frac{W}{R},\frac{W}{H},\frac{p_0}{\rho gH}\right) \tag{1}$$

式中:S——石舌长度;

H——淤泥厚度;

R——装药半径;

l——药包距离;

W——药包埋深;

p_0——大气压力;

ρ——淤泥密度。

根据公式(1)及多次反复实践,在总药量不变情况下,采用密集布药方式,缩短布药孔距,由2m缩短成1.4m,并将线性布药调整成三角形梅花形错开布置,呈簇状布药,即4、5个药包梅花桩式集中布药为一簇,5簇药包群间隔4m,布药宽度22m,将单药包重量调整为45kg。这种布药方式药量相对集中,爆炸力大,能形成较理想的爆炸空腔压力(见图7),能保证堤身落底。钻孔结果显示,中心孔落底情况良好,符合设计要求,证明该布药方式可以满足设计要求。

②堤身两侧爆填参数的选择

根据表2设计提供的爆填参数可知堤外侧两次侧爆,内侧一次侧爆,布药长度为20m,根据现场实践可知此种工艺形成的堤身断面达不到设计要求,原因:堤外侧单次侧爆药量较少,形成的爆炸力较小,且经一次侧爆后,淤泥中已混杂石料,第二次布药难以达到设计要求的深度;布药长度较小,前后两次侧爆搭接段布药时药管容易触到石料而难以达到设计布药深度,同时相邻两次侧爆间搭接段布药困难,同时为因侧爆循环进尺太长而造成端爆排出淤泥固结,不易处理,搭接段就成为相对薄弱段,同时侧爆循环长度越短,搭接段越多,因此爆破效果不理想。

两侧爆填参数(外侧两次侧爆,内侧一次侧爆) 表2

单孔药量(m)	布药长度(m)	埋药孔距(m)	埋药深度(m)	外坡埋药位置	内坡埋药位置	起爆水深(m)
64	20	2	9.3~11.5	距离泥石交界线2m	距离泥石交界线2m	每日高潮位

针对上述情况结合现场多次实践,将外侧两次侧爆并为一次布设;同时增加侧爆布药长度,增加至40m,并相应的调整布药量;并内外侧爆同时施放。这样调整能形成更大的爆炸力。

实践证明:外侧两次侧爆一次布药,内外侧爆同时实施,“两炮一响”(见图8),内外侧爆,能量相互影响,强大的爆炸力,落底效果更佳;同时加大循环长度越长有效地减少薄弱段。

图 7　乘高潮位端部爆填

图 8　内外侧爆同时施放"两炮一响"

6　效果检测

6.1　落底检测

委托江苏省水文地质工程地质勘察院对试验段进行了钻孔检测，图 9 为钻孔检测孔位布置图，经检测，抛石落底宽度和深度完全达到设计要求。

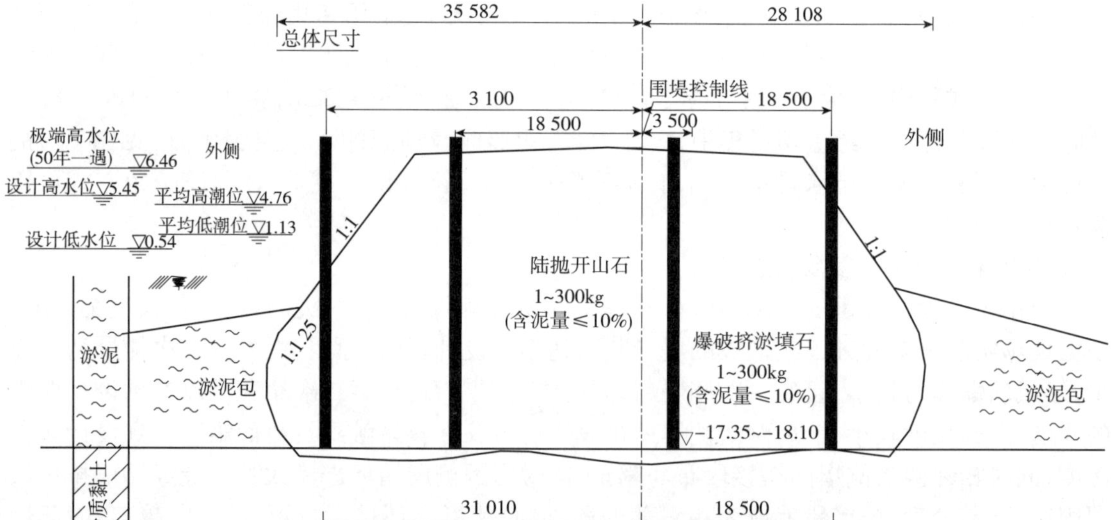

图 9　钻孔检测孔位布置图(单位:mm)

6.2　沉降监测

1)监测点设置

监测点设置于现浇混凝土防浪墙顶部，每隔 100 布设沉降、位移观测点一个，正堤 1、正堤 3 共布置 16 个观测点沉降、位移累计曲线见图 10、图 11。

2)监测数据分析与评价

①沉降观测数据分析：16 个观测点自 2012. 03. 27 ~ 2012. 06. 27 累计沉降为 73 ~ 99mm，平均值为 88. 8mm；施工过程中，各沉降板每天沉降量最大为 3. 7mm/天，每周累计沉降量最大为 26mm/周，均未超出 10mm/d 且每周累计沉降量不大于 45mm 的要求。

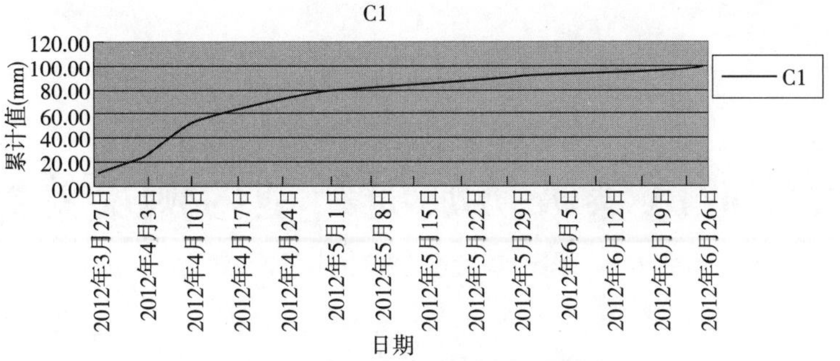

图 10　沉降累计值～时间变化曲线图

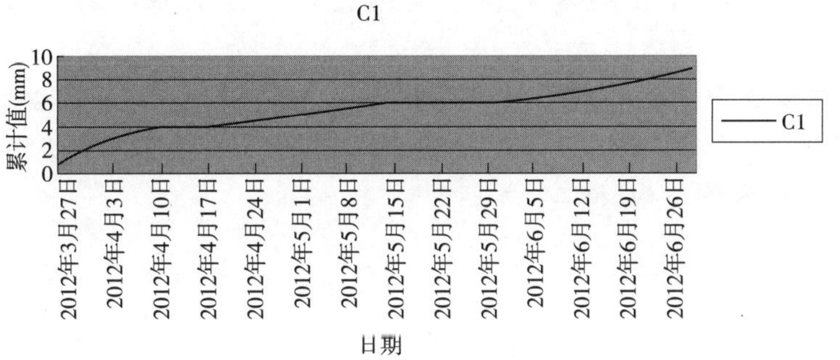

图 11　位移累计值～时间变化曲线图

②表层水平位移数据分析:6 个观测点自 2012.03.27～2012.06.27 累计位移降为 6～9mm,平均值为 7.4mm;最大水平位移为 0.3mm/d,每周累计位移量最大为 2mm/周,均小于 5mm/d 且每周水平位移均小于 25mm/周的设计要求。

由沉降及位移观测数据得出,截至 2012 年 6 月 30 日,沉降位移曲线呈趋于稳定趋势。

7　结语

本文基于连云港港 30 万吨级航道一期工程 W2.3 标段研究了深厚淤泥条件下爆破挤淤围堤施工技术,其中端部爆填采用集中布药方式,堤身两侧爆填采用外侧两次侧爆一次布药,内外侧爆同时实施,“两炮一响”的方式,解决了堤身落底宽度和深度的难题。正堤 1、正堤 3 爆破挤淤段均按照试验段的做法施工,经后期的钻探实现了爆破挤淤堤爆破落底宽度不小于 58m,深度不小于 25m 的要求,保证了 W2.3 标段爆破挤淤堤的稳定,为后期码头建设提供了安全保障。同时取得了较好的经济效益和社会效益,为大厚度、高压缩性和易剪切滑动等淤泥地质爆破挤淤堤积累了经验。

参 考 文 献

[1] 中华人民共和国行业标准. JTS 257—2008　水运工程质量检验标准[S]. 北京:人民交通出版社,2008.

[2] 中华人民共和国行业标准. JTS 204—2008　水运工程爆破技术规范[S]. 北京:人民交通出版社,2008.

[3] 中华人民共和国行业标准. JTS 154—1—2011　防波堤设计与施工规范[S]. 北京:人民交通出版社,2011.

旗台作业区爆破挤淤堤新型内侧反滤结构施工技术研究

胡晓军

（连云港科谊工程建设监理有限公司　连云港　222042）

摘　要：设计采用反滤布＋充填袋压载作为连云港区旗台作业区爆破挤淤堤内侧新型反滤结构结构。本文对其施工技术进行了研究、总结，可为类似项目提供借鉴。

关键词：爆破挤淤堤；反滤结构；施工技术

1　引言

我国沿海地区人口密集，随着经济发展，土地需求数量持续增加，土地资源的供求矛盾将会日渐突出。筑堤围海并利用疏浚弃土造陆缓解土地紧张的矛盾，用于码头后方配套建设，日益成为当今增加建设用地的有效途径。目前，连云港地区由于石材资源相对富余，筑堤围海较多，采用技术较成熟的爆破挤淤技术形成围堰，并利用航道、码头等项目疏浚弃土吹填形成陆域。考虑到抛石围堤透水性较强，为防止吹填造陆过程中泥土渗漏，降低泥土流失，消除或减小由于吹填对周边环境的影响，减少吹填渗漏对吹填区外围水域的淤积，故在吹填造陆过程中设置必要的反滤结构。为此，如何在已完成围堰合拢且受潮位顶托影响的水域设置反滤结构，并确保所设反滤结构在潮水周而复始的顶托作用下的施工质量，同时保证工期，应是工程实践者应考虑和研究的问题。本文从连云港旗台1区反滤结构工程项目实施过程、施工工艺改进方面的分析研究入手，通过一系列工程措施及技术措施的落实，使所设反滤结构满足相关技术要求，可为类似项目提供借鉴。

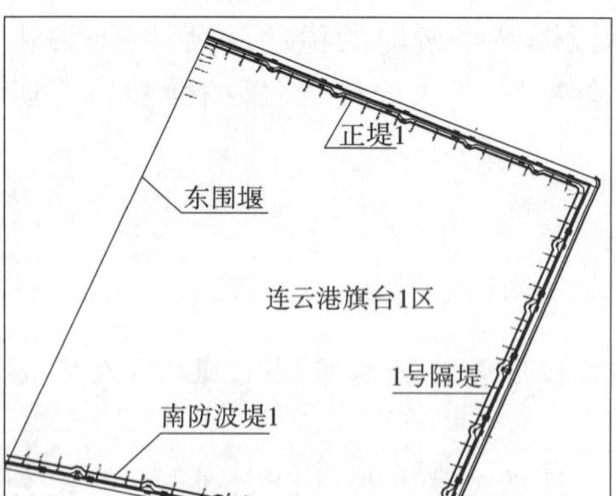

图1　旗台1区平面图

2　工程概况

旗台1区围堤由已建成的矿石码头东围堰、正堤1、1号隔堤、南防波堤1组成，围堤结构均为爆破挤淤堤，如图1所示，已完成堤身合拢，尚未实施反滤结构。所围水域除西侧紧邻矿石码头陆域外，其他基本处于海水涨落潮作用范围内。经现场察看，堤身内围堤施工时所形成的淤泥包由于受涨落潮水流作用，出现了多条潮水进出通道即潮沟，潮沟最大宽度约5m。淤泥包内缘高程约为+2.0m。

根据设计要求，现需对矿石码头东围堰北侧120m、正堤1、1号隔堤、南防波堤1设置反滤结构。

主要实施内容包括封堵潮沟、设置反滤布和压载结构等。因矿石码头东围堰采用两层无纺土工布反滤+开山石压载形式,施工过程较简单,本文不再详述。

3 工况分析

根据设计意图,设计所明确的工艺为充填砂袋结构,主要通过水力充填形成袋体,并按设计断面形成反滤结构。但对于具体工程实施过程,在潮流影响施工环境中,尤其在涨潮顶托作用下,袋体能否按设计意图形成或保持,并能否按要求在规定工期内完成,是需要通过展开分析和研究,并对施工工艺等进行专门的优化,才能实现。因此,设计意图能否得到较好地实现,除与施工方案和施工组织密切相关外,现场作业条件和施工环境的把握和分析亦很关键。结合设计图纸及对现场环境、施工条件等的分析,本工程主要存在以下需要解决的问题:

(1)受潮汐作用,淤泥包位置被冲刷出多条潮沟,如图2所示。整体分布情况为正堤1及南防波堤1内侧较多,最大宽度达5m,1号隔堤内侧不明显。涨落潮过程中,潮沟内水流流速较快、过水量较大,潮水顶托作用明显,对充填袋施工影响较大。

(2)受围堤理坡施工水平及涨落潮影响,正堤1、1号隔堤、南防波堤1内坡坡面不平顺,尤其1号隔堤和南防波堤1,内坡表面空隙较多,局部区段块石棱角外露明显,如图3所示,极易刺破反滤布。

图2 围堤内侧潮沟图

图3 围堤内坡反滤结构实施前情况

(3)施工作业面有限,已形成的正堤1、南防波堤1作为本工程材料、机械设备等进场施工的主通道,同时也是其紧邻施工标段的车辆进场必经通道,交叉施工不可避免,对作业面的展开不利,进而影响工程进度。

(4)正堤1、1号隔堤、南防波堤1全线总长为2 827.4m,反滤结构施工作业线长量大,同时需候潮作业,在业主工期节点目标已定情况下,工期非常紧张。因而,施工效率的充分发挥显得至关重要。

4 施工重点与难点分析

(1)反滤布设置前,根据各区段堤身内侧坡面情况着手找坡、理坡施工,使其坡度满足设计要求,坡面较平整。

(2)反滤布即无纺土工布铺设前需先分段进行潮沟封堵施工,以减少涨潮顶托影响。

(3)充填袋设置应分层、连续,确保满足设计断面,施工质量应满足规范要求。在条件具备情况下,及时开展吹填压载工作,以尽量减少潮水顶托对充填袋体的破坏作用。

(4)吹填施工过程中,要做好反滤结构堵漏工作,并保证泥面均匀上升。

5 施工工艺与主要施工方法

5.1 施工工艺流程

本反滤结构工程施工工艺流程如下:施工准备→测量放线→找坡、理坡→潮沟封堵→铺设反滤布→分层设置充填袋压载→吹填护坡压载→反滤结构堵漏、修补,直至吹填至设计高程。

5.2 主要施工方法

1)施工准备

施工前,到场进行实地查看,按批准的方案组织人员、机械进场,并提前对拟进场材料抽检试验,确保满足要求后用于工程施工。同时对业主提供的测量控制点进行校核,并在施工区域内设置控制网点和基线,据此按图进行测量放样。

2)找坡、理坡施工

进行找、理坡施工前,先应了解整个堤身内侧坡面情况,本工程采用断面间距 50m、每个断面点距 2m 及局部加密的方式进行工前断面测量,根据测量结果绘制成断面图,以分析各区段实际坡面状况,其典型断面如图 4 所示。

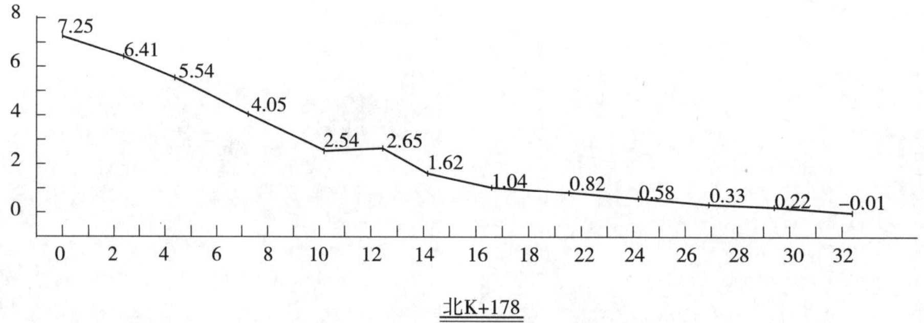

图 4 堤身内侧典型坡面断面

从所测量的 63 个断面分析,“缺陷”坡面大致可分为两类:第一类坡面坡度基本符合设计要求,但存在较多块石棱角;第二类坡面表面不平整,存在较多空隙。对于第一类坡面,只需通过理坡清除棱角、坡面找平即可。对于第二类坡面则需首先找坡,然后用小石块堵塞空隙,最后用二片石找平。考虑到二片石来料困难,且施工效率低、找平效果差,为加快工程推进速度并保证工程质量,尝试采用石子垫铺,取得较好效果,如图 5 所示。

图 5 石子垫铺坡面施工

3）潮沟封堵

对于涨落潮冲刷而成的潮沟，由于潮流作用存在，为避免冲刷流失，主要采用袋装碎石瓜子片混合料压载。其中碎石粒径为 20～80mm，瓜子片为 5～20mm。根据设计要求，装袋时混合，且袋装饱满度不得超过 70%。实际施工过程中，发现潮沟位置处水头压力较大，不便于整袋装袋施工，经沟通后采用“化整为零”思路，即采用小编织袋装料，人工搬至现场摆铺，取得较好的封堵效果，如图 6 所示。

图 6　袋装碎石瓜子片混合料封堵潮沟

4）反滤布铺设

本工程反滤布为两层无纺土工布，采用人工铺设。首先应确保原材质量，无纺土工布在加工、运输、堆放和铺设过程中，应注意做好成品保护工作，不得出现破损和老化现象，否则应及时采取补救措施。人工铺设时，纵、横向搭接长度应满足规范要求（≥0.5m）。对于淤泥包不明显堤段，考虑到反滤效果，铺设土工布时应设置一定长度的翻边。

5）充填袋压载

充填袋压载在反滤结构施工中起着非常明显的“承上启下”作用。因为在潮水反复顶托作用下，如何快速完成充填袋体施工并保持设计断面，将直接影响后续吹填压载效率。为此，该工序质量控制不容忽视，主要在以下几方面加以控制：

（1）充填袋制作：按设计要求采用机织布或编织布缝接而成，缝接采用包缝法或丁缝法。为保证缝制后强度不低于原织物设计强度的 60%，实际缝接过程中进行了加强处理，即将设计两道棉纶线增加到四道，针脚间距≤7mm。充填袋在制作、运输、堆放和铺设过程中，同样需做好成品保护工作。

（2）充填砂料：根据设计要求，需采用水力充填干容重不小于 14.5kN/m^3、粒径≥0.05mm 颗粒含量≥50%、黏粒（d＜0.005mm）含量≤10% 的砂料。考虑到正堤 1 邻近航道，本工程采用正堤 1→1 号隔堤→南防波堤 1 施工顺序展开施工。

鉴于工期较紧，现场对充填工艺进行了改进，即采用袋装砂方法。具体为先将织物铺开，然后使用挖掘机直接摊铺砂料，摊铺控制厚度（≤1m），并按设计要求把控宽度，最后缝合成袋，如图 7 所示。施工过程中，要尽量避免带入石块，以防止戳穿砂袋。对破损部位应及时修补，修补时边口缝制要到位。在大汛潮期间为赶工期而应急使用瓜子片时，需将其与黄砂拌和均匀。

该方法极大地提高了候潮施工效率，便于分层形成断面，且整体观感较好，如图 8 所示。

图 7　袋装砂充填袋施工

图 8　充填袋断面

为比对充填施工效果，根据设计要求，对 1 号隔堤采用了水力充填方案进行试验。现场利用泥浆泵分别从砂船和堤面上展开砂被充填施工，以加快工程施工进度。实际受气候风浪影响，砂船无法采砂、运输和靠泊，故用于水力冲填施工的砂源明显不足，整体施工效率明显低下。另因工作面受限，单位潮水期间内充填量有限，一个潮间（落潮至始涨）区段难以做到及时封口缝接，未能形成一个完整袋体，致使已形成充填砂因水力充填袋内砂水混合物中的水不能及时排泄，极易受潮水顶托而使所充砂被局部破坏，造成材料损失、工期延误。

为节约成本并加快工程进展速度，在砂源不足的情况下，水陆并进即两种充填方式同时进行取得较好效果。

（3）沉降观测：为掌握已形成充填袋质量，避免在涨落潮影响下沉降过大而出现滑落现象，应跟随工程进展及时展开沉降观测，如有异常，及时采取加固补救措施，最终确保成品质量。

6）吹填压坡与堵漏

为减少潮水对已完反滤结构的顶托破坏次数，需尽快开展吹填压坡施工。实施吹填施工前，需对已完成反滤结构进行验收。正式吹填前，应利用高潮试吹，避免直接冲刷已完成反滤结构。低潮施工时，要控制绞吸水流力，及时调整吹泥口角度，并尽可能将落水位置远离所设置的砂被袋。此外,要根据吹填情况提高移管频率,并严格控制吹填速率,确保泥面均衡上升。

对于吹填施工过程中反滤结构出现的管涌和破损部位,安排专人充分利用涨潮查找、低潮位修补,做到及时封堵到位。修补堵漏工作遵循"防微杜渐,防患于未然"原则,材料可就地取材,采用袋装吹填硬土或砂土勤查勤堵勤防,从而确保吹填压坡工作顺利开展。

6 技术、经济效果

不难看出,整个反滤结构施工过程中,充填袋施工对工期、堤身防渗堵漏、确保周边水域环境、提高吹填造陆效率影响较大。本工程通过尝试各种施工方法,尤其采用机械直接装袋所形成的袋装砂工艺,使得总工期大为缩短,在开工迟缓、中途受砂源来料紧张、气候影响、作业面狭窄等多种因素影响的情况下比计划工期提前一周完成,施工费用也大为节约。

7 几点体会

应用本工程工法进行反滤结构施工时,应注意以下几点:

(1)每个工程均有自身特点,应充分挖掘后因地制宜地制定施工方案,期间应加强与设计和业主的沟通协调,在充分尊重设计意图基础上探讨新工艺。

(2)选择允填袋施工工艺时,应充分认知砂料来源、作业条件、施工工艺的可能性等客观条件。本工程采用机装袋装砂施工方法取得较好效果,可以供其他类似工程借鉴。

(3)在条件允许情况下,反滤布与吹填压坡施工应尽量选取同一家施工单位,防止由于协调不及时而使砂袋产生较多的潮水顶托破坏。

参 考 文 献

[1] 潘利民. 土工布倒滤层在京唐港1号泊位工程中的应用[J]. 中国港湾建设,1997(06).
[2] 荆勇. 土工织物倒滤层的破坏原因[J]. 水运工程,2005(02).

徐圩港区爆破挤淤堤新型内侧反滤结构施工工艺

张卫民

（连云港港务工程公司　连云港　222042）

摘　要：连云港港30万吨级航道一期工程徐圩2号围堤吹填区大部分滩面处于平均潮位以下，潮差较大，面积大，纳潮量大，设计采用反滤布＋充填袋压载作为爆破挤淤堤内侧新型反滤结构，其施工关键是克服落潮对滩面的冲刷和涨潮对反滤结构的顶托影响。本文对这一新型反滤结构施工的具体工艺与方法进行了研究，可供同类工程所借鉴。

关键词：爆破挤淤堤；反滤结构；施工工艺

1　引言

连云港港30万吨级航道一期工程是国家和江苏省重点工程。连云港港30万吨级航道一期工程W2.3标段位于徐圩港区，水域开敞，风浪较大，大部分滩涂面处于平均潮位以下，围堤吹填区近岸滩面位于潮间带，当地潮差较大。与W2.4标段合龙形成2号吹填区，面积近$5km^2$，面积大，纳潮量大，落潮对淤泥滩面冲刷大；涨潮迅猛致使反滤结构受顶托破坏，因而爆破挤淤堤内侧反滤结构及其施工仍然是困扰业界的难题。设计采用反滤布＋充填袋压载作为爆破挤淤堤内侧新型反滤结构。本文对这一新型反滤结构施工的具体工艺与方法进行了研究，可供同类工程所借鉴。

2　工程概况

徐圩港区W2.3标段的正堤1、正堤3（K0＋000—K0＋130）为爆破挤淤堤，地基处理采用全爆破挤淤法，堤身采用陆抛开山石形成，开山石规格1～300kg。堤顶宽度为7.3m，外坡为1:1.5，内坡为1:1.5，围堤外坡设置3t扭王字块体护面，内侧设置防渗反滤结构，反滤结构为土工布（软体排）反滤、充填袋压载，防浪墙采用混凝土结构。

正堤3（K0＋130—K0＋165）爆破挤淤推进至K0＋130，陆抛开山石至K0＋165，完成合龙。开山石规格1～300kg。堤顶宽度为7.3m，外坡为1:1.5，内坡为1:1.5，围堤外坡设置3t扭王字块体护面，内侧设置防渗反滤结构，反滤结构为土工布（软体排）反滤、充填袋压载，防浪墙采用混凝土结构。

工程平面见图1，爆破挤淤堤断面见图2。

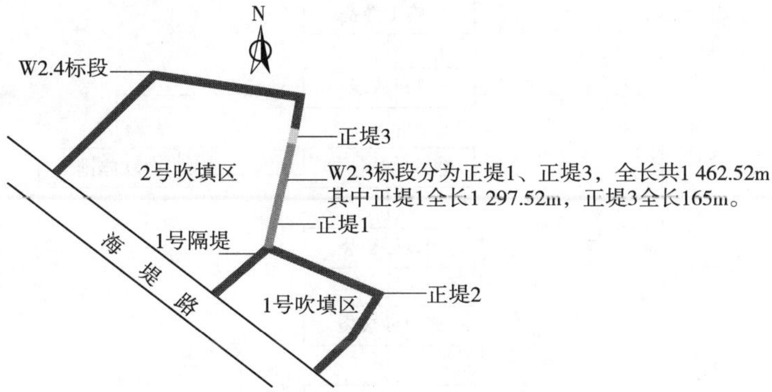

图1　本工程(W2.3标段)平面位置图

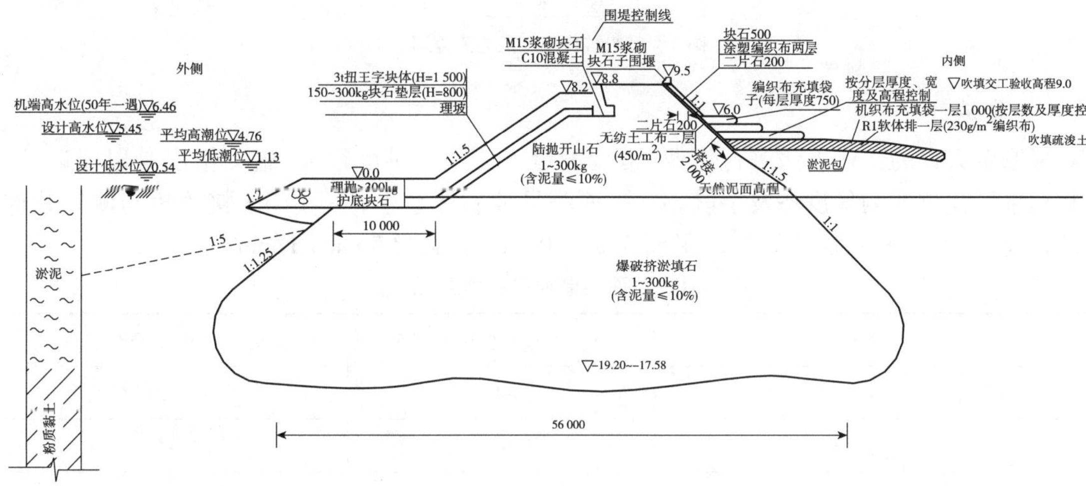

图2　围堤断面图(单位:mm)

3　施工特点与难点分析

(1)本工程地处外海,开敞水域,超差大,风浪较大,尤其是台风季节对工程影响更大,一方面可能造成材料地浪费,另一方面施工难度加大;同时该施工区部分又位于潮间带,需候潮施工,而连云港属非正规浅海半日潮性质,这给施工安排上带来极大的不规律性。

(2)本工程与W2.4标段合龙形成2号吹填区(平面位置见图1),面积近5km^2,面积大,潮差大,纳潮量大。一方面软体排、底层砂被袋铺设时漂浮在水面上难以固定,另一方面砂被袋中的充灌砂在波浪和水流作用下易被淘蚀。

(3)本工程围堤断面为爆破挤淤堤(围堤断面见图2),经端爆、侧爆后形成围堤断面,断面泄水量大,落潮对淤泥滩面冲刷大。

4　施工工艺

4.1　施工工艺流程

针对本工程的特点,反滤结构采用以下施工工艺流程见图3。

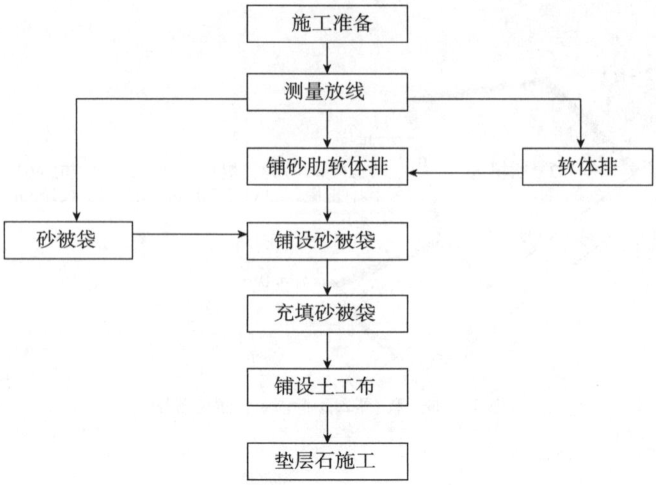

图3　反滤结构施工工艺流程图

4.2　测量放线

采取全天候的作业方法进行作业，常规测量方法施工难度很大，施工精度难以保证，因此必须采用先进的测量设备及手段。在平面测量控制体系中，采用 GPS 接收机与测量软件相结合，其精度（静态，快速静态）：平面 5mm + 0.5ppm，高程 5mm + 1ppm，见表 1。

GPS 平面控制网的技术要求　　表1

等级	固定误差 a(mm)	比例误差系统 b(10^{-6})	相邻点平均距离限值(km)
一	≤8	8 ~ 10	5 ~ 10
二	≤16	16 ~ 20	2 ~ 5
图根	基线端点相对点位中误差小于图上 0.1mm		0.5 ~ 2

在铺设充填袋水下块石坡面抛理测量控制中，每条船安装双频 GPS 接收机，并通过软件对数据进行分析处理。

4.3　砂肋软体排施工

砂肋软体排施工前首先对堤身内侧淤泥包 0.5m 以上的部分采用 $4m^3$ 抓斗挖泥船予以清除，以下部分不清除。待内侧理坡施工一段长度后，采用人工铺设软体排。

（1）排布加工。单块软体排的制作长度 L 为垂直于围堤轴线按设计图纸铺设长度取值，并留有足够富余量；宽度 B；陆上施工考虑施工方便暂定 30m。砂肋加工直径为 30cm，加工的砂肋袋长度要比软体排的宽度长 1.5m，因为考虑在排体两侧砂肋袋口绑扎，要有富裕长度。

（2）本工程侧爆后形成的淤泥滩面基本上在 0.5m 以上，采用陆上候潮施工，人工乘低潮水位铺设。在铺排期间，操作工人站在排体四边，用人力绷紧排布，使排布绷紧，无皱折，局部有褶皱的地方，用人力拉平、拉直，防止排布皱折、收缩。

（3）放排与测量控制。考虑到软体排首 1.5m 范围内为砂肋加密区，受波浪力影响较强，其定位至关重要。软体排的铺设考虑水流会将排布往铺排方向带动，因此其排头在水下着地点位置应比设计位置提前，排首下排时也将视海流方向与铺排方向关系、流速、潮位具体而定。

(4)砂肋充灌。本工程采用陆上充灌,砂、泥浆泵布置在堤面上。充灌时用2台22kW泥浆泵抽海水充灌砂土。充灌时辅助以人力踩踏砂肋,使砂流畅通。充灌砂肋从一头充灌,严禁双向对冲。要注意砂水比和充填密实的程度,保证沙肋袋充盈率不小于80% 方能扎紧袋口(图4)。

(5)待首次要沉放的砂肋冲灌好后,根据测量定位排体的位置,调节主工作点、辅工作点与排头线起点、终点位置,使其重合。在沉排过程中,根据测量定位,实时的调节排体,使偏差值在允许的范围内。

(6)首次沉排长度根据潮位、流速确定,暂定本工程控制为5m左右。软体排首次沉排后,后续的每次放排就一个砂肋间距(1.5m)为准,因为这样工人操作可以形成循环作业,使整个过程不间断,直至排体沉放结束。为确保排尾加密区(1.5m)的沉放准确,沉放时,要用绳将丙纶加筋圈穿好,将绳的尾端固定好。如水深较大时,则要适当增加加筋圈的个数以及尾绳的直径,能确保尾部拉直。放完尾部时,要慢慢拉出尾绳,以免拉动或拉翻排尾,见图5。

图4 泥浆泵充填砂肋

图5 软体排铺设

4.4 充填袋施工

1)充填袋施工工艺(图6)

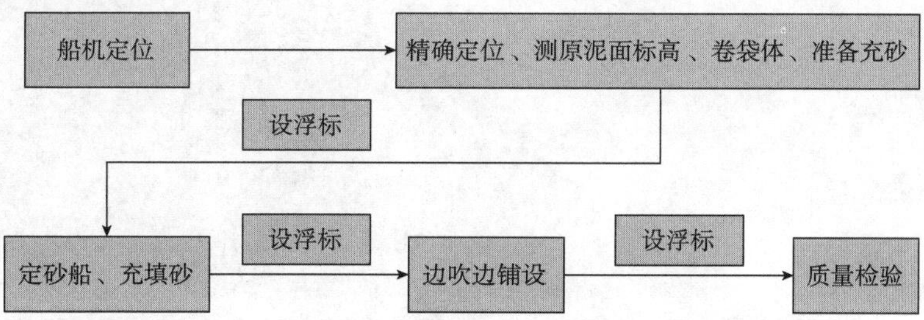

图6 充填袋施工工艺流程图

2)施工方法

(1)+0.5m高程在低潮时能够部分露出水面,铺设机织布充填袋及编制布充填袋采用人工配合定位船只候潮,补角法定位铺设,水力充填法施工,施工的具体方法如下:

退潮露滩后,人工摊铺砂袋就位,砂袋缝垂直于堤身轴线,横向为整体,纵向层接错缝不小于3.0m,机织布袋体充填厚度控制在100cm,编织布充填袋充填厚度控制在75cm,沿长边方向，在其两侧每隔1m左右用袋装碎石压载，防止袋体移位，加工好的袋体通过人工经过堤顶搬运至施工现场，利用潮水进行人工摊铺，袖口部位朝上，泥浆泵管口与袖口进行连接，然后打开泥浆泵充填砂袋。

（2）充灌采用泥浆泵水力充灌，根据每个砂袋的容量，确定最佳机械配备，满足每个砂袋在一个潮水中充填结束，并达到理想的充填高度。充完后袖口用绳子绑扎好，充砂袋一旦出现破损处必须马上用相同材料缝补好，缝线针距不得大于5mm。

（3）充填时先充砂袋四角，将砂袋基本固定下来后，再进行充灌，在充填过程中经常检查出泥管口的泥砂堆积情况，及时调整出泥管口位置，不断调整充泥袖口，首先沿长边方向进行充填，避免应力集中损坏袋体，并在充填过程中经常调整出泥管口方向，防止袋体在充填过程中受力不均而移位变形，待袋体固定再发生位移时，再次充填，充填过程中，测量人员根据充砂袋压载断面图纸控制好每层砂袋顶高程，在充填过程中如一次达不到理想高度，待砂袋稍有固结后，再进行二次或多次充填，直至达到理想的充满度。

（4）充砂袋在充填过程中，在袋体顶面人工来回踩踏，当砂袋充填到一定的饱满度后，人工用木棍等硬物（无尖锐物）敲打砂袋，使砂颗粒重新排列趋于紧密，加快袋体排水固结速度，待整个砂袋达到平浆阶段，适当减少充填速度或停止充填，以防袋体爆裂，并保留有一定的固结排水时间。

（5）充填袋每层的充填高度控制在50cm左右，在充填过程中如一次达不到理想高度，待砂袋稍有固结后，再进行二次或多次充填，直到理想的充填高度。

（6）机织布充填袋充填完成后，上层编织布砂袋可以在此基础上进行铺设，铺设方法与此相同，只是袋子加固通过砂袋两侧拉环来加固，用绳子将上下层袋体牢牢绑成一体，同层袋子之间不得出现缝隙，上下层砂袋错缝要求在3m以上。

（7）施工过程中，袋子不得有破损，如发现破损，必须及时用相同材料进行修补，以防袋内充填物流失，造成堤身塌陷，见图7。

图7　铺设机织布充填袋

4.5　铺设土工布施工

待堤身内侧坡面二片石垫层验收合格后，第一层充填袋吹至1.5m时，铺设无纺土工布，铺设时要按技术人员在围堤边坡上下口所放控制桩进行铺设控制，围堤边坡上下口控制桩布设位置距无纺土工布边30cm，每25m 1个控制桩，铺设时先把无纺土工布打开，无纺土工布拉开后用人工拉平拉直，按控制桩铺设无纺土工布，完毕后用砂袋把无纺土工布四周压一下，以免被风浪吹起（图8）。

图8　机织布充填袋成型

4.6　垫层石抛石与理坡

自卸车将符合要求的石料运至指定位置，由堤顶挖掘机将石料沿堤斜坡面抛下，然后用长臂挖掘机乘低潮整理水下的边坡，低潮位以上部分的边坡用普通挖掘机理坡，这样有利于提高工效。

5　效果检验

根据现场观测，反滤结构未出现较大的沉降与滑坡，且未出现漏泥现场，完全满足设计要求（图9）。

图9　反滤结构成型图

6　结语

大型充填袋作为徐圩港区爆破挤淤堤的新型反滤结构及施工工艺，其功能主要是防止反滤结构被涨潮顶托破坏，保证反滤结构的完好性和有效性，避免吹填土的流失，特别是对于库容大、纳潮量大、较大吹填区域,效果更明显。本工程所采用的新型反滤结构施工工艺经证明完全满足设计及规范要求,质量较好,杜绝了吹填渗漏问题,为类似工程积累了施工经验。

参考文献

[1] 中华人民共和国行业标准. JS 257—2008 水运工程质量检验标准[S]. 北京:人民交通出版社,2008.

[2] 中华人民共和国行业标准. JTJ 239—2005 水运工程合成材料应用技术规范[S]. 北京:人民交通出版社,2005.

连云港港30万吨级航道一期工程徐圩吹填2区围堤合龙施工

沈雪松[1]　周厚亚[2]　郭志鹏[2]
(1. 连云港港30万吨级航道建设指挥部　连云港　222042；
2. 中交第三航务工程局有限公司江苏分公司　连云港　222042)

摘　要：本文总结了外海、深水、5km² 库区、深厚软土地基上围堤工程合龙的施工经验。本次施工充分利用抛石堤的透水性和大型施工船水抛，采用平堵与立堵相结合的工艺，适当提高龙口底高程，缩窄合龙口纵宽，减少了合龙风险和成本。

关键词：围堤合龙；龙口；平堵；立堵

1　工程概况

徐圩2区位于连云港港规划徐圩港区，结合港区陆域形成需要，为连云港港30万吨级航道一期工程徐圩10万吨级航道及港内航道疏浚提供吹填区。徐圩2区是在开敞海滩上围海造地工程，由西护岸西段、西护岸北段、2号围堤、正堤3、正堤1、1号隔堤与现有海堤围成，围堤总长6 322m，陆域形成总面积4.97km²（见图1）。

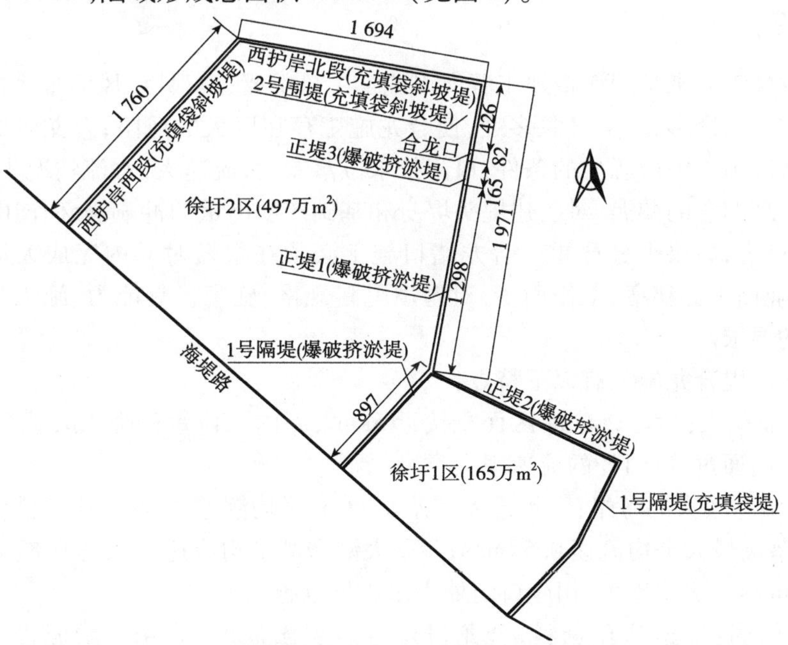

图1　连云港港30万吨级航道徐圩吹填2区围堤合龙位置图（尺寸单位：m）

江苏省交通运输科技项目（2014T12）资助。

西护岸西段、西护岸北段及2号围堤采用充填砂袋斜坡堤结构(见图2),正堤1、3与1号隔堤采用爆破挤淤抛石斜坡堤结构,2号围堤靠近正堤3的衔接段采用全清淤抛石结构(见图3)。原设计合龙口布置在正堤1与正堤3交界处,龙口宽度300m,龙口底高程-1.6m,最大流速按3m/s控制。由于现场施工条件变化,指挥部与施工单位商定把合龙位置移至2号围堤与正堤3交界处,即充填袋堤与爆破挤淤堤衔接段位置。

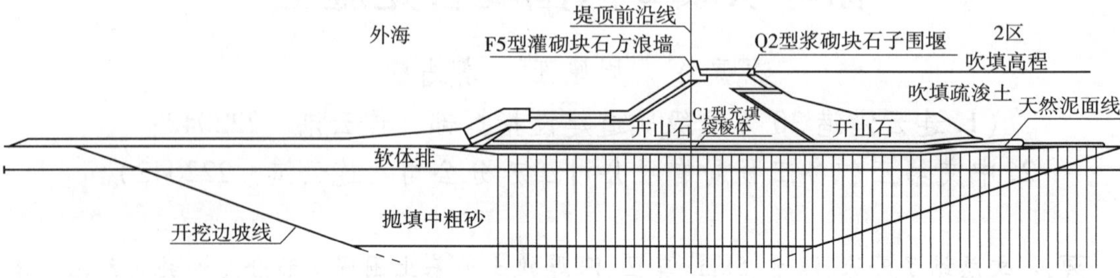

图2　2号围堤2-2衔接断面图

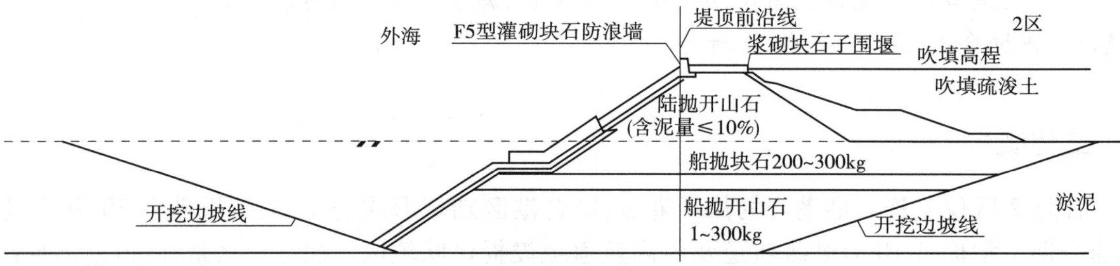

图3　正堤3的3-3衔接断面图

2　工程特点

围堤合龙施工向来是围海造地工程海堤施工中最重要、最艰巨、风险最大的阶段。合龙施工中不确定因素众多,水文气象多变,使合龙施工存在巨大的风险;合龙时所面临的水力条件是整个海堤施工中最恶劣的条件,口门处水位落差大,流速大,水流情况十分复杂,在口门附近还会出现湍急的漩涡,对已建堤头堤身和基础产生严重的冲刷破坏作用;一旦合龙堵口失败,损失巨大,后果十分严重。合龙堵口施工必须在很短时间内完成大量物料抛投工作,而现场作业面十分狭窄、工作面少,对抛填材料规格、施工机具能力、施工组织管理等方面都有很高的要求。

徐圩2区围堤合龙施工有以下特点:

(1)库区面积大:徐圩2区库区面积接近5km^2,库内水位每升降1m,就会有500万m^{3}水从堤身及口门通过,口门处的流速很大。

(2)处于潮差较大的海岸:多年最大潮差6.11m,平均潮差3.69m,中潮涨潮最大平均流速0.59m/s,落潮最大平均流速0.57m/s;冬季大潮涨潮平均流速最大达0.87m/s,落潮垂线平均流速0.6m/s。潮差越大,相应口门处进出流量也越大。

(3)地基软弱:根据钻孔资料,合龙口位置表层淤泥厚约14m,淤泥含水率52.7%~69.4%,天然孔隙比1.508~1.892,压缩系数$a_{0.1-0.2}=1.44\sim2.03\text{MPa}^{-1}$,呈饱和、流塑状,具有含水率高、孔隙比大、高压缩性、力学强度极低、固结时间长等特征,其下层的②—1层粉质黏土，也属于可塑状、中等压缩性、承载力不太高的土层。在合龙方案设计时，必须充分考虑地基不良土层的影响，做好基础防护。

(4)合龙口位于充填袋堤与爆破挤淤堤之间的衔接段，合龙前对充填袋堤必须有充分的保护措施。

(5)风浪大：合龙口处于外海风浪较大的开敞海域，本海区常浪向为NE向，次常浪向为E向，强浪向为偏N向，NNE向$H_{1\%}$最大波高为5m，N和NE向$H_{1\%}$最大波高为4.2m。尤其在冬季，N向、NNE向大风盛行。

3 合龙方案的选择与堵口工艺设计

3.1 合龙方案选择应遵循的原则

(1)合龙方案必须确保围堤的稳定与安全：堵口材料必须满足计算或预测最大流速下的稳定要求，对口门底部及两侧堤头要有充分的防护措施。

(2)施工的可行性：合龙施工所需材料、设备、施工工艺的选择应符合当地资源条件与施工单位的设备能力，尽可能不增加过多的大型设备、人力与大型材料。

(3)合龙时间的选择：围堤合龙应选在潮位低、潮差小、风浪小、天气暖和的时段进行，尽量避免在大潮、雨天、严寒期间施工。

(4)成本控制原则：口门尺寸小，堵口工程量小，但控制流速大，对抛填材料、口门防护要求高，施工难度大；反之，口门尺寸大，控制流速小，对抛填材料及口门防护要求低，但堵口工程量大，短时间内合龙的困难也大。一般应采用宽而浅的口门，降低口门处最大流速，同时减少合龙时的陆抛工程量，便于合龙。

3.2 龙口水力计算

我国《滩涂治理工程技术规范》[3]规定，一般情况下围海工程龙口水力计算，根据水量平衡原理采用下列公式[1]：

$$[Q_{内} \pm (Q_{闸} + Q_{泄} + Q_{渗})] \cdot \Delta t = V_2 - V_1$$

式中：$Q_{内}$——计算时段内外来水平均流量(m^3/s)；

$Q_{闸}$——计算时段内水闸泄水平均流量(m^3/s)；

$Q_{泄}$——计算时段内门口溢流平均流量(m^3/s)；

$Q_{渗}$——计算时段内截流堤堆石体平均流量(m^3/s)；

Δt——计算时段，s，一般取1 800~3 600s；

V_2——计算时段末库内容量；

V_1——计算时段初库内容量。

个体块石在水流作用下的稳定性，主要依靠自重维稳，其稳定临界流速一般采用伊兹巴什公式[2]计算，即：

$$v_c = k\sqrt{2g\frac{\gamma_s - \gamma_0}{\gamma_0}} \cdot \sqrt{D}$$

式中：v_c——当量直径为D的块石抗冲稳定性临界流速；

k——系数；

g——重力加速度，9.8m/s^2；

γ_s——块石重度，对花岗岩块石，可取26kN/m^3；

γ_0——海水重度，取 10.3kN/m^3；

D——块石当量直径。

设计单位根据施工单位提出的龙口底高程 +1.0m，进行了龙口模拟计算结果如表 1。

徐圩 2 区龙口涨潮模拟计算表 表 1

龙口宽度（m）	大潮					小潮				
	流速（m/s）	库外水位（m）	库内水位（m）	水位差（m）	保护块石重量（t）	流速（m/s）	库外水位（m）	库内水位（m）	水位差（m）	保护块石重量（t）
150	5.43	5.54	4.27	1.27	4.5	4.71	4.52	3.51	1.01	2.0
300	5.10	4.74	3.84	0.90	3.1	4.46	4.28	3.68	0.60	1.5
500	4.29	3.90	3.40	0.57	1.2	2.28				
750	3.81	3.24	2.84	0.40	0.6	1.69				
1 000	3.37	2.78	2.48	0.30	0.4	1.37				

设计单位计算是基于围堤内侧反滤层已经全部完成，但为加快工程工期，在实际到合龙时，西护岸北段与 2 号围堤共约 2km 长度尚未进行反滤层施工，在西护岸北段还有 12 座双口水门作为进出水通道，实际通过口门的流量大大减少，流速也大大低于计算值。当龙口缩窄至纵宽 280 ~ 300m 时，实测龙口处流速仅为 1.20m/s。结合附近同类工程（围区面积 2.4km^2）经验，施工单位确定合龙采用立堵与平堵相结合的方式。龙口宽度初定为 80m 左右。合龙位置选在充填袋堤与爆破挤淤堤衔接段位置，桩号 2W0 +426 ~ 2W0 +508。平堵高程 +2.0 ~ +2.5m，立堵堤顶高程 +5.0m；截流堤顶抛填宽度 6.0m，口门控制流速初定为 3m/s（图 4）。

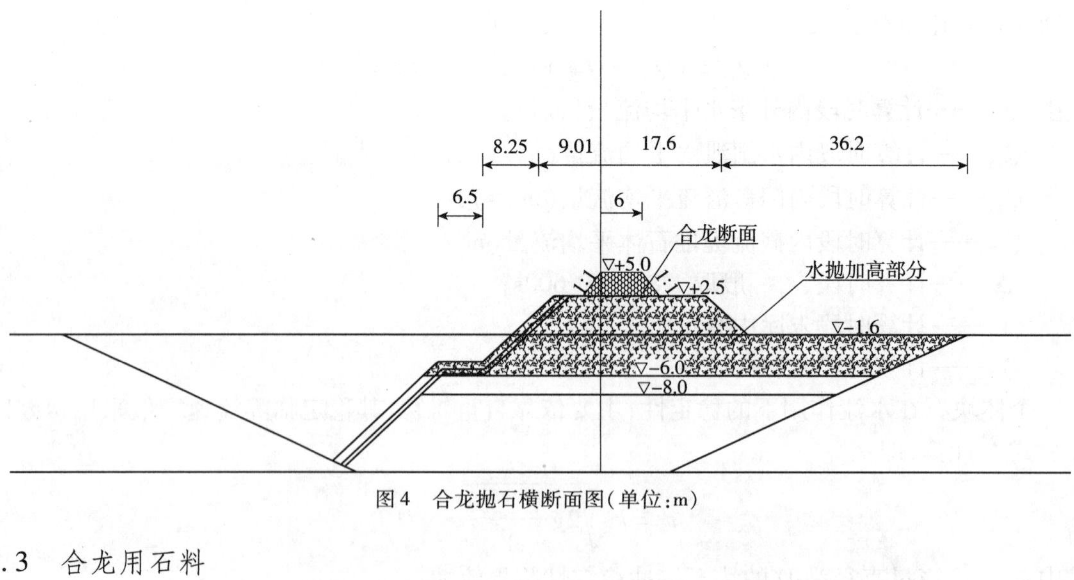

图 4 合龙抛石横断面图（单位：m）

3.3 合龙用石料

水抛石 300kg 以上，陆抛石 200kg 以上。当发现门口流速有可能超过 3m/s 时，将启动备用方案——对已抛填至 +6.0m 的爆破挤淤段堤头反挖，把堤顶高程降至 +2.0m，以扩大过水断面，降低口门流速，反挖范围视实测龙口流速而定。反挖出的石料储备在后方，作为合龙用的备料。

3.4 合龙工艺流程(图5)

衔接段挖泥(至 -16.2m)

↓

衔接段水抛棱体(至 -6.0m)

↓

2W0 +300 ~2W0 +460 段水抛加高至 +2.5m

↓

2W0 +460 ~2W0 +508 段水抛加高至 +1.0m

↓

充填袋堤头防护与口门护底抛石

↓

2 号围堤陆抛推进至2W0 +426 (+6.0)　龙口抛石船准备　正堤推进至2W0 +508 (+6.0)

↓　↓　↓

抛填堤头会车道→水、陆抛填合龙(+5.0)←抛填堤头会车道

↓

堵口堤陆抛加宽加高至设计断面

↓

堤内反滤层施工(闭气)

图5 合龙工艺流程图

3.5 合龙船机设备配置与工效分析

1)船机设备配置(表2)

船机设备配置表　表2

设备名称	型号	数量	备　注
抛填车	50t	140 辆	—
推土机	220p	4 台	其中2 台备用
挖掘机	—	2 台	—
抛石船	3 000t	2 条	船上自备挖机

2)工效分析

合龙施工理论需用石料约 5 000m^3,考虑到龙口合龙时的石料损失,实际准备石料 12 000m^3,其中抛石船备料 3 000m^3,陆上备料 9 000m^3。水抛石料由两条 3 000t 抛石船提前准备好备用,陆上石料抛填车提前装好车在龙口两侧的围堤上等候,卸完石料的抛填车返回石料场再进行石料运输(9 000m^3 ÷30m^3/车 ÷3 趟 =100 辆车),140 辆抛填车能够满足合龙施工要求。

陆抛石料按照每 6min 卸 1 车计算,两端堤头同时推进,9 000m^3 石料可在 15h 内抛填完成,确保满足 24h 内完成合龙的时间要求。

4 围堤合龙的实施

4.1 合龙前的准备工作[3]

根据前期各项工作进展和潮位条件等,合龙日期选在 2012 年 1 月 7 日,当天为小汛潮,

高潮位 +4.28m,低潮位 +0.82m。

(1)精心制定合龙工作计划与各种应急预案,成立指挥领导小组,明确每一位参战人员岗位职责,进行详细技术交底。

(2)备足合龙用石料:指定专人联系各个供料石场,准备充足大块石;在水上,用 2 艘 3 000t抛石船装载单块重 200 ~500kg 块石,以满足平堵加高与应急抢险需求。同时准备应急措施,万一陆上石料供应跟不上,可就近在西护岸堤外侧挖取大块石料。

(3)准备充足的机械设备:合龙前,两边各 70 辆装满块石的车辆提前排队等待在两侧堤上,车尾均指向合龙口,方便车辆退出;每个堤头各配 2 台推土机和 1 台挖掘机。

(4)堤头和龙口保护:2W0 +300 ~2W0 +460 段,充填袋上水抛加高至 +2.5m,陆抛推进至 2W0 +426;充填袋堤头 20m 范围加抛 30m 宽水抛石护底,滩面上护底石厚度 3m,抛石底增设软体排,确保充填袋不被冲坏。为防止因加载引起不均匀沉降,导致软体排搭接处脱离,软体排水下搭接宽度取 3m。软体排铺设后及时压载,参见图 6。

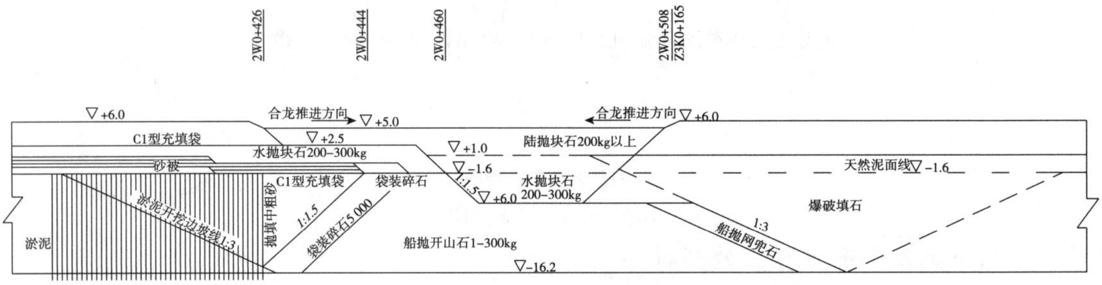

图 6　徐圩 2 区围堤合龙段纵断面图

4.2　合龙施工

合龙施工从 2012 年 1 月 6 日早 6 时开始,至 1 月 7 日 10 时实现合龙截流。

(1)堵口施工程序:合龙施工前完成软体排护底和压载石料抛填,为防止因加载产生不均匀沉降导致搭接处软体排搭接处脱离,软体排水下搭接处取 3m,软体排铺设完成后及时压载,抛填压载至距离软体排外边线 1m 处。合龙采用平堵和立堵相结合,首先采用平堵方式将堤心石抬高,然后采用立堵方式截流。

(2)平堵施工:平堵施工使用 3 000t 抛石船,预先在龙口两侧各约 200m 处分别埋设地锚,抛石船提前停泊在龙口外侧,船体平行于堤轴线,连接陆域地锚,合龙开始后抛石船拉锚紧靠龙口,采用 2 台重型挖掘机开始抛填,通过水抛把堤心棱体加高至 +2.0m ~ +2.5m。

(3)立堵施工:合龙截流采用立堵进占,自龙口两端向最终截流位置相向推进,推进高程以截流为目标,抛填高程为 +5.0m,堤顶宽度为 6m,立堵施工过程保持不间断抛填,至 7 日上午 10:00 完成合龙截流。

(4)加高加固:截流完成后,开始进行补宽补高作业,完成整断面堤心石抛填,并在外侧增加水抛石护底,形成二级保护平台。

(5)抛填过程中所有交通要道口,由专人负责指挥,疏导抛填车辆。实际合龙时,发现抛填量远远超过理论计算值,因此在高平潮时组织 3 000t 抛石船停在外侧用挖机抛石,加快了抛填速度。

4.3　测量监控

合龙前后指定专人测量库内外水位差与龙口流速。根据合龙时实测,开始阶段龙口流速不超过 1.0m/s，但随着龙口缩窄至 70m 时，正值涨急潮段，最大流速达到 3.5m/s，库内外水位差达 1.5m。随后，流速逐渐变小。由于抛填强度大，并未产生大量块石被冲走的现象，参见表 3 和图 7。

合龙施工观测数据表 表 3

时　间	6日									7日					
	6	8	10	12	14	16	18	20	22	0	2	4	6	8	10
龙口宽度(m)	150	135	121	109	103	89	85	79	70	61	48	41	30	20	合龙
库外潮位(m)	3.4	2.1	1.1	1.6	2.6	4.2	4.1	3.0	1.9	1.8	3.0	4.15	3.9	2.6	1.2
库内水位(m)	3.6	3.05	2.4	2.0	2.1	2.7	3.5	3.5	3.1	2.85	2.8	3.55	3.7	3.15	2.5
库内外水位差(m)	0.2	0.95	1.3	0.4	-0.5	-1.5	-0.6	0.5	1.2	1.05	-0.2	-0.6	-0.2	0.55	1.3
流速(m/s)	0.5	2.5	3.1	0.8	1.0	3.5	1.2	1.0	3.5	3.3	0.5	1.2	0.5	1.5	2.0

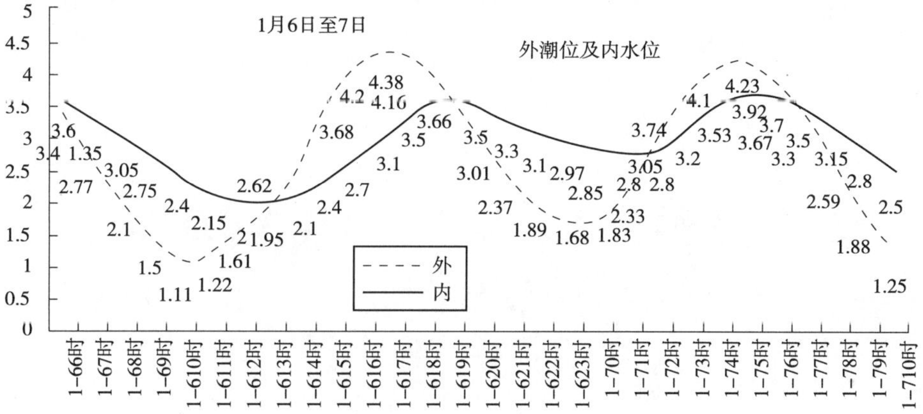

图 7　外潮位及内水位图

5　结语

本工程在库容大、淤泥层厚、风浪大、潮差大的海域，顺利实现了围堤合龙，有如下几点经验可以总结：

（1）通过龙口水力计算与现场条件分析，优化了合龙工艺，采用平堵与立堵相结合的工艺，把龙口宽度从 150～300m 降至 82m，大大减少了合龙石料用量，降低了合龙石料要求，实现了快速合龙目标，降低了工程成本。

（2）采用大型水上抛石船，装上挖掘机抛石，工效高，并能储备大量石料，满足合龙急需，是本工程实现快速合龙的重要因素之一。合龙段水下截面提前加抛加宽，能有效防止新抛堤身滑塌。

（3）实测口门流速低于理论计算值，主要原因有两个：一是堤内还有 2km 左右反滤层尚未施工，上部抛石堤身透水性好，并设有 12 座水门，分散了流量，降低了口门流速；二是通过提高口门底高程，减少了口门进出水流量和流速。

（4）合龙施工强度大，不确定因素多、风险大，必须精心设计、严密组织，建立强有力的组织指挥系统；要充分估计到各种可能出现的不利因素和突发事件，制定周密的应急预案，在材料、设备、人员、现场条件等方面做好充分准备，做到有备无患、忙而不乱。

参考文献

[1] 陈吉余. 中国围海工程[M]. 北京：水利水电出版社，2000.

[2] 范期锦. 沿海堤坝工程的合龙施工[J]. 中国港湾建设，2004，8(4).

[3] 中华人民共和国行业标准. SL 389—2008　滩涂治理工程技术规范[S].

连云港港徐圩吹填1区爆破挤淤堤与充填袋斜坡堤衔接段施工

周厚亚　张爱刚

（中交第三航务工程局有限公司江苏分公司　连云港　222042）

摘　要：本文介绍了连云港港30万吨级航道一期工程徐圩吹填1区爆破挤淤堤与充填袋斜坡堤衔接施工技术，通过对衔接段施工顺序的优化，实施方案的细化，解决了爆破挤淤堤与充填袋斜坡堤衔接段施工难题，总结了爆破挤淤堤与充填袋斜坡堤衔接段施工技术。

关键词：爆破挤淤堤；充填袋斜坡堤；衔接段

1　工程概况

连云港港徐圩吹填1区的围堤工程W2.1标项目由1号围堤（1 304m）和2号正堤东段600m组成，结构分别为充填袋斜坡堤和爆破挤淤堤。爆破挤淤堤必须在充填袋斜坡堤完成后才能开始推进，该工程施工跨越冬季，因此最大限度地利用冬季有效作业时间完成充填袋斜坡堤的施工，使正堤爆破挤淤堤尽快开工是本工程能否按期完成的关键，而两种结构的结合处衔接段又是施工中的难点和重点，采用何种优化方案保证工程衔接段施工质量和进度是本工程的技术难点。

1.1　平面布置

连云港港徐圩吹填1区由1号围堤（1 304m）和2号正堤（1 410.52m）及1号隔堤组成，其中1号围堤为典型的砂被充填袋堤心抛石混合斜坡堤，2号正堤及1号隔堤为爆破挤淤抛石堤，平面布置如图1所示。

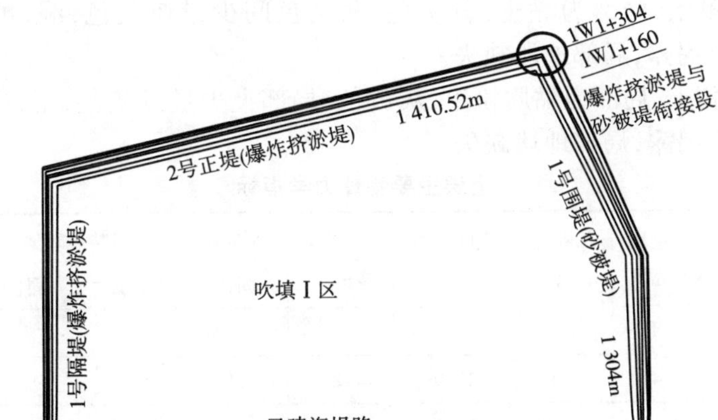

图1　连云港徐圩吹填1区平面布置示意图

1.2　2 号正堤

2 号正堤(1 410.52m)作为吹填围堰和建设期道路使用,远期作为港内码头护岸,为永久性建筑物,地基处理采用全爆破挤淤法,堤身采用陆抛开山石(1 ~ 300kg)形成。

1.3　1 号围堤

1 号围堤(1 304m)作为吹填围堰、准永久性防护建筑物和建设期道路使用,地基采用排水板 + 砂被处理,并采用软体排加筋,堤身结构采用充填袋和开山石混合结构,参见图 2、图 3。

1.4　衔接段

充填袋斜坡堤(1 号围堤)同爆破挤淤堤结构衔接处起点位于 1 号围堤桩号 1W1 + 228 处,其平面位置如图 4 所示。

1.5　水文地质条件

本地区属东亚季风气候区。冬季受西伯利亚冷空气控制,干旱少雨,气温偏低,盛行偏北风。

1)潮位特征值

连云港地区距海州湾湾顶较近,潮差较大,潮流流速相应偏小。潮型属于非正规浅海半日潮性质(表 1)。

潮 位 特 征 值　　表 1

平均海平面	2.95m	平均潮差	3.64m
平均高潮位	4.76m	平均低潮位	1.13m
设计高水位	5.41m	设计低水位	0.49m

2)软基物理力学指标

根据地质勘察报告,本工程范围从上至下分布的部分土层的特性如下(表 2):

① - 1—粉、细砂,灰黄色、灰色,饱和,松散,厚度 0.10 ~ 0.50m,主要分布在近岸潮间带区。

① - 2—淤泥,呈浅灰黄色、灰色,饱和,流塑。土质均匀细腻,该层土厚度 12.10 ~ 21.40m,普遍分布。

② - 1—粉质黏土、局部为黏土,青灰色、灰黄色间少量蓝灰色,湿,可塑,厚度 0.80 ~ 5.20m,大多数孔有揭露,局部地段缺失。

② - 2—砂质黏土、局部为黏质粉土,灰黄色、局部夹少量浅灰色,湿,中密,厚度 0.60 ~ 6.00m,大多数孔有揭露,局部地段缺失。

土层主要物理力学指标　　表 2

土层	含水率 W(%)	天然重度 (kN/m³)	孔隙比 e_o	塑性指数 I_p	黏聚力 C(kPa)		内摩擦角 φ		地基承载力
					快剪	固快	快剪	固快	
① - 1									80
① - 2	62.4	16.4	1.716	29.9	28	21	0.8	9.1	45
② - 1	26.1	19.7	0.743	12.3	32	42	11.2	16.7	200
② - 2	24.9	19.8	0.707	6.3	18	16	28.9	32.7	160

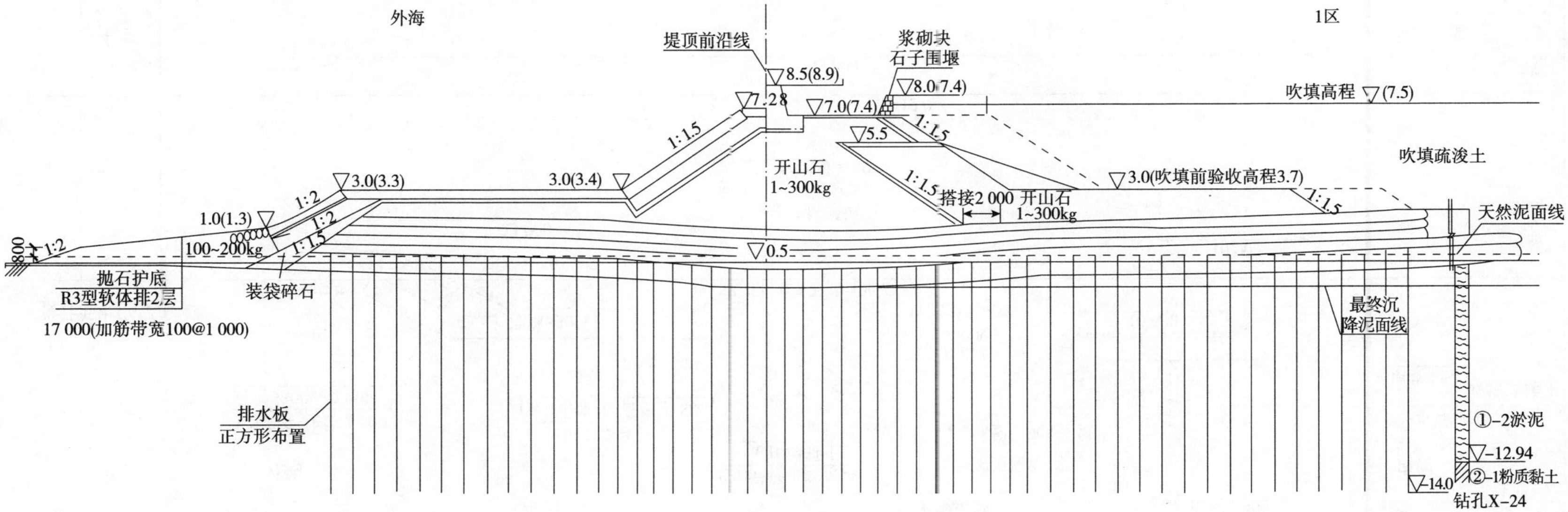

图2　1号围堤8-8断面图

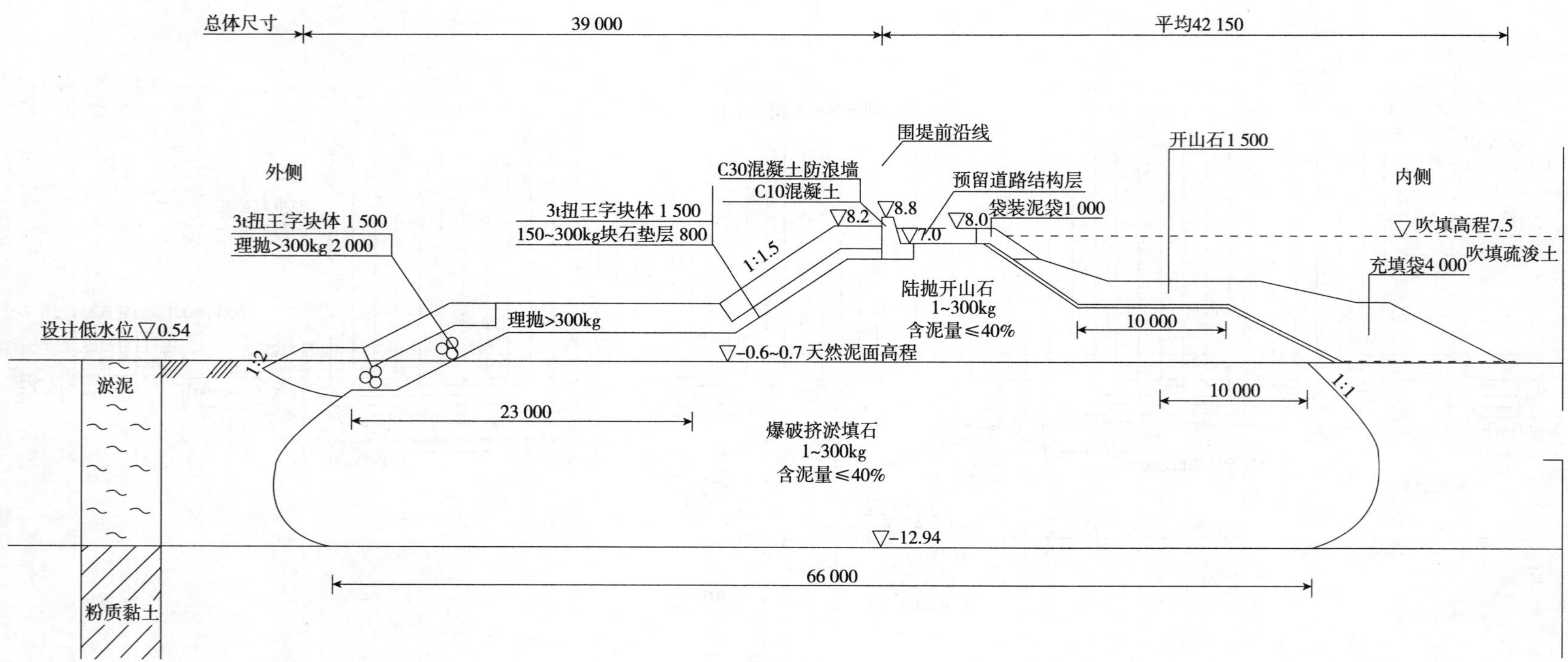

图3　1 号围堤 10－10 断面图

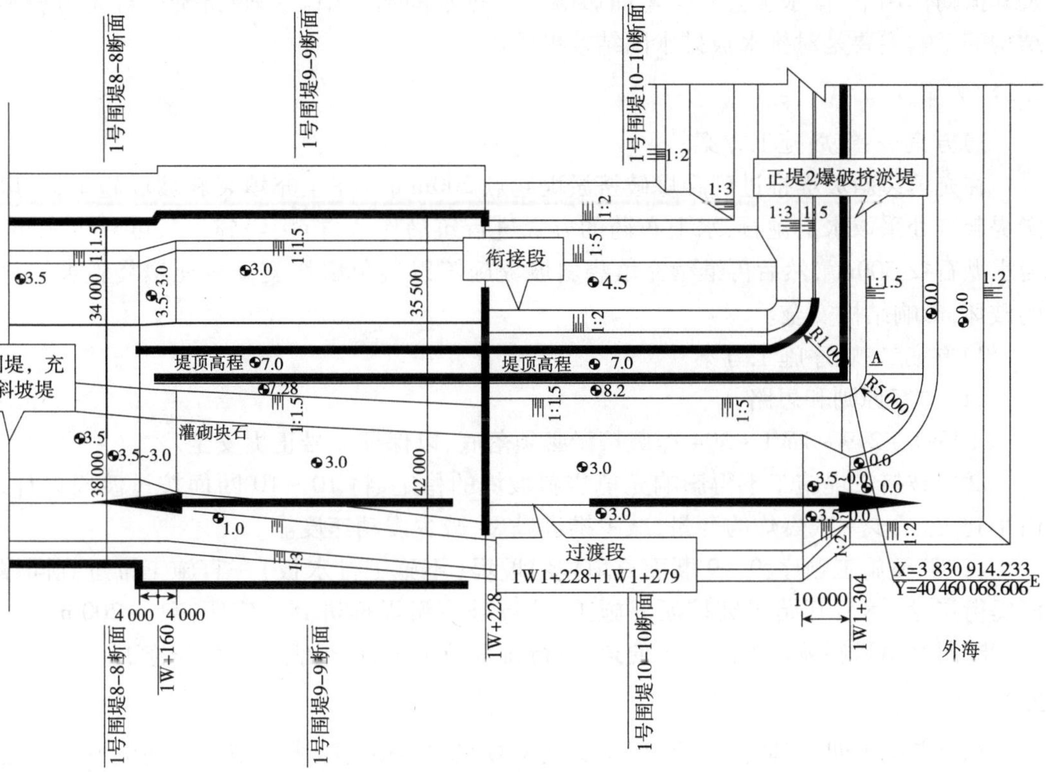

图4　1号围堤衔接段平面示意图

该衔接段泥面高程为 -0.5 ~ -0.7m，淤泥层底高程 -12.94m，下层为粉质黏土，设计将②土层作为持力层使用，需进行地基处理的是地质报告中① -2 土层，该层土具有高压缩性、强度低、厚度大的特点。围堤正堤采用爆破挤淤填石方法进行围堤施工具有施工工艺成熟，落底质量有保证的优点。

1.6　气象条件

拟建工程位于开敞水域，风、浪较大，水上施工船舶可作业天数约 55%，其中每年 11 月 ~ 翌年 2 月为寒潮频发季节，可作业天数不足 30%，而 3 月 ~ 10 月风、浪影响较小，应尽量避免水上主体工序集中在 11 月 ~ 2 月的天气，充分利用可作业的天气，适当延长施工时间，尽量变水上施工为陆上施工。

2　衔接段施工方案的确定

2.1　技术问题的提出

(1)2 号正堤和 1 号围堤作为吹填 1 区的永久性结构，其施工质量将直接影响后续吹填施工的结构稳定及安全，而在围堤施工中，拐角处及不同结构衔接处往往是施工中的质量控制难点，在以往的围堤施工中，薄弱段也大多出在这里，本工程爆破挤淤堤同充填袋斜坡堤的衔接处又恰恰处在围堤拐角处，因此保证衔接段的施工质量是整个围堤施工的控制重点。

(2)爆破挤淤堤对充填袋斜坡堤的振动沉降影响。已经形成的充填袋斜坡堤在爆炸振动作用下，会发生土体的沉降，主要是衔接处淤泥体受爆炸振动、挠动流失引起土体变形及土体蠕变引起的沉降，虽然竖向排水通道排水板为柔性结构，断裂的可能性很小，但在爆炸及其振动作用下，排水板会发生弯曲影响竖向排水固结效果。爆破挤淤堤对充填袋斜坡堤结构的影响主要是对排水板排水固结效果的影响。

2.2 方案

1）方案一：筑岛施工方案

在充填袋斜坡堤推进到距爆破挤淤堤起点200m时，停止充填袋斜坡堤施工，在爆破挤淤堤起点处采取水上抛石、水上布药的方式进行筑岛作业，衔接段施工长度最少满足50m，需水抛石42 500m^3，然后再继续充填袋斜坡堤施工以避免爆炸震动对充填袋斜坡堤排水板的破坏，影响结构安全。

2）方案二：顺序施工方案

（1）方案原则和思路

①1W1 +279 ~1W1 +304 爆破挤淤必须落底，以保证2号正堤安全。

②爆破挤淤堤施工不得影响充填袋斜坡堤的稳定，将10 -10 断面按过渡段设计，药量由小到大，减少一次爆炸的药量，减少推进进尺，减少震动速度。

（2）调整施工顺序：9 -9 断面充填袋斜坡堤（不施工排水板）一直施工推进到同爆破挤淤堤衔接处，然后开始爆破挤淤堤施工，待爆破挤淤堤推进到一定距离（ >200m）后，反挖9 -9断面充填袋斜坡堤上的抛填便道，进行排水板施工，再组织上部堤身施工。

2.3 方案比选

综合考虑工期、质量、成本等因素，认为只要采取合适的技术措施，采用顺序施工法能够保证衔接段施工质量和进度，并能最大限度地降低成本，因此采用顺序施工法进行衔接段施工，即衔接段施工时先施工充填袋斜坡堤结构，施工至+5.5m高程后陆上推进爆破挤淤堤，见表3。

衔接段施工方案比选表 表3

序号	方案	施工组织难度及实施难易	进 度	质量	成 本	安全	比选结果
1	筑岛施工	组织较难，冬季寒潮多，水上施工可作业天数少	慢，影响充填袋斜坡堤水上施工，造成铺排船等停置，人员窝工	有保证	增加水抛成本大量船机等停置，人员窝工，成本高	水上作业险患多	差
2	顺序施工	流水作业，陆上推进，受海上天气影响小，组织容易	快	有保证	仅增加反挖及便道成本，成本低	风险小	好

3 衔接段施工

3.1 设计对衔接段的考虑（图5）

1）1号围堤9 -9 断面（充填袋斜坡堤，不施打排水板）

9 -9 断面桩号为1 +160 ~1 +228，内外镇压平台宽度采取渐变方式。

结构：底部1层砂被厚1m、2层编织布充填袋厚1m、2层机织布充填袋厚1m、无纺土工布1层（范围覆盖充填袋顶部）、无纺土工布1层（范围按原设计）、150kN/m加筋软体排2层、开山石堤心。

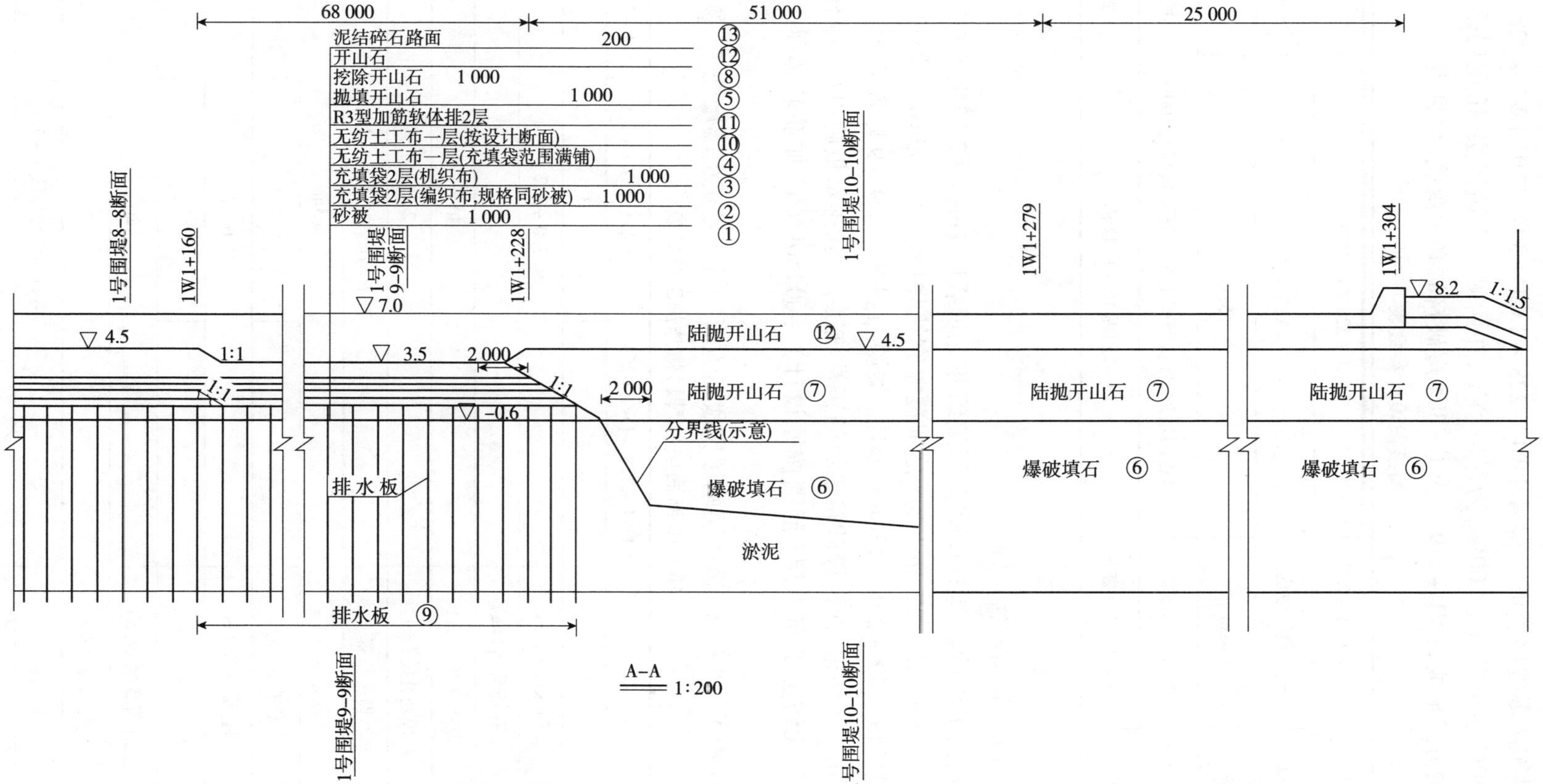

图5　衔接段围堤纵断面结构示意图

2)10－10断面(过渡段 爆破挤淤堤)

10－10断面(爆破挤淤堤),桩号1W1＋228～1W1＋304,其中1W1＋228～1W1＋279置换厚度由50%逐步提高至100%,为保证稳定,在两侧加设镇压层,镇压层采用爆炸置换结合抛石挤淤方式形成,1W1＋279～1W1＋304爆破挤淤必须落底,参见表4。

衔接段设计参数表 表4

序号	桩号	1＋160～1＋228	1＋228～1＋279	1＋279～1＋304
	段名称	充填袋斜坡堤	过渡段	(过渡)落底段
1	段长	68m	51m	25m
2	特殊处理要求	排水板不施工	药量逐渐增加,置换厚度由50%逐步提高至100%	按100%置换
3	适用断面	1号围堤9－9断面	1号围堤10－10断面	按正堤参数

3.2 施工技术和措施

(1)9－9、10－10断面施工顺序

①9－9断面1层砂被厚1m→②2层编织布充填袋厚1m→③2层机织布充填袋厚1m(顶高程2.5m)→④无纺土工布1层(范围覆盖充填袋顶部)→⑤开山石厚度1m(顶高程3.5m)→⑥过渡段1W1＋228～1W1＋304的端爆和侧爆→⑦9－9断面开挖开山石至充填袋顶部(需修筑临时便道,保证爆破挤淤堤的正常施工)→⑧排水板施打(半幅作业,不影响正堤施工)→⑨无纺土工布1层(范围按原设计)→⑩150kN/m加筋软体排2层、开山石堤心。

(2)过渡段10－10端爆、镇压层端爆完成后方可进行2号正堤端爆施工,参见表5。

10－10断面(过渡段)爆炸施工参数表 表5

桩号		1W1＋228～1W1＋253	1W1＋253～1W1＋279	1W1＋279～1W1＋304
堤身端部爆填参数	推进量(m)	2	3	4
	埋药深度 C_1(m)	7.0～7.2		
	单孔药量 q_1(kg)	5	15	30
	埋药宽度 Z(m)	30		
	埋药孔距(m)	2		
	埋药位置	离石与泥交界线1～2m		
	起爆水深	≥3m		
两侧镇压层端部爆填参数	推进量(m)	3	4.5	外侧两次内侧一次
	埋药深度 C_1(m)	7.0～7.2		
	单孔药量 q_1(kg)	5	15	40
	埋药宽度 Z(m)	20		
	埋药孔距(m)	2		
	埋药位置	离石与泥交界线1～2m		
	起爆水深	≥3m		

(3)过渡段两侧镇压层端爆完成后,设计轮廓线外的石料需挖除。

(4)衔接段的砂被整体铺设,不得断开,在袋装砂堤头土工布增设50~100cm厚的二片石层,确保爆炸振动对袋装砂堤段(头)的影响降到最小。

(5)对衔接段外10~20m范围先采取小药量爆炸扰动措施降低淤泥强度,然后跟进陆抛堤心石,此时淤泥已经过扰动,堤头爆填药量适当降低,以尽量减小对排水板和充填砂袋的影响。

(6)对靠近衔接段10m范围内充填砂袋,增加一层土工布包覆,以防止砂袋被震破,造成砂土流失。

(7)对衔接段范围内加强沉降、位移观测,如有异常及时采取补救措施。

3.3 衔接段方案实施

1)9-9断面充填袋斜坡堤(除排水板)施工(桩号1+160~1+228)

采用1条铺排船和2条150m^{3}倒驳(砂)船进行砂被、充填袋铺设施工,充填砂砂船运输到现场,砂被、充填袋尺寸为70.5m~76.5m×20m,砂被厚度1m,沿着堤断面方向整块施工,砂被搭接长度为0.5m;充填袋厚度0.5m,沿着堤断面方向亦整块施工,搭接长度为1m。

衔接段砂被及充填袋铺设完后,为保证堤头爆破挤淤抛石尽早开始,9-9断面68m范围先进行充填袋上的一层无纺土工布的满铺施工;然后及时覆盖抛石,抛石高程按+3.5m控制,以减少过渡段爆炸堤施工时对下沉量的影响,抛填宽度以轴线为中心,宽度按9m控制。

2)过渡段爆炸堤施工(桩号1+228~1+279)

充填袋斜坡堤68m范围内尽量减小堆载,在加长的充填袋斜坡堤上抛填施工首炮过渡段爆破挤淤堤时,用挖掘机堆高,在不影响爆炸设备布药的情况下,堤头堆载高度越高越好,且堤头堆载高度不得小于2.0m(相对于前面已施工稳定的路面高程而言),以后采用小循环爆炸推进。爆炸参数见10-10断面(过渡段)爆炸施工参数表。

爆炸施工时必须采用有水爆炸,以增加淤泥扰动,并提高爆炸效果,起爆水位控制在3m以上,过渡段抛填高程在不影响抛填施工的情况下按+6.0m控制,爆前堆载2m,堤心石规格1~300kg,石料含泥量≤10%。

过渡段爆炸施工断面图如下:

3)过渡段10-10端爆、镇压层端爆完成后方可进行2号正堤端爆施工。

4 衔接段施工效果

采用顺序施工方案,取得了以下施工效果:

工期方面:利用有限的作业时间完成充填袋斜坡堤衔接段的施工,使充填袋斜坡堤能够连续作业,避免了船机设备停置,保证了施工进度,消除了至少50天的工期影响。

成本方面:大幅降低了施工成本,创造效益约450万元人民币。

质量方面:经钻孔检测,衔接段的泥石混合层最大处仅为85cm(共一个断面三个孔),符合规范要求,达到了方案预期效果。

社会效益:本优化方案的提出,体现了中交三航的技术实力,得到了业主和监理的认可和信任。

5 结语

衔接段施工方案采用顺序施工方案，有效地保证了围堤施工作业的连续性，避免了船机停滞，使2号正堤能顺利及早推进，同时通过本优化方案的实施有效地解决了衔接段不同结构处的合理连接，满足了设计质量要求，做到了技术经济效益最大化，也为类似结构围堤衔接段的施工积累了宝贵经验。

参考文献

[1] 马兴华，顾勇，金雪英，侯海伟，等. 连云港港30万吨级航道一期工程工程施工图设计[R]. 上海：中交上海航道勘察设计研究院有限公司，2011.

倾斜岩基条件下高耸导标基础锚杆栽设施工工艺

潘晓炜　尤　捷

（中交第三航务工程局江苏分公司　连云港　222042）

摘　要：连云港港30万吨级航道一期工程外航道中导标属于高耸结构，基础位于倾斜岩基，基础采用锚杆技术连接，技术难度大。本文详细介绍了锚杆栽设施工技术，可供类似工程所借鉴。

关键词：倾斜岩基；锚杆栽设

1　工程概况

连云港港30万吨级航道一期工程导标工程，共有新建导标5座，其中外航道中导标工程位于旗台山山脚，临近大海。导标塔体高48m，根开10m，主体塔架、横杆均采用无缝钢管，塔体中上部有14m×15m、6m×7.5m面板各一块（见图1），受风力影响较大，因此对基础的连接有着很高的要求。

导标基础采用岩石锚杆基础，基础持力层为3层微风化片麻岩层。根据设计要求、土层条件和环境条件，基础岩面原计划采用挖掘机配$\phi60$破碎锤，将上层分化岩凿除开挖到设计高程并整平后，再进行锚杆栽设的施工。但现场采用$\phi60$破碎锤开挖至新鲜岩层后，岩面倾斜度约为30°，且岩石质地坚硬，常规方法无法继续开挖，周边有建筑物影响，也不能采用钻孔爆破开挖，因此只能在倾斜岩基上构筑混凝土基础，对抗剪不利，在与设计沟通后，通过增加锚杆数量及抗剪键，以达到抗剪要求（见图2）。

图1　外航道中导标完工照片

图2　锚杆栽设后照片

2 工程特点和难点

(1)山体表层风化岩凿出后,下部新鲜岩石质地坚硬,无法开挖至设计要求的平面,只能在倾斜面上栽设锚杆。

(2)墩台立于倾斜面上,因此对结构的抗滑移(抗剪)能力要求大大提高,因此增加了51根锚杆和一根抗剪键。

(3)设计要求锚杆深度大,现场没有专门的镐钎,因此用空压机配合打孔钻机。

(4)倾斜面上定位比平整的要困难,如要保证倾斜度和定位准确,定位架要随时调整。

3 基础工艺流程(图3)

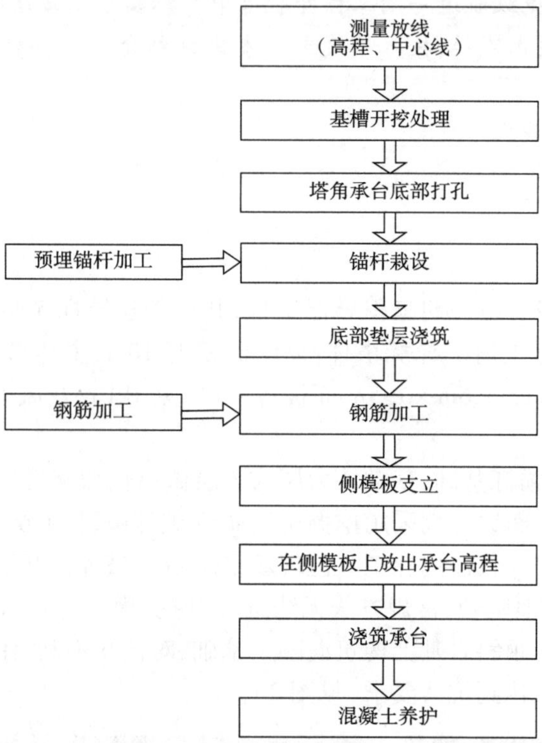

图3 基础施工工艺流程图

4 锚杆栽设施工

导标基础工程主要有基槽开挖、锚杆栽设、钢筋、模板等,其中基槽开挖、钢筋、模板等均为常规工艺,本文不再介绍,主要介绍锚杆栽设施工工艺。

4.1 概述

导标基础下共有锚杆400根,单根锚杆的抗拔承载力特征值不小于85kN。锚杆用25Ⅱ级螺纹钢筋和40Ⅱ级螺纹钢筋,25单根锚杆的长度为1 550mm,锚杆进入基岩500mm,锚杆孔直径为$\phi50$,孔深为800mm,40单根锚杆的长度为2 050mm,锚杆进入基岩1 000mm,锚杆孔直径为$\phi50$,孔深为1 050mm,采用灌浆材料均为喜利得牌植筋胶。锚杆外露部分必须弯折150mm,参见图4、图5。

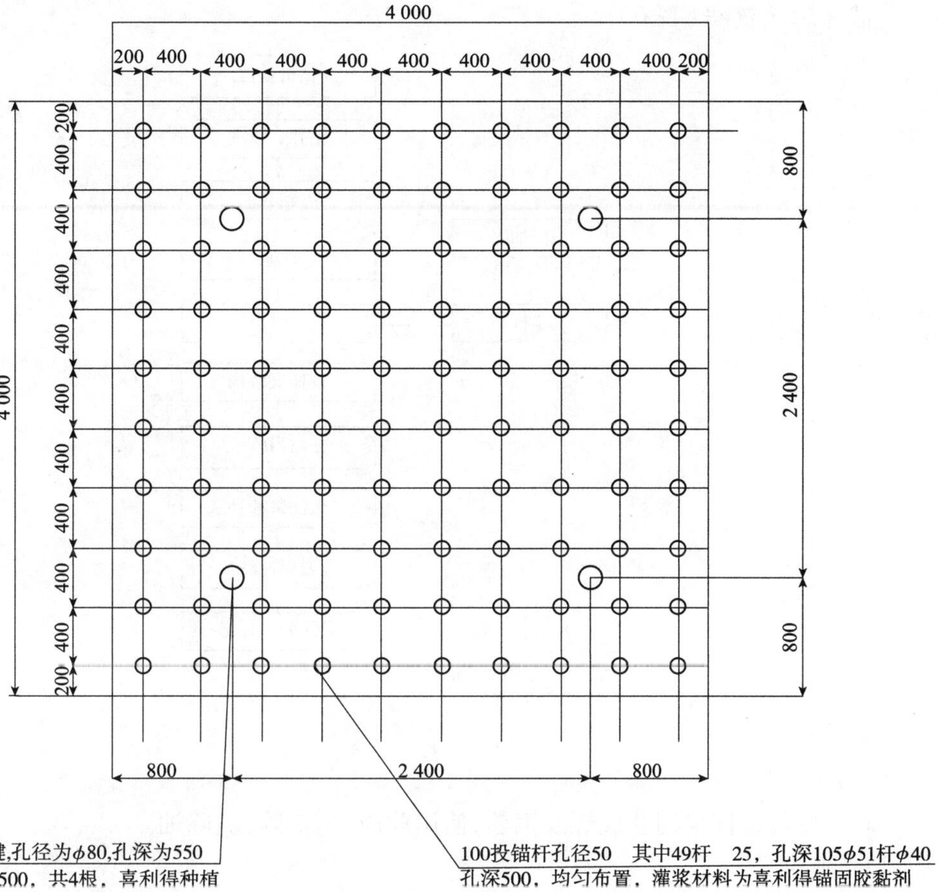

图4　锚杆布置结构平面图

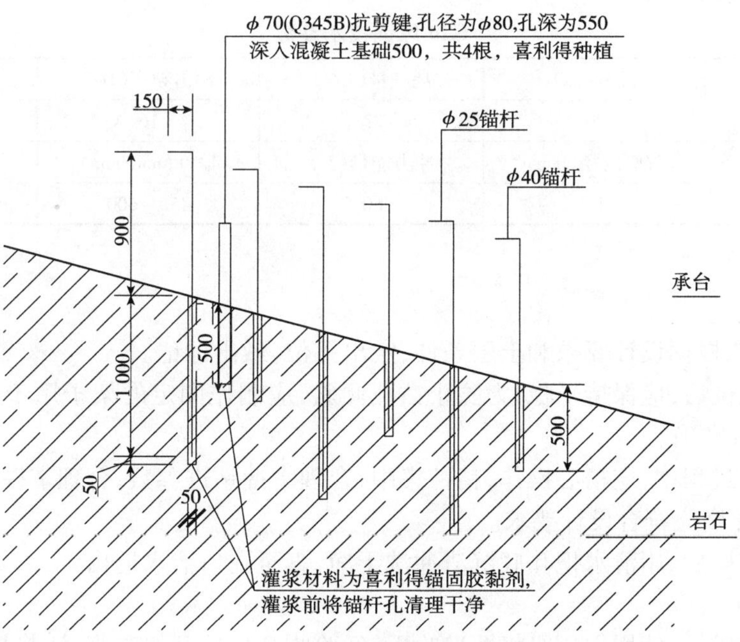

图5　锚杆布置结构断面图

4.2　锚杆工艺流程(图6)

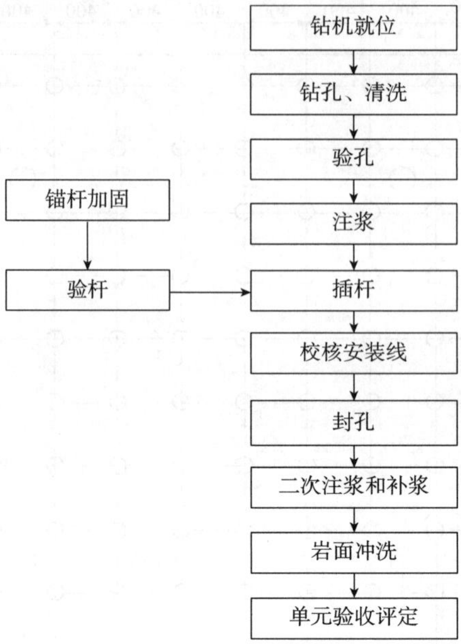

图6　锚杆施工工艺流程图

4.3　施工准备

1)施工材料

锚杆材料:锚杆采用Ⅱ级螺纹钢筋,使用前应平直、除锈、除油。

2)作业准备

因市场上所用凿岩机一般成孔直径为33～42mm,无法满足施工要求,因此现场采用G20风镐钻孔,参见表1。

G20风镐技术参数　　表1

机身全长(mm)	机重(kg)	耗气量(L/s)	冲击频率(Hz)	缸体内径(mm)
485	20	23	16	40
锤体行程(mm)	气管内径(mm)	冲击能量(J)	镐钎(mm/mm)	—
165	16	60	450～600	—

4.4　施工方法

1)钻孔

(1)钻孔前,根据设计要求和土层条件,定出孔位,做出标记。

(2)风镐就位后,应保持平稳,为防止钻孔倾斜,应制作固定的架子用于施工,以保证钻孔施工中的垂直准确。

(3)在钻进过程中,应精心操作,精神集中,合理掌握钻进参数,合理掌握钻进速度,钻孔进入稳定基岩深度应符合设计要求。

(4)钻孔完毕后,用清水把孔底沉渣冲洗干净,直至孔口清水返出。

2)注浆

(1)清孔完成后,使用空压机将孔壁吹干,经验收合格后开始注浆,注浆材料根据设计要求选用喜利得牌植筋胶。

(2)使用喜利得专用注射胶枪灌胶,前三枪胶水必须废弃不用。

(3)通过计算得出注浆量,确保注浆饱满,避免不必要的浪费,参见表2。

植筋胶检测结果表 表2

序号	项目名称			技术指标		检测结果	单项评定
				A级胶	B级胶		A级
1	胶体性能	劈裂抗拉强度(MPa)		≥8.5	≥7.0	14.7	A级
		抗弯强度(MPa)		≥50	≥40	73.2	A级
		抗压强度(MPa)		≥60		84.5	A级
2	黏结能力	钢-钢拉伸抗剪强度标准值(MPa)		≥16	≥13	20.3	A级
		约束拉拔条件下带肋钢筋与混凝土的黏结强度	C30	≥11.0	≥8.5	25	A级
			C60	≥17.0	≥14	24.2	A级
3	不挥发物含量(%)			≥99		99.6	A级

3)锚杆杆件的安放

(1)锚杆采用先注后插工艺,锚杆按设计要求制作,加工后的锚杆平放在工作台上,对有污染锈迹的锚杆用电动刷进行除污、除锈。

(2)在锚孔注浆后进行锚杆的安放工作。

(3)插入锚杆前,用钢尺测量出植筋深度并做好标记,安放锚杆杆体时,应防止杆体扭曲,锚杆放入应垂直,利用支架使安好后使锚杆始终处于钻孔中心。钢筋按顺时针方向缓缓旋入至标记处,确保植筋深度达到要求。

(4)检查孔表面是否有胶水溢出以确保孔内充实。

5 检测结果

锚杆栽设完成后,按照设计要求,对每个塔角所在墩台均进行了抗拔试验,抗拔结果显示,锚杆栽设满足设计要求(表3)。

锚杆抗拔承载力检测报告 表3

序号	抽样部位	级别规格	荷载检验值(kN)	实测拉拔力(kN)	锚固区状况	2分钟持荷负载(kN)	荷载降低率(%)	单项评定
1	墩台1	HRB400ϕ25	183	190.2	岩体基材无裂缝,植筋无滑移,持荷稳定	186.2	2.1	合格
	墩台1			191.5		187.3	2.2	合格
	墩台1			189.7		185.6	2.2	合格
2	墩台1a	HRB400ϕ25	183	191.2		186.9	2.2	合格
	墩台1a			189.5		185.5	2.1	合格
	墩台1a			191.5		187.3	2.2	合格
3	墩台1b	HRB400ϕ25	183	191.5		186.5	2.6	合格
	墩台1b			188.9		184.4	2.4	合格
	墩台1b			190.4		186.4	2.1	合格
4	墩台1c	HRB400ϕ25	183	192.4		188.2	2.2	合格
	墩台1c			189.8		185.3	2.4	合格
	墩台1c			190.6		186.1	2.4	合格

6 结语

倾斜岩基上进行导标基础施工，锚杆栽设是最重要环节。锚杆栽设中钻孔、清孔、锚杆制作安放、植筋胶的选择各工序正确无误方能保证锚杆栽设的质量。

参 考 文 献

[1] 马兴华，顾勇，金雪英，侯海伟，等. 连云港港 30 万吨级航道一期工程工程施工图设计[R]. 上海：中交上海航道勘察设计研究院有限公司，2011.

徐圩港区深厚淤泥地基充填袋斜坡堤沉降观测研究

龚永康　苏俊剑　蔡　建

（中交上海航道勘察设计研究院有限公司　上海　200120）

摘　要：连云港港30万吨级航道一期工程徐圩围堤吹填区1区1号围堤为深厚淤泥地基，围堤结构为排水板+充填袋斜坡堤，施工过程中需进行原型观测，其中沉降观测及固结度计算是重要内容之一。由于沉降板、分层沉降环是施工至出水后才埋设，实测沉降未能反映观测前沉降，是不完整的，并不是施工期沉降。为解决此问题，本文采用工前和工后钻孔滩面高程对比，得到施工期实际沉降，根据实测沉降过程线推算残余沉降，两者合计得到总沉降，并得到固结度，为斜坡堤沉降观测与固结度计算提供了一条新的思路。

关键词：斜坡堤；沉降观测；固结度计算

1　引言

徐圩港区充填袋斜坡堤是在淤泥质海滩上铺设砂被，然后在砂被层上打设塑料排水板，然后在砂被层上铺设若干层充填砂袋，最后铺设开山石进行压载。充填袋斜坡堤沉降一般观测手段是将普通沉降板布置在滩面，然后进行上述施工。而在实际工程中，先在滩面布置普通沉降板然后进行砂被层、排水板、充填砂袋、抛石的施工几乎无法顺利实现，因为砂被、充填砂袋一般体积较大，在施工过程中必将干扰或破坏普通沉降板。为解决此问题，本工程在砂被、排水板、充填砂袋施工完毕后、抛石堆载前埋设沉降板和分层沉降管。因此，抛石堆载之前的滩面沉降量无法测得。本文采用工前和工后钻孔滩面高程对比，得到施工期实际沉降，根据实测沉降过程线推算残余沉降，两者合计得到总沉降，并得到固结度。

2　工程概况

连云港港30万吨级航道一期工程徐圩围堤吹填区1区1号围堤长度1 304m，堤顶高程7.0m。设计陆域吹填高程为7.5m。作为吹填围堰、准永久性防护建筑物和建设期道路，附近工程建成后则为隔堤。该围堤为充填袋斜坡堤结构。顶宽8.0m，围堤内、外侧高程3.0～5.0m处设置镇压平台，平台宽度15～5m，内坡1∶1.5，外坡上坡1∶1.5，下坡1∶2。地基采用排水板+砂被处理，排水板打设间距1.0m，深度穿过淤泥层。堤身结构采用充填袋和开山石混合。外坡采用栅栏板护面，采用无纺土工布+袋装碎石反滤，护底采用抛石结构，如图1所示。

江苏省交通运输科技项目（2014T12）资助。

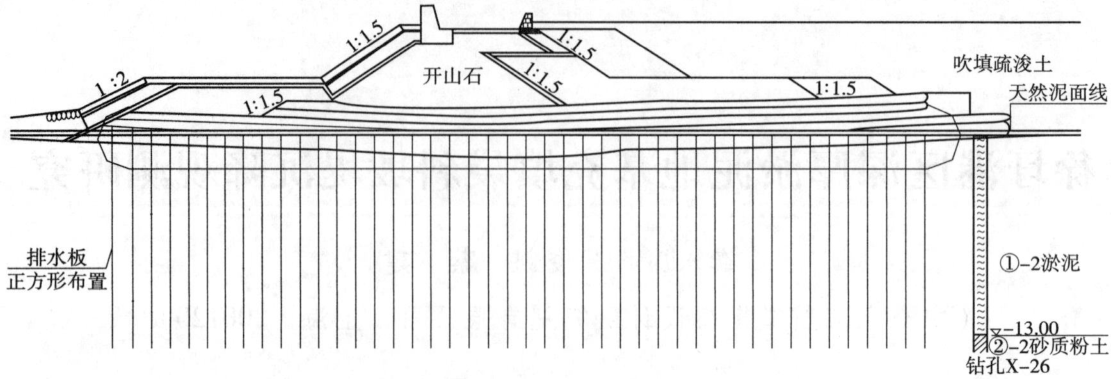

图1 徐圩围堤吹填区1区1号围堤断面布置图

3 工程地质

根据江苏省水文地质工程勘察院2009年5月《连云港港30万吨级航道工程先导试挖工程徐圩港区配套围堤工程地质勘察报告》,本工程场区勘探深度范围内地层均为第四系松散堆积物。按其成因时代、成因类型、岩性特征及其物理力学指标从上至下分为4个岩土层,其中①层细分为2个亚层;②层细分为8个亚层;③层细分为4个工程地质亚层;④层细分为3个亚层,共将场区地层划分为17个亚层。各土层物理力学指标如表1所示。

土层的物理力学指标 表1

土层	含水率 $W(\%)$	天然重度 (kN/m^3)	孔隙比 e_o	塑性指数 I_P	黏聚力 C(kPa)		内摩擦角 ϕ(°)		渗透系数(cm/s)	地基承载力 (kPa)
					快剪	固快	快剪	固快	kH	
①-1										80
①-2	62.4	16.4	1.716	29.9	28	21	0.8	9.1		45
②-1	26.1	19.7	0.743	12.3	32	42	11.2	16.7		200
②-2	24.9	19.8	0.707	6.3	18	16	28.9	32.7	4.4E-03	160
②-3									1.72E-03	140
②-4	31.9	19.1	0.862	15.9	33	33	13.8	15.4		150
②-5	34.4	18.8	0.949	16.7	38	37	11.8	16.4		140
②-6	25.5	19.7	0.737	12.2	31	39	20.3	20.9		230
②-7	24.2	19.8	0.695	6.6	18	19	25.9	32.6		200
②-8									8.8E-04	240
③-1	31.1	19.1	0.869	14.6	43	39	11.1	16.6		155
③-2	49.1	17.5	1.328	30.2	49	49	6.4	11.7		90
③-3	23.4	20.3	0.659	13.6	44	44	18.2	20.3		280
③-4	23.3	20.1	0.662	7.1	17	23	31.8	31.8		220
④-1									8.9E-04	185
④-2									2.1E-03	320
④-3	23.8	20.3	0.664	15.9	123	137	22.8	22.5		260

4 沉降板观测获得实测沉降

本工程对七个断面进行沉降观测，目的是通过观测围堤滩面沉降量和沉降速率来控制施工加载速率，及时反映地基固结情况。普通沉降板在充填砂袋完成后埋设、安放。设立稳定的基准点，采用水准法测量，参照国家三、四等水准测量（GB 12898—91）方法进行。该围堤自 2009 年 10 月开始砂被及排水板的施工，于 2010 年 3 月基本完成堤顶抛石，2010 年末开始进行了数次吹填施工，至 2012 年下半年吹填淤泥土高程已经达到规定要求的高程。围堤典型施工观测断面如图 1 所示。

以 1W0 +950、1W1 +150 这两个断面的堤顶沉降观测为例，堤顶沉降板的编号分别为 CJ05 –2 和 CJ07 –2，实测数据如表 2 所示。

1W0 +950 和 1W1 +150 观测断面堤顶沉降观测数据表 表 2

测点编号	观测开始日期	加载开始日期	观测截至日期	历时（天）	实测沉降量（mm）	所在断面
CJ05 –2	2010 –5 –18	2009 –11 –23	2012 –5 –14	727	811	1W0 +950
CJ07 –2	2010 –10 –12	2009 –11 –21	2012 –5 –14	580	650	1W1 +150

因沉降板埋设安装于充填袋之上，故测得的累计沉降量不包括砂被和充填袋施工期间滩面的沉降量。

5 工前工后钻孔对比获得施工期实际沉降

在 1W0 +950、1W0 +005、1W1 +150 这 3 个断面进行了工后钻孔，再通过工前和工后钻孔滩面高程对比，得到施工期实际沉降。

1 号围堤工前钻孔（2009 年）平面示意图如图 2 所示，其中 X –2 号钻孔位于 1W0 +005 断面，1W0 +950 和 1W1 +150 断面无工前钻孔。

1 号围堤工后钻孔（2012 年 5 月）平面示意图如图 3 所示，X1 号钻孔位于 1W0 +950 断面，X2 号钻孔位于 1W0 +005 断面，X3 –1 号钻孔位于 1W0 +152 断面。工前与工后的钻孔剖面图如图 4 和图 5 所示，因此，可根据工前工后钻孔探摸得出滩面沉降量。

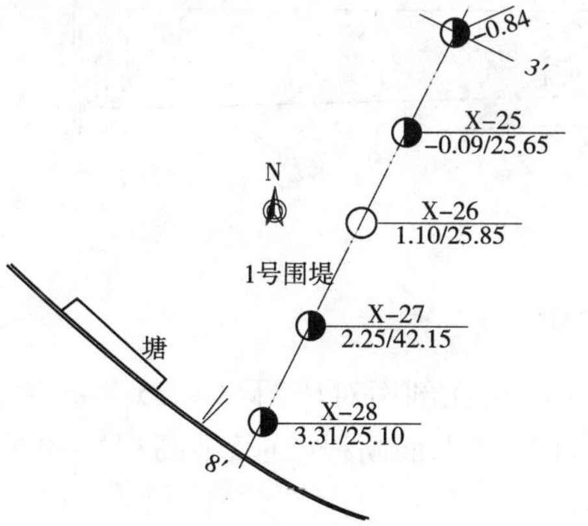

图 2 工前钻孔平面布置示意图

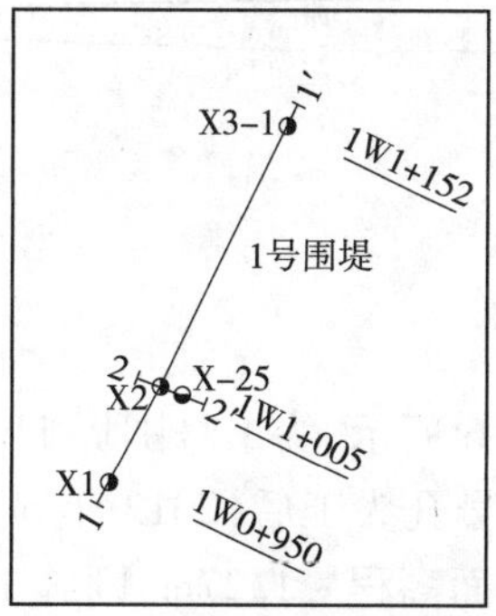

图 3 工后钻孔平面布置示意图

对于 1W0 +950 断面，X1 号孔为工后（2012 年 5 月 9 日左右）钻孔，工前淤泥面高程（连云港高程）+0. 60m，工后淤泥面高程 –0. 60m，则施工期完整沉降量为 1. 20m；对于 1W1 +

150 断面,X3 -1 号孔为工后(2012 年 5 月 9 日左右)钻孔,施工前淤泥面高程(连云港高程) -0.50m,施工后淤泥面高程 -1.97m,则施工期完整沉降量为 1.47m。

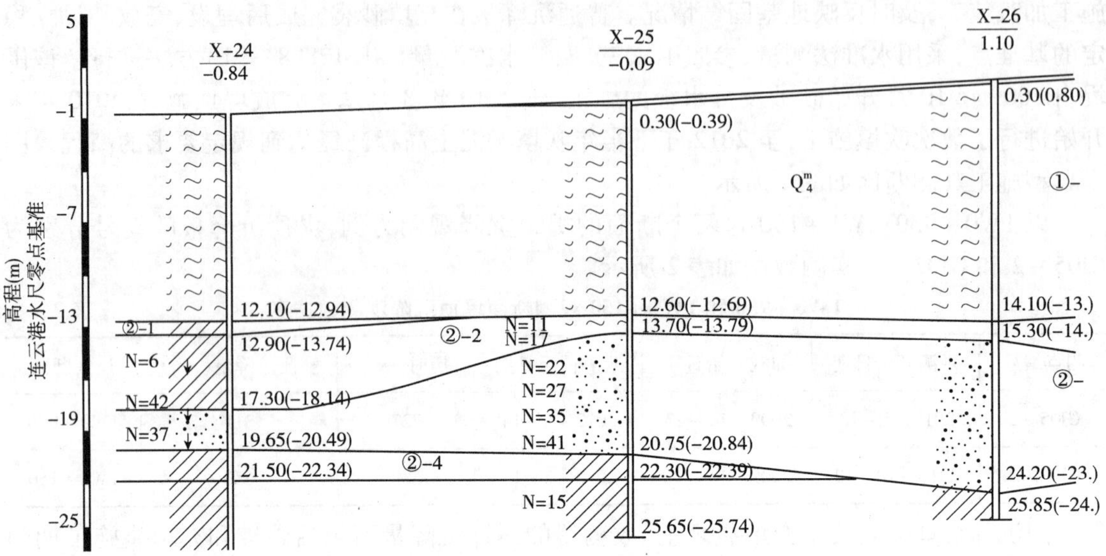

图 4　工前钻孔剖面图

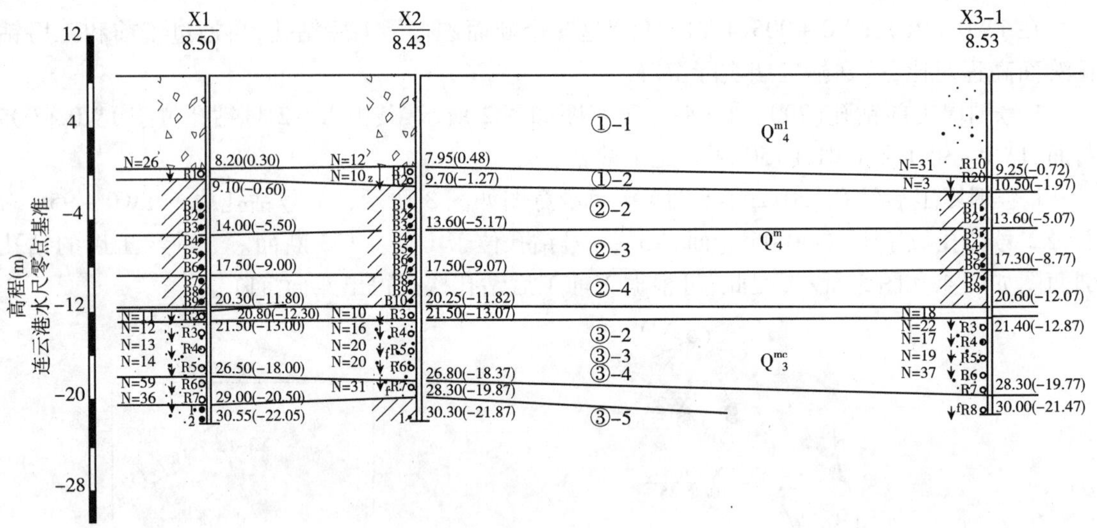

图 5　工后钻孔剖面图

如图 6 所示,为 1 号围堤 1W1 +005 断面施工前后钻孔剖面对比图:X -25 号孔为工前钻孔,X2 号孔为工后(2012 年 5 月 9 日左右)钻孔,工前淤泥面高程(连云港高程) -0.09m,工后淤泥面高程 -1.27m,则施工期沉降量为 1.18m。

表 3 为 1 号围堤 1W1 +005 断面加固前后钻孔探摸土工参数对比表,该两个钻孔非常临近,且取土深度基本在同一高程处,施工前淤泥平均含水率 67%,平均湿密度 1.61 g/cm^3,施工后淤泥质黏土平均含水率 46.5%,平均湿密度 1.73 g/cm^3,土体加固效果明显。

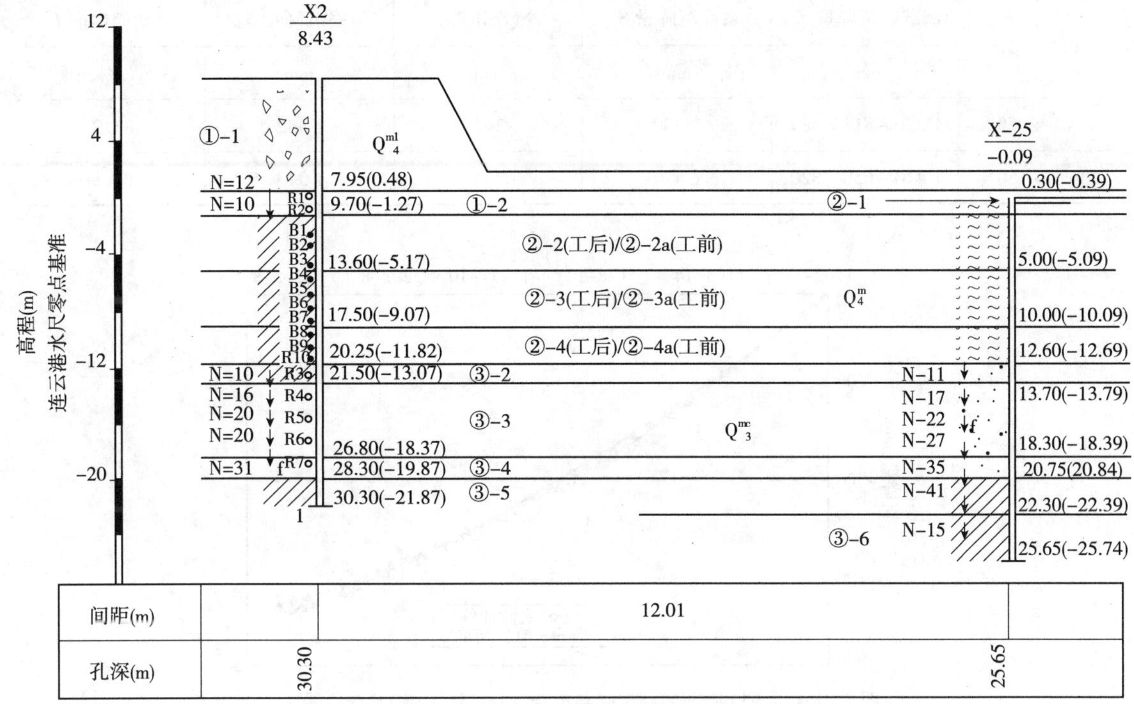

图6　1号围堤1W1 +005断面工前工后钻孔剖面对比图

工前工后钻孔探摸土工参数对比表　　表3

工程状态	取样孔代号	取土高程(m)	含水率 W (%)	湿密度 ρ (g/cm³)	干密度 ρ_d (g/cm³)	孔隙比 e —	土样分类与定名
工前	X-25	-5.59 ~ -6.09	67.0	1.61	0.96	1.842	淤泥
工后	X2	-4.47 ~ -4.72	46.5	1.73	1.18	1.320	淤泥质黏土

6　平均固结度计算

6.1　根据实测沉降曲线推算平均固结度

首先根据实测沉降曲线推算残余沉降，其次根据残余沉降和施工期实际沉降，推算得到地基平均固结度。

根据《港口工程地基规范》(JTS 147-1—2010)中7.3.2条的规定，采用“经验双曲线”法进行拟合计算，即根据已拟合的实测 $S \sim t$ 光滑曲线(见图7、图8及表4)，按下列公式推算：

$$S_\infty = S_0 + \frac{1}{\beta} \quad (1)$$

$$S_t = S_0 + \frac{t}{(\alpha + \beta t)} \quad (2)$$

式中，S_∞ 为地基的最终沉降量；满载时，S_0 即 $t=0$ 时的地基沉降量；S_t 某时刻的地基沉降量；α、β 为与地基及荷载有关的常数；t 从满载开始的时间。

1W0 +950 和 1W1 +150 观测断面堤顶沉降曲线拟合计算表 表 4

观测段面	满载时沉降量 S_0	累计沉降量 S_t	残余沉降	最终沉降量 S_∞	平均固结度 U
	mm	mm	mm	mm	%
1W0 +950	1 200 - 811 = 389	1 200	242	1 442	83.2
1W1 +150	1 470 - 650 = 820	1 470	243	1 713	85.8

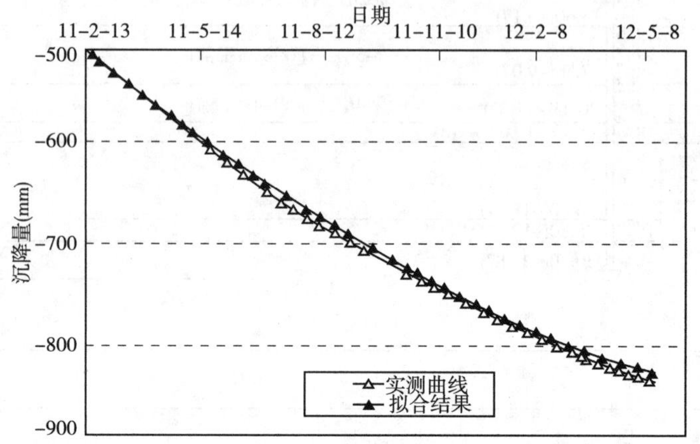

图 7 1W0 +950 断面实测沉降与拟合沉降曲线图(经验双曲线法)

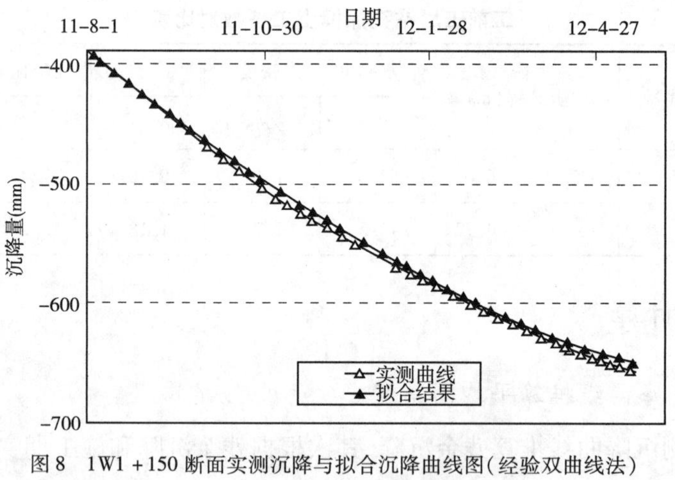

图 8 1W1 +150 断面实测沉降与拟合沉降曲线图(经验双曲线法)

6.2 根据理论计算沉降量计算平均固结度

地基理论计算沉降量参考《港口工程地基规范》(JTS 147-1—2010)中 7.7.2 条的规定:

$$S_{d\infty} = m_s \sum \frac{e_{1i} - e_{2i}}{1 + e_{1i}} h_i \tag{3}$$

式中:$S_{d\infty}$——地基最终沉降量设计值;

m_s——修正系数,按经验选取或由现场试验确定;

e_{1i}、e_{2i}——分别为第 i 层土受到的平均自重应力设计值和平均最终应力设计值压缩稳定时的孔隙比设计值,可取均值;

h_i——第 i 层土的厚度。

如图 4 所示为 1 号围堤工前钻孔剖面图，对 1W1 +005 断面，X－25 号孔的加固前淤泥层厚度为 12.3m，孔隙比采用取土深度 8.5～9.0m 和 10.0～10.5m 处的压缩曲线，淤泥层的天然重度平均值为 16.4kN/m^3。工后如图 5 所示 X－2 号孔钻孔探摸，堆载石头层厚度为 7.95m，砂垫层厚度为 0.79m，取石头层的平均重度为 20.0kN/m^3，砂垫层的平均重度为 17.0kN/m^3，则附加应力总和约为 170kPa。图 9 为计算所需 $e \sim p$ 曲线。计算后所得最终沉降量分别为 1.16m、1.57m，最终沉降量取平均值为 1.37m。钻孔探摸所得滩面沉降量为 1.18m，由此所得平均固结度约为 86%。

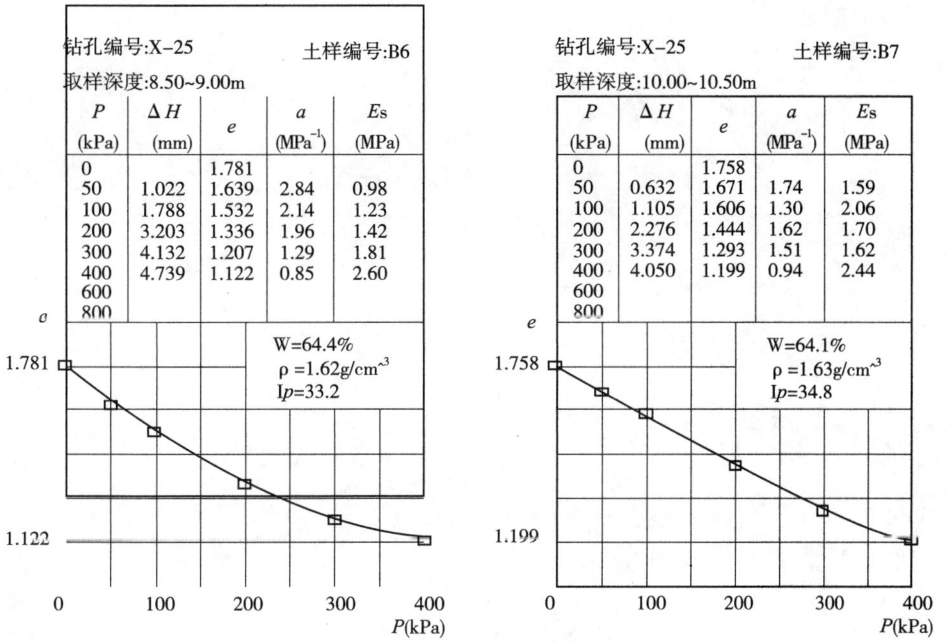

图 9　1 号围堤 X－25 号钻孔取土典型 $e \sim p$ 曲线

6.3　分析

对比可知，1W0 +950 和 1W1 +150 断面根据实际观测曲线推算所得平均固结度与 1W1 +005 断面根据理论计算最终沉降量计算所得平均固结度十分接近，因此，本文方法能够较为客观地反映所加固土层的沉降、固结情况，为斜坡堤沉降观测与固结度计算提供了一条新的思路。

7　结语

(1)针对实测沉降不完整、未能反映观测前沉降的问题，本文提出了“采用工前和工后钻孔滩面高程对比，得到施工期实际沉降，根据实测沉降过程线推算残余沉降，两者合计得到总沉降，并得到固结度”解决办法，取得了较为满意的效果，为斜坡堤沉降观测与固结度计算提供了一条新的思路。

(2)连云港地区一般为淤泥质浅滩，上层存在十几米厚的淤泥，其下一般为黏土或粉砂，土质较好，地基处理的关键是淤泥层的处理，本工程充填袋斜坡堤满载后约 2 年时间，淤泥层固结度达到 80%～90% 之间，地基土的沉降量在 1.0～1.7m 之间。

参 考 文 献

[1] 中华人民共和国行业标准. JTS 147-1—2010　港口工程地基规范[S].

[2] 中华人民共和国行业标准. JTJ 218—2005　水运工程水工建筑物原型观测技术规范[S].

[3] 朱高峰. 软土地基海堤工程监测稳定控制标准探讨[J]. 水运工程,2009.2,424:126-129.

探地雷达探测在爆破挤淤堤效果检测中的应用

俞先江　顾章川　曾　辉　姚　伟

（江苏省交通规划设计院股份有限公司　南京　210005）

摘　要：爆破挤淤法是一种行之有效的软基处理方法，在连云港港的建设中运用广泛。探地雷达是一种新的检测方法，根据接收到的雷达波形、强度、双程走时等参数便可推断地下目标体的空间位置、结构、电性及几何形态，从而达到对地下隐蔽目标物的探测。通过探地雷达对正堤2共1 411m的爆破挤淤堤开展效果检测工作，地质雷达快捷有效探测，明确主堤三条纵剖面抛石深度变化范围，雷达所测抛石面与钻探结果对比表明，相对误差在5%以内，表明探地雷达可以在爆破挤淤堤效果检测中广泛应用和推广。

关键词：爆破挤淤法；探地雷达；效果检测

1　引言

随着我国人口的增长和经济的快速发展，国家建设用地与耕地的矛盾日益突出，尤其是东部沿海发达地区，土地资源已经成为发展的瓶颈。向海洋争取发展空间已成为人们的共识，软基处理是围海工程的关键工序之一，爆破挤淤法软基处理技术的应用行之有效。爆破挤淤填石是在抛石体的前方和周边淤泥中埋设药包，药包起爆后，爆炸产生的作用力将周围一定范围内的淤泥排开形成空腔，上部抛石体充填空腔，爆后堆石体前沿向淤泥底部坍落，形成一定范围和厚度的落在下卧硬土层上的“石舌”（如图1中“爆后断面线”的形状），当继续填石时，由于“石舌”上部的淤泥是经过爆炸抛掷扰动后回落的，强度很低，因此抛石可以很容易地挤开这层淤泥并与下层“石舌”相连，形成比较完整的抛填体。采用爆炸和抛填循环作业，就可用石方置换掉淤泥，达到软基处理的目的[1]。爆破挤淤法在连云港港的建设中运用广泛，并且经过实践的考验，证明爆破挤淤法在工程实践中的可行性。

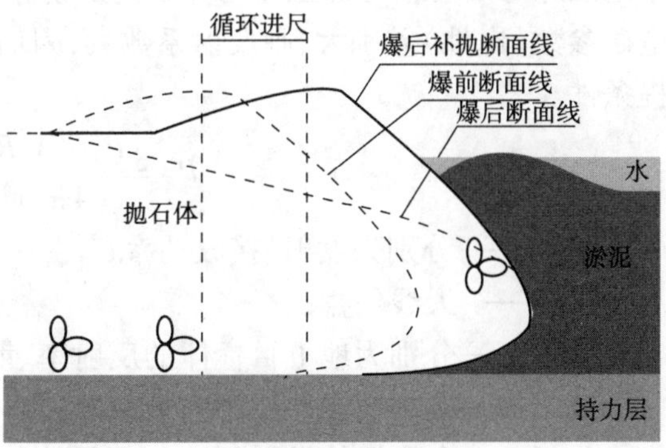

图1　堤头爆填示意图

2　探地雷达探测的基本原理

探地雷达（又称地质雷达，Ground Penetrating Radar，简称GPR）方法，是利用高频电磁波（1～1 000MHz），以脉冲形式通过发射天线被定向地送入地下。电磁波在地下介质中传播时，当遇到存在电性差异的地下介质或目标时，电磁波便发生反射，返回地面后由接收天线所接收。在对接收天线所接收到的信号进行分析和处理的基础上，根据所接收到的电磁波波形、强度、电性及几何形态特征，推断地下地层（或目标体）。图2为探地雷达方法探测原理图，发射天线（T）和接收天线（R）紧靠地面，由发射机产生的短脉冲电磁波经发射天线发射传入地下，电磁波在地下介质中传播时的速度、路径，主要受介质的相对介电常数和电导率的影响。在两种介质的交界面的两侧介电常数往往会有变化，电磁波便发生类似光学的反射和折射，反射的强弱与介电常数变化直接有关。电磁波从发射天线发射到被接收，其行程时间：

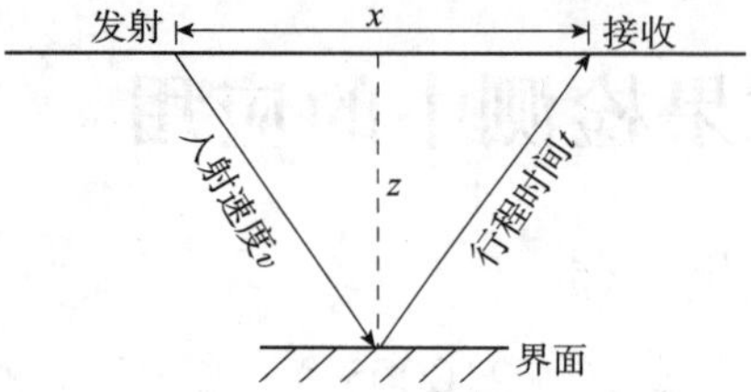

图2　地质雷达探测原理图

$$t=\frac{\sqrt{4z^2+x^2}}{v} \tag{1}$$

$$v=\frac{c}{\sqrt{\varepsilon_r}} \tag{2}$$

式中：z——反射界面深度；

x——发射天线到接收天线间的距离；

v——电磁波在介质中传播的波速；

c——光速（$c=0.3\text{m/ns}$）；

ε_r——介质的相对介电常数，当波速 v 已知时，通过读取雷达剖面上行程时间来计算界面深度 z 值。

由于地下介质变化较为复杂，外业通常采用验证或者根据已知目标体等方法来确定不同地段地下介质波速，对比统计行程时间与探测对象埋藏深度的相关系数，求得平均速度，再根据速度来推断探测对象的埋藏深度，本次的雷达波速度是根据钻孔资料与对应点的雷达检测资料对比统计得来。

电磁脉冲反射信号的强度与界面的反射系数和穿透介质的波吸收程度有关。不同介质的电磁参数（电性）差别大，则反射系数大，因而反射波的能量也大，这就是探地雷达探测的前提条件。

$$P_R=\frac{P_T G^2 \lambda_0^3 RSL}{(4\pi^3)H^4}RSLe^{-4\alpha R} \tag{3}$$

式中：P_T、P_R——分别为发射、接收功率；

G——天线增益；

R、S、H——分别为地下目标体的反射率、散射面截面和深度；

α——电磁波在地层中的衰减率；

L——电磁波从发射到接收过程的散射损耗；

λ_0——介质中电磁波的波长。

可以看出，雷达接收到信号的大小与雷达天线的特性、电磁波在地层中的衰减率、目标体的深度和反射特征以及雷达的工作频率和发射功率均有关系。在仪器性能和地下介质一定的情况下，探测深度取决于工作频率选择及地层的衰减系数。

一般天线频率越高，则探测深度越浅，分辨率越高；天线频率越低，则探测深度越深，分辨率越低。因此，探地雷达技术存在着探测深度与分辨率的取舍或优选问题。

3 探地雷达探测在爆破挤淤堤工程中的应用

受连云港港30万吨级航道建设指挥部的委托，江苏省交通规划设计院工程质量检测中心承担了徐圩港区吹填1区围堤检测及监测工作。围堤工程主要为徐圩围堤吹填区1区（含1号围堤、1号隔堤、正堤2）约3 612m。根据安排，主要针对正堤2共1 411m的爆破挤淤堤开展地质雷达爆破挤淤堤效果检测工作。

3.1 探地雷达探测检测抛石厚度的难点

影响探地雷达探测效果的因素主要有三：天线中心频率、介质的导电率和介电常数。实践证明：天线中心频率和介质电导率越大，探测深度就越小，反之探测深度就越大。而在探测深度范围内影响探测效果的主要因素是被探测目标体与其周围介质的介电常数差。因为当介电常数相差很小时，反射系数 $R\approx0$，此时无反射信号，无论探测深度如何，目标体也不易被发现。所以要取得良好的探地雷达探测效果，目标体具备与其周围介质有较大的介电常数差异是必要的，同时也应注意到选择什么样的天线中心频率对探测深度影响。

3.2 技术参数

外业数据采集系统采用美国超强地面耦合系统（SIR-3000），它包括组合大线，CUII控制单元，笔记本电脑监视器（进行数据采集）。本次检测采用天线中心频率为16MHz低频组合天线，发射率为12kHz，介电常数为8，测量模式为时间测量，采样点为1 024，增益设置为5点自动增益等。发射与接收天线间距为3m，测线点距为1m。检测采用定点测量的方式，数据的解释主要依据点测获取的反射信号组合成剖面后的波形特征，特别是反射信号的同相轴变化以及信号的强弱（幅度）异常特征。

3.3 现场检测情况

工程处在施工阶段，徐圩围堤坝体已经基本形成。堤顶的地形较为平坦，施工条件相对较好。由于现场施工挡浪墙已完毕，坡脚内侧有海水，没有作业场地，故在围堤纵断面沿堤轴线、沿堤轴线外侧2m、沿堤轴线内侧2m各布置1条测线进行爆破挤淤堤效果检测。在E0+145、E0+150、E0+155、E0+300、E0+450、E0+808等6个断面上设置了18个钻孔。现场探测时，工程还处于施工阶段，刚形成围堤的雏形。堤外侧在砌置块石，部分场地凹凸不平，表面起伏较大。仅堤顶较平坦，测试条件相对较好。布置点如图3所示。

3.4 内业工作

内业工作内容包括资料整理与成果解释两部分组成。资料整理是将外业采集的数据传输到计算机中，在初步分析原始资料的基础上，利用专用雷达软件进行滤波、增益等处理，打印处理后的资料。评价探地雷达探测成果，判读异常的联结关系，绘制最终成果图件，编写成果报告。

3.5 异常特征描述与分析

利用已知钻孔资料，综合分析雷达图像，判读探测目的层位雷达波形态和图像特征，对照该处的雷达图像反射同相轴的连续性，确认地下各介质的界面，就可计算相关介质的电磁波速度。由电磁波速度和电磁波的双程时计算未知目的层位界面的深度，从而确定抛石层的深度，参见图4。

图3　1 号吹填区检测平面布置示意图

注:1. 尺寸单位:mm。

2. 高程基面:连云港当地理论最低潮面,单位:m。

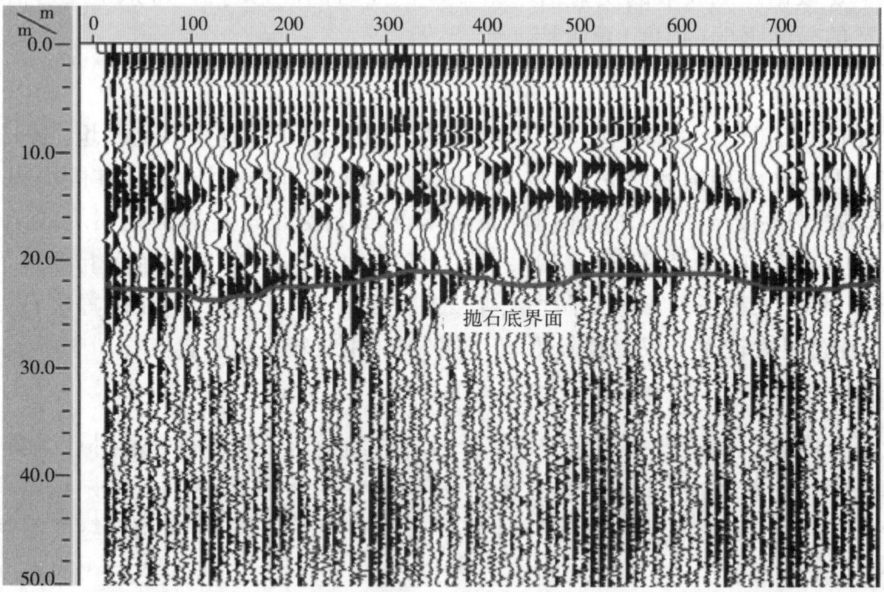

图4　沿堤轴线探地雷达剖面图像

以沿堤轴线内侧 2m(纵向)的探地雷达波形图为例,对本次探地雷达波形成功与异常特征描述与分析如下:

沿堤轴线内外侧 2m 纵断面测线波形图,如图 5、图 6 所示,探地雷达波形大致具有以下几点特征:

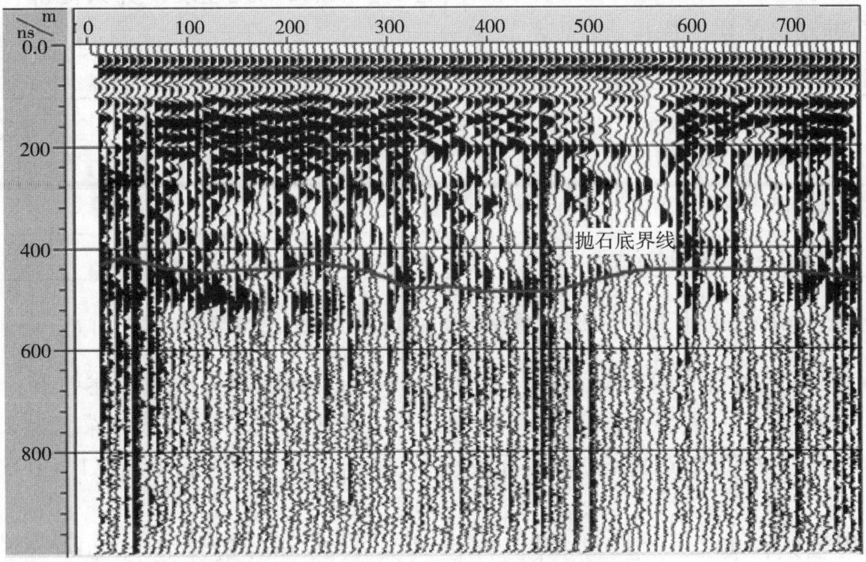

图5　沿堤轴线内侧2m的探地雷达剖面图像

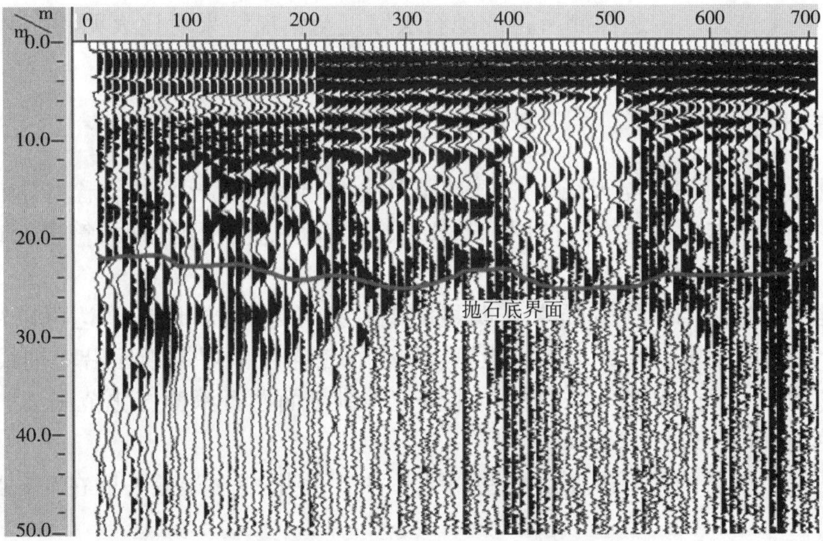

图6　沿堤轴线外侧2m的探地雷达剖面图像

（1）0～100m区间，附近有各种工程车作业，还有一些金属物体，使得探地雷达波的多次反射信号较为强烈。约220ns以下的雷达波振幅较大，受地表金属物和工程车作业影响较大。

（2）整个区间内的雷达波特征较为明显。约120ns以上，表现为近地表层的雷达波形特征；约至400ns，雷达波形变化相对有规律；约400ns以下雷达波的振幅相对较小，推断为多次反射信号。

（3）推断抛石底（参照钻孔资料）界面的雷达波的同相轴连续性较好且清晰，根据同相轴的追踪，可以确定该界面。

3.6　成果解释

成果解释主要是对处理后的雷达波形形态和图像特征与所探测的目的层、已知钻孔资料进行比对分析,以求出电磁波在各介质层的速度。然后,以此速度计算其他部位各目的层的深度从而推测目的层的深度,参见表1。

根据已有钻孔资料分析 K1 +240、K1 +120 效果　　表1

钻孔编号	里程桩号	钻孔位置（距前沿线）	孔口高程（m）	钻孔深度（m）	泥石混合层厚度（m）	淤泥厚度（m）	淤泥质黏土厚度（m）
1120 - 1	K1 +120	内侧 3.5m	6.60	24.00	0	0	0
1240 - 1	K1 +240	内侧 3.5m	6.20	23.80	0	0	0

通过公式 $v = h/\frac{t}{2}$(地下介质的波速 v(m/ns);雷达测得的电磁波时间 t(ns),钻孔得到的深度 h(m))求得抛石层内电磁波的速度 0.105m/ns。剖面解释成果陈述如下:

(1)沿堤轴线:抛石底界面深度均大于 21.0m,最深处为 K1 +275 处,深度为 23.8m。

(2)沿堤轴线外侧 2m:抛石底界面深度均大于 20.5m,最深处为 K1 +095 处,深度为 23.5m。

(3)沿堤轴线内侧 2m:抛石底界面深度均大于 20.6m,最深处为 K0 +895 处,深度为 23.3m。

本工程分别在在 E0 +145、E0 +150、E0 +155 、E0 +300、E0 +450 、E0 +808 等 36 个断面上设置了 18 个钻孔。雷达探测所得的抛石层厚度与钻探结果对比表明,相对误差一般在 5% 以内。

4 结论与建议

(1)探地雷达探测深度与天线中心频率和介质电导率成反比。结合徐圩港区吹填 1 区爆破挤淤围堤工程,本次雷达检测选用 16MHz 天线,满足探测深度需要,符合探地雷达探测精度要求。

(2)当地下目标体与周围介质存在明显的电性差异的时候,地质雷达可以快捷有效探测,但是混合层的厚度难以区分。本次检测设纵剖面三条及围堤纵断面沿堤轴线、沿堤轴线外侧 2m、沿堤轴线内侧 2m 各一条测线。主堤三条纵剖面抛石深度变化范围 20.5 ~23.8m,设计抛石深度范围为 19.4 ~23.5m。

(3)雷达探测所得的抛石层厚度与钻探结果对比表明,相对误差一般在 5% 以内。

参 考 文 献

[1] 李大心. 探地雷达方法与应用[M]. 北京:地质出版社,1994.

[2] 袁明德. 地质雷达的最新进展[J]. 地质装备,2001,2(3):15-19.

[3] David A. Noon, Ram M. Narayanan. Subsurface remote sensing. in Proc. 9th Int. Conf. Ground Penetrating Radar,2002,p:35-55.

[4] E. S. Eide. Ultra-wideband transmit/receive antenna pair for ground penetrating radar. IEE Proc. Microw. Antennas Propag. Vo1. 147,No. 3,June 2000,p:232-235.

[5] 刘殿中,杨仕春,等. 工程爆破实用手册[M]. 2 版. 北京:冶金工业出版社,2004:434.

环境保护篇

连云港港 30 万吨级航道一期工程环保研究与实践

庞　亮[1,2]　孙　琳[3]　王翘楚[3]
（1. 连云港港 30 万吨级航道建设指挥部　连云港　222042；
2. 连云港港口集团有限公司　连云港　222042；
3. 北京中咨华宇环保技术有限公司　北京　100176）

摘　要：本文系统总结了连云港港 30 万吨级航道一期工程施工期环境保护措施与对策、营运期环境保护措施与对策，可供同类工程所借鉴。

关键词：连云港港；30 万吨级航道；航道环保；增殖放流

1　工程概况

连云港港位于江苏省的东北端，以连云港市为依托，黄海海州湾西南岸、云台山北麓、东西连岛南侧，处于我国沿海岸线的中部。

连云港港 30 万吨级航道一期工程是在连云港港 15 万吨航道扩建工程基础上扩建项目，连云港港 30 万吨级航道一期工程包括连云港区 25 万吨级散货船单向航道和徐圩港区 10 万吨级散货船单向航道。

主要工程内容为疏浚工程、围堤工程、航标工程等。航道长度为 77.8km，其中航道人工开挖段长 68.1km，连云港区航道人工开挖长度 43.2km，徐圩航道开挖段 24.9km；工程总的疏浚量为 12 171.7 万 m^3，其中连云港区航道疏浚量5 481.2 万 m^3，徐圩港区航道疏浚量 6 690.5 万 m^3；旗台围堤长 9.108km，旗台吹填区面积 553 万 m^2。徐圩围堤 9.037km，徐圩吹填区面积 662 万 m^2。

2　近岸海域环境功能区划

根据江苏省近岸海域环境功能区划，连云港港 30 万吨级航道一期工程涉及近岸海域环境功能区包括Ⅳ、Ⅱ、Ⅰ类功能区，见图 1。

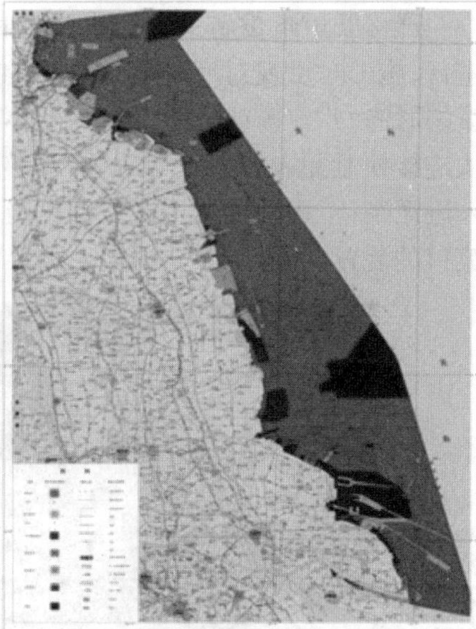

图 1　江苏省海洋功能区划图

工程可能影响的水域中，前三岛海珍品保护区（车牛山岛、平岛、达山岛周围约 0.33km^2 水域）、连云港渔业区均为一类海域环境功能区；连岛海滨旅游度

江苏省交通运输科技项目（2014T12）资助。

假区、养殖区、核电站取水口属二类环境功能区;连云港港区及羊窝头高公岛海洋倾废区为四类环境功能区;江苏海州湾中国对虾国家级水产种质资源保护区为渔业区。

工程的各个组成部分中,徐圩吹填区、旗台吹填区位于近岸海域环境功能区划中的港口区,水质标准执行四类海水水质标准;由于江苏省近岸海域环境功能区划未对连云港港航道区的环境功能进行划分,因此,航道区的水质目标分别按其所在环境功能区的水质目标控制。徐圩港内航道 N-M-S 段 4.6km 和徐圩航道 S0 +000 ~ S17 +000 即 17.0km 位于Ⅱ类区,连云航道 A - W 和 W0 +000 ~2 +000 合计 3.38km 位于Ⅳ类区,W2 +000 ~ W12 +300 合计 10.3km 位于Ⅱ类区,其他均位于Ⅰ类区(包括 W12 +300 ~ W41 +476 和 S17 +000 ~ S20 +086),合计 32.262km。本项目各部分的近岸海域环境功能区划情况见表 1。

近岸海域环境功能区划情况 表 1

范围		长度或面积	功能区代码	功能区	执行的水质标准
徐圩港区航道	N-M-S	4.6km	JS005BⅡ	Ⅱ	四类
	S0 +000 ~ S17 +000	17.0km	JS005BⅡ	Ⅱ	四类
	S17 +000 ~ S20 +086	3.086km	JS004AⅠ	Ⅰ	一类
连云港区航道	A - W	1.38km	JS011DⅣ	Ⅳ	四类
	W0 +000 ~2 +000	2.0km	JS011DⅣ	Ⅳ	四类
	W2 +000 ~ W12 +300	10.3km	JS005BⅡ	Ⅱ	二类
	W12 +300 ~ W41 +476	29.176km	JS004AⅠ	Ⅰ	一类
吹填区	徐圩吹填区	662 万 m^2	JS005BⅡ	Ⅱ	二类
	旗台吹填区	553 万 m^2	JS011DⅣ	Ⅳ	四类

3 施工期环境保护措施与对策

3.1 航道疏浚施工过程中

严格航道疏浚施工管理。施工时尽量避开水产养殖育苗期,吹填施工安排在旅游淡季进行,施工时重视对环境敏感目标的保护;使用自航耙吸式挖泥船进行试喷时,尽量缩短试喷的时间,并在确认耙子弯管与船体吸泥管口的连接完全对位后开始疏浚作业,以免疏浚物从连接处泄漏入海而污染海域;调整好泥舱溢流口的位置,控制好溢流口的泥浆浓度,减少入海泥浆;工程施工使用的大型耙吸式挖泥船本身带有先进的定位系统,可采用自动调节溢流口的装置,更易于减轻溢流对施工海域的污染(图 2)。

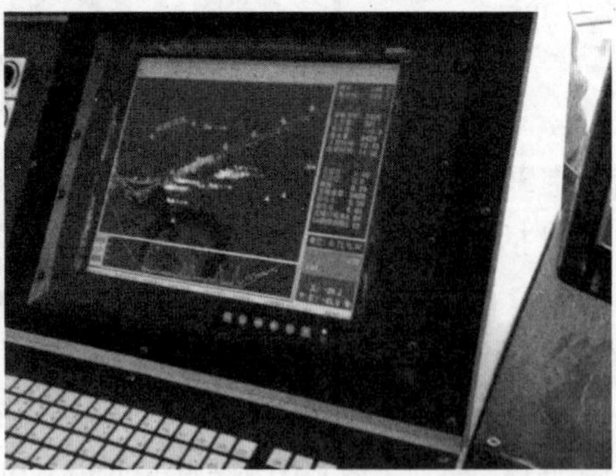

a)

b)

图 2 船舶定位系统及日常检查

3.2 疏浚物陆域吹填施工过程中

严格陆域吹填施工管理。陆域吹填时先在吹填区周围设置围堤，通过在吹填区内设置分隔围埝、防污屏、保证溢流口位置高于吹填泥面高度并布设土工布过滤层等工程措施，使排水在吹填区内变得较为澄清再从溢流口排出；保证泥浆在围埝内有足够的沉淀时间，回排清水的悬浮物浓度达标；安排专人对陆域吹填过程进行监督管理；定期对排泥管、挖泥船及二者的连接点处进行维修检查，一旦发生管道损坏或连接不善，立即采取补救措施，以避免意外的泥浆外溢入海污染事故；在恶劣天气条件下，如风暴潮、台风及暴雨时，提前做好安全防护工作，对围堤溢流口等重点地段实施必要的加固强化手段，以保证有足够的强度抵御风浪等的影响，避免发生坍塌导致泥浆外溢的泄漏污染事故。

根据《江苏省连云港徐圩港区（一期）北区用海海域使用动态监视监测报告》(2012)，2012 年 2 ~ 3 月份监测的溢流口内悬浮物含量与堤外悬浮物含量都基本相近，且数值比其他月份相对偏高，10 月份堤内有 1 个测点悬浮物数值偏高，其余时段监测的堤内和堤外的悬浮物含量都基本相近。可见，由于工程施工引起的悬浮物含量变化较小，尚未对工程周边海域造成明显影响。2013 年监视未见明显溢流口。

根据《连云港旗台作业南区（一期）区域围填海工程海域海洋环境动态监测报告》，2011 年 9 月至 2012 年 7 月开展的海域使用动态监视结果显示，除 9 月 13 日溢流口内侧悬浮物含量为 521mg/L 外，其余时段堤内悬浮物含量在 27 ~ 107.5mg/L；围堤外悬浮物含量在 29.8 ~ 97.6mg/L 范围，达到环保的要求（施工期，吹填区溢流口溢流的悬浮物含量在 150mg/L 以下）。因此，可以表明由于工程施工引起的悬浮物含量变化较小，尚未对工程周边海域造成明显影响，参见图 3 ~ 图 6。

图 3　围堤及分隔围埝

图 4　土工布过滤层

图 5　管道接口维修检查

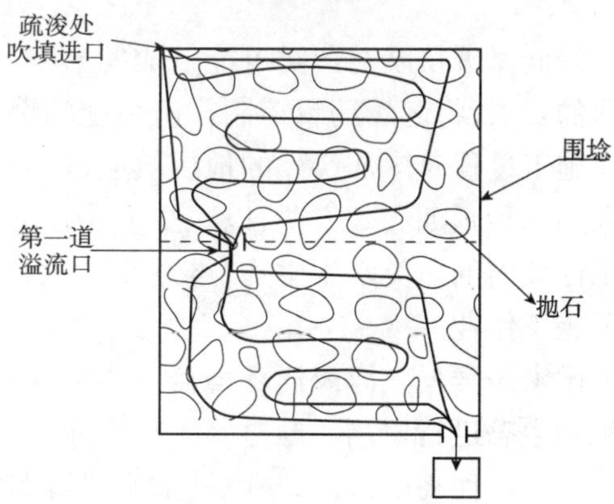

图 6　围埝溢流示意图

3.3 疏浚物海上倾倒过程中

严格疏浚物海上倾倒施工管理。在连云港港30万吨级航道一期工程施工期间,国家海洋局南通海洋环境监测中心站定期对工程施工情况进行了监督。监督结果表明:施工作业尽可能避开了鱼虾产卵期,在疏浚施工确实无法回避时,适当调整倾倒量和倾倒密度,尽可能减轻对鱼卵、仔鱼和幼苗的影响;进行倾倒作业的施工船舶全部安装了GPS定位仪,疏浚物按照要求倾倒至2号、3号、南倾倒区和Ⅰ、Ⅱ吹泥站,倾倒船舶持证、到位倾倒,未发生违规倾倒现象。

3.4 施工船舶污染的控制措施

施工船舶污染控制。施工船舶配备有生活污水和油污水处理系统,靠港后由油污水槽车接收后交连云港港船舶油污水接收处理中心处理。连云港港船舶油污水接收处理中心建于2001年,投资30万元,选用YSF陆用油水分离设备,日处理能力120吨,污水处理全程自动控制,处理工艺为物理处理与生化处理相结合,即:油污水—油水分离器—VSP生化处理—外排,出水水质非常稳定,出水含油量一般在1mg/L左右。累计处理3 000吨船舶油污水。

施工船舶统一设置了垃圾分类回收桶,定期由连云港外轮服务有限公司接收,上岸交给市政环卫部门处理。对于可回收利用的经消毒后回收利用,不可回收利用的由焚烧炉焚烧处理,公司2004年接收作业船次5 428次,接收垃圾680吨。对于船舶垃圾应严格执行《船舶污染物排放标准》(GB 3552—83)的要求,禁止在海域排放,应由垃圾接收船或靠泊后垃圾接收车定期给予回收运至岸上的陆域垃圾处理场接收处理。

3.5 施工期水生生物恢复与补偿措施

生态补偿。2010年11月,江苏省海洋与渔业局、连云港港30万吨级航道建设指挥部、连云港市海洋与渔业局共同签署了《连云港港30万吨级航道一期工程生态修复项目协议书》;30万吨级航道建设指挥部在省海洋与渔业局和市环保部门的指导监督下,委托江苏省海洋水产研究所编制了《连云港港30万吨级航道一期工程生态修复项目总体实施方案》,2012年3月25日,江苏省海洋与渔业局在连云港市组织召开了方案论证会。已于2012年7月和2013年6月进行了两次人工增殖放流,2012年度人工鱼礁工程也已经完成。根据《海州湾中国对虾增殖放流效果评估》放流效果显著,中国对虾明显比以前多,放流数量适宜,参见图7。

降低爆破挤淤对鱼类可能造成的影响。施工单位在拟定施工方案时根据国家爆破安全规程的要求,将起爆药量控制在所引起的爆炸的地震速度在规程中所规定的安全范围之内,并在施工过程对爆炸产生的地震效应进行监测,掌握合适的一次爆炸的用药量;在导爆方法上采用毫秒延期爆破方法,以减少冲击波影响;在正式施工前先以少量炸药进行试爆,驱赶施工区域内的鱼类水生生物,再逐步扩大范围;在当地主要鱼类繁育期(4~9月)尽量减少水下施工作业。

国家海洋局上海海洋环境监测中心站负责施工期间的环境监测工作,对施工区域水质和生物生态进行监测。通过施工期海水质量、生物生态监测,项目施工对附近的前三岛、对虾一、二区、连岛度假区、核电站取水口等监测点海水质量影响较小。

加强施工的监督管理。为了对工程施工期的环境保护措施执行情况进行有效监督,连云港港 30 万吨级航道建设指挥部委托天津天科工程监理咨询事务所对本工程实施施工期环境监理，确保了各项环境保护措施得到有效落实。

图 7　生态补偿资料照片

施工期间连云港港 30 万吨级航道建设指挥部要求进场施工的船舶必须配备溢油应急设备(图 8)，同时连云港港 30 万吨级航道建设指挥部与连云港太和船舶服务有限公司签订了《施工船舶溢油清污协议》，以应对施工船舶溢油土壤事件，防止施工期间船舶污染海域。为了更好地应对溢油风险，建设单位积极组织各参建单位进行了溢油应急演练(图 9)；工程环境监理单位结合连云港市应急预案制定了连云港港 30 万吨级航道一期工程环保应急预案。

同时，通过对施工期的公众参与调查，本项目在施工期基本做到文明施工，得到大部分居民的认可。通过走访调查和公众参与调查了解到，本工程施工期间，未发生工程施工区域附近居民有关施工作业影响水质的投诉。

上述措施的实施，保证了连云港港 30 万吨级航道一期工程施工期环境保护措施得到有效落实，工程施工对周围水域环境的影响较小。

图 8　溢油应急设备

图　9

e)

f)

图9 溢油应急演练

4 营运期环保措施与对策

4.1 营运期环境影响

本工程试运营期间环境影响主要来自维护性疏浚物、船舶垃圾(主要为货物残余物、船员生活垃圾和维修废弃物)等。

4.2 营运期环境管理组织机构

为加强环境保护工作,工程运营期设有环境管理、环境监测组织机构。连云港海事局负责营运船舶污染防治工作,连云港海洋与渔业局负责营运期的环境管理工作,连云港海洋环境监测站根据连云港海洋与渔业局的要求进行营运期环境监测。本航道施工期结束后一年为观测期,不进行维护性疏浚。观测期结束后维护性疏浚时间根据回淤情况确定,维护性疏浚由航道管理及使用单位负责;本航道营运期船舶生产、生活垃圾的处理均由码头及港口相关管理单位负责。

4.3 营运期环境监测

1)海水水质现状监测

对本项目试运营期水环境现状进行监测,在调查范围内共设15个监测点位,见表2。

监测站位及监测项目表 表2

序号	监 测 项 目	对应环评点位	特 征
1号	水质、沉积物、生态	4	连云港航道
2号	水质、沉积物、生态	8	连云港航道与徐圩航道交界处
3号	水质、沉积物、生态	19	连云港航道
4号	水质、沉积物、生态	12	徐圩航道
5号	水质、沉积物、生态	7	连云港航道周边海域
6号	水质、沉积物、生态	14	连云港航道周边海域
7号	水质、沉积物、生态	23	前三岛增殖区
8号	水质、生态	25	连云港航道周边海域
9号	水质、沉积物、生态	17	徐圩航道周边海域
10号	水质、沉积物、生态	9	南倾倒区

续上表

序号	监 测 项 目	对应环评点位	特 征
11 号	水质、沉积物、生态		Ⅰ临时吹泥站
12 号	水质、沉积物、生态		Ⅱ临时吹泥站
13 号	水质、沉积物、生态	16	2 号倾倒区
14 号	水质、沉积物、生态	31	连云港航道周边海域
15 号	水质、沉积物、生态	20	3 号倾倒区

(1)调查监测项目

①水质监测项目:水温、盐度、pH 值、COD、DO、悬浮物、无机氮、活性磷酸盐、铜、铅、锌、镉、铬、汞、砷、石油类。

②沉积物监测项目:有机碳、硫化物、石油类、重金属铜、锌、铅、汞、镉、砷。

(2)监测时间

由连云港市环境监测中心站于 2013 年 10 月 10 日、10 月 12 日和 12 月 3 日进行采样监测。

(3)采样监测频率与分析方法

①水质监测:水质样品分别在涨、落潮各采集一次,层次为表、底两层。

监测分析方法(包括采样和现场与实验室分析)按照《海洋监测规范》(GB 17378—2007)、《海洋调查规范》(GB 12763—2007)相关技术规程进行。

②沉积物监测:采集表层样品,样品的采集、保存和分析方法均按照《海洋监测规范》和《海洋调查规范》中的相关规定进行。

(4)监测结果与分析

①海水水质

A. 海水水质标准:根据《江苏省近岸海域环境功能区划》,各测站的水质评价标准见表 3。

各点位海水海水水质标准 表 3

站 位 序 号	水质标准
5 号、6 号、7 号、8 号	一类
9 号、14 号	二类
1 号、2 号、3 号、4 号、10 号、11 号、12 号、13 号、15 号	四类

B. 海水水质监测结果:根据监测结果可知,1 号、2 号、3 号、4 号、10 号、11 号、12 号、13 号、15 号站位各监测项目均能达到相关四类海水水质标准。14 号、9 号站位各监测项目均能达到相关二类海水水质标准。5 号表层磷酸盐超过一类海水水质标准;6 号底层磷酸盐和表层无机氮和 Zn 超过一类海水水质标准;7 号表层底层磷酸盐和表层无机氮超过一类海水水质标准;8 号表层底层磷酸盐、表层无机氮及底层 Zn 超过一类海水水质标准;其余项目满足相关海水水质标准。

②海洋沉积物

A. 海洋沉积物标准:根据《江苏省近岸海域环境功能区划》,各测站表层沉积物中各评价指标的标准指数值见表 4。

各站位表层沉积物标准 表4

站 位 序 号	沉积物标准
2号、3号、4号、5号、6号、7号、8号、9号、11号、12号、13号、14号、15号	一类
1号、10号	三类

B. 海洋沉积物监测结果：根据监测结果可知，各站位表层沉积物中各评价指标的标准指数值均小于1，2号、3号、4号、5号、6号、7号、8号、9号、11号、12号、13号、14号、15号站位的各项污染物均能达到《海洋沉积物质量》（GB 18668—2002）一类标准，1号、10号站位的各污染物均能达到三类标准。工程附近海域各监测点海洋沉积物均可相应达到《海洋沉积物质量》（GB 18668—2002）一类标准和三类标准。

2）海洋生物影响调查

（1）调查站位

本工程在调查范围内共设置了15个监测站点。

（2）调查项目

调查项目包括：叶绿素a、浮游植物、浮游动物、底栖生物。

（3）调查时间及频率

调查时间为2013年10月10日、10月12日，由连云港市环境监测中心站完成。

（4）分析方法

海洋生态环境的现状调查和监测方法，严格按照《海洋监测规范》（GB 17378—2007）、《海洋调查规范》（GB 12763—2007）等相关规范的要求进行。

（5）调查结果及讨论

①海洋浮游植物

调查共采集到浮游植物69种，其中包括：硅藻60种，分别隶属角毛藻属、圆筛藻属、菱形藻属等25个属；甲藻8种，隶属7个属；黄藻门1种。涨潮时浮游植物密度 $24.84\times10^3\sim154.2\times10^3$ cells/dm^3，平均 96.63×10^3 cells/dm^3；落潮时浮游植物密度 $36\times10^3\sim150.96\times10^3$ cells/dm^3，平均 116.71×10^3 cells/dm^3。调查区域浮游植物优势种类包括：环纹娄氏藻、圆海链藻、笔尖根管藻和星脐圆筛藻，优势度分别为0.177、0.137、0.085和0.075，密度百分比分别为：18.45%、12.21%、8.75%和7.37%，四者密度分别为 590.38×10^3 cells/m^3、390.76×10^3 cells/m^3、279.90×10^3 cells/m^3 和 235.82×10^3 cells/m^3。四种优势种均为硅藻，其密度在总平均密度的47%以上。涨潮时浮游植物多样性指数在3.40~4.29之间，平均为4.06；均匀度指数在0.71~0.86之间，平均为0.80。落潮时多样性指数在3.53~4.45之间，平均为4.00；均匀度指数在0.66~0.89之间，平均为0.78。浮游植物多样性指数很好，均匀度指数较好，且涨潮时多样性指数和均匀度指数平均值均略高于落潮时。本次调查，各站位多样性指数均大于3，表明本区环境较适宜浮游植物的生长，整个调查海域属于清洁水质。

②海洋浮游动物

调查共采集到浮游动物39种，分属毛颚类、浮游幼虫、甲壳纲3大类。涨、落潮浮游动物主要优势种有双壳类幼体、小拟哲水蚤、日本角眼剑水蚤、强壮箭虫和多毛类幼虫等，涨潮优势度分别为：0.301、0.267、0.109、0.068和0.048，密度分别为32 622ind/m^3、35 499.4ind/m^3、12 307.6ind/m^3、7 709.2ind/m^3 和 5 174.5ind/m^3，分别占平均密度的27.9%、30.3%、

10.5%、6.6%和4.4%；落潮优势度分别为：0.304、0.267、0.104、0.070 和 0.047，密度分别为38 313.5ind/m³、43 435.8ind/m³、13 889.1ind/m³、9 309.5ind/m³ 和 5 912.2ind/m³，分别占平均密度的27.4%、31.1%、9.9%、6.7%和4.2%。甲壳纲在密度上都占据较大优势，背针胸刺水蚤、丹氏纺锤水蚤、短角长腹剑水蚤、海洋伪镖水蚤等种类密度占据53%以上；各类动物的浮游幼虫在本次调查中也较多，占总密度的40%左右；毛颚类密度占7%左右。落潮时，浮游动物密度 3 402.3 ~ 16 946.9ind/m³，平均 9 319.7ind/m³；生物量 0.134 7 ~ 0.390 5g/m³，平均 0.237 9g/m³。涨潮时，浮游动物密度 2 820.5 ~ 13 212.5ind/m³，平均 7 804.9ind/m³；生物量 0.107 8 ~ 0.338 1mg/m³，平均 0.198 7mg/m³。监测海域，涨潮时，浮游动物多样性指数在 1.39 ~ 3.23 之间，平均为 2.62；均匀度指数在 0.30 ~ 0.70 之间，平均为 0.59。落潮时，多样性指数在 1.38 ~ 3.24 之间，平均为 2.64；均匀度指数在 0.39 ~ 0.71 之间，平均为 0.59。浮游动物多样性指数和均匀度指数均一般，涨、落潮变化不明显。本次调查，多样性指数平均值为 2.62，表明整个调查海域属于轻污染，希望项目结束后继续进行增殖放流工作。

③海洋底栖动物

调查采集到大型底栖动物 80 种，分别隶属多毛类环节动物、纽形动物、腕足动物、棘皮动物、甲壳动物、腔肠动物、软体动物和鱼类 8 大类。大型底栖生物主要优势种类包括：双栉虫、拟特须虫、脆壳理蛤、多鳃齿吻沙蚕，优势度分别为：0.110、0.104、0.088 和 0.075，平均密度分别为 2 520ind/m²、2 368ind/m²、2 016ind/m² 和 1 712ind/m²，占平均密度的 11.05%、10.38%、8.84% 和 7.50%；平均生物量分别为：0.790 4g/m²、5.491 2g/m²、1.138g/m² 和 0.680 8g/m²，占平均生物量的 0.42%、2.91%、0.60% 和 0.36%。各站大型底栖生物种类数 12 ~ 34 种，栖息密度 204 ~ 3 936ind/m²，平均 1 520.8ind/m²，生物量 0.822 8 ~ 39.013 6g/m²，平均 12.6g/m²。调查区域海域底栖生物群落结构简单，各站采到的种类数较少，多样性指数较小，在 2.31 ~ 4.27 之间；平均为 3.73，本次调查，各站位多样性指数均大于 3，表明本区环境较适宜底栖生物的生长，整个调查海域属于清洁水质；均匀度较好，在 0.64 ~ 0.90 之间，平均为 0.80，表明种间个体数分布较均匀。

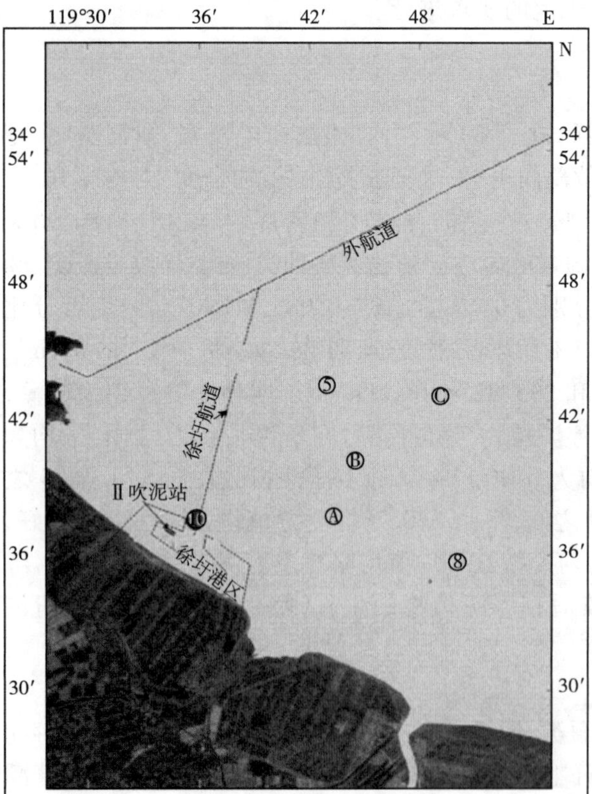

图 10　生物体质量调查站位图

④生物体质量现状调查

A. 监测站位：设置 6 个测站选择代表性的贝类进行调查分析；

B. 监测项目：总汞、镉、铅、铬、砷、铜、锌等。调查站位见图 10。

C. 监测结果

生物体质量现状监测由连云港市环境监测中心站于2013 年10 月10 日进行

监测，生物体内铜、铅、锌和镉采用火焰原子吸收分光光度法，汞、砷含量测定采用原子荧光法。由监测结果可知，本项目生物体质量各监测因子均满足《海洋生物质量》（GB 18421—2001）中的二、三类标准。

⑤疏浚物物理化学性质调查

A. 监测点位：连云港港 30 万吨级航道疏浚区 14 个测站的表层泥样进行采样，详见图 11。

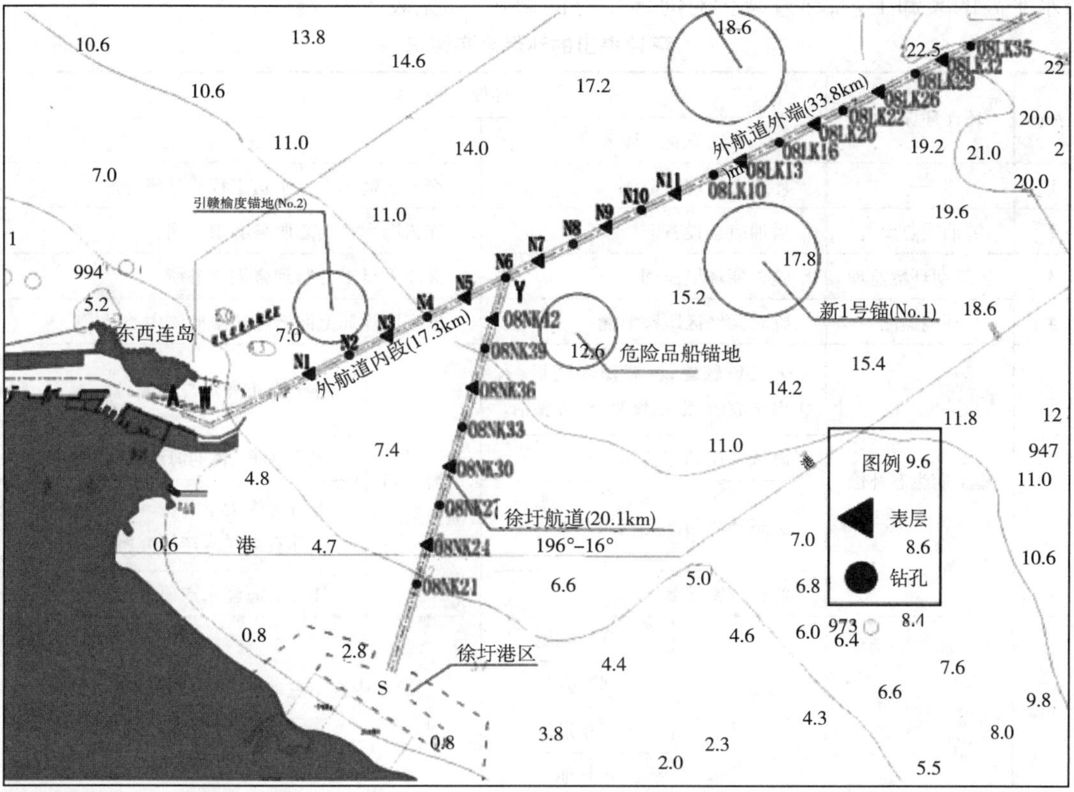

图 11　疏浚泥采样站位图

B. 测定项目：含水率、砷、镉、铬、铜、铅、汞、锌、有机碳、硫化物、油类、六六六、滴滴涕、多氯联苯总量。

C. 监测方法和要求

a. 每份样品不少于 2kg。

b. 标准按《海洋沉积物质量》（GB 18668—2002）和《疏浚物海洋倾倒分类和评价程序》。

D. 监测结果

疏浚物物理化学性质监测由连云港市环境监测中心站于 2013 年 10 月 10 日进行监测，由监测结果可知，本项目疏浚物物理化学性质各监测因子均满足《海洋沉积物质量》（GB 18668—2002）标准中的一类标准。

3）调查结果分析

通过以上的海洋生物监测结果可以看出：由于项目施工影响了底栖动物和浮游动物的生物多样性及均匀度，本工程实施了增殖放流方案，使得其生物量和密度大幅度提高，加大海洋恢复趋势，加快海洋生态环境的恢复。

由于连云港优越的地理位置，是我国对外贸易的重要口岸，是全国水运主通道、公路主骨架的重要结点和沿海主枢纽港之一。连云港主要定位于港口、码头、运输功能，根据连云港港区远期规划，最终港区达到 77 个装卸码头的规模，港区功能区向东扩进。近几年以来，在连云港老港区的基础上，陆续新建设了一系列码头工程，势必造成对海水水质的影响，对海域浮游植物、浮游动物、底栖动物的生存环境造成一定的影响。

建议港区新建工程严格履行环保审批程序，按照环评要求的环保措施进行施工，采用清洁水平高的装卸工艺，尽量减少对海洋生态的影响，参见表 5。

环评提出的环保落实情况 表 5

<table>
<tr><th rowspan="2">序号</th><th rowspan="2">环评环保措施</th><th colspan="4">环保投资实际落实情况</th></tr>
<tr><th colspan="2">设备或工程名称</th><th colspan="2">实 施 单 位</th></tr>
<tr><td>1</td><td>—</td><td colspan="2">环评费及现状监测</td><td colspan="2">交通运输部天津水运工程科学研究所</td></tr>
<tr><td>2</td><td>溢油应急设备</td><td colspan="2">溢油应急设备</td><td colspan="2">连云港太和船舶服务有限公司</td></tr>
<tr><td>3</td><td>施工期环境监理</td><td colspan="2">施工期环境监理</td><td colspan="2">天津天科工程监理咨询事务所</td></tr>
<tr><td>4</td><td>环境监测</td><td colspan="2">临时倾倒区跟踪监测</td><td colspan="2">国家海洋局上海海洋环境监测中心站</td></tr>
<tr><td rowspan="4">5</td><td rowspan="4">施工期生态补偿</td><td colspan="2">人工鱼礁建设、海藻场建设、人工增殖放流，湿地修复、环境整治</td><td rowspan="4">连云港市海洋与渔业局</td><td>连云港市海洋与渔业局</td></tr>
<tr><td colspan="2">海域使用动态监测</td><td>国家海洋局南通海洋环境监测中心站</td></tr>
<tr><td colspan="2">生态环境与渔业资源调查</td><td>上海海洋大学
江苏省海洋水产研究所</td></tr>
<tr><td colspan="2">实施方案编制</td><td>江苏省海洋水产研究所</td></tr>
<tr><td rowspan="4">6</td><td rowspan="4">—</td><td rowspan="4">吹填区环保设施</td><td>分隔围埝</td><td colspan="2" rowspan="4">中交第三航务工程局有限公司
连云港港务工程公司</td></tr>
<tr><td>防污屏</td></tr>
<tr><td>土工布过滤层</td></tr>
<tr><td>其他</td></tr>
<tr><td>7</td><td>环保竣工验收</td><td colspan="2"></td><td colspan="2">北京中咨华宇环保技术有限公司</td></tr>
</table>

4）海洋渔业资源调查

2012 年 5 月 17 日 ~28 日和 2012 年 9 月 13 日 ~23 日由中国水产科学研究院东海水产研究所对连云港港 30 万吨航道周围水域进行了游泳动物和鱼卵仔鱼调查两次调查均设 17 个拖网站位和鱼卵仔鱼调查站位。综合调查的各项生态指标可见，调查水域渔业资源生物物种较丰富，资源密度较高，大部分站位优势种优势度低，种间分布较均匀，群落结构稳定，适合资源生物繁殖、育幼和生长。工程 30km 范围内是许多重要渔业资源种类的产卵场和越冬场，例如鳀鱼、中国对虾、多鳞鱚、白姑鱼和蓝点马鲛等，其中中国对虾保护区离工程最近距离仅 2km。因此，本项目对该地区海洋生态环境的影响是可接受的。

5 结语

大型航道建设会对周边海域环境和生态产生一些不利影响，在施工期和营运期采取环境保护措施和对策以减轻影响程度是必要的和可行的。

根据连云港港 30 万吨级航道一期工程条件，在施工期和营运期采取了有针对性的环境保护措施和对策。施工期和营运期监测表明,所采取的环境保护措施和对策是有效的,航道建设对环境和生态的影响是可接受的。

参 考 文 献

[1] 张朝阳,钟鹏鸣,等. 连云港港 30 万吨级航道一期工程竣工环境保护验收调查报告[R]. 北京中咨华宇环保技术有限公司,2014.

连云港港30万吨级航道一期工程海洋生态修复

——中国对虾增殖养护效果初探

张　虎　刘培廷　于雯雯　贲成恺　袁健美　吴福权　高继先　郭仲仁　汤晓鸿

（江苏省海洋水产研究所　南通　226007）

摘　要：通过对海州湾中国对虾增殖放流区进行的本底调查、跟踪调查以及社会调查表明，中国对虾在海州湾还未形成自然种群，回捕的中国对虾基本为放流对虾，8月、9月、10月三次跟踪调查中国对虾回捕率分别为0.09%、0.13%和0.03%。从分布范围来看，前期中国对虾多集中在海州湾近岸浅水海域附近，随着中国对虾的生长，分布范围逐渐扩大，并向外海移动。放流虾和养殖虾体长体重有明显的差异，放流回捕中国对虾平均体长152mm，平均体重37.5g。2013年海州湾中国对虾捕捞总产量160t，回捕率为0.74%，投入产出比达到1:5.3。

关键词：连云港港；生态修复；中国对虾；增殖放流

连云港港30万吨级航道一期工程建设对促进区域经济协调发展，提升区域和港口综合竞争力，提高国家战略物资的运输安全保障，促进连云港和江苏苏北地区由欠发达地区向经济发达地区发展，具有深远的战略意义。连云港港30万吨级航道建设在带来巨大社会经济效益的同时，也对海州湾的生态环境产生了重要影响。针对连云港港30万吨级航道一期工程对水域生态环境和渔业资源的影响，按照统筹协调、依法操作的原则，以修复生态环境和养护渔业资源为目标，统筹区域生态建设各项工作，采取增殖水生生物、栖息地环境修复、湿地环境整治修复示范、环境监测监理、巡航执法和宣传教育等工程和非工程措施，通过多项并举开展生态综合修复，切实提高生态修复的生态、社会和经济效果。

30万吨级航道一期工程海洋生态修复人工增殖主要对中国对虾、三疣梭子蟹、黑鲷、贝类等多种类增殖放流，2012年5月24日和6月12日，2013年6月6日和6月20日在海州湾渔场开展了中国对虾增殖放流，放流苗种规格12mm以上，2012年共计放流中国对虾苗58 314.5万尾，2013年放流中国对虾苗57 702.3万尾。

本文通过对2013年海州湾中国对虾的跟踪监测，探讨增殖放流中国对虾群体在海州湾的生长、分布变动规律，量化评估海州湾中国对虾增殖放流效果，为提供增殖群体的资源利用效率、优化中国对虾增殖放流策略提供依据，并科学评价连云港港30万吨级航道一期工程海洋生态修复渔业资源增殖养护效果。

1　材料与方法

1.1　调查方法

1）增殖水域中国对虾资源状况调查

中国对虾资源状况调查分为放流前的本底调查和放流后的跟踪调查。在海州湾中国对虾增殖放流周边海域，设置20个站位进行中国对虾放流海域本底生物资源调查（图1）。

采用当地群众拖网渔船进行单船底拖网调查，调查船功率为110kW，船长24.0m，船宽4.0m，调查渔具底拖网（曳纲80m，网囊网目10mm），每站拖曳1h，拖速2.5节。

跟踪监测调查于放流后的8月、9月和10月大潮期间实施，共计开展3个航次调查，调查方式与本底调查相同，跟踪监测站点选择海州湾人工鱼礁区、海州湾中国对虾保护区以及中国对虾增殖放流周边水域（图1）。

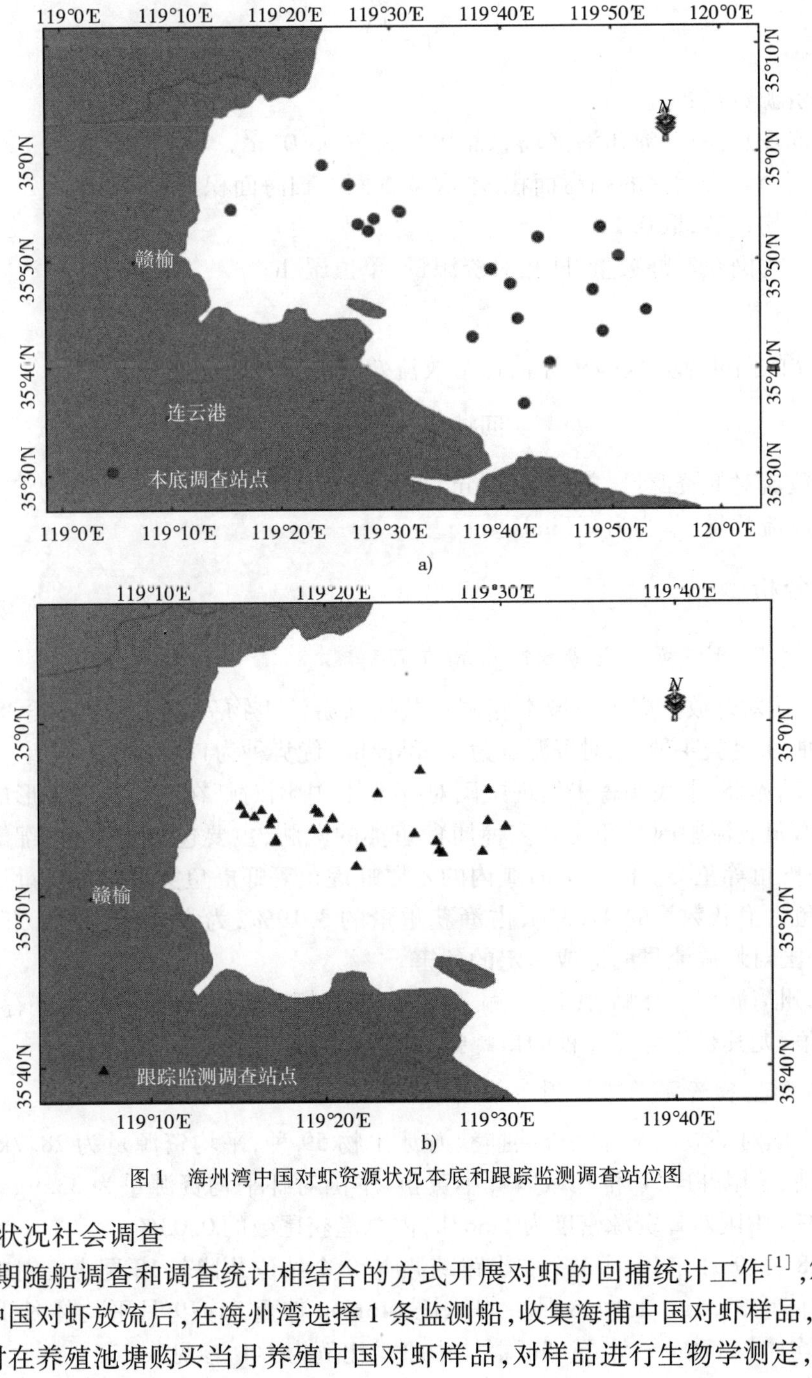

图1 海州湾中国对虾资源状况本底和跟踪监测调查站位图

2）回捕状况社会调查

采用定期随船调查和调查统计相结合的方式开展对虾的回捕统计工作[1]，2013年6月到10月在中国对虾放流后，在海州湾选择1条监测船，收集海捕中国对虾样品，每月回收一次样品，同时在养殖池塘购买当月养殖中国对虾样品，对样品进行生物学测定，研究中国对虾生长情况。

对连云港赣榆、连云区等渔港码头进行走访调查，收集中国对虾捕捞作业方式、捕捞时间、捕捞区域、单船网具数量、产量、规格、产值等资料。走访连云港市海洋与渔业局等水产管理服务部门，收集中国对虾捕捞船只数量、捕捞总产量产值等资料。对综合性水产批发市场、自由市场进行社会调查，收集中国对虾规格、价格等信息。

1.2 资源量估算

采用扫海面积评估法[2]：

$$B=\frac{AN}{ap}$$

式中：B——资源数量；

A——渔场总面积，海州湾渔场总面积为 $8.76\times10^8\text{m}^2$；

a——每个调查网次的扫海面积，本次调查网次扫海面积为 $18\ 520\text{m}^2$；

p——捕捞系数，取0.1；

N——平均网获对虾数量，即相对资源量，单位尾/h。

1.3 回捕率计算

放流群体的回捕率是检验和评估种苗放流效果的重要指标之一[3]。

$$\text{回捕率}=\left(\frac{B}{S}\right)\%$$

式中：B——放流对虾资源量，单位为尾(ind)；

S——放流数量，单位为尾(ind)。

2 结果与分析

2.1 海州湾中国对虾放流海域本底生物资源群落

海州湾中国对虾放流周边海域本底调查共捕获游泳生物73种，其中鱼类38种，虾类20种，蟹类11种，头足类4种，相对资源量为4.58kg/h。优势种为口虾蛄、小黄鱼、鹰爪糙对虾、日本鼓虾、戴氏赤虾，本底调查未发现中国对虾亲体，中国对虾在海州湾还未形成自然种群。

海州湾增殖放流中国对虾受到多种捕食鱼类的威胁，主要包括小黄鱼、绵鳚、矛尾虾虎鱼、斑尾刺虾虎鱼等鱼类。海州湾海域内的矛尾虾虎鱼等虾虎鱼类平均生物量达146g/h，其中矛尾虾虎鱼占渔获数量的4.63%，占渔获重量的3.19%，为主要优势种。虾虎鱼类的数量多，会对中国对虾放流早期造成一定的危害。

此外，海州湾海域口虾蛄、焦氏舌鳎、双斑蟳等底栖食性生物与中国对虾存在着不同程度的食物竞争，尤其是作为优势种的口虾蛄，数量占总渔获量的30.20%。

2.2 跟踪监测生物资源及中国对虾资源状况

海州湾中国对虾放流跟踪调查共捕获游泳生物59种，平均资源量为28.7kg/h，优势种主要为口虾蛄、矛尾虾虎鱼、枪乌贼以及小黄鱼，中国对虾平均资源量为33.9g/h，占总渔获重量的0.12%，中国对虾资源密度为1ind/h，占总渔获尾数的0.03%。

2012年8月、9月和10月3个航次跟踪调查，9个站位共捕获18尾中国对虾，平均体长152mm，平均体重37.5g。其中，8月平均体长146mm，体重31g；9月平均体长175mm，体重50g；10月平均体长176mm，体重65g，群体中雌雄比例为1∶1，参见表1。

海州湾中国对虾跟踪调查捕获对虾统计表　　表 1

日期	尾数资源密度 (ind/km²)	重量资源密度 (kg/km²)	体长范围 (mm)	体重范围 (g)
8 月	594	18.41	124 ~ 166	16.4 ~ 46.2
9 月	864	43.20	156 ~ 198	34.1 ~ 69.2
10 月	216	14.04	176	65.2

2.3　放流虾的生长

对监测船收集的对虾样品进行分析,海州湾中国对虾放流至 7 月中旬,雌虾平均体长达 133mm,平均体重为 24 g,雄虾平均体长为 121mm,平均体重为 16g,雌虾个体相对较大;生长至 8 月中旬,雌虾个体明显增大,平均体长达 152mm,平均体重为 36g,而雄虾平均体长为 144mm,平均体重为 28g;至 9 月,雌虾平均体长已达 160mm,平均体重为 50g,而雄虾平均体长为 140mm,平均体重为 34 g,个体明显小于雌虾,随着温度的下降;10 月未调查到雄虾,此时,雌虾平均体长为 176mm,平均体重为 65g,见图 2。

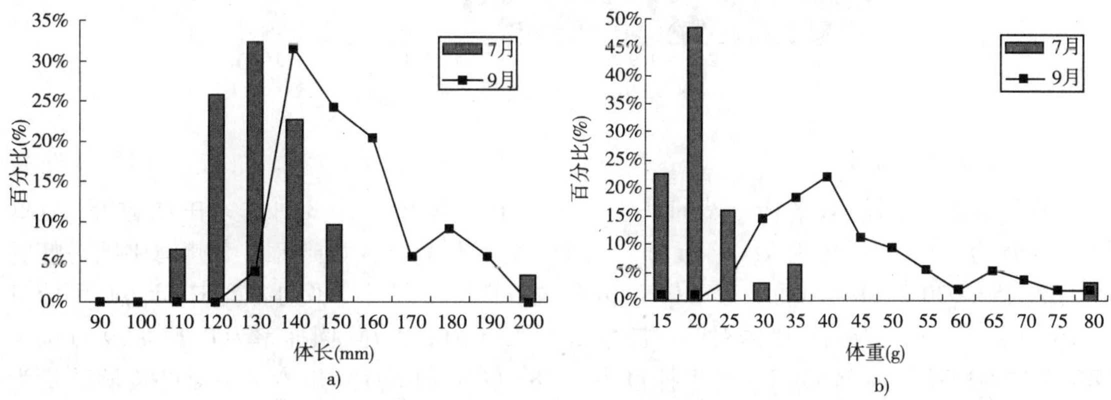

图 2　海州湾回捕野生中国对虾体长体重组成分布图

比较相同月份海州湾回捕野生对虾和养殖对虾体长、体重,回捕野生对虾体长体重均明显大于养殖类中国对虾,回捕野生中国对虾体长体重范围分布较大,个体差异较大,养殖类中国对虾体长体重分布集中,个体差异小,见图 3。

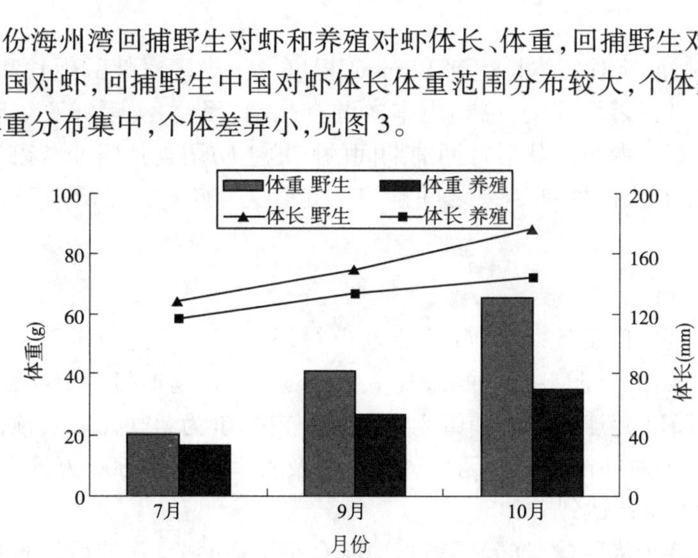

图 3　各月份野生和养殖中国对虾体长体重比较

2.4 放流虾的分布及移动规律

从分布范围来看，前期中国对虾多集中在海州湾近岸浅水海域附近，主要是因为近岸浅水区域饵料丰富，盐度较低，与中国对虾的生活习性相适应。随着中国对虾的生长，分布范围逐渐扩大，并向外海移动(图4)。

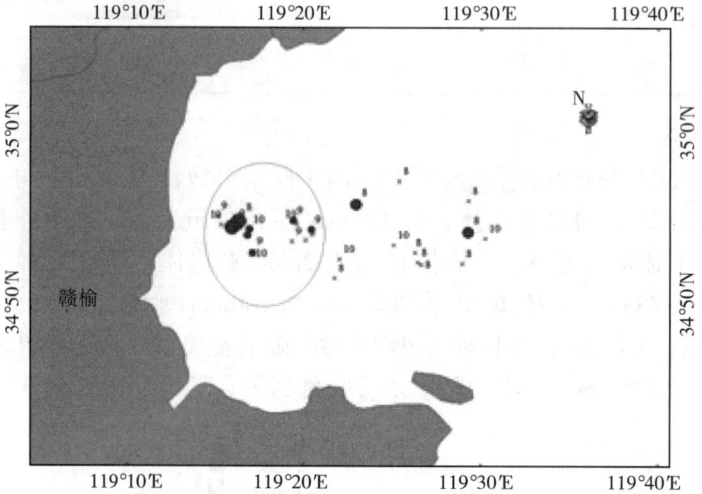

图4 海州湾中国对虾回捕资源量分布图

2.5 资源量及回捕率

本次调查结果评估，平均每站捕获中国对虾 1.0 尾/h，其中 8 月每站中国对虾为 1.1 尾/h，9 月为 1.6 尾/h，10 月为 0.4 尾/h。根据资源量估算公式得到 8 月海州湾中国对虾资源数量为52.030 2万尾，回捕率为 0.09%，8 月调查期间中国对虾平均体重 31g 计，则可捕量为 16.1t 左右。9 月海州湾中国对虾资源数量为 75.680 3 万尾，回捕率为 0.13%，9 月调查期间中国对虾平均体重 50g 计，则可捕量为 37.8t 左右。10 月海州湾中国对虾资源数量为 18.920 1 万尾，回捕率为 0.03%，10 月调查期间中国对虾平均体重 65g 计，则可捕量为 12.3t 左右。

10 月份调查时，放流对虾体长达到 176mm，根据秋汛中国对虾的生长和移动规律，此时相当数量的中国对虾向外海移动，已超出本次调查范围，因此，实际资源量应该大于本次海上调查所估算的对虾资源量。从对虾回捕期间的陆地走防调查及回捕结束后的分析统计产量看，海上调查结果与实际回捕结果之间确有一定误差，实际资源量高于海上调查对虾资源量。

2.6 放流效果评估

根据放流与管理部门统计，2013 年连云港市对虾捕捞总产量为 302t，主要为中国对虾、周氏新对虾以及南美白对虾等主要种类，其中中国对虾的捕捞产量约 160t，平均体重 37.5g，回捕率为 0.74%，2013 年连云港海捕野生中国对虾市场价为 200 元/kg，预计放流对虾的产值为 3 200 万元，中国对虾苗种 100 元/万只，苗种及管理费用约 600 万元，直接经济利益可达2 600万元，投入产出比达到 1:5.3。

社会调查显示连云港赣榆、连云区等当地群众小型拖网船，开捕后每日单船兼捕中国对虾产量在 1 ~ 2kg，最高日产 20kg，海州湾增殖对虾比较分散，虽然无很大的网头出现，但渔期较长，一直到10月下旬仍然有0.5～1kg/日的兼捕产量，海捕野生中国对虾价格200元/kg，单船中国对虾兼捕年产值在1万元左右，可见通过增殖放流中国对虾，对增加当地渔民收入起到了较好的作用。

海州湾中国对虾自然种群较弱，主要依赖于人工放流的中国对虾，中国对虾是海州湾海域重要的渔业资源，也是海洋系统的组成部分。历史上海州湾中国对虾资源量十分丰富，由于海洋污染加剧和捕捞强度过大，中国对虾资源严重衰退。通过人工放流增殖中国对虾，是完善海洋生态系统食物链环节，加速恢复海洋生态环境的有效措施。因此，通过人工放流增殖中国对虾具有重要的生态效益。

3 结语

海州湾中国对虾近两年大获丰收，生态修复增殖放流是恢复海州湾中国对虾资源，促进沿海渔业经济发展，增加渔民收入的有效途径，海州湾中国对虾投入产出比高，经济效益显著，而且有良好的生态效益和社会效益，形成对虾丰收的原因主要为：一是加大了资金的投入，苗种投放数量大；二是放流前，深入中国对虾苗种生产第一线，科学指导苗种生产，保障放流苗种质量与数量，同时加强对放流验收人员的技术培训，规范放流技术与方法，确保放流的质量；三是对虾放流期间，水温偏低，对虾敌害生物较少，对虾基础饵料丰富，生长速度较快。

从资源增殖效果来看，中国对虾的资源量与所放流的数量密切相关，放流的数量越大，其资源密度也就越高[4]，海州湾中国对虾放流也同样遵循这个规律。自2005年开始，江苏省海洋与渔业局在海州湾实施中国对虾增殖放流，放流数量2005年为604万尾，2006年为405万尾，2007年为4 000万尾，2008年增加至10 827万尾，2009年为7 446万尾，2010年为7 000万尾，2011年为1.3亿尾。从2005年到2011年，连续7年在海州湾开展的资源养护效果跟踪调查中，只有2008年的秋季调查中捕捞中国对虾1只，重量75.4g，春季均未发现中国对虾亲体。可见，之前的放流还未形成自然种群，也未形成中国对虾补充资源群体，可能与该海域放流中国对虾数量较少，持续时间较短有关。2012年随着连云港港30万吨级航道生态修复资源增殖放流项目启动，加大了资金的投入，苗种投放数量大，2013年投放中国对虾苗种增加到5.77亿尾，2012年投放5.8亿尾，是往年的6倍以上。放流后跟踪监测，2012年8月海州湾渔业资源海上调查中一个航次在5个站位捕获中国对虾22只，数量显著高于往年，2013年8～10月每个航次海上调查均捕获一定数量的中国对虾。海州湾中国对虾资源近两年显著增加，表明近两年放流数量是适宜的，今后还可以适当增加海州湾中国对虾放流数量。

2013年海州湾中国对虾放流回捕率为0.74%，低于河北省中国对虾放流回捕率2.7%（2006，周军）[1]，低于环渤海三省中国对虾放流回捕率2.8%（2012，李忠义）[4]，影响放流对虾回捕率的因素是多方面的，即有放流时间、海区、种类和规格等放流技术和管理水平的人为因素，也有复杂多变的自然因素[5,6]，海州湾中国对虾增殖放流回捕率较其他海区低的主要原因是人为损害死亡，海州湾中国对虾增殖放流人为损害死亡主要有违规捕捞死亡，造成违规捕捞死亡的有害网具主要是虾皮网。另外，滩涂吸蛤机造成的人为损害死亡也是一个重要方面，海州湾沿海底栖贝类资源丰富，为放流对虾提供了良好的摄食场所，但是大量的吸蛤船也对幼虾造成大量的伤害。建议清理有害网具，主要是虾皮网，另外要严格规定吸蛤生产作业开始时间，错开对虾放流初期，避免对幼虾损害。

本底调查区域站位分布于连云港30万吨航道左右两侧,涵盖了海州湾大面积海域,对于分析海州湾本底生物资源群落组成较为全面。海州湾中国对虾放流地点在跟踪监测调查区域,5~6月份中国对虾放流后多向近岸移动,中国对虾主要分布在跟踪监测调查区域,所以本底调查与跟踪调查的调查区域和调查站位分布有一定差异,对放流效果分析无影响。

连云港港30万吨级航道一期工程生态修复、增殖放流中国对虾已经起到一定的经济、生态和社会效益,希望通过项目的实施,能切实减轻工程建设带来的生态环境影响,为水生生物营造良好栖息地,提高工程邻近海域海洋生物数量,改善生物群落结构,稳定渔业生产,改善湿地生态服务功能,为连云港海州湾社会经济发展提供强有力的科技支撑和生态保障。

参 考 文 献

[1] 任一平.胶州湾南美白对虾移植放流的初步研究[J].中国海洋大学学报,2004,34(6):973-976.

[2] 周军.中国对虾增殖放流跟踪调查与效果评估[J].河北渔业,2006,7:27-30.

[3] 邓景耀.对虾放流增殖的研究[J].海洋渔业,1997,19(1):1-6.

[4] 李忠义.渤海中国对虾资源增殖调查[J].渔业科学进展,2012,33(3):1-7.

[5] 梅春.崂山湾日本对虾增殖放流效果的初步研究[J].中国海洋大学学报,2010,40(9):45-50.

[6] 林金钱.大亚湾日本对虾放流技术和增殖效果研究[J].热带海洋,1998,17(1):59-65.

连云港港30万吨级航道一期工程生态修复技术探讨

张　硕[1]　吴卫强[2]　张　虎[3]

(1. 上海海洋大学,海洋科学学院　上海　201306;
2. 连云港市海洋与渔业局　连云港　222003;
3. 江苏省海洋水产研究所　南通　226007)

摘　要: 本研究在对连云港港30万吨级航道一期工程建设对海域生态环境和渔业资源产生影响的分析的基础上,有针对性地提出了以海洋生物栖息地、藻场建设,增殖放流、湿地修复以及港口防波堤建设等为主要技术手段的生态修复措施,可为该工程后续生态修复建设乃至国内其他类似用海工程生态修复提供参考。

关键词: 连云港港;航道生态修复;技术

1　引言

随着陆域资源的短缺、人口快速增长、生态损害和环境恶化等问题日趋严重[1]。世界各国都将未来的发展重点转向了海洋,目前海洋产业日渐成为经济发展中的支柱产业。联合国《21世纪议程》已将海洋作为"全球生命的支持系统和人类社会可持续发展的资源宝库"[2]。我国作为海洋大国,随着我国沿海地区经济的快速发展,海岸带区域人口的急剧增加和高强度开发用海工程不断涌现,近岸区域的港口扩建、围海造地、污染物排放等不合理的开发利用,直接或间接地导致了海岸带生态系统的退化、受损、甚至完全毁坏。因此,开展与用海工程相结合的海洋生态资源保护研究,对科学利用和保护海洋资源、保护用海区域的生态环境、促进生态城市建设等具有重要意义[3,4]。

连云港港是陇海、兰新铁路沿线广大地区最经济便捷的出海口,是我国沿海主枢纽港之一、沿海中部能源外运和对外贸运输的重要口岸。依托广阔的腹地和良好的集疏运条件,近年来,连云港港已成为我国沿海25个主要港口和12个区域性中心港口之一,在我国能源、原材料、粮食等战略性物资的运输中发挥着重要的作用。为了进一步促进区域经济协调发展,提升区域和港口综合竞争力,同时根据国家对江苏沿海地区发展规划有关的指示精神,对接"加快以连云港港为核心的沿海港口群建设"的发展目标,需要进一步扩大连云港港口规模和航道通航能力。连云港市从2012年开始重点推进了30万吨级码头和深水航道建设。然而30万吨级码头和航道建设一方面可以为连云港市乃至整个苏北地区带来巨大社会经济效益,但同时也对航道通行区乃至整个海州湾的生态环境产生重要影响。首先,工程建设和运行改变了海州湾航道周围原有的地形,导致水文特征发生改变,造成生物群落结构稳定性下降以至发生更替和演变。其次,工程水域是众多水生生物的重要栖息地,工程建设直接破坏或减少了水生生物赖以生存的栖息地,会直接导致水生生物种群数量的下降甚至消失，进而影响到整个海州湾生态系统的结构和功能。

为此，为取得航道建设和海洋生态环境的共同发展，依据国家和地方工程建设项目相关法律法规和规范以及环境保护部《关于连云港港30万吨级航道一期工程环境影响报告书的批复》（环审〔2010〕256号）等文件的精神，在江苏省海洋与渔业局、连云港港30万吨级航道建设指挥部和连云港市海洋与渔业局的直接组织和领导下，利用连云港港30万吨级航道建设指挥部筹集的生态补偿资金用于海州湾海域生态环境修复和生物资源养护。

本研究基于对连云港海州湾海域生物资源和生态环境特点和现状系统分析以及对连云港港30万吨级航道一期工程对水域生态环境和渔业资源潜在影响科学评价的基础上，按照统筹协调、依法操作的原则，以修复生态环境和养护渔业资源为目标，提出了采用人工栖息地和海藻场构建、增殖放流、湿地修复及环境监测监理等措施并初步分析了这些措施对生态环境和生物资源发挥的积极作用，可为连云港港30万吨级航道后期建设工程生态修复项目以及国内其他涉海工程生态修复提供参考。

2 国内外用海工程状况及主要生态修复措施

围填海造地在许多地区海岸带城市化过程中起到了相当大的作用，包括荷兰、英国、美国、日本、韩国、新加坡、中国[5]。围填海造地在一定程度上给国家和地区带来了巨大的经济效益，缓解了沿海发达城市的用地紧张状况。同时，也不得不吞下因自己疯狂行为而酿成的苦果[6]。地势低挂的荷兰通过填海修筑堤来抵御洪水的侵袭，同时扩充土地面积。然而进入21世纪以来，荷兰饱受填海造地所带来的一系列恶果：海岸侵蚀、土地盐化、物种减少等。因此在荷兰开始计划土地复垦工程：恢复到其原始湿地，他们要花费至少30年的时间用以慢慢恢复这个国家的自然保护因受填海的影响而急剧减少甚至濒临灭绝的动植物。并通过修建“生态长廊”——南北长达250km的以湿地为中心的生态系地带，将过去的湿地与水边进行连锁性复原，探索与水共存的新路，同时为生活增添亮丽的风景[7]。

日韩两国主要是由于工业迅猛发展急需大量土地进行支撑而大举进行填海，以满足港口、机场以及工厂和房地产用地。杉本博（2006）认为，日本围填海造地在得到大量新土地、经济获得发展的同时，也面临着大量的海洋环境污染问题，日本也为此设立了专门的“再生补助项目”。现在日本国内要再申请新的填海工作，基本上是被禁止的，除了城市垃圾的填埋，而填埋垃圾前都需要由专家们进行环境调查和评估[8]。

我国工业化围填海始于2000年，短短10几年时间，我国围填海所获得土地面积2 256km^2，是日本整个工业化填海时期的2倍，是韩国的3倍。而且从围填海发展历程来看，已经给近海生物和生态环境产生了不利影响，为了不走世界其他国家的老路，我国于2010年通过了《生态补偿条例》，并于当年被国务院列入立法计划，自那时起近海用海工程开始实施海洋生态补偿，用海主管部门开始寻求用海项目“建”与“补”的平衡点。由于近10年来连云港市海洋与渔业局一直负责连云港海域的生态修复工作，在实施内容和技术手段上相对比较成熟，而且充分吸收了国内外围填海国家对生态和环境的修复技术和手段，经过精心筛选，选择了目前国内外海洋生物资源养护以及生态环境修复方面效果最好实施方案和技术手段。

3 海州湾生物资源概况

海州湾位于江苏海域北部，北起绣针河口，南抵灌河口，面积约2万km^2，是海床平缓、开放型的浅海性水域，湾内有20座岛礁，为海洋生物提供了良好的栖息环境[9]。海州湾渔场是江苏省四大渔场之一[10]，是中国对虾及小黄鱼、鳓、带鱼等多种经济鱼类的索饵、产卵场[1]。这里的生境类型属于我国海岸南北分界、亚热带与暖温带的交界地带，生物资源十分丰富，既有近岸低盐品种，也有远岸高盐类群，历史上盛产鱼、虾、贝、蟹等近百个品种，其中海参、鲍、扇贝等珍贵海产品是江苏省的唯一产地，珍贵的岩礁鱼类如真鲷、黑鲷、许氏平鲉、六线鱼等在国内外都有一定的声誉。近年来，随着捕捞强度的增强及海水受到不同程度的污染，海域内的生物资源状况发生了很大的变化。有的资源已趋下降，但由于采取了必要的保护措施，每年均有一定的捕获量，如鲳鱼、鲐鱼、大乌贼等。有些正在被开发，逐步形成生成规模，如黄鲤鱼、比目鱼、鲳鱼等。有些资源已经利用过渡，近于绝迹，如带鱼、大黄鱼、小黄鱼、鳅鱼等，均已形不成鱼汛。

4　航道对生物和环境的影响

港口和航道等海岸工程在施工作业期间会对生态环境和生物资源产生不利影响。有关研究报道表明，在航道挖掘和疏浚过程中对环境的影响特征因子是悬浮物质。水中所含悬浮物质的多少，是衡量水环境质量的指标之一，也是水生生物对其生存的水体空间的环境要素要求之一。国家的《海水水质标准》和《渔业水质标准》都分别规定了水体中悬浮物质的含量。在施工过程中，一部分泥沙与海水混合，形成悬沙含量很高的水团，从而大大地增加了水中悬浮物质的含量。一般而言，悬浮物的浓度增加在10mg/L以下时，水体中的浮游植物不会受到影响，而当悬浮物浓度增加到50mg/L以上时，浮游植物会受到较大的影响，特别是中心区域，悬浮物含量极高，海水透光性极差，浮游植物基本上无法生存。而在水生食物链中，除了初级生产者－浮游藻类以外，其他营养级上的生物既是消费者也是上一营养级生物的饵料。因此，浮游植物生物量的减少，会使以浮游植物为饵料的浮游动物在单位水体中拥有的生物量也相应地减少，那么以这些浮游动物为食的一些鱼类，会由于饵料的贫乏而导致资源量下降。

在港池航道工程建设施工时，对底栖生物最主要的影响是毁坏了底栖生物的栖息地，栖息空间受到了影响。由于航道挖掘中的底栖生物基本上全部消失。挖掘完成之后，生境产生了较大变化，底栖生物将逐渐恢复，但因水深变化较大，恢复的底栖生物群落与原来的群落相比将有很大差别。种类多样性将明显减少，某些先锋种的数量将有所增加，群落结构简单化，群落的稳定性下降。再者因抛泥引起的掩埋使得底栖生物生境基本上消失，将使底栖生物栖息地受到不可恢复的毁坏性的影响。此外，挖掘、抛泥引起局部海域悬浮物增加，从而降低海水透明度引起鱼类等其他游泳生物行动的改变，鱼类将避开这一点源混浊区，产生“驱散效应”。然而，这种效应会对渔业产生两方面的影响，一是由于产卵场环境的改变，在鱼类产卵季节，从外海洄游到该区域产卵的群体，因受到干扰而改变其正常的洄游路线；二是在该区域栖息、生长的一些河口性种类，也会改变其分布和洄游规律。

因此，针对航道工程建设对生物栖息地和洄游路线的破坏及影响，应该通过人工鱼礁建设来修复受损的海洋生物栖息地，同时通过人工鱼礁的诱集功能来吸引鱼类等生物洄游停留、栖息。工程建设对岸滩的影响，一方面可以通过防波堤等工程对岸滩加固，另一方面可通过岸滩植被及滩涂湿地植被及贝类、螺类及部分鱼虾幼体的放流等生物修复手段，逐步恢复其生态功能对水环境影响；另外通过近岸水域藻场建设可以有效缓解水体中悬浮物质浓度过高并吸收利用氮磷等营养盐，达到净化水质的目的。

5　30 万吨级航道一期工程生态修复技术

生态修复(Ecological Rehabilitation)指根据土地利用计划，将受干扰和破坏的土地恢复到具有生产力的状态，确保该土地保持稳定的生产状态，不再造成环境恶化，并与周围环境的景观(艺术欣赏性)保持一致[11]。而海洋生态修复是对海洋生态系统过程、生产力和生态服务功能的修复[12]。人们在对受损生态进行修复时，通常根据生态学原理，通过一定的生物、生态以及工程的技术与方法，人为地改变和切断生态系统退化的主导因子或过程，调整、配置和优化系统内部及其外界的物质、能量、信息的流动过程和时空次序，使生态系统的结构、功能和生态学潜力尽快地恢复到一定或原有的乃至更高的水平[13]。

生态修复是人类帮助、受损的生态系统恢复的过程，是一个有目的的行为。生态修复的目标就是一项生态修复行为所要达到的某种状态要求，是所有生态修复行为的基础和出发点，也是评估生态修复成效的基础。国内外的学者均指出，在对不同生境类型、生态系统进行修复前需要确立明确的目标[14-19]。本研究依据连云港港 30 万吨级航道一期工程建设对用海区域生物资源和生态环境影响评估结果，提出了对底栖生物和定栖性及洄游性鱼类虾蟹类等受损水生生物以栖息地修复为主要措施，通过进行人工鱼礁建设为水生生物提供栖息和保护场所，同时借助人工鱼礁的上升流效应，促使底质中营养物施放到水体中，改善区域营养盐、溶解氧和底质状况，提高渔业资源数量，改善区域群落结构，提高生物多样性。对滩涂、湿地和岸坡以优化环境和整备基质作为主要方式，通过开展岸堤加固，浅水区植被和藻场建设为主要手段来改善近岸水域环境。在此基础上采取增殖放流的方法对滩涂底栖虾蟹贝类以及洄游性经济鱼类等进行增殖放流以补充生物幼体，增加资源量。

5.1　海洋生物栖息地建设

1)人工鱼礁投放区域选择

由于连云港港 30 万吨级一期航道直接穿越中国对虾国家级水产种质资源保护区第二区(实验区)该区域面积 16 000 公顷，且该区域为中国对虾重要产卵场和栖息地。此外，该工程对周边国家级江苏连云港海州湾生态与自然遗迹海洋特别保护区以及多种海洋生物的产卵场、索饵场产生较大影响。因此，为了减小该工程建设对中国对虾等珍稀野生水产生物资源的影响，根据环评报告提出的修复建议并从水深、生物栖息地、透明度、水质环境角度综合考虑，与中国对虾保护区相衔接同时毗邻现有海洋牧场示范区(图 1)，在图 1 所示的人工鱼礁投放区进行人工鱼礁建设用以构建海洋生物的人工栖息地。其具体位置为：34°57′00″～35°N，119°35′00″～119°38′00″E。该区域分三个小区于 2012～2014 年间分三期进行建设，每个小区分为两个礁群单元，每个单元 9 座鱼礁群，整个区域内建设成 6 个单元，总计 54 座礁群，形成人工鱼礁区约 50km^2。共投放各类礁体 17 000 只。

2)礁体类型确定

根据近几年来海州湾海域人工鱼礁和海洋牧场建设经验及对 30 万吨级航道建设海域生物影响评估结果，选择了三角形、方形礁、塔形石块增殖礁等礁体类型如表 1 和图 2 所示。这些礁体具有制作工艺较为简单、运输和投放方便等特点，不仅对群众拖网作业起到了一定的阻碍作用，而且能给鱼类形成一个良好的产卵、索饵的场所。这些礁体还可作为今后海珍品增殖礁以及中国对虾、经济鱼类等的产卵礁和仔稚幼鱼保育礁，对于生态环境的修复和渔业资源的养护起到较好的作用。

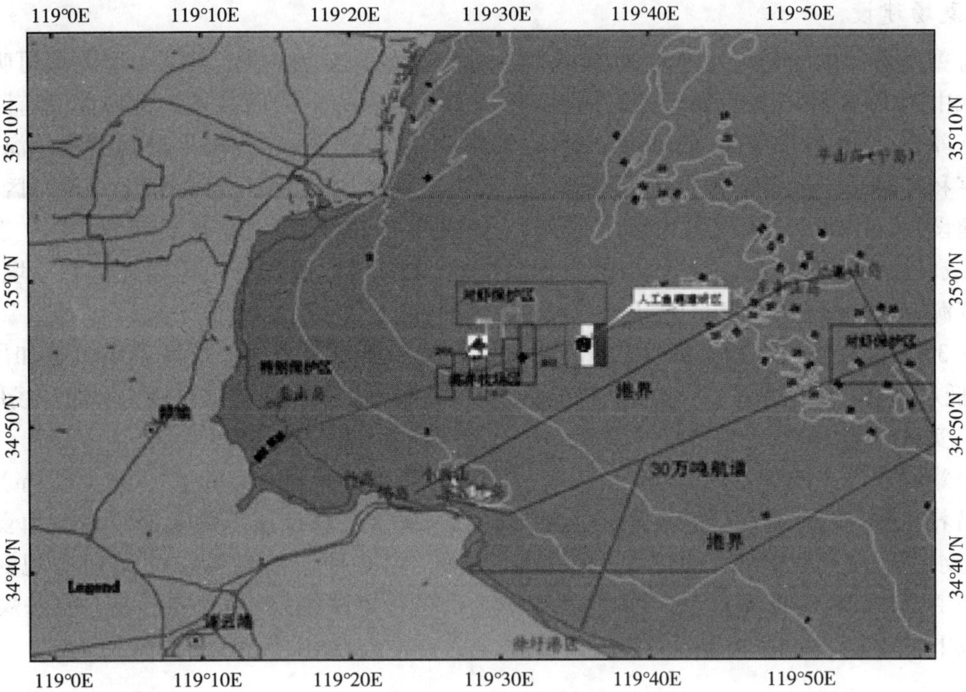

图1　人工鱼礁建设区位置图

礁体类型及数量总表　　表1

礁体类型	规　　格	数量(只)
三角形礁	3.0m×3.0m×2.74m	2 000
方形礁	2.0m×2.0m×2.0m	4 000
塔形石块增殖礁	1.5m×1.5m×1.0m	11 000
合计		17 000

图2　三种鱼礁类型

3)实施预期效果

人工鱼礁的建设可以为鱼类、虾类、蟹类等生物繁殖、生长提供良好的栖息地,对生物幼体提供良好的保育环境,对成体提供良好的索饵环境。另外,人工鱼礁还可以通过改变局部区域流场、底质沉积物等环境,从而改善营养盐结构,促进营养物质的输送与平衡。

5.2 藻场建设

海藻是海洋中的初级生产者,也是海洋生态环境的修复者、稳定者。大型海藻可吸收并固海水中的C、N和P等生源要素,并且容易从海水中移去。因而栽培大型海藻具有降低海区富营养化、防止赤潮发生、改善海洋生态的效果。实践证明,在浅海贝藻间的养殖海区,养殖病害和赤潮很少发生。根据大型海藻的生理生态习性,在近海及富营养化养殖海区,投放藻礁建设"人工藻场",不仅可为海洋经济动物营造良好的生存环境,形成综合立体生态养殖系统,减轻海区富营养化,增加水域的生物多样性,同时可达到改善稳定局部生态环境,修复渔业资源,提高水域利用率目的。

在30万吨级航道一期工程生态修复中通过在近岸潜水区投放底层海藻增殖礁和吊养海藻,降低水体富营养化水平,为水生动物提供饵料来源,为鱼虾类幼体提供栖息和庇护场所。

1)实施内容

海藻场建设主要包括两部分内容,投放底层海藻栽培鱼礁(1.0m×1.0m×1.5m)1 000只和吊养江蓠、海带、紫菜,分别为300台、300台、300台,总计吊养海藻900台。海藻礁布置在海水透明度高、人为活动较少、礁石密集度较高、并便于建设管护的海州湾观测平台(34°55′N,119°28′19″E)附近海域内。在藻礁上面进行海藻筏架布局,共形成上层海藻场20公顷以上,见图3。

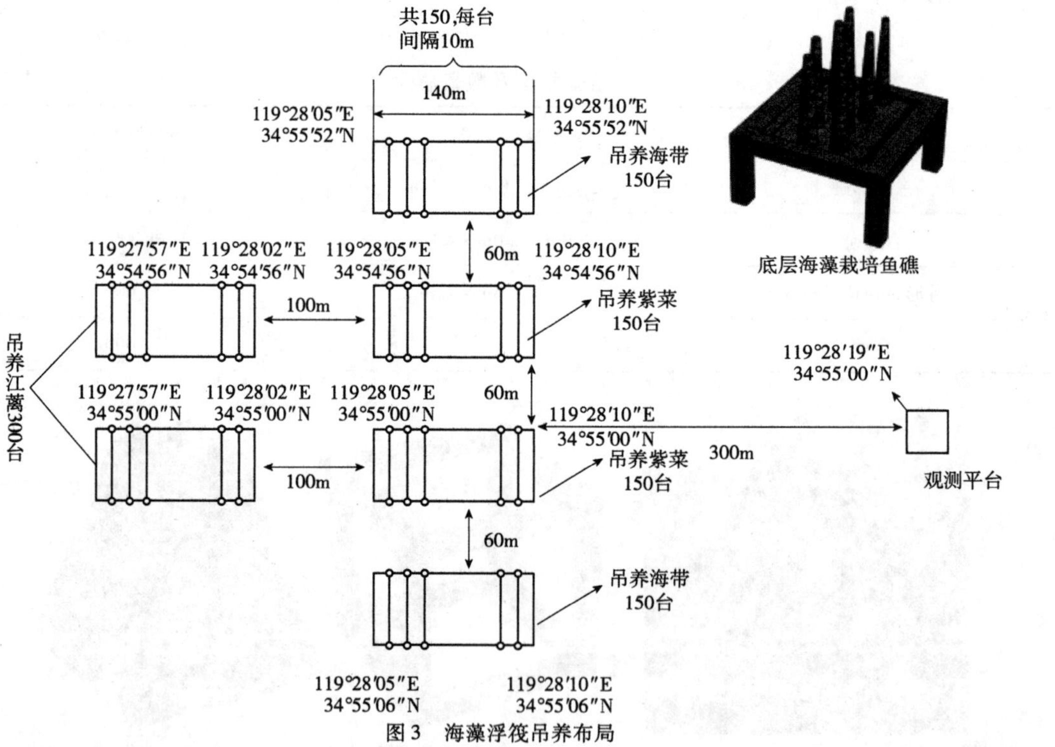

图3 海藻浮筏吊养布局

2)实施预期效果

藻场的建设,一方面可以通过吸收利用营养盐来达到净化水质的目的,另一方面其浮筏式养殖结构及藻类本身也可以起到阻流和削波的作用,因此可以为中上层鱼类等生物提供良好栖息场所。同时吊养藻类,通常为有较高经济价值藻类,可以为养殖者带来一定经济回报。

5.3 湿地生态修复

1)岸滩植被

临洪河口作为淤泥质海岸上的入海河口,近年来由于径流量减少和上游地区用水量的增加,使得入海水量锐减,河口基本处于淤积状态,河口淤积使河口河床抬升,使河口过流断面缩小,河口过流能力大幅度降低,导致污水交换能力受到影响。泥沙淤积,导致湿地水体污浊,生物量下降,湿地功能退化,影响附近海域生态环境健康。

采取工程与生物措施相结合的方法,在临洪河口实施河道清淤工程,清淤河道约3km,恢复湿地水系的连接,利用水文过程加快恢复。开展河口湿地适生植被移植、微生物附着体布防、底播沙蚕等生物措施,净化水质,恢复鸟类栖息地的功能,重建河口湿地的生物群落。同时,在临洪河口西侧1km开展岸线整理及生态护岸建设。

通过河道清淤、岸线整治、植被移植恢复、投放微生物附着基繁殖微生物和投放沙蚕,修复湿地水质、底质环境,改善湿地环境,提高湿地的健康程度,提升湿地景观效果。

2)河道清淤及岸线整治

对临洪河口河道清淤,清淤河段4km,清淤深度1.5m,清除淤泥9万m^3,改善河口水体交换,减轻河口污染。并对临洪河口西侧1km岸线进行护坡整治。

3)生物修复

对河口湿地600公顷开展以微生物、多毛类生物和湿地植被移植为措施的湿地功能修复。

(1)微生物修复

固定化微生物(Immobilized Microbe)是生物技术领域中的一项新技术,该技术是通过化学或物理手段,将有益微生物固定在载体上,使其高度密集而发挥作用。对于湿地的微生物修复,固化微生物不仅达到了单位面积内微生物数量大、效率高的目的,还使微生物在湿地沉积物间的空隙移动性增强,还增加了微生物可利用的氧浓度;而直接使用微生物游离细胞的弊端很多,如游离细胞密度小且易被水流冲走、利用率低下等,因此需要利用合适的固定化载体,使微生物着床在载体上更好地生长繁殖,达到有效降解底泥有机污染物和有效去除有害物质的目的。

在实施微生物修复过程中先做好繁殖本地有益微生物,然后制作微生物固定附着基,投放于湿地,对湿地水质、底质有机物和有害物质进行降解,降低和去除有害物质。投放附着基5万只。

(2)底播沙蚕修复底质环境

投放双刺围沙蚕刚节4~5刚节幼体,按照每平方米1 000尾,总投放50亿尾,预计可存活密度每平方米2~3cm幼蚕100尾,可有效降解底质中有机质和污泥,修复底质环境。

4)湿地健康调查和评价

(1)现场观测RPD层埋深、水体浊度、湿地缓冲区宽度和周围污染源情况

采集水、沉积物、大型水生植物和底栖大型无脊椎动物样品、样本。利用彼德孙采泥器($1/16m^2$)采集沉积物和底栖大型无脊椎动物。沉积物样品的室内分析项目包括有机碳、总氮、氨氮、硝酸根-亚硝酸根、总磷、可溶性磷、有机污染物和重金属;水样的室内分析项目包括浊度、总悬浮物、总有机碳、总颗粒物碳、氨氮、硝酸根-亚硝酸根、总磷、可溶性磷、溶解氧、pH、碱度、电导率、有机污染物和重金属。大型水生植物、底栖大型无脊椎动物样本的鉴定尽量到种,并计数称重。

(2)建立湿地生态系统健康评价指标体系

建立基于大型水生植物、底栖大型无脊椎动物和沉积物 RPD 层埋深的滨海湿地生态系统健康评价指标体系,定性分析各指标与人类活动干扰之间的关系,并确定各指标的定量表达式。

(3)湿地健康评价

定性分析湿地生态健康的影响因素,确定健康评价指标体系。通过野外调查、观测、采样,获取现场环境数据和水、沉积物样品和大型水生植物、底栖无脊椎动物样本,通过分析样品、鉴定样本,获得水、沉积物相关理、化数据,和大型水生植物、底栖大型无脊椎动物的种类、数量数据。据此计算干扰梯度和生物耐污值,进而计算各项指标单因子指数和湿地生态系统健康综合指数,通过参考点法建立评价标准,对临洪河口滨海湿地生态系统健康进行评价。

5)实施预期效果

湿地修复内容比较丰富,既有植被修复、又有清淤、岸线整治和生物修复。其综合效果比较明显,岸滩植被可以为鸟类、鱼虾类等幼体栖息提供一个良好的环境;近岸清淤也实现了对污染物的去除,岸线整治可以实现岸线的美观效果,而生物修复包括微生物以及底栖生物等,他们处在不同的生态位中,在生态系统中发挥不同的功能,因此,多种手段并用发挥出各种手段的协同作用。

5.4 防浪护堤增殖区建设

沿岸破波带是海洋生态系统的重要区域,由于具有丰富的饵料生物、充足的溶解氧和最低水深压力,基于仔稚幼鱼生物学习性,因而成为重要的栖息地。仔稚幼鱼的生活阶段决定着渔业资源的补充。破波带又是固着性生物和底栖贝类的主要分布区,固着性生物和底栖贝类的卵和幼体是多种经济生物的开口料和幼体的饵料,因此具有重要的生态意义。

根据沿岸护坡、防浪和连云港人工鱼礁多年的工程实践,参考国内外鱼礁的研究成果,本项目选择扭王字块体作为礁体的主要构筑件,基于该构件稳定性好,防浪消波好,具有较大的空隙率,对仔稚幼鱼有较好的掩蔽效果。在徐圩港区正堤所在区域港口岸基采用扭王字块体护面,为预制人工块体,单块重 3T,扭王字块体根据规范要求采用不规则相互咬合安放一层,安放后空隙率为 50%(图 4)。投放数量:9 332 只,表面积16 767m^2,综合礁体体积11 913m^3。

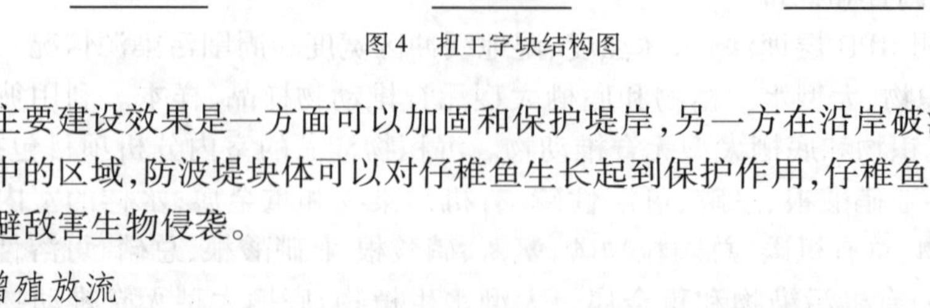

图 4　扭王字块结构图

防波堤主要建设效果是一方面可以加固和保护堤岸,另一方在沿岸破波带区域也是仔稚鱼比较集中的区域,防波堤块体可以对仔稚鱼生长起到保护作用,仔稚鱼可以利用防波堤空隙栖身躲避敌害生物侵袭。

5.5 资源增殖放流

海州湾海岸由岩礁、砂质等多类型岸线组成,连云港海域是黄海南北较为明显的生态分布线，拥有江苏唯一的岩礁岛屿，岛礁类生物丰富是其显著特点，以真鲷、黑鲷、许氏平鲉、皱纹盘鲍、刺参为代表，中国对虾是江苏海域唯一的集中分布和产卵场，海州湾魁蚶、皱纹盘鲍、刺参的南部分界线。因此，连云港海域是黄海南北较为明显的生态分界线，分界线南北具有明显的组成差异。根据海州湾的特点，参考环评报告书给出的生态影响问题和修复推荐意见，结合江苏省及沿海各市多年实施海洋增殖放流的实践和增殖效果跟踪评估，考虑各类生物的生态位及生态功能，突出中国对虾、黑鲷、三疣梭子蟹保护重点，兼顾一般渔业资源。选出本项目的增殖放流种类，计划放流数量，如表2所示。

增殖放流计划表　　表2

种　类	规　　格	数量(万尾)	放流种类特性与修复作用
中国对虾	体长1.2cm以上	100 000	重要渔业种质资源，资源严重衰退种，恢复种质资源，析出氮磷、固炭
三疣梭子蟹	仔蟹二期	3 000	高价值渔业资源，恢复渔业资源，析出氮磷，固炭
日本黄姑鱼	体长4cm以上	200	高营养级渔业资源，恢复渔业资源，析出氮磷、固炭
黑鲷	体长4cm以上	1 000	高营养级渔业资源、岩礁港湾种类、短距离洄游，游钓适宜种，恢复渔业资源，氮磷析出、固炭
褶牡蛎	300μm以上	50 000	固着性贝类，改善潮间带生物群略
魁蚶	壳长0.5cm以上	2 000	底栖高价值种，黄海最南部分布种，恢复底栖渔业资源、固炭
皱纹盘鲍	壳长2~3cm以上	50	植物为主的杂食性海珍品，增殖海珍品、固炭，改善种群结构
刺参	600只尾/kg以内	30	杂食性海珍品，有机质、浮游动物、藻类和大型动物的食物链联系种，增殖海珍品，改善群落结构
日本鳗鲡	成鳗，2尾/kg以内	0.2	重要水产种质资源，严重衰退种，恢复种质资源
标志放流	中国对虾、鳗鲡	2	
合计		156 282.2	

6　结语

针对连云港港30万吨级航道一期工程建设所采取的生态修复技术，其主要目的是通过采取上述的生态修复措施，尽量减小由于港口航道建设对生态环境和生物资源带来的不利影响，通过在关键区域的技术调控使工程周围海域海洋生物数量得到提高，渔业资源得到恢复，渔业生产保持稳定；同时为工程及邻近海域水生生物营造良好栖息环境，改善生物群落结构，修复海洋生态环境；湿地环境得到整治，湿地景观和污染净化功能得到提高；工程建设的环境影响得到监督和控制，生态修复的效果得到科学评价，社会对工程建设生态修复的认识和认可度显著提高。此项生态修复工程是一项系统工程 需要政府牵头，各职能部门密切配合，精心组织鼓励社会和涉海企业参与 确保各项措施落实到位，以达到预期目标。

参考文献

[1] 狄乾斌,韩增林,孙才志.海域承载力理论与海洋可持续发展研究[J].海洋开发与管理,2008(01):52-55.

[2] Alfredo Ortega-Rubio, César A. Salinas-Zavala, Daniel Lluch-Cota, et al. A new method to determine the level of the environmental impact assessment studies in Mexico [J]. Environmental Impact Assessment Review, 2001, 21(1):73-81.

[3] Omran E. Frihy. The necessity of environmental impact assessment (EIA) in implementing coastal projects: lessons learned from the Egyptian Mediterranean Coas t[J]. Ocean & Coastal Management, 2001, 44(7): 489-516.

[4] 孙良干.国外几个港口的环境保护评述[J].交通环保, 1998, 4: 47-48.

[5] 浙江省海岸和海涂资源综合调查领导小组办公室.浙江省海岸带和海涂资源综合调查报告[M].北京:海洋出版社,1988.

[6] 姜义,李建芬,康慧,等.渤海湾西岸近百年来海岸线变迁遥感分析[J].国土资源遥感,2003,4:54-55.

[7] 刘姝.中日韩三国沿海城市填海造地战略研究与分析[D].大连理工大学,2013.

[8] 胡斯亮.围填海造地及其管理制度研究[D].中国海洋大学,2011.

[9] 张明亮.连云港海州湾人工鱼礁建设浅论[J].海洋开发与管理,2008,25(5):123-126.

[10] 谢飞,逢勇,庄巍,等.海州湾近岸物质输运规律研究[J].海洋科学进展,2008,26(3):347-353.

[11] 厦门市海岛资源综合调查开发试验领导小组办公室,厦门市海洋管理处.厦门市海岛资源综合调查研究报告[R].北京:海洋出版社,1986.

[12] 程健华.基于生态系统服务的城市海岸带生态修复效果评估研究[D].国家海洋局第三海洋研究所,2010.

[13] 王治国.关于生态修复若干概念与问题的讨论.中国水土保持 2003(10): 4-5.

[14] HobbsRJ, NortonDA. Towards a conceptual framework for restorationecology[J]. Restoration Eeology,1996,4(2):93-110.

[15] ParkerVT. These aleofsuee essional model sand restorationeeology[J]. Restoration Eeology, 1997,5(4):301-306.

[16] 章家恩,徐琪.恢复生态学研究的一些基本问题探讨[J].应用生态学,1999,10(1):109-113.

[17] 彭少麟,陆宏芳.恢复生态学焦点问题[J].生态学报,2003,23(7):1249-1257.

[18] 米文宝,谢应忠.生态恢复与重建研究综述[J].水土保持研究,2006,13(2):49-53,77.

[19] 黄长志,任海.恢复生态学中的人文观[J].生态科学,2007,26(3):170-175.